U0890780

"十四五"职业教育国家规划教材
"十三五"职业教育国家规划教材
"互联网+职业教育"立体化教材

# 古汉语与文学基础（上册）

主编 易滢

江苏大学出版社
JIANGSU UNIVERSITY PRESS
镇江

## 内容提要

本教材分上、下两册，共为四编，共计19个单元。其中《古汉语与文学基础》（上册）共两编，共计11个单元，讲述了从上古到魏晋南北朝的古汉语文学知识；《古汉语与文学基础》（下册）共两编，共计8个单元，讲述了从隋唐至清朝的古汉语文学知识。

本教材以时间为经，以各个时期主要文学体裁为纬，对原有的《古代汉语》和《古代文学》两门课程的重点内容进行了整合统一。每个单元在“文学作品”“古汉语通论”的基础上新增了“文学概说”“文史拓展”和“以古说今”三大知识模块，五大知识模块全面、系统地优化了课程内容。

本教材定位科学，结构清晰，系统完整，可作为汉语言文学及人文学科相关专业的课程教材，也可供广大文学爱好者阅读参考。

**图书在版编目(CIP)数据**

古汉语与文学基础. 上册 / 易滢主编. — 镇江 ：江苏大学出版社，2018.7(2024.9 重印)
ISBN 978-7-5684-0890-5

Ⅰ. ①古… Ⅱ. ①易… Ⅲ. ①古汉语—教材②中国文学—古典文学—教材 Ⅳ. ①H109.2②I212.01

中国版本图书馆 CIP 数据核字(2018)第 152724 号

**古汉语与文学基础(上册)**
Guhanyu yu Wenxue Jichu (Shangce)

主　　编/易　滢
责任编辑/常　钰
出版发行/江苏大学出版社
地　　址/江苏省镇江市京口区学府路 301 号(邮编：212013)
电　　话/0511－84446464(传真)
网　　址/http://press.ujs.edu.cn
排　　版/镇江市江东印刷有限责任公司
印　　刷/广东虎彩云印刷有限公司
开　　本/787 mm×1 092 mm　1/16
印　　张/30.5
字　　数/712 千字
版　　次/2018 年 7 月第 1 版
印　　次/2024 年 9 月第 5 次印刷
书　　号/ISBN 978-7-5684-0890-5
定　　价/58.00 元

如有印装质量问题请与本社营销部联系(电话:0511-84440882)

# 前言 PREFACE

《古代汉语》和《古代文学》是我国高职教育汉语言教学中两门重要的课程。在十几年的教学实践过程中，我们对这两门课程的设置与教学效果一直有所困惑 。一是教学内容选取和教材选用的问题。长期以来，始终没有一本适合高职学生实际学习水平并糅合《古代汉语》和《古代文学》两门课程内容的教材，高职教育的古代汉语类课程多是沿用大学本科传统通用教材，大而无当。二是教学资源的浪费问题。《古代汉语》和《古代文学》两门课程的开设，使我们本已紧张的师资更显捉襟见肘，在教学内容特别是选文上的重复，不仅使教学资源严重浪费，也使高职学生对古代汉语的学习与理解造成一定程度的混乱，学习兴趣和学习热情亦有所影响。本着整合优化资源，提高教学效率，适应未来需求的总体方针，我们组织了一批长期从事两门课程教学并具有丰富经验的中青年教师，经过一年多的艰苦工作，编写了这套《古汉语与文学基础》（上下册）教材。

2021 年 10 月，根据《国家教材委员会关于印发<习近平新时代中国特色社会主义思想进课程教材指南>的通知》国教材〔2021〕2 号以及《国家教材委员会关于印发<“党的领导”相关内容进大中小学课程教材指南>的通知》国教材〔2021〕5 号文件精神，教材编写小组对教材进行修订，已将相关内容融入教材。2022 年 12 月，完成对“以古说今”模块的修订，“党的二十大”内容进教材。

本教材有如下显著特点：

### 1. 注重文史，结构清晰

本教材共分四编，计 19 个单元。教材以时间为经，以各时期主要文学体裁为纬，对原有的《古代汉语》和《古代文学》两门课程的重点内容以“必需”和“够用”为原则进行了整合。每个单元在“文学作品”“古汉语通论”的基础上新增了“文学概说”“文史拓展”“以古说今”三大知识模块，五大知识模块全面、系统地优化了课程内容。教材内容的设计也融入了更多的文史常识和传统文化理念，以全面提升学生的人文素养和专业素质，增强学生对中华优秀传统文化的认同感和自豪感。

### 2. 通俗易懂，全面翔实

本教材适用于高职古汉语类课程。相比本科教材来说，教材内容更加浅显易懂，语言深入浅出，使学生对知识点的掌握更加轻松，易提升自主学习的能力，适合于自学与初学。其中，“文学概说”部分对各时期主要文学现象、作家和作品做了全面系统的阐述；“文学作品”的选文部分选取了既代表当时主流文学现象又通俗易懂的作品，对少量古涩又必选的文章做了更为详细的注释；“古汉语通论”部分既有古汉语语法知识的传授，也有古代历史文化常识的补充；“文史拓展”部分则是围绕当时主流文学现象进行相关内容的引申拓展，便于学生将文学史和文学作品的内容联系起来，突出重点，点面结合，易于加深理解和掌握；“以古说今”部分则通过选用习近平总书记在不同场合的用典，与所在单元的历史背景相联系，通过古今解读的方式，既不破坏教材原有框架和特色，又将“习近平新时代中国特色社会主义思想”和“党的领导”相关内容融入教材。

**3. 以学为主，易教易学**

本教材的编写始终站在学生的角度，以学为主。教材的编写打破了学科门类的界限，将古汉语学习中的“句读”与“文史”有机结合，使教学内容在整体难度降低的同时，拓展了文史知识面，更加契合当前高职古代汉语类课程的教学需求，既有利于实现教学目标，也有利于学生自学并满足升学所需。通过五大模块的学习，学生不仅可以快速了解“古代文学”“古代汉语”的相关知识，也能够全面系统地了解“习近平新时代中国特色社会主义思想”，达到教材思政引领的目的。同时，配合教材的题库、微课等数字化资源，能充分调动学生的积极性，有效地提高学习效率，使高职生对古汉语的学习变得更加简单。

**4. 配套微课，资源丰富**

为了顺应“互联网+”的教育新形势，教材充分利用最新技术，在本次修订中，教材“文学作品”的选文部分配置了课文朗读二维码，供学生进行扫码学习，在每单元后也配置了课后练习的二维码，使学与练能有机结合，弥补了纸质书欠缺互动性和立体感的缺陷，同时，课程的线上教学与学习资源也在不断完善，与教材配套的最新 PPT 资源、题库资源和精品微课资源也已制作完成，如有需要，可通过出版社询问。

本教材由易滢担任主编，由任玉慧、陈莉、潘睿琦担任副主编，易新香、杨雨参与编写。在编写与修订的过程中，我们得到了宜春职业技术学院、江苏大学出版社及相关部门领导、专家和老师的大力支持与帮助，同时还汲取了其他同类教材的优秀成果，在此不一一列举，谨致谢忱。

由于编者水平所限，又是第一次对两门课程的教学内容进行整合研究，也是首次将课程思政的内容融入教材，对于有些问题还无法做深入的思考和细致的推敲，教材难免存在疏漏和不尽如人意的地方。在此，恳请各位专家学者和老师们不吝赐教，斧削指正，以使我们在今后的修订中及时补充完善。

《古汉语与文学基础》教材编写委员会

2022 年 12 月

# 本书编委会

**主　编：** 易　滢

**副主编：** 任玉慧　陈　莉　潘睿琦

**参　编：** 龚晓明　易新香　杨　雨

**总顾问：** 龚晓明　张正芳

**顾　问：**（按拼音顺序排列）

陈　莉　方观洋　郭琳芳　赖洁辉

赖志红　雷　鸣　李　珊　李素敏

李艳萍　陆成功　罗竹根　聂　伟

潘睿琦　彭　敏　漆　凡　任玉慧

施　旸　万　羚　王　琴　王少波

温　倩　吴玉林　席睿琦　熊　莹

熊焕光　熊玉清　闫瑞朝　晏丽萍

杨　雨　易　滢　易新香　余　霞

钟　磬　周明芳

# 目 录

## 第一编 上古至先秦

## 第二编　秦汉至魏晋南北朝

目录

# 第一编

# 上古至先秦

# 第一单元 上古神话

## 文学概说

### 中国的神话与传说

#### 一、神话与传说

什么是神话？古代汉语中并没有“神话”一词。“神话”这个词，最早出现于梁启超著于1902年的《新史学》系列文章之一《历史与人种之关系》一文中。1903年，蒋观云在日本出版的《新民丛报》上发表的《神话、历史养成之人物》是中国人撰写的第一篇神话学论文。根据马克思的科学概括，神话是“在人民幻想中经过不自觉的艺术方式所加工过的自然界和社会形态”。可以引申地说，神话是原始先民对其所接触的自然现象、社会现象，幻想出来的具有艺术意味的解释和描述的集体口头创作。神话是人类文明共有的一种文化现象，无论在东方还是在西方，都普遍存在神话。在原始时代，生产力的低下限制了人们的认知水平，人们在自然的力量面前，显得无能为力。于是，原始先民们就把自然界各种变化的原因都归之于神的意志和权力。他们认为这些变幻莫测的现象都有一个神在指挥着、控制着。随后他们又在生产劳动中依照自己的英雄人物形象，创造了许多神的故事，在口头流传，这就是神话的起源。

因此，作为民间文学的一种形式，神话是原始先民所创造的反映自然界、人与自然的关系，以及社会形态的具有高度幻想性的东西，其最主要的特质，是对自然现象和社会文化现象起源的解释。这种解释不仅指示出世界在时间意义上的“开始”，而且指示着现存世界秩序之所以如此的“根据”与“前提”。

传说与神话的关系，既有区别又有联系。神话往往与信仰和仪式联系在一起，而传说仅指自古以来就有的说法。鲁迅《中国小说史略》第二篇：“传说之所道，或为神性之人，或为古英雄，其奇才异能神勇为凡人所不及，而由于天授，或天相者，简狄吞燕卵而生商，刘媪得交龙而孕季，皆其例也。”这表示传说既是神话演变而来具有一定历史性的故事的名称，又是有关某人、某事或某地的一整套传闻。在文字尚未发明的时代，人们要对历史做记录只能利用口耳相传的方式，此即为传说的由来。因此传说通常不可靠，所描述的事件的发生年代远在文字发明前的遥远过去。

## 二、中国的神话传说

中国神话是我国上古时期的传统神话，不依托于任何宗教，反映了早期华夏民族淳朴的思想，以及古人对自然现象和社会生活的原始幻想。

关于中国神话的最初文字记载可以在《尚书》《礼记》《左传》《列子》《庄子》《楚辞》《国语》《纬书集成》《吕氏春秋》《山海经》《楚帛书》《淮南子》《史记》《水经注》等古老典籍中发现，以《山海经》最有神话学价值。中国神话细分可分为五类：创世神话、始祖神话、洪水神话、战争神话、发明创造神话。

创世神话又称开辟神话，是关于天地开辟、人类和万物起源的神话。古代的创世神话，以盘古的故事最为著名。一则神话说盘古不仅分开了天和地，同时也是天地之间万事万物的缔造者。另一则神话则说盘古死后，呼吸变为风云，声音变为雷霆，两眼变为日月，肢体变为山岳，血液变为江河，发须变为星辰，皮毛变为草木……这种"垂死化身"的宇宙观，暗喻了人和自然的相互对应关系。中国古代关于宇宙万物起源的神话还有多种表达形态，如帝舜的妻子羲和生育了十个太阳，帝俊的妻子常羲生育了十二个月亮等。《山海经》中所记录的烛龙之神，他的生理行为就直接引发了昼夜、四季等自然现象。这些都表明了原始先民对宇宙等自然现象积极探索的精神。

始祖神话是指有关人类起源的神话。《太平御览》云："俗说天地开辟，未有人民，女娲抟黄土作人，剧务，力不暇供，乃引绳絙于泥中，举以为人。故富贵者，黄土人也；贫贱凡庸者，絙人也。"这一则神话意蕴丰富，它不但虚构了人类的产生，而且试图阐释人类为什么会有社会地位的差别。有关女娲的神话主要应是产生于母系氏族社会，女娲造人和补天的不朽功绩，既反映了人们对女性延续种族作用的肯定，同时也是对女性社会地位的认可。这则神话塑造了一个有着奇异神通而又辛勤劳作的妇女形象，她所做的一切，都充满了对人类的慈爱之情。始祖神话几乎各部族皆有，而且不少在情节或结构上有相似之处。它们反映了原始先民对于自身起源的探究和对祖先的追念，表现出民族自豪感。

洪水神话是以洪水为主题或背景的神话，洪水神话在世界各地普遍存在。近代科学已经证明地球在冰川末期，随着气候转暖曾经有过世界性的大洪水。这次大洪水已成为世界各民族的远古记忆而流传在各种神话、传说之中。在中国的洪水神话中，洪水是一种自然灾害，神与原始先民积极同洪水进行斗争，体现了人的智慧及人与大自然抗争的精神。在洪水神话中最杰出的英雄当数鲧禹父子。《山海经·海内经》载："洪水滔天。鲧窃帝之息壤以堙洪水，不待帝命。帝令祝融杀鲧于羽郊。鲧复（腹）生禹，帝乃命禹卒布土以定九州。"鲧禹治水反映了中国古代汉族劳动人民治理洪水的艰苦卓绝的斗争过程，他们所表现出来的那种执着的信念和前仆后继、不屈不挠的伟大斗争精神，至今依然闪烁着灿烂的光芒。

战争神话是以战争为主题的神话，它反映了原始氏族社会部落之间的斗争。中国汉民族最有名的战争神话当属黄帝、炎帝和蚩尤之间的战争。《史记·五帝本纪》记载：

“蚩尤作乱，不用帝命，于是黄帝乃征师诸侯，与蚩尤战于涿鹿之野。”《太平御览卷十五天部十五》引《志林》曰：“黄帝与蚩尤战于涿鹿之野，蚩尤作大雾，弥三日，军人皆惑。黄帝乃令风后法斗机，作指南车以别四方，遂擒蚩尤。”涿鹿之战后，华夏、东夷共同融为后来华夏民族的核心。炎黄的联合，蚩尤部落的被同化，催化了民族和国家的诞生，在这个意义上它可以称为中华民族文明之始。

发明创造神话是与发明创造有关的一系列神话。人们把自身发展过程中所积累的各类重大发明，以及对各种自然、社会障碍的克服，都加在一个个神话人物身上，并把它们看作本部族的英雄象征。这一类的神话有后稷兴农业、史皇氏造字、嫘祖养蚕制丝、神农尝百草、燧人氏取火等。在这些神话中，自然神被人类自己的神所代替。它标志着人类自身主体性的突显，是社会进步的结果。

## 三、中国的神话传说的影响与意义

古代丰富多彩的神话，是远古历史的回音，它真实地记录了华夏民族在它童年时代的瑰丽的幻想、顽强的抗争及步履蹒跚的足印。同样，它作为中华民族的文化源头，在很大程度上影响了民族精神的形成及其特征。

首先，中国古代神话体现了深重的忧患意识。中华民族发源于以黄河流域为中心的广阔地域。而在三千年前，黄河流域除了不断出现洪水和旱灾以外，还分布着很多密林、灌木丛和沼泽地，其中繁衍着各种毒蛇猛兽。从《山海经》中那些能带来灾异甚至能食人的半人半兽或半禽半兽的描述中，人们能了解到原始先民生存环境的恶劣。为了生存和发展，原始先民们在满怀希望中，切实地体验着现实的艰难，并做出不懈的努力。比如在女娲、羿和禹的神话中，面对人类所处的恶劣环境，主人公们都能正视灾难，并通过锲而不舍的辛勤劳作和斗争，战胜自然灾难。

其次，古代神话具有明确的厚生爱民意识。对生命的爱护和尊重，是中国文化的一贯精神，所谓“天地之大德曰生”，反映的就是这种思想。中国古代神话在展示人类恶劣的生存境遇的同时，还为人类塑造了一些保护神，如女娲、后羿等。此外，还有一些神话形象如龙、凤等，“见则天下安宁”，它们的出现给人带来了祥瑞和安慰。《山海经》中“不死之国”“不死民”“不死之药”的传说，也说明了人类对生命的珍视。上古神话中展现的自然与人之间的亲和关系，实际上是一种厚生意识。如主日月之神羲和，不但要职掌日月的出入，“以为晦明”，调和阴阳风雨，还要“敬授人时”，以利人类的生产和生活。再如春神句芒的到来，“生气方盛，阳气发泄，句者毕出，萌者尽达”，给人类带来了美好的希望。这些都体现了人们对与自然和谐相处的愿望，在本质上是对保护和发展生命的希冀。

再次，中国古代神话体现了先民们的反抗精神。生存环境的艰苦，激发了先民不屈的奋斗精神，这种奋斗精神本身就意味着对于命运的抗争，由此而孕育出一大批反抗自然、反抗天帝的神话英雄。前者如精卫以顽强的生命力，面对着难以征服的自然，作顽强的拼搏。后者如《山海经·海外西经》中所载的刑天：“刑天与帝至此争神，帝断其首，葬之常羊之山。乃以乳为目，以脐为口，操干戚以舞。”即使断首以死，也要对着天帝大舞干戚，刑天所象征的知其不可而为之的悲剧性格，成了中华民族生生不息的精神长河中的巨浪。

神话作为原始先民意识形态的集中体现，凝结着先民对自身和外界的思考和感受，饱含着浓郁的情感因素。这些神话意象在历史中固定下来，通过文化积淀，在一代代人的心底流淌，并总是不失时机地通过各种形式，在后代文学作品中表现出来。一般来说，神话的创作基础是现实的，神话的创作方法是浪漫的。而神话的浪漫主义精神，那种新奇奔放的幻想，启发了作家的想象力，为他们提供了丰富的文学题材和艺术形象。例如屈原的《楚辞》，庄子的散文，阮籍、陶渊明、李白、李贺、苏轼等的诗歌，特别是小说戏剧如《柳毅传书》《张生煮海》《西游记》《封神演义》，以及鲁迅的《故事新编》等，或采用其故事，或学习其作风，或改编其原作，因而创作出许多更完整、更美丽、更惊心动魄，富于艺术感染力的新作品来。有的辞赋家、诗家、散文家往往把神话故事载入篇章，形诸歌咏，或用作典故，以充实作品的内容；或借为讽刺，以抒写作者的情绪；或炼成辞藻，变为精粹的、形象的文学语言。尤其重要的是神话的乐观主义、英雄主义及对现实的积极态度，强烈要求改变现实、追求美好生活的愿望，鼓舞人们勇敢向前的精神，对作家进步世界观的形成和积极浪漫主义的创作起了重要作用。



## 四、中西方神话传说的异同

神话是人类文明的一份巨大的精神财富，它涉及哲学、宗教、艺术、历史等多个领域。中西方神话体现出许多共性，这种共性中蕴含着人类文明发展的必经之路。

首先，就神话的产生而言，中西方神话并没有太大的差异，都是因为原始社会自然条件恶劣，人们生产方式极其落后，为了维持和延续生命，人们渴望从自然界的诸多不可解释的现象中得到慰藉，因而对自然界的诸多现象和各种生物产生崇拜和幻想。神的形象虽然是原始先民幻想出来的，但却是他们所能想象的理想状态，使他们因向往而不断追求，因追求而不断进步。在这方面，中西方没有太大差别。

其次，在中西方的神中，都有一个主神，古希腊神话中的宙斯与中国神话中的玉皇大帝，是众神之首，统领着下面的神。而下面的诸神都各有分工，古希腊神话中有冥王哈迪斯、海神波塞冬等，而在中国神话中也有阎王和龙王等不同角色。这种分工实际上是人类社会中的个人分工的真实写照，也同时体现了人类对自然的分类认识。

最后，中西之神都有性别之分，这更是人类自身的投影，在长相上，中西方的神都符合各自人种的典型特点。

但相比起西方神话，中国神话又有其独特之处。

其一，起源不同。中国神话起源于各个部族的图腾崇拜，历史悠久，始祖神和天神合一，每个部族都有自己的始祖神，所以在中国无法找到一个统治神界的至高无上的神。而西方神话产生较晚，而且是不同于中国的农耕文化的海洋文化，相比起中国神话的零散，西方神话有着严密的体系。中国古代神话篇幅都很短小，对神的事迹记载非常简略，故事性不强，没有西方神话那样的鸿篇巨制和曲折生动的情节。

其二，神的形象和变化不同。中国神起初经常是人兽的结合体，体现对图腾的崇拜。西方神话大部分神是以完美人的形象出现，是人格化的神。中国的神有从男性向女性变化、从半人半兽向全人转变的趋势，而西方神话很少有这种情况。

其三，中国上古神话有着极为鲜明的尚德精神。翻开中国上古神话，一个圣贤的世界扑面而来。尽管神话没有十分完整的情节，神话人物也没有系统的神系家谱，但它们却有着鲜明的东方文化特色，其中尤为显著的是它的尚德精神。这种尚德精神在与西方神话特别是希腊神话的比较时，显得更加突出。中国上古神话中的神均有不食人间烟火、没有凡人情欲的神格特征；神话中充满对远古英雄和帝王献身精神的讴歌与礼赞，以及对神话人物保民佑民的职分要求。这其中一方面是先天神话的内在特质，另一方面则是后代神话改造者们着墨最多的得意之笔。在西方神话尤其是希腊神话中，对神的褒贬标准多以智慧、力量为准则，而中国上古神话对神的褒贬则多以道德为准绳。这种思维方式深深地注入中国的文化心理。几千年来，中国古代神话的这种尚德精神影响着人们对历史人物的品评与现实人物的期望，决定着社会对人们进行教育的内容与目的，甚至也影响着20世纪以来中国现代文明的走向。

## 文学作品

### 盘古开天地[1]

天地混沌如鸡子[2]，盘古生其中。万八千岁[3]，天地开辟，阳清为天[4]，阴浊为地[5]。盘古在其中，一日九变[6]，神于天[7]，圣于地[8]。天日高一丈，地日厚一丈，盘古日长一丈[9]。如此万八千岁，天数极高[10]，地数极深，盘古极长[11]。后乃有三皇[12]。

**注　释**

[1] 语本选自《艺文类聚》卷一引徐整《三五历纪》。

[2] 混沌：我国传说中宇宙形成以前清浊不分、模糊一团的景象。鸡子：鸡蛋。

[3] 岁：年。

[4] 阳清为天：按古人理解，阴、阳两种元素是构成宇宙万物最基本的东西。阳的这种元素是清而轻的，就上升为天空。

[5] 阴浊为地：阴的这种元素是浊而重的，就下降为大地。

[6] 九变：形容变化极多。“九”表示多的意思。

[7] 神于天：他的智慧超过了天。“神”指智慧。

[8] 圣于地：他的能力胜过了地。“圣”指能力。

[9] 长：升高。

《盘古开天地》朗读欣赏

［10］数：用数计算。

［11］长：身材高。

［12］三皇：传说中的三位神人，说法不一，有说是天皇、地皇、人皇，有说是燧人氏、伏羲氏、神农氏。

## 作品简析

《三五历纪》又作《三五历》，为三国时代吴国人徐整所著，内容皆论三皇以来之事，为最早记载盘古开天传说的一部著作，此书已佚，仅部分段落存于后来的类书如《太平御览》《艺文类聚》之中，本文选自《艺文类聚》。这篇神话传说讲的是一个名叫盘古的巨人开天辟地的故事。这个故事极富想象力，处处充满了神奇的想象，用生动准确的语言塑造了盘古雄伟、神奇而了不起的形象，赞美了他为开辟天地而勇于献身的精神。盘古传说作为古老东方的创世神话，蕴含着敢为人先、开拓创新的宏大胆识，蕴含着战天斗地、自强不息的精神风貌，蕴含着天人合一、和谐共生的先哲思想，蕴含着以人为本、无私奉献的价值观念，体现着华夏先民对宇宙由来的深深思考和对人类起源的孜孜探究。



# 女娲补天[1]

往古之时，四极废[2]，九州裂[3]，天不兼覆[4]，地不周载；火爁炎而不灭[5]，水浩洋而不息。猛兽食颛民[6]，鸷鸟攫老弱[7]。于是女娲炼五色石以补苍天，断鳌足以立四极，杀黑龙以济冀州[8]，积芦灰以止淫水[9]。苍天补，四极正；淫水涸，冀州平；狡虫死[10]，颛民生。

## 注　释

［1］女娲（wā）：传说是伏羲氏的妹妹，人头蛇身，她用黄土做人，创造了人类。

［2］四极：传说天的四边有四根柱子撑着，这四根柱子叫“四极”。废：坏。这里指柱子折断，天塌下来。

［3］九州：古代中国分为冀、兖、青、徐、扬、荆、梁、雍、豫九州。

［4］兼：全部。

［5］爁（làn）炎（yàn）：延烧不绝的样子。

［6］颛（zhuān）：善良的。

［7］鸷（zhì）鸟：凶猛的鸟。攫（jué）：抓。

［8］冀州：古九州之一，这里代指中国。

［9］淫水：泛滥的洪水。

［10］狡虫：凶猛的鸟兽。

《女娲补天》朗读欣赏

## 作品简析

本文出自《淮南子·览冥训》。这则著名的神话故事反映了古代劳动先民与大自然抗争的不屈不挠的精神，女娲挺身而出、救民于水火的高尚，这源自人类渴望征服自然、创造美好生活的愿望。当有限的人力、物力解决不了人与自然的矛盾，人们便用想象创造了无所不能的神和英雄，来完成自己无法完成的征服自然、驾驭自然的任务。可以说，用想象来表达与自然抗争的精神是这则故事的主题，也是世界各民族神话传说中经久不衰的主旋律。

## 黄帝擒蚩尤

蚩尤作兵伐黄帝[1]。黄帝乃令应龙攻之冀州之野[2]。应龙蓄水，蚩尤请风师雨伯[3]，纵大风雨。黄帝乃下天女曰魃[4]，雨止，遂杀蚩尤。

黄帝摄政前[5]，有蚩尤兄弟八十一人，并兽身人语，铜头铁额，食沙、石子，造立兵杖刀、戟、大弩[6]，威振天下。诛杀无道[7]，不仁不慈。万民欲令黄帝行天子事。黄帝仁义，不能禁止蚩尤，遂不敌。天遣玄女[8]，下授黄帝兵信神符[9]，制伏蚩尤，以制八方[10]。

黄帝与蚩尤战于涿鹿之野[11]。蚩尤作大雾，弥三日[12]。军人皆惑[13]，乃令风后法斗机作指南车[14]，以别四方，遂擒蚩尤。

### 注　释

[1] 作兵：制造武器。兵，武器。

[2] 应龙：神话里一种长着翅膀的龙。冀州：传说中我国中原上古的九州之一。

[3] 风师：能够兴风的神。也叫“箕伯”“风伯”。雨伯：能下雨的神。即“雨师”。

[4] 魃：旱神，也叫“旱母”。

[5] 摄政：执掌政权。

[6] 兵杖：指各种长短武器。戟：一种古代兵器，长杆上端附有月牙状的利刃。弩：一种利用机械力量射出箭支的弓。

《黄帝擒蚩尤》朗读欣赏

[7] 诛杀无道：随便杀人，不讲道义。

[8] 玄女：也叫“九天玄女”，神话传说里的神女。

[9] 兵信：指挥军队的凭证，印之类的东西。神符：用来调动神的东西。符，古代用作凭证的物品，用竹子、木头、玉石、铜等材料制作，上面刻有文字，分成两半，双方各持一半。道士写在纸上驱使鬼神的字、画也叫符。

[10] 八方：四方（东、南、西、北）和四隅（东南、东北、西南、西北）的总称。

[11] 涿鹿：在今河北西北部。

[12] 弥：满。

[13] 惑：迷乱。

[14] 风后：相传是黄帝的一个臣子。法：仿效。斗机：北斗星的机能。北斗星的斗柄总是指向北方。

## 作品简析

本文出自《山海经·大荒北经》及《太平御览》。上古时期神话和历史传说常常混杂在一起，纠缠不清，而且说法纷纭，莫衷一是。蚩尤与黄帝之战，司马迁以审慎的史学原则，曾将其载入《史记·五帝本纪》之篇首文字中，他认为传说是以社会历史为依托，先秦文献含有神话色彩的记载，深藏着先祖人事的影子，说明上古包括黄帝在内关于崇拜英雄的故事，并非为无根之说。本文选用三段古书中关于黄帝、蚩尤之战的文字，来具体讲述了黄帝擒蚩尤的故事。这则神话实际上是远古时代人民同大自然斗争的曲折反映。天神的互相争斗也曲折地反映了当时社会人与人之间的斗争。以黄帝为首领和以蚩尤为首领的两个大部族之间的战争，对华夏的融合与统一具有不可替代的作用。

# 精卫填海

又北二百里[1]，曰发鸠之山[2]，其上多柘木[3]，有鸟焉，其状如乌[4]，文首[5]，白喙[6]，赤足[7]，名曰："精卫"，其鸣自詨[8]。是炎帝之少女[9]，名曰女娃。女娃游于东海，溺而不返[10]，故为精卫[11]，常衔西山之木石，以堙于东海[12]。漳水出焉，东流注于河。



## 注 释

[1] 北：向北方。

[2] 曰：叫作。发鸠之山：古代传说中的山名。

[3] 柘木：柘树，桑树的一种。

[4] 状：形状。乌：乌鸦。

[5] 文首：头上有花纹。文，同"纹"，花纹。

[6] 喙：鸟嘴。

[7] 赤：红色。

[8] 其鸣自詨（xiào）：它的叫声是在呼唤自己的名字。

[9] 是：这。炎帝之少女：炎帝的小女儿。

[10] 溺：淹没在水里。

[11] 故：所以。

[12] 堙（yīn）：填塞。

《精卫填海》朗读欣赏

## 作品简析

本文出自《山海经·北山经》。《山海经》是一部与巫术有关的古代地理著作，作者不详，约成书于战国时，秦汉时又有增补。共18卷，以记载传说中的地理知识为主，兼及民俗、物产、医药、巫术、祭祀等，尤其是保存了大量上古神话传说，如精卫填海、夸父逐日、黄帝杀蚩尤、鲧禹治水等，是我国先秦保存神话最多的古籍，具有重要的文学价值。精卫填海这篇文章叙述了炎帝（传说中的神农氏）的小女儿被海水淹死后，化为精卫鸟，常衔木石，投到海里，一心要把东海填平的神话故事。这个故事表现了古代劳动人民探索自然、征服自然、改造自然的强烈愿望和持之以恒、艰苦奋斗的精神。

## 弹　歌[1]

断竹，续竹；
飞土[2]，逐宍[3]。

### 注　释

[1] 弹（dàn）歌：一作“作弹歌”。弹，一种利用弹力发射的古老武器。

[2] 飞：发出。土：这里指泥制的弹丸。

[3] 逐：追赶，猎取。宍（ròu）：“肉”的古字。

《弹歌》朗读欣赏

### 作品简析

《弹歌》是一首反映原始社会狩猎生活的二言诗，选自《吴越春秋》。此篇是上古歌谣（上古歌谣指产生于原始社会和奴隶社会早期的民间歌谣，是《诗经》以前人民的口头创作，由于年代久远，原始社会的口头创作流传到后世并被记录下来的寥寥无几）。上古歌谣在思想内容上的最大特色是与现实生活的紧密联系。在艺术形式上，作为古老的民间口头创作，一般都具有字句简短、语言质朴和节奏明快的特点。

这首诗描写古人从制作工具到进行狩猎的全过程，歌谣句短调促，节奏明快，两字一音步的短促节奏，与弹射迫促的音响相关联。语言朴素有力，八个字组成四个动宾结构，概括出制造和使用弹弓的过程，又表现出与自然斗争的豪迈气概。

## 蜡　辞[1]

土反其宅[2]，
水归其壑[3]，
昆虫毋作[4]，
草木归其泽[5]。

### 注　释

[1] 蜡（zhà）辞：周代十二月蜡（腊）祭祝愿之辞，古人每年十二月祭祀百神，感谢众神灵一年来对农作物的福佑并为来年的丰收祈福，又称作“腊祭”。

[2] 反：通“返”。宅：住地，指原来的地方。

[3] 壑：深沟。

[4] 作：兴起。

[5] 泽：水草地、沼泽地。

《蜡辞》朗读欣赏

## 作品简析

这首上古歌谣《蜡辞》选自《礼记·郊特牲第十一》，这是一首古老的农事祭歌，属于中国远古时期的歌谣，是一个叫伊耆氏（有说即神农氏）的部落首领“腊祭”时的祝辞。“蜡辞”即“腊辞”。《蜡辞》，是一首具有明显咒语性质、带有浓厚巫术色彩的祝辞。它集中反映了原始先民面对地质灾害、洪水灾害、动物灾害、植物灾害等众多自然灾害侵袭时的复杂矛盾心理状态。四句诗，句句既是祈求，也是命令；既是祝愿，也是诅咒。全诗既反映了原始先民饱受自然灾害侵袭的深重苦难，也反映了他们相信利用巫术咒语能够消除自然灾害的乐观心理。

# 古汉语通论

## 文字的起源与汉字的构造

### 一、文字的起源

文字是人类传达感情、表达思想、记录语言的图形符号。世界上最古老的文字，有巴比伦的楔行文字、埃及的圣书文字、中美洲的玛雅文字和中国的象形文字，这些文字造就了古文明的历史成就。如今楔形文字、圣书文字、玛雅文字已销声匿迹，唯有承载中华文明的中国汉字一以贯之发展延续至今，成为历史上最悠久的、现存最古老的文字。

从仓颉造字的古老传说到100多年前甲骨文的发现，历代中国学者一直致力于揭开汉字起源之谜。关于汉字的起源，中国古代文献上有种种说法，如“结绳”“八卦”“图画”“书契”等，古书上还普遍记载有黄帝史官仓颉造字的传说。现代学者认为，成系统的文字工具不可能完全由一个人创造出来，仓颉如果确有其人，应该是文字整理者或颁布者。汉字体系的正式形成应该是在中原地区。汉字是独立起源的一种文字体系，不依存于任何一种外族文字而存在，但它的起源不是单一的，经过了多元的、长期的磨合，大概在进入夏纪年之际，先民们在广泛吸收、运用早期符号的经验基础上，创造性地发明了用来记录语言的文字符号系统，在那个时代，汉字体系较快地成熟起来。

就目前所知和所见到的殷商文字资料来说，文字载体的门类已经很多。当时的文字除了用毛笔书写在简册上之外，其他的主要手段就是刻写在龟甲兽骨、陶器、玉石上及陶铸在青铜器上。商代文字资料以殷墟卜用甲骨和青铜礼器为主要载体，是迄今为止中国发现的最早的成熟文字。

殷墟时期所反映出来的商代文字不仅表现在字的数量多，材料丰富，还突出地表现在文字的造字方式已经形成了自己的特点和规律。商代文字基本字的结体特征可分为四大类：取人体和人的某一部分形体特征为构字的基础；以劳动创造物和劳动对象为构字的基础；取禽兽和家畜类形象为构字的基础；取自然物象为构字的基础。从构形的文化内涵上来考察，这些成熟较早的字形所取裁的对象与当初先民们的社会生活相当贴近，具有很强的现实性的特征。同时，这些字形所描写的内容涉及了人和自然的各个层面，因而还具有构形来源广泛性的特征。

从甲骨文发展到今天的汉字，已经有三千多年的历史，文字的发展经过了金文、大篆、小篆、隶书、草书、楷书、行书等几个阶段。这几种字体的通行时间并非有前后明显的划分，而是并行或交叉的。

金文又称钟鼎文和铭文，是铸刻在青铜器上的文字。它从商朝后期开始在青铜器上出现，至西周时发展起来。大体上商后期在青铜器上的铭文不超过 50 字，西周末年的毛公鼎上铸的文字则长达 497 字。现在先后出土的商周青铜器大约有 1 万件以上。据古文字学家容庚所编《金文编》统计，现存金文单字约 3 000 个，其中 2 000 字已经被解读。金文的形体和结构，同甲骨文非常相近，基本上是一种字形。

到春秋战国时期，我国社会经历巨大变革，经济文化蓬勃发展，文字应用也越来越广泛。这时的文字趋向简化，各诸侯国因不相统一而形成“言语异声，文字异形”的情况，大体上秦国用大篆，六国用“六国古文”。六国古文也是一种“篆”。篆的意思就是把笔画拉长，成为一种柔婉美化的长线条。公元前 221 年，秦始皇统一中国，在全国范围内统一文字、货币、度量衡，规定通行全国的标准字形。秦始皇命令李斯等整理文字，改定字体，由李斯书写出标准字体《仓颉篇》，赵高做出《爰历篇》，胡毋敬作《博学篇》，让全国统一用他们简化后的字体书写，这就是小篆。

后来，小篆又逐渐被更方便更简化的隶书所代替。据说隶书最初是由下层低贱的人们使用的，当时“隶”指“徒隶”，本来隶书这种简便的字是写给他们看的。后来在民间用得多了，盛行起来，连统治阶级也不得不用这种字书写了。到汉朝时，隶书就成为全国范围的正式书写体。现在流传下来的汉碑，就是由这种隶书写成的。

隶书后来又演变成草书。这是一种隶书的快写体，它发展成为独立字体，大约始于东汉。与草书同时兴起的还有楷书，它又名“正书”或“真书”，成熟于东汉时期，盛行在魏晋南北朝时期。最后出现于东汉末年的一种字体是行书，基本上是楷书的样子，可以说是楷书的一个支派。楷书、行书和草书，一直流传至今。

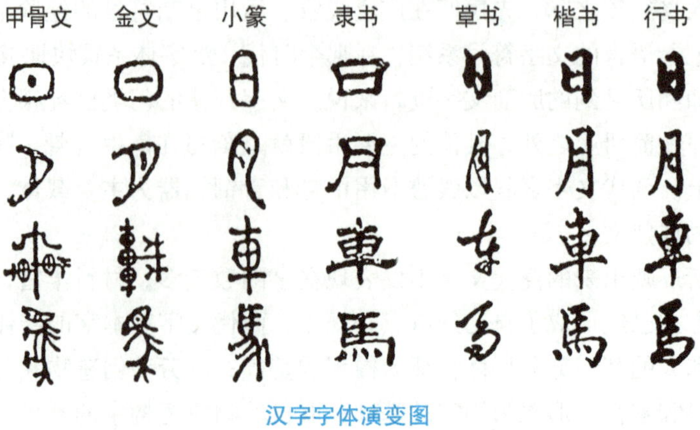


汉字字体演变图

## 二、汉字的构造

汉字是属于表意体系的文字，字形和意义有密切的关系，分析字形有助于对本义的了解。学习古代汉语，有必要了解汉字形体的构造。汉字包括独体、合体两种结构。“独体为文，合体为字。”一提起汉字结构，总离不开“六书”之说。所谓“六书”，就是前人分析汉字结构所归纳出来的六种条例。清代以后，一般人解释“六书”的名称大致采用东汉许慎《说文解字》中的说法。

许慎《说文解字·叙》：“周礼八岁入小学，保氏教国子，先以六书：一曰指事，指事者，视而可识，察而见意，上、下是也；二曰象形，象形者，画成其物，随体诘诎，日、月是也；三曰形声，形声者，以事为名，取譬相成，江、河是也；四曰会意，会意者，比类合谊，以见指㧑，武、信是也；五曰转注，转注者，建类一首，同意相受，考、老是也；六曰假借，假借者，本无其字，依声托事，令长是也。”

应该指出，古人并不是先定出六书的原则然后才造字的。文字是社会历史发展到一定阶段的产物，创造文字的并不是某一个人，不可能事先订好条例再着手造字。六书只是后人根据汉字的实际情况，加以客观分析所得出的结论。这种分析是合乎汉字实际情况的，它是汉字创造和应用的逻辑结果，在上古时代，人们能做出这种分析，是难能可贵的。正是由于分析是客观的，因此在文字教学上能起良好的作用，历来研究文字形音义的人必先讲究六书，不是没有理由的。

象形是基本原则，是因为会意和形声在多数情况下也都是以象形为基础的。象形属于“独体造字法”。象形以画图为基础，用文字的线条或笔画，把要表达物体的外形特征，具体地勾画出来。举例如下：

如图所示，例如“目”字就如同人的一只眼睛；“马”字就是一匹有马鬣、有四腿

的马。“龟”字像一只龟的侧面形状。“日”字就像一个圆形，中间有一点，很像我们在直视太阳时，所看到的形态。“月”字像一弯明月的形状。“弓”和“矢”分明就是弓与箭的形象。象形字为数不多，《说文解字》里象形字只有 364 个。汉代以后，一千多年来只造了“伞、凹、凸”等少数几个象形字，已不再用这种方法造字了。

指事字，看字的形状可以知道某种实物形状，再仔细观察指点的部分就知道字的含意。它属于“独体造字法”。与象形的主要分别，是指事字含有绘画中较抽象的东西。真正的指事字是很少的。为什么呢？因为抽象的概念也可以不用指事，而通过会意字来表示。《说文解字》中收集了 129 个指事字，如上、下、中、亦（腋）、厷（肱）、本、末、朱、寸、刃、甘等。

上　下　亦（腋）　曰　本　朱　末　刃

会意字属于“合体造字法”。会意字由两个或多个独体字组成，用组成的字形或字义，合并起来，表达此字的意思。和象形、指事相比，会意法具有明显的优越性：第一，它可以表示很多抽象的意义；第二，它的造字功能强。《说文解字》收会意字 1 167 个，比象形字、指事字多得多。

会意字组合的方式多种多样，交叉错综，这就是会意字之所以多于象形字和指事字的原因。拿“人”和“木”说：“人”和“人”可以组合为“从”“众”等，“人”还可以和其他形体组合为“保”“伐”“戍”“付”“伍”等；“木”和“木”可以组合为“林”“森”，“木”还可以和其他形体组合为“析”“相”“采”“困”等。因为会意字是两个或两个以上的形体的会合，所以可以表示许多抽象的、用象形或指事的方法难以表示的意义。

会意字又分为两种，一种是象形会意字。如秉、及、友、休、并、莫、斗、执、武、牧、看、饮、初、典、毓、依、安、北、突等。

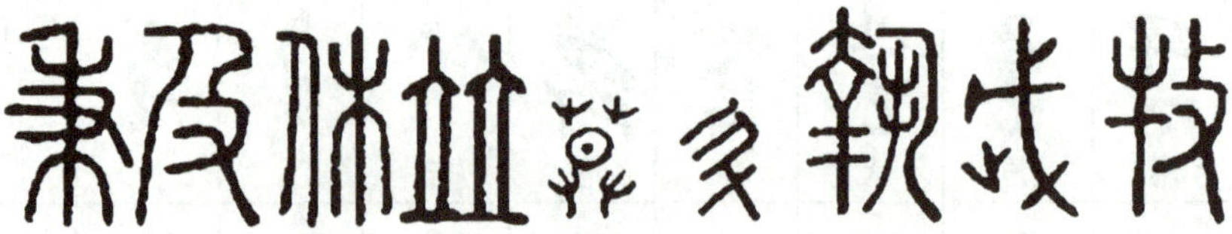
秉　及　休　并　莫　斗　执　武　牧

看　饮　初　典　毓　依　安　北　突

一种是象义会意字。如信、男、明、尘、森等。

信　男　明　尘　森

形声字属于“合体造字法”，是由意符和声符两部分组成的。意符表示形声字本义所属的意义范畴，声符表示形声字的声音。意符一般由象形字或指事字充当，声符可以由象形字、指事字、会意字充当。意符相同的形声字，在意义上大都和意符所表示的事物或行为有关，例如以贝为意符的形声字，如财、货、贿、资、赏、赐、贷、责、贸、赊、贪、费、贵、贱等，都是和财物有关的字；以言为意符的形声字，如语、谈、请、谒、谋、访、许、诺、讽、读、论、议、谏、讨等，都是和言语有关的字。《说文解字》收形声字 7 697 个，占字的大多数。形声字是汉字从表意走向表音的突破。

形声字的形旁和声旁结合的方式是多种多样的：有的形旁在左，声旁在右；有的形旁在右，声旁在左；有的形旁在上，声旁在下；有的形旁在下，声旁在上；有的形旁在外，声旁在内，或者形旁在内，声旁在外。例如：

（1）左形右声：材 偏 铜 冻 证 骑 秧 破

（2）右形左声：攻 颈 削 瓢 放 鹉 雌 故

（3）上形下声：管 露 爸 芳 崖 宵 界 字

（4）下形上声：架 案 慈 斧 贡 膏 凳 赏

（5）外形内声：固 病 庭 阀 园 匾 裹 衷

（6）内形外声：闷 问 闻

（7）形在一角：裁 载 栽

（8）声在一角：醛 渠

转注就是互训，意义上相同或相近的字彼此互相解释。许慎说：“转注者，建类一首，同意相受，考、老是也。”所谓“建类一首”，就是指同一个部首；“同意相受”就是指几个部首相同的同意字可以互相解释。例如“老”字和“考”字，就是一对转注字，它们都属“老部”。转注字有三个条件：两字同一部首、二字声音相近、可以互相解释。转注字是一种完全同意词，从语言的角度上来说，它增加了人们的负担。如今天就只用“老”字而不用“考”字了，“考”的意义用法已经转移。转注字虽然没有产生新的造字方法，但是造出了新字，而且新字往往是形声字。它反映了语音的发展变化或方音的差异；同时它也反映了一种语言文字现象，即文字是如何调整自己的形体以适应发展变化了的语言的需要。

假借就是用已有的汉字去记录新词。古时候，语言中的某个“词”，本来没有替它造字，就依照它的声音“假借”一个“同音字”来寄托这个“词”的意义。许慎说：“假借者，本无其字，依声托事，令长是也。”例如：“难”原是鸟名，借为“艰难”之难；“长”是长发，借为长久之长。

六书中只有象形、指事、会意、形声是造字之法；至于转注和假借，则是用字之法，因为根据转注和假借的原则并不能产生新字。

在汉字发展的过程中，隶书（楷书的前身）的产生是一次重大的改革，这种改革直接影响到汉字的构造，改变了篆书和篆书以前的古文字的面貌。象形字没有象形的意味了，会意字和形声字，很多也不容易分析。因此，我们在具体研究汉字的构造时，应抱有历史主义的观点。

## 古今字、异体字、繁简字

一个字原则上只应有一个形体，不需要两种以上的写法。但是汉字是一种具有几千年历史的文字，使用汉字的人又非常多，在汉字发展过程中，有些字出现了两种以上的写法，那是很自然的。古书上常常可以见到一些形体分歧的字。现在汉字简化以后，字的形体统一起来了，这给人民群众学习文化带来了莫大的便利。对一般人来说，只要掌握简化后的汉字就够了；但对学习古代汉语的人来说，只掌握现在通行的形体画一的简化字，而不了解那些形体分歧的字，阅读古书时就会遇到不少困难。

不同形体的字可以分为三大类：古今字、异体字、繁简字。

### 一、古今字

在上古时代，特别是先秦时代，汉字的数量比后代要少得多。许慎的《说文解字》只收了 9 353 个字，其中有许多是僻字，常用字实际上只有三四千个。例如《四书》（《大学》《中庸》《论语》《孟子》）总共只用了 4 466 个字。但不能由此得出结论说，上古的人头脑简单，概念贫乏，只用少数字就够了。上古人的概念无论如何贫乏，决不会比近代人的概念少得那样多。以《康熙字典》为例，虽然它收了 47 035 个字，但丝毫不能说明清代人的概念比上古人的概念多四五倍。

汉字增多的原因有三点：（一）适应社会发展的需要而不断产生新字，（二）各个时代逐渐衰亡的字仍然保存在字典中，（三）上古汉字“兼职”现象多，后代不断分化。

以《说文解字》中的“债”字为例，上古没有“债”这个概念，这个概念当时是由“责”字表示的。《说文解字》里有“捨”字，但是十三经里完全没有“捨”字，这也不等于说先秦没有“捨”这个概念，这个概念当时是由“舍”字表示的。由此看来，“责”“舍”等是较古的字，“债”“捨”等是比较后起的字。因此可以把“责—债”、“舍—捨”等称为古今字。“责”“舍”等字并没有被废弃，“责”“舍”所移交给“债”“捨”的只是它们所担任的义项当中的一个，它们还有别的义项如“责任”“房舍”等。

因此，古今字是指记录同一个词不同时代所用的不同形体的一对或一组字。古和今，是就造字先后而言的。先出现的为古字，后出现的为今字。

在汉字不断增多的过程中，产生了很多古今字。主要原因有两点：第一，假借字久借不归，只得给原意另造新字。比如表示选择的疑问代词“孰”没有本字，一开始就借用本义是“食物加热到可吃的程度”的“孰”字来表示，后来替“孰”字本义所表示的词造了“熟”字。第二，词的分化引起字的分别。如“辟”字：

（1）从台上弹人，而观其辟丸也。（《左传·宣公二年》）（避：躲避之意。）

（2）欲辟土地，朝秦楚，位中国，而抚四夷也。（《孟子·梁惠王上》）［闢：开闢（注：现在“闢”又简化为“辟”）。］

（3）苟无恒心，放辟邪侈［chǐ］，无不为已。（僻：不正当，不正派）

（4）友便辟，友善柔，友便佞，损矣。（《论语·季氏》）（嬖：本义宠爱）

（5）君子之道，辟如行远，必自迩；辟如登高，必自卑。（《中庸》）（譬：譬如）

常见的古今字有如下一些（古字在前，今字在后）：

大太　弟悌　閒间　说悦　孰熟　竟境　队坠

赴讣　冯凭　贾价　属嘱　厌餍　县悬　陈阵

共供　辟避　知智　昏婚　田畋　戚感　反返　错措

古今字和通假字是两个不同的概念，但它们既有区别又有联系。古今字是本无其字的借用；通假字，是本有其字，临时借他字表音。通假字与本字只是音同或音近因而通用的关系，没有什么直接引申的关系。

古字今和通假字之间的关系可以从以下几个方面来说。

首先，应从历史的角度观察同一个字的发展变化状况，古字和今字是先后出现的，系初造字和后造字的关系，属于纵的方面，如“然—燃”，“县—悬”。通假字和被通假字则是同一个时期出现的，而通假字则是研究同一时代汉字的通用情况属于横的方面，如“愿伯具言臣之不敢倍德也”（《史记·项羽本纪》），“倍”通“背”，又如“巫妪何久也？弟子趣之”（《史记·滑稽列传》），“趣”通“促”。“倍”和“背”、“趣”和“促”是同时存在的字。

其次，古今字在意义上一般是有联系的。如“布帛长短同，而贾相若”（《孟子·滕文公上》），其中“贾”是分化前的古字，后来表商人意的词用原字形，表价格意的词另造“价”字，“贾”和“价”就成了一对古今字，商人意的“贾”和价格意的“价”两意密切相连。又如“寒暑易节，始一反焉”中的“反”即为“返”，这一对古今字意义上的联系也很明显，而通假字一般意义上没有联系。如“蚤”和“早”、“倍”和“背”、“趣”和“促”等，意义上毫不相干。

最后，古今字有字形结构上的联系。一种是以古字作为声符构成今字。如“禽”字的意义是指飞禽，又用它表示“擒获”的意义。后来以“禽”为声符加上意符“手”构成今字“擒”。又如“其”加上意符“竹”构成今字“箕”。大多数古今字都表现为这种结构关系。如“昏—婚”“要—腰”等。另一种是改换古字的意符创造新字。如“说”字既表示游说，又表示喜悦的意思。后来把“说”的意符“言”换成意符“忄”，构成今字“悦”；又如“讣—赴”，意符“走”换成意符“言”构成今字“讣”。再如“错—措”“竟—境”等。但这种结构关系的古今字远不如前一种多，通假字并不一定都具有字形结构上的联系。如“阳货欲见孔子，孔子不见，归孔子豚”（《论语·阳货》），“归”通“馈”。又如“八月剥枣，十月获稻”（《诗经·豳风·七月》），“剥”通“扑”等。

## 二、异体字

异体字跟古今字的区别是：两个（或两个以上的）字的意义完全相同，在任何情况下都可以互相代替。在古代，同一个词造出两个或更多的字来代表，那是难免的。例如：

棄弃　齎賫　睹覩　庇廕　詒貽　諭喻　鶏雞　蚓螾　照炤　憑凭　罪辠

以前研究《说文解字》的学者把异体字分为正体、变体、俗体等。《说文解字》所载的，被认为是正体；《说文解字》所不载的，被认为是变体或“俗体”。这种判定是武断的。

异体字有下列几种情况：

(1) 会意字与形声字之差。如“泪”是会意字，“淚”是形声字；“岩”是会意字，“巖”是形声字。

(2) 改换意义相近的意符。如从攴束声的“敕”，变成了从力束声的“勅”。从欠的“歎”，变成了从口的“叹”。从纟的“绔”，变成了从衣的“袴”。

(3) 改换声音相近的声符。如“綫”从戋得声，而“线”却是从泉得声了。“袴”从夸得声，后来改成从库得声了。

(4) 变换各成分的位置。有的是改变声符和意符的位置，如“咊和”“鵞鵝”等。有的只是改变了声符或意符的写法，如“花”又写作“苍”。

还有一种值得注意的现象：有些异体字最初是完全同义的，但是后来有了分工。例如“谕喻”，先秦两汉都通用：

君子喻于义，小人喻于利。（《论语·里仁》）

寡人谕矣！（《战国策·魏策》）

乃使人与秦吏行县乡邑，告谕之。（《史记·高祖本纪》）

王好战，请以战喻。（《孟子·梁惠王上》）

谊追伤屈原，因以自谕。（《汉书·贾谊传》）

前三例中的“喻”和“谕”都是懂得、晓谕的意思，后二例中的“喻”和“谕”都是比喻的意思。可见这两个字通用。但到了后代，“诏谕”“晓谕”的“谕”不能写作“喻”，而“比喻”的“喻”也不能写作“谕”。原来是异体字，后来不是异体字了。

有三种情况不能认为是异体字：

第一，有些字，虽然意义相近，后代读音也相同，但不能把它们当作异体字。例如“寘”和“置”，就“放置”这一意义说，二者相通，可是“寘”还有一些别的意义是“置”所没有的，况且这两个字的古音也不一样，所以“寘”和“置”不是异体字。同样的情况还有一些字，如“寔”和“实”。

第二，有些字之间的关系交错复杂，有相通之处，也有不通之处，不能把它们看作异体字。例如“雕”“彫”“凋”，“雕”的本义是鸟名（又写作鵰），“彫”的本义是彫琢、绘饰，“凋”的本义是凋伤、凋零。在《说文解字》里，它们是分为三个字的。由于它们是同音字，因此在某一意义上常常通用。拿“雕”字来说，“彫饰”的“彫”可以写作“雕”，《左传·宣公二年》：“厚敛以彫墙”，一本作“雕”。“雕琢”的“雕”更经常写作“雕”，例如“文心雕龙”“雕虫小技”等。至于“凋伤”一义，上古也曾写作“雕”，例如“民力雕尽”（《国语·周语》）。但后来就不通用了。拿“彫”字来说，它曾经和“凋伤、凋零”的“凋”通用，“岁寒，然后知松柏之后凋也”（《论语·子罕》），一本作“彫”；“故劳苦彫瘁而能无失其政”（《荀子·子道》），就写作“彫”；但后代也很少这样通用了。再拿“凋”字来说，它的意义最窄，只表示“凋伤、凋零”，不能表示“雕刻、彫饰”。而凋和彫都不能表示雕鸟的雕。由此看来，这三个字之间的关系是很复杂的，它们不是异体字。其他像“遊”和“游”、“修”和“脩”都是这样。

第三，有些字通用是有条件的，更不能认为是异体字。例如“亡”和“无”相通，“今也则亡”（如今就没有了）（《论语·雍也》）。但并不是所有用“无”的地方都可以换成“亡”。后来这种用法只限于“亡何”“亡虑”等少数固定形式。又如“沽”和“酤”，在买酒或卖酒这个意义上是相通的，看来似乎像异体字，可是酤的对象只能是酒，而沽的对象可以是酒，可以是玉，也可以是别的东西。意义广狭不同，严格地说，这不能算是异体字。

## 三、繁简字

简体字可以追溯到甲骨文时代。汉代民间应用的简体字就有不少；北魏时代，亂字已经简化为乱，和现在公布的简化字相同；宋元以来简体字又有进一步的发展。今天我国通行的简化字，绝大部分都是历代相传下来的。

学习古代汉语既要掌握简化字，又要掌握繁体字；因为一般古书都用的是繁体字。学习繁体字，要注意繁体字和简化字之间的三种关系：

第一，绝大多数的简化字跟繁体字是一对一的关系，只要把繁体字记住就行了。例如：

爱：愛　　罢：罷　　办：辦　　达：達　　递：遞　　矾：礬

茧：繭　　籴：糴　　窃：竊　　灶：竈　　隶：隸　　粪：糞

只有少数是一对二、一对三或一对四的关系。例如：

当：當噹　　尽：盡儘　　坛：壇罎　　干：干幹乾　　系：系係繫　　台：台臺檯颱

第二，有些简化字是可以从古书中找出根据来的。其中有些是本字，有些是异体字或通用字。例如：

（1）舍：捨　古今字。

（2）荐：薦　古通用。

（3）夸：誇　古通用。

（4）踊：踴　古通用。

（5）启：啟　开啟的啟本作启。

（6）网：網　网是網的本字。

（7）气：氣　氣本作气，餼本作氣。

（8）礼：禮　古异体字。

（9）粮：糧　异体字。

了解这些关系，可由此知道古代已经有了这些字，今天简化，只是选择了笔画较少的，放弃了笔画较繁的。切不要以为现在的“舍”字在古代都该是“捨”，现在的“荐”字在古代都该是“薦”。这样，反而是弄错了。

第三，有些简化字和繁体字本来在词义上是毫不相干的，或显然有区别，仅仅因为是同音的关系，简化时就采用了那个笔画较简的。这就是说，在古书中，本来是有分别的两个字（或三个字），经过简化之后，混为一个了。这种情况最值得注意。如果用现在简化字所代表的那个词义去解释古书，就会发生误解。现在举些例字分别加以说明。

（10）后—後　在先秦少数古籍中曾以“后”代“後”，但不普遍，后代一般不再通用。至于“君主”“皇后”的意思，决不能写作“後”。《孟子·梁惠王下》：“书曰：‘徯我后，后来其苏’！”两个“后”字都是指商汤而言。《左传·僖公三十二年》“夏后皋之墓也”中的“后”，也是指君，这些“后”字决不能写作“後”。

（11）适—適　在古代汉语中“适”和“適”是根本不同的两个字。“适”音“kuò”，“適”音“shì”。《论语·宪问》：“南宫适问于孔子曰……”这里“适”不是“適”字。又宋代有人叫洪适。这种地方如果不知道它和“適”的区别，就会弄错了。

（12）征—徵　这两个字在古代汉语中，除了在徵赋（税）的意义上有时相通之外，决不混同。“征”是旅行（特指在外服役）、征伐。徵是证验、徵兆、徵辟、徵求；又是音乐中的五声之一（用于这个意义时读 zhǐ）。像《论语·八佾》的“夏礼吾能言之，杞不足徵也”中的“徵”，决不能写作“征”；《战国策·燕策》中的“为变徵之声”的“徵”，决不能换成“征”。反过来看，《左传·僖公四年》“昭王南征而不复”中的“征”，不能改作“徵”；《周易》的“征夫不复”，也不能写作“徵夫”。

（13）余—餘　“余”是第一人称代词，“餘”是剩馀的意思。在古籍中两个字如果都写作“余”，或都写作“餘”，许多话就会无法解释。如屈原《离骚》“仆夫悲余马怀兮”中的“余”，如果换成“餘”，“餘马”就不通了；杜甫“隔篱呼取尽餘杯”的诗句，如果把“餘”换作“余”，那就成了“尽我的杯”了。

像这种情况还非常多，现在只能举其一隅。总之，学习古代汉语，只有懂得了简体字与繁体字之间的这种分合关系，才能有效地掌握它们，才能正确地理解古代作品。

## 文史拓展

# 巫祝文化

## 一、巫

关于巫祝文化，顾名思义，是与巫有关的一个文化体系。巫，甲骨文为，即（工，巧具）+（巧具），巧具交叉组合，强调极为智巧。其造字本义是远古部落中智慧灵巧的通神者，以神秘法器，祝祷降神。许慎《说文解字》解释曰：“巫，祝也。女能事无形，以舞降神者也。象人两袖舞形。与工同意。古者巫咸初作巫。凡巫之属皆从巫。……能齐肃神明者，在男曰觋，在女则巫。”巫又称祝，事鬼神。所谓“事无形”，即看不见的鬼神。其降神的手段是歌舞，由此可见，巫是神与人之间的媒介。

我国古代对“巫”字的解释：上面一横代表着天，下面一横代表着地，中间一竖能通天达地，两旁的“人”字即一男一女，男即觋，女曰巫，多男扮女装，为通达天地的执行者。

《山海经·大荒西经》：“大荒之中有山名曰丰沮。玉门，日月所入。有灵山，巫咸、巫即、巫肦、巫彭、巫姑、巫真、巫礼、巫抵、巫谢、巫罗十巫，从此升降，百药爰在。”先秦典籍《世本·作篇》：“巫咸作筮。”即用蓍草占卜吉凶。

巫山十巫的记载都来自神话，而神话产生于野蛮时代甚至旧石器时代晚期的蒙昧时代。原始社会生产力极为低下，人的思维能力也极为简单，面对宇宙、人类的起源，天地日月，风雨雷电，火山地震，洪旱虫灾，以及人类的生老病死等自然和社会现象，都感到神秘惊异或敬畏恐惧，由此产生了原始宗教观念，幻想出种种人格化的自然神灵形象，用万物有灵的泛神论观念，幻想出征服自然、拯救人类的神秘力量和法术。

## 二、巫祝文化

关于巫祝文化，顾名思义，是与巫有关的一个文化体系。

巫祝文化的影响源远流长。就现今所知，巫祝文化大略可分为五大部分：第一部分为宗教，主要是流行于原始社会和奴隶社会的巫教、各种巫术及祭祀、避邪、崇拜等；第二部分是风俗，包括巫风、巫俗、丧俗、禁忌等；第三部分为艺术，包括巫歌、巫舞、巫戏（傩）、巫画；第四部分为文，包括巫书、巫诗、神话、传说；第五部分为综合，包括文字、巫医等。但是巫祝文化的影响有些并非是直接性的，它的影响也常常通过其他文化形态折射出来。

几乎世界上所有的民族，在其文明发展的早期都产生过大致相同的巫祝文化，然而，在社会发展到一定阶段后，这种巫祝文化要么发展充分，要么日渐衰退，甚至有的则以蜕变的形式存在于较高层次的社会里。在社会发展缓慢的民族中，巫祝文化的存在似乎有其必要性，但在发展程度较高的华夏文化中，巫祝文化非但没有淡化、销蚀，反而是通过各种形式移花接木地被消化和吸收，成为汉文化不容忽视的一部分。究其原因，其实并非难以理解。

## 三、华夏民族的巫祝文化

我国古代先民认为万物有灵，进而产生了对自然的崇拜、图腾的崇拜、灵魂的崇拜、祖先的崇拜，慢慢发展到祖先与天神合一，成为至上神的雏形。鬼神崇拜早在原始社会时期便已存在。先民们将日月星辰、风雨雷电、山川河岳等，皆视为有神主宰，因而产生敬畏感，并对之顶礼膜拜。那时先民们除认为万物有灵而产生自然崇拜外，还认为人死后灵魂不灭，因此又产生了对鬼神的崇拜。各种丧葬礼仪和祭鬼、驱鬼仪式随之逐渐形成。《竹书纪年》中载："黄帝崩，其臣左彻取衣冠几杖而庙祀之。"

至殷商时代，史前时期的自然崇拜已发展到信仰上帝和天命，初步形成了以上帝为中心的天神系统，遇事便由巫祝通过卜筮以向上帝请求答案。原始的鬼神崇拜已发展到以血缘为基础，与宗法关系相结合的祖先崇拜，其祭祖活动定期举行。这时期已出现专门从事沟通鬼神和人类的宗教职业者——巫祝。其中巫以歌舞降神，并有一套符咒驱鬼的巫术；祝以言辞悦神，是宗教祭祀活动中负责迎神祈祷的司仪者。他们替人治病、卜筮吉凶、画符念咒等。当时国家和社会均受巫祝支配。巫祝文化对中国古代政治的浸透，在殷商时期表现得尤其明显，"天命玄鸟，降而生商"的说法就是一大标记。那是一个巫术统治的世界，风云变幻、年景丰歉、战争胜负、治乱兴衰，乃至修筑城垣、任免官吏，都要以占卜的结果而定。在人们的观念中，主宰一切的"上帝"是"天"的化身，而王是遵照"天意"来统治人间，任何人不能违反"天意"。巫在当时是一种重要的政治势力，以巫、祝、宗、卜、史分管各项政务，构成了一个庞大的"巫政合一"的官僚机构。

周代鬼神崇拜进一步发展，所崇拜的鬼神已形成天神、人鬼、地祇三个系统。并把崇拜祖宗神灵与祭祀天地并列，称为敬天尊祖。盖所谓万物本乎天，人本乎祖。但鉴于殷商灭亡的教训，人们开始感到"天意靡常"，认为既要"顺乎天"又要"应乎人"。于是产生"敬天保民"思想，以"民之所欲，天必从之"，把"天意"与"民心"视为一体。到了春秋战国，群雄并起，诸侯争霸，遂形成"谋事在人，成事在天"的观念。特别是随着周代天文历学显著进步，世俗良医用药治病，战争胜败靠人靠力决断。诸如此类现象，又使人逐渐感到天命鬼神的虚幻，巫及巫术赖以生存的文化基础随之动摇。但是被扭曲的巫术仍能为封建统治者利用，巫权虽然没落，但巫术依然风行于朝野。甚至秦始皇在焚书坑儒的法令中还强调，聚谈诗书的人斩首，是古非今的人灭族，只有医药、卜筮、农作书不禁。

在这之后，社会生产力日益发展，人对自然现象的认识更为深刻，巫也逐渐有名无实。到了汉代，汉武帝采纳董仲舒、公孙弘等人的主张，废黜百家，独尊儒学，把道、名、法、阴阳五行等各家统一于儒家，使春秋公羊学成为最通显的儒学。自此开始，本来已被边缘化的原始巫祝文化名存实亡，巫术日渐走邪，巫也多方向地分解。一些巫弃巫从仕，踏进做官的行列；一些巫靠拢儒家，成为儒门学人；一些巫建宗立教，以宗教的名义从事巫术；而更多的巫则通过占卜、祭祀、算命、相术、测字、看风水等方式向民间渗透；还有些巫甚至成为皇权的附庸和皇权的打手。某些统治者的重视和提倡，使巫文化的负面更为扩张，上升到政治的高度，并通过政权自上而下加以贯彻，形成制度，广为传播，致使巫祝文化以弘扬之势长期在封建社会中延续。

但无论怎么说，自儒的兴起并成为正统后，子不语怪力乱神，巫祝文化的发展日渐低迷，只能以其他形式在社会上挣扎求存。

## 四、巫祝文化的影响

首先，巫祝文化对中国早期文字学、天文学和医药学的发展有着直接影响。直接起源于巫祝文化的是甲骨文，不仅是我国最古老的文字，而且确定了汉字的基本模式和发展方向，开创了中国的文明史，并成为中国文化的重要载体，其意义是十分重大的。甲骨文是商代刻在龟甲和兽骨上的文字，殷墟出土的甲骨文有 1 万余片，记录了 5 000 多个单字，其内容主要是卜筮，反映了当时政治、经济、军事、文化等方面的活动，而这些类似档案资料的原始记录，都出自巫师之手，是地地道道的巫祝文化。

与甲骨文密切相关的是古天文学，它实际上是从巫师的占星术开始的，殷商时期主要是由巫觋掌管，以此确立了中国天文学一直为官方执掌的管理体制。观察天象是巫师的重要职责之一，因为在遥远的古代，日月交替、月亮圆缺、星移斗转、四时更迭等自然现象，都使古人感到神奇莫测，一旦出现异常，人们就会大为惊恐，所以巫师必须随时观察天象以测吉凶。在甲骨文中保存了中国最古老的天象记录，包括日食、月食、岁星、大火星、彗星的出现，致使中国成为世界上最早有天象记录的国家。在天象观察的基础上，结合物候，创造了中国古老的历法《夏小正》和《月令》，以天象和物候制定的历法，为“农历”的产生奠定了基础。

早先的医和药都是杂糅在巫术中的。在当时人们的观念中，人有病是鬼神作祟，所以巫师在为人治病时，首先必须逐魔，而看病施药也是一种手段，在解除了人的恐惧心理之后，人的精神状态恢复，用药自然有效。此即所谓“巫医并治，神药两解”。中医的理论基础，不外乎“阴阳大化”“五行生克”，追根溯源，皆出自《易经》，故有“医《易》同源”之说，它们都出自古老的巫文化。尽管中医在后来有了很大发展，独立成为一门科学，但它发源于巫祝文化是不容置疑的。

其次，史官文化源于巫祝文化。《周易》作为巫祝文化的最高成就，除了“幽赞于神明”之外，便是言“变”，如《周易·系辞下》云：“穷则变，变则通，通则久”，“变”追究着“天道”、“人道”和“地道”，故《周易》的神道观中历史意识十分强烈。神、人杂糅是《周易》的特征，撕去其神秘的面纱便可见《周易》所反映的上古社会。郭沫若先生据先秦文献不但挖掘出保存在《周易》中的商周史料，而且在对其言辞的梳理中，发现了中国历史上奴隶的存在及原始社会的生活画卷。郭沫若先生的研究表明，《周易》作为巫祝文化的成果和智慧，在巫的本职——降神尊天之中已萌发出强烈的史学意识。巫、史之职的分离在巫祝文化中掺拌着巫文化和史官文化的不同追求。两者之间的斗争和彼消此长预示着史官文化的因子已悄然诞生于母体——巫祝文化之中。由此可以推断，史官文化的源头就在于巫祝文化之中。史出于巫，史官依旧部分地承担着巫的职能，如《左传》屡有史官卜筮之事的记载。从这里我们可以看出，史官文化的雏形也是在巫祝文化中成长成型的。

再次，巫祝文化对儒教和道教的产生与发展有着深远的影响。它主要经过《易经》的归纳而升华为哲理，又经过“谶纬”而更富神秘色彩，再通过道教在民间广为传播并扩散到社会思想的各方面。《易经》集上古卜筮之大成，它有一套完整的卜筮方法、卦画系统和封象系统，并从卜筮中推出“讲学之道”，阐发哲理。《易经》中有组合排列与四则运算问题，又蕴含着朴素的辩证思想与法则，道理十分深奥，是我国古籍中颇为难懂的一种。《易经》占有重要地位，儒学把它列入“五经”之一，千百年来，许多人对它苦心钻研而不能穷其理，佛、道的玄谈和儒家的义理各有诠释阐发，形成了庞杂的易学体系。道教的诞生，以五斗米道、太平道的出现为标志，产生于东汉末年。考其渊源，它虽然奉老子为教主，以道家哲学为核心，但来源却相当庞杂，包括古代的自然崇拜、祖先崇拜、鬼魂崇拜、神话传说、巫术、神仙、方术、谶纬及黄老之学等，集合了巫祝文化的种种历史沉淀。道教的法术，如画符念咒、扶乩降神、卜筮抽签、占星解梦等，事实上都渊源于上古的巫术，同时吸收了谶纬之说。然而，道教毕竟不同于原始的巫，它有了教义和经典，有庞大的神祇系统与宗教组织，有教规、教律、道士和宫观，并成为与儒、佛鼎足而立的一大宗教势力，在民间拥有大量信徒。原始形态的巫祝文化，经过系统加工改造，再渗入道家哲理，面貌大不同前，而且宗教化以后，传播更为广远，对中国文化的各方面有着不可低估的影响。

最后，巫祝文化对其他文化的渗透及文学作品的影响是十分巨大的。巫祝文化对中国古代意识形态的影响深刻而又久远。巫祝文化的渗透力极强，它渗透并影响了阴阳说、老庄思想、儒家学说，道家学说，甚至宗教；同时它也已渗透到社会生活的各方面，诸如生产、建筑、服饰、饮食、居住、婚丧、民间巫术、民俗信仰、岁时节令、人生礼仪等。它在被奉为中华正统文化经典的六经——《诗经》《书经》《礼记》《易经》《乐经》《春秋》中有所体现。如《易经》就是一部集巫文化之大成的卜筮之书；《礼记》全书贯穿巫教的礼教思想；《诗经》三百篇中，许多诗作就是祭祀之歌词，其他诸经对巫事的祭祀、祈祷、星占等记载也都比比皆是。而《楚辞》更与巫文化有着极深的渊源，范文澜先生考证屈原的《九歌》就被认为是巫师祭祀的歌曲；《天问》则是卜辞占卜文；《离骚》是祝辞文，并且后世的文学作品中对于“巫”的活动仍有诸多的描述与体现。

总之，巫祝文化在历经千年之后虽没有成为中国的正统文化，但其影响却是深远的。巫祝文化的源流之漫长，内容之奥秘，传播之广泛，对中华文明延续之重要，都是今人需要下功夫探索的问题，唯其如此，我们才能在“文化寻根”中看到古老巫祝文化的真实面孔，才能让原始巫祝文化放射出更加灿烂的光辉。

## 以古说今

# 观乎人文，以化成天下

## 一、用典与出处

“观乎人文，以化成天下。”该句出自《周易》的《贲卦·彖传》第二十二。2018年5月18日，在全国生态环境保护大会上习近平总书记引用了这句话。

原文如下：

《彖》曰：贲，亨，柔来而文刚，故亨；分刚上而文柔，故小利有攸往。刚柔交错，天文也；文明以止，人文也。观乎天文，以察时变；观乎人文，以化成天下。

释义：《彖传》说：文饰，亨通顺利，是因为阴柔前来修饰阳刚，所以亨通顺利；又分出阳刚在上修饰阴柔，所以“对柔弱者有所举动有利”。阳刚与阴柔相互交错，形成天象的五彩斑斓；文理鲜明而止于礼仪，形成人类的斑斓文彩。仰观日月星辰的变化，可以知道四季更替的规律；俯察人间的伦常秩序，可以进行教化以达到天下大治。

《周易》又称《易经》，虽是一部筮书，但书中包含了深刻的人生哲理。《周易》不仅对中国哲学的发展产生了重大影响，而且对各个学科的发展都产生了重要作用。《四库全书总目·经部·易类序》中说：“《易》道广大，无所不包，旁及天文、地理、乐律、兵法、韵学、算术，以逮方外之炉火，皆可援《易》以为说，而好异者又援以入《易》，故《易》说愈繁。”中国的建筑、医学、音乐、绘画、日常生活等无不与《周易》有着千丝万缕的联系，甚至影响到中国人的民族性格和民族精神，《周易》也因此成为中华文化的“群经之首，文化之根”。

## 二、古今解读

“观乎天文，以察时变；观乎人文，以化成天下。”要理解这句话，首先要知道什么是“文”。《周易·系辞传》云：“物相杂，故曰文。”各种线条、色彩交织在一起，便称作“文”，引申指对人的天性进行修饰，所以文的对义词是质。孔子说：“质胜文则野，文胜质则史。文质彬彬，然后君子。”天性强过文化的修饰，便不能很好地管理自己；文化的修饰掩住了天性，就导致浮华夸饰。文质相互平衡，才是君子该有的气质。

不同于墨家之尚质，道家之反文，儒家对诗书礼乐之文特别注重。当时，有棘子成者，质疑儒家重文，说：“君子质而已矣，何以文为？”孔子的学生子贡，马上反驳他，说：“文犹质也、质犹文也。”倘使没有了毛色斑纹相区别，虎豹的皮革和狗羊的皮革也就没有了区别。君子之道，不仅要有美好的天性，更要经后天诗书礼乐的文饰，才能行为举止文雅典重，气质高贵。

儒家学说是中国传统文化的主流和重要组成部分，是凝成中华民族精神的轴心，是东亚文明的精神内核。“察业识某如佛，观事变莫若道，而知性尽性，开价值之源，树价值之主体莫若儒。”儒家思想统谓之为人文思想，它的终极目标便是《周易》中这句“观乎天文，以察时变，观乎人文，以化成天下”。“文”独具教化功用，人文、文化两个词，都出于此。儒家认为，君子毕生所学，不过是求得人格的完全，亦即“仁”。仁，古文字亦作“上身下心”，是“心之全德”之谓。治国之君子，只有对“文”的意义有了深切了解，才能更好理解“仁”践行“仁”，从而教化天下，让天下臻于大成。

如今，在中国特色社会主义建设的新时期，党的十八大报告以“引领风尚、教育人民、服务社会、推动发展”16 字对“观乎人文，以化成天下”新的解读。文化是人的一种生存状态，是人类物质生产和精神生产的总和。文化以“化”人为宗旨——以“文”把人的素质“化”高。人把握世界，不能只是物质的即经济的方式，同时还必须有精神的如历史的、哲学的、宗教的、艺术的等方式。中国特色社会主义文化，源于人民、属于人民、表现人民、服务人民，文化建设以人为本、以人为中心，是顺理成章的事。风尚育人，氛围养心。文化之于风尚，既要造就它，更要引领它。发挥好对风尚的引领作用，是文化自觉、自信的重要体现。而教育不是简单的说教，不是公式化概念化地教化，是通过艺术化方式去养眼悦耳怡情，锻造一种非功利的心忧天下、融小我于大化的审美人格。

“国民之魂，文以化之；国家之神，文以铸之。”博大精深、源远流长的中华优秀传统文化不仅承载着先辈们的智慧精髓，更是滋养当代中国人精神世界、提振当代中国人精神力量的源头活水和不竭动力。

## 三、继承和弘扬中华优秀传统文化

习近平总书记深刻认识到中华优秀传统文化的价值与意义，他在党的二十大报告中指出，“中华优秀传统文化源远流长、博大精深，是中华文明的智慧结晶，其中蕴含的天下为公、民为邦本、为政以德、革故鼎新、任人唯贤、天人合一、自强不息、厚德载物、讲信修睦、亲仁善邻等，是中国人民在长期生产生活中积累的宇宙观、天下观、社会观、道德观的重要体现，同科学社会主义价值观主张具有高度契合性。”这段论述深刻阐释了中华优秀传统文化是中华民族的根与魂，是最深厚的国家文化软实力，是中国特色社会主义根植的沃土，是我们坚定文化自信的力量源泉。因此，我们要学会认识并自觉继承和弘扬中华优秀传统文化。

首先，要正确看待传统文化和优秀传统文化的区别。传统文化是一个极为宽泛的概念，其内容中既有精华的部分，也有糟粕的部分；既有时代性、阶级性的一面，也有超越时代的、具有文明共性的一面。中华文化在五千年的历史长河中不绝如缕，薪火相传，文化传统从未中断。与世界上任何一个民族的文化一样，中华文化的传统并非千年如斯，而是一直处在一个生生不息、日新不已、变易不断的过程中。中华民族经年累代创造并传承下来的物质遗存和精神遗存，诸如语言文字、风俗礼仪、思维方式、伦理宗教、审美旨趣、文学艺术、器物制度，等等，都是我们所说的传统文化。我们所说的继承和弘扬，自然是指传统文化中独特且优秀的部分，是优秀传统文化中的思想精华和道德精髓，而不是丧失合理性、与时代精神背道而驰的糟粕。继承和弘扬的对象只能是“优秀传统文化”和“传统美德”。

其次，要正确看待马克思主义与中华传统文化的关系。马克思主义与中华优秀传统文化，不是非此即彼、截然对立的关系。在马克思看来，人类任何新的创造，都是在“直接碰到的、既定的、从过去承继下来的”条件和环境下进行的，而不是凭空想象或拿来主义。中华优秀传统文化是马克思主义中国化的本土文化之根，是马克思主义与中国实践相结合的文化土壤。同时，马克思主义的传入也改变了中华传统文化的发展方向，为传统文化注入了新的生机和活力，使中华文化沿着民族的、科学的、大众的文化方向发展。正如党的二十大报告所指出，“我们必须坚定历史自信、文化自信，坚持古为今用、推陈出新，把马克思主义思想精髓同中华优秀传统文化精华贯通起来、同人民群众日用而不觉的共同价值观念融通起来，不断赋予科学理论鲜明的中国特色，不断夯实马克思主义中国化时代化的历史基础和群众基础，让马克思主义在中国牢牢扎根。”



再次，要端正继承和弘扬中华优秀传统文化的态度。习近平总书记指出，“不忘本来才能开辟未来，善于继承才能更好创新”。这就要求我们在实现“中国梦”的历史新时期，要立足当代中国和世界的现实，运用马克思主义的方法对中国的历史文化进行科学总结和概括。任何民族和国家的文化都是一个矛盾的复合体，中国传统文化也不例外。它既有精华，也有糟粕；既有优良传统，也有不良传统。即使是精华、优良传统，也受历史条件和阶级的限制，不可照搬、照抄，全盘继承。在继承和弘扬中华优秀传统文化方面，习近平总书记还指出，“要讲清楚中华优秀传统文化的历史渊源、发展脉络、基本走向，讲清楚中华文化的独特创造、价值理念、鲜明特色，增强文化自信和价值观自信”，“要系统梳理传统文化资源，让收藏在禁宫里的文物，陈列在广阔大地上的遗产、书写在古籍里的文字都活起来”。只有讲清楚，梳理好，才能寻找到中华文化的“主根”，才能寻找到中华民族精神的“精神源泉”。

最后，要对中华优秀传统文化进行创造性转化和创新性发展。伴随着科技进步和社会形态发生的变化，中国优秀传统文化与当下政治经济形态存在着不协调和不一致。继承和弘扬优秀传统文化，需要将其与社会主义的市场经济、民主政治、先进文化、社会治理等相适应，对其进行创造性转化和创新性发展。“创造性转化，就是要按照时代特点和要求，对那些至今仍有借鉴价值的内涵和陈旧的表现形式加以改造，赋予其新的时代内涵和现代表达形式，激活其生命力。”强调继承和弘扬优秀传统文化合理的成分，创造性地加以转化，形成我们的新文化，提高民族自信心。“创新性发展，就是要按照时代的新进步新发展，对中华优秀传统文化的内涵加以补充、拓展、完善，增强其影响力和感召力。”

# 第二单元　诗经与楚辞

## 文学概说

### 诗经与楚辞

#### 一、第一部诗歌总集——《诗经》

（一）《诗经》

《诗经》原名《诗》，或称“诗三百”，是我国第一部诗歌总集，属儒家“六艺”之一，收入自西周初年至春秋中叶大约五百多年的诗歌，共305篇，另有6篇笙诗，有目无辞。《诗》与《书》《礼》《易》《春秋》并称“五经”。

《诗经》的作者包括了从贵族到平民的社会各个阶层人士，绝大部分已不可考。《诗经》如何编定成集，在先秦古籍中并没有明确记载。历史上广泛流传着“献诗”“采诗”“删诗”之说。如汉代学者就有“采诗”的说法。“孟春之月，群居者将散，行人振木铎徇于路以采诗，献之太师，比其音律，以闻于天子。”（班固《汉书·食货志》）当代学者一般认为《诗经》应是周代公卿列士献诗、陈诗，用以颂美或讽谏。“故天子听政，使公卿至于列士献诗，瞽献曲，史献书，师箴，瞍赋，矇诵。”（《国语·召公谏弭谤》）公卿列士所献之诗，既有自己的创作，也有采集来的作品。还有一种说法是孔子删诗说。“古者《诗》三千篇，及至孔子，去其重，取可施于礼义……三百零五篇，孔子皆弦歌之，以求合韶武雅颂之音。”（司马迁《史记·孔子世家》）删诗说至今仍有人坚持，但多数学者认为此说法并不准确，在孔子生活的年代，《诗经》已基本固定成形。《诗经》由孔子删选而成，是不可信的。但孔子对“诗”可能做过“正乐”的工作，甚至也可能对“诗”的内容和文字有些加工整理。

（二）《诗经》的分类

《诗经》按其音乐性可分为风、雅、颂三类。风是带有地方色彩的音乐，指各地的土风歌谣。主要是各地民歌，其地域，除《周南》《召南》产生于江、汉、汝水一带外，其他均产生于从陕西到山东的黄河流域。包括十五“国风”，共计160篇；雅是王畿之乐，雅又有“正”的意思，当时把王畿之乐看作“正声”，也就是典范的音乐。雅分大雅31篇、小雅74篇，共计105篇；颂是专门用于宗庙祭祀的音乐。颂分周颂31篇、鲁颂4篇、商颂5篇，共计40篇。它们的创作年代很难一一具体指出，但从其形式和内容的特点来看，可以大体确定：周颂全部和大雅的大部分是西周末年的作品；国风的大部分和鲁颂、商颂的全部则是周王朝东迁以后至春秋中叶的作品。“诗”最初都是乐歌，只是由于古乐失传，后人已无法了解风、雅、颂各自在音乐上的特色了。

《诗经》在表现手法上主要分为赋、比、兴三种，赋、比、兴最早见于《周礼》，它们与风、雅、颂合称“六义”。据朱熹说：“赋者，敷陈其事而直言之也”；“比者，以彼物比此物也”；“兴者，先言他物以引起所咏之词也。”赋就是陈述铺叙的意思，一方面它可以叙事描写，另一方面也可以议论抒情。雅诗、颂诗中多用这种方法，国风中则较少使用。在赋、比、兴三者中，赋是基础。如“坎坎伐檀兮，置之河之干兮”（《魏风·伐檀》）。比就是譬喻，它“或喻于声，或方于貌，或拟于心，或譬于事”（《文心雕龙·比兴》），从而使形象更加鲜明，如“硕鼠硕鼠，无食我黍”（《魏风·硕鼠》）。兴的基本含义是借助其他事物作为诗歌的开头，然后借以联想，引出诗人所要表达的事物和思想感情，相当于我们常用的象征修辞方法。如“关关雎鸠，在河之洲。窈窕淑女，君子好逑”（《周南·关雎》）。《诗经》比兴手法的运用，大大丰富了诗歌的表现手法，它可以在极短的篇章里造成极为动人的境界和形象，引人入境。比兴手法在我国诗歌创作中一直被继承和发展着，对后世文学产生了深远影响。

### （三）《诗经》的内容

《诗经》按其内容主要可以分为以下几种。

祭祖颂歌：如《生民》《公刘》《绵》《皇矣》《大明》等，赞颂了后稷、公刘、太王、王季、文王、武王的业绩，反映了西周开国的历史。

农事诗：《诗经》中的《臣工》《噫嘻》《丰年》《载芟》《良耜》，是耕种籍田、春夏祈谷、秋冬报祭时的祭祀乐歌，记录了与周人农业生产相关的宗教活动和风俗礼制，反映了周初的生产方式、生产规模及生产力发展的水平。

燕飨诗：《诗经》中还有以君臣、亲朋欢聚宴享为主要内容的燕飨诗，如《小雅·鹿鸣》《伐木》《鱼丽》《南有嘉鱼》《蓼萧》《湛露》《彤弓》等。周之国君、诸侯、群臣大都是同姓子弟或姻亲，周统治者十分重视血缘亲族关系，利用这种宗法关系来加强统治。燕飨不是单纯为了享乐，而是有政治目的。在这些宴饮中，发挥的是亲亲之道，宗法之义。

怨刺诗：西周中叶以后，针砭时政的怨刺诗出现了，这些诗被后人称为“变风”“变雅”。怨刺诗主要保存在“二雅”和国风中，如大雅中的《民劳》《板》《荡》《桑柔》《瞻卬》，小雅中的《节南山》《正月》《十月之交》《雨无正》等。这些诗从内容上看又可分为两个方面：其一是对统治者进行讽喻和规谏，其二是对社会的黑暗现实进行怨刺和批判。

战争徭役诗：以战争与徭役为主要题材的叙事和抒情诗称为战争徭役诗，这类诗在《诗经》中大概有 30 首。战争与徭役在《诗经》中一般被称为“王事”：“王事靡盬，不遑启处”（《小雅·采薇》），“王事靡盬，不能艺稷黍”（《唐风·鸨羽》），“王事靡盬，忧我父母”（《小雅·北山》）。周人重农尊亲，战争诗和徭役诗表现出人们为对战争、徭役的厌倦，含有较为浓郁的感伤思乡恋亲的意识，从而凸现了较强的周民族农业文化的心理特点。《诗经》战争诗有两种情况：其一，对周边民族的抵御与进攻（积极防御），如《小雅·采薇》。其二，对内镇压叛乱，如《豳风·东山》。

婚恋诗：婚恋诗在《诗经》中表现类型有多种。如表现单相思的诗《周南·关雎》；表现男女相互爱慕的诗《邶风·静女》；表现女子对男子思念的诗《郑风·子衿》《郑风·出其东门》；表现争取婚姻自由的诗《鄘风·柏舟》；弃妇诗如《卫风·氓》和《邶风·谷风》。

### （四）《诗经》的地位及影响

《诗经》是我国文学的光辉起点，它的出现及它的思想性和艺术成就，奠定了我国诗歌的优良传统，在我国乃至世界文化史上都占有极高的地位。

首先，《诗经》主要是抒情言志之作。从《诗经》开始，我国诗歌沿着《诗经》开辟的抒情言志的道路前进，抒情诗成为我国诗歌的主要形式。

其次，《诗经》表现出的关注现实的热情、强烈的政治和道德意识、真诚积极的人生态度，被后人概括为“风雅”精神，直接影响了后世诗人的创作。《诗经》关注现实，抒发现实生活触发的真情实感，这种创作态度，使其具有强烈深厚的艺术魅力。《诗经》是中国现实主义文学的第一座里程碑。特别是其中民歌部分所表现的“饥者歌其食，劳者歌其事”的现实主义精神对后世文学影响巨大。历代民歌基本上是《诗经》现实主义精神的继承与发扬。后世文人在创作中倡导“比兴”“风雅”，实质上也就是对《诗经》现实主义精神的倡导。每当文坛上文章流于形式、形神不符之时，文人们常以恢复风雅相号召。唐初陈子昂在诗歌革新运动中就是以“风雅不作”“兴寄都绝”批判齐梁间诗的“采丽竞繁”；诗人杜甫也以“别裁伪亲风雅”作为自己的创作方向。白居易在新乐府运动中，以“风雅”“比兴”为标准，批评了齐梁以来的绮丽文风。同时，他又总结了魏晋以来现实主义诗歌创作的成就，提出了“文章合为时而著，歌诗合为事而作”的要求，这些都是《诗经》“风雅”精神的体现。

再次，比兴在艺术表现手法上为后代作家提供了学习的典范。《诗经》中触物动情，运用形象思维的比兴，塑造鲜明的艺术形象，构成情景交融的艺术境界，对我国诗歌的发展具有重大的意义。汉乐府民歌、古诗十九首，明显是对《诗经》比兴手法的继承。比兴的运用，形成了我国古代诗歌含蓄蕴藉、韵味无穷的艺术特点。

最后，《诗经》对我国后世诗歌体裁结构、语言艺术等，也有深广的影响。曹操、嵇康等人的四言诗创作直接继承《诗经》的四言句式。后世箴、铭、诵、赞等文体的四方言句和辞赋、骈文以四六句为基本句式，也可以追溯到《诗经》。

当然，《诗经》对后代文学也有消极的一面。它的不少雅诗和颂诗属于庙堂文学和宫廷文学，后世文人也将这些继承下来，用以歌颂统治者的文治、武功和祖先的“圣明”，成为他们献媚求宠的手段，历代礼乐志中所载的郊庙歌、燕射歌，以及虚夸的赋、颂、铭、诔等都是这一类作品。在《诗经》被经学化后，有些作品往往被加以穿凿附会，作为政治说教的工具。但无论怎么样，诗经的积极面还是占主导性的。

总而言之，《诗经》在中国文学史上具有崇高的地位和深远的影响，奠定了我国诗歌的优良传统。

## 二、楚辞

### （一）“楚辞”与《楚辞》

“楚辞”是战国时代以屈原为代表的楚国人创造的一种韵文形式。“楚辞”的名称，最早见于西汉司马迁的《史记·酷吏列传》。在汉代，“楚辞”也被称为辞或辞赋。宋黄伯思《翼骚序》云：“屈宋诸骚，皆书楚语，作楚声，纪楚地，名楚物，故可谓之‘楚辞’。”这就是说，“楚辞”是指以具有楚国地方特色的乐调、语言、名物而创作的诗赋，在形式上与北方诗歌有较明显的区别。

西汉末年，刘向将屈原、宋玉的作品，以及汉代淮南小山、东方朔、王褒、刘向等人承袭模仿屈原、宋玉的作品共16篇辑录成集，定名为《楚辞》。《楚辞》一书，既非出自一人之手，也不出于一个时代，它是不同的时代和不同的人们逐渐纂辑增补而成的，自战国至东汉，历三四百年。“楚辞”是南楚文化与中原文化交流融合的产物，是继《诗经》四言体后出现的一种新诗体。

“楚辞”的产生有其复杂的因素，绝不是偶然的。战国时期，楚国在长江、汉水流域，一度领有“地方五千里”的广袤疆域。所指位置大约包括今之湖北、湖南、安徽、江苏，以及陕西、河南、四川、贵州的一部分。这大概可以概括楚国兴盛时期的地域。这一带到处都分布着江湖山峦，物产丰茂，这是楚国兴盛的物质基础。同时，楚国在长期独立发展的过程中，形成了独特的楚国地方文化。宗教、艺术、风俗、习惯等都有自己的特点。与此同时，楚国又与北方各国频繁接触，吸收了中原文化，丰富发展了自身文化。这一南北合流的文化传统就是“楚辞”产生和发展的重要基础。

“楚辞”与中原文化中的诗歌相比大有不同，影响“楚辞”产生与发展的原因有很多。远在周初，江、汉、汝水间的民歌如《诗经》中的《汉广》《江有汜》等篇都产生在楚地。其他文献也保存了不少楚地民歌，如《子文歌》《楚人歌》等都是楚地较早的民间文学，有的歌词每隔一句的末尾用一个语助词，如“兮”“思”之类。这后来便发展为《楚辞》的主要形式。《楚辞》更重要的是楚国民间的巫歌。楚国巫风盛行，民间祭祀之时，必使巫觋“作歌乐鼓舞以乐诸神”，充满了原始的宗教气氛。这种原始宗教的巫风对屈原的作品有直接影响。《离骚》的巫咸降神，《招魂》的巫阳下招，以及《楚辞》中凡诗人自我形象的塑造和高贵品德的象征，如高冠长佩，荷衣蕙纕，乃至丰富的神话故事的运用等，都是最好的证明。所以《吕氏春秋·侈乐篇》说：“楚之衰也，作为巫音。”“楚辞”就是这种带有巫音色彩的诗歌。

楚国的地方音乐对“楚辞”的产生也有一定的影响。春秋时，乐歌已有“南风”“北风”之称。楚歌、楚声和楚舞一直为楚人所喜爱。战国时楚国地方音乐极为发达，其歌曲如《涉江》《采菱》《劳商》《薤露》《阳春》《白雪》等。此外，楚国的方言对“楚辞”的产生也有影响。楚国的方言有特殊的意义，也有特殊的音调。《楚辞》中的方言极多，如“扈”“汩”“凭”“羌”“侘傺”“婵媛”之类，参考古注及其他文献还可以理解。至于读音则早已失传。

### （二）屈原与“楚辞”

“楚辞”的奠基人和代表作家是楚国大诗人屈原。屈原（公元前340年—公元前277年），战国时期楚国诗人、政治家。芈姓，屈氏，名平，字原，是与楚王同姓的贵族。他出身于楚宗室贵族，少年时受过良好的教育，博闻强识，志向远大。

诗人生活在社会变革、阶级斗争复杂激烈的时代，其政治理想是要使国家独立富强，以至统一长期分裂的中国达到所谓唐虞三代之治。但由于在内政外交上与楚国腐朽贵族集团发生了尖锐的矛盾，以及上官大夫等人的嫉妒，屈原后来遭到群小的诬陷和楚怀王的疏远。但屈原并未因此放弃其政治主张和理想，写出了如《离骚》等价值高、影响大的不朽作品。当秦兵攻破楚都消息传出后，他大失所望，悲愤投汨罗江，以身殉国，这天正是五月初五。

屈原的主要作品有《离骚》《九歌》《九章》《天问》等。他创作的“楚辞”是中国浪漫主义文学的源头，与《诗经》并称“风骚”，对后世诗歌产生了深远影响。

《离骚》是屈原的代表作，是带有自传性质的一首长篇抒情诗，也是一篇浪漫主义的杰作。全诗共三百七十多句，近二千五百字。“离骚”二字，司马迁认为是遭受忧患的意思，他在《史记·屈原贾生列传》中说：“《离骚》者，犹离忧也。”

《离骚》反映了屈原对楚国黑暗腐朽政治的愤慨和他热爱国家愿为之效力而不可得的悲痛心情，也抒发了自己遭到不公平待遇的哀怨。全诗缠绵悱恻，感情十分强烈，他的苦闷、哀伤不可遏止地反复迸发，从而形成了诗歌形式上回旋复沓的特点。《离骚》在艺术上也有极高的造诣和独特的风格。

首先，这是一篇具有深刻现实性的积极浪漫主义作品，它发展了我国古代人民口头创作——神话的浪漫主义，成为我国文学浪漫主义的直接源头。其次，《离骚》大量采用了浪漫主义的表现手法。这突出地表现在诗人驰骋想象，糅合神话传说、历史人物和自然形象编织幻想的境界。此外，诗人也常常用夸张的手法突出事物的特征。关于诗人品格的描写：“擥木根以结茝兮，贯薜荔之落蕊；矫菌桂以纫蕙兮，索胡绳之纚纚。”“高余冠之岌岌兮，长余佩之陆离。芳与泽其杂糅兮，惟昭质其犹未亏。”诗人以花草冠佩象征品德，富有优美的想象，而这种集中的夸张的描写，就把诗人的品格刻画得异常崇高，具有浪漫主义的特质。最后，篇中大量运用了比兴手法。它“依诗取兴，引类比喻”，继承了《诗经》的比兴传统，而又进一步发展了它。《诗经》的比兴大都比较单纯，用以起兴和比喻的事物还是独立存在的客体；《离骚》的比兴却与所表现的内容合而为一，具有象征的性质。如上述以香草象征诗人的高洁便是。《诗经》中的比兴往往只是一首诗中的片断，《离骚》则在长篇中以系统的一个接一个的比兴表现内容。如诗人自比为女子，由此出发，他以男女关系比君臣关系；以众女妒美比群小嫉贤；以求媒比求通楚王的人；以婚约比君臣遇合。其他方面亦多用比喻，如以驾车马比治理国家，以规矩绳墨比国家法度等。比兴手法的运用，使全诗显得生动形象，丰富多彩。

美人、香草是《离骚》中最引人注目的两类意象。美人的意象一般被解释为比喻，或是比喻君王，或是自喻。前者如“惟草木之零落兮，恐美人之迟暮”，后者如“众女嫉余之娥眉兮，谣诼谓余以善淫”。可以说，屈原在很大程度上，是通过自拟弃妇而抒情的，所以全诗在情感上哀婉缠绵，如泣如诉。《离骚》中充满了种类繁多的香草，这些香草作为装饰，支持并丰富了美人意象。同时，香草意象作为一种独立的象征物，它一方面指品德和人格的高洁；另一方面和恶草相对，象征着政治斗争的双方。总之，《离骚》中的香草美人意象构成了一个复杂而巧妙的象征比喻系统，使得诗歌蕴藉而生动。

后世文人无不对屈原推崇备至，正如刘勰所说：“其衣被词人，非一代也”（《文心雕龙·辨骚》）。李白诗云“屈平词赋悬日月，楚王台榭空山丘”（《江上吟》），杜甫诗云“窃攀屈宋宜方驾，恐与齐梁作后尘”（《戏为六绝句》之五），皆表达了对屈原的敬仰之情。

屈原对后世影响最大的，是他那砥砺不懈、特立独行的节操，以及在逆境之中敢于坚持真理、敢于反抗黑暗统治的精神。诗人的人格和诗人用心血写成的爱国诗篇，滋育了后世众多文人作家。他们都不同程度地受到屈原爱国思想的影响，并从他坚持理想、九死不悔的精神中汲取了力量。屈赋的艺术成就对后世也有着巨大的影响。鲁迅《汉文学史纲要》说屈原的作品“逸响伟辞，卓绝一世”，“其影响于后世之文章，乃甚或在三百篇以上”。

宋玉是继屈原以后著名的楚辞作家。司马迁在《屈原列传》中写道：“屈原既死之后，楚有宋玉、唐勒、景差之徒者，皆好辞而以赋见称。然皆祖屈原之从容辞令，终莫敢直谏。”宋玉的代表作为《九辩》。《九辩》是一篇优秀的楚辞作品，其内容主要是抒发他因不同流俗而被谗见疏、流离失所的悲哀，批判了楚国黑暗的现实政治。作品委婉曲折地表达了对君王的忠诚和自己的怨苦，表现了对国家兴亡的忧虑。

### （三）《楚辞》的地位及影响

与《诗经》相比，《楚辞》在艺术上达到了一个新的境界，哺育了一代又一代的作家，对中国文学史产生了极其深远而广泛的影响。

首先，从诗歌的形式来看，它打破了四言诗的格调，吸收民间形式，特别是楚声形式，创造了一种句法参差灵活的新体裁，是诗歌形体的一次解放。就语言描写而言，《楚辞》善于渲染、形容，词语繁富，十分重视外在形式的美感，这为汉代赋体文学的产生创造了条件。

其次，在文学创作上，屈原发展了《诗经》的比兴手法，把《诗经》原来的比兴材料，如草木、鱼虫、鸟兽和风云雷电都赋予了生命，让它们有人的意志，用以寄托诗人的思想感情。即所谓“善鸟香草，以配忠贞；恶禽臭物，以比谗佞”。这种“寄情于物”“托物以讽”的表现方法，对我国古代文学，特别是诗歌有着极大的影响。例如张衡的《四愁诗》、曹植的《美女篇》、杜甫的《佳人》等，以及许多的咏史、咏怀、感遇的诗篇，都是直接或间接受了屈原这种诗风的启发。

再次，《楚辞》突出地表现了浪漫的精神气质。这种浪漫精神主要表现为感情的热烈奔放，对理想的追求，以及抒情主人公形象的凸现，想象的奇幻等。《楚辞》中另一浪漫特征表现在它通过幻想、神话等创造了一幅幅雄伟壮丽的图景。《离骚》中那一次次壮观的天界之游，望舒先驱，飞廉奔属，想象极为大胆奇特，自我形象高大明洁。中国古代神话由于种种原因，传世较少，而《楚辞》，尤其是《天问》是我国神话材料保存得较为集中的。《离骚》《九歌》《招魂》中都有不少神话或神话形象，使诗歌显示出缥缈迷离、谲怪神奇的美学特征，对李白、李贺等后世诗人有巨大影响。

## 三、《诗经》和《楚辞》的比较

《诗经》和《楚辞》都是我国先秦时代重要的诗歌著作。它们一个代表现实主义，一个代表浪漫主义，对我国后世诗歌乃至整个中国古代文学都有着重大而深远的影响。它们虽然都因同出于华夏文化而有许多共同点，但也由于各自产生时代、地域等的不同，以及作者身份、地位和阅历等的差异，彼此间又在创作精神、思想内容、语言形式、传统道德观念及艺术风格等方面存在着重大差别。

从形成的时代及地域看，《诗经》成书于春秋时期，其中占绝大多数的风，即十五国风共计 160 篇，“风”多为诗官采诗于民间，因此，《诗经》可以大致认为是平民文学，即不是某个特定的文人卿士（或者说职业诗人）的作品。《楚辞》则不同，《楚辞》所收录的作品，均为一些有名有姓的专职作家所作，诸如屈原、宋玉、景差、唐勒等，都为一代诗赋大家，且在文史上留名。楚辞形成较晚，以屈原为宗，到战国后期。就地域来说，《诗经》主要是产生于以北方为主的广大地区，而《楚辞》仅限于南方楚地，它的产生与发展与楚地的地域特色诸如语言、风俗等密不可分，与现在的粤语音乐一样，纯属一种地区文化。

从表现手法看，《诗经》里大量运用了赋、比、兴的表现手法，加强了作品的形象性，获得了良好的艺术效果。《诗经》主要采用四言诗和隔句用韵，但亦富于变化，其中有二言、三言、五言、六言、七言、八言的句式，显得灵活多样，读来错落有致。章法上具有重章叠句和反复咏唱的特点，大量使用了叠字、双声、叠韵词语，加强了语言的形象性和音乐性。《诗经》中的一些篇章工于描写，勾画出许多生动的细节。《楚辞》

作为一种新诗体，想象力十分丰富。楚地巫风盛行，祭祀时往往以巫觋扮演诸神，表演一些神话传说故事，以娱乐神人。这些都培育了楚人丰富的想象力，使作品带有想象丰富、文辞华美、风格绚丽的浪漫主义色彩，如《离骚》《九歌》等均是如此。《楚辞》“皆书楚语，作楚声，纪楚地，名楚物”，具有浓郁的地方色彩。《楚辞》的语句参差，富于变化，常用语助词“兮”“些”等。并且结构一般比较宏大，篇幅比较长。此外，在表现手法上，《楚辞》继承了《诗经》的赋比兴，但在此基础上做了重大开拓，也把发挥应用达到极致。《楚辞》诗人往往寄情于物，托物寓情，使主观之情与客观之物融为一体，创造出许多富于象征意味的艺术形象。在《离骚》中，屈原笔下描绘的善鸟香草、恶禽臭物、灵修美人、宓妃佚女、虬龙鸾凤、飘风云霓、高冠奇服、玉鸾琼佩等，它们或配忠贞，或比谗佞，或媲君主，或譬贤臣，或托君子，或喻小人，或示超俗，或表追求，这些都已不再是作为喻体或借以起兴之物的客体，而是融合了主体情感、品格和理想的象征，而成为蕴含艺术趣味的意象了。《楚辞》突破了《诗经》以借物抒情为主要特征的比兴手法的局限。这是一种突破、一种创新、一种新的尝试。在中国传统诗歌史上，具有划时代的意义。

从内容上看，《诗经》涉猎面很广，有男嗔女怨的婚恋诗，以《南风·关雎》为代表；有写奴隶辛劳的怨刺诗，如《魏风·伐檀》和《魏风·硕鼠》姊妹篇；又有幽怨反侧的思妇诗，如名篇《王风·于役》；又有表达士大夫爱国意识的忧患诗，诸如《王风·黍离》《小雅·节南山》和《小雅·雨无正》等，几乎各个方面都有涉及。概括说来，《诗经》所反映的是各阶层的人，特别是平民（包括奴隶、服役者这样的下层劳动者）真实的生活和情感。《楚辞》为文人士大夫所作，表达的多为士大夫阶层对现实的情感流露，多为抒情言志，如屈原的《离骚》，如司马迁所说“离骚者，犹离忧也”，即屈原遭逐之后，苦闷之情的表述；《楚辞》是战国时期楚国文人叙事述物、抒发胸臆的作品，这其中虽然也反映了当时楚国的黑暗政治、风物人情等，但由于创作者个人的思想感情、文学修养等原因，这些作品在创作风格上蒙上了较浓厚的浪漫主义色彩。即便如此，楚辞中的忧患意识和爱国情操与诗经是一脉相承的，在中国文学史上，也如一条红线贯穿始终。

从风格上看，《诗经》是现实主义风格，《楚辞》是浪漫主义风格。《诗经》可看作平民文学，《诗经》植根于农业生产的乡土情韵，产生于中原史官文化背景下，具有浓厚的宗族伦理情味和宗国情感，蕴藉了以人为本的人文精神，包含了丰富的中华民族文化精神，开创了中国诗歌的现实主义的传统，前人将这种传统标举为“风雅”“美刺”“兴寄”精神。它从各个方面描写了我国西周数百年的社会现实生活，“饥者歌其食，劳者歌其事”，真实、深刻地反映了下层百姓的劳动和生活、喜爱和憎恨、痛苦和希望。因此，《诗经》的特点就在于它的平淡、自然与写实。《楚辞》产生于楚地巫官文化的背景下。突出地表现了浪漫的精神气质，尤其是屈原的创作，常常借神话传说以驰骋奇幻的想象，用大胆的夸张以宣泄浓烈的激情，《楚辞》是文人之作，这就理所当然牵扯到文采。楚辞，无论是屈原的《离骚》还是宋玉的《九辩》，都是意境开阔、尽显文采，且想象丰富、纵横驰骋，还有一大特点就是欲言此而先言它，善用比喻。像《离骚》开篇，谈作者的显赫身世就用了整整一大段，“帝高阳之苗裔兮，朕皇考曰伯庸。扈江离与辟芷兮，纫秋兰以为佩……”，文中作者思绪驰骋：“折琼枝以为羞兮，精琼靡以为粮。为余驾飞龙兮，亲瑶象以为车。”让飞龙为自己驾车，以象牙美玉作车，想象是何等的开阔与大胆！刘熙载在《艺概·赋概》中说：“东一句，西一句，天上一句，地下一句。极开阖抑扬之变。”用以概括楚辞的艺术特点，是极其恰当的。《诗经》无论记事、写物、抒情，都是确确实实、言之有物的。《楚辞》看似言而无物，但无形为有形，其意蕴深远，极尽腾挪之能事。

综上所述，《诗经》与《楚辞》在艺术手法上是迥异的，但这种差别并不互相游离。《诗经》是中国传统诗歌的源流。《楚辞》之于《诗经》，可以说是一次开拓、一次诗歌革命，它在《诗经》的基础上继承、创新，并有所发展。

## 文学作品

### 周南·关雎

关关雎鸠[1]，在河之洲[2]。窈窕淑女[3]，君子好逑[4]。
参差荇菜[5]，左右流之[6]。窈窕淑女，寤寐求之[7]。
求之不得，寤寐思服[8]。悠哉悠哉[9]，辗转反侧[10]。
参差荇菜，左右采之。窈窕淑女，琴瑟友之[11]。
参差荇菜，左右芼之[12]。窈窕淑女，钟鼓乐之[13]。

#### 注释

[1] 关关：象声词，雌雄二鸟相互应和的叫声。雎鸠（jū jiū）：一种水鸟名。或说为鱼鹰。

[2] 洲：水中的陆地。

[3] 窈窕（yǎo tiǎo）淑女：贤良美好的女子。窈窕，身材体态美好的样子。窈，深邃，喻女子心灵美。窕，幽美，喻女子仪表美。淑，好，善良。

[4] 好逑（hǎo qiú）：好的配偶。

[5] 参差：长短不齐的样子。荇（xìng）菜：水草类植物。圆叶细茎，根生水底，叶浮在水面，可供食用。

[6] 左右流之：时而向左、时而向右地择取荇菜。这里是以勉力求取荇菜，隐喻“君子”努力追求“淑女”。流，义同“求”，这里指摘取。之：指荇菜。

《周南·关雎》朗读欣赏

[7] 寤寐（wù mèi）：醒和睡。指日夜。寤，醒着。寐，入睡。又，马瑞辰《毛诗传笺注通释》说："寤寐，犹梦寐。"也可通。

[8] 思服：思念。服，想。《毛传》："服，思之也。"

[9] 悠哉（yōu zāi）悠哉：意为"悠悠"，就是长。这句是说思念绵绵不断。悠，感思。见《尔雅·释诂》郭璞注。哉，语气助词。悠哉，犹言"想念呀"。

[10] 辗转反侧：翻覆不能入眠。辗，古字作"展"。展转，即反侧。反侧，犹翻覆。

[11] 琴瑟友之：弹琴鼓瑟来亲近她。琴、瑟，皆弦乐器。琴五或七弦，瑟二十五或五十弦。友：用作动词，此处有亲近之意。这句是说，用琴瑟来亲近"淑女"。

[12] 芼（mào）：择取，挑选。

[13] 钟鼓乐之：用钟奏乐来使她快乐。乐，使动用法，使……快乐。

## 作品简析

《周南·关雎》这首短小的诗篇是《诗经》的开篇之作，而《诗经》是中国文学中最古老的典籍。《关雎》的内容其实很单纯，是写一个"君子"对"淑女"的追求，写他得不到"淑女"时心里苦恼，翻来覆去睡不着觉；得到了"淑女"就很开心，叫人奏起音乐来庆贺，并以此让"淑女"快乐。这首诗可以被当作表现夫妇之德的典范。这样一种恋爱，既有真实的颇为深厚的感情，又表露得平和而有分寸，对于读者所产生的感动，也不至于过于激烈。

## 豳风·七月

七月流火[1]，九月授衣[2]。一之日觱发[3]，二之日栗烈[4]。无衣无褐[5]，何以卒岁。三之日于耜[6]，四之日举趾[7]。同我妇子，馌彼南亩[8]，田畯至喜[9]。

七月流火，九月授衣。春日载阳[10]，有鸣仓庚[11]。女执懿筐[12]，遵彼微行[13]，爰求柔桑[14]。春日迟迟[15]，采蘩祁祁[16]。女心伤悲，殆及公子同归[17]。

七月流火，八月萑苇[18]。蚕月条桑[19]，取彼斧斨[20]，以伐远扬[21]，猗彼女桑[22]。七月鸣鵙[23]，八月载绩。载玄载黄[24]，我朱孔阳[25]，为公子裳。

四月秀葽[26]，五月鸣蜩[27]。八月其获，十月陨箨[28]。一之日于貉[29]，取彼狐狸，为公子裘。二之日其同[30]，载缵武功[31]，言私其豵[32]，献豜于公[33]。

五月斯螽动股[34]，六月莎鸡振羽[35]，七月在野，八月在宇，九月在户，十月蟋蟀入我床下。穹室熏鼠[36]，塞向墐户[37]。嗟我妇子，曰为改岁[38]，入此室处。

六月食郁及薁[39]，七月亨葵及菽[40]，八月剥枣[41]，十月获稻，为此春酒[42]，以介眉寿[43]。七月食瓜，八月断壶[44]，九月叔苴[45]，采荼薪樗[46]，食我农夫。

九月筑场圃[47]，十月纳禾稼[48]。黍稷重穋[49]，禾麻菽麦[50]。嗟我农夫，我稼既同，上入执宫功[51]。昼尔于茅，宵尔索绹[52]。亟其乘屋[53]，其始播百谷。

二之日凿冰冲冲[54]，三之日纳于凌阴[55]。四之日其蚤[56]，献羔祭韭[57]。九月肃霜[58]，十月涤场[59]。朋酒斯飨[60]，曰杀羔羊。跻彼公堂[61]，称彼兕觥[62]，万寿无疆[63]。

## 注释

[1] 七月流火：火（古读 huǐ），或称大火，星名，即心宿。流，流动。每年夏历五月，黄昏时候，这星当正南方，也就是正中和最高的位置。过了六月就偏西向下了，这就叫作“流”。

[2] 授衣：将裁制冬衣的工作交给女工。九月丝麻等事结束，所以在这时开始做冬衣。

[3] 一之日：十月以后第一个月的日子。以下二之日、三之日等仿此。为豳历纪日法。觱（bì）发（bō）：大风触物声。

《豳风·七月》朗读欣赏

[4] 栗烈：或作“凛冽”，形容气寒。

[5] 褐：粗布衣。

[6] 于：犹“为”。“为耜”是说修理耒耜（耕田起土之具）。

[7] 趾：足。“举趾”是说去耕田。

[8] 馌（yè）：馈送食物。亩：指田身。田耕成若干垄，高处为亩，低处为畎。田垄东西向的叫作“东亩”，南北向的叫作“南亩”。这两句是说妇人童子往田里送饭给耕者。

[9] 田畯（jùn）：农官名，又称农正或田大夫。

[10] 春日：指二月。载：始。阳：温暖。

[11] 仓庚：鸟名，就是黄莺。

[12] 懿（yì）：深。

[13] 微行：小径（桑间道）。

[14] 爰（yuán）：语词，犹“曰”。柔桑：初生的桑叶。

[15] 迟迟：天长的意思。

[16] 蘩（fán）：菊科植物，即白蒿。古人用于祭祀，女子在嫁前有“教成之祭”。一说用蘩“沃”蚕子，则蚕易出，所以养蚕者需要它。其法未详。祁祁：众多（指采蘩者）。

[17] 殆及公子同归：是说怕被公子强迫带回家去。一说指怕被女公子带去陪嫁。公子：指国君之子。

[18] 萑（huán）苇：芦苇。八月萑苇长成，收割下来，可以做箔。

[19] 蚕月：指三月。条桑：修剪桑树。

[20] 斨（qiāng）：方孔的斧头。

[21] 远扬：指长得太长而高扬的枝条。

[22] 猗（yǐ）：《说文》《广雅》作“掎”，牵引。“掎桑”是用手拉着桑枝来采叶。南朝乐府诗《采桑度》云：“系条采春桑，采叶何纷纷。”似先用绳系桑然后拉着绳子采。女桑：小桑。

[23] 鵙（jú）：鸟名，即伯劳。

[24] 玄：是黑而赤的颜色。玄、黄，指丝织品与麻织品的染色。

[25] 朱：赤色。阳：鲜明。以上二句言染色有玄有黄有朱，而朱色尤为鲜明。

[26] 葽（yāo）：植物名，今名远志。秀葽：言远志结实。

[27] 蜩（tiáo）：蝉。

［28］陨箨（tuò）：落叶。

［29］貉：通“祃（mà）”。田猎者演习武事的礼叫祃祭或貉祭。于貉：言举行貉祭。《郑笺》：“于貉，往博貉以自为裘也。”

［30］同：聚合，言狩猎之前聚合众人。

［31］缵（zuǎn）：继续。武功：指田猎。

［32］豵（zòng）：一岁的小猪，这里用来代表比较小的兽。私其豵：言小兽归猎者私有。

［33］豜（jiān）：三岁的猪，代表大兽。献豜于公：即大兽献给公家。

［34］斯螽（zhōng）：虫名，蝗类，即蚱蜢、蚂蚱。旧说斯螽以两股相切发声，“动股”言其发出鸣声。

［35］莎鸡：虫名，今名纺织娘。振羽：言鼓翅发声。

［36］穹：穷尽，清除。窒：堵塞。穹窒：言将室内满塞的角落搬空，搬空了才便于熏鼠。

［37］向：朝北的窗户。墐：用泥涂抹。贫家门扇用柴竹编成，涂泥使它不通风。

［38］曰：《汉书》引作“聿”，语词。改岁：是说旧年将尽，新年快到。

［39］郁：植物名，唐棣之类。树高五六尺，果实像李子，赤色。薁（yù）：植物名，果实大如桂圆。一说为野葡萄。

［40］菽（shū）：豆的总名。

［41］剥（pū）：打。

［42］春酒：冬天酿酒经春始成，叫作“春酒”。枣和稻都是酿酒的原料。

［43］介：祈求。眉寿：长寿，人老眉间有毫毛，叫秀眉，所以长寿称眉寿。

［44］壶：葫芦。

［45］叔：拾。苴（jū）：秋麻之籽，可以吃。

［46］薪樗（chū）：言采樗木为薪。樗：木名，臭椿。

［47］场：打谷的场地。圃：是菜园。春夏做菜园的地方秋冬就做成场地，所以场圃连成一词。

［48］纳：收进谷仓。稼：古读如“故”。禾稼：谷类的通称。

［49］重：即“种”，是先种后熟的谷。穋（lù）：即稑（lù），稑是后种先熟的谷。

［50］禾麻菽麦：这句的“禾”专指一种谷，即今之小米。

［51］功：事。宫功：指建筑宫室，或指室内的事。

［52］索：动词，指制绳。绹（táo）：绳。索绹：是说打绳子。上两句言白天取茅草，夜晚打绳子。

［53］亟：急。乘屋：盖屋。茅和绳都是盖屋需用的东西。以上三句言宫功完毕后，急忙修理自己的屋子。因为播谷的工作又要开始了，不得不急。

［54］冲冲：古读如“沉”，凿冰之声。

［55］凌：指聚集的水。阴：指藏冰之处。

［56］蚤：通“早”，古代的一种祭祖仪式。

［57］献羔祭韭（jiǔ）：这句是说用羔羊和韭菜祭祖。《礼记·月令》说仲春献羔开冰，四之日正是仲春。

［58］肃霜：犹“肃爽”，双声连语。这句是说九月天高气爽。

［59］涤场：清扫场地。这句是说十月农事完全结束，将场地打扫干净。一说“涤场”即“涤

荡”，“十月涤荡”是说到了十月草木摇落无余。

［60］朋酒：两樽酒。这句连下句是说年终燕乐。

［61］跻（jī）：登。公堂：或指公共场所，不一定是国君的朝堂。

［62］称：举。兕（sì）觥（gōng）：角爵，古代用兽角做的酒器。

［63］万：大。无疆：无穷。以上三句言升堂举觞，祝君长寿。

## 作品简析

这首诗反映了周代早期的农业生产情况和农民的日常生活情况，是一首杰出的叙事兼抒情的名诗，有重要的历史价值。全诗共分为八章。第一章从岁寒写到春耕开始；第二章写妇女蚕桑；第三章写布帛衣料的制作；第四章写猎取野兽；第五章写一年将尽，为自己收拾屋子过冬；第六章写采藏果蔬和造酒，这都是为公家的，为自己采藏的食物是瓜瓠麻子苦菜之类；第七章写收成完毕后为公家做修屋或室内工作，然后修理自家的茅屋；末章写凿冰的劳动和一年一次的年终燕饮。此诗通篇用“赋”的手法，围绕着一个“苦”字，按照季节的先后，从年初写到年终，从种田养蚕写到打猎凿冰，反映了一年四季多层次的工作面和高强度的劳动，语言朴实无华，是用铺叙的手法写成的，语调凄切清苦，仿佛是在哭吟着一部沉重的历史。

## 魏风·伐檀

坎坎伐檀兮[1]，寘之河之干兮[2]，河水清且涟猗[3]。
不稼不穑[4]，胡取禾三百廛兮[5]？
不狩不猎[6]，胡瞻（zhān）尔庭有县貆兮[7]？
彼君子兮[8]，不素餐兮[9]！
坎坎伐辐兮[10]，寘之河之侧兮，河水清且直猗[11]。
不稼不穑，胡取禾三百亿兮[12]？
不狩不猎，胡瞻尔庭有县特兮[13]？
彼君子兮，不素食兮！
坎坎伐轮兮，寘之河之漘兮[14]，河水清且沦猗[15]。
不稼不穑，胡取禾三百囷兮[16]？
不狩不猎，胡瞻尔庭有县鹑兮？
彼君子兮，不素飧兮[17]！

## 注释

［1］坎坎：象声词，伐木声。

［2］寘：同“置”，放置。干：水边。

［3］涟：即“澜”。猗（yī）：义同“兮”，语气助词。

［4］稼（jià）：播种。穑（sè）：收获。

［5］胡：为什么。禾：谷物。三百：意为很多，并非实数。廛（chán）：通“缠”，古代的度量单

位，三百廛就是三百束。

[6] 狩：冬猎。猎：夜猎。此诗中皆泛指打猎。

[7] 县（xuán）：通“悬”，悬挂。貆（huán）：猪獾。也有说是幼小的貉。

[8] 君子：此系反话，指有地位有权势者。

[9] 素餐：白吃饭，不劳而获。

[10] 辐：车轮上的辐条。

[11] 直：水流的直波。

[12] 亿：通“束”。

[13] 瞻：向前或向上看。特：三岁的大兽。

[14] 漘（chún）：水边。

[15] 沦：小波纹。

[16] 囷（qūn）：束。一说圆形的谷仓。

[17] 飧（sūn）：熟食，此泛指吃饭。

《魏风·伐檀》朗读欣赏

## 作品简析

这首诗较多反映了社会中下层民众对上层统治者的不满，是一首嘲骂剥削者不劳而食的诗。全诗强烈地反映出当时劳动人民对统治者的怨恨，更感悟了被剥削者阶级意识的觉醒，愤懑的奴隶已经向不劳而获的寄生虫、吸血鬼大胆地提出了正义的责问，是《诗经》中反剥削反压迫最有代表性的诗篇之一。

## 秦风·蒹葭

蒹葭苍苍[1]，白露为霜[2]。所谓伊人[3]，在水一方[4]。
溯洄从之[5]，道阻且长[6]。溯游从之[7]，宛在水中央[8]。
蒹葭萋萋[9]，白露未晞[10]。所谓伊人，在水之湄[11]。
溯洄从之，道阻且跻[12]。溯游从之，宛在水中坻[13]。
蒹葭采采[14]，白露未已[15]。所谓伊人，在水之涘[16]。
溯洄从之，道阻且右[17]。溯游从之，宛在水中沚[18]。

## 注 释

[1] 蒹（jiān）：没长穗的芦苇。葭（jiā）：初生的芦苇。苍苍：茂盛的样子。

[2] 为：凝结成。

[3] 所谓：所说的，此指所怀念的。伊人：那个人，指所思慕的对象。

[4] 一方：那一边。

《秦风·蒹葭》朗读欣赏

[5] 溯（sù）：逆流而上。洄：水流迂回之处。溯洄：在河边逆流向上游走。阻：险阻，（道路）

难走。道阻且长，说明是在陆地上行走。从：追寻。

[6] 阻：险阻，（道路）难走。道阻且长，说明是在陆地上行走。

[7] 溯游：在河边顺流向下游走。一说“洄”指弯曲的水道，“游”指直流的水道。从：追寻。

[8] 宛：宛然，好像。宛在水中央：是说顺流虽然易行，然所追从之人如在水之中央，就是近也是可望而不可即的。

[9] 萋萋：茂盛的样子。

[10] 晞（xī）：干，晒干。

[11] 湄：水和草交接的地方，也就是岸边。

[12] 跻（jī）：升，高起，指道路越走越高。

[13] 坻（chí）：水中的沙滩。

[14] 采采：繁盛的样子。

[15] 已：止。

[16] 涘（sì）：水边。

[17] 右：迂回曲折。

[18] 沚（zhǐ）：水中的沙滩。

## 作品简析

这首诗共有三章，每章八句，句式回环复沓，重章迭唱。此诗曾被认为是用来讥刺秦襄公不能用周礼来巩固他的国家，或惋惜招引隐居的贤士而不可得；现在一般认为这是一首情歌，写追求所爱而不及的惆怅与苦闷。王国维在《人间词话》中曾提到：“《诗·蒹葭》一篇最得风人深致。”

## 小雅·采薇

采薇采薇[1]，薇亦作止[2]。曰归曰归[3]，岁亦莫止[4]。靡室靡家[5]，玁狁之故[6]。不遑启居[7]，玁狁之故。

采薇采薇，薇亦柔止[8]。曰归曰归，心亦忧止。忧心烈烈[9]，载饥载渴[10]。我戍未定[11]，靡使归聘[12]。

采薇采薇，薇亦刚止[13]。曰归曰归，岁亦阳止[14]。王事靡盬[15]，不遑启处[16]。忧心孔疚[17]，我行不来[18]！

彼尔维何？维常之华[19]。彼路斯何[20]？君子之车[21]。戎车既驾[22]，四牡业业[23]。岂敢定居[24]？一月三捷[25]。

驾彼四牡，四牡骙骙[26]。君子所依，小人所腓[27]。四牡翼翼[28]，象弭鱼服[29]。岂不日戒[30]？玁狁孔棘[31]！

昔我往矣[32]，杨柳依依[33]。今我来思[34]，雨雪霏霏[35]。行道迟迟[36]，载渴载饥。

我心伤悲，莫知我哀！

## 注　释

［1］薇：豆科野豌豆属的一种，学名救荒野豌豆，又叫大巢菜，种子、茎、叶均可食用。《史记·伯夷列传》记载：“武王已平殷乱，天下宗周，而伯夷、叔齐耻之，义不食周粟，隐于首阳山，采薇而食之。”说的是伯夷、叔齐隐居山野，义不仕周的故事。《史记·周本纪第四》记载：懿王之时，王室遂衰，诗人作刺。刺就是指《采薇》。《汉书·匈奴传》记载：至穆王之孙懿王时，王室遂衰，戎狄交侵，暴虐中国。中国被其苦，诗人始作，疾而歌之，曰：“‘靡室靡家，玁狁之故’，‘岂不日戒，玁狁孔棘’。”

《小雅·采薇》朗读欣赏

［2］作：指薇菜冒出地面。止：句末助词，无实意。

［3］曰：句首、句中助词，无实意。

［4］莫（mù）：通“暮”，此指年末。

［5］靡（mǐ）室靡家：没有正常的家庭生活。靡，无。室，与“家”义同。

［6］玁（xiǎn）狁（yǔn）：中国古代少数民族名。

［7］不遑（huáng）：不暇。遑，闲暇。启居：跪、坐，指休息、休整。启，跪、跪坐。居，安坐、安居。古人席地而坐，两膝着席，危坐时腰部伸直，臀部与足离开；安坐时臀部贴在足跟上。

［8］柔：柔嫩。“柔”比“作”更进一步生长。指刚长出来的薇菜柔嫩的样子。

［9］烈烈：炽烈，形容忧心如焚。

［10］载（zài）饥载渴：又饥又渴。载……载……，又……又……

［11］戍（shù）：防守，这里指防守的地点。

［12］聘（pìn）：问候的音信。

［13］刚：坚硬。

［14］阳：农历十月，小阳春季节。今犹言“十月小阳春”。

［15］靡：无。盬（gǔ）：止息，了结。

［16］启处：休整，休息。

［17］孔：甚，很。疚：病，苦痛。

［18］我行不来：意思是我不能回家。来：回家。（一说，我从军出发后，还没有人来慰问过）。

［19］常：常棣（棠棣），既茉苡，植物名。

［20］路：高大的战车。斯何：犹言“维何”。斯：语气助词，无实义。

［21］君子：指将帅。

［22］戎（róng）：车，兵车。

［23］牡（mǔ）：雄马。业业：高大的样子。

［24］定居：犹言安居。

［25］捷：胜利。谓接战、交战。一说，捷，邪出，指改道行军。此句意谓，一月多次行军。

［26］骙（kuí）：雄强，威武。这里是指马强壮的意思。

［27］小人：指士兵。腓（féi）：庇护，掩护。

［28］翼翼：整齐的样子。谓马训练有素。

［29］弭（mǐ）：弓的一种，其两端饰以骨角。一说弓两头的弯曲处。象弭：以象牙装饰弓端的弭。鱼服：鲨鱼鱼皮制的箭袋。

［30］日戒：日日警惕戒备。

［31］棘（jí）：急。孔棘：很紧急。

［32］昔：从前，文中指出征时。往：当初从军。

［33］依依：形容柳丝轻柔、随风摇曳的样子。

［34］思：用在句末，没有实在意义。

［35］雨（yù）雪：下雪。雨：这里用作动词。霏（fēi）霏：雪花纷落的样子。

［36］迟迟：迟缓的样子。

## 作品简析

这是一首戍卒返乡诗，唱出从军将士的艰辛生活和思归的情怀。全诗六章，每章八句。诗歌以一个戍卒的口吻，以采薇起兴，前五章着重写戍边征战生活的艰苦、强烈的思乡情绪，以及久久未能回家的原因，从中透露出士兵既有御敌胜利的喜悦，也深感征战之苦，流露出期望和平的心绪；末章以痛定思痛的抒情结束全诗，感人至深。此诗运用了重叠的句式与比兴的手法，集中体现了《诗经》的艺术特色。末章头四句，抒写当年出征和此日生还这两种特定时刻的景物和情怀，言浅意深，情景交融，历来被认为是《诗经》中有名的诗句之一。

## 小雅·鹿鸣

呦呦鹿鸣[1]，食野之苹[2]。我有嘉宾，鼓瑟吹笙。吹笙鼓簧[3]，承筐是将[4]。人之好我，示我周行[5]。

呦呦鹿鸣，食野之蒿[6]。我有嘉宾，德音孔昭[7]。视民不恌[8]，君子是则是效[9]。我有旨酒[10]，嘉宾式燕以敖[11]。

呦呦鹿鸣，食野之芩[12]。我有嘉宾，鼓瑟鼓琴。鼓瑟鼓琴，和乐且湛[13]。我有旨酒，以燕乐嘉宾之心。

## 注　释

［1］呦（yōu）呦：鹿的叫声。朱熹《诗集传》：“呦呦，声之和也。”

［2］苹：藾蒿。陆玑《毛诗草木鸟兽虫鱼疏》：“藾蒿，叶青色，茎似箸而轻脆，始生香，可生食。”

［3］簧：笙上的簧片。笙是用几根有簧片的竹管、一根吹气管装在斗子上做成的。

［4］承筐：指奉上礼品。承：双手捧着。《毛传》：“筐，篚

属，所以行币帛也。”将：送，献。

[5] 周行（háng）：大道，引申为大道理。

[6] 蒿：又叫青蒿、香蒿，菊科植物。

[7] 德音：美好的品德声誉。孔：很。昭：明。

[8] 视：同“示”。恌（tiāo）：同“佻”，轻薄，轻浮。

[9] 则：法则，楷模，此作动词。

[10] 旨：甘美。

[11] 式：语助词。燕：同“宴”。敖：同“遨”，嬉游。

[12] 芩（qín）：草名，蒿类植物。

[13] 湛（dān）：深厚。《毛传》：“湛，乐之久。”

《小雅·鹿鸣》朗读欣赏

## 作品简析

这首诗共三章，每章八句，开头皆以鹿鸣起兴。在空旷的原野上，一群麋鹿悠闲地吃着野草，不时发出呦呦的鸣声，此起彼应，十分和谐悦耳。诗以此起兴，营造了一个热烈而又和谐的氛围，使君臣之间宴会的拘谨和紧张马上松弛了下来。故朱熹《诗集传》认为，君、臣之间限于一定的礼数，易形成思想上的隔阂。通过宴会，可以沟通感情，君王能够听到群臣的心里话。而以鹿鸣起兴，则一开始便奠定了和谐愉悦的基调，给与会嘉宾以强烈的感染。《小雅·鹿鸣》作为早期的宴会乐歌，后来成为贵族宴会或举行乡饮酒礼、燕礼等宴会的乐歌。东汉末年曹操还把此诗的前四句直接引用在他的《短歌行》中，以表达求贤若渴的心情。及至唐宋，科举考试后举行的宴会上，也歌唱《鹿鸣》之章，称为“鹿鸣宴”，可见此诗影响之深远。

## 大雅·生民

厥初生民[1]，时维姜嫄[2]。生民如何？克禋克祀[3]，以弗无子[4]。履帝武敏歆[5]，攸介攸止[6]，载震载夙[7]。载生载育，时维后稷。

诞弥厥月[8]，先生如达[9]。不坼不副[10]，无菑无害[11]，以赫厥灵。上帝不宁[12]，不康禋祀[13]，居然生子。

诞寘之隘巷[14]，牛羊腓字之[15]。诞寘之平林[16]，会伐平林[17]。诞寘之寒冰，鸟覆翼之[18]。鸟乃去矣，后稷呱矣[19]。实覃实訏[20]，厥声载路[21]。

诞实匍匐[22]，克岐克嶷[23]，以就口食[24]。蓺之荏菽[25]，荏菽旆旆[26]。禾役穟穟[27]，麻麦幪幪[28]，瓜瓞唪唪[29]。

诞后稷之穑[30]，有相之道[31]。茀厥丰草[32]，种之黄茂[33]。实方实苞[34]，实种实褎[35]。实发实秀[36]，实坚实好[37]。实颖实栗[38]，即有邰家室[39]。

诞降嘉种[40]，维秬维秠[41]，维糜维芑[42]。恒之秬秠[43]，是获是亩[44]。恒之糜芑，是任是负[45]，以归肇祀[46]。

诞我祀如何？或舂或揄[47]，或簸或蹂[48]。释之叟叟[49]，烝之浮浮[50]。载谋载惟[51]，取萧祭脂[52]。取羝以軷[53]，载燔载烈[54]，以兴嗣岁[55]。

卬盛于豆[56]，于豆于登[57]，其香始升。上帝居歆[58]，胡臭亶时[59]。后稷肇祀，庶无罪悔，以迄于今。

## 注释

[1] 厥初：其初。

[2] 时：是。姜嫄（yuán）：传说中有邰氏之女，周始祖后稷之母。头两句是说那当初生育周民的，就是姜嫄。

[3] 克：能。禋（yī n）：祭天的一种礼仪，先烧柴升烟，再加牲体及玉帛于柴上焚烧。

[4] 弗：“祓”的假借，除灾求福的祭祀，一种祭祀的典礼。一说“以弗无”是以避免没有之意。

[5] 履：践踏。帝：上帝。武：足迹。敏：通“拇”，大拇指。歆：心有所感的样子。

《大雅·生民》朗读欣赏

[6] 攸：语助词。介：通“祄”，神保佑。止：通“祉”，神降福。

[7] 载震载夙（sù）：或震或肃，指十月怀胎。

[8] 诞：迨，到了。弥：满。

[9] 先生：头生，第一胎。如：而。达：滑利。

[10] 坼（chè）：裂开。副（pì）：破裂。

[11] 菑（zāi）：同“灾”。

[12] 不：丕，大。不：丕宁，大宁。

[13] 不康：丕康。

[14] 寘（zhì）：弃置。

[15] 腓（féi）：庇护。字：哺育。

[16] 平林：大林，森林。

[17] 会：恰好。

[18] 鸟覆翼之：大鸟张翼覆盖他。

[19] 呱（g ū）：小儿哭声。

[20] 实：是。覃（tán）：长。訏（x ū）：大。

[21] 载：充满。

[22] 匍匐：伏地爬行。

[23] 岐：知意。嶷：识。

[24] 就：趋往。口食：生活资料。

[25] 蓺（yì）：同“艺”，种植。荏菽：大豆。

[26] 旆（pèi）旆：草木茂盛。

[27] 役：通“颖”。颖，禾苗之末。穟（suí）穟：禾穗丰硬下垂的样子。

[28] 幪（méng）幪：茂密的样子。

[29] 瓞（dié）：小瓜。唪（fěng）唪：果实累累的样子。

[30] 穡：耕种。

[31] 有相之道：有相地之宜的能力。

[32] 茀：拂，拔除。

[33] 黄茂：嘉谷，指优良品种，即黍、稷。孔颖达疏："谷之黄色者，惟黍、稷耳。黍、稷，谷之善者，故云嘉谷也。"

[34] 实：是。方：同"放"。萌芽始出地面。苞：苗丛生。

[35] 种：禾芽始出。褎（yòu）：禾苗渐渐长高。

[36] 发：发茎。秀：秀穗。

[37] 坚：谷粒灌浆饱满。

[38] 颖：禾穗末梢下垂。栗：栗栗，形容收获众多貌。

[39] 邰：当读作"颐"，养。谷物丰茂，足以养家室之意。

[40] 降：赐与。

[41] 秬（jù）：黑黍。秠（pǐ）：黍的一种，一个黍壳中含有两粒黍米。

[42] 穈（mén）：赤苗，红米。芑（qǐ）：白苗，白米。

[43] 恒：遍。

[44] 亩：堆在田里。

[45] 任：挑起。负：背起。

[46] 肇：开始。祀：祭祀。

[47] 揄（yóu）：舀，从臼中取出舂好之米。

[48] 簸：扬米去糠。蹂：以手搓余剩的谷皮。

[49] 释：淘米。叟叟：淘米的声音。

[50] 烝：同"蒸"。浮浮：热气上升貌。

[51] 惟：考虑。

[52] 萧：香蒿。脂：牛油。

[53] 羝（dī）：公羊。軷（bá）：即剥去羊皮。

[54] 燔（fán）：将肉放在火里烧炙。烈：将肉贯穿起来架在火上烤。

[55] 嗣岁：来年。

[56] 卬：我，周人自称。豆：古代一种高脚容器。

[57] 登：瓦制容器。

[58] 居歆（xīn）：为歆，应该前来享受。

[59] 胡臭（xiù）亶（dǎn）时：为什么香气诚然如此好。臭：香气。亶：诚然，确实。时：善，好。

## 作品简析

这首诗共八章。此诗追述周的始祖后稷的事迹，主要记叙他出生的神奇和他在农业种植方面的特殊才能。在神话里，后稷是被当作农神的，这首诗所写的内容既有历史的成分也有一些神话的因素。从表现手法上看，全诗纯用赋法，不假比兴，叙述生动详明，纪实性很强。

# 商颂·玄鸟

天命玄鸟[1]，降而生商[2]，宅殷土芒芒[3]。古帝命武汤[4]，正域彼四方[5]。方命厥后[6]，奄有九有[7]。商之先后[8]，受命不殆[9]，在武丁孙子[10]。武丁孙子，武王靡不胜[11]。龙旂十乘[12]，大糦是承[13]。邦畿千里[14]，维民所止[15]，肇域彼四海[16]。四海来假[17]，来假祁祁[18]。景员维河[19]，殷受命咸宜[20]，百禄是何[21]。

## 注　释

［1］玄鸟：黑色燕子。传说有娀氏之女简狄吞燕卵而怀孕生契，契建商。

［2］商：指商的始祖契。

［3］宅：居住。芒芒：同“茫茫”，广大的样子。

［4］古：从前。帝：天帝，上帝。武汤：即成汤，汤号曰武。

［5］正（zhēng）：同“征”。又，修正疆域。

［6］方：遍，普。后：上古称君主，此指各部落的酋长首领（诸侯）。

［7］奄：拥有。九有：九州。传说禹划天下为九州。《尔雅·释地》：“两河间曰冀州，河南曰豫州，河西曰雍州，汉南曰荆州，江南曰扬州，济南曰兖州，济东曰徐州，燕曰幽州，齐曰营州。”有，“域”的借字，疆域。

《商颂·玄鸟》朗读欣赏

［8］先后：指先君，先王。

［9］命：天命。殆：通“怠”，懈怠。

［10］武丁：即殷高宗，汤的后代。

［11］武王：即武汤，成汤。胜：胜任。

［12］旂（qí）：古时一种旗帜，上画龙形，竿头系铜铃。乘（shèng）：四马一车为乘。

［13］糦（xī）：同“饎”，酒食。宾语前置，“大糦”作“承”的前置宾语。承：捧，进献。

［14］邦畿（jī）：封畿，疆界。

［15］止：停留，居住。

［16］肇域彼四海：始拥有四海之疆域。四海：《尔雅》以“九夷、八狄、七戎、六蛮”为“四海”。或释“肇”为“兆”，兆域，即疆域。开辟疆域以至于四海。

［17］来假（gé）：来朝。假：通“格”，到达。

［18］祁祁：纷杂众多之貌。

［19］景：山名。员：幅员。维：是。河：黄河。

［20］咸宜：谓人们都认为适宜。

［21］百禄：多福。何（hè）：通“荷”，承受，承担。

## 作品简析

此诗是宋君祭祀商代祖先殷高宗武丁的颂歌。全诗共一章，总二十二句，从文学角度看，此诗成功地应用了对比、顶真、叠字等修辞手法，结构严谨，脉络清晰，其成熟性令人惊奇。先写神圣的祖先诞生和伟大的商汤立国，目的是衬托武丁中兴的大业，以先王的不朽功业与武丁之中兴事业相比，更显出武丁中兴事业之盛美。通篇写商的“受天命”治国，写得渊源古老，神性庄严，感情纯真，气势雄壮。

## 周颂·维清

维清缉熙[1]，文王之典。
肇禋[2]，迄用有成，维周之祯[3]。

### 注　释

[1] 缉熙（jí xī）：缉：绩。熙：光明。

[2] 肇禋（zhào yī n）：《毛传》：“肇，始。禋（yī n），祀。”

[3] 祯（zhēn）：吉兆，祥瑞。《毛传》：“祯，祥也。”

《周颂·维清》朗读欣赏

### 作品简析

这首诗共一章，五句，篇幅短小而意旨深远。这是一首在祭祀仪式现场所诵唱的歌。此诗是周成王歌颂周文王之德的。而文王之德，就是正确地描述出了上天的运行规律，从而破除了殷商朝的“宿命论”。从文王始，祭祀的权力也从商纣王转到诸侯君主手里，人们再也不必只是在商王祭祀时参与配祭。能够自己举行祭祀仪式，表明了人们渴望自由的思想，渴望自己能够自由地向上天祈福。

## 离　骚（节选）

屈　原

帝高阳之苗裔兮[1]，朕皇考曰伯庸[2]；
摄提贞于孟陬兮[3]，惟庚寅吾以降[4]。
皇览揆余初度兮[5]，肇锡余以嘉名[6]：
名余曰正则兮[7]，字余曰灵均[8]。
纷吾既有此内美兮[9]，又重之以修能[10]：
扈江离与辟芷兮[11]，纫秋兰以为佩[12]。
汩余若将不及兮[13]，恐年岁之不吾与[14]！
朝搴阰之木兰兮[15]，夕揽洲之宿莽[16]！
日月忽其不淹兮[17]，春与秋其代序[18]。
惟草木之零落兮[19]，恐美人之迟暮[20]！
抚壮而弃秽兮[21]，何不改乎此度也[22]？
乘骐骥以驰骋兮[23]，来吾道夫先路[24]！
昔三后之纯粹兮[25]，固众芳之所在[26]：
杂申椒与菌桂兮[27]，岂维纫夫蕙茝[28]？
彼尧舜之耿介兮[29]，既遵道而得路[30]；
何桀纣之猖披兮[31]，夫唯捷径以窘步[32]。

惟夫党人之偷乐兮[33]，路幽昧以险隘[34]。
岂余身之惮殃兮[35]，恐皇舆之败绩[36]！
忽奔走以先后兮，及前王之踵武[37]；
荃不察余之中情兮[38]，反信谗而齌怒[39]！
余固知謇謇之为患兮[40]，忍而不能舍也！
指九天以为正兮[41]，夫唯灵修之故也！
曰黄昏以为期兮[42]，羌中道而改路[43]！
初既与余成言兮[44]，后悔遁而有他；
余既不难夫离别兮[45]，伤灵修之数化[46]！
余既滋兰之九畹兮[47]，又树蕙之百亩[48]，
畦留夷与揭车兮[49]，杂杜衡与芳芷。
冀枝叶之峻茂兮[50]，愿竢时乎吾将刈[51]。
虽萎绝其亦何伤兮[52]，哀众芳之芜秽[53]。
众皆竞进以贪婪兮[54]，凭不厌乎求索；
羌内恕己以量人兮[55]，各兴心而嫉妒[56]。
忽驰骛以追逐兮[57]，非余心之所急；
老冉冉其将至兮[58]，恐修名之不立！
朝饮木兰之坠露兮，夕餐秋菊之落英[59]。
苟余情其信姱以练要兮[60]，长顑颔亦何伤！
擥木根以结茝兮[61]，贯薜荔之落蕊[62]；
矫菌桂以纫蕙兮[63]，索胡绳之纚纚[64]。
謇吾法夫前修兮[65]，非世俗之所服；
虽不周于今之人兮[66]，愿依彭咸之遗则[67]！
长太息以掩涕兮，哀民生之多艰[68]！
余虽好修姱以鞿羁兮[69]，謇朝谇而夕替[70]！
既替余以蕙纕兮[71]，又申之以揽茝[72]；
亦余心之所善兮，虽九死其犹未悔[73]！
怨灵修之浩荡兮[74]，终不察夫民心；
众女嫉余之蛾眉兮[75]，谣诼谓余以善淫[76]。
固时俗之工巧兮，偭规矩而改错[77]！
背绳墨以追曲兮[78]，竞周容以为度[79]。
忳郁邑余侘傺兮[80]，吾独穷困乎此时也！
宁溘死以流亡兮[81]，余不忍为此态也[82]。
鸷鸟之不群兮[83]，自前世而固然[84]。
何方圜之能周兮，夫孰异道而相安[85]？
屈心而抑志兮[86]，忍尤而攘诟[87]；

伏清白以死直兮[88]，固前圣之所厚[89]！
悔相道之不察兮[90]，延伫乎吾将反[91]。
回朕车以复路兮[92]，及行迷之未远[93]。
步余马于兰皋兮[94]，驰椒丘且焉止息[95]。
进不入以离尤兮[96]，退将复修吾初服[97]。
制芰荷以为衣兮[98]，集芙蓉以为裳[99]；
不吾知其亦已兮[100]，苟余情其信芳[101]。
高余冠之岌岌兮[102]，长余佩之陆离[103]；
芳与泽其杂糅兮[104]，唯昭质其犹未亏[105]。
忽反顾以游目兮[106]，将往观乎四荒[107]；
佩缤纷其繁饰兮[108]，芳菲菲其弥章[109]！
民生各有所乐兮[110]，余独好修以为常[111]；
虽体解吾犹未变兮[112]，岂余心之可惩[113]？
女媭之婵媛兮[114]，申申其詈予[115]。
曰鲧婞直以亡身兮[116]，终然殀乎羽之野[117]。
汝何博謇而好修兮[118]，纷独有此姱节[119]？
薋菉葹以盈室兮[120]，判独离而不服[121]！
众不可户说兮[122]，孰云察余之中情[123]？
世并举而好朋兮[124]，夫何茕独而不予听[125]？
依前圣以节中兮[126]，喟凭心而历兹[127]！
济沅湘以南征兮[128]，就重华而陈词[129]：
启九辩与九歌兮[130]，夏康娱以自纵[131]；
不顾难以图后兮[132]，五子用失乎家巷[133]。
羿淫游以佚畋兮[134]，又好射夫封狐[135]；
固乱流其鲜终兮[136]，浞又贪夫厥家[137]。
浇身被服强圉兮[138]，纵欲而不忍[139]；
日康娱以自忘兮[140]，厥首用夫颠陨[141]。
夏桀之常违兮[142]，乃遂焉而逢殃。
后辛之菹醢兮[143]，殷宗用而不长[144]。
汤禹俨而祗敬兮[145]，周论道而莫差[146]；
举贤而授能兮[147]，循绳墨而不颇[148]。
皇天无私阿兮[149]，览民德焉错辅[150]；
夫维圣哲以茂行兮[151]，苟得用此下土[152]。
瞻前而顾后兮[153]，相观民之计极[154]：
夫孰非义而可用兮[155]，孰非善而可服[156]？
阽余身而危死兮[157]，览余初其犹未悔[158]；

不量凿而正枘兮[159]，固前修以菹醢[160]。
曾歔欷余郁邑兮[161]，哀朕时之不当[162]！
揽茹蕙以掩涕兮[163]，霑余襟之浪浪[164]！
跪敷衽以陈辞兮[165]，耿吾既得此中正[166]。
驷玉虬以乘鹥兮[167]，溘埃风余上征[168]。
朝发轫于苍梧兮[169]，夕余至乎县圃[170]。
欲少留此灵琐兮[171]，日忽忽其将暮。
吾令羲和弭节兮[172]，望崦嵫而勿迫[173]；
路曼曼其修远兮[174]，吾将上下而求索。

## 注 释

[1] 高阳：颛顼之号。苗裔（yì）：苗，初生的禾本植物。裔，衣服的末边。此苗裔连用，喻指子孙后代。

《离骚》（节选）朗读欣赏

[2] 朕：我。皇：美。考：已故的父亲。

[3] 摄提：太岁在寅时为摄提格。此指寅年。贞：正。孟：开始。陬（zōu）：正月。

[4] 庚寅（gēng yín）：指庚寅之日。古以干支相配来纪日。降：古音同“洪”，降生。

[5] 揆（kuí）：推理揣度。

[6] 肇（zhào）：开始。锡（xī）：赐。

[7] 名：命名。

[8] 字：表字，这里活用作动词，取个表字。

[9] 内美：内在的美好品质。

[10] 重（chóng）：再。

[11] 扈（hù）：楚方言，披挂。江离、芷：均为香草名。

[12] 纫（rèn）：草有茎叶可做绳索。秋兰：香草名。即泽兰，秋季开花。

[13] 汩（mì）：水疾流的样子，此处用以形容时光飞逝。

[14] 不吾与：宾语前置，即“不与吾”，不等待我。

[15] 搴（qiān）：拔取。

[16] 揽（lǎn）：采摘。宿莽：草名，经冬不死。

[17] 忽：迅速的样子。

[18] 代序：指不断更迭。

[19] 惟：思虑。

[20] 迟暮：衰老。

[21] 抚：趁。

[22] 此度：指现行的政治法度。
[23] 骐骥（qí jì）：骏马。
[24] 导：引导。
[25] 三后：夏禹、商汤、周文王。
[26] 固：本来。
[27] 申椒、菌桂：均为香木名。
[28] 蕙（huì）、茝（chén）：均为香草名。
[29] 耿介：光明正大。
[30] 遵道：遵循正道。
[31] 猖披：猖狂。
[32] 捷径：邪道。
[33] 偷乐：苟且享乐。
[34] 幽昧（mèi）：黑暗。
[35] 殃（yāng）：灾祸。
[36] 败绩：喻指君国的倾危。
[37] 踵武：足迹，即脚印。
[38] 荃（quán）：香草名，喻楚怀王。
[39] 齌（jì）怒：暴怒。
[40] 謇謇（jiǎn jiǎn）：形容忠贞直言的样子。
[41] 天：古人认为天有九重，故言。正：通“证”。
[42] 期：约定。
[43] 羌：楚语，表转折，相当于现在的“却”。
[44] 成言：诚信之言。
[45] 既：本来。
[46] 数化：多次变化。
[47] 滋：栽种。
[48] 树：种植。亩（mǔ）：二百四十步为亩。
[49] 畦（qí）：五十亩为畦。留夷、揭车：均为香草名。
[50] 冀（jì）：希望。峻：长。
[51] 竢：同“俟”，等待。刈（yì）：收获。
[52] 萎：枯萎。绝：落尽。
[53] 芜（wú）：荒芜。秽（huì）：污秽。
[54] 竞：并。
[55] 羌（qiāng）：楚人语气词。
[56] 兴：生。
[57] 忽：急。驰骛（wù）：乱驰。
[58] 冉冉（rǎn rǎn）：渐渐。
[59] 英：花。

[60] 苟：确实。信姱（kuā）：诚信而美好。练要：心中简练合于要道。

[61] 揽：持取。

[62] 贯：拾取。

[63] 矫：举起。

[64] 索：草有茎叶可做绳索。此作动词，意为搓绳。纚纚：绳索美好貌。

[65] 法：效法。

[66] 周：合。

[67] 彭咸：殷贤大夫，谏其君，不听，投江而死。

[68] 民生：万民的生存。艰：难。

[69] 修姱：洁净而美好。鞿羁（jī jī）：马缰绳和络头，比喻束缚。

[70] 谇（suì）：进谏。替：废。

[71] 纕（xiāng）：佩带。

[72] 申：重复。

[73] 悔：怨恨。

[74] 灵修：指楚怀王。

[75] 众女：喻群臣。

[76] 谣：诋毁。诼（zhuó）：诽谤。

[77] 偭（miǎn）：违背。改：更改。错：通“措”，措施，指先圣之法。

[78] 绳墨：正曲直之具。曲：斜曲。

[79] 周容：苟合取容，指以求容媚为常法。

[80] 侘傺（chà chì）：失志貌。

[81] 流亡：随水漂流而去。

[82] 此态：苟合取容之态。

[83] 不群：指不与众鸟同群。

[84] 前世：古代。

[85] 异道：不同的道路。

[86] 屈：委屈。

[87] 尤：过错。攘：除去。诟（gòu）：耻辱。

[88] 伏：通“服”，保持，坚守。

[89] 厚：厚待。

[90] 相道：观看。

[91] 延：长。

[92] 回：调转。

[93] 行迷：指迷途。

[94] 步：徐行。皋（gāo）：水边高地。

[95] 止息：休息一下。

[96] 尤：罪过。

[97] 修吾初服：指修身洁行。

[98] 制：裁制。
[99] 芙蓉：莲花。
[100] 不吾知：宾语前置，即“不知吾”，不了解我。
[101] 苟：如果。
[102] 高：指帽高。
[103] 陆离：修长而美好的样子。
[104] 芳：指芬芳之物。
[105] 唯：只有。
[106] 游目：纵目瞭望。
[107] 往观：前去观望。
[108] 缤纷：极言多。
[109] 章：明显。
[110] 民生：人生。
[111] 常：恒常之法。
[112] 犹：尚且。
[113] 惩：惧怕。
[114] 女媭（xū）：屈原的姐姐。婵媛（chán yuán）：牵挂。
[115] 申申：反反复复。
[116] 婞（xìng）直：刚正。
[117] 羽之野：羽山的郊野。
[118] 博謇：过于刚直。
[119] 姱节：美好的节操。
[120] 盈室：满屋。
[121] 判：区别。
[122] 众：众人。
[123] 云：助词，无实义。
[124] 朋：朋党。
[125] 茕（qióng）：孤独。
[126] 前圣：前代圣贤。
[127] 喟：叹息声。
[128] 济：渡过。
[129] 就：靠近。
[130] 启：禹之子。夏朝的开国君主。九辩、九歌：相传是启从天上偷带到人间的乐曲。
[131] 夏康：启子太康。
[132] 图：图谋。
[133] 五子：指夏康等兄弟五人。用：因此。家巷（hòng）：内讧。巷，通“閧”。
[134] 羿：指后羿。
[135] 封狐：大狐。
[136] 鲜：少。

[137] 浞（zhuó）：寒浞，羿相。
[138] 浇（ào）：寒浞之子。强圉（yǔ）：强壮多力。
[139] 不忍：不能加以克制。
[140] 日：天天。
[141] 用夫：因此。
[142] 夏桀（jié）：夏之亡国之君。
[143] 辛：殷纣王之名。菹醢（zū hǎi）：肉酱，名词动用，指剁成肉酱。
[144] 用而：因而。
[145] 俨（yǎn）：庄严。
[146] 莫差：没有丝毫差错。
[147] 授：任用。
[148] 颇：倾斜。
[149] 私阿：偏私。
[150] 错：置。
[151] 茂行：美好的德行。
[152] 下土：天下。
[153] 瞻前而顾后：观察古往今来的成败。
[154] 相观：观察。
[155] 非义：不行仁义。
[156] 非善：不行善事。
[157] 阽（diàn）：临危，遇到危险。
[158] 览：反观。
[159] 量：度。
[160] 前修：前贤。
[161] 曾：屡次。
[162] 当：遇。
[163] 茹（rú）：柔软。
[164] 霑：同“沾”，浸湿。浪浪：泪流不止的样子。
[165] 敷（fū）：铺开。
[166] 中正：治国之道。
[167] 驷：驾车。
[168] 上征：上天远行。
[169] 发轫（rèn）：出发。苍梧：舜所葬之地。
[170] 县圃（pǔ）：神山，在昆仑山之上。
[171] 灵琐：神之所在处。
[172] 令：命令。羲和：神话中的太阳神。
[173] 崦嵫（yān zī）：神话中日所入之山。
[174] 曼曼：同“漫漫”，路遥远的样子。修远：长远。

## 作品简析

《离骚》是战国诗人屈原创作的文学作品。作品以理想与现实的冲突为主线，以花草禽鸟的比兴和瑰奇迷幻的“求女”神境作象征，借助自传性回忆中的情感激荡，和复沓纷至、倏生倏灭的幻境交替展开全诗。同时，诗中倾诉了作者对楚国命运和人民生活的关心，“哀民生之多艰”，叹奸佞之当道。主张“举贤而授能”“循绳墨而不颇”。提出“皇天无私阿”，对天命论进行批判。作品中大量的比喻和丰富的想象，表现出作者的积极浪漫主义精神，并开创了中国文学上的“骚”体诗歌形式，对后世有深远影响。全诗的主题思想，即通过诗人为崇高理想而奋斗终生的描写，强烈地抒发了他遭谗被害的苦闷和矛盾的心情，表现了他为国献身的精神，以及与国家同休戚、共存亡的深挚的爱国主义和同情人民的感情，表现了诗人勇于追求真理和光明、坚持正义和理想的不屈不挠的斗争精神。同时也深刻地揭露了以楚君为首的楚国贵族集团腐朽黑暗的本质，抨击他们颠倒是非、结党营私、谗害贤能、邪恶误国的罪行。

## 九歌·湘夫人[1]

屈　原

帝子降兮北渚[2]，目眇眇兮愁予[3]。
袅袅兮秋风[4]，洞庭波兮木叶下[5]。
登白薠兮骋望[6]，与佳期兮夕张[7]。
鸟何萃兮苹中[8]，罾何为兮木上[9]？
沅有芷兮澧有兰[10]，思公子兮未敢言[11]。
荒忽兮远望[12]，观流水兮潺湲[13]。
麋何食兮庭中[14]，蛟何为兮水裔[15]？
朝驰余马兮江皋[16]，夕济兮西澨[17]。
闻佳人兮召予，将腾驾兮偕逝[18]。
筑室兮水中，葺之兮荷盖[19]。
荪壁兮紫坛[20]，播芳椒兮成堂[21]。
桂栋兮兰橑[22]，辛夷楣兮药房[23]。
罔薜荔兮为帷[24]，擗蕙櫋兮既张[25]。
白玉兮为镇[26]，疏石兰兮为芳[27]。
芷葺兮荷屋，缭之兮杜衡[28]。
合百草兮实庭[29]，建芳馨兮庑门[30]。
九嶷缤兮并迎[31]，灵之来兮如云[32]。
捐余袂兮江中[33]，遗余褋兮澧浦[34]。
搴汀洲兮杜若[35]，将以遗兮远者[36]。
时不可兮骤得[37]，聊逍遥兮容与[38]！

## 注释

《九歌·湘夫人》朗读欣赏

[1] 九歌：屈原十一篇作品的总称。“九”是泛指，非实数，《九歌》本是古乐章名。王逸《楚辞章句》认为：“昔楚国南郢之邑，沅湘之间，其俗信鬼而好祠。其祠必作歌乐鼓舞以乐诸神。屈原放逐，窜伏其域，怀忧苦毒，愁思沸郁，出见俗人祭祀之礼，歌舞之乐，其辞鄙陋，因作《九歌》之曲，上陈事神之敬，下见己之冤结，托之以风谏。”也有人认为是屈原在民间祭歌的基础上加工而成的。关于湘夫人和湘君为谁，多有争论。二人为湘水之神，则无疑。

[2] 帝子：指湘夫人。舜妃为帝尧之女，故称帝子。

[3] 眇眇（miǎo）：望而不见的样子。愁予：使我忧愁。

[4] 袅袅（niǎo）：绵长不绝的样子。

[5] 波：生波。下：落。

[6] 薠（fán）：一种近水生的秋草。骋望：纵目而望。

[7] 佳：佳人，指湘夫人。期：期约。张：陈设。

[8] 萃：集。鸟本当集在木上，反说在水草中。

[9] 罾（zēng）：捕鱼的网。罾原当在水中，反说在木上，比喻所愿不得，失其应处之所。

[10] 沅：即沅水，在今湖南省。澧（lǐ）：即澧水，在今湖南省，流入洞庭湖。茝（zhǐ）：即白芷，一种香草。

[11] 公子：指湘夫人。古代贵族称公族，贵族子女不分性别，都可称“公子”。

[12] 荒忽：不分明的样子。

[13] 潺湲：水流的样子。

[14] 麋：兽名，似鹿。

[15] 水裔：水边。此名意谓蛟本当在深渊而在水边。比喻所处失常。

[16] 皋：水边高地。

[17] 澨（shì）：水边。

[18] 腾驾：驾着马车奔腾飞驰。偕逝：同往。

[19] 葺：编草盖房子。盖：指屋顶。

[20] 荪壁：用荪草饰壁。荪（sūn）：一种香草。紫：紫贝。坛：中庭。

[21] 椒：一种科香木。

[22] 栋：屋栋，屋脊柱。橑（lǎo）：屋椽（chuán）。

[23] 辛夷：木名，初春升花。楣：门上横梁。药：白芷。

[24] 罔：通“网”，作结解。薜荔；一种香草，缘木而生。帷：帷帐。

[25] 擗（pǐ）：掰开。蕙：一种香草。櫋（mián）：隔扇。

[26] 镇：镇压座席之物。

[27] 疏：分疏，分陈。石兰：一种香草。

[28] 缭：缠绕。杜衡：一种香草。

[29] 合：合聚。百草：指众芳草。实：充实。

[30] 馨：能够远闻的香。庑（wǔ）：走廊。

[31] 九嶷（yí）：山名，传说中舜的葬地，在湘水南。这里指九嶷山神。缤：盛多的样子。

[32] 灵：神。如云：形容众多。

[33] 袂（mèi）：衣袖。

[34] 褋（dié）：《方言》：禅衣，江淮南楚之间谓之“褋”。禅衣即女子内衣，是湘夫人送给湘君的信物。这是古时女子爱情生活的习惯。

[35] 汀：水中或水边的平地。杜若：一种香草。

[36] 远者：指湘夫人。

[37] 骤得：数得，屡得。

[38] 逍遥：游玩。容与：悠闲的样子。

## 作品简析

《九歌·湘夫人》是战国时期楚国伟大诗人屈原的作品，是《九歌·湘君》的姊妹篇。此诗写湘君期待湘夫人而不至，产生的思慕哀怨之情。诗以湘君思念湘夫人的语调去写，描绘出那种驰神遥望、祈之不来、盼而不见的惆怅心情。全诗写男子的相思，所抒情意缠绵悱恻；加之作品对民间情歌直白的抒情方式的吸取和对传统比兴手法的运用，更加强了它的艺术感染力，对后世的文学创作产生了很大的影响。

# 九歌·山鬼

屈　原

若有人兮山之阿[1]，被薜荔兮带女萝[2]。
既含睇兮又宜笑[3]，子慕予兮善窈窕[4]。
乘赤豹兮从文狸[5]，辛夷车兮结桂旗[6]。
被石兰兮带杜衡[7]，折芳馨兮遗所思[8]。
余处幽篁兮终不见天[9]，路险难兮独后来。
表独立兮山之上[10]，云容容兮而在下[11]。
杳冥冥兮羌昼晦[12]，东风飘兮神灵雨[13]。
留灵修兮憺忘归[14]，岁既晏兮孰华予[15]！
采三秀兮于山间[16]，石磊磊兮葛蔓蔓。
怨公子兮怅忘归[17]，君思我兮不得闲。
山中人兮芳杜若[18]，饮石泉兮荫松柏。
君思我兮然疑作[19]。
雷填填兮雨冥冥[20]，猨啾啾兮狖夜鸣[21]。

风飒飒兮木萧萧，思公子兮徒离忧[22]！

## 注 释

[1] 山之阿（ē）：山限，山的弯曲处。

[2] 被（pī）：通假字，通“披”。薜荔、女萝：皆蔓生植物。

[3] 含睇：含情而视。睇（dì）：微视。宜笑：笑得很美。

[4] 子：山鬼对所爱慕男子的称呼。窈窕：娴雅美好貌。

[5] 赤豹：皮毛呈褐的豹。从：跟从。文：花纹。狸：狐一类的兽。文狸：毛色有花纹的狸。

[6] 辛夷车：以辛夷木为车。结：编结。桂旗：以桂为旗。

[7] 石兰、杜蘅：皆香草名。

[8] 遗（wèi）：赠。

[9] 余：我。篁：竹。

[10] 表：独立突出之貌。

[11] 容容：即“溶溶”，水或烟气流动之貌。

[12] 杳冥冥：又幽深又昏暗。羌：语助词。

[13] 神灵雨：神灵降下雨水。

[14] 灵修：指神女。憺（dàn）：安乐。

[15] 晏：晚。华予：让我像花一样美丽。华：花。

[16] 三秀：芝草，一年开三次花，传说服食后能延年益寿。

[17] 公子：也指神女。

[18] 杜若：香草。

[19] 然疑作：信疑交加。然：相信。作：起。

[20] 填填：雷声。

[21] 猨：同“猿”。狖（yòu）：长尾猿。

[22] 离：通“罹”，忧愁。

《九歌·山鬼》朗读欣赏

## 作品简析

此诗是祭祀山鬼的祭歌，叙述的是一位多情的山鬼，在山中与心上人幽会，以及再次等待心上人而心上人未来的情绪，描绘了一个瑰丽而又离奇的神鬼形象。全诗把山鬼起伏不定的感情变化、千回百折的内心世界，刻画得非常细致、真实而动人。

## 九 辩

宋 玉

悲哉，秋之为气也！萧瑟兮草木摇落而变衰[1]。

憭栗兮若远行[2]，登山临水兮送将归。

泬寥兮天高而气清[3]，寂漻兮收潦而水清[4]。

憯凄增欷兮[5]，薄寒之中人。
怆怳懭悢兮[6]，去故而就新。
坎廪兮[7]，贫士失职而志不平。
廓落兮羁旅而无友生[8]；惆怅兮而私自怜。
燕翩翩其辞归兮，蝉寂漠而无声；
雁廱廱而南游兮[9]，鹍鸡啁哳而悲鸣[10]。
独申旦而不寐兮，哀蟋蟀之宵征。
时亹亹而过中兮[11]，蹇淹留而无成[12]。
悲忧穷戚兮独处廓，有美一人兮心不绎[13]。
去乡离家兮徕远客[14]，超逍遥兮今焉薄[15]？
专思君兮不可化，君不知兮可奈何！
蓄怨兮积思，心烦憺兮忘食事[16]。
愿一见兮道余意，君之心兮与余异。
车既驾兮朅而归[17]，不得见兮心伤悲。
倚结軨兮长太息[18]，涕潺湲兮下沾轼[19]。
忼慨绝兮不得[20]，中瞀乱兮迷惑[21]。
私自怜兮何极，心怦怦兮谅直[22]。
皇天平分四时兮，窃独悲此廪秋[23]。
白露既下百草兮，奄离披此梧楸[24]。
去白日之昭昭兮，袭长夜之悠悠。
离芳蔼之方壮兮[25]，余萎约而悲愁[26]。
秋既先戒以白露兮，冬又申之以严霜。
收恢台之孟夏兮[27]，然欿傺而沈臧[28]。
叶菸邑而无色兮[29]，枝烦挐而交横[30]；
颜淫溢而将罢兮[31]，柯彷佛而萎黄；
萷櫹椮之可哀兮[32]，形销铄而瘀伤[33]。
惟其纷糅而将落兮[34]，恨其失时而无当。
揽騑辔而下节兮[35]，聊逍遥以相佯[36]。
岁忽忽而遒尽兮[37]，恐余寿之弗将[38]。
悼余生之不时兮，逢此世之俇攘[39]。
澹容与而独倚兮[40]，蟋蟀鸣此西堂。
心怵惕而震荡兮[41]，何所忧之多方！
仰明月而太息兮，步列星而极明[42]。
窃悲夫蕙华之曾敷兮[43]，纷旖旎乎都房[44]；
何曾华之无实兮[45]，从风雨而飞扬？
以为君独服此蕙兮[46]，羌无以异于众芳[47]。

闵奇思之不通兮[48]，将去君而高翔。
心闵怜之惨凄兮，愿一见而有明[49]。
重无怨而生离兮，中结轸而增伤[50]。
岂不郁陶而思君兮[51]？君之门以九重。
猛犬狺狺而迎吠兮[52]，关梁闭而不通[53]。
皇天淫溢而秋霖兮[54]，后土何时而得干[55]！
块独守此无泽兮[56]，仰浮云而永叹。
何时俗之工巧兮，背绳墨而改错[57]！
却骐骥而不乘兮[58]，策驽骀而取路[59]。
当世岂无骐骥兮？诚莫之能善御。
见执辔者非其人兮，故駶跳而远去[60]。
凫雁皆唼夫梁藻兮[61]，凤愈飘翔而高举。
圜凿而方枘兮[62]，吾固知其鉏铻而难入[63]。
众鸟皆有所登栖兮，凤独遑遑而无所集。
愿衔枚而无言兮[64]，尝被君之渥洽[65]，
太公九十乃显荣兮，诚未遇其匹合[66]。
谓骐骥兮安归？谓凤凰兮安栖？
变古易俗兮世衰，今之相者兮举肥。
骐骥伏匿而不见兮[67]，凤凰高飞而不下；
鸟兽犹知怀德兮，云何贤士之不处？
骥不骤进而求服兮，凤亦不贪喂而妄食。
君弃远而不察兮，虽愿忠其焉得。
欲寂漠而绝端兮，窃不敢忘初之厚德。
独悲愁其伤人兮，冯郁郁其何极[68]！
霜露惨凄而交下兮，心尚幸其弗济[69]；
霰雪雰糅其增加兮[70]，乃知遭命之将至。
愿徼幸而有待兮[71]，泊莽莽与野草同死[72]。
愿自直而径往兮，路壅绝而不通[73]；
欲循道而平驱兮，又未知其所以，
然中路而迷惑兮，自压桉而学诵[74]。
性愚陋以褊浅兮[75]，信未达乎从容。
窃美申包胥之气盛兮[76]，恐时世之不固。
何时俗之工巧兮，灭规矩而改凿[77]。
独耿介而不随兮，愿慕先圣之遗教。
处浊世而显荣兮，非余心之所乐。
与其无义而有名兮，宁处穷而守高。

食不偷而为饱兮[78]，衣不苟而为温。
窃慕诗人之遗风兮，愿托志乎素餐[79]。
蹇充倔而无端兮[80]，泊莽莽而无垠。
无衣裘以御冬兮，恐溘死不得见乎阳春[81]。
靓杪秋之遥夜兮[82]，心缭悷而有哀[83]。
春秋逴逴而日高兮[84]，然惆怅而自悲。
四时递来而卒岁兮，阴阳不可与俪偕[85]。
白日晼晚其将入兮[86]，明月销铄而减毁。
岁忽忽而遒尽兮，老冉冉而愈弛[87]。
心摇悦而日幸兮，然怊怅而无冀[88]。
中憯恻之凄怆兮，长太息而增欷。
年洋洋以日往兮，老嵺廓而无处[89]。
事亹亹而觊进兮[90]，蹇淹留而踌躇。
何泛滥之浮云兮，猋壅蔽此明月[91]！
忠昭昭而愿见兮，然露曀而莫达[92]。
愿皓日之显行兮，云蒙蒙而蔽之。
窃不自料而愿忠兮，或黕点而污之[93]。
尧舜之抗行兮[94]，了冥冥而薄天。
何险巇之嫉妒兮[95]，被以不慈之伪名？
彼日月之照明兮，尚黯黮而有瑕[96]；
何况一国之事兮，亦多端而胶加[97]。
被荷裯之晏晏兮[98]，然潢洋而不可带[99]。
既骄美而伐武兮[100]，负左右之耿介。
憎愠惀之修美兮[101]，好夫人之慷慨。
众踥蹀而日进兮[102]，美超远而逾迈[103]。
农夫辍耕而容与兮，恐田野之芜秽。
事绵绵而多私兮，窃悼后之危败。
世雷同而炫曜兮，何毁誉之昧昧！
今修饰而窥镜兮，后尚可以窜藏。
愿寄言夫流星兮，羌倏忽而难当[104]。
卒壅蔽此浮云兮，下暗漠而无光。
尧舜皆有所举任兮，故高枕而自适。
谅无怨于天下兮，心焉取此怵惕？
乘骐骥之浏浏兮[105]，驭安用夫强策。
谅城郭之不足恃兮，虽重介之何益[106]。
邅翼翼而无终兮[107]，忳惛惛而愁约[108]。

生天地之若过兮，功不成而无效。
愿沈滞而不见兮，沿欲布名乎天下。
然潢洋而不遇兮，直怐愗而自苦[109]。
莽洋洋而无极兮，忽翱翔之焉薄。
国有骥而不知乘兮，焉皇皇而更索[110]。
宁戚讴于车下兮[111]，桓公闻而知之。
无伯乐之善相兮，今谁使乎誉之？
罔流涕以聊虑兮[112]，惟着意而得之。
纷忳忳之愿忠兮[113]，妒被离而鄣之[114]。
愿赐不肖之躯而别离兮，放游志乎云中。
乘精气之抟抟兮[115]，骛诸神之湛湛[116]。
骖白霓之习习兮[117]，历群灵之丰丰[118]。
左朱雀之茇茇兮[119]，右苍龙之躣躣[120]。
属雷师之阗阗兮[121]，通飞廉之衙衙[122]。
前轻辌之锵锵兮[123]，后辎乘之从从[124]。
载云旗之委蛇兮[125]，扈屯骑之容容[126]。
计专专之不可化兮，愿遂推而为臧[127]。
赖皇天之厚德兮，还及君之无恙[128]！

## 注释

[1] 萧瑟：秋风吹落树叶的声音。摇落：动摇脱落。

[2] 憭栗（liǎo lì）：凄凉的样子。

[3] 泬（xuè）寥：空旷寥廓的样子。

[4] 寂漻（liáo）：即“寂寥”，虚静的样子。收潦（liǎo）：指雨止。潦，雨水。

[5] 憯（cǎn）凄：同“惨凄”，悲痛的样子。增欷（xī）：叹息不已。中：侵袭。

[6] 怆怳（chuàng huǎng）：失意的样子。懭悢（kuǎng lǎng）：失意的样子。

[7] 坎廪（lǐn）：坎坷不平。

[8] 廓落：孤独寂寞的样子。羁旅：滞留外乡。友生：知心朋友。

[9] 雍雍：雁鸣的声音。

[10] 鹍（kūn）鸡：一种鸟，黄白色，形似鹤。啁哳（zhāo zhā）：声音细碎而急促。

[11] 亹（wěi）亹：行进不停的样子。过中：超过中年。

[12] 蹇（jiǎn）：发语词。淹留：滞留，久留。

[13] 有美一人：指作者自己。绎：“怿”的假借，愉快。

[14] 徕（lài）远客：来远方作客。

《九辩》朗读欣赏

［15］薄：接近。一说到。

［16］烦憺（dàn）：烦闷，忧愁。

［17］朅（qiè）：离去。

［18］结軨（líng）：车厢。用木条构成，故称。太息：叹息。

［19］潺湲（yuán）：流水声，此喻泪流不止。轼：车前供人扶靠的横木。

［20］忼（kāng）慨：同“慷慨”，愤激的意思。

［21］瞀（mào）乱：心中烦乱。

［22］怦怦：心急的样子。谅直：忠诚正直。

［23］窃：暗自。廪：同“凛”，寒冷。

［24］奄：忽然。离披：枝叶分散低垂、萎而不振的样子。梧楸（qiū）：梧桐和楸树，都是早凋的树木。

［25］芳蔼：芳菲繁荣，形容人的壮年。方壮：正当壮年。

［26］萎约：枯萎而约缩。

［27］恢台：广大昌盛的样子。

［28］欿（kǎn）：同“坎”，陷落。傺（chì）：停止。王逸《楚辞章句》：“楚人谓住曰傺也。”《文选》“欿傺”作“坎傺”，吕延济注：“陷止也。”谓草木繁盛的景象停止。

［29］菸邑（yū yì）：黯淡的样子。

［30］烦挐（ná）：稀疏纷乱的样子。挐：同“拿”。

［31］淫溢：过甚。罢（pí）：同“疲”，指凋零。

［32］萷（shāo）：同“梢”，枝条。櫹槮（xiāo shēn）：枝叶光秃秃的样子。

［33］销铄：指树木受霜之害而损毁。瘀（yū）伤：病伤。

［34］纷糅：枯枝败草纷乱混杂。

［35］騑（fēi）：骖马，驾在车子两边的马。节：马鞭。

［36］相佯：犹言徜徉。

［37］遒（qiú）：迫近。

［38］将：长。

［39］佂（kuáng）攘：纷扰不安。

［40］容与：迟缓不前的样子。

［41］怵（chù）惕：惊惧。

［42］极明：到天亮。

［43］敷：伸展，借指花朵开放。

［44］旖旎（yǐ nǐ）：此为花朵繁盛的样子。都房：北堂。

［45］曾：“层”的假借。实：果实。

［46］服：佩戴。

［47］羌：发语词。

［48］闵：同“悯”，伤怜。奇思：出众的思想。不通：不能达到君王那里。

［49］有明：朱熹《楚辞集注》：“有以自明也。”即自我表白。

［50］结轸（zhěn）：郁结而沉痛。增伤：更加悲伤。

［51］郁陶：忧思郁积的样子。

［52］狺（yí n）狺：狗叫的声音。

［53］关：门关。梁：桥梁。

［54］霖：久下不止的雨。

［55］后土：大地。古人常以“后土”与“皇天”对称。

［56］块：块然，孤独的样子。无：通“芜”，荒芜。泽：积水的洼地。

［57］绳墨：绳线和墨斗，是木工画直线的工具，借指规则法度。错：同“措”，指正常的措施。

［58］骐骥（qí jì）：千里马，喻贤才。

［59］驽骀（nú tái）：劣马，喻庸人。

［60］駶（jú ）跳：跳跃。

［61］凫：野鸭。唼（shà）：水鸟或鱼吃食的样子。

［62］圆凿而方枘（ruì ）：圆的洞眼安方的榫子。

［63］钽铻（jǔ yǔ）：同“龃龉”，彼此不相合。

［64］衔枚：指闭口不言。古时行军为防止士兵出声，令他们口中衔一根叫作枚的短木条，故称。

［65］渥（wò）洽：深厚的恩泽。

［66］匹合：合适。

［67］伏：驾车，拉车。

［68］冯（pí ng）：内心愤懑。

［69］幸：希望。济：成功。

［70］霰（xiàn）：雪珠。雰（fēn）糅：纷杂。

［71］徼（jiǎo）幸：同“侥幸”。

［72］泊：止。

［73］壅（yōng）绝：壅塞，堵塞。

［74］压桉（àn）：压抑。桉，同“案”，通“按”。学诵：学诵《诗经》。春秋战国士大夫社交往来常诵诗。

［75］褊（biǎn）浅：狭隘浅薄。

［76］申包胥：春秋时楚大夫，为救楚国，曾在秦国朝廷上哭了七天七夜，终于感动秦哀公出兵救楚。

［77］凿：当作“错”，即“措”，措施。

［78］偷：苟且。

［79］托：寄托。素餐：白吃饭。王夫之《楚辞通释》：“托志素餐，以素餐为耻。”

［80］充：充塞。倔：通“屈”，委屈。

［81］溘（kè）：突然。

［82］靓（jì ng）：通“静”。杪（miǎo）秋：秋末。

［83］缭悷（liáo lì ）：缠绕郁结。

［84］逴（chuō）逴：走得越来越远。

[85] 俪（lì）偕：同在一起。

[86] 晼（wǎn）晚：日落时光线黯淡的样子。

[87] 弛：指精力不济。

[88] 怊（chāo）怅：惆怅。冀：希望。

[89] 嵺（liáo）廓：空旷而无着落的样子。嵺：同“寥”。无处：无处托身。

[90] 觊（jì）：企图。进：进取。

[91] 猋（biāo）：飞快的样子。

[92] 雰（yín）：乌云蔽日。曀（yì）：阴风刮起。

[93] 或：有人。黕（dǎn）：污垢。点：污辱。

[94] 抗行：高尚的德行。

[95] 险巇（xī）：险阻，此指小人作梗。

[96] 黯黮（dǎn）：昏黑暗淡。瑕：缺点。

[97] 胶加：指纠缠不清。

[98] 裯（dāo）：短衣。晏晏：柔软鲜明的样子。

[99] 潢洋：衣服宽大，空荡荡不贴身的样子。

[100] 骄美：自矜其美。伐武：夸耀勇武。

[101] 憎：憎恨。愠惀：忠诚的样子。

[102] 踥蹀（qiè dié）：小步行进的样子。

[103] 美：指贤人。迈：远行。

[104] 儵（shū）忽：速度很快的样子。儵：同“倏”，极快地。

[105] 浏浏：水流清澈的样子。此指骏马奔驰畅快。

[106] 介：铠甲。

[107] 邅（zhān）：回旋不前。翼翼：小心谨慎的样子。

[108] 忳（tūn）：郁闷。惛（hūn）惛：心中昏昏沉沉。约：约束，束缚。

[109] 怐愗（kòu mào）：愚昧。

[110] 皇皇：同“惶惶”，恐惧不安貌。

[111] 宁戚：春秋时卫国人，初为小商人。遇齐桓公夜出，他在车下喂牛，敲着牛角唱了一首怀才不遇的歌，齐桓公听后，就马上任用了他。

[112] 罔：同“惘”。聊虑：暂且思索一下。

[113] 忳忳：诚挚的样子。

[114] 被（pī）离：杂沓的样子。

[115] 抟（tuán）抟：团团。

[116] 骛（wù）：奔驰。湛湛：众多。

[117] 习习：快速飞行的样子。

[118] 丰丰：指众天神的一个个神官。

[119] 茇（pèi）茇：轻快飞翔的样子。

[120] 躣（qú）躣：行貌。

［121］阗（tián）阗：鼓声。

［122］衙衙：向前行进的样子。

［123］轾辌（zhì liáng）：古代一种轻便的卧车。

［124］辎：载重的重型马车。从从：连接的样子。

［125］委蛇：同“逶迤”，旌旗迎风舒展的样子。

［126］扈：扈从，侍从。屯骑：聚集的车骑。容容：众多的样子。

［127］臧：善，美。

［128］君：指楚王。恙：疾病。

## 作品简析

《九辩》是中国古代浪漫主义诗集《楚辞》中的一首感情深挚的长篇抒情诗，共有250多句。从诗的内容来看，其基本思想是表达“贫士失职而志不平”的感慨。这种感慨在中国古代社会中带有普遍性。此诗在一定程度上对现实的黑暗有所反映，并表达了诗人“处浊世而显荣兮，非余心之所乐；与其无义而有名兮，宁处穷而守高”的志向。在艺术上，《九辩》虽多模仿屈原《离骚》之处，但也有自己的特色。它善于借景抒情，融情于景，并且句法多变，能够巧妙地运用双声叠韵和叠字等修辞手法，读起来抑扬顿挫，饶有音乐美，从而具有很强的艺术感染力。

# 古汉语通论

## 单音词、复音词、联（连）绵词（字）

### 一、单音词与复音词

单音词指的是只有一个音节的词。

复音词也可叫多音节词，指的是具有两个或几个音节的词。

古代汉语的词汇以单音词为主，而现代汉语的词汇以复音词（主要是双音词）为主。例如“蹇叔之子与师”（《左传·僖公三十二年》）这一个句子中，“子”字在现在一般总说成“儿子”，“与”“师”译成两个复音词“参加”“军队”。

在对古代汉语单音词和复音词的理解中，值得注意的是复音词分类以及单音词连用的情况。

复音词分为单纯的复音词。这类词包括：

连绵词，有双声关系的，如：踌躇、萧瑟、陆离、玲珑，辗转等；有叠韵关系的，如，彷徨、逡巡、须臾、窈窕、仓皇、披靡等。

译音词，如：单于、可汗、葡萄、琵琶等。

叠音词，如：奄奄、翩翩、霏霏、区区等。

这类词是由两个音节组合起来表示一个完整的意思，单个音节不表示任何意义，所以不能拆开来解释。

复音词又分合成的复音词。从构词方式上看，包括：

联合式，如：社稷、旌旗、婚姻、殷勤、首领、干戈、倾覆等。

偏正式，如：天子、布衣、足下、太息、横行等。

附加式，如：阿母、森然、率尔等。

不要把古汉语的单音词连用误解为复音词。

率妻子邑人来此绝境。（《桃花源记》）

涓人言于君曰："请求之。"《燕昭王求士》

玉不琢，不成器；人不学，不知道。《礼记·学记》

璧有瑕，请指示王。《史记·廉颇蔺相如列传》

天子之地方千里，不千里不足以待诸侯。《孟子·告子下》

古代单音词演变成现代汉语复音词，主要有三种情况：第一种是换了完全不同的词，例如："与"变成"参加"，"师"变成"军队"。第二种是加上词尾或词头，如"虎"变成"老虎"，"杯"变成"杯子"。第三种是利用两个同义词作为词素，构成一个复音词，例如"儿"和"子"是同义词，合起来成为复音词"儿子"。

注意第三种情况，有许多古代的单音词，作为词来看，可以认为已经消失了；但是作为词素来看中的，它们还留存在现代汉语里，如"人无远虑，必有近忧"中的"虑"在古代汉语里有它的意义，在现代汉语里，它只作为词素留存在"顾虑""考虑"等双音词里，或出现在"深谋远虑""深思熟虑"等成语里，而不能作为单音词自由运用了。

汉语大部分的双音词都是经过同义词临时组合的，这就是说，在最初的时候，只是两个同义词的并列，还没有凝结成为一个整体、一个单词。因为：第一，最初某些同义词的组合没有固定的形式，几个同义词可以自由组合，甚至可以颠倒。如"险""阻""隘"是同义词，在上古时期常常单用，又可以互相组合。第二，古人对于这一类同义词，常常加以区别。"婚姻"很早就成为复音词，但《说文解字》还说"妇家为婚，婿家为姻"，还有"谷不熟曰饥，菜不熟曰馑"，而我们现在读古籍时，应该把这些词当作复音词来理解，这样才能得到一个完整的概念。但是词的本来意义不能不管，因为我们需要去说明这些复音词是怎样形成的，还要区别出后来词义和本来意义的不同。

这种临时组合的双音词的每一个词素，往往保存着一定得独立性。也就是说，在这个地方它是复音词的词素，在其他地方它又可以独立成为一个单音词。如"恐惧"，在《战国策·齐策》中"齐王闻之，君臣恐惧"与《论语·颜渊》"君子不忧不惧"和《孟子·梁惠王下》"吾甚恐"。又如"恭敬"，《论语·子路》"居处恭，执事敬"。

古代汉语里有一种复音词是用两个单音的近义词或反义词作为词素组成的，其中一个词素的本来意义称为这个复音词的意义，另一个词素只是作为陪衬。

今有一人，入人园圃，窃其桃李。（《墨子·非攻上》）

（种树的地方叫"园"，种菜的地方叫"圃"。这里只有"园"字起作用，"圃"字无意义。）

多人不能无生得失。（《史记·刺客列传》）

（人多了不能无失。“得”字无意义。）

有人把这种复音词叫作“偏义复词”。

有些从词组变来的固定组合，如果拆开来讲与整体的意义完全不同，那也应该认为是复音词。如“足下”“君子”“小人”“先生”“将军”等。

真正单纯的复音词在古代汉语里很少，其中的绝大部分是连绵词，如“倜傥”“忸怩”“造次”“郁闷”“徘徊”“逡巡”等。连绵词中的两个字仅仅代表单纯词的两个音节，不应把它拆开成两个字来解释。

## 二、联（连）绵词（字）

“联绵词”是由两个不同音节构成的单纯词（一个词素）。古人也称其为“謰语”或“联绵字”，如“玲珑”“从容”“崔嵬”“蜘蛛”“窈窕”等。联绵词中的两个音节共同表示一种意义，不能拆开解释，更不能分开应用。联绵词有不可分割、写法多样、双声叠韵、一词多义的特点。

### 1. 不可分割

联绵词的结构是浑然一体的，它是由两个汉字（一个词素）记录下来的双音节单纯词。如“犹豫”“磅礴”“蝃蝀”“玛瑙”“葡萄”等，都是一个不可分割的整体，表示一个概念，不能拆开解释。

但在特殊情况下，有的联绵词可以拆开使用，如《老子》中：“道之为物，惟恍惟惚。惚兮恍兮，其中有象；恍兮惚兮，其中有物。”这里的“恍惚”就是拆开使用了。再如曹操《短歌行》：“慨当以慷，忧思难忘。”这里的“慷慨”也拆开用了，并且次序颠倒。但这种情况并不普遍，我们在阅读古籍的过程中也要慎重辨识。

### 2. 写法多样

联绵词“因音见义”，记录联绵词的汉字只有表音作用，字形与词义并无必然的联系，所以古书中往往字无写定，原则上凡是能表示口语中联绵词读音的字都可以用。因此，联绵词可以有多种写法。比如，“徘徊”可写作“俳佪”。如“蹒跚”可写作“盘跚”，都是“跛行貌”、腿脚不灵便、走路缓慢、摇摆的样子。（参见《辞通卷六·十四寒》）又如，“彷徨”可写作“徬徨”“仿偟”“彷皇”，都表示走来走去，犹豫不决，不知往哪个方向去这个意思。《辞通》曰：“犹豫徊也”。再如，“踌躇”也可写作“踯躅”“踌伫”等。

### 3. 双声叠韵

联绵词的两个字在语音上有着密切的联系。古代的联绵词大部分是双声词或叠韵词。

双声词：憔悴、参差、犹豫、仿佛、玄黄、缤纷、匍匐、踟蹰、蟋蟀、玲珑、倜傥

叠韵词：崔嵬、委蛇、须臾、依稀、从容、婆娑、婵娟、逍遥、徘徊、觳觫、逡巡

双声叠韵词：缱绻 、辗转

不双声不叠韵：芙蓉、翱翔

4. 一词多义

如，“踌躇”既可表示犹豫，又可表示停留，也可表示得意的样子 。又如，“缥缈”，《辞通》曰：“远视之貌。”这就要求在理解上要因文定义，仔细辨析。如《长恨歌》中“忽闻海上有仙山，山在虚无缥缈间”一句，“缥缈”要解为“虚幻渺茫，不可捉摸”，正是“玄远貌”。再如，徐迟《黄山记》：“这样，大自然把紫红的峰，雪浪云的海，虚无缥缈的雾……”缥缈在这里则是轻举而不实在的样子。

## 古今词义的异同

语言是发展的，学习语言要有历史发展的观点。现代汉语是从古代汉语的基础上发展起来的，我们必须承认语言的继承性，看到古今汉语相同的方面；但是更应该重视语言的发展，看到古今汉语相异的方面。继承和发展，是矛盾的统一，忽视任何一方面，都是不对的。语言的各方面，词汇变化最快。旧词不断消亡，新词不断产生，词义不断演变。在学习古代汉语时，我们必须特别注意古今词义的异同。



### 一、古今词义异同的三种情况

从继承和发展的角度看，古今词义的异同表现为三种情况：

1. 古今意义基本相同

语言中的基本词汇，即语言词汇中同人们千百年来的社会生活密切相关的最基础的部分，具有历时的稳定性。这些词数量不多，但在长期的历史发展过程中，其意义基本未变。例如：

(1) 名词——人、手、牛、羊、日、月、山、川、风、雨、雷、电。

(2) 动词——出、入、起、立、哭、笑、打、骂、跳、叫。

(3) 形容词——长、短、轻、重、方、圆、大、小、扁、平、尖、钝、美、丑、善、恶。

(4) 数词——一、二、三、四、十、百、千、万。

上述诸词，古今意义基本相同。我们说“基本”，意味着它们自古至今并非没有一点变化。例如，“人”的词义，古人和今人的认识并不完全相同。

《说文解字》：“人，天地之性最贵者也。”《现代汉语词典》：“人，能制造工具并使用工具进行劳动的高等动物。”可见，现代人对“人”的本质属性的认识，要比古人深刻得多。但不管怎么说，古语中的“人”和今语中的“人”，所指并无不同。基本词汇的古今词义基本相同，体现了现代汉语对古代汉语的继承关系。

2. 古今意义完全不同

有些词，古今词形（书写形式）完全一样，但含义迥异。例如：

(1) 该——古代常用义是“完备”。如《楚辞・招魂》：“招具该备，永啸呼些。”

汉王逸注："该，亦备也。言撰设甘美招魂之具，靡不毕备，故长啸大呼以招君也。"《方言》卷十二："备、该，咸也。""该"的现代常用义则是"应该"，与"完备"完全不同。

（2）找——古代的含义是"划船"。《集韵·麻韵》："划，舟进竿谓之划。或从手。"（"或从手"说明"划"的另一种写法为"找"）《字汇·手部》："找，与划同，拨进船也。"现代"找"义为"寻找"。

（3）绸——古代是"缠绕"之义。《楚辞·九歌·湘君》："薜荔拍兮蕙绸。"宋洪兴祖补注："绸，缚束也。"成语"未雨绸缪"中"绸缪"二字，义为紧密缠绕。《诗经·豳风·鸱号》："迨天之未阴雨，彻彼桑土，绸缪牖户。"孔颖达疏："郑（玄）以为鸱鸮及天之未阴雨之时，剥彼桑根，以缠绵其牖户，乃得有此室巢。"后常以"未雨绸缪"喻防患于未然。"绸"在现代指"丝绸"。

（4）抢——古代义为"突过"或"撞"。《庄子·逍遥游》："我决起而飞，抢榆枋，时则不至，而控于地而已矣。"句中"抢"为"突过"义。《战国策·魏策四》："秦王曰：'布衣之怒，亦免冠徒跣，以头抢地耳。'"句中"抢"是"撞"义。现代"抢"是"抢夺"义。

（5）叔——上古作"拾取"讲，如《说文解字》："叔，拾也。"《诗经·豳风·七月》："九月叔苴。"现代"叔"只用于亲属称谓。

（6）完——古代是"完整""完好"之义。《说文解字》："完，全也。"《荀子·大略》："食则饘粥不足，衣则竖褐不完。"成语"完璧归赵"、"覆巢之下，岂有完卵"，"完"都表示"全"义。现代汉语中"完"是"完了""终结"之义。

（7）交通——古代是"勾结"义，贬义词，如《汉书·江充传》："（赵太子丹）交通郡国豪猾，攻剽为奸，吏不能禁。"现代则是各种运输和邮电事业的总称。对于古今意义完全不同的词，要下功夫一一记牢。

### 3. 古今意义有同有异

古今词义有同有异，这是古今词义对比中最常见的情况。"同"，指古今词义有联系、有继承；"异"，指古今词义有发展、有变化。学习古汉语词汇，最重要的内容之一，就是掌握古今词义之间的差别，特别是细微的差别。例如：

（1）劝——古今皆有"劝说"之义。但古义侧重于积极提倡，即"鼓励""勉励"，如《左传·成公二年》："人不难以死免其君，我戮之不祥。赦之，以劝事君者。"今义则侧重于消极阻止，即"规劝""劝告""劝解"。（一个人不畏惧用死来使他的国君免于祸患，我杀了他不吉利。赦免他，用来鼓励侍奉国君的人。）

（2）爱——古今皆有"喜爱"之义。但古代"爱"还有"吝啬""舍不得"之义，如《孟子·梁惠王上》："齐国虽褊小，吾何爱一牛？"这一含义是现代"爱"所不具备的。

（3）给——古今皆有"以物与人"之义。但古义是"供给""供应""使……足"，即把物质生活资料给予需要的人使用，如《战国策·齐策四》："孟尝君使人给其食用，无使乏。”今义则是一般的“给予”。

（4）再——古今均有“第二次”之义。但古义只表“第二次”或“两次”，如《左传·僖公五年》：“一之谓甚，其可再乎？”《左传·庄公十年》：“一鼓作气，再而衰，三而竭。”今义则是“再来一次”之义，表示动作反复进行，可指“第二次”，也可指“第三次”“第四次”等。

（5）暂——古今均有“时间短”之义。但古义还表“突然”“仓促”，《史记·李将军列传》：“李广暂腾而上胡儿马。”“暂腾”是“突然（一下子）腾跃起来”的意思。此义现代已无。

（6）信——现代指“书信”，古代则指“信使”“使者”，即传递信息（含书信）的专人。如《世说新语·雅量》：“谢公与人围棋。俄而谢玄淮上信至。看书竟，默然无言。”句中“信”指使者，“书”指“信”带来的书信。等等。

古今词义有同有异的情况十分复杂，在学习中要特别留意，防止以今义去解古义。

## 二、古今词义差异的主要表现

“古今词义差异”指的是“古今词义有同有异”中的“异”。古今词义的差异，主要表现在两个方面：词义范围的差异和词义感情色彩的差异。下面分别加以讨论。

### （一）词义范围的差异

词义范围的差异，是词义所概括的对象的外延的差异。这种差异有三种表现形式：词义的扩大、缩小和转移。

#### 1. 词义的扩大

词义的扩大，指的是词由古义发展到今义，它所反映的客观对象的范围扩大了，即由部分变为全体，由个别变为一般，由狭窄变为宽广，词的古义被今义所包含。例如：

（1）菜——古义仅指蔬菜。《说文解字》：“菜，草之可食者。”今义则兼指鸡、鱼、肉、蛋等荤腥。《现代汉语词典》：“菜，经过烹调供下饭下酒的蔬菜、蛋品、鱼、肉等。”

（2）睡——古义专指坐着打瞌睡。《说文解字》：“睡，坐寐也。从目垂。”段玉裁注：“知为坐寐者，以其字从垂也。……此以会意包形声也。目垂者，目睑垂而下，坐则尔。”《史记·商君列传》：“孝公既见卫鞅，语事良久，孝公时时睡，弗听。”句中的“睡”即“坐着打瞌睡”之义。“睡”之今义，既指打瞌睡，更指躺下睡觉。

（3）匠——古义专指木匠。《说文解字》：“匠，木工也。”段玉裁注：“百工皆称工、称匠，独举‘木工’者，其字从斤也。以木工之称，引申为凡工之称。”今义为一切工匠，即段注所云“凡工之称”，如木匠、皮匠、泥瓦匠、剃头匠等。

（4）响——古义指回声。《玉篇》：“响，应声也。”今义则指各种声响。

（5）江——古义专指长江，如《孟子·滕文公下》：“水由地中行，江、淮、河、汉是也。”现代则泛指大的河流。

（6）好——古义专指女子貌美。《方言》卷二：“自关而西，秦晋之间，凡美色或谓之好。”《战国策·赵策三》：“鬼侯有子而好，故入之于纣。”现代泛指一切事物的美好。等等。

2. 词义的缩小

词义的缩小，指的是词由古义发展到今义，它所反映的客观对象的范围缩小了，即由全体变为部分，由一般变为个别，由宽广变为狭窄，词的今义被古义所包含。例如：

（1）宫——上古泛指一切房屋。《尔雅·释宫》：“宫谓之室，室谓之宫。”《说文解字》：“宫，室也。”《墨子·节用中》：“古者人之始生，未有宫室之时，因陵丘堀穴而处焉。”现代“宫”专指帝、后、太子等居住的房屋、庙宇名称及人民文化活动或娱乐用的房屋，如宫殿、碧霞宫、青年宫。

（2）瓦——古义泛指一切陶器。《说文解字》：“瓦，土器已烧之总名。”段玉裁注：“凡土器，未烧之素皆谓之坯，已烧皆谓之瓦。”今义主要指盖房顶用的建筑材料。

（3）金——古义泛指一切金属，如“银”叫“白金”，“铜”叫“赤金”，“铁”叫“黑金”，等等。今义专指“黄金”。

（4）禽——古义是飞鸟和走兽的通称，如《三国志·华佗传》：“吾有一术，名五禽之戏：一曰虎，二曰鹿，三曰熊，四曰猿，五曰鸟。”今义专指飞鸟。

（5）臭——古义泛指各种气味，包括香气、秽气。《玉篇》：“臭，香臭总称也。”《诗经·大雅·文王》：“上天之载，无声无臭。”郑玄笺：“天之道难知也，耳不闻声音，鼻不闻香臭。”今义专指秽恶难闻的气味。（“臭”表古义读 xiù，今义读 chòu。）

（6）子——古义泛指儿子、女儿。《仪礼·丧服》：“故子生三月则父名之。”郑玄注：“凡言子者，可以兼男女。”《战国策·赵策四》：“丈夫亦爱怜其少子乎？”“少子”指“小儿子”。《论语·公冶长》：“子谓公冶长可妻也，虽在缧绁之中，非其罪也。以其子妻之。”“其子”指“孔子的女儿”。今义“子”专指儿子。等等。

3. 词义的转移

词义的转移，指的是词由古义发展到今义，它所反映的客观对象由甲范围转移到乙范围；一般来说，新义产生后，旧义就不存在了，但旧新（古今）二义之间有一定的联系。例如：

（1）暂——“暂”最初是“突然”“一下子”的意思。《说文解字》：“默，犬暂逐人也。”意即犬不吠而突然向人扑去。又：“突，犬从穴中暂出也。”意即犬突然从穴中出来。《左传·僖公三十三年》：“武夫力而拘诸原，妇人暂而免诸国。”杜预注：“暂，犹卒也。”后来，“暂”由“突然”“一下子”转移为“不久也”，此义是“暂”在中古的常用义。《集韵》：“暂，须臾也。”王勃《滕王阁序》：“都督阎公之雅望，棨戟遥临；宇文新州之懿范，襜帷暂驻。”“暂”即短暂之义。中古以后，“暂”义又转移为相对“将来”而言的“暂时的”之义，如“暂不答复”“暂缓执行”等（隐含着“将来答复”“将来执行”之义），此义一直保留到今天。

（2）汤——古义是热水。《说文解字》：“汤，热水也。”《论语·季氏》：“见善如不及，见不善如探汤。”刘宝楠正义：“探汤者，以手探热。”《史记·廉颇蔺相如列传》：

"臣知欺大王之罪当诛，臣请就汤镬，唯大王与群臣孰计议之。""汤镬"即"开水锅"。成语"固若金汤""金城汤池"，"汤"均指热水。今义"汤"专指米汤、菜汤，与"热水"所指有异。

（3）府——最初表示贮藏文书、财物的地方。《说文解字》："府，文书藏也。"金文"府"字或加"贝"，也表藏财之处。《尚书·大禹谟》："地平天成，六府三事允治。"孔颖达疏："府者，藏财之处。"后来，词义转移，专表官府、官署，《广雅·释宫》："州、郡、县、府，官也。"王念孙疏证："皆谓官舍也。"现代指国家政权机关，如"政府""市府"。

（4）涕——上古指眼泪。《说文解字》："涕，泣也。"段玉裁注："按：'泣也'二字，当作'目液也'三字，转写之误也。"《诗经·陈风·泽陂》："涕泗滂沱。"毛亨传："自目曰涕，自鼻曰泗。"《楚辞·离骚》："长太息以掩涕兮，哀民生之多艰。"洪兴祖补注："掩涕，犹抆泪也。"后来，词义转移为"鼻涕"，如杜甫《闻官军收河南河北》："剑外忽传收蓟北，初闻涕泪满衣裳。""涕泪"并用，"涕"指鼻涕。

（5）脚——上古指小腿，如《墨子·明鬼下》："羊起而触之，折其脚。"司马迁《报任安书》："孙子膑脚，兵法修列。""膑脚"即砍去小腿上端的膝盖骨。现代某些方言中仍保留此意，如吴方言称"腿长"叫"长脚"。中古以后，"脚"义转移指踝关节以下着地的部分（即古语"足"义），一直延续到现代。等等。

### （二）词义感情色彩的差异

词义的感情色彩是词的附加意义，表现了人们对客观事物的爱憎喜恶，即主观评价的好坏，以及对词义轻重程度的判断。词义感情色彩的差异，表现了古人和今人对词义所概括的对象的态度。这种差异有两种表现形式：词义褒贬的变化和词义轻重的不同。

#### 1. 词义褒贬的变化

由于社会习俗和人们认识变化的影响，词义的褒贬扬抑也会随之改变，有的褒义词变成了贬义词，有的贬义词变成了褒义词，有的中性词变成了贬义词，等等。例如：

（1）复辟——本指失去君位的帝王重新上台掌权恢复统治，是个褒义词。如《明史·王骥传》："石亨、徐有贞等奉英宗复辟。"今义则指"国家政权落到旧制度的代表手里"，即被推翻的统治者恢复原有的地位或被消灭的制度复活，是个贬义词。

（2）爪牙——古义指国家的猛将、帝王在军事上的勇猛助手，是个褒义词。如《国语·越语上》："夫虽无四方之忧，然谋臣与爪牙之士，不可不养而择也。"《诗经·小雅·祈父》："祈父（官名，即司马），予王之爪牙。胡转予于恤，靡所止居？"孔颖达疏："时爪牙之士呼司马之官曰：'祈父！我乃王之爪牙之士。所职有常，不应迁易。汝何为移我于所忧之地，使我无所止居乎？'"《汉书·李广传》："将军者，国之爪牙也。"今义则指坏人的帮凶、走狗，是个贬义词。

（3）锻炼——古代除"冶金"之义外，还有玩弄法律、罗织罪名、对人进行诬陷的意思，是个贬义词。如《后汉书·韦彪传》："忠孝之人，持心近厚；锻炼之吏，持心近薄。"注："锻炼，犹成熟也。言深文之吏，入人之罪，犹工冶铸陶锻炼，使之成熟也。"

现代则是褒义词，指通过体育运动来强健体魄，或通过生产劳动和社会实践来提高觉悟、增强能力。

（4）贿——古代指财物（特别是布帛之类），是个中性词。如《周礼·天官·大宰》：“商贾阜通货贿。”郑玄注：“金玉曰货，布帛曰贿。”《诗经·卫风·氓》：“以尔车来，以我贿迁。”毛亨传：“贿，财；迁，徙也。”赠送财物也叫“贿”，如《左传·昭公五年》：“出有赠贿。”现代“贿”是贬义词，指为了达到自己的目的而用钱财来买通他人。

（5）谤——古代是中性词，义为批评议论居上位者，指责当权者的过失、罪恶，但这种批评议论和指责一般是背后进行的。《玉篇》：“谤，对他人道其恶也。”如《战国策·齐策》：“能谤讥于市朝，闻寡人之耳者，受下赏。”《国语·周语上》：“厉王虐，国人谤王。”汉贾山《至言》：“庶人谤于道，商贾议于市，然后君得闻其过失也。”现代是贬义词，义为毁谤、中伤、恶意诋毁。

### 2. 词义轻重的变化

有些词，古义所表程度轻，今义变重；有些词，古义程度重，今义变轻。词义的这种古今变化，也是值得注意的。例如：

（1）诛——古义较轻，表示用言词责备。《周礼·天官·大宰》：“八曰诛，以驭其过。”郑玄注：“诛，责让也。”贾公彦疏：“诛以驭其过者，臣有过失非故为之者，诛，责也，则以言语责让之，故云以驭其过也。”《广雅·释诂》：“诛，责也。”成语“口诛笔伐”之“诛”，即此义。后来“诛”发展出“杀戮”之义，词义变重，今义多用，并形成“诛戮”一词。

（2）恨——古义是“遗憾”，词义较轻。《史记·老子韩非列传》：“秦王见《孤愤》、《五蠹》之书，曰：‘嗟乎！寡人得见此人（指韩非）与之游，死不恨矣！’”“死不恨”是“死了也不感到遗憾”之义。诸葛亮《出师表》：“亲小人，远贤臣，此后汉所以倾颓也。先帝在时，每与臣论此事，未尝不叹息痛恨于桓、灵也。”句中的“痛恨”是“感到痛心和遗憾”的意思。“恨”之今义为“仇视”“怨恨”“仇恨”（此义古代用“怨”表示），词义很重。

（3）诬——古义本指讲话夸大其词，虚妄不实，词义较轻。《说文解字》：“诬，加也。”段玉裁注：“加与诬皆兼毁誉，言之毁誉不以实，皆曰诬也。”《墨子·非儒下》：“儒者迎妻。妻之奉祭祀，子将守宗庙，故重之。应之曰：‘此诬言也。’”后来发展出“诬蔑”“毁谤”“诬陷”之义。《汉书·孙宝传》：“吏民未敢诬明府也。”颜师古注：“诬，谤也。”今义为捏造事实冤枉人，词义重。

（4）病——古义指重病、重伤，词义重。《说文》：“病，疾加也。”《玉篇》：“病，疾甚也。”《左传·成公二年》：“擐甲执兵，固即死也；病未及死，吾子勉之。”句中的“病”指受了重伤。《论语·子罕》：“子疾病，子路使门人为臣。”宋邢昺疏：“子疾病者，疾甚曰病；子路使门人为臣者，以孔子尝为鲁大夫，故子路欲使弟子行其家臣之礼，以夫子为大夫君也。”今义泛指各种疾病，即生理上或心理上的不正常的状态，包括小毛病。单用“病”字，词义一般较轻；重病通常用“大病”“重病”表示。

（5）贼——古义指犯上作乱的人或杀人劫货的强盗，词义重。《左传·宣公二年》：“子为正卿，亡不越竟，反不讨贼，非子而谁?”句中的“贼”，是晋国太史董狐对杀死了晋灵公的晋臣赵穿的称呼。《周礼·秋官·士师》：“二曰邦贼。”郑玄注：“为逆乱者。”《后汉书·百官志一》：“贼曹（官名）主盗贼事。”“盗”指小偷，“贼”指强盗；“盗”是暗窃，“贼”是明抢。“贼”的今义指偷东西的人，词义较轻。

（6）感激——古义是感动奋激的意思，词义很重，如韩愈《张中丞传后叙》：“霁云慷慨语曰：‘云来时，睢阳之人不食月余日矣。云虽欲独食，义不忍。虽食，且不下咽。’因拔所佩刀断一指，血淋漓，以示贺兰。一座大惊，皆感激为云泣下。”诸葛亮《出师表》：“先帝不以臣卑鄙，猥自枉屈，三顾臣于草庐之中，咨臣以当世之事。由是感激，遂许先帝以驱驰。”“感激”的今义是指因别人的好意或帮助而对他产生好感或感谢之意，词义较轻。等等。

## 三、古今词义差异辨析举例

上面分析了古今词义异同的种种情况。下面再举若干例子，进行古今词义差异的简单辨析，供大家参考：

（1）朕——古代是第一人称代词，人人可用，如《楚辞·离骚》：“帝高阳之苗裔兮，朕皇考曰伯庸。”“朕”是屈原的自称。《尔雅·释诂下》：“朕，我也。”郭璞注：“古者贵贱皆自称朕。”秦始皇在公元前221年统一全国称帝后，把“朕”定为“至尊之称”，以后历代相袭，只有皇帝才能称“朕”。

（2）币——上古指礼物。先秦外交官所带礼物有“玉、马、皮、圭、璧、帛”六种，称为“六币”，又特指用来送人的丝织品（即“帛”）。“币”在汉代产生“货币”义，一直沿用至今。

（3）走——古义为“跑”。《释名》：“徐行曰步，疾行曰趋，疾趋曰走。”成语“走马观花”之“走”即此义。“走狗”原指跑得快的猎狗。“走”之今义指步行。

（4）毙——上古是“向前倒下”之义。《左传·成公二年》：“射其左，越于车下；射其右，毙于车中。”“毙于车中”即“向前倒在车中”。一个人因疲劳过度或受重伤而趴倒在地，永远不起来，就是死了。汉代“毙”有“死亡”之义，一直沿用至今。

（5）兵——上古指兵器。《说文解字》：“兵，械也。”成语“短兵相接”“兵不血刃”和现代“兵工厂”中的“兵”，均表武器。“兵”在现代一般指士兵、战士，即拿武器的人。

（6）党——“党”是周代居民组织的单位，五百家为党。《周礼·地官·大司徒》：“五族为党。”郑玄注：“族，百家；党，五百家。”后来指由于某种利益而组成的集团，含贬义，如《左传·襄公二十二年》：“皆栾氏之党也。”现代是“政党”之义。

（7）池——上古一般指护城河。《说文解字》：“隍，城池也。有水曰池，无水曰隍。”《左传·僖公四年》：“楚国方城以为城，汉水以为池。”池中有水，因而发展出

“池塘”义，此义为现代常用义。

(8) 愤——上古是憋闷的意思。《说文解字》：“愤，懑也。”《论语・述而》：“不愤不启。”朱熹注：“愤者，心求通而未得之意。”从汉代起，“愤”产生了“因不满而情绪激动”，即忿怒之义，《字汇》：“愤，怒也。”此义为现代常用义。

(9) 访——上古义为向人咨询。《说文解字》：“泛谋曰访。”徐锴注云：“此言泛谋，谓广问于人也。”《左传・僖公三十二年》：“穆公访诸蹇叔。”意即秦穆公向蹇叔征询他对偷袭郑国的意见。中古以后，“访”有“拜访”“探望”“寻访”等义，沿用至今。

(10) 粪——上古是“扫除”之义。《说文解字》：“粪，弃除也。”即除去污秽之物。由此义又发展出“粪田”即给田里的禾苗施肥之义，段玉裁说：“凡粪田，多用所除之秽为之，故曰粪。”后来，又指被扫除的秽物，今义则专指粪便。

(11) 国——先秦一般指诸侯的封地，如“秦国”“晋国”等。有时表示首都，如《左传・隐公元年》：“先王之制，大都不过三国之一。”此义现代基本不用。今义指国家。

购——古义为悬赏征求，而不是“买”。《说文解字》：“购，以财有所求也。”段玉裁注：“县（悬）重价以求得其物也。”《史记・项羽本纪》：“吾闻汉购我头千金，邑万户。”现代“购”与“买”同义。

(12) 羹——上古指带汁的肉，不同于中古以后所说的“羹汤”。《尔雅》：“肉谓之羹。”《左传・隐公元年》：“公赐之食。食舍肉。公问之，对曰：‘小人有母，皆尝小人之食矣，未尝君之羹。请以遗之。’”煮熟了的野菜，叫“菜羹”。今义“羹”指用蒸、煮等方法做成的糊状食物，如“豆腐羹”“鸡蛋羹”等。

(13) 怜——古代的常用义是“爱”。《尔雅》：“怜，爱也。”《列子・杨朱》：“生相怜，死相捐。”古语中“可怜”常有“可爱”义，如《孔雀东南飞》诗：“自名秦罗敷，可怜体无比。”“可怜”有时表“可惜”义，如韩愈诗《赠崔之》：“可怜无补费精神。”有时表“可羡”义，如白居易《长恨歌》：“可怜光采生门户。”有时表“可怪”义，如陆游《平水》：“可怜陌上离离草，一种逢春各短长。”现代“怜”的通用义是怜悯、哀怜。

(14) 勤——古代的通用义是“辛苦”“辛劳”。《说文解字》：“勤，劳也。”“劳，剧也。”段玉裁注：“剧，用力甚也。”《左传・僖公三十二年》：“劳师以袭远，非所闻也。师劳力竭，远主备之，无乃不可乎？师之所为，郑必知之。勤而无所，必有悖心。”句中前面用“劳”，后面用“勤”，词义相同。“勤”的现代通用义则是工作努力，不偷懒，不懈怠。

(15) 穷——古代义为“极”“尽”“到尽头”。《说文解字》：“穷，极也。”《荀子・富国》：“纵欲而不穷，则民心奋而不可说也。”杨倞注：“穷，极也。”《列子・汤问》：“飞卫之矢先穷。”张湛注：“穷，尽也。”“穷”也指生活极端困难，《战国策・赵策》：“振困穷，补不足。”特指仕途不通、不得显贵，王勃《滕王阁序》：“穷且益坚，不坠青云之志。”在这个意义上，“穷”的反义词是“达”，《孟子·尽心上》：“穷则独善其身，达则兼善天下。”现代“穷”的通用义“缺少钱财”，古代用“贫”表示，“贫”的反面是“富”。

（16）狱——上古指案件、官司、诉讼，与现代所指的“监牢”不同。《左传·庄公十年》：“小大之狱，虽不能察，必以情。”古代有“断狱”之说，意即“断案”“听讼”。

（17）逐——上古的基本意义是追赶、追捕、追击，与“追”同义。《汉书·蒯通传》：“秦失其鹿，天下共逐之。”《左传·庄公十年》：“遂逐齐师。”由此义又引申出“放逐”“流放”之义，如《楚辞·哀郢》：“信非吾罪而弃逐兮，何日夜而忘之！”又引申出“驱逐”“驱赶”之义，如李斯《谏逐客书》：“臣闻吏议逐客，窃以为过矣。”此义是现代通用义，与“追”不同。

（18）淫——古代的常用义是“过分”“过度”。《左传·庄公二十二年》：“酒以成礼，不继以淫，义也。”又指长期下雨，《尔雅》：“久雨谓之淫。”又指奢侈浪费，《礼记·王制》：“齐八政以防淫，一道德以同俗。”孔颖达疏：“淫谓过奢侈。”又指生活放纵，《国语·鲁语下》：“夫民劳则思，思则善心生；逸则淫，淫则忘善，忘善则恶心生。”特指男女发生不正当的关系，《小尔雅》：“男女不以礼交谓之淫。”这个意义是“淫”的现代通用义。

（19）写——上古的常用义是“铸刻”“镕铸”。《国语·越语下》：“王命金工以良金写范蠡之状而朝礼之。”刘向《新序·杂事五》：“叶公子高好龙，钩以写龙，凿以写龙，屋室雕文以写龙。”由此义发展出“摹仿”“摹拟”之义，以及“描绘”“描画”之义，“抄写”“誊写”之义，等等。“写”在现代表“书写”义，此义古代用“书”表示。

（20）塘——上古表“堤防”“堤坝”之义，一直沿用到中古，如谢灵运《登池上楼》：“池塘生春草，园柳变鸣禽。”“池塘”指水池岸上。现代“塘”表“水塘”之义，与古代不同。

（21）售——古代是“把东西卖出去”的意思，不同于今义所表之“卖”。《广韵》：“售，卖物出手。”柳宗元《钴鉧潭西小丘记》：“丘之小不能一亩，可以笼而有之。问其主，曰：‘唐氏之弃地，货而不售。’”“货而不售”是“出卖却卖不掉”的意思。

（22）去——古义是“离开”，如《诗经·魏风·硕鼠》的“逝将去女”，意即“我发誓要离开你”。“去世”即“永远离开人世”。现代“去”表“到……去”之义，与古代“去”的运动方向正好相反。

（23）快——上古义为“高兴”“喜悦”，《说文》：“快，喜也。”《孟子·梁惠王上》：“抑王兴甲兵、危士臣、构怨于诸侯，然后快于心与？”由此义发展出“畅快”“舒畅”之义，如宋玉《风赋》：“快哉此风。”大约中古时期，“快”表“迅速”“速度快”之义，《正字通》：“快，俗谓急捷曰快。”这也是现代“快”的通用义。

（24）布——上古专指麻布、葛布。《说文》：“布，枲织也。”（“枲”是不结籽的大麻，泛指麻）后来，棉织品也叫“布”。古代的平民百姓只能穿麻布、葛布衣服，因此，“布衣”代指平民。现代“布”的词义更广，连化学纤维或其他材料制成的织物或膜，也统称“布”，如塑料布、石棉布、尼龙布，等等。

（25）伪——上古是“人为的”之义。段玉裁说：“盖字涉于作为则曰伪。徐锴曰：‘伪者，人为之，非天真也。故“人为”为“伪”。’是也。”《荀子·性恶》：“可学而能，可事而成之在人者谓之伪。”引申出“虚假”“欺诈”“假装”之义，此义为今之通用义。

（26）丈夫——古代是成年男子的通称。《说文》：“夫，丈夫也。周制八寸为尺，十尺为丈，人长八尺，故曰丈夫。”《谷梁传·文公十二年》：“男子二十而冠，冠而列丈夫。”又泛指所有男人，包括刚生的男孩，《国语·越语上》：“生丈夫，二壶酒，一犬；生女子，二壶酒，一豚。”现代“丈夫”仅指已婚妇女的配偶。

（27）亲戚——古代词义范围广，包括父母、兄弟及血缘关系或婚姻关系所涉及的人。例如，《大戴礼·曾子疾病》：“亲戚既殁，虽欲孝，谁为孝？”“亲戚”指父母。《孟子·公孙丑下》：“寡助之至，亲戚畔之。”“亲戚”指所有亲人。现代“亲戚”不包含父母、兄弟等家人。

（28）牺牲——古代指牛、羊、豕等祭品，《左传·庄公十年》：“牺牲玉帛，弗敢加也，必以信。”孔颖达疏：“牲谓三牲，牛、羊、豕也；牺者，牲之纯色也。”“祭神之物。”现代指为正义事业或因公而献身。

（29）烈士——古代一般指有建功立业的远大志向的人，曹操《龟虽寿》：“老骥伏枥，志在千里。烈士暮年，壮心不已。”现代则指为了人民利益而献出生命的人。

（30）经济——古代指“经国济民”、治理国家，杜甫《上水遣怀》：“古来经济才，何事独罕有。”《宋史·王安石传论》：“以文章节行高一世，而尤以道德经济为己任。”今义指创造物质财富的生产活动。

（31）便宜——古义“方便适宜”“因利乘便，见机行事”（“便”读 biàn），如《史记·汲黯传》：“臣谨以便宜，持节发河南仓粟以振民。”今义指商品的价格低廉（“便”读 pián）。等等。

## 词的本义与引申义

### 一、词的本义

#### （一）什么是词的本义

所谓词的本义，就是词的本来意义，是指从记录词的汉字的字形结构上所反映出来的，并且在古代的书面语言材料中得到证明的意义。

如“身”字：

（甲骨文）　（金文）　（小篆）　（楷体）

身，躳也。象人之身。从人㲃。凡身之属皆从身。失人切。（《说文解字》）

人自项以下，踵以上，总谓之身。颈以下，股以上，亦谓之身。（《经义述闻》）

又如“益”字：

（甲骨文）　（金文）　（小篆）　（楷体）

益，饶也。从水皿。皿，益之意也。伊昔切。（《说文解字》）

“澭水暴益。”（《淮南子》）

### （二）探求本义的方法

掌握词的本义可以从两个方面入手：分析汉字的结构和寻找古书用例，并将两者结合起来。

#### 1. 据形求义

汉字的结构方式和表义特点决定了从汉字的形体分析可以探讨词的本义。历来的文字学家都是从分析字形入手来探求本义的。

东汉许慎所著的《说文解字》，就是一部通过字形分析来阐释本义的专书。清儒江沅在《说文解字注·后叙》中指出：“许书之要，在明文字之本义而已。”

#### 2. 考核文献

即看某个词在古代书籍中的用法和一些资料对这个词的解释。

字形只是词的书写符号，它不能脱离词或语言而直接表达词义。只有在组词成句的具体语言运用中，词义才能充分显示出来。因而探求词的本义，更重要的是看文献语言如何使用这个词。

例如：

豆　秉　年　即　编

豆——《说文解字》：“豆，古食肉器也。”即古代用来盛放肉食的器皿。

“豆”是个象形字，其外形像一只高脚盘盂。

在孤之侧者，觞酒、豆肉、箪食，未尝敢不分也。韦昭注：豆，肉器。（《国语·吴语》）

卬盛于豆，于豆于登。其香始升，上帝居歆。（《诗经·大雅·生民》）

木曰豆，瓦曰登。豆，荐菹醢也。（《毛亨传》）

秉——《说文》："秉，禾束也。从又持禾。"

从又持禾，会意。手持一禾为秉，手持两禾为兼。（《说文通训定声》）

彼有遗秉，此有滞穗。（《诗经·小雅·大田》）

秉，把也。（《毛亨传》）

郑玄注："此秉谓刈禾盈手之秉也。"

年——《说文解字》："谷孰也，从禾千声。"

本义是谷物成熟，有收成。

大有年。（《春秋·宣公十六年》）

五谷皆熟，为有年也。（《谷梁传·桓公三年》）

即——《说文解字》："即，即食也。从皀卪声。"

本义是接近、靠近。

匪来贸丝，来即我谋。（《诗·卫风·氓》）

夜半，童自转，以缚即炉火烧绝之。（《童区寄传》）

编——新版《辞源》"编"字有三个义项：

① 串联竹简的皮筋或绳子；

② 顺次排列，如编列、编排、编印；

③ 编结，编织，如编蒲、编竹。

从糸，扁声。次简也。（《说文解字》）

（孔子）盖晚而好《易》，读之，韦编三绝。（《汉书·儒林传》）

注："编，所以联次简也。"

"编"的本义是义项①，义项②③是引申义。

## 二、词的引申义

### （一）词的引申义

词的引申义指从词的本义发展、推衍、引申出来的意义。引申义同本义有着内在的联系。例如：

焦——本义是物体被火烧伤，变成黄黑干枯之色。

焦，火所伤也。（《说文》）

焦，火烧黑也。（《玉篇》）

卜战，龟焦。（《左传·哀公二年》）

"焦"由本义推衍派生出下列引申义：

① 物体烧焦后，其外形往往卷缩不平，由此引出"卷曲"义。

衣焦不申，头尘不去。吴师道补注："焦，卷也。"（《战国策·魏策四》）

② 物体烧焦后，其颜色一般呈黄黑色，由此引出"黄黑色"之义。

心悲则面焦，脑减则发素。（《真诰》卷二）

③ 物体烧焦后，其气味特殊，由此引出“烧煳的气味”之义。

其味苦，其臭焦。郑玄注：“火之臭味也，凡苦焦者皆属焉。”（《礼记·月令》）

焦，臭也。（《广雅》）

④ 物体烧焦后，其含水量剧降，由此引出“干枯”“干燥”之义。

日月不时，寒暑杂至，五谷焦死。（《墨子·非攻下》）

⑤“干燥”是令人十分难受的事，由此又引申出“烦躁”“着急”之义。

心不宁曰焦。（《正字通》）

终身履薄冰，谁知我心焦？（《咏怀》）

### （二）词义引申的方式

#### 1. 根据引申义与本义的关系，可以分为直接引申和间接引申两类

**直接引申：** 指引申义是从本义直接派生出来的，引申义与本义发生直接关系。

**间接引申：** 指引申义是由直接引申义再引申出来的，引申义和本义没有直接的联系，只有间接的联系。

直接引申，例如：

**基——本义是“墙基”，从土，其声。**

基，墙始也。（《说文解字》）

今之垒墙者，必埋石地中以为基。（《说文句读》）

由本义直接派生出两个引申义：

① 根本，基础。如：

乐只君子，邦家之基。（《诗经·小雅》）

基，本也。（《毛亨传》）

伊尹以尧舜之道为殷国基，子孙绍位，百代不绝。（《盐铁论·非鞅》）

② 开始，起头。如：

基于其身，以克复其所。韦昭注：“基，始也，始更修之于身，以能复其先。”（《国语·晋语九》）

间接引申，例如：

**贵——本义是价格高，篆形为从贝、臾声。**

贵，物不贱也。（《说文解说》）

贵，多价也。（《玉篇》）

国之诸市，屦贱踊贵。（《左传·昭公三年》）

① 由本义价格高引申为社会地位高，如《玉篇》：“贵，高也，尊也。”

使有贵贱之等，长幼之差。（《荀子·荣辱》）

② 由“地位高”又引申为“重要”，如：

间于天地之间，莫贵于人。（《孙膑兵法》）

礼之用，和为贵。（《论语·学而》）

③ 由“重要”又引申为“重视”“崇尚”，如：

不贵难得之货。（《老子》）
去谗远色，贱货而贵德。（《礼记·中庸》）
④ 由“重视”又引申为“敬重”“尊重”，如：
用下敬上谓之贵贵，用上敬下谓之尊贤。（《孟子·万章下》）
⑤ 由“敬重”又引申为敬辞，如：
贵土风俗，何以乃尔乎？（《三国志·蜀志》）
“贵姓”“贵庚”“贵地”“贵干”中的“贵”，也是敬辞，义犹“尊”。
“贵”的词义引申情况，可以图示如下：
贵（价格高）→地位高→重要→重视→敬重→敬辞
**2. 根据引申所构成的轨迹看，词义引申的方式主要有三种**
（1）连锁式引申
以本义为起点，沿着线性序列递相派生出几个意义的引申方式，称为连锁式引申。这种引申是一环套一环的，又称为“递进式引申”。例如：
**朝：**
①《说文》：“旦也。”本义是“早晨”。
朝饮木兰之坠露兮，夕餐秋菊之落英。（《楚辞·离骚》）
② 由于古代臣子拜见君主、下辈拜见长辈一般在早晨，便引申出“朝见”“朝拜”。
诸侯朝于天子曰述职，述职者述所职也。（《孟子·梁惠王下》）
③ 由“朝见”引申出朝见君王的地方“朝廷”。
入朝见威王。（《战国策·齐策》）
④ 由一个接一个的帝王居于朝廷，又引申出表示时间的“朝代”。
南朝四百八十寺，多少楼台烟雨中。（《江南春》）
**朝：**早晨—朝见—朝廷—朝代
**防：**
① 本义为堤坝，如：
防，隄（堤）也。（《说文解字》）
以防止水。（《周礼·地官》）
② 引申为堵塞水，防止水患。如：
防民之口，甚于防川。（《国语·周语》）
③ 引申为泛指堵塞、禁阻、防备、防止，如：
吾闻忠善以损怨，不闻作威以防怨。（《左传》）
④ 由禁阻、防止意义引申为约束，如：
以礼仪防民。（《盐铁论·本义》）
⑤ 由约束引申为规范、标准，如：
君子行有防表。（《后汉书·桓谭传》）
**防：**堤坝—堵水、防止水患—禁止、防备、防止—约束—规范

（2）辐射式引申

以本义为中心，向不同的方向直接而并列地引申出几个直接引申义的词义引申方式，称为辐射式引申，又称为“并列式引申”。体现词义引申的多向性。例如：

**节：《说文》：“节，竹约也。”**

① 竹则笋苞抽节。（《吴都赋》）　竹节

② 不遇盘根错节，何以别利器乎！（《后汉书》）　木、草节

③ 彼节者有间，而刀刃者无厚。（《庄子·养生主》）　关节

④ 寒暑易节，始一反焉。（《列子·汤问》）　季节、节气

⑤ 每闻琴瑟之声，则应节起舞。（《促织》）　节奏、节拍

⑥ 时穷节乃见。（《正气歌》）　气节、节操

⑦ 长幼之节，不可废也。（《论语·微子》）　礼节

⑧ 强本而节用，则天不能贫。（《荀子·天论》）　节约

⑨（苏武）杖汉节牧羊，卧起操持，节旄尽落。（《汉书·苏建传》）　旄节、节杖

节：竹节—木、草节—关节—季节、节气—节奏、节拍—气节、节操—气节、节操—礼节—节约—旄节、节杖

**问：《说文》：“讯也。”**

① 既克，公问其故。（《左传·庄公十年》）　询问

② 伯牛有疾，子问之。（《论语·雍也》）问候、慰问

③ 淑问如皋陶。（《诗经·鲁颂》）　审问

④ 昭王南征而不复，寡人是问。（《左传·僖公四年》）　责问、追究

⑤ 既而羁寄京师，久无家问。（《晋书·陆机传》）　音讯

⑥ 恣所为不问。（《童区寄传》）　过问、干预

问：询问—问候、慰问—审问—责问、追究—音讯—过问、干预

（3）综合式引申

一个词的若干个引申义，有一部分是直接从本义派生出来的，另一部分则是从其他引申义再派生出来的，这样的引申方式叫作综合式引申。

许多词的引申并非单一方式，常常是兼有连锁、辐射两种方式，彼此交错。

## （三）从本义与引申义所表示的内容角度分析

### 1. 由具体到抽象

本义所指的事物十分具体，而发展出来的引申义，所指的对象概括、抽象，一般只能靠理性思维去体会。

**规：**

① 本义是画圆的工具，即圆规，如：

不以规矩，不能成方员（圆）。（《孟子·离娄上》）

② 引申为“画圆”“加工成圆形”，如：

成公之生也，其母梦神规其臀以墨。（《国语·周语下》）

③ 又引申为“典范”，如：

生为百夫雄，死为壮士规。（《咏史诗》）

④ 又由此引申为“法度”，如：

释规而任巧，释法而任智，惑乱之道也。（《韩非子·饰邪》）

（释规：放弃法度。任巧：凭自己的灵巧。任智：凭自己的聪明。）

道：

① 本义指道路，如：

周道如砥，其直如矢。（《诗经·小雅·大东》）

② 引申为（达到某一目的的）抽象的途径、方法，如：

交邻国，有道乎？（《孟子·梁惠王上》）

③ 再引申为抽象的规律、道理，如：

臣之所好者道也，进乎技矣。（《庄子·养生主》）

网：

① 本义是用绳线结成的捕鱼鳖鸟兽的工具，如：

鱼网之设，鸿则离之，燕婉之求，得此戚施。（《诗经·邶风·新台》）

② 引申泛指网状之物，如：

蛛丝结网露珠多，滴圆荷。（《虞美人》）

③ 由此又引申为法网、法律，如：

天网恢恢，疏而不失。（《老子》）

④ 由本义还引申出“收容”“搜罗”之义，如：

网罗天下放失旧闻。（《报任安书》）

### 2. 由个别到一般

由个别到一般，是指本义所指的是个别事物，具有特殊性，而引申义所指的是一般的同类事物，具有普遍性。

市：

①《说文》：“市，买卖所之也。”本义是做买卖的地方，如：

臣闻争名者于朝，争利者于市。（《战国策·秦策一》）

虽使五尺之童适市，莫之或欺。（《孟子·滕文公上》）

② 引申为一般性的人群聚集之地，即城镇、市镇，如：

门闾无闭，关市无索。高诱注：“市，人聚也。”（《吕氏春秋·仲夏纪》）

③ 又引申指城市、都市，如刘克庄《玉楼春》：“年年跃马长安市，客舍似家家似寄。”

雄、雌：

① 本义指雄鸟和雌鸟，专指鸟类而言。《说文》：“雄，鸟父也。雌，鸟母也。”如：

谁知乌之雌雄。（《诗经·小雅·正月》）

② 引申为泛指所有动物的性别，如：

雄兔脚扑朔，雌兔眼迷离；双兔傍地走，安能辨我是雄雌？（《木兰辞》）

河：

① 本义专指黄河，如：

秋水时至，百川灌河。（《庄子·秋水》）

② 引申为水道总称，泛指各种河流，如：

冀州凡水大小皆谓之河。（《汉书》颜师古注）

河者，水之总名也。（《后汉书》李贤注）

国破山河在，城春草木深。（《春望》）

### 3. 由实词到虚词

古代汉语中，有许多虚词是由实词词义引申、虚化发展而来。例如：

向：

① 本义是朝北的窗户，《说文》："向，北出牖也。"

② 引申出"方向""趋向"之义，如：

明利害之向。（《国语·周语上》）

③ 又引申出"朝着""对着"之义，为动词，如：

河伯始旋其面目，望洋向若而叹。（《庄子·秋水》）

④ 又由动词义引申虚化为介词，表示动作对象，如：

后有人向庾（子嵩）道此，庾曰："可谓以小人之虑，度君子之心。"（《世说新语·雅量》）

⑤ 或表示动作方向，如：

日从海旁没，水向天边流。（《赠崔郎中宗之》）

及：

① 本义是后面的人追上抓住前面的人，《说文》："及，逮也。"徐锴《说文系传》："及前人也。"

故不能推车而及。（《左传·成公二年》）

② 引申为一般性的追上，如：

往言不可及也。韦昭注："及，追也。"（《国语·晋语二》）

③ 再由此引申为到达，《广雅》："及，至也。"

成语"由此及彼""力所能及"中的"及"，即此义。

④ 又由此义引申虚化为介词，如：

及其未既济也，请击之。（《左传·僖公二十二年》）可译为"趁着"；

及文公反国，披（人名）求见。（《韩非子·难三》）可译为"直到"；

及尔偕老，老使我怨。（《诗经·卫风·氓》）可译为"跟""同"。

由介词又进一步虚化为连词，如《诗经·豳风·七月》："七月亨葵及菽。"

# 同义词的辨析

同义词是指意义相同或相近的词。意义完全相同的词叫等义词或绝对同义词，这类词数量很少。古代汉语中，同义词有很多。《说文解字》一书，主要是以同义词来解释字义。但是，绝大多数同义词的意义都不是完全相等的；同义词彼此之间有同也有异，或者含义有差别，或者使用范围有宽有窄，或者使用条件有所不同。

## 一、同义词之间的差别

同义词之间的差别是多种多样的，概括地讲，主要表现在词的意义、感情色彩、语法特点三个方面。

### （一）词义上的差异

#### 1. 词义的范围不同

古汉语常用同义词辨析

例如“官”和“吏”，在作为“官员”“当官的”意义上是一致的，但具体使用时词义范围不一样。《尚书·武成》：“建官惟贤，位事惟能。”《周礼·王制》：“王者之制禄爵。”唐孔颖达疏：“其诸侯以下及三公至士，总而言之，皆谓之官。”可见，“官”指的是在官署、官府里做官的一般官员。吏，汉以前，是百官的通称。《尚书·胤征》：“天吏逸德，烈放猛火。”汉朝以后，始称职位低微的官员为吏；至明清则称各衙署之房吏书辩无俸禄而供事龄官的人为吏。可见，汉以后，吏一般指低级官员，也专指官府中的青吏或差役，范围比“官”小。《石壕吏》：“有吏夜捉人。”

“法”和“律”，二者在法令规则上同义，但范围的大小也不同。“法”，法律，刑法，范围大。《尚书·吕刑》：“苗民弗用灵，制以刑，惟作五虐之刑曰法。”多着重在具体的刑法条文上。《汉书·刑法志》：“赞是相国萧何裙披秦法，取其宜龄时者，作律九章。”

《诗经·豳风·七月》：“十月纳禾稼。”“禾”是泛指谷类；但是在“禾麻菽麦”一句中，“禾”是专指粟而言。“稻”字也有泛指和特指的分别：泛指包括黏者（糯米）、不黏者（粳米）；特指则专指黏者，与秔（粳米）相对。泛指时“禾”与“谷”是同义词；特指则不是同义词。特指则“稻”与“稬”（糯）是同义词；泛指则不是同义词。泛指，段玉裁叫作“浑言”；特指，段玉裁叫作“析言”。

阅读古书时要注意同义词间这种细微的差别；否则，对古汉语的理解，就会比较肤浅。

#### 2. 词义的轻重程度不同

例如“恐惧”。“惧”在古汉语中是指一般的害怕，程度轻。《论语·颜渊》：“风省不疚，夫何忧何惧?”“恐”则表示大难临头时的惊慌失措。《吕氏春秋·壅塞》：“齐寇近矣，国人恐矣。”在这里，“恐”就表示恐慌、恐怖。再如表身体有病痛的一组同义词是“疾”“病”，轻者为“疾”，重者为“病”，便可见其程度不同。二者连用或对用时，词义更清楚，“疾”指一般性的病，而“病”则是指病入膏肓，临近死亡。“疾病”连用，则指病得厉害。《韩非子·喻老》：“君之疾在腠理，不治将恐深……君之病在肌肤，不治将益深……君之病在肠胃，不治将益深。”再如《左传·宣公十五年》：“初，魏武子有嬖妾，无子。武子疾，命颗曰：‘必嫁是。’疾病，则曰：‘必以为殉。’及卒，颗嫁之，曰：‘疾病则乱，吾从其治也。’”

#### 3. 词义的性情状态不同

例如“坐”“跪”“跽”。《墨子·非儒下》：“孔子与其门弟子闲坐。”《荀子·大略》：“父南向而立，子北面而跪。”《战国策·秦策三》：“秦王跽而请曰：先生何以幸教寡人。”这三个字是一组同义词，相同点是指两膝着地的古代坐姿，不同点是“坐”是臀部依着脚后跟，这种姿势比较安稳舒服。“跪”是指臀部离开脚后跟，这种姿势比“坐”更显得拘谨有礼。“跽”是上身挺直，这通常是心情急切或感到紧张的一种身姿变化。这三个词表示的身姿、方式、情态有同有异。又如：躺在床上睡叫“寝”，趴在几上或靠着睡叫“卧”，坐着打瞌睡叫“睡”。

#### 4. 词义的侧重点不同

例如“恭”和“敬”，《论语·子路》：“居处恭，执事敬。”用于特指，意义有分别。朱熹注：“恭主容，敬主事，恭见于外，敬主乎中。”指出了二者的区别：“恭”着重在外貌，“敬”着重在内心。连用时，如《左传·宣公二年》：“不忘恭敬，民之主也。”就用不着区别了。这样看古汉语的词汇才是全面的。

### （二）感情色彩的差异

例如：“征”“伐”“侵”“袭”“攻”是一组同义词，皆有出兵攻打对方的意思，区别就在于，“征”是褒义词，一般用于上攻下、天子攻诸侯、有道攻无道、无罪攻有罪、正义对非正义。当然，这里所谓的有罪与无罪、有道与无道的标准，都是从统治阶级的利益出发的。《孟子·尽心下》：“征者，上伐下也，敌国（力量相当的国家）不相征也。”“伐”，征讨。《左传·庄公二十九年》：“凡师有钟鼓曰伐。”可见，“伐”是中性词，是公开宣战的进攻。《曹刿论战》：“十年春，齐师伐我，公将战。”同时，“征”“伐”连用时是褒义。“侵”，越境进犯，与“伐”正好相反，无钟鼓，是贬义词，不宣而战，直接兵临其境的进攻。《左传·僖公四年》：“齐侯以诸侯之师侵蔡。”“袭”，突然进攻，谓军事上乘人不备而进攻。《左传·庄公二十九年》：“凡师，有钟鼓曰伐，无曰侵，轻曰袭。”后泛指侵袭，如空袭、侵袭，故很多人讲“袭”为贬义词，但更严格意义上讲，它只能是一个中性词而已。《李想雪夜入蔡州》：“李想谋袭蔡州”一句中，“袭”不能讲为贬义词。“攻”，中性词，泛指一切军事进攻。《孙子·计篇》：“攻其不备，出其不意。此兵家之胜，不可先传也。”

### （三）语法功能的差异

比如：能、得——这两个词都表示“可能”“能够”之义，但使用条件不同。“能”

强调主观能力，如孟尝君，问门下诸客："谁习计会，能为文收责于薛者乎？"冯谖署曰："能！"《战国策·齐策》。"得"强调客观条件允许，如：

楚狂接舆歌而过孔子曰："凤兮凤兮，何德之衰？往者不可谏，来者犹可追。已而，已而！今之从政者殆而！"孔子下（车），欲与之言。趋而避之（接舆紧走躲开孔子），不得与之言。

"畏"和"惧"是同义词，《老子》："民不畏死，奈何以死惧之？"《论语·颜渊》："君子不忧不惧。"《左传·僖公二十二年》："犹有惧焉。"《战国策·楚策》："犹百兽之畏虎也。"这里都作怕或害怕讲。但是它们的使用范围和使用条件有所不同，意义也不完全相等。它们的差别是："畏"多用作及物动词，"惧"多用作不及物动词；"惧"用作及物动词时，往往是使动用法（使……畏），"畏"很少有使动用法；"畏"有敬服的意思，"惧"没有这种意义。

## 二、辨析同义词的方法

### （一）利用文言作品中的语言环境进行比较

词义是在具体语言环境中体现出来的，所以，词在语言环境中的用例是辨析古代汉语同义词的重要依据。

如"泣""哭""号""啼"四个词在表示"哭"的意义上是一致的，但在词义所表达的动作情状及方式上则不同。无声为"泣"，出声为"哭"。《战国策·赵四》："媪之送燕后也，持其踵为之泣，念悲其远也，亦哀之矣。"可见，泣为无声或低声而哭。《墨子·节葬》："死则既以葬矣，生者必无久哭。"所以，"哭"，是悲痛出声。号，为大声喊叫。《诗·大雅·荡》："式号式呼，俾昼作夜。"啼，出声哭。《庄子·骈拇》："枝龄手者，齿乞之则啼。"再比如"居""宿"，在"居住"意义上相同，但二者在时间的久暂上不同。居，蹲也，长时间地住。《易·系辞下》："上古穴居而野处。"宿，止也，停下来，留下过夜，多为临时性投宿。《诗·邶风·泉水》："出宿于姊，饮饯于称。"对于这些在动作情状、方式及时间的久暂上不同的同义词，应认真推敲、琢磨。

视、观、察、看、望、见——这些词都有"看"义，但"看"的方式不同。"视"表示一般性的"看"的行为，《韩非子·外储说右上》："今人主以二目视一国，一国以万目视人主。""观"指有目的地细看，《说文》："观，谛视也。"段玉裁注："审谛之视也。"《谷梁传》曰："常事曰视，非常曰观。"《左传·僖公二十三年》："（公子重耳）及曹。曹共公闻其骈胁，欲观其裸。浴，薄而观之。"韩愈《答刘正夫书》："夫百物朝夕所见者，人皆不注视也。及睹其异者，则共观而言之。""察"指翻来覆去细细审看，力图看出究竟，《说文解字》："察，覆也。从宀、祭。"徐锴《说文系传》："察，覆审也。从宀，祭声。"段玉裁注："从宀者，取覆而审之；从祭为声，亦取祭必详察之意。"《左传·庄公十年》："小大之狱，虽不能察，必以情。"《孟子·梁惠王上》："明足以察秋毫之末，而不见舆薪。""望"指向高处、远处看，《释名·释姿容》："望，茫也，远视茫茫也。"《玉篇》："望，远视也。"《诗经·卫风·河广》："谁谓宋远？跂予望之。"

《左传·庄公十年》："吾视其辙乱，望其旗靡，故逐之。""见"不仅表示"看"的动作，而且表示"看"的结果，义为"看见"，《说文》："见，视也。"段玉裁注："析言之，有视而不见者；浑言之，则视与见一也。"《孟子·梁惠王上》："是乃仁术也，见牛未见羊也。"

### （二）利用辞书和古注中的词义解释进行分析

辞书和古注中对词义的解释和辨析是辨析同义词的主要依据。如：《说文解字》中把"聆"解释为"听"，把"听"解释为"聆"；把"讽"解释为"诵"，把"诵"解释为讽，等等。这说明，凡能互相解释或用同一字去解释的一组词，意义相关，是同义词，是能够递相转训的一组词。这些词的词义也必然相同或相近，因而也是同义词。

### （三）比较各自的反义词是发现同义词之间差异的重要途径

例如："贫"和"穷"是一组同义词，其词义的共同点是"困"。但"穷"的反义词是"达"，"贫"的反义词是"富"。由此可知，"穷"指处境窘迫，不得仕进，如"穷则独善其身，达则兼济天下"（《孟子·尽心下》）。"贫"则指钱财困难，缺少衣食，如"贫而无谄，富而可骄"（《论语·学而》）。



## 文史拓展

## 早期的诗歌

关于中国诗歌起源发展的问题，古今学者异见纷陈，莫衷一是。一般认为诗歌早于散文出现，其源头可远溯至歌谣。诗歌是中国文学的最早形态，也是最早的文学体裁。

### 一、"诗"与"歌"

诗指什么呢？据闻一多先生考证，"诗"与"志"原是同一个字，"志"上从"士"，下从"心"，表示在心上停止，也就是指记忆。文字产生以后，有了文字的帮助便于记忆，于是就将一切文字的记载叫"志"。在心为"志"，发言为"诗"。"志"就是"诗"。早期的"诗"通常指原始先民为把生产斗争中的经验传授给别人或下一代，而编成的顺口溜式的韵文，以便记忆、传播。

"诗"与"歌"是有区别的，"歌"与人类的劳动同时产生，它的产生比诗早，在文字出现之前就已经出现。歌的产生，只是一种用来表明情绪的感慨，如啊、兮、哦、唉等，这些字在当时都读同一个音："啊"。歌是形声字，由"可"得声。在古代"歌""啊"是一个字，人们把在劳动中发出的"啊"叫作"歌"。因此"歌"的名字就这样沿用下来。

朱自清先生在《经典常谈》中曾写道："诗的源头是歌谣。上古时候，没有文字，只有唱的歌谣，没有写的诗。"人类对客观事物的认识逐步深化，情绪更加丰富，表达也就随之丰富起来。当表达情感的几个感叹字已经远远不足以表达情绪的时候，“诗”与“歌”便开始结合。文字出现以后，以文字书写的“歌”也就产生了。这时一支歌由两个部分所组成，一是音乐，二是歌词。《尚书·虞书》：“诗言志，歌永言，声依永，律和声。”“诗”用来表达思想，“歌”通过舒缓地徐徐地咏唱，以突出“诗”的意义。这不仅仅表现了“诗”与“歌”之间的内在联系，也说明了当时“诗”与“歌”的分别。那就是配乐为“歌”，不配乐则为“诗”。

随着语言文字的发展，“诗”与“歌”之间结合的深入，配乐为“歌”，不配乐则为“诗”这种界限也逐渐被打破，诗歌成为一种总称。

## 二、“诗”与“韵”

“韵”本意指和谐的声音，也指风度、气质、情趣。说到“韵”，常会有两种联想，一是韵文，一是诗韵。

中国古代学者将“韵文”和“散文”进行了区别，认为“有韵为诗，无韵为文”，着重研究韵的效用和流变，却忽视了韵文是何时产生及其与散文产生之间孰先孰后的问题。近代学者认为，汉语诗歌一开始便有韵，诗歌（韵文）的产生早于散文。可是远古的诗歌一开始并没有韵，以韵文指称的诗歌，应该是诗歌发展到一定时期的产物。但无论怎样，诗歌、散文的发展同人类的语言一样古老。

诗歌最初只称“篇”和“章”，将诗歌称为“首”始于东晋。东晋初诗人孙绰，于《悲哀诗序》中写道：“不胜哀号，作诗一首。”从此，人们普遍以“首”称诗。一开始的诗歌是没有韵的。远古的诗歌，篇幅简短，有的只有一句，如《候人歌》：“候人兮猗。”在《诗经》三百零五篇诗中有九首诗是无韵诗，它们多来自于《周颂》，成诗年代约为西周初年的武王、成王时期或是更早。王力在《诗经韵读》中说，无韵的诗和时代有关，可能在西周初期，诗人写诗还不一定押韵。从西周开始，中国的诗歌开始从远古的歌谣发展到古典诗歌阶段，这时诗歌的各种格律因素，如押韵、重章叠句、句式的长短、句式的整齐便开始有了规范。

## 三、“诗”与“乐”

最早期的诗歌，也就是原始诗歌，它以原始人类的劳动为素材和主题，表达了劳动人民的理想与愿望，带有一定的目的性与功利性，同时又极富宗教色彩。从诗歌的体例来看，大多是二言的形式，音阶简单。从诗歌的呈现形式来看，以歌、舞、乐三位一体的方式来展现。

音乐性是诗歌的一种先天素质，是诗歌与生俱来的一种特性。人们在高兴或悲哀的时候，常愿将自己的心情诉说出来，给别人或自己听。《毛诗序》：“在心为志，发言为诗。情动于中而形于言，言之不足故嗟叹之，嗟叹不足故咏歌之，咏歌之不足，故不知手之舞之足之蹈之也。”诗、歌、舞是人类情感宣泄的不同方式：诗用四声；歌用五调；舞是用形体，而贯穿其间的则是音乐。当感叹字的情绪发泄，变成了实字的情绪形容，歌者便由主观进入了客观的地位，于是歌谣便产生了。

自夏商时期管乐器的出现，“歌谣”向“歌”开始发展。朱自清先生提过：“歌谣可分为徒歌和乐歌。徒歌是随口唱，乐歌是随着乐器唱。”《诗经》代表着“诗”与“歌”结合的最高峰，但是这时的诗歌，文字中的音乐性尤为突显，十五国风也成为《诗经》的分类之一。汉乐府采集的歌谣与歌被称为“歌诗”。“歌诗”侧重于诗的表达，歌仅起修饰作用。至晋以后，文人诗的出现与发展，诗与音乐之间逐渐分离，“歌诗”与“诗歌”便开始相互交替使用，“诗歌”这一名称也就开始固定下来。

《诗经》中三百多篇诗作，都是入乐和歌而唱的，在具体演绎的时候伴有舞蹈。远古歌谣的呈现与舞蹈是密不可分的。凭借人体动作去抒发情感的表演艺术，在歌谣的吟唱中加上形体动作，增强诗歌的表达情趣，这是诗歌音乐性的又一体现。音乐性是诗歌发展内在的追求。只有表达情感的音乐性语言与动作，才能满足诗人抒情的需要，才能从心理上和视觉效果上给诗人和观赏者以享受。自《诗经》以后，作为诗歌发展又一高峰的两汉乐府诗，本身就是为演绎抒情而写成的歌辞，即便是诗歌发展鼎盛阶段时期的唐诗，其大多演绎方式也都是歌、舞、乐三位一体的。至于宋词、元曲等，和乐府诗一样，本身即为曲而创作的。

“诗”与“乐”是密不可分的。无论是诗韵的产生还是四声的出现，都体现了诗歌内在发展的要求，“诗”与“乐”二者互相联系，互相影响，共同促进了古典诗歌的繁荣。

综上所述，中国诗歌经历了由“歌谣”到“诗”，再到“歌诗”“诗歌”的发展历程。诗韵的产生也并不是开始就有的，它是诗歌发展到一定阶段的必然产物。诗歌得以发展与繁荣的最大原因是人们情感宣泄的需求，这与诗歌外在的音乐性表现是相得益彰的。



## 以古说今

### 功崇惟志，业广惟勤

#### 一、用典与出处

“功崇惟志，业广惟勤”，该句出自《尚书·周书·周官》。2013 年 3 月 17 日，在十二届全国人大一次会议上，习近平总书记引用了这句话。

原文如下：

王曰：“呜呼！凡我有官君子，钦乃攸司，慎乃出令，令出惟行，弗惟反。以公灭私，民其允怀。学古入官，议事以制，政乃不迷。……戒尔卿士，功崇惟志，业广惟勤，惟克果断，乃罔后艰。……”

释义：

成王说：“啊！凡我的各级官长，要认真对待你们所管理的工作，慎重对待你们发布的命令。命令发出了就要进行，不要违抗。用公正消除私情，人民将会信任归服。先学古代治法再入仕途，议论政事依据法制，政事就不会错误。……告诉你们各位卿士，功高在于有志，业大在于勤劳。能够果敢决断，就没有后来的艰难。……”

《尚书》，最早书名为《书》，因是儒家五经之一，又称《书经》，是我国最早的一部历史文献汇编，分为《虞书》《夏书》《商书》《周书》。《周官》是《尚书·周书》的篇名。“成王既黜殷命，灭淮夷，还归在丰，作《周官》。”周成王安抚万国，巡视侯服、甸服等诸侯，四方征讨不来朝见的诸侯，以安定天下的老百姓。六服的诸侯，无人不奉承他的德教。成王回到王都丰邑，又督导整顿治事的官员，于是有了《周官》这篇文章。

## 二、古今解读

“功崇惟志，业广惟勤”是一经典名句。所谓“经典”，就是能够超越历史、贯穿古今，具有恒定价值影响力。这句话告诉我们，不管是国家要实现振兴，还是个人要成就事业，都必须具备两个条件：一为立志，二为勤勉。立志是前提，勤勉为保障，无志不足以行远，无勤则难以成事。

“志”对人生的重要意义，古人已无数次强调过。王阳明说：“志不立，天下无可成之事。”苏轼说：“古之立大事者，不惟有超世之才，亦必有坚忍不拔之志。”立志要立大志、正志。“崇”者，高也；“广”者，大也。“功崇”也好，“业广”也罢，都是在强调功业之高、之大。中国古代的思想家在论及“立志”问题时，都强调要立大志、正志。在他们看来，“志”的高低决定事业的高低，“志”的正邪决定格局的阔狭。《荀子·儒效》篇说：“志忍私，然后能公；行忍情性，然后能修；知而好问然后能才，可谓小儒矣。志安公，行安修，知通统类，如是则可谓大儒矣。”一个人如只能做到忍私能公、知而好问，他就只能成为“小儒”；如果能立志做到安公行修、兼容并蓄，就能成为“大儒”。同理，人立志做圣贤则为圣贤，立志做君子则为君子，立志做豪杰则为豪杰，立志为民则利民，立志为天下则兼济天下。孔子向往周代的“郁郁乎文”，以“吾从周”作为自己的志向，一生为恢复周礼而奔波；张载以“为天地立心，为生民立命，为往圣继绝学，为万世开太平”为志，最后成就“关学”宗师之业。志向的格局决定着襟怀的格局，也决定着事业的格局。

如果说“功崇惟志”，是目标的确定，那么“业广惟勤”，便是过程的耕耘。光靠立志还不够，还需笃志。所谓笃志，就是在立志的同时，还要做到守志，坚守自己的志向，做到矢志不渝、恪尽职守、勤勉不怠。其中，“勤”是其基本义项。王阳明认为，“凡学之不勤，必其志之尚未笃也”。一个真正勤奋的人，是真正具有坚忍不拔之毅力、纷扰不烦之耐心、贞固不变之气质的人，同时也是一个有坚定不移之意志和不屈不挠之精神的人。古往今来，不乏笃志之人。越王勾践卧薪尝胆只为灭吴雪耻；项羽破釜沉舟才能大破秦兵；曾国藩自称少时是“愚陋之至”，资质并不聪颖，全凭坚韧不拔的勤奋和脚踏实地的坚持，才厚积薄发，终成清代“中兴第一名臣”。

习近平总书记曾在不同场合引用“功崇惟志，业广惟勤。”这句含义隽永的古语。在十二届全国人大一次会议上，习近平发表讲话说：“‘功崇惟志，业广惟勤。’我国仍处于并将长期处于社会主义初级阶段，实现中国梦，创造全体人民更加美好的生活，任重而道远，需要我们每一个人继续付出辛勤劳动和艰苦努力。”在同各界优秀青年代表座谈时，习近平也说：“广大青年一定要坚定理想信念。‘功崇惟志，业广惟勤。’理想指引人生方向，信念决定事业成败。没有理想信念，就会导致精神上‘缺钙’。中国梦是全国各族人民的共同理想，也是青年一代应该牢固树立的远大理想。”

## 三、实现中华民族伟大复兴的中国梦

实现中华民族伟大复兴的中国梦是习近平总书记在中国共产党第十九次全国代表大会报告上提出的。习近平对中国梦战略思想作出过系统阐释。他指出，实现全面建成小康社会、建成富强、民主、文明、和谐的社会主义现代化国家的奋斗目标，实现中华民族伟大复兴的中国梦，就是要实现国家富强、民族振兴、人民幸福。既深深体现了今天中国人的理想，也深深反映了我们先人们不懈追求进步的光荣传统。

如何实现中华民族伟大复兴的中国梦，习近平总书记对广大青年寄以重望，他在党的二十大报告中指出，“青年强，则国家强。当代中国青年生逢其时，施展才干的舞台无比广阔，实现梦想的前景无比光明。全党要把青年工作作为战略性工作来抓，用党的科学理论武装青年，用党的初心使命感召青年，做青年朋友的知心人、青年工作的热心人、青年群众的引路人。广大青年要坚定不移听党话、跟党走，怀抱梦想又脚踏实地，敢想敢为又善作善成，立志做有理想、敢担当、能吃苦、肯奋斗的新时代好青年，让青春在全面建设社会主义现代化国家的火热实践中绽放绚丽之花。”

立大志。“非学无以广才，非志无以成学。”当代青年生逢盛世，肩负重任，不仅要在学业上精进，追求真理，勇攀科研的高峰，同人民一道拼搏，同时代一道前进，更要“进则兼济天下”，心怀“国之大者”，在服务国家、社会中成大业，将“小我”融入“大我”之中，积极投身于经济社会发展的主战场，肩负起时代赋予的历史使命。

明大德。“德者，才之帅也。”“人无德不立、国无德不兴。”个人的品德如同木之根、水之源，唯有不断修身立德，才能长成参天大树。党和国家倡导的人才标准也是德才兼备、以德为先。广大青年学生在刻苦钻研、吸收先进知识成果的同时，要锤炼品德，自觉树立和践行社会主义核心价值观，要从中华优秀传统文化、革命文化、社会主义先进文化中汲取精神力量，在先进文化的传承中培根铸魂、启润心智，矢志追求更有高度、更有境界、更有品位的人生，同时做到“明大德、守公德、严私德”，在积极的道德实践中明德修身，立德铸魂。

成大才。“大志非才不就，大才非学不成。”新时代中国青年成大才，要学经典、明真理，运用马克思主义的基本原理、立场、观点和方法，观察事物、认识规律、改造客观世界。要求真学问、练真本领，系统掌握专业基础知识，提升专业技能，具备过硬本领，让勤奋学习成为青春远航的动力，让增长本领成为青春搏击的能量。要重全面、求发展，既要有强健的体魄，又要有健康的心理，既要有优良的道德品质，又要有丰富的知识本领，既要树立正确的审美观，又要树立正确的劳动价值观，做到德智体美劳全面发展。同时，还要具备开放的视野，能够积极融入世界发展潮流，为构建人类命运共同体积极贡献聪明才智。要树立创新意识，敢为人先、敢于突破、敢试敢闯，在创新创业的教育和实训中，不断提升创新创业的技能本领。

担大任。“夫担大任者，必先强其力。”一代人有一代人的使命。新时代青年必须准确把握我国社会发展所处的新的历史方位，深刻理解新时代、新矛盾、新使命、新方略、新征程的科学内涵和具体要求，从而坚定为建设富强、民主、文明、和谐、美丽的社会主义现代化强国而奉献青春的信心和决心。要大力发扬奋斗精神，伟大事业是干出来的，面对百年未有之大变局和全面建设社会主义现代化国家新征程，当前建设发展犹如逆水行舟，不进则退。

第二单元课后练习

# 第三单元　先秦诸子散文

## 文学概说

### 先秦诸子散文

从殷商、西周到春秋、战国，中国古代散文逐渐发展成熟，经历了由简单记事到长篇大论、由官府独占到百家争鸣的飞跃。先秦散文可以分作“史”的散文时期和“子”的散文时期。前者指的是记载历史事件的叙事散文，其作品实际上就是历史文件；后者即诸子散文，指的是春秋战国时期各家各派阐述自己学说的哲理性著作。

#### 一、诸子散文产生的背景

春秋战国时代是中国历史上的一个大解放时代。在春秋尤其是战国时代，铁质器具在社会上被普遍使用，加之生产技术的改进和水利工程的兴修等，直接促进了农业生产的发展和手工业的发达，间接促进了商业的发展与都市的繁荣。经济基础的重大变革，对政治、社会产生了巨大影响。

春秋战国时期出现了新阶层“士”。春秋时一些贵族领主已开始养士，到了战国，养士风气更为普遍。“自谋夫说客、谈天雕龙、坚白同异之流，下至击剑、扛鼎、鸡鸣、狗盗之徒，莫不宾礼”（苏轼《论养士》）。士的成分很复杂：有新兴地主，也有没落贵族，还有下层社会的人物。其中，不仅有如孔、孟、墨、庄的学士，也有如苏秦、张仪的策士，还有术士、侠士等。学士、策士进可以取卿相，退可以著书立说，十分活跃，一度出现了卿相降为皂隶者有之、布衣执政者有之的政治局面。这些“士”，出身不同，立场不同，代表着不同阶级不同阶层的利益。他们思想活跃，游学列国，提出了各种不同的政治要求和主张，并且著书立说，争辩不休，形成了中国古代学术领域百家争鸣的局面，促进了文化科学的发展。

总而言之，春秋以前，学在官府；春秋以后，礼崩乐坏，私人讲学、处士横议之风盛行。到了战国，“周衰文弊，六艺道息，而诸子争鸣”（章学诚《文史通义·诗教上》）。此时，新兴的地主阶级登上政治舞台，广大的士阶层成为活跃的社会力量。他们放言无惮，著书立说，以此宣扬自己的思想主张。这是诸子散文蓬勃发展的基本原因。

## 二、诸子与诸子散文

所谓“诸子”，是指春秋战国时期诸家学派的代表人物。据《汉书·艺文志》记载，春秋战国时期主要学派有这样十大家：儒家，代表人物是孔丘、孟轲、荀子；墨家，代表人物是墨翟、孟胜；法家，代表人物是商鞅、韩非；道家，代表人物是李耳、庄周；农家，代表人物是许行、陈相；名家，代表人物是公孙龙；杂家，代表人物是吕不韦；纵横家，代表人物是苏秦、张仪；此外，还有阴阳家、小说家。诸子的代表作品有《论语》《孟子》《荀子》《墨子》《老子》《庄子》《韩非子》等。

诸子散文，以辩论说理为主，体现了春秋战国时期各家各派的政治主张、哲学观点和思想认识。古代散文经历了从《论语》开始的零散的语录体，到《孟子》中对话式的论辩，直至《荀子》《韩非子》中自成体系的专题论文这一演变成熟过程。

诸子散文的发展约可分为三个阶段：

第一阶段是春秋末、战国初，文章多为语录体，或议论短章，以《论语》和《墨子》为代表，前者为纯语录体散文，后者则是语录体中杂有质朴的议论文。

第二阶段是战国中期，文章逐渐由语录体发展为对话式论辩文与专题论文，以《孟子》和《庄子》为代表。战国中期，语录体仍旧通行，但它们已不像《论语》那样只是后学的追录，而是一个学派师徒们的集体著作；所记的也不限于单人的语录，而普遍采用对话的形式。这一阶段散文的主要特点是辞藻丰富，说理畅达，行文多有寓言和比喻。《孟子》以对话为主，富于雄辩，议论酣畅，气势磅礴。《庄子》说理论证，文笔纵横恣肆，想象丰富奇特，大量运用寓言，具有浪漫主义色彩。《孟子》基本上还是语录体，但已有显著发展，形成了对话式的论辩文；《庄子》已由对话体向论点集中的专题论文过渡，除少数几篇外，几乎完全突破了语录的形式而发展为专题议论文。

第三阶段是战国后期，其文章基本上都是鸿篇巨制的专题论文，以《荀子》和《韩非子》为代表，这两者在先秦散文中都已经发展到议论文的最高阶段。战国后期，诸子散文完全摆脱了语录体，成为专题论著。它们已经不是一个学派的集体著述，而是学者个人的论文集；不是以驳论为主，而是以正面论说为主。这是百家争鸣不断深入的结果。主要著作有《荀子》《韩非子》《吕氏春秋》等。主要特点是论证严密、鞭辟入里。《荀子》行文条分缕析，反复设喻，反复论证，务求理尽义达。《韩非子》行文犀利峻拔，剖析入微，善于运用浅近的寓言来说明抽象的道理，具有较强的论辩性。它们都对我国汉魏以来的哲理散文产生过深远的影响。

## 三、诸子散文的特征

先秦诸子散文，是记言文，以议论说理为主，其内容囊括了政治经济、文化教育、伦理道德、文学思想等众多方面，体现了鲜明的艺术特点。

首先，在思想内容上先秦诸子思想活跃、畅所欲言，反映了诸子百家对社会和人生的思考，对现实的认识有广度和深度。诸子中，儒家推行礼治德政，孔子学说的核心是

"仁"，提出"温柔敦厚""经世致用"的观点；法家从现实问题出发，主张以严刑峻法治国；道家提倡"依乎天理""因其自然"、忘形免害、无用即大用等。这些思想观念表明时人对社会与人生的密切关注，表现出强烈的理性精神。

其次，在文风上先秦诸子各有自己独特的个性和风格。《论语》简练含蓄，言近旨远，富于形象性和哲理性；《孟子》长于论辩，感情强烈，很有气势；《庄子》想象奇诡，恢弘开阔，潇洒自由；《墨子》朴实无华，擅长说理，逻辑严谨，组织严密。尽管诸子文章的成熟程度不一样，但由于这些著作者的思想、政治、学术流派不同，个性相异，明显地表现出各自不同的风格特点。

再次，在语言上先秦诸子大都十分讲究文采和修辞。诸子大都注意语言的表达技巧，体现了不同程度的对形式美的追求，大多注意比喻、排比、对偶等修辞方法的运用，使用生动形象的寓言故事来说理，极具形象性和感染力。例如：刻画人物，通过其肖像、神态、语言、行动、细节及人物之间的对比、衬托来表现。描述寓言，写出人物、神鬼、飞禽走兽的不同情态。先秦诸子散文的表现手法和写作技巧丰富多彩，日臻完善，表现出"深于比兴""深于取象"的特点。

最后，在文体发展上先秦诸子散文已经确立了论说的体制。《论语》记录孔子的只言片语或是他与弟子时人的对话，都比较短小简约，还没有构成单篇的、形式完整的篇章；《孟子》不仅记录孟子的只言片语，有些章节就一个中心论点进行反复论述，形成了对话体的论辩文；《韩非子》中的短篇往往就一个问题深入论述，长篇大论条分缕析，缜密透彻。诸子散文从最初的语录体散文，到对话论辩体散文，再到专题性论文，逐渐发展为成熟的论说文，奠定了中国古代论说文的体制。"后世之文，其体皆备于战国"的说法有一定道理。



## 四、诸子散文的影响

先秦诸子对后世影响最为深远的首先是儒家学派的孔孟思想，其次是道家学派的老庄思想。这两派思想在过去学者文人的头脑中，在特定的历史条件下，经常起着不同的积极或消极作用。一般来说，儒家的入世精神是积极的，但维护封建秩序的说教却有不良的影响；道家对待现实的态度是消极的，但其不肯同统治阶级合作、不肯同流合污的"清高"思想，在一定历史时期也有一些好的影响。就诗家来看，接受前者影响的，其艺术风格多表现为现实主义；接受后者影响的，其艺术风格多表现为浪漫主义。杜甫和李白就代表着这两种不同的影响和作风。

先秦诸子散文对后世散文发展的影响也是显而易见的，如汉初政论家贾谊、晁错等的政论文都是从荀卿、韩非及战国其他法家的议论文发展而来的。例如贾谊的《陈政事疏》、晁错的《论贵粟疏》《论募民徙塞下》等疏，分析问题，切中时弊。而贾谊论事，指陈利害，激切锋利，淋漓酣畅，风格尤近韩非。《论语》一书虽后人亦有模仿，如扬雄的《法言》、王通的《中说》，但对文学影响不大。魏晋以后，老庄之学大盛于世，对我国学术思想和文学方面的影响更大，嵇康有《养生》《声无哀乐》《自然好学》《释私》等论，阮籍有《通易》《通老》《达庄》三论及《大人先生传》，纵谈名理，大倡玄风。而《达庄论》《大人先生传》都用辞赋问答体裁，发挥老庄思想；语言形象，声韵和谐，是我国理论散文的进一步发展。东晋时，玄言诗风独盛，孙绰、许询、桓玄、庾阐诸人之作“皆平典似《道德论》”（钟嵘《〈诗品〉序》）固不必说，就是齐梁间的文论、书札，理精语隽，为当时文坛树立爽朗的新风格，形成南朝散文的特色，也未尝不是受老庄思想及文风的影响。

唐宋以来的古文家对先秦诸子散文的爱好和学习也是很多的。著名的古文家韩愈曾以“庄”“骚”并称，尤推崇孟子为“醇乎醇”，荀子则“大醇而小疵”。他力排佛老，就是继承孟子辟杨墨的战斗精神。其文如《原道》《与孟尚书书》《送王秀才（埙）序》等篇，精神面貌都接近《孟子》。《答李翊书》论为文以学养并提，实由孟子知言养气之说而来。柳宗元论文，亦主张“参之《孟》《荀》以畅其支，参之《庄》《老》以肆其端”（《答韦中立论师道书》）；又谓“《左氏》、《国语》、庄周、屈原之辞稍采取之”（《报袁君陈秀才书》）。而他的《三戒》等篇更是创造性地学习诸子寓言的成果。苏洵生平尤好《孟子》，曾端坐读之七八年，谓其“语约而意尽，不为巉刻斩绝之言，而其锋不可犯”（《上欧阳内翰书》）。王安石解《孟子》，其文亦学《孟子》；讥荀卿，文亦学荀卿。而苏轼之文，最得力于《庄子》，他说：“吾昔有见于中，口未能言。今见《庄子》，得吾心矣。”（苏辙《东坡先生墓志铭》）集中如《赤壁赋》及清风阁、凌虚台、墨宝堂、超然台诸记，其思想语言无不出于庄子；而其文章的畅达，所谓“如行云流水”，“如万斛泉源，不择地而出”者（苏轼《文说》），亦与《庄子》的风格相近。

孔、孟、庄、荀、韩非等先秦诸子都是语言大师，先秦说理散文在语言艺术上的高度成功，丰富了汉语的表现力，为我国文学语言的发展奠定了基础。举凡后世常用的语言修辞手法，如比喻、夸张、排比、对偶等，在先秦说理文中，都已有成熟表现，直接影响了后世的语言修辞。后世文学中或平实质朴，或华丽雕琢，或婉约隽永，或放纵恣肆的语言风格，在先秦说理文中都已可见端倪。而先秦说理散文，还为后代文学创作提供了大量的词汇和丰富的成语，其中有不少至今仍活跃在现代语言之中。

总之，先秦诸子散文以议论说理为主，在思想内涵、文章体例、创作风格、语言艺术等方面对后世文学产生了深远影响。

## 文学作品

### 论语十则

1. 子曰：“学而时习之，不亦说乎[1]？有朋自远方来，不亦乐乎？人不知而不愠，不亦君子乎？”（《学而》）

2. 子曰：“温故而知新，可以为师矣。”（《为政》）

3. 子曰：“学而不思则罔，思而不学则殆[2]。”（《为政》）

4. 子曰：“由！诲女知之乎！知之为知之，不知为不知，是知也[3]。”（《为政》）

5. 子曰：“见贤思齐焉，见不贤而内自省也。”（《里仁》）

6. 子贡问曰：“孔文子何以谓之‘文’也？”

子曰：“敏而好学[4]，不耻下问，是以谓之‘文’也。”（《公冶长》）

7. 子曰：“知之者不如好之者，好之者不如乐之者[5]。”（《雍也》）

8. 曾子曰：“士不可以不弘毅，任重而道远。仁以为己任，不亦重乎？死而后已，不亦远乎？”（《泰伯》）

9. 子贡问曰：“有一言而可以终身行之者乎？”子曰：“其‘恕’乎！己所不欲，勿施于人。”（《卫灵公》）

10. 子夏曰：“博学而笃志，切问而近思，仁在其中矣。”（《子张》）

## 注　释

[1] 不亦说（yuè）乎：不是很愉快吗？说，通“悦”，愉快。

[2] 罔（wǎng）：迷惑，感到迷茫而无所适从。殆（dài），危险。

[3] 女（rǔ）：汝，人称代词，你。

[4] 敏：勤勉。知（zhì）：通“智”，智慧，聪明。

[5] 之：代词，它，这里指学问和事业。好（hào）：喜欢，爱好。乐（lè）：以……为乐趣。

《论语十则》朗读欣赏

## 作品简析

《论语》二十篇是弟子门人及后学记录孔子与弟子时人应答的著作。孔子（公元前551年—公元前479年），名丘，字仲尼，鲁国陬邑（今山东曲阜）人。他曾率弟子周游列国，宣传自己的政治主张，但都不被信用；归鲁后，专心著述和讲学。他是儒家学派的创始人，著名的思想家、教育家。其学说的核心是“仁”。孔子推行礼治德政，主张重义轻利，提倡因材施教、有教无类，对后世影响深远。

# 子路、曾皙、冉有、公西华侍坐

子路、曾皙、冉有、公西华侍坐[1]。子曰：“以吾一日长乎尔，毋吾以也[2]。居则曰[3]：‘不吾知也！如或知尔，则何以哉？’子路率尔而对曰[4]：“千乘之国，摄乎大国之间，加之以师旅，因之以饥馑；由也为之，比及三年，可使有勇，且知方也。”夫子哂之[5]。“求！尔何如？”对曰：“方六七十[6]，如五六十[7]，求也为之，比及三年，可使足民。如其礼乐，以俟君子[8]。”“赤！尔何如？”对曰：“非曰能之，愿学焉。宗庙之事，如会同[9]，端章甫[10]，愿为小相焉[11]。”“点！尔何如？”鼓瑟希，铿尔，舍瑟而作[12]，对曰：“异乎三子者之撰[13]。”子曰：“何伤乎[14]？亦各言其志也。”曰：“莫春者[15]，春服既成，冠者[16]五六人，童子六七人，浴乎沂，风乎舞雩[17]，咏而归。”夫子喟然叹曰：“吾与[18]点也！”三子者出，曾皙后。曾皙曰：“夫三子者之言何如？”

子曰："亦各言其志也已矣。"曰："夫子何哂由也？"曰："为国以礼，其言不让，是故哂之。""唯求则非邦也与[19]？""安见方六七十如五六十而非邦也者？""唯赤则非邦也与？""宗庙会同，非诸侯而何？赤也为之小，孰能为之大？"

## 注 释

［1］子路：仲氏，名由，字子路。曾皙：名点，字皙。冉有：名求，字子有。公西华：公西氏，名赤，字子华。四人都是孔子的弟子。侍坐：侍奉、陪侍孔子而坐。

［2］"以吾"句：你们不要因为我年纪比你们大，而不敢说话。

［3］居：平时。

［4］率尔：急遽貌，轻率急忙的样子。

［5］哂（shěn）：微笑。

［6］方：纵横。六七十：指六七十平方里的小国。

［7］如：或。

［8］俟：等待。这两句的意思是至于礼乐教化，需待其他君子。这是自谦的话。

［9］如：或。会同：诸侯会盟。

［10］端：玄端，一种礼服。章甫：一种礼帽。这里作动词，指穿着礼服，戴着礼帽。

［11］相：祭祀、会同时赞礼、司仪的职位。

［12］鼓：弹。希：同"稀"，这里指瑟声逐渐稀疏。铿（kēng）尔：放瑟声。作：起。

［13］撰：述。这句的大意是我的想法和他们三位所讲的不一样。

［14］伤：妨害。

［15］莫：同"暮"。暮春，指夏历三月。

［16］冠者：成年人。古代男子二十岁行冠礼。

［17］风：迎风乘凉。舞雩（yú）：鲁国祭天求雨的场所。

［18］与：赞同。

［19］邦：国，这里可以理解为国家大事。与：同"欤"，疑问语气词。难道冉求说的就不是国家大事吗？

《子路、曾皙、冉有、公西华侍坐》朗读欣赏

## 作品简析

本章选自《论语·先进》，详细地记述了一场师门谈话，通过记录孔子弟子子路、曾皙、冉有、公西华的人生理想，以及孔子对他们的评价，表现了人物的不同个性，体现了孔子的政治主张。本章是《论语》中最长的篇章，这样的专题论政是非常珍贵的。

## 齐桓晋文之事

齐宣王问曰："齐桓、晋文之事可得闻乎[1]？"

孟子对曰："仲尼之徒无道桓文之事者，是以后世无传焉，臣未之闻也。无以，则王乎[2]？"

曰："德何如，则可以王矣？"

曰："保民而王，莫之能御也。"

曰："若寡人者，可以保民乎哉？"

曰："可。"

曰："何由知吾可也？"

曰："臣闻之胡龁曰[3]：'王坐于堂上，有牵牛而过堂下者。王见之，曰："牛何之[4]？"对曰："将以衅钟[5]。"王曰："舍之！吾不忍其觳觫[6]，若无罪而就死地[7]。"对曰："然则废衅钟与？"曰：'何可废也？以羊易之。'不识有诸[8]？"

曰："有之。"

曰："是心足以王矣。百姓皆以王为爱也[9]，臣固知王之不忍也。"

王曰："然，诚有百姓者。齐国虽褊小[10]，吾何爱一牛？即不忍其觳觫，若无罪而就死地，故以羊易之也。"

曰："王无异于百姓之以王为爱也[11]。以小易大，彼恶知之？王若隐其无罪而就死地，则牛羊何择焉[12]？"

王笑曰："是诚何心哉？我非爱其财而易之以羊也，宜乎百姓之谓我爱也。"

曰："无伤也[13]，是乃仁术也[14]，见牛未见羊也。君子之于禽兽也：见其生，不忍见其死；闻其声，不忍食其肉。是以君子远庖厨也。"

王说，曰[15]："《诗》云：'他人有心，予忖度之。'[16] 夫子之谓也。夫我乃行之，反而求之，不得吾心；夫子言之，于我心有戚戚焉[17]。此心之所以合于王者，何也？"

曰："有复于王者曰[18]：'吾力足以举百钧[19]，而不足以举一羽；明足以察秋毫之末[20]，而不见舆薪[21]。'则王许之乎[22]？"

曰："否。"

"今恩足以及禽兽[23]，而功不至于百姓者，独何与？然则一羽之不举，为不用力焉；舆薪之不见，为不用明焉；百姓之不见保[24]，为不用恩焉。故王之不王[25]，不为也，非不能也。"

曰："不为者与不能者之形[26]，何以异？"

曰："挟太山以超北海[27]，语人曰：'我不能。'是诚不能也。为长者折枝[28]，语人曰：'我不能。'是不为也，非不能也。故王之不王，非挟太山以超北海之类也；王之不王，是折枝之类也。老吾老，以及人之老；幼吾幼，以及人之幼[29]：天下可运于掌[30]。诗云：'刑于寡妻，至于兄弟，以御于家邦[31]。言举斯心加诸彼而已[32]。故推恩足以保四海，不推恩无以保妻子；古之人所以大过人者，无他焉，善推其所为而已矣。今恩足以及禽兽，而功不至于百姓者，独何与？权，然后知轻重；度，然后知长短[33]；物皆然，心为甚。王请度之[34]！抑王兴甲兵，危士臣，构怨于诸侯[35]，然后快于心与？"

王曰："否，吾何快于是，将以求吾所大欲也。"

曰："王之所大欲，可得闻与？"

王笑而不言。

曰：“为肥甘不足于口与[36]？轻暖不足于体与[37]？抑为采色不足视于目与？声音不足听于耳与？便嬖不足使令于前与[38]？王之诸臣，皆足以供之，而王岂为是哉？”

曰：“否，吾不为是也。”

曰：“然则王之所大欲，可知已：欲辟土地[39]，朝秦楚[40]，莅中国，而抚四夷也[41]。以若所为，求若所欲，犹缘木而求鱼也[42]。”

王曰：“若是其甚与？”

曰：“殆有甚焉[43]。缘木求鱼，虽不得鱼，无后灾；以若所为，求若所欲，尽心力而为之，后必有灾。”

曰：“可得闻与？”

曰：“邹人与楚人战[44]，则王以为孰胜？”

曰：“楚人胜。”

曰：“然则小固不可以敌大，寡固不可以敌众，弱固不可以敌强。海内之地，方千里者九，齐集有其一[45]；以一服八，何以异于邹敌楚哉？盖亦反其本矣[46]。今王发政施仁[47]，使天下仕者皆欲立于王之朝，耕者皆欲耕于王之野，商贾皆欲藏于王之市，行旅皆欲出于王之涂[48]，天下之欲疾其君者[49]，皆欲赴愬于王[50]：其若是，孰能御之？”

王曰：“吾惛[51]，不能进于是矣。愿夫子辅吾志，明以教我；我虽不敏，请尝试之。”

曰：“无恒产而有恒心者[52]，惟士为能。若民，则无恒产，因无恒心。苟无恒心，放辟邪侈[53]，无不为已。及陷于罪，然后从而刑之，是罔民也[54]。焉有仁人在位，罔民而可为也？是故明君制民之产[55]，必使仰足以事父母，俯足以畜妻子[56]；乐岁终身饱[57]，凶年免于死亡；然后驱而之善，故民之从之也轻[58]。今也制民之产，仰不足以事父母，俯不足以畜妻子；乐岁终身苦，凶年不免于死亡。此惟救死而恐不赡[59]，奚暇治礼义哉！王欲行之，则盍反其本矣。五亩之宅[60]，树之以桑，五十者可以衣帛矣；鸡、豚、狗、彘之畜[61]，无失其时，七十者可以食肉矣；百亩之田[62]，勿夺其时，八口之家可以无饥矣；谨庠序之教[63]，申之以孝悌之义，颁白者不负戴于道路矣[64]。老者衣帛食肉，黎民不饥不寒[65]，然而不王者，未之有也。”

## 注释

[1] 齐宣王：田氏，名辟疆，为齐国国君。齐桓公、晋文公为春秋霸主，宣王有志效法他们，称霸于诸侯，故以此问孟子。

[2] 以：同“已”，作止解。王（wàng）：用作动词，王天下。

[3] 胡龁（hé）：齐王近臣。

[4] 之：往。

[5] 衅（xìn）钟：古代新钟铸成，杀牲取血涂在钟的缝隙中祭神求福，叫衅钟。

[6] 觳（hú）觫（sù）：恐惧战栗的样子。

《齐桓晋文之事》朗读欣赏

[7] 若：如此。

[8] 诸：作“之乎”解。不知道有没有这件事。

[9] 爱：爱惜，这里含有吝啬之意。

[10] 褊（biǎn）小：土地狭小。

[11] 无异：莫怪。

[12] 隐：哀悯。择：区别。何择，有什么区别。

[13] 无伤：没有什么妨害，不要紧。

[14] 仁术：为仁之道。

[15] 说：同“悦”。

[16] 忖（cǔn）度（duó）：揣测思量。这两句出自《诗经·小雅·巧言》，意为他们有什么心思，我揣测得到。

[17] 戚戚：心动貌，指有同感。

[18] 复：报告。

[19] 钧：30 斤为一钧。

[20] 秋毫：秋天兽毛的尖端。这里喻极细小的东西。

[21] 舆薪：一车薪柴。

[22] 许：相信，同意。

[23] “今恩”句以下是孟子的话，省去“曰”字，表示语气急促。

[24] 见：被。保：保护、安抚。

[25] 王之不王：第一个“王”指齐宣王，第二个“王”作动词。大王不能以王道统一天下。

[26] 形：情状。

[27] 太山：泰山。超：跳过。北海：渤海。

[28] 枝：枝同“肢”。这句意谓，为年长者按摩肢体。或指向老者折腰行鞠躬礼，又有解为替长者攀折树枝。皆指轻而易举之事。

[29] 前一“老”字，作敬爱解。前一“幼”字，作爱抚解。皆为动词。

[30] 运于掌：运转在手掌上，比喻称王天下很容易治理。

[31] “刑于寡妻”三句：出自《诗经·大雅·思齐》，意思是给妻子做好榜样，推及兄弟、国家。刑：同“型”，指以身作则。寡妻：国君的正妻。御：治理。家邦：国家。

[32] 孟子总结这三句诗的意思，就是说把你爱自家人的心，推广到爱他人罢了。

[33] 权：秤锤。度：丈尺。这里用作动词，指称和量。

[34] 度：忖度，思量，揣度。

[35] 抑：或者，难道。构怨：结仇。

[36] 肥甘：肥美香甜的食物。

[37] 轻暖：轻柔暖和的衣裘。

[38] 便嬖（pián bì）：宠爱亲近的人。

[39] 辟：开辟，扩大。

[40] 朝：使……称臣（或朝见）。朝秦楚：使秦、楚等大国来朝见齐王。

[41] 莅（lì）：居高临下。中国：指中原地带。

[42] 缘木而求鱼：爬到树上去捉鱼，比喻不可能达到目的。

[43] 殆：恐怕，可能。有：同“又”。

[44] 邹：小国。楚：大国。两国强弱悬殊。

[45] 集：凑集。这句说，齐国土地合起来约有一千平方里。

[46] 盖：同“盍”，何不。反其本：回到根本上来，指下文的回到王道仁政上来。“反”，通“返”。

[47] 发政施仁：发布政令，推行仁政。

[48] 涂：通“途”，道路。

[49] 疾：憎恨。

[50] 愬：同“诉”，申诉。

[51] 惛：同“昏”，思想昏乱不清。

[52] 恒：常。恒产：用以维持生活的固定的产业。恒心：安居守分之心。

[53] “放”和“侈”同义，纵逸放荡。“辟”和“邪”同义，行为不轨。皆指不守法度、越出常规的行为。

[54] 罔：同“网”，用作动词。罔民：张开罗网陷害百姓。

[55] 制：规定。

[56] 畜：同“蓄”，抚养。妻子：妻子儿女。

[57] 乐岁：丰年。

[58] 轻：容易。

[59] 赡（shàn）：足，及。不赡：不足。

[60] 五亩之宅：五亩大的住宅。相传古代一个男丁可以分到五亩土地建筑住宅。

[61] 豚、彘（zhì）：猪。

[62] 百亩之田：相传古代实行井田制，每个男丁可以分到土地一百亩。

[63] 谨：重视。庠（xiáng）序：古代学校的名称。周代叫庠，殷代叫序。

[64] 颁：同“斑”。颁白者：头发半白半黑的人。负：背上背东西。戴：头上顶东西。

[65] 黎民：黑头发的民众。这里指少壮者，与上文老者对举。

## 作品简析

孟子（约公元前372年—约公元前289年），名轲，字子舆，战国中期邹（今山东邹县）人。孟子继承发展了孔子的学说，在政治上主张行仁政。他曾周游列国，却不为诸侯所用，退而与弟子万章等人述孔子的学说，作《孟子》七篇。《孟子》是重要的儒家典籍，《孟子》文章语言明白晓畅，长于辩论，富有文采，极有气势。

本章选自《孟子·梁惠王上》，阐述了孟子关于王道的理论和主张，指出为人君者，应发扬不忍之心，施行仁政，恩及百姓。孟子主张“保民而王”，君王使百姓安居乐业，加强伦理道德教育，才能在天下推行王道。孟子的这一主张，体现了他的重民思想，文章结构严谨，气势浩然，体现了孟子的论辩艺术。

## 鱼我所欲也

孟子曰：“鱼，我所欲也；熊掌，亦我所欲也；二者不可得兼，舍鱼而取熊掌者也。

生，亦我所欲也；义，亦我所欲也；二者不可得兼，舍生而取义者也。生亦我所欲，所欲有甚于生者，故不为苟得也[1]；死亦我所恶，所恶有甚于死者，故患有所不辟也[2]。如使人之所欲莫甚于生，则凡可以得生者，何不用也[3]？使人之所恶莫甚于死者，则凡可以辟患者，何不为也？由是则生而有不用也，由是则可以辟患而有不为也[4]。是故所欲有甚于生者，所恶有甚于死者，非独贤者有是心也，人皆有之，贤者能勿丧耳。

一箪食[5]，一豆羹[6]，得之则生，弗得则死。呼尔而与之[7]，行道之人弗受[8]；蹴尔而与之[9]，乞人不屑也[10]。万钟则不辨礼义而受之[11]。万钟于我何加焉[12]？为宫室之美、妻妾之奉、所识穷乏者得我与[13]？乡为身死而不受[14]，今为宫室之美为之；乡为身死而不受，今为妻妾之奉为之；乡为身死而不受，今为所识穷乏者得我而为之，是亦不可以已乎[15]？此之谓失其本心[16]。”

## 注 释

[1] 苟得：苟且取得，指生存。

[2] 恶：厌恶。患：祸患。辟：通“避”，躲避。

[3] 何不用也：什么手段不可用呢？意即将不择手段。

[4]“由是”句：有时通过某种方法可以保全生命，但人们却不愿采用；通过某种行动可以躲避患难，但人们却不愿采取。

《鱼我所欲也》朗读欣赏

[5] 箪（dān）：古代盛食物的竹器。

[6] 豆：古代盛肉或羹的器具。

[7] 呼尔：轻蔑或粗暴地呼喝。

[8] 行道之人：过路的人。

[9] 蹴（cù）：践踏。

[10] 不屑：不愿接受。

[11] 万钟：这里指高位厚禄。钟：古代量器，六斛四斗为一钟。

[12] 何加：有什么益处？

[13] 得：通“德”，感激。

[14] 乡：通“向”，向来。

[15] 已：停止。

[16] 本心：羞恶之心。

## 作品简析

本章选自《孟子·告子上》。孟子主张“道性善，言必称尧舜”，认为人有恻隐之心、羞恶之心、恭敬之心和是非之心，仁义礼智是人本身具有的品质。其中“羞恶之心，义之端也”，“义”的价值高于生命，在必要时当“舍生取义”，不辨礼义贪求富贵的行为是不可取的。

## 非攻（上）

今有一人，入人园圃，窃其桃李，众闻则非之，上为政者得则罚之[1]，此何也？以亏人自利也。至攘人犬豕鸡豚者[2]，其不义又甚入人园圃窃桃李。是何故也？以亏人愈多，其不仁兹甚[3]，罪益厚。至入人栏厩，取人马牛者，其不仁义又甚攘人犬豕鸡豚。此何故也？以其亏人愈多。苟亏人愈多，其不仁兹甚，罪益厚。至杀不辜人也[4]，扡其衣裘[5]，取戈剑者，其不义又甚入人栏厩取人马牛。此何故也？以其亏人愈多。苟亏人愈多，其不仁兹甚矣，罪益厚。当此天下之君子，皆知而非之，谓之不义。今至大为攻国，则弗知非，从而誉之，谓之义。此可谓知义与不义之别乎？

杀一人，谓之不义，必有一死罪矣[6]。若以此说往[7]，杀十人，十重不义[8]，必有十死罪矣；杀百人，百重不义，必有百死罪矣。当此天下之君子，皆知而非之，谓之不义。今至大为不义，攻国，则弗知非，从而誉之，谓之义。情不知其不义也[9]，故书其言以遗后世[10]；若知其不义也，夫奚说书其不义以遗后世哉[11]？

今有人于此，少见黑曰黑，多见黑曰白，则必以此人为不知白黑之辩矣；少尝苦曰苦，多尝苦曰甘，则必以此人为不知甘苦之辩矣。今小为非，则知而非之；大为非，攻国，则不知非，从而誉之，谓之义；此可谓知义与不义之辩乎？是以知天下之君子也，辩义与不义之乱也[12]。

## 注释

[1] 得：这里有捕获的意思。
[2] 攘：偷盗。
[3] 兹：更加。
[4] 辜：罪。不辜人：无罪的人。
[5] 扡：同“拖”，夺取。
[6] 一：一重（chóng）、一项。
[7] “若以”句：假如按照这种说法类推。
[8] 重（chóng）：作“倍”解。下同。
[9] 情：诚，的确。
[10] 书：记录。把称赞攻国的话记载下来，遗留给后世。
[11] 奚：何。奚说：用什么话来解说。
[12] 乱：混乱，颠倒是非。

《非攻（上）》朗读欣赏

## 作品简析

《墨子·非攻》有上、中、下三篇，这里选的是上篇。非攻，即反对进攻的战争。墨子支持防御性的战争，反对为了争权夺利而发动的战争。墨子，名翟，墨家学派的创始人。他主张简朴节俭，重质轻文，提出尚贤、节用、非命、尊天、兼爱、非攻等思想。《墨子》一书，今存五十三篇，汇集了墨家学派的言论、记录，文章语言质朴，逻辑性较强。

# 逍遥游（节选）

庄　周

北冥有鱼[1]，其名为鲲[2]。鲲之大，不知其几千里也；化而为鸟，其名为鹏[3]。鹏之背，不知其几千里也；怒而飞，其翼若垂天之云[4]。是鸟也，海运则将徙于南冥[5]。南冥者，天池也[6]。

《齐谐》者[7]，志怪者也[8]。《谐》之言曰："鹏之徙于南冥也，水击三千里[9]，抟扶摇而上者九万里[10]，去以六月息者也[11]。"野马也[12]，尘埃也，生物之以息相吹也[13]。天之苍苍，其正色邪？其远而无所至极邪？其视下也，亦若是则已矣[14]。

且夫水之积也不厚，则其负大舟也无力。覆杯水于坳堂之上[15]，则芥为之舟[16]，置杯焉则胶[17]，水浅而舟大也。风之积也不厚，则其负大翼也无力。故九万里则风斯在下矣[18]，而后乃今培风[19]；背负青天而莫之夭阏者[20]，而后乃今将图南[21]。

蜩与学鸠笑之曰[22]："我决起而飞[23]，枪榆枋[24]，时则不至[25]，而控于地而已矣[26]，奚以之九万里而南为[27]？"适莽苍者[28]，三食而反[29]，腹犹果然[30]；适百里者，宿舂粮[31]；适千里者，三月聚粮。之二虫又何知[32]？

小知不及大知[33]，小年不及大年。奚以知其然也？朝菌不知晦朔[34]，蟪蛄不知春秋[35]，此小年也。楚之南有冥灵者[36]，以五百岁为春，五百岁为秋；上古有大椿者[37]，以八千岁为春，八千岁为秋。而彭祖乃今以久特闻，众人匹之[38]，不亦悲乎？

汤之问棘也是已[39]：穷发之北[40]，有冥海者，天池也。有鱼焉，其广数千里，未有知其修者[41]，其名为鲲。有鸟焉，其名为鹏，背若泰山，翼若垂天之云；抟扶摇羊角而上者九万里[42]，绝云气[43]，负青天，然后图南，且适南冥也。斥鴳笑之曰[44]："彼且奚适也？我腾跃而上，不过数仞而下[45]，翱翔蓬蒿之间，此亦飞之至也，而彼且奚适也？"此小大之辩也[46]。

故夫知效一官[47]，行比一乡[48]，德合一君，而徵一国者[49]，其自视也亦若此矣[50]。而宋荣子犹然笑之[51]。且举世誉之而不加劝[52]，举世非之而不加沮[53]，定乎内外之分[54]，辩乎荣辱之境[55]，斯已矣[56]；彼其于世，未数数然也[57]。虽然，犹有未树也[58]。夫列子御风而行[59]，泠然善也[60]，旬有五日而后反[61]。彼于致福者[62]，未数数然也。此虽免乎行[63]，犹有所待者也[64]。若夫乘天地之正[65]，而御六气之辩[66]，以游无穷者[67]，彼且恶乎待哉？故曰：至人无己[68]，神人无功[69]，圣人无名[70]。



## 注释

[1] 冥：海水深黑，一同“溟”。北冥即北海。

[2] 鲲（kūn）：本义鱼卵，这里借用为大鱼名。

[3] 鹏：古“凤”字，大鸟名。

[4] 垂：通“陲”，边。垂天：天边。

[5] 海运：海波动荡，一说，运作行解。

《逍遥游（节选）》朗读欣赏

［6］天池：自然造化所形成的池子。

［7］齐谐：书名，一说人名。

［8］志怪：记载怪异的事。

［9］水击：指鹏起飞时两翼拍击水面而行。

［10］抟（tuán）：拍、附。扶摇：旋风。

［11］息：气息，指风。

［12］野马：指游气。春天野外林泽间，有气上扬，犹如奔马，故称野马。

［13］息：气息。这三句的意思是，野马、尘埃等细微的东西，因被生物气息吹动而在空中游荡。大鹏和它们虽然大小悬殊，但都是凭借自然之力而动的。

［14］其：指鹏。这两句是说鹏在高空俯视下界，也如下界视天，只见一片苍苍，不辨正色。

［15］坳（ào）堂：堂上低洼处。

［16］芥：小草。

［17］胶：胶着不能动。

［18］风斯在下：风在鹏之下。

［19］培风：乘风。培：凭。

［20］夭（yāo）：挫折。阏（è）：阻止、阻碍。

［21］图南：图谋飞往南方。

［22］蜩（tiáo）：蝉。学鸠（jiū）：小鸟名。

［23］决：迅急貌。决起：迅速跃起。

［24］抢（qiāng）：突过。榆枋（yú fāng）：榆树、檀木。

［25］则：或。

［26］控：投，落下。

［27］为：疑问助词。这句的意思是何必飞到九万里之上而到那遥远的南方去呢?

［28］莽苍：郊野的颜色，形容遥望不甚分明，这里指郊野。

［29］食：同“餐”。反：同“返”。

［30］果然：饱的样子。

［31］宿舂（chōng）粮：隔宿捣米储粮。

［32］之：此、这。二虫：指蜩和学鸠。

［33］两个“知”，皆同“智”。

［34］朝菌：朝生暮死的菌。晦：夏历每月的最后一日。朔：夏历每月的最初一日。

［35］蟪蛄（huì gū）：寒蝉，春生夏死或夏生秋死。春秋指一年。

［36］冥灵：大树名，一说大龟名。

［37］椿（chūn）：乔木名。

［38］彭祖：相传姓籛名铿，唐尧的臣子，封于彭，寿七百余岁，以长寿著称。匹：比。

［39］棘：人名，相传是商汤时的大夫。“已”同“矣”，是已即是也。

［40］发：草木。穷发：不毛之地，指北方草木不生的地方。

［41］修：长度。

［42］羊角：旋风。

[43] 绝：超越。

[44] 斥鴳（yàn）：小雀。

[45] 仞：八尺，或七尺。

[46] 辩：通“辨”，分别、区别。

[47] 知（zhì）：才智。效：胜任的意思。

[48] 行：品行。比：合。

[49] 而：读“能”，能力。徵：信，取信。才能可取信于一国之人。

[50] 此：指斥鴳。

[51] 宋荣子：战国时宋人。犹然：笑的样子。

[52] 劝：勉励。

[53] 沮：沮丧。

[54] 内：我，指内心的修养。外：物，指待人接物。

[55] 辩：通“辨”，分辨。

[56] 如此而已。

[57] 数数（shuò shuò）然：急切的样子。

[58] 树：树立。未能树立至德。

[59] 列子：名御寇，郑国人。御风：驾风而行。

[60] 泠（lí ng）然：轻妙的样子。

[61] 旬：十天。有：通“又”。

[62] 致：得。致福：得福。

[63] 免乎行：免于步行。

[64] 待：凭借、依靠。

[65] 若夫：至于。正：万物自然之性。

[66] 六气：指阴、阳、风、雨、晦、明。辩：通“变”，变化。

[67] 无穷：无穷的宇宙，指时间的无始无终和空间的无边无际。

[68] 至人：修养最高的人。无己：顺应自然，忘了自己。

[69] 无功：无意于求功，即不立功。

[70] 无名：无意于求名，即不立名。

## 作品简析

《逍遥游》是《庄子》第一篇。今本《庄子》有三十三篇：内篇七篇，外篇十五篇，杂篇十一篇。大多数研究者认为，内篇是庄子所作，外篇和杂篇由其后学所作。庄子，名周，宋国蒙人，主张无为。“不谴是非”“外生死”“无始终”是他的出世观。《庄子》文章包含大量寓言、神话，想象奇幻，善于形容，言辞肆意，具有极高的文学价值。选段中，大鹏借风势高飞九万里，蜩与学鸠囿于现状不愿远行。从“小大之辨”到无所待游无穷，达到无己、无功、无名的境界，反映出庄子对绝对自由的追求。消除物我界限，享有绝对自由，就是逍遥游。

# 劝学（节选）

荀　况

君子曰[1]：学不可以已[2]。青，取之于蓝[3]，而青于蓝；冰，水为之，而寒于水。木直中绳[4]，輮以为轮[5]，其曲中规[6]；虽有槁暴[7]，不复挺者[8]，輮使之然也。故木受绳则直，金就砺则利[9]，君子博学而日参省乎己[10]，则知明而行无过矣[11]。

故不登高山，不知天之高也；不临深溪，不知地之厚也；不闻先王之遗言，不知学问之大也。干、越、夷、貉之子[12]，生而同声，长而异俗，教使之然也。《诗》曰[13]：“嗟尔君子，无恒安息[14]。靖共尔位[15]，好是正直[16]。神之听之，介尔景福[17]。”神莫大于化道[18]，福莫长于无祸。

吾尝终日而思矣，不如须臾之所学也[19]；吾尝跂而望矣[20]，不如登高之博见也。登高而招，臂非加长也，而见者远；顺风而呼，声非加疾也[21]，而闻者彰[22]。假舆马者[23]，非利足也[24]，而致千里[25]；假舟楫者[26]，非能水也[27]，而绝江河[28]。君子生非异也[29]，善假于物也。

南方有鸟焉，名曰蒙鸠[30]，以羽为巢，而编之以发，系之苇苕[31]。风至苕折，卵破子死。巢非不完也，所系者然也。西方有木焉，名曰射干[32]，茎长四寸，生于高山之上，而临百仞之渊。木茎非能长也，所立者然也。蓬生麻中，不扶而直；白沙在涅，与之俱黑[33]。兰槐之根是为芷[34]，其渐之滫[35]，君子不近，庶人不服[36]。其质非不美也，所渐者然也。故君子居必择乡，游必就士[37]，所以防邪辟而近中正也。物类之起，必有所始。荣辱之来，必象其德[38]。肉腐出虫，鱼枯生蠹[39]。怠慢忘身，祸灾乃作。强自取柱[40]，柔自取束。邪秽在身，怨之所构[41]。施薪若一，火就燥也；平地若一，水就湿也[42]。草木畴生[43]，禽兽群焉[44]，物各从其类也。是故质的张而弓矢至焉[45]，林木茂而斧斤至焉，树成荫而众鸟息焉，醯酸而蜹聚焉[46]。故言有招祸也，行有招辱也，君子慎其所立乎[47]！

积土成山，风雨兴焉；积水成渊，蛟龙生焉；积善成德，而神明自得[48]，圣心备焉[49]。故不积跬步[50]，无以至千里；不积小流，无以成江海。骐骥一跃[51]，不能十步；驽马十驾[52]，功在不舍[53]。锲而舍之[54]，朽木不折；锲而不舍，金石可镂。蚓无爪牙之利，筋骨之强，上食埃土，下饮黄泉，用心一也[55]。蟹六跪而二螯[56]，非蛇蟮之穴无可寄托者，用心躁也[57]。是故无冥冥之志者，无昭昭之明；无惛惛之事者，无赫赫之功[58]。行衢道者不至[59]，事两君者不容。目不能两视而明[60]，耳不能两听而聪。螣蛇无足而飞[61]，鼫鼠五技而穷[62]。《诗》曰[63]：“鸤鸠在桑，其子七兮；淑人君子，其仪一兮[64]；其仪一兮，心如结兮[65]！”故君子结于一也[66]。

## 注　释

[1] 古书中，称引前人言论的说法。君子：有学问有修养的人。

[2] 已：止。

［3］蓝：染青色的植物。

［4］中（zhòng）绳：中：符合，合于。绳：匠人制器求直的墨线。

［5］𫐓（róu）：通“煣”，用火熨木使弯曲。

［6］规：圆规。

［7］虽有（yòu）槁暴（pù）：槁：枯。暴：同“曝”，晒干。槁暴，枯干。

《劝学（节选）》朗读欣赏

［8］挺：直。

［9］金：指金属制成的刀剑等。砺，磨刀石。

［10］参：检验，检查；一说同“叁”，多次。省，省察。

［11］知（zhì）：通“智”，智慧。

［12］干：国名，为吴所灭。貉（mò）：古代东北部族名。

［13］见《诗经·小雅·小明》篇。

［14］嗟：感叹词。恒：常常。息：歇息。这两句勉励君子不要贪图安逸。

［15］靖：谋，一说“静”。共：供。位：职位。

［16］好：爱好。

［17］听：察觉。介：给予。景：大。

［18］神：精神修养。化：变化。化道：受到道德熏陶，使气质发生变化。

［19］须臾（yú）：片刻。

［20］跂（qǐ）：提起脚后跟。

［21］疾：壮，指声音宏大。

［22］彰：清楚。

［23］假：凭借、借助。

［24］利足：行走便利、迅速。

［25］致：达到。

［26］楫：桨。

［27］能水：能泅水，水作动词，游泳。

［28］绝：横渡。

［29］生：通“性”。

［30］蒙鸠：鹪鹩（jiāo liáo），一种善于筑巢的小鸟。

［31］苇：芦苇。苕（tiáo）：芦苇的穗。

［32］射干（yè）：植物名，根状茎可入药。

［33］涅（niè）：黑泥。今本无白沙两句，依王念孙说补。

［34］兰槐：香草名，其根名芷。

［35］其：作若解。渐：浸渍。滫（xiǔ）：臭水。

［36］服：佩戴。

［37］游：交游。就：接近、结交。士：贤士。

［38］象：同“像”，依照。

［39］蠹（dù）：蛀虫。

［40］柱：当读“祝”，作断解。物太刚强，自取断折。

［41］构：结。

［42］施：放置。这四句说，把柴同样放置，火总是向干燥处烧；一样平的地方，水总是向潮湿处流。

［43］畴：通“俦（chóu）”，类；也作“稠”，稠生即丛生。

［44］王念孙以为“群焉”是“群居”之误。同类的禽兽群居在一起。

［45］质：箭靶。的：箭靶正中的标的。

［46］醯（xī）：醋。蜹（ruì）：一种小飞虫，蚊类。

［47］立：为学，立身行事。

［48］而：则。神明：智慧。

［49］圣心：圣人的心，圣人的思想。

［50］跬（kuǐ）步：半步。

［51］骐骥：良马，千里马。

［52］驽马：劣马。十驾：十天的路程。

［53］舍：舍弃。

［54］锲（qiè）：雕刻。与下文的“镂”同义。

［55］这是用心专一的缘故。

［56］跪：腿。据卢文弨说，六跪应当是八跪之误。

［57］躁：浮躁，不专一。

［58］“是故”四句：冥冥之志：精诚专一的精神。昭昭：明达貌。昭昭之明：智慧豁然贯通。惛惛之事：默默无闻地工作。赫赫：显盛貌。赫赫之功：出类拔萃的事业。

［59］衢道：歧路。

［60］两视：同时看两样东西。明：看得清楚。

［61］螣（téng）蛇：龙类，相传能兴云雾而游于其中。

［62］鼫（shí）鼠：相传它能飞不能上屋，能缘（爬树）不能穷木（爬到树顶），能游不能渡谷，能穴（挖洞）不能掩身，能走不能先人。穷：有困窘的意思。

［63］见《诗经·曹风·鸤鸠》篇。

［64］“鸤鸠”四句：鸤鸠喂养七子，早晨从上而下，日暮从下而上，平均如一。善人君子的生活态度也当如鸤鸠的专一。

［65］心如结：指用心坚固专一。

［66］君子为学做事应当把精神集中在一点上。

## 《作品简析》

本篇节选自《荀子》第一篇《劝学》。《荀子》共三十二篇，其文章结构严整，说理周密。《荀子》一书，史称荀子自著，其实大部分是他亲手所写，少部分出自门人之手。荀子（约公元前313年—公元前238年），名况，时人尊称为荀卿，又称孙卿，赵国人。荀子推崇孔子，他的思想基本倾向儒家，主张“制天命而用之”，强调人为，具有唯物观点。《劝学》系统地论述了后天学习的重要性及其方法，特别强调了勤学、专

一、礼法和贤师益友的作用。节选部分，涉及后天学习、交友、专心的重要性。

## 古汉语通论

# 判断句、叙述句、否定句、疑问句

### 一、判断句

判断句是根据谓语和主语之间的表达关系给句子分类的一种句型。判断句通过谓语所指对主语所指进行分类，判断两者是否为同一事物，判断主语所指的属性、类别，即说明某事物是什么，或不是什么。判断句的主语和谓语为对等关系。

现代汉语判断句的主语和谓语之间一般要用判断词“是”来联系，并帮助表示判断，否定判断就在“是”的前面加上否定副词“不”。古代汉语的判断句和现代汉语很不相同，尤其是秦汉以前，它不用判断词，而是在判断句的谓语后面加语气词“也”帮助判断。如：

（1）制，岩邑也。（《左传·隐公元年》）

（2）都城过百雉，国之害也。（《左传·隐公元年》）

（3）张骞，汉中人也。（《汉书·张骞传》）

有时候，主语后面还可以加上“者”字复指，引出谓语，这也是古汉语判断句的另一常见形式。如：

（4）吾所欲者，土地也。（《韩非子·五蠹》）

（5）陈胜者，阳城人也。（《史记·陈涉世家》）

古代汉语判断句是以名词或名词性的词组为谓语，表示判断的句子。古代汉语判断句的基本形式有以下几类：

#### （一）用“者”“也”帮助判断

1.“主语+者，谓语+也”。例如：

（1）彼秦者，弃礼义而尚首功之国也。（《战国策·赵策》）

（2）彼吾君者，天子也。（《战国策·赵策》）

（3）南冥者，天池也。（《庄子·逍遥游》）

（4）臣之所好者，道也。（《庄子·养生主》）

2.“主语，谓语+也”。例如：

（1）制，岩邑也。（《左传·隐公元年》）

（2）都城过百雉，国之害也。（《左传·隐公元年》）

（3）古之人与民偕乐，故能乐也。（《孟子·梁惠王上》）

（4）今君有一窟，未得高枕而卧也。（《战国策·齐策》）

（5）以吾一日长乎尔，毋吾以也。（《论语·先进》）

3. “主语+者，谓语”。例如：

（1）虎者，戾虫；人者，甘饵。（《战国策·秦策》）

（2）地者，先君之地。（《东周列国志》第二十八回）

（3）粟者，民之所种，生于地而不乏。（《论贵粟疏》）

4. “主语，谓语”。例如：

（1）夫鲁，齐晋之唇。（《左传·哀公八年》）

（2）君子之地，风；小人之德，草。草上之风，必偃。（《论语·颜渊》）

（3）荀卿，赵人。（《史记·孟子荀卿列传》）

（4）秦，虎狼之国。（《史记·屈原列传》）

（5）刘备，天下枭雄。（《资治通鉴·赤壁之战》）

### （二）以副词“乃”“即”“诚”“必”“亦”“皆”等帮助表判断

在先秦，判断句中一般不用判断系词，所以，“是”“为”“乃”“即”“则”“维”（或“惟”）这类词出现在句中时，有时虽然翻译为“是”，但它们并不是判断系词。句式为“主语+副词+谓语+（也）”。

（1）是乃仁术也。（《孟子·梁惠王上》）

（2）梁父即楚将项燕。（《史记·项羽本纪》）

（3）此诚危急存亡之秋也。（《出师表》）

（4）温衣美食者，必此家也。（《六反》）

（5）贵贤，仁也；贱不肖，亦仁也。（《非十二子》）

（6）相如素贱人，吾羞，不忍为之下。（《史记·廉蔺列传》）

（7）环滁皆山也。（《醉翁亭记》）

### （三）“为”字句式

在判断句中，有时用动词“为”来联系主语和谓语，这是用叙述句的形式表达判断句的内容。“为”是很特殊的动词，用途广泛，其中有一种可以翻译成“是”。句式为“主语+为+谓语”。

（1）知之为知之，不知为不知，是知也。（《论语·为政》）

（2）尔为尔，我为我，虽袒裼裸裎于我侧，尔焉能浼我哉。（《孟子·公孙丑上》）

（3）颍考叔为颍谷封人。（《论语·微子》）

（4）四体不勤，五谷不分，孰为夫子。（《论语·微子》）

**但是古代汉语的“为”是一个意义十分广泛的及物动词，对它的解释须根据文意而定。如：**

（5）王使人为冠。（《战国策·齐策》）

（6）为国以礼。（《论语·先进》）

（7）女为周南召南矣乎？（《论语·阳货》）

(8) 杀鸡为黍而食之。(《论语·微子》)

(9) 固哉高叟之为诗也。(《孟子·告子》)

(10) 不如早为之所。(《左传·隐公元年》)

### (四)判断动词“是”字句

句式为“主语+是+谓语”。

(1) 此是何种也?(《韩非子·外储说左上》)

(2) 鬷夷氏是其后也。(《论衡·龙虚》)

(3) 贫与贱,是人之所恶也。(《论语·里仁》)

“是”字句并不是一开始就存在的。在上古汉语判断句中,常以指示代词“是”作主语,如:

(4) 是社稷之臣也。(《论语·季氏将伐颛臾》)

(5) 至攘人犬豕鸡豚者,其不义又甚入人园圃窃桃李。是何故也?(《墨子·非攻上》)

在上古汉语判断句中作主语的“是”,常是复指上文出现了的内容。如:

(6) 国平养儒侠,难至用介士,所利非所用,所用非所利,是故服事者简其业,而游学者日众。是世之所以乱也。(《韩非子·五蠹》)

因为复指前文复杂的谓词性成分,“是”作判断句的主语具有判断意味,判断动词“是”即由此发展而来。古汉语判断句中“是”字句,起源于先秦,发展于秦汉,魏晋南北朝时的口语中已不可或缺,但文言中仍很少用到。

### (五)“非”字句

句式为“主语+非+谓语+(也)”。古代汉语否定判断句的常见格式是用否定副词“非”来否定谓语,这种用法的“非”字虽然可以译成现代汉语的“不是”,但它的语法作用是作为一个否定副词来否定谓语,它不是否定性的系词,不是“不”和“是”的结合体。例如:

(1) 是非君子之言也。(《礼记·檀弓上》)

(2) 此庸夫之怒也,非士之怒也。(《战国策·魏策》)

(3) 管仲非仁者与?(《论语·宪问》)

古代汉语判断句有两种基本表达功能,主谓语除了在句法上构成判断外,在逻辑上也构成判断关系。

1. 类属关系:主语属于谓语的同类。

(1) 仲弓父,贱人。(《史记·陈涉世家》)

(2) 滕,小国也。(《孟子·梁惠王下》)

2. 等同关系:主语等于谓语。

(1) 子之所慎,斋、战、疾。(《论语·述而》)

(2) 梁父即楚将项燕。(《史记·项羽本纪》)

另外，有些判断句主谓语在逻辑上并不构成判断关系。

1. 比喻关系

（1）君者，舟也；庶人者，水也。（《荀子·王制》）

（2）君子之德，风；小人之德，草。（《论语·颜渊》）

2. 因果关系

（1）良庖岁更刀，割也；族庖月更刀，斫也。（《庄子·养生主》）

（2）井蛙不可语于海者，拘于虚也；夏虫不可语于冰者，笃于时也。（《庄子·秋水》）

（3）轻辞天子，非高也，势薄也；重争土橐，非下也，权重也。（《韩非子·五蠹》）

3. 条件、目的等复杂语义关系

（1）夫战，勇气也。（《左传·庄公十年》）

（2）百乘，显使也。（《战国策·齐策》）

## 二、叙述句

叙述句是以动词为谓语、叙述人或事物的行动变化的句子。在古代汉语里，叙述句的结构和现代汉语一般没有什么不同。例如：

（1）初，郑武公娶于申。（《左传·隐公元年》）

（2）冬，晋文公卒。（《左传·僖公三十二年》）

（3）虎求百兽而食之。（《战国策·楚策》）

叙述句可分为主动句、被动句两类：主语所指是谓语标示的动作的发出者，这类句子叫主动句；主语所指是受谓语标示的动作支配的，这类句子称为被动句。叙述句的特殊形式主要有以下几种：

### （一）双宾语句

#### 1. 动词为“与”“赠”“赐”“谓”“予”“遗”“语”“告”等

这类句中的动词一般表示给予、告语的意思，它们大致总有两个宾语：一个是指物的直接宾语，一个是指人的间接宾语，且间接宾语放在动词和直接宾语之间。这种句法古今相同。例如：

（1）公赐之食。（《左传·隐公元年》）

（2）公语之故，且告之悔。（《左传·隐公元年》）

（3）多予之重器。（《战国策·赵策》）

#### 2. 动词为一般动词

上古汉语能带有双宾语的并不限于上述这一类动词，一般的及物动词也可以带有双宾语。这种双宾语中需要特别注意的是动词“为”（wéi）字，这个词在古代的含义非常广泛，但是在具体的上下文中，它的含义比较具体。随着应用的场合不同，我们可以把它理解为“作”“做”“造”“治”“处理”“安排”等。古书上有许多句子是用“为”字作动词而后面带有双宾语的。例如：

（1）不如早为之所。（《左传·隐公元年》）

（2）且君尝为晋君赐矣。（《左传·僖公三十年》）

（3）君子疾夫舍曰欲之而必为之辞。（《论语·季氏》）

### （二）倒装句

词语主要靠它们在句中的组合语序来实现在句子中的语法功能。主语一般总在谓语之前。在动宾结构中，宾语一般在动词之后。在偏正结构中，定语、状语等修饰语，一般都在被修饰语之前。这几点古今汉语都是一致的。但是，有时候为了强调或突出句子的某个成分，加强语气，句子的词序往往和上述规则不同，这叫作倒装句或倒序句。例如：

（1）甚矣，汝之不惠。（《列子·汤问》）

（2）马之千里者，一食或尽粟一石。（《马说》）

（3）然不自意能先入关破秦，得复见将军于此。（《史记·项羽本纪》）

#### 1. 主谓倒序

主谓倒装也叫谓语前置或主语后置，在感叹句或疑问句中，为了强调谓语而将它放到句首，以加强感叹或疑问语气。古汉语中，有时为了强调和突出谓语的意义，加重谓语的语气和感情色彩，在一些疑问句或感叹句中，就把谓语提前到主语前面。例如：

（1）谁欤？哭者。（《礼记·檀弓下》）

（2）美哉！室。（《左传·昭公二十六年》）

（3）惜乎！子不遇时。（《史记·李将军列传》）

#### 2. 定语后置

古代汉语中，为了使中心词突出，或者为了使句子流畅顺口，定语有时在中心词的后面。定语后置，就是把定语置于中心词之后，这种后置的定语，有个特殊标志，后置的成分多用复指代词“者”来结尾。例如：

（1）带长铗之陆离兮，冠切云之崔嵬。（《楚辞·九章·涉江》）

（2）蚓无爪牙之利，筋骨之强。（《荀子·劝学》）

（3）杞国有人忧天地崩坠，身亡无所寄，废寝食者。（《列子·天瑞》）

（4）求人可使报秦者。（《史记·廉颇蔺相如列传》）

（5）人马烧溺死者甚众。（《资治通鉴·赤壁之战》）

#### 3. 介宾结构后置

文言文中的介词经常同名词、代词或名词性词组（即它的宾语）结合，组成词组，这个词组叫“介词结构”，也称作“介宾词组”或“介宾短语”。介词结构后置有的书上把它称为介宾短语后置。应该注意的是不能把它称为状语后置，因为这种结构有时作状语，有时作补语。介词“乎”与后面的词组成的介宾结构，只能作补语。翻译时，一般要提前作状语，但有的依旧作补语。由“于”字与后面的词构成的介词结构在文言文中最多，可以表示处所、比较、被动、对象等。介词“以”带宾语，一般作状语，有的作补语。例如：

(1) 悍吏之来吾乡，叫嚣乎东西，隳突乎南北。(《捕蛇者说》)

(2) 赵氏求救于齐。(《战国策·齐策》)

(3) 长于臣。(《史记·项羽本纪》)

(4) 然不自意能先入关破秦，得复见将军于此。(《史记·项羽本纪》)

(5) 五亩之宅，树之以桑。(《孟子·梁惠王上》)

### 4. 宾语前置

古汉语中，最突出的特殊词序是宾语前置，即宾语在一定条件下要放在动词之前。遇有下列三种条件时，宾语都要放在动词的前面。

#### (1) 疑问代词作宾语

全句是疑问句或者反问句，且宾语是疑问代词时，宾语一定要前置。疑问代词有三类：指人的“谁”“孰”，指物的“奚”“曷”“胡”“何”，表示处所的“安”“焉”“恶”。如果动词前有助动词，宾语一般要前置于助动词之前。疑问代词作介词的宾语时，也要前置。例如：

① 沛公安在？(《史记·项羽本记》)

② 敢问何谓也？(《左传·隐公元年》)

③ 吾谁欺？欺天乎？(《论语·子罕》)

④ 臣实不才，又谁敢怨？(《左传·成公二年》)

⑤ 先生何以幸教寡人？(《战国策·秦策三》)

这种宾语前置在上古时期比较严格，很少例外。只有“何如”常说成“如何”，但这两种形式都已成为凝固形式，其意义已不是“像什么”，而是“怎么样”“怎样”等。“如何”也可以说成“若何”“奈何”，其中的“若”“奈”仍然具有动词性，但凝固后与“如何”的含义相同。三者的中间还可插入代词、名词或其他词语，说成“如……何”，其含义是“对……怎么样”。例如：

⑥ 以五十步笑百步，则何如？(《孟子·梁惠王上》)

⑦ 使归就戮于秦，以逞寡君之志，若何？(《左传·僖公三十三年》)

⑧ 如太行王屋何？(《列子·汤问》)

#### (2) 否定句中代词作宾语

这类宾语前置需满足的条件是：全句必须是否定句，且宾语必须是代词。否定句必须有否定词，这些否定词，可以是否定副词“非”“不”“弗”“毋”“勿”“未”“否”，也可以是动词“无”，还可以是表示否定性的无定代词“莫”。例如：

① 我无尔诈，尔无我虞。(《左传·宣公十五年》)

② 吾爱之，不吾叛也。(《左传·襄公三十一年》)

③ 背负青天，而莫之夭阏者，而后乃今将图南。(《庄子·逍遥游》)

否定句中代词宾语前置的规则不太严格，前秦古籍中就有例外。这说明从先秦开始，否定句中的代词宾语已经从前置向后置发展，秦以后这种发展实际上已经完成，但汉以后的文人写文章经常仿古，所以在他们的文章中，还经常有否定句中代词宾语前置的现象。例如：

④ 有事而不告我。（《左传·襄公二十八年》）

⑤ 诸侯莫违我。（《管子·封禅》）

⑥ 自古及今未之尝闻。（《论积贮疏》）

⑦ 古之人不余欺也。（《石钟山记》）

（3）宾语用代词复指

句中用代词“是”“之”等复指宾语时，宾语一定要前置。例如：

① 姜氏何厌之有？（《左传·隐公元年》）

② 将虢是灭，何爱于虞？（《左传·僖公五年》）

③ 鬼神非人实亲，惟德是依。（《左传·僖公五年》）

④ 吾以子为异之问，曾由与求之问。（《论语·先进》）

这种宾语前置，在前置宾语之前加上“惟（唯）”字，构成“惟（唯）……是（之）……”的格式，强调宾语的作用更加明显。现代汉语中的“唯你是问”“唯利是图”“唯命是听”就是这种语法的残留。例如：

⑤ 故周书曰：“皇天无亲，惟德是辅。”（《左传·僖公五年》）

⑥ 率师以来，唯敌是求。（《左传·宣公十二年》）

⑦ 父母唯其疾之忧。（《论语·为政》）

⑧ 不务张其义，齐其信，唯利之求。（《荀子·王霸》）

有一点需要注意：如果被提前的宾语是代词，一般就只用“之”复指，而不用“是”。这种格式形成的“是之谓”“此之谓”已成为凝固形式，在文言语句中常见。例如：

⑨ 诗曰：“孝子不匮，永锡尔类”，其是之谓乎！（《左传·隐公元年》）

⑩ “我之怀矣，自诒伊戚”，其我之谓矣！（《左传·宣公二年》）

⑪ 太甲曰：“天作孽，犹可违，自作孽，不可活”，此之谓也。（《孟子·公孙丑上》）

⑫ 鲁颂曰：“戎狄是膺，荆舒是惩。”周公方且膺之，子是之学，亦为不善变矣。（《孟子·滕文公上》）

（4）介词“以”的宾语前置

古汉语中，介词“以”有“用、把、拿”等意义，则其宾语往往可以提到“以”之前。这种宾语前置在汉语成语中有“夜以继日”“安步当车”等残留的痕迹。例如：

① 江汉以濯之，秋阳以暴之，皜皜乎不可尚已。（《孟子·滕文公上》）

②《诗》三百，一言以蔽之，曰：“思无邪。”（《论语·为政》）

③ 汝颍以为险，江汉以为池。（《荀子·议兵》）

(5) 无标志的宾语前置

古代汉语中，有时为了强调宾语，没有以上的前置条件，也可以直接将宾语移至谓语中心语之前。人们称之为“无标志的宾语前置”。例如：

① 日居月诸，东方自出。(《诗经·邶风·日月》)

② 赫赫师尹，民具尔瞻。(《诗经·小雅·节南山》)

③ 昭王南征而不复，寡人是问。(《左传·僖公四年》)

（三）被动句

被动句中主语与谓语之间的关系是被动关系，主语是谓语动词所表示的行为的被动者、受事者。古代汉语中的被动句有两类：一种是无标记的被动句，一种是有标记的被动句。

1. 无标记的被动句

无标记的被动句又称作“意念被动句”，主谓之间的被动关系完全依靠语言环境来表示，而不借助任何虚词标记。它没有特殊的语法标志，显性结构形式与主动句没有区别，都是名词主语加上动词谓语，但表示的却是被动的意义。例如：

(1) 蔓草犹不可除，况君之宠弟乎？(《左传·隐公元年》)

(2) 锲而不舍，金石可镂。(《荀子·劝学》)

(3) 兔不可复得，而身为宋国笑。(《韩非子·五蠹》)

(4) 兵挫地削，亡其六郡。(《史记·屈原贾生列传》)

2. 有标记的被动句

有标记的被动句是指从句子结构本身就能看出主语是被动性质的句子，具有表被动的结构特点，在形式上有明显的标志。这类被动句有以下几种结构形式：

(1) 于字句

用“于”字的被动句，在动词谓语之后，用介词“于”字引入行为的主动者，使主语具有明显被动性质的句子。例如：

① 郤克伤于矢，流血及屦。(《左传·成公二年》)

② 劳心者治人，劳力者治于人。(《孟子·滕文公上》)

③ 然而兵破于陈涉，地夺于刘氏者，何也？(《汉书·贾山传》)

(2) 为字句

为字句是古代汉语中的一种常见被动句。这类句中，介词“为”出现在动词之前，引入动作的主动者，以此明显地表现主语的被动性质。“为”字后面所引进的行为主动者有时可以不出现。例如：

① 道术将为天下裂。(《庄子·天下》)

② 父母宗族，皆为戮没。(《战国策·燕策三》)

③ 身死人手，为天下笑者，何也？(《过秦论》)

④ 为世用者，百篇无害；不为用者，一章无补。(《论衡》)

(3) 见字句

见字句中，助动词“见”放在动词谓语之前，帮助表示被动。“见”字始终只能作为助动词帮助表示被动，不能直接引进行为主动者。“见”字用在动词前一般表示被动，但是，汉代以后，也有不表示被动的情况。现代汉语中，仍有“见”字不表示被动的情况，如“见笑”“见怪”等。例如：

① 举世皆浊我独清，举世皆醉我独醒，是以见放。(《楚辞·渔父》)

② 才高见屈，遭时而然。(《论衡》)

③ 臣闻武帝使中郎将苏武使匈奴，见留二十年不降，还亶为典属国。(《汉书·武五子传》)

④ 生孩六月，慈父见背。(《陈情表》)

(4) “为……所……”式和“见……于……”式

动词前用“为”引出主动者，再加上“所”字起强调作用。这种格式中的主动者也可以省略。例如：

① 楚虽削弱，为秦所轻。(《战国策·秦策》)

② 敝邑为大国所患。(《吕氏春秋·审应览》)

③ 不者，若属皆且为所虏。(《史记·项羽本纪》)

“见”可借助“于”，构成“见……于……”式的结构，引出主动者，例如：

④ 吾长见笑于大方之家。(《庄子·秋水》)

⑤ 臣恐见欺于王而负赵，故令人持璧归，间指赵矣。(《史记·廉颇蔺相如列传》)

⑥ 然而公不见信于人，私不见助于友。(《进学解》)

(5) 被字句

“被”字是被动句的标志，“被”字表被动萌芽于战国时代，到了汉代，“被”字是帮助表示被动的助动词，直到汉末，才出现由“被”字引进动作行为主动者的句子。魏晋以后，这种例子越来越多，口语里完全取代了其他的被动句式，就是在仿古的文言文中，“被”字句也常常被使用。例如：

① 今兄弟被侵，必攻者，廉也；知友被辱，随仇者，贞也。(《韩非子·五蠹》)

② 今月十三日，臣被尚书召问。(《被收时表》)

③ 信而见疑，忠而被谤，能无怨乎？(《史记·屈原贾生列传》)

### (四) 语气词“矣”和“焉”

古代汉语叙述句经常应用的语气词是“矣”字和“焉”字。下面简单介绍两者的用法：

**1. 语气词“矣”**

“矣”字是一个表示动态的语气词，意味着事物的变化和发展，表示确定的结果。

(1) 确定已然的事实

在一般情况下，“矣”字表示把事物发展的现阶段作为新的情况告诉他人。这种已然的事实，是新发现的。例如：

① 公使阳处父追之，及诸河，则在舟中矣。（《左传·僖公三十三年》）

② 吾知所过矣。（《左传·宣公二年》）

③ 王无亲臣矣。（《孟子·梁惠王下》）

有些句子用表示时间的副词如“已”“既”“尝”等字，表示某一情况已经如此或曾经有某一情况；句尾用“矣”字，是确定已经实现了的结果。例如：

④ 郑既知亡矣。（《左传·僖公三十年》）

⑤ 且君尝为晋君赐矣。（《左传·僖公三十年》）

⑥ 昔齐威王尝为仁义矣。（《战国策·赵策》）

（2）确定推论结果，即将然事实

有时候，某一情况还没有出现，但是预料它将会出现，用“矣”字也是把它当作新的情况告诉他人。例如：

① 虞不腊矣。（《左传·僖公五年》）

② 孔子曰：“诺，吾将仕矣。”（《论语·阳货》）

③ 使梁睹秦称帝之害，则必助赵矣。（《战国策·赵策》）

总体来说，“矣”字的语法意义跟现代汉语语气词“了”字的语法意义相当；绝大多数的“矣”字都可以译成现代的“了”字。

### 2. 语气词“焉”

“焉”字是一个指示代词兼语气词。说它是指示代词，是因为它常常指代某一范围或方面；说它是语气词，是因为它经常用于叙述句的句尾来表示停顿，就一般情况而言，它的后面不再加别的语气词。

（1）作指示代词

“焉”字作指示代词时，往往兼有介词“于”加代词“此”的语法功能，相当于“于是”“于此”。“焉”字所指代的范围或方面，常与处所或人物有关。这种用法的“焉”字，如果前面是形容词，就指代比较的对象。例如：

① 制，岩邑也，虢叔死焉。（《左传·隐公元年》）

② 三人行，必有我师焉。（《论语·述而》）

③ 文王之囿方七十里，刍荛者往焉，雉兔者往焉。（《孟子·梁惠王下》）

④ 过而能改，善莫大焉。（《左传·宣公二年》）

⑤ 晋国，天下莫强焉。（《孟子·梁惠王上》）

应该注意“之”和“焉”的区别：在和动词结合时，“之”字用在及物动词的后面，“焉”字用在不及物动词的后面。如“非曰能之，愿学焉”（《论语·先进》），这里的“能”字在古代是及物动词，“学”字用作不及物动词。同一动词，加“之”或加“焉”，词义不同：“死焉”的“死”是不及物动词，是一般的意义，如“虢叔死焉”（《左传·隐公元年》）；“死之”的“死”是及物动词，表示殉难，如“提弥明死之”（《左传·宣公二年》）。

（2）作语气词

“焉”字虽然是一个代词，但由于它的位置经常是在句尾，所以它逐渐取得了语气词的性质。“焉”字用于句尾，表示陈述或肯定、疑问、感叹的语气。例如：

① 夫子言之，于我心有戚戚焉。（《孟子·梁惠王上》）

② 君何患焉？（《左传·隐公元年》）

③ 使其中无可欲者，虽无石椁，又何戚焉！（《史记·张释之冯唐列传》）

有时候，“焉”字带有指点引人注意的语气。例如：

④ 击之，必大捷焉。（《左传·僖公三十二年》）

⑤ 宗庙之事，如会同，端章甫，愿为小相焉。（《论语·先进》）

⑥ 君以为易，其难也将至矣；君以为难，其易也将至焉。（《国语·晋语》）

“焉”字作句中语气词，表示停顿。例如：

⑦ 于是焉，河伯欣然自喜，以天下之美为尽在己。（《庄子·秋水》）

⑧ 或师焉，或不焉，小学而大遗，吾未见其明也。（《师说》）

⑨ 少焉，月出于东山之上，徘徊于斗牛之间。（《前赤壁赋》）

“焉”作词尾，相当于“然”。例如：

⑩ 潸焉出涕。（《诗经·小雅·大东》）

⑪ 盘盘焉，囷囷焉，蜂房水涡，矗不知乎几千万落！（《阿房宫赋》）

⑫ 而惴惴焉摩玩之不已。（《黄生借书说》）

## （五）动量和物量

在上古汉语里，数量的表示法一般有两种：动量表示法和物量表示法。

### 1. 动量表示法

表示行为数量的句法，一般是把数词直接放在动词之前作状语，表示行为数量，而不用表示动量的量词。例如：

（1）桓公九合诸侯，不以兵车，管仲之力也。（《论语·宪问》）

（2）禹八年于外，三过其门而不入。（《孟子·滕文公上》）

（3）骐骥一跃，不能十步；驽马十驾，功在不舍。（《荀子·劝学》）

假如说话人要强调某一行为的数量，在表示动作的词语后加“者”，将数词置于句尾作谓语表示行为数量。这样，“者”字前面的词语就充当了全句的主语，移到句尾的数词就上升为全句的谓语。这种数词作谓语的情况仅限于数词“三”。例如：

（4）于是平原君欲封鲁仲连，鲁仲连辞让者三，终不肯受。（《战国策·赵策》）

（5）范增数目项王，举所佩玉玦以示之者三。（《史记·项羽本纪》）

### 2. 物量表示法

这类表示法有两种情况：数词直接与名词结合，不用量词；数词先与量词结合成数量结构，然后再修饰或补充名词。例如：

（1）《诗》三百，一言以蔽之，曰：“思无邪。”（《论语·为政》）

（2）吏二，缚一人诣王。（《晏子春秋·内篇杂下》）

（3）子产以幄幕九张行。（《左传·昭公十三年》）

（4）有人于此，力不能胜一匹雏，则为无力人矣。（《孟子·告子下》）

## 三、否定句

表示否定的句子叫作否定句。否定句中必须有否定词。否定词可以是副词，如“不”“弗”“毋”“勿”“未”“否”“非”；可以是动词，如“无”；也可以是代词如“莫”（“莫”字是一个否定性的无定代词，汉代以前很少当“勿”字讲）。例如：

（1）是非君子之言也。（《礼记·檀弓上》）

（2）公弗许。（《左传·隐公元年》）

（3）朽木不可雕也。（《论语·公冶长》）

（4）己所不欲，勿施于人。（《论语·卫灵公》）

（5）王斗曰：“否。先君好马，王亦好马。”（《战国策·齐策》）

在上古汉语里，用“不”“毋”“未”“莫”四个否定词的否定句有一个特点：宾语如果是一个代词，一般总是放在动词的前面。例如：

（6）居则曰：“不吾知也。”（《论语·先进》）

（7）以吾一日长乎尔，毋吾以也。（《论语·先进》）

（8）大道之行也，与三代之英，丘未之逮也。（《礼记·礼运》）

（9）谏而不入，则莫之继也。（《左传·宣公二年》）

有人把上面所举的这类句子叫作倒装句，那是不对的。在上古汉语里，这是最正常的结构，而不是“倒装”。这个规律在用否定词“未”“莫”的句子里最为严格，很少例外。直到后代，由于仿古的关系，古文家仍然运用这一类结构。

至于用“弗”“勿”“非”“无”四个否定词的否定句，就不能运用这种结构了，这是因为“弗”“勿”所限制的动词一般不带宾语，“非”字是否定整个谓语的，而“无”字本身就是动词。

从宾语来看，如果宾语不是代词，即使是否定句也不能用这种结构。“君”“子”一类的字不是真正的代词，也不能用这种结构。例如：

（10）未绝鼓音。（《左传·成公二年》）

（11）虽不得鱼，无后灾。（《孟子·梁惠王上》）

（12）若不许君，将焉用之？（《左传·昭公四年》）

（13）吾不能早用子。（《左传·僖公三十年》）

现在把古代汉语中常用的九个否定词“不”“弗”“毋”“勿”“未”“否”“非”“无”“莫”分别加以叙述。

### （一）不，弗

“不”和“弗”具有相同的词汇意义，它们都是表示一般的否定，但是，它们的语法意义有细微的区别。区别在于：“不”字后面的动词既可以是及物动词又可以是不及物动词；既可以带宾语，又可以不带宾语。例如：

（1）仁者不忧，知者不惑，勇者不惧。（《论语·宪问》）

（2）不问马。（《论语·乡党》）

（3）老妇不闻也。（《战国策·赵策》）

“弗”字后面的动词一般是及物动词，而且动词后面往往不带宾语。例如：

（4）欲与大叔，臣请事之。若弗与，则请除之。（《左传·隐公元年》）

（5）已行，非弗思也，祭祀必祝之。（《战国策·赵策》）

（6）一箪食，一豆羹，得之则生，弗得则死。（《孟子·告子上》）

“弗”字后面的动词带宾语的情况，非常少见，如：

（7）虽与之俱学，弗若之矣。（《孟子·告子上》）

“不”和“弗”都不能否定名词。用在“不”字后面的名词用作形容词或动词；用在“弗”字后面的名词用作及物动词。例如：

（8）晋灵公不君。（《左传·宣公二年》）

（9）君子不器。（《论语·为政》）

（10）小信未孚，神弗福也。（《左传·庄公十年》）

### （二）毋，勿

“毋”和“勿”具有相同的词汇意义，它们通常用于祈使句，表示禁止或劝阻，相当于现代汉语的“不要”或“别”。例如：

（1）大毋侵小。（《左传·襄公十九年》）

（2）己所不欲，勿施于人。（《论语·卫灵公》）

（3）左右皆曰可杀，勿听。（《孟子·梁惠王下》）

（4）毋妄言，族矣！（《史记·项羽本纪》）

古书上“毋”字常常写作“无”字。例如：

（5）无使滋蔓。（《左传·隐公元年》）

（6）无令舆师陷入君地。（《左传·成公二年》）

（7）无欲速，无见小利。（《论语·子路》）

在语法意义上，“毋”和“不”相当，“勿”和“弗”相当。“毋”字后面的动词一般带宾语，“勿”字后面的动词一般不带宾语。但是，正如“不”和“弗”的区别不严格一样，“毋”和“勿”的区别也不严格。如“百亩之田，勿夺其时”（《孟子·梁惠王上》），动词后面却是带宾语的。

正如“不”“弗”后面的名词用作动词，“毋”“勿”后面的名词也用作动词。例如：

（8）毋友不如己者。（《论语·学而》）

（9）王无罪岁，斯天下之民至焉。（《孟子·梁惠王上》）

有时候，“勿”字并非用于祈使句，而是用于陈述句。这样，它就不再表示禁止；它的意义和“不”字差不多。例如：

（10）鲁人欲勿殇童汪踦。（《礼记·檀弓下》）

（11）齐侯欲勿许。（《左传·襄公三年》）

（12）贤者能勿丧。（《孟子·告子上》）

## （三）未

“未”字表示事情还没有实现，相当于现代汉语动词前的“没有”。例如：

（1）小人有母，皆尝小人之食矣，未尝君之羹。（《左传·隐公元年》）

（2）未闻好学者也。（《论语·雍也》）

（3）见牛未见羊也。（《孟子·梁惠王上》）

“未尝”是一个凝固形式，它表示“不曾”或“没有……过”的意思。“未”和“未尝”的区别是：“未”着重在和将来实现的可能性对比，如“什一，去关市之征，今兹未能”（《孟子·滕文公下》）。或和已经实现的事情对比，如“由也，升堂矣，未入于室也”（《论语·先进》）。而“未尝”则是简单地否定过去。例如：

（4）子食于有丧者之侧，未尝饱也。（《论语·述而》）

（5）孟尝君笑曰：“客果有能也，吾负之，未尝见也。”（《战国策·齐策》）

（6）三年之后，未尝见全牛也。（《庄子·养生主》）

有时候，“未”字并非用来表示事情还没有实现，它只表示一种委婉的否定。在这种情况下，它和“不”字的意义差不多。例如：

（7）肉食者鄙，未能远谋。（《左传·庄公十年》）

（8）所食之粟，伯夷之所树与？抑亦盗跖之所树与？是未可知也。（《孟子·滕文公下》）

（9）今君有一窟，未得高枕而卧也。（《战国策·齐策》）

## （四）否

“否”字和作为应答之词的“然”字是对立的。常用于单词句，相当于现代汉语的“不”或“不是的”。例如：

（1）孟子曰：“许子必种粟而后食乎？”曰：“然。”“许子必织布而后衣乎？”曰：“否。许子衣褐。”（《孟子·滕文公上》）

（2）宣王说，曰：“寡人愚陋，守齐国唯恐失抎之，焉能有四焉？”王斗曰：“否。”（《战国策·齐策》）

“否”字又用在肯定否定迭用的句子里，它表示否定的一面。例如：

（3）宦三年矣，未知母之存否。（《左传·宣公二年》）

## （五）非

“非”字用于判断句中，否定谓语和主语的关系。例如：

（1）是非君子之言也。（《礼记·檀弓上》）

（2）管仲非仁者与？（《论语·宪问》）

（3）是何异于刺人而杀之，曰：“非我也，兵也。”（《孟子·梁惠王上》）

这种“非”字虽可译成现代的“不是”，但它的语法意义和“不是”完全不同：

“不是”是系词“是”字前面加否定词“不”字；“非”字在上古汉语里不是系词，它是一个简单的否定副词，它所否定的是整个谓语。

“非”字又用来否定行为或性质，表示对某一事实的否认。在这种情况下，它往往具有撇开的作用。例如：

(4) 非不说子之道，力不足也。(《论语·雍也》)

(5) 非曰能之，愿学焉。(《论语·先进》)

(6) 我非爱其财而易之以羊也。(《孟子·梁惠王上》)

有时候，它不是撇开，而是用于假设。在这种情况下，“非”字相当于“若非”或“若无”。例如：

(7) 吾非至于子之门则殆矣。(《庄子·秋水》)

(8) 民非水火不生活。(《孟子·尽心上》)

(9) 五十非帛不暖，七十非肉不饱。(《孟子·尽心上》)

古书上“非”字又写作“匪”。例如：

(10) 我心匪石，不可转也。(《诗经·邶风·柏舟》)

(11) 匪来贸丝，来即我谋。(《诗经·卫风·氓》)

### (六) 无(無)

“无”是“有”的反面，它所否定的是名词或名词性词组。这名词或名词性词组是“无”字的宾语。例如：

(1) 无怨无德，不知所报。(《左传·成公三年》)

(2) 人无远虑，必有近忧。(《论语·卫灵公》)

(3) 位尊而无功，奉厚而无劳。(《战国策·赵策》)

“無”字在某些古书上又写作“无”。《周易》一律写作“无”，《庄子》大多数地方写作“无”。例如：

(4) 不出户庭，无咎。(《周易·节》)

(5) 自夫子之死也，吾无以为质矣，吾无与言之矣。(《庄子·徐无鬼》)

有的古书上又写作“毋”。例如：

(6) 然使十人树之，一人拔之，则毋生杨矣。(《韩非子·说林上》)

(7) 众口所移，毋翼而飞。(《战国策·秦策》)

“无”又可以说成“无有”，意义差不多。例如：

(8) 虽无有质，谁能间之？(《左传·隐公三年》)

(9) 其竭力致死，无有二心。(《左传·成公三年》)

(10) 左师公曰：“今三世以前，至于赵之为赵，赵王之子孙侯者，其继有在者乎？”曰：“无有。”(《战国策·赵策》)

偶然又说“不有”，或者用在否定词的后面表示双重否定；或者用在无主语的分句里。例如：

(11) 诗曰：“靡不有初，鲜克有终。”(《左传·宣公二年》)

（12）不有祝鮀之佞，而有宋朝之美，难乎免于今之世矣。（《论语·雍也》）

“不”和“无”在语法上的分工是：“不”字是副词，它所否定的是形容词和动词；“无”字是动词，它所否定的是名词。前面已经说过，“不”字后面的名词用作动词或形容词，“无”字后面的动词或形容词则用作名词。例如：

（13）盖均无贫，和无寡，安无倾。（《论语·季氏》）

（14）孟尝君曰：“客何好？”曰：“客无好也。”曰：“客何能？”曰：“客无能也。”（《战国策·齐策》）

（15）是使民养生丧死无憾也。（《孟子·梁惠王上》）

“无”字又用于祈使句，表示禁止或不同意，意义和“毋”字完全相同。见上文。

### （七）莫

“莫”字是一个否定性的无定代词，现代汉语里没有和它相当的代词。如果要把它的意义译成现代汉语，可以译为“没有谁”“没有哪一种东西（事情）”等。“莫”字前面可以出现它所代替的名词，也可以不出现它所代替的名词。例如：

（1）过而能改，善莫大焉。（《左传·宣公二年》）

（2）群臣莫对。（《战国策·楚策》）

（3）谏而不入，则莫之继也。（《左传·宣公二年》）

（4）自经于沟渎，而莫之知也。（《论语·宪问》）

前两个例子都有“莫”字所代替的名词或名词性的词组，后两个例子没有。

上古时期“莫”字有时也用作否定副词，相当于“不”。例如：

（5）人知其一，莫知其他。（《诗经·小雅·小旻》）

（6）闻免父之命，不可以莫之奔也。（《左传·昭公二十年》）

汉代以后，“莫”字常常用于祈使句，当“勿”字讲，表示禁止。例如：

（7）秦王车裂商君以徇曰：“莫如商鞅反者。”（《史记·商君列传》）

（8）作书与内舍，便嫁莫留住！（《饮马长城窟行》）

（9）传语风光共流转，暂时相赏莫相违。（《曲江二首》）

## 四、疑问句

在古代汉语里，句子一般须有疑问词的帮助，方能发出疑问。有时候用疑问代词，有时候用疑问语气词，有时候是二者都用。例如：

（1）其谁曰不然？（《左传·隐公元年》）

（2）则将焉用彼相矣？（《论语·季氏》）

（3）是谁之过与？（《论语·季氏》）

在上古汉语里，疑问句里的疑问代词宾语也必须放在动词的前面。有时候，动词前面有助动词，疑问代词宾语就放在助动词前面。疑问代词用作介词的宾语时，也受这个规律的制约，它们也必须放在介词的前面。例如：

（4）吾谁欺？欺天乎？（《论语·子罕》）

(5) 乡人长于伯兄一岁，则谁敬？曰：敬兄。(《孟子·告子上》)

(6) 臣实不才，又谁敢怨？(《左传·成公三年》)

(7) 二国有好，臣不与及，又谁敢德？(《左传·成公三年》)

(8) 何由知吾可也？(《孟子·梁惠王上》)

(9) 苟无岁，何以有民？苟无民，何以有君？(《战国策·齐策》)

上古汉语这种疑问代词宾语前置的词序，一直为后代古文家所遵守。例如：

(10) 东野之书，耿兰之报，何为而在吾侧也？(《祭十二郎文》)

(11) 噫！微斯人吾谁与归？(《岳阳楼记》)

(12) 将何适而非快？(《黄州快哉亭记》)

疑问代词宾语前置的规则，比否定句代词宾语前置的规则更为严格，可以说基本上没有例外。只有"何如"又说成"如何"，好像是例外，其实这两种词序都出现在上古汉语里。在先秦时代，它们已经是一个凝固形式，意思是"怎么样""怎样"或"怎么办"。例如：

(13) 与不谷同好，如何？(《左传·僖公四年》)

(14) 伤未及死，如何勿重？(《左传·僖公二十二年》)

(15) 乡人皆好之，何如？(《论语·子路》)

(16) 以五十步笑百步，则何如？(《孟子·梁惠王上》)

古书上还有"若何""何若""奈何"的说法（含义与"何如""如何"相同），但没有说成"何奈"的。例如：

(17) 使归就戮于秦，以逞寡君之志，若何？(《左传·僖公三十三年》)

(18) 美之与恶，相去何若？(《老子》二十章)

(19) 孟尝君曰："市义奈何？"(《战国策·齐策》)

古代又有"如……何""若……何""奈……何"的说法，当中插入代词、名词或其他词语，意思是"把（对）……怎么样（怎么办）"。例如：

(20) 以君之力，曾不能损魁父之丘，如太行王屋何？(《列子·汤问》)

(21) 晋侯谓庆郑曰："寇深矣，若之何？"(《左传·僖公十五年》)

(22) 力拔山兮气盖世，时不利兮骓不逝！骓不逝兮可奈何？虞兮！虞兮！奈若何？(《史记·项羽本纪》)

在古代汉语里，"如之何""若之何"又是一个凝固形式，有时候用在动词前面表示反问，译成"怎么"；有时候用在询问句的末尾，译成"怎么样"。例如：

(23) 艺麻如之何？衡从其亩。(《诗经·齐风·南山》)

(24) 若之何其以病败君之大事也？(《左传·成公二年》)

(25) 我之不贤与，人将拒我，如之何其拒人也？(《论语·子张》)

疑问词分为两大类：第一类是疑问代词，第二类是疑问语气词。现在分别加以叙述。

## （一）疑问代词

### 1. 谁，孰，何

“谁”字跟现代汉语的“谁”一样，是指人的疑问代词。例如：

（1）君若以德绥诸侯，谁敢不服？（《左传·僖公四年》）

（2）且行千里，其谁不知？（《左传·僖公三十二年》）

（3）孟尝君怪之，曰：“此谁也？”（《战国策·齐策》）

“孰”字经常表示选择。它可以指人，也可以指事物。例如：

（4）哀公问：“弟子孰为好学？”（《论语·雍也》）

（5）子贡问：“师与商也孰贤？”（《论语·先进》）

（6）独乐乐，与人乐乐，孰乐？（《孟子·梁惠王下》）

（7）礼与食孰重？（《孟子·告子下》）

“孰”字用来指人时，也有不表示选择的；这时，它就和“谁”字没有分别了。相反地，“何”字也偶然可以表示选择。例如：

（8）孰可以代之？（《左传·襄公三年》）

（9）孰能为之大？（《论语·先进》）

（10）于斯三者何先？（《论语·颜渊》）

最后一个例子似乎应该用“孰”字，但是“孰”字一般不用作直接宾语，所以用“何”字了。

古书上常常见到“孰与”二字连用，以比较人物的高下或事情的得失。例如：

（11）我孰与城北徐公美？（《战国策·齐策》）

（12）田侯召大臣而谋曰：“救赵孰与勿救？”（《战国策·齐策》）

（13）公之视廉将军，孰与秦王？（《史记·廉颇蔺相如列传》）

这种“孰与”和“百姓足，君孰与不足”（《论语·颜渊》）里的“孰与”不同。第一个例子是说“我与城北徐公孰美”，第二个例子含有“救赵与勿救孰得孰失”的意思。第三个例子是说“您看廉将军与秦王比较，谁强谁弱？”

“何”字和现代汉语的“什么”相当，是指物的疑问代词。例如：

（14）门人问曰：“何谓也？”（《论语·里仁》）

（15）内省不疚，夫何忧何惧？（《论语·颜渊》）

（16）孟尝君曰：“客何好？”（《战国策·齐策四》）

“谁”“何”都可以用作定语（“孰”字不能），但是“谁”字后面一般用“之”字，“何”字后面不能用“之”字。例如：

（17）是谁之过与？（《论语·季氏》）

（18）以此攻城，何城不克？（《左传·僖公四年》）

“何”字又可用作状语，表示“为什么”“怎么”的意思。当它用作状语的时候，被修饰的不一定是及物动词，有时候也可以是不及物动词或形容词。例如：

（19）夫子何哂由也？（《论语·先进》）

（20）吾何爱一牛？（《孟子·梁惠王上》）

（21）吾何快于是？（《孟子·梁惠王上》）

（22）责毕收乎？来何疾也？（《战国策·齐策》）

2. 安，恶，焉，胡，奚，曷

这六个疑问代词只能用作宾语（动词宾语和介词宾语）和状语，用作状语要比用作宾语常见。先看用作宾语的例子：

（1）梁客辛垣衍安在？（《战国策·赵策三》）

（2）为民父母，行政，不免于率兽而食人，恶在其为民父母也？（《孟子·梁惠王上》）

（3）“天下恶乎定？”吾对曰：“定于一。”（《孟子·梁惠王上》）

（4）天下之父归之，其子焉往？（《孟子·离娄上》）

（5）胡为至今不朝也？（《战国策·齐策》）

（6）奚以知其然也？（《庄子·逍遥游》）

（7）曷为与人俱称帝王，卒就脯醢之地也？（《战国策·赵策》）

“安”“恶”是指处所的疑问代词，可以译成“哪里”；“胡”“奚”“曷”和“何”字相当，可以译成“什么”。作为宾语，“恶”字只用于“恶在”“恶乎”，而很少用在其他动词和介词前面。

再看用作状语的例子：

（8）子安取礼而来待吾君？（《战国策·赵策》）

（9）先生又恶能使秦王烹醢梁王？（《战国策·赵策》）

（10）姜氏欲之，焉辟害？（《左传·隐公元年》）

（11）不稼不穑，胡取禾三百廛兮？（《诗经·魏风·伐檀》）

（12）或谓孔子曰：“子奚不为政？”（《论语·为政》）

（13）天曷不降威？（《尚书·商书·西伯戡黎》）

（14）君子于役，不知其期。曷至哉？（《诗经·王风·君子于役》）

作为状语，“安”“恶”“焉”一般表示反问，可以译成“哪里”“怎么”；“胡”“奚”“曷”一般询问原因，可以译成“为什么”；但是最后一个例子里的“曷”字是询问未来的时间的，这种用法是《诗经》语法的特点之一，别的古书上很少见到。此外，“曷”字用作状语时，和“盍”字相通，表示“何不”的意思。

## （二）疑问语气词

### 1. 乎，诸

疑问语气词“乎”字，表示纯粹的疑问。“乎”字译成现代汉语，有时要译成“吗”，有时要译成“呢”，这要看它用在什么样的疑问句里。在是非问句里，发问的人把一件有疑问的事情全部说出来，要求对方作肯定或否定的答复，往往用语气词“乎”字，这种“乎”字要译成“吗”。在选择问句里，“乎”字要译成“呢”。例如：

（1）有一言而可以终身行之者乎？（《论语·卫灵公》）

（2）许子冠乎？（《孟子·滕文公上》）

（3）襄王曰："先生老悖乎？将以为楚国袄祥乎？"（《战国策·楚策》）

（4）孟子曰："敬叔父乎？敬弟乎？"（《孟子·告子上》）

在先秦时代，句中已经用了疑问代词的所谓特指问句，极少用"乎"字。这是因为既然句中用了疑问代词把疑问之点提出来了，不用"乎"字，仍然可以理解为疑问句。秦汉以后，特指问句用"乎"字才渐渐多起来。特指问句里的"乎"字要译成"呢"。例如：

（5）孰为汝多知乎？（《列子·汤问》）

（6）轸不之楚，何归乎？（《史记·陈轸列传》）

"乎"字跟疑问代词、否定词及常见的"岂"字、"宁"字相呼应时，往往表示反问。反问句是无疑而问，只是用问句的形式表示肯定或否定，并不一定要求回答。跟疑问代词相呼应的"乎"字译成现代的"呢"，其余的"乎"字译成现代的"吗"。例如：

（7）其何伤于日月乎？（《论语·子张》）

（8）梁王安得晏然而已乎？（《战国策·赵策》）

（9）爱之能勿劳乎？忠焉能勿诲乎？（《论语·宪问》）

（10）先生独未见夫仆乎？（《战国策·赵策》）

（11）岂先贱而后尊贵者乎？（《战国策·齐策》）

（12）王侯将相宁有种乎？（《史记·陈涉世家》）

"乎"字跟"其"（表示委婉语气）、"无乃"（表示恐怕是的意思）、"得无"（表示该不会的意思）等词相呼应的时候，表示一种委婉语气，略等于现代的"吧"字。例如：

（13）其是之谓乎？（《左传·隐公元年》）

（14）无乃不可乎？（《左传·僖公三十二年》）

（15）日食饮得无衰乎？（《战国策·赵策》）

有时候，"乎"字并不表示疑问，而是表示感叹。例如：

（16）长铗归来乎！（《战国策·齐策》）

（17）必也正名乎！（《论语·子路》）

（18）善哉！技盖至此乎！（《庄子·养生主》）

"诸"字是"之乎"的合音。"诸"字用于句尾的时候，可以用"之乎"去解释，但是只表示疑问和反问。例如：

（19）子路问："闻斯行诸？"子曰："有父兄在，如之何其闻斯行之？"（《论语·先进》）

（20）虽有粟，吾得而食诸？（《论语·颜渊》）

（21）举尔所知。尔所不知，人其舍诸？（《论语·子路》）

（22）不识有诸？（《孟子·梁惠王上》）

（23）文王之囿，方七十里，有诸？（《孟子·梁惠王下》）

### 2. 与（欤），邪（耶）

“与”（欤）字略等于现代汉语的“吗”字或“呢”字。“与”和“乎”的区别是：除了有疑问代词或在选择问句外，“与”字一般不表示纯粹的疑问。用“与”的时候，在多数情况下，是说话人猜想大约是这样一件事情，但是还不能深信不疑，要求对话人加以证实。因此，纯粹表示疑问的“乎”字不能换成“与”字，例如：“伤人乎?”（《论语·乡党》）不能换成“伤人与?”“冯公有亲乎?”（《战国策·齐策》）不能换成“冯公有亲与?”下面是一些用“与”字的例子：

（1）管仲非仁者与?（《论语·宪问》）

（2）是鲁孔丘与?（《论语·微子》）

（3）管仲以其君霸，晏子以其君显，管仲晏子犹不足为与?（《孟子·公孙丑上》）

上面这种是非问句中，“与”的疑问语气不是很强。但是在有疑问代词的句子里，或者在选择问句里，“与”字的疑问语气要强得多。例如：

（4）是谁之过与?（《论语·季氏》）

（5）丘何为是栖栖者与?（《论语·宪问》）

（6）求之与?抑与之与?（《论语·学而》）

“邪”（耶）字和“与”（欤）字的语法作用相同。在先秦，有的古书只用“与”不用“邪”，如《论语》《孟子》；“春秋三传”也只有《左传》用了一个“邪”字。《老子》《庄子》用“邪”很多，《荀子》也是用“邪”多于“与”。“邪”和“与”古音相近，它们的不同大概是方言不同的缘故。下面是一些用“邪”字的例子：

（7）天之苍苍，其正色邪?其远而无所至极邪?（《庄子·逍遥游》）

（8）威后问使者曰：“岁亦无恙耶?民亦无恙耶?王亦无恙耶?”（《战国策·齐策四》）

（9）治乱，天邪?（《荀子·天论》）

“与”和“邪”也都能用于反问。例如：

（10）唯求则非邦也与?（《论语·先进》）

（11）岂非士之愿与?（《史记·蔡泽传》）

（12）此非以贱为本邪?（《老子》三十九章）

（13）夫天机之所动，何可易邪?（《庄子·秋水》）

### 3. 哉

“哉”字的主要用途有二：一是表示反问，一是表示感叹。“哉”字表示反问略等于现代的“呢”字（只有和“岂”字相呼应时才等于现代的“吗”字）。它永远不表示纯粹的疑问；而且，一般地说，要有疑问代词或“岂”字跟它呼应，才能表示反问。例如：

（1）大车无輗，小车无軏，其何以行之哉?（《论语·为政》）

（2）彼且恶乎待哉?（《庄子·逍遥游》）

（3）晋，吾宗也，岂害我哉?（《左传·僖公五年》）

（4）且而与其从辟人之士也，岂若从辟世之士哉？（《论语·微子》）

“乎哉”连用时可以表示纯粹的疑问，那是“乎”字所带有的语法意义，而“哉”字只是加强“乎”字的语气。例如：

（5）若寡人者，可以保民乎哉？（《孟子·梁惠王上》）

（6）不识此语诚然乎哉？（《孟子·万章上》）

但是，有时候是“乎哉”连用表示反问。例如：

（7）将可乎哉？殆必不可。（《左传·襄公二十五年》）

（8）吾何慊乎哉？（《孟子·公孙丑下》）

“哉”字表示感叹时，略等于现代的“啊”字。例如：

（9）管仲之器小哉！（《论语·八佾》）

（10）硁硁然小人哉！（《论语·子路》）

（11）舍其路而弗由，放其心而不知求，哀哉！（《孟子·告子上》）

“哉”字和它前面的形容词也可以提到句首，构成倒装句，表示强烈的感叹语气。例如：

（12）贤哉回也！（《论语·雍也》）

（13）野哉由也！（《论语·子路》）

### （三）与疑问句或疑问语气词有关的两种语法现象

#### 1. 几种表示反问的习惯说法

第一，“不亦……乎”。这是古代的一种比较委婉的反问说法。例如：

（1）学而时习之，不亦说乎？有朋自远方来，不亦乐乎？人不知，而不愠，不亦君子乎？（《论语·学而》）

（2）仁以为己任，不亦重乎？死而后已，不亦远乎？（《论语·泰伯》）

第二，“何以……为”。这种句子，实际上是动词“为”的疑问代词宾语“何”放在作状语的介词结构前面了，意思是“用……做什么”。例如：

（3）君子质而已矣，何以文为？（《论语·颜渊》）

（4）是社稷之臣也，何以伐为？（《论语·季氏》）

（5）然则又何以兵为？（《荀子·议兵》）

第一个例句是说“君子朴质就行了，用文采做什么？”这是无疑而问，是古代表示反问的一种说法。这种“为”字，由于处在句尾，意义已经虚化，也可以处理为语气词。

在“何以……为”这个格式里，“何”字可以用别的疑问词如“奚”“恶”“安”等来替换；“以”字也可以用“用”字来替换。例如：

（6）奚以之九万里而南为？（《庄子·逍遥游》）

（7）恶用是鶃鶃者为哉？（《孟子·滕文公下》）

古代汉语里介词“以”字可以省去，因而“何以……为”句中也可以省去“以”，说成“何……为”。例如：

(8) 项王笑曰："天之亡我，我何渡为？"（《史记·项羽本纪》）

(9) 汤为天子大臣，被恶言而死，何厚葬为？（《汉书·张汤传》）

第三，"何……之有"。"何……之有"是"有何……"的倒装，是"有什么……"的意思。"何厌之有"就是"有什么满足呢"（"之"字复指"厌"字）。例如：

(10) 姜氏何厌之有？（《左传·隐公元年》）

(11) 夫晋何厌之有？（《左传·僖公三十年》）

### 2. 语气词的连用

疑问语气词不仅可和疑问语气词连用（像上面所讲的"乎哉"），而且也可以和直陈语气词连用。例如：

(1) 唯求则非邦也与？（《论语·先进》）

(2) 斯谓之君子已乎？（《论语·颜渊》）

(3) 女为周南召南矣乎？（《论语·阳货》）

(4) 岂非计久长，有子孙相继为王也哉？（《战国策·赵策》）

连用的语气词，都分别担负了表达语气的任务。这些例子中，"也""矣""已"等表直陈语气，"与""乎""哉"等表疑问或反问语气。不过语气的重点一般落在最后一个语气词上，所以上面这些句子都是疑问句或反问句。



## 文史拓展

## 诸子百家

春秋战国时期，在社会大变革的动荡之中，"百家竞作，九流并起"，学术界一时呈现出"百家争鸣"的盛况。当时学派蜂起，议论纷纭，各种思想流派的代表人物纷纷著书立说，宣传自己的社会政治主张。这种局面，自先秦一直延续到汉初，学派众多，统称为"诸子百家"。

据《汉书·艺文志》记载，当时，共有一百八十九家，四千三百二十四篇。其中，流传广泛者分别是儒家、道家、墨家、法家、名家、阴阳家、纵横家、杂家、农家和小说家。前九家又称"九流"，此即所谓"九流十家"。

### 一、儒家

代表人物：孔子、孟子、荀子。作品：《孔子》《孟子》《荀子》。

儒家是战国时期的重要学派之一，它以春秋时孔子为师，以六艺为法，崇尚"礼乐"和"仁义"，提倡"忠恕"和不偏不倚的"中庸"之道，主张"德治"和"仁政"，是重视道德伦理教育和人的自身修养的一个学术派别。

儒家强调教育的功能，认为重教化、轻刑罚是国家安定、人民富裕幸福的必由之路。它主张"有教无类"，对统治者和被统治者都应该进行教育，使举国上下都成为道德高尚的人。

在政治上，这一派别还主张以礼治国，以德服人，呼吁恢复“周礼”，并认为“周礼”是实现理想政治的理想大道。至战国时，儒家分有八派，重要的有孟子和荀子两派。

## 二、道家

代表人物：老子、庄子。作品：《道德经》《庄子》。

道家是战国时期重要的学派之一，又称“道德家”。这一学派以春秋末年老子关于“道”的学说作为理论基础，以“道”说明宇宙万物的本质、本源、构成和变化。它认为天道无为，万物自然化生，否认上帝鬼神主宰一切，主张道法自然，顺其自然，提倡清静无为，守雌守柔，以柔克刚。其政治理想是“小国寡民”“无为而治”。老子以后，道家内部分化为不同派别，著名的有四大派：庄子学派、杨朱学派、宋尹学派和黄老学派。

## 三、墨家

代表人物：墨子。作品：《墨子》。

墨家是战国时期重要的学派之一，创始人为墨翟。

墨家，提倡“形劳天下，日夜不休，以自苦为极”，组织严密，纪律严格，聚徒讲学，身体力行，反映了平民阶层上层分子的要求，成为儒家的主要反对派。这一学派以“兼相爱，交相利”作为学说的基础：兼，视人如己；兼爱，即爱人如己；“天下兼相爱”，就可达到“交相利”的目的。它在政治上主张尚贤、尚同和非攻；经济上主张强本节用；思想上主张尊天事鬼。同时，这一派又提出“非命”的主张，强调靠自身的强力从事。

墨家有严密的组织，成员多来自社会下层，相传皆能赴火蹈刀，以自苦励志。其徒属从事谈辩者，称“墨辩”；从事武侠者，称“墨侠”；领袖称“巨（钜）子”。其纪律严明，相传“墨者之法，杀人者死，伤人者刑”（《吕氏春秋·去私》）。墨翟死后，墨家分裂为三派；至战国后期，汇合成两支：一支注重认识论、逻辑学、数学、光学、力学等学科的研究，是谓“墨家后学”（亦称“后期墨家”），另一支则转化为秦汉社会的游侠。

## 四、法家

代表人物：韩非、李斯。作品：《韩非子》。

法家是战国时期的重要学派之一，因主张以法治国，“不别亲疏，不殊贵贱，一断于法”，故称为法家。春秋时期，管仲、子产即法家的先驱。战国初期，李悝、商鞅、申不害、慎到等开创了法家学派。至战国末期，韩非综合商鞅的“法”、慎到的“势”和申不害的“术”，以集法家思想学说之大成。

这一学派，经济上主张废井田，重农抑商，奖励耕战；政治上主张废分封、设郡县，君主专制，仗势用术，以严刑峻法进行统治；思想和教育方面，则主张禁断诸子百家学说，以法为教，以吏为师。其学说为君主专制的大一统王朝的建立，提供了理论根据和行动方略。

《汉书·艺文志》著录法家著作有二百十七篇，今存近半，其中最重要的是《商君书》和《韩非子》。

## 五、名家

代表人物：邓析、惠施、公孙龙和桓团。作品：《公孙龙子》。

“名家”就是战国时以辩论名实问题为中心的一个学派。当时也称为“刑（形）名家”“辩者”。可考的名家代表人物有惠施、兒说、公孙龙等。名家作为一个学派并不是因为有共同的政治思想和哲学观点，而仅仅在于他们都以“名”作为研究对象。在名家内部，由于观点不同又分为若干派别，其中主要有“合同异”派和“离坚白”派。以惠施为代表的“合同异”派的十个论题，记载于《庄子·天下》中，被称为“惠施十事”。他认为“大同而与小同异，此之谓小同异；万物毕同毕异，此之谓大同异”。公孙龙，相传字子秉，赵国人。是“离坚白”派的代表人物。他说：“离也者天下，故独而正。”一切概念都是静止的、孤立的，无所不“离”，无所不“独”。这样就否定了事物的联系和统一性。

## 六、阴阳家

代表人物：邹衍。

阴阳家因提倡阴阳五行学说，并用它解释社会人事而得名。这一学派，当源于上古执掌天文历数的统治阶层，代表人物为战国时齐人邹衍。阴阳学说认为阴阳是事物本身具有的正反两种对立和转化的力量，可用以说明事物发展变化的规律。五行学说认为万物皆由木、火、土、金、水五种元素组成，其间有相生和相胜两大定律，可用以说明宇宙万物的起源和变化。邹衍综合二者，根据五行相生相胜说，把五行的属性释为“五德”，创“五德终始说”，并以之作为历代王朝兴废的规律，为新兴的大一统王朝的建立提供理论根据。《汉书·艺文志》著录此派著作二十一种，已全部散佚。成于战国后期的《礼记·月令》，有人说是阴阳家的作品。《管子》中有些篇亦属阴阳家之作，《吕氏春秋·应同》《淮南子·齐俗训》《史记·秦始皇本纪》中保留有一些阴阳家的材料。

## 七、纵横家

代表人物：苏秦、张仪。主要言论见于《战国策》。

纵横家，诸子百家之一，是中国战国时以纵横捭阖之策游说诸侯，从事政治、外交活动的谋士。战国时南与北合为纵，西与东连为横，苏秦力主燕、赵、韩、魏、齐、楚合纵以拒秦，张仪则力破合纵，连横六国分别事秦，纵横家由此得名。鬼谷子相传是战国时楚国人，隐居于鬼谷，因而称作“鬼谷子”，原名不详。他长于养性持身之道，精通纵横捭阖之术，为纵横家所宗。张仪任秦相，被封为武信君，他帮助秦惠文君称王，主张连横以强秦。他先后游说诸侯，连横魏、楚、韩、齐、赵、燕等国，使秦国日益强大。苏秦先后游说燕、赵、韩、魏、齐、楚六国，订纵约联合拒秦。他为纵约长，并拜相六国，但是，纵约最终被秦国分化瓦解。纵横家所从事的是在战国特定的历史条件下发展起来的特殊的国际关系学。他们讲究游说、言辩的艺术，揣摩各种不同处境下人君的心理，凭三寸不烂之舌，既为自身谋富贵，更在历史舞台上演出了一幕幕波澜壮阔的场面。他们的活动对于战国时政治、军事格局的变化有重要的影响。《战国策》对其活动有大量记载。据《汉书·艺文志》记载，纵横家曾有著作“十六家百七篇”。

## 八、杂家

代表人物：吕不韦。

杂家是产生于战国末期的一个博采各家学说的综合学派。其特点是“兼儒墨，合名法”，“于百家之道无不贯综”，它反映了封建大一统国家建立过程中的文化融合趋势。秦相吕不韦邀集门客辑撰而成的《吕氏春秋》，是战国末杂家的代表作。吕不韦门下有宾客三千，家僮万人。召集宾客，编著《吕氏春秋》，汇合先秦各派学说，故有杂家之称。

淮南王刘安招致宾客方术之士数千人编写的《淮南子》，是西汉初杂家的代表作。据《汉书·艺文志》“杂家”著录，《淮南子》内二十一篇，外三十三篇。内篇论道，外篇杂说。今只流传内二十一篇。书名“鸿烈”，意为“大明道之言”。书中受《吕氏春秋》影响，以道家思想为主，杂糅阴阳、儒、法诸家。

## 九、农家

代表人物：许行。

农家因注重农业生产而得名。此派出自上古管理农业生产的官吏。他们认为农业是衣食之本，应放在一切工作的首位。农家是战国时注重农业生产的一个学派，农家既注重农业技术，又寄托着农民阶层的平均主义政治理想。农家的著作虽然无传，但在诸子著作中，仍可寻见其遗说。讲农业技术的有《管子·地员》，以及《吕氏春秋》中的《任地》《辩土》《审时》等；包含农家政治理想的如《管子·轻重》《吕氏春秋·上农》等。《孟子·滕文公上》载有著名农家代表人物许行，他认为贤者应该与民并耕而食，自己做饭，同时治理国家，表现了农家的社会政治理想。此派对农业生产技术和经验也注意记录和总结。《吕氏春秋》中的《上农》《任地》《辩土》《审时》等篇，被认为是研究先秦农家的重要资料。

## 十、小说家

小说家，乃采集民间传说议论，借以考察民情风俗。“小说”一词，本意指浅薄琐屑的言论。《汉书·艺文志》把"小说家"列于"九流"之外，"十家"之末，云："小说家者流，盖出于稗官。街谈巷语，道听途说者之所造也。孔子曰：'虽小道，必有可观者焉，致远恐泥，是以君子弗为也。'然亦弗灭也。闾里小知者之所及，亦使缀而不忘如或一言可采，此亦刍荛狂夫之议也。"小说家之书，今已尽亡。据《汉书·艺文志》存目来看，其中有立说而托于古人的，如《伊尹说》《鬻子说》《师旷》等；有杂记古事的，如《周考》《青史子》等。此类著作中包含丰富的古史资料，可惜都已亡佚。此类"君子勿为"的"街谈巷语""道听途说""刍荛狂夫之议"，直接反映了平民阶层的思想。

## 以古说今

### 见善如不及，见不善如探汤

#### 一、用典与出处

"见善如不及，见不善如探汤"，该句出自《论语·季氏》。2014 年 1 月 14 日，在中国共产党第十八届中央纪律检查委员会第三次全体会议上习近平总书记引用了这句话。

原文如下：

子曰："见善如不及，见不善如探汤。吾见其人矣，吾闻其语矣。隐居以求其志，行义以达其道。吾闻其语矣，未见其人也。"

释义：

孔子说："见到善的行为，就唯恐自己达不到；看见不善的行为，就像把手伸进沸水中一样赶快避开。我看见过这样的人，也听到过这样的话语。隐居起来以求保全自己的志向，按照义的原则行事以贯彻自己的主张。我听到过这样的话语，却没见过这样的人。"

《论语》是春秋时期思想家、教育家孔子的弟子及再传弟子记录孔子及其弟子言行而编成的语录文集，成书于战国前期。全书共 20 篇 492 章，以语录体为主，叙事体为辅，较为集中地体现了孔子及儒家学派的政治主张、伦理思想、道德观念及教育原则等。

#### 二、古今解读

纵观五千年中华文化，"善"的地位不可忽视。早在儒家思想中，孔子提及的"仁""德"皆为善。古又有"人之初，性本善"之说，可见善念人皆有之。善与恶是对人社会价值的判断。中国的善恶观念有其深刻文化渊源。儒家文化以孔子为代表，核心是

“仁”，倡导克己复礼的伦理道德。主张天人合一、仁义礼智信。在儒家看来，仁和礼是善的两个方面，仁是善的内在沉淀，礼是善的外在表现，仁是礼的核心，礼是仁的体现。不符合仁与礼的言行就是恶。儒家文化教导我们行仁爱、崇礼节、止恶行善，做仁义的人。孔子说：“有德者必有言，有言者不必有德。”倘若人心向善，其言行必处处令人发觉其内心的善念，每一个动作，甚至发出的极其微弱的声音，都会令人铭记于心，感激于怀。行善的人所关注的并非他的善举会给本人带来多大益处，而是能否解决对方的燃眉之急。他不会只局限于小我，而是心怀大众，置个人得失于不顾，心系社会。“士志于道，而耻恶衣恶食者，未足与议也。”“朝闻道，夕死可矣。”“富与贵，人之所欲也，不以其道得之，不处也。”“不义而富且贵，于我如浮云。”善，自古以来就是仁人志士修身的追求，是君子区别于小人的特征，也是实现仁政的出发点。君子应有“三畏”，“畏天命、畏大人、畏圣人之言”，“小人不知天命不畏也，狎大人，侮圣人之言”。一旦无所敬畏，君子也成了小人。古代士人为善去恶的做法，其中有一点特别值得关注，就是以身作则，保持高洁的品行，不流俗，不媚俗，不低俗，坚守向善的社会价值取向。

习近平总书记在同各界优秀青年代表座谈会上，谈到在实现中国梦的生动实践中放飞青春梦想时说：“要牢记‘从善如登，从恶如崩’的道理，始终保持积极的人生态度、良好的道德品质、健康的生活情趣。”他也在中国共产党第十八届中央纪律检查委员会上强调，要让每一个干部牢记“手莫伸，伸手必被捉”的道理。“见善如不及，见不善如探汤。”领导干部要心存敬畏，不要心存侥幸。习近平总书记引用这句名言，提醒领导干部要常修为政之道。“政者，正也。”古往今来，领导干部的道德修养即官德，始终受到社会关注，被视作为官之魂、从政之本、用权之道。领导干部可以利用便利机会实现“不义而富且贵”，但是，一旦伸手，就违反了善的道义，违背了自己的初心。伸手之时，也就意味着他抛弃了应有的操守。

## 三、不忘初心、牢记使命

“士不可以不弘毅，任重而道远。仁以为己任，不亦重乎？死而后已，不亦远乎？”（《论语》）如果说古代士子以“仁”为自己的初心和使命，是心之所向的“善”的话，那么为中国人民谋幸福，为中华民族谋复兴，是中国共产党人的初心和使命，是激励一代代中国共产党人前赴后继、英勇奋斗的根本动力，也是中国共产党人心之所向的最大的“善”。

习近平总书记在党的二十大报告中号召，“中国共产党已走过百年奋斗历程。我们党立志于中华民族千秋伟业，致力于人类和平与发展崇高事业，责任无比重大，使命无上光荣。全党同志务必不忘初心、牢记使命，务必谦虚谨慎、艰苦奋斗，务必敢于斗争、善于斗争，坚定历史自信，增强历史主动，谱写新时代中国特色社会主义更加绚丽的华章。”不忘初心、牢记使命是中国共产党的精神内核，是每一位共产党员要终身践行的事。

不忘初心、牢记使命，必须作为加强党的建设的永恒课题和全体党员、干部的终身课题常抓不懈。党的初心和使命是党的性质宗旨、理想信念、奋斗目标的集中体现，激励着我们党永远坚守，砥砺着我们党坚毅前行。要教育引导各级党组织和广大党员、干部经常进行思想政治体检，不断叩问初心、守护初心，不断坚守使命、担当使命，始终做到初心如磐、使命在肩。要以党的创新理论滋养初心、引领使命，从党的非凡历史中找寻初心、激励使命，在严肃党内政治生活中锤炼初心、体悟使命，把初心和使命变成锐意进取、开拓创新的精气神和埋头苦干、真抓实干的原动力。

不忘初心、牢记使命，必须用马克思主义中国化最新成果统一思想、统一意志、统一行动。只有坚持思想建党、理论强党，不忘初心才能更加自觉，担当使命才能更加坚定。要把学习贯彻党的创新理论作为思想武装的重中之重，同学习马克思主义基本原理贯通起来，同学习党史、新中国史、改革开放史、社会主义发展史结合起来，同新时代我们进行伟大斗争、建设伟大工程、推进伟大事业、实现伟大梦想的丰富实践联系起来，在学懂弄通做实上下苦功夫，在解放思想中统一思想，在深化认识中提高认识，切实增强贯彻落实的思想自觉和行动自觉。

不忘初心、牢记使命，必须以正视问题的勇气和刀刃向内的自觉不断推进党的自我革命。敢于直面问题、勇于修正错误，是我们党的显著特点和优势。强大的政党是在自我革命中锻造出来的。全党必须始终保持崇高的革命理想和旺盛的革命斗志，用好批评和自我批评这个锐利武器，驰而不息抓好正风肃纪反腐，不断增强党自我净化、自我完善、自我革新、自我提高的能力，把我们党建设得更加坚强有力。

不忘初心、牢记使命，必须发扬斗争精神，勇于担当作为。我们党诞生于国家内忧外患、民族危难之时，一出生就铭刻着斗争的烙印，一路走来就是在斗争中求得生存、获得发展、赢得胜利。全党必须安不忘危、存不忘亡、乐不忘忧，时刻保持警醒，不断振奋精神，勇于进行具有许多新的历史特点的伟大斗争。广大党员、干部要在经风雨、见世面中长才干、壮筋骨，练就担当作为的硬脊梁、铁肩膀、真本事，在有效应对重大挑战、抵御重大风险、克服重大阻力、解决重大矛盾中冲锋在前、建功立业。

不忘初心、牢记使命，必须完善和发展党内制度，形成长效机制。党的十九届四中全会提出建立不忘初心、牢记使命的制度。要坚持系统思维、辩证思维、底线思维，既坚持解决问题又坚持简便易行，采取务实管用的措施切中问题要害；既坚持目标导向又坚持立足实际，力求把落实党中央要求、满足实践需要、符合基层期盼统一起来；既坚持创新发展又坚持有机衔接，同党内法规制度融会贯通，该坚持的坚持、该完善的完善、该建立的建立、该落实的落实。全党必须强化制度意识，自觉尊崇制度，严格执行制度，坚决维护制度，健全权威高效的制度执行机制，加强对制度执行的监督，推动不忘初心、牢记使命的制度落实落地。

不忘初心、牢记使命，必须坚持领导机关和领导干部带头。不忘初心、牢记使命，领导机关和领导干部必须做表率、打头阵。越是形势严峻复杂越需要领导机关和领导干部保持定力、一往无前，越是任务艰巨繁重越需要领导机关和领导干部奋勇当先、实干担当。各级领导机关和领导干部要带头增强“四个意识”、坚定“四个自信”、做到“两个维护”，团结带领各族人民勇于战胜前进道路上的各种艰难险阻。

初心易得，始终难守。一个政党也好，一个人也好，最难得的就是历经沧桑而初心不改、饱经风霜而本色依旧。坚守初心和使命，并不是一件容易的事。正如习近平总书记所说：“今天，仍有大量的各种考验，有时甚至会有生死考验。在这种情况下，我们的党员干部能不能坚守党的初心和使命、经受住考验，这是需要我们不断用行动回答的一个严肃问题。”

第三单元课后练习

# 第四单元　先秦历史散文

## 文学概说

### 先秦历史散文

我国古代把与韵文、骈体文相对的散体文章称为“散文”。散文是明道说理的主要文体之一。从殷商到战国，历史散文由萌芽而至成熟。我国古代史官文化十分发达，记载历史事件的叙事散文在散文史上率先诞生。甲骨卜辞和殷商铜器铭文是我国最早的记事文字，《尚书》和《春秋》提供了记言记事文的不同体例。《左传》《国语》《战国策》等历史散文的出现，标志着叙事文的成熟，开启了我国叙事文学的传统。

#### 一、从甲骨卜辞到《春秋》

我国散文的最早源头，可以追溯到甲骨卜辞。殷人用龟甲、兽骨占卜，占卜后把占卜日期、占卜人、所占之事，有的还包括日后吉凶应验情况，刻在甲骨之卜兆旁，此即甲骨卜辞。甲骨文清末发现于河南安阳，是商王盘庚迁殷后至殷亡时的遗物，距今已三千多年。这些卜辞所记的内容相当丰富，包括祭祀、农业生产、田猎、风雨、战争、疾病等许多方面，真实朴素地反映了殷商时期社会生活各方面的状况。甲骨卜辞记事比较简单，不成系统，但未经后人加工，保持了商代记事文字的原貌。这些占卜之辞，短的只有几个字，长的有百余字，由于文字的难识和甲骨的破碎与散乱，其中很多记录已不能理解，但也有不少比较完整可读的句子。例如：

戊辰卜，及今夕雨？弗及今夕雨？

癸卯卜，今日雨。其自西来雨？其自东来雨？其自北来雨？其自南来雨？

——郭沫若《卜辞通纂》

这条卜辞，时、地、人、事齐全，叙述较为详细，略具叙事要素。这些卜辞，可看作先秦叙事散文的萌芽。

同样未经后人加工的商周铜器铭文，反映了我国早期记事记言文字由简至繁的发展。商周时君王、公侯、臣子都可作铜器铭文，君王所作铜器被视为国之重宝。铜器铭文有长有短，广泛记述了社会生活。商代铭文记事简单，形式一律。如：“丁巳，王省夒京，王易小臣俞夒贝，惟王来征夷方，唯王十祀有五，肜日。”（《殷文存》上二六·后）开头交代事件发生的时间，然后叙事，内容大多是殷王的赏赐，最后还有告于先祖的祭日。周代铭文字数增加的同时内容复杂了。不仅有记事文字，还出现了与《尚书》诰命类似的记言文字。例如，以记事为主的《曶鼎》，先写了周王策命曶继承父业为王卜者；又写了曶用匹马束丝购买五个奴隶，引起纠纷，曶胜诉之事；还记载了匡季带其奴仆抢劫了曶的十秭禾，曶向东宫控告匡季而胜诉，得到了加倍赔偿的事。

殷商甲骨文的某些卜辞已可算作片段的散文，成篇的散文可以追溯到《尚书》。

《尚书》在时间跨度上与甲骨卜辞和铜器铭文相近。《尚书》是商周记言史料的汇编。《尚书》在先秦时称为《书》，汉人始称之为《尚书》，即上古之书，又被称为《书经》。这是我国第一部上古历史文件和部分追述古代事迹著作的汇编，它保存了商周特别是西周初期的一些重要史料。

《尚书》所记基本是誓、命、训、诰一类的言辞。文字古奥迂涩，所谓“周诰殷盘，佶屈聱牙”指的就是《尚书》语言文字的特点。《尚书》的记载方式以记言为主。所谓记言，其实也是记事，不过是一种特别的方式。记事是间接的，记言是直接的。中国的记言文是在记事文之先发展的。商代甲骨卜辞大部分是些问句，记事的话不多见。两周金文也还多以记言为主。直到战国时代，记事文才有了长足的进展。古代言、文是合一的，说出的、写下的叫作“辞”。卜辞称为“辞”，《尚书》的大部分是“辞”。这些辞都是当时的“雅言”，也就是当时的官话或普通话。但传到后世，这种官话或普通话却变成了佶屈聱牙的古语了。《尚书》包括虞、夏、商、周四代，大部分是号令，就是向大众宣布的话，小部分是君臣相告的话。

《尚书》是中国古代散文已经形成的标志。书中文章的结构渐趋完整，有一定的层次，已注意在命意谋篇上用功夫。后来春秋战国时期历史散文的兴起，是对它的继承和发展。秦汉以后，各个朝代的制诰、诏令、章奏之文都明显受它的影响。刘勰《文心雕龙》在论述“诏策”“檄移”“章表”“奏启”“议对”“书记”等文体时，也都溯源到《尚书》。

《春秋》是鲁国的编年史。这种编年史周王朝和诸侯各国都有，虽然内容不同，一般都称为“春秋”。《春秋》具有自觉的记事意识和写作义例。现今流传的鲁《春秋》是经过孔子修订的。它极其简括地记载了周王朝、鲁国及其他各国的事件，起于鲁隐公元年（公元前 722 年），终于鲁哀公十四年（公元前 481 年），凡二百四十二年。春秋时，周室不振，诸侯争霸，战乱迭起，外族交侵。孔子为维护周王朝奴隶制的统治，主张尊王攘夷，正名定分，企图巩固王朝最高奴隶主政权，使“大一统”局面恢复安定。孔子这种政治主张，通过《春秋》的谨严书法表现出来，在当时是为日趋没落的奴隶主国家服务的。《春秋》记事，语言过于简单，类似后世新闻标题，只是片断记录。也有记得简练明白的，例如僖公十六年书曰：“春，王正月，陨石于宋五；是月，六鹢退飞，过宋都。”寥寥十余字，叙述错落有致，与《尚书》、金文大不相同。《春秋》是“礼义之大宗”（《史记·太史公自序》），维护周礼，反对僭越违礼行为，贬斥邪说暴行，是其主要的思想倾向。这种倾向在行文中不是议论性文辞，而是在史事的简略记述排比中表现出来。《春秋》还以一字寓褒贬，在谨严的措辞中表现出作者的爱憎。比如杀有罪为“诛”，杀无罪为“杀”，下杀上曰“弑”等。这种在史著中灌注强烈感情色彩的做法，为后代史传文学所继承。

## 二、《左传》《国语》

周平王东迁，至春秋战国之际，社会急剧变化，阶级斗争复杂激烈，奴隶主贵族日趋没落，地主阶级逐渐兴起。为了维护各自的利益，汲取历史的经验教训，国有大事，互相赴告；会盟朝聘，史不绝书；褒善贬恶，直笔不隐。因此各国史官便自觉地积累了大量的档案资料。这时候，从前专门记载王朝、诸侯的诰命和大事记如《尚书》《春秋》之类，已不能满足新时代的需要，于是产生了以记载各国卿大夫和新兴阶级的士的言论，以及诸侯各国的政治、外交和军事活动为主要内容的历史散文，如《左传》《国语》等。

《左传》是《春秋左氏传》的简称，又名《左氏春秋》，是配合《春秋》的编年史，记事至鲁哀公二十七年，比《春秋》多十三年。《春秋》仅仅是最简括的历史大事记，《左传》则详载其本末及有关逸闻琐事。如隐公元年《春秋》书“郑伯克段于鄢”，只用六个字，《左传》则叙述郑庄公家庭间的矛盾、群臣的警告及颍考叔调和庄公母子关系，极其委曲详尽。与《春秋》有关的还有《公羊传》和《谷梁传》。这两部书侧重阐发《春秋》经义，叙事较少，以议论为主。《公羊传》的文章，文风淳朴简劲，语言凝练准确。《谷梁传》亦文字简朴，议论精深。这两本书文学价值不能与《左传》并论，但在经学史、思想史、学术史上都有深远影响。

关于《左传》的作者，从来说法纷纭。司马迁、班固都说是左丘明，班固并说左丘明为鲁太史。唐以后学者多有异议。《左传》记事到智伯灭亡为止，它的作者显然是战国初年或稍后的人。至于这位作者是否鲁国太史，别无可考。但必然是一个充分掌握春秋时代诸侯各国史料的学者。《左传》一书，丰富多彩。其主要内容不外春秋列国的政治、外交、军事各方面的活动及有关言论。其次则是天道、鬼神、灾祥、卜筮、占梦之事，作者认为可资劝诫者，无不记载。

《左传》有其显著的文学特点。首先，《左传》叙事富于故事性、戏剧性，有紧张动人的情节。它总是抓住故事的重要环节或有典型意义的部分来着重地叙述或描写，而不是毫无选择，平铺直叙。特别是一些内容复杂的事件，好像广厦千间，各成片段，而又四通八达，互有关联。例如僖公二十三和二十四年写晋公子重耳出亡及返国的经过，时间既长，故事情节又非常复杂，而选材布局均极恰当。其中别隗、过卫、醉遣、窥浴等段，无不富于戏剧意味，寺人披告密和竖头须请见的穿插，又使人感到离奇变幻，突然紧张。

其次，《左传》善于写战事，特别是几次大规模的战事写得很出色。《左传》对战争的看法有一定的思想原则。因此写战争并不单写军事行动，常常着眼政治问题，把军事和政治结合起来。例如长勺之战（庄公十年），鲁弱齐强，曹刿一开口就问凭什么去同齐国作战。直到听见庄公察狱以情的话，才说“可以一战”。邲之战（宣公十二年），也是先从晋人眼中看出楚国“德立刑行，政成事时，典从礼顺”，不可与敌。这些问题作者认为是战胜敌人的关键，所以书中几乎每一次大战，总是一开篇就暗示出双方胜败的结果，表现出了作者的见解和敏锐的观察力。春秋时的大战，常常有许多小国参加，构成交战国两大阵营。其中关系复杂，变化莫测。能否正确运用外交策略争取别国帮助，是双方胜负的又一关键。此外，《左传》还注意到战争的性质，即抵抗的与侵略的，如“师直为壮，曲为老”之类。通过这些叙述，可见作者并没有将战争的胜负看作单纯的军事问题。在具体叙述战斗的过程中，也做到了情节曲折细致，生动逼真。

最后，是行人辞令之美。辞令之美就是语言之美。不过辞令虽靠语言来表现，而更重要的是有充分的理由，富于雄辩才有说服力。例如烛之武对秦伯说：“越国以鄙远，君知其难也。焉用亡郑以陪邻？邻之厚，君之薄也。”（僖公三十年），用事势必然之理来耸动秦伯，秦兵就非撤退不可。又如郑子家以书告赵宣子说：“传曰：‘鹿死不择音。’小国之事大国也，德则其人也；不德则其鹿也。铤而走险，急何能择？”（文公十七年），也是真情至理，委婉中含有巨大威力，使晋人不得不屈服。其他如屈完对齐侯（僖公四年），知罃对楚子（成公三年），都有异曲同工之妙。

总之，《左传》以《春秋》的记事为纲，增加了大量的历史事实和传说，叙述了丰富多彩的历史事件，描写了形形色色的历史人物。把《春秋》中的简短记事，发展成为完整的叙事散文。《左传》发展了《春秋》笔法，不再以事件的简略排比或个别字的褒贬来体现作者的思想倾向，而主要通过对事件过程的生动叙述、人物言行举止的展开描写，来体现其道德评价。《左传》还创立了一种新形式，即在叙事中或叙事结束后直接引入议论，以“君子曰”“君子是以知”“孔子曰”等来对事件或人物做出道德伦理评价。这种形式，更鲜明地表现出作者的立场和感情，增强了叙事的感情色彩。

《国语》是一部国别史，全书二十一卷，分别记载周、鲁、齐、晋、郑、楚、吴、越八国事，是各国史料的汇编，成书约在战国初年。《国语》记载起于周穆王（公元前1 000年），终于鲁悼公（公元前440年）。司马迁说：“左丘失明，厥有《国语》。”从此一般都认为《国语》乃左丘明所作。后人以《左传》《国语》既同一作者，而《左传》是传《春秋》的书，故又称《国语》为“春秋外传”。其实《国语》记事虽亦终于智伯，而所起则远自周初，显然各自为书，与《春秋》不是一个系统，称为“春秋外传”并不恰当。且书中所记，多与《左传》重复、抵触，往往又彼此之间详略互异，这都说明《国语》和《左传》的编纂并非出于一人之手。但它的作者和《左传》一样，也是战国初期一个熟悉历史掌故的人。

《国语》以记言为主，所记多为朝聘、飨宴、讽谏、辩诘、应对之辞。《国语》记言文字在形象思维和逻辑思维方面都很缜密，又有通俗化、口语化的特点，生动活泼而富于形象性。当然，由于《国语》是各国史料的汇编，素材来源不一，编者亦未作统一润色，其记言水平参差不一，风格也颇有差异。比如《周语》旨在说教，行文委婉，多长篇大论，《鲁语》篇幅不长，语言隽永，《楚语》《吴语》《越语》则文字流畅整饬，颇有气势。《国语》中的应对辞令，有的与《左传》相同，但文字不如《左传》精彩，有的则难分高下。有的为《左传》所不载的辞令也颇有特色。

《国语》虽然记言多于记事，但《国语》没有单纯的议论文或语录，只有一系列大小故事穿插其中，因此表现出独特的叙事技巧和情节构思，人物形象也鲜明生动。总的说来，《国语》也有对历史事件因果关系的叙述，但不及《左传》普遍、完整。由于国别史的特点，《国语》有时在记叙某一国事件时，集中在一定篇幅写某个人的言行，如《晋语三》写惠公、《晋语四》专写晋文公、《晋语七》专记悼公事，《吴语》主要写夫差、《越语上》主要写勾践，等等。这种集中篇幅写一人的方式，有向纪传体过渡的趋势。但尚未把一个人的事迹有机结合为一篇完整的传记，而仅仅是材料的汇集，是一组各自独立的小故事组合，不是独立的人物传记。

总之，由于《国语》以记言为主，虽然叙事和刻画人物有一定特色，但文学成就比《左传》稍逊一筹。



## 三、《战国策》

《战国策》杂记东西周及秦、齐、楚、赵、魏、韩、燕、宋、卫、中山诸国之事。其时代上接春秋，下至秦并六国，约二百四十年（公元前 460 年—公元前 220 年）。书名或曰《国策》，或曰《国事》，或曰《短长》，或曰《事语》，或曰《长书》。它的作者不可考，有人疑出于蒯通。是秦汉间人杂采各国史料编纂而成。后来西汉刘向重新加以整理，定名为《战国策》。

与《春秋》《左传》《国语》主要反映儒家思想不同，《战国策》表现了纵横家思想，反映了纵横家的人生观。在政治上他们崇尚谋略，强调审时度势，肯定举贤任能，在人生观上则是追求功名显达，富贵利禄。不过，《战国策》的思想内容又比较复杂，所记人物也反映出不同的价值取向。既有讲权术谋诈，图个人功名利禄的朝秦暮楚之徒，也有“为人排患、释难、解纷乱而无所取”之士（《赵策三》）。《战国策》的思想价值在于它反映了战国时代“士”阶层的崛起。“士贵耳，王者不贵”（《齐策四》）的声音，反映出士人精神的张扬。书中大量描写策士奔走于诸侯之间，纵横捭阖，令“所在国重，所去国轻”（刘向《战国策叙录》）的重要作用和社会地位，可以说是一部士阶层尤其是策士行迹的生动写照。

《战国策》的文学成就表现在人物形象的塑造上。全书对战国时期社会各阶层形形色色的人物都有鲜明生动的描写，尤其是一系列“士”的形象，更是写得栩栩如生，光彩照人。纵横之士如苏秦、张仪，勇毅之士如聂政、荆轲，高节之士如鲁仲连、颜斶等等，都个性鲜明，具有一定的典型意义，代表了士的不同类型。由于作者对这些人物心仪不已，颇为倾慕，甚至不惜脱离史实，以虚构和想象进行文学性描写。

《战国策》还以波澜起伏的情节、个性化的言行、传神的形态和细节来描写人物。作者不满足于平铺直叙，有意追求行文的奇特惊人，如《燕策三》记燕太子使荆轲刺秦王，其中田光自刎以明不言、樊於期自刎献头以图报仇、易水送别、秦廷献图行刺等情节，出人意表，慷慨悲壮，于紧张激烈的矛盾冲突中，人物性格得以生动展现。

《战国策》在写人上，一方面继承了《国语》相对集中编排同一人物故事的方法，另一方面又有所发展，出现了一个人物的事迹有机集中在一篇的文章，为以人物为中心的纪传体的成立开创了先例。如《齐策四》冯谖客孟尝君，写冯谖弹铗而歌、焚券市义、营造三窟的事迹，冯谖一生的主要事迹尽在一篇中，人物形象和性格得到了充分的展示。这类作品显示了由《左传》编年体向《史记》纪传体的过渡。

《战国策》的文章特点是长于说事，无论个人陈述或双方辩论，都喜欢夸张渲染，充分发挥，畅所欲言，具有很强的说服力。如苏秦说赵王、张仪说秦王、司马错论伐蜀、虞卿斥楼缓等，就历史散文的明白流畅来说，已经达到前所未有的高度。而且策士们估计形势，分析利害，往往细致准确。如苏秦劝薛公留楚太子，分析它有十个可能的结果；齐索地于楚，而慎子告襄王三计并用。虽然《战国策》记述事件的后果不尽可靠，但作为纵横家论事的本身来看，则是持之有故、言之成理的。

至于书中说事，常常运用巧妙生动的譬喻，通过许多有趣的寓言故事，以增强论者的说服力，甚至有时还可以节省文辞。如江乙以狐假虎威对楚宣王，苏代以鹬蚌相持说赵惠王，苏秦以桃梗和土偶谏孟尝君，庄辛以蜻蛉、黄雀说楚襄王，汗明以骥服盐车说春申君等，入情入理，也是一个特点。特别像邹忌讽谏的方法更为巧妙。他拿亲自体验的生活琐事来启发齐王，小中见大，步步进逼，使齐王感到四面八方被陷臣包围的危险，不得不下令大开言路。邹忌的生活体验可能是事实而非虚构，但借来作为一种增强说服力的手段，依然带有寓言意味，可谓别开生面。

## 四、先秦叙事散文对后世文学的影响

《左传》《国语》《战国策》等先秦叙事散文，对后代的文学创作产生了深远的影响。

先秦叙事散文的体例、思想、写作艺术等对后世史传文学的创作有直接启发。《史记》体例是在先秦编年史、国别史的基础上的创新和发展，而《汉纪》《资治通鉴》等，则是《春秋》《左传》编年体史书的直接继承。先秦叙事散文记述历史事件时直书其事、褒贬鲜明的特点，《左传》《战国策》高超的写作艺术，对后世史传文学的创作产生了深远的影响。

先秦叙事散文在散文史上具有崇高的地位，《左传》《国语》《战国策》等，成为后世散文写作的楷模。秦汉以后，《左传》的文章一直为人们所喜爱，尤其是唐宋以来的古文家，都非常推崇《左传》，并把它作为学习对象。韩愈《进学解》说他“沉浸浓郁，含英咀华”的古代作品中，其中就包括《左传》。宋人把《左传》与《史记》、韩文、杜诗相提并论，陆游《杨梦锡集句杜诗序》：“前辈于《左氏传》、《太史公书》、韩文、杜诗，皆通读暗诵。虽支枕据鞍间，与对卷无异，久之，乃能超然自得。”同作为文学范本。情韵丰富的《左传》散文，也深为清代桐城派散文家所推崇。对《国语》语言艺术的赞誉，历来甚多。柳宗元尽管曾作《非国语》，批评《国语》的某些思想，但在其“序”中还是认为“其文深闳杰异”，其为文即以《国语》为法。汉初散文，尚有战国遗风，贾谊、邹阳等西汉前期散文家的作品中，更是可以明显看出《战国策》文风的余绪。这种影响持续不断，在苏洵、苏轼等后代作家的散文中，还可以体味到先秦叙事散文的神韵。《战国策》的文章，对汉赋的产生也起过促进作用。汉赋主客问答的形式，铺张扬厉的风格，都可以看出对《战国策》的借鉴。

先秦叙事散文的叙事艺术，对我国古代小说的产生发展及其独特的艺术个性的形成，都有不可低估的作用。首先，先秦叙事散文叙述历史事件中表现出的褒贬分明的倾向性，对我国古代小说注重教化作用有直接的影响，且《左传》《国语》等作品中用“君子曰”等对事件进行的评述，在文言小说如唐宋传奇、《聊斋志异》等书中被直接借鉴，就是在明清白话小说中，也有明显的痕迹。其次，先秦叙事散文奠定了我国古代小说基本的叙事结构。我国古代小说常按时间顺序安排结构，串联情节，特别重视对故事起因、过程、结果的完整描写，并以倒叙、插叙、补叙等方式追叙事件的起因，以预叙的方式暗示故事的结局。这些都是《左传》等散文中就已形成的叙事传统。再次，我国古代小说写人的基本手法在先秦叙事散文中已初具规模。我国古代小说主要通过描写人物个性化的言行，通过生动的细节描写来刻画人物，表现人物性格，而较少长篇的外貌描写、心理描写，而这正是《左传》《国语》《战国策》等写人的共同特点。最后，我国古代小说和戏曲作品对历史题材的重视，也是受先秦叙事散文的启示。这不仅是指诸如《东周列国志》之类以先秦叙事散文为题材的作品，同时，古代小说大量采用历史题材，也和我国叙事文学最初成果是产生在历史著述中不无关系。

## 文学作品

### 虞书·尧典

曰若稽古，帝尧[1]曰放勋。钦明文思安安[2]，允恭克让[3]，光被四表，格于上下[4]。克明俊德，以亲九族[5]。九族既睦，平章百姓[6]。百姓昭明，协和万邦。黎民于变时雍[7]。

乃命羲和[8]，钦若昊天[9]历象[10]，日月星辰，敬授民时。分命羲仲，宅嵎夷[11]，曰旸谷[12]。寅宾出日[13]，平秩东作[14]。日中[15]，星鸟[16]，以殷仲春[17]。厥民析[18]，鸟兽孳尾[19]。申命羲叔，宅南交[20]。平秩南讹[21]，敬致[22]。日永[23]，星火[24]，以正仲夏。厥民因[25]，鸟兽希革[26]。分命和仲，宅西，曰昧谷。寅饯纳日[27]，平秩西成[28]。宵中[29]，星虚[30]，以殷仲秋。厥民夷[31]，鸟兽毛毨[32]。申命和叔，宅朔方，曰幽都[33]。平在朔易[34]。日短星昴[35]，以正仲冬。厥民隩[36]，鸟兽氄毛[37]。帝曰：“咨，汝羲暨和。期三百有六旬有六日[38]，以闰月定四时成岁[39]。允厘百工[40]，庶绩咸熙[41]。”

帝曰：“畴咨若时登庸[42]？”放齐曰[43]：“胤子朱启明[44]。”帝曰：“吁，嚚讼[45]，可乎？”

帝曰："畴咨若予采[46]？"驩兜曰[47]："都[48]，共工方鸠僝功[49]。"帝曰："吁，静言庸违[50]，象恭滔天[51]。"

帝曰："咨，四岳[52]，汤汤洪水方割[53]，荡荡怀山襄陵[54]，浩浩滔天[55]。下民其咨，有能俾乂[56]？"佥曰："於，鲧哉[57]。"帝曰："吁，咈哉[58]，方命圮族[59]。"岳曰："异哉，试可乃已[60]。"帝曰，"往钦哉！[61]"九载绩用弗成。

帝曰："咨，四岳。朕在位七十载，汝能庸命[62]巽朕位[63]？"岳曰："否德忝帝位[64]。"曰："明明扬侧陋[65]。"师锡帝曰[66]："有鳏在下[67]，曰虞舜。"帝曰："俞[68]，予闻，如何？"岳曰："瞽子[69]，父顽，母嚚，象傲，克谐，以孝烝烝，乂不格奸[70]。"帝曰："我其试哉。女于时[71]，观厥刑于二女[72]。"厘降二女于妫汭[73]，嫔于虞[74]。帝曰："钦哉。"

## 注释

[1] 曰若：用作追述往事开头的发语词，也写作越若、粤若。稽：考察。曰若稽古：这里指稽考古事，是自今述古之称。

[2] 钦：恭谨严肃。安安：一作晏晏。

[3] 允：诚信。恭：恭谨。克：能够。让：让贤。

[4] 被：及。四表：四方极远的地方。格：至。

[5] 俊德：指德才兼备之人。九族：指君主的亲族。一说是父族四、母族三、妻族二。

[6] 平：通辨，分别。章：使明显。百姓：百官族姓。

[7] 黎民：民众。于：随着。雍：和睦。

[8] 羲和：羲氏与和氏，相传是世代掌管天地四时的官重黎氏的后代。

《虞书·尧典》朗读欣赏

[9] 若：顺从。昊：广大。

[10] 历：推算。象：观察天象，又说是法，取法。

[11] 宅：居住。嵎（yú）夷：地名，在东海之滨。

[12] 旸（yáng）谷：传说中日出的地方。

[13] 寅：恭敬。宾：迎接。

[14] 平秩：辨别测定。作：始。东作：太阳从东方始升的时刻。

[15] 日中：指春分。春分这天昼夜时间相等，因此叫日中。

[16] 星鸟：星名，指南方朱雀七宿。朱雀是鸟名，所以称星鸟。

[17] 殷：正，定。仲：每个季度三个月中的第二个月。

[18] 厥：其。析：分散开来。

[19] 孳（zī）尾：生育繁殖。

[20] 交：地名，指交趾。

[21] 讹：运转，运行。

[22] 致：归，回归。

[23] 日永：指夏至。夏至这天白天最长，因此叫日永。

[24] 星火：指火星，东方青龙七宿之一，夏至这天黄昏，火星出现在南方。

[25] 因：就，意思是居住在高地。
[26] 希：稀疏。希革：意思是鸟兽皮毛稀疏。
[27] 饯：送行。纳日：落日。
[28] 西成：太阳在西边落下的时刻。
[29] 宵中：指秋分。秋分这天昼夜时间相等，因此叫宵中。
[30] 星虚：星名，指虚星，北方玄武七宿之一。
[31] 夷：平。指住到平地。
[32] 毛毨（xiǎn）：生长新羽毛。
[33] 朔方：北方。幽都：幽州。
[34] 在：察。易：变化。指太阳运行。
[35] 日短：指冬至。冬至这天白天最短，所以叫日短。星昴（mǎo）：星名，指昴星，西方白虎七宿之一。
[36] 隩（yù）：通奥，意思是内室。民避寒而入室内。
[37] 氄（rǒng）：鸟兽细软的毛。
[38] 期（jī）：一周年。有：通又。
[39] 以闰月定四时：月亮绕地球运行一周，需时二十九天多。古代一年十二个月，大月三十天，小月二十九天，共计三百五十四天，比一年的实际天数少十一天又四分之一天。三年累计超过了一个月，所以安排闰月来补足，使四时不错乱。
[40] 允：用。厘：治理。百工：百官。
[41] 庶：众，多。咸：都。熙：兴起，兴盛。
[42] 畴：谁。咨：语气词。若：善，治理好。时：四时。登庸：升用。
[43] 放齐：人名，尧的臣子。
[44] 胤：后嗣。朱：丹朱，尧的儿子。启：开。
[45] 吁：惊异之词。嚚：不说忠信的话。讼：争，艰争辩。
[46] 若：善，治理好。采：事。
[47] 驩兜：尧的大臣，四凶之一。
[48] 都：语气词，表赞美。
[49] 共工：尧的大臣，四凶之一。方：通防。鸠：通救。这句是说共工防救水灾，已具功绩。
[50] 静言：善言。庸：常。违：雅僻。
[51] 象恭：貌似恭敬。滔天：滔，通“谄”。
[52] 四岳：官名，主持四岳的祭祀，为诸侯之长。
[53] 汤汤：水大的样子。割：通害。
[54] 荡荡：广大的样子。怀：包围。襄：上。
[55] 浩浩：水势远大的样子。滔天：弥漫接天，形容波浪高大。
[56] 俾：使。乂：治理。
[57] 鲧：尧的大臣，夏禹的父亲。
[58] 咈：违误。
[59] 方命：谓放弃教命。方：放。圮：毁坏。族：族类。
[60] 异：举。试可乃已：是说用之乃可用也。

［61］钦：敬。

［62］庸：用。

［63］巽：用作“践”，意思是履行，这里指接替帝位。

［64］否（pǐ）：鄙陋。忝（tiǎn）：辱，意思是不配。

［65］明明：动宾结构，明察贤明的人。扬：选拔，举荐。侧陋：疏远隐匿，指地位卑微的人。

［66］师：众人，大家。锡：赐，这里指提出意见。

［67］鳏（guān）：困苦的人。

［68］俞：对，就这样。

［69］瞽（gǔ）：瞎子，这里指舜的父亲乐官瞽瞍。

［70］烝烝：孝德美厚。乂（yì）：治理。格：至，达到。奸：邪恶。

［71］女：嫁女。时：是，这个人，这里指舜。

［72］厥：其。刑：法度，法则。二女：指尧的女儿娥皇和女英。

［73］厘：命令。妫（guī）：水名。汭（ruì）：河流弯曲的地方。

［74］嫔：妇，嫁给别人做妻子。

## 作品简析

本文选自《尚书》。《尚书》是五经之一，历来被儒家奉为圣书，其首篇《尧典》，因标榜尧、舜选贤禅让、任德使能、教化天下的德政故事，因此更受历代读书人的推崇，其中所记故事也历来被视为唐、虞盛世的真实史实。尧是古代传说中的帝王，为帝王歌功颂德，是作为臣子的史官责无旁贷的职守。虽然我们无法知道最早的帝王长相如何，习惯、个性、个人生活怎样，但我们明确地知道他英明伟大，功高德重，万民拥戴，名垂千古。《尧典》记录了尧在位时的一段历史，也反映了在远古部落时代，统治者与百姓的生活状况。

## 郑伯克段于鄢[1]

初，郑武公娶于申，曰武姜[2]。生庄公及共叔段[3]。庄公寤生[4]，惊姜氏，故名曰“寤生”，遂恶之[5]。爱共叔段，欲立之，亟请于武公，公弗许[6]。及庄公即位[7]，为之请制[8]。公曰：“制，岩邑也[9]，虢叔死焉[10]，佗邑唯命[11]。”请京，使居之，谓之“京城大叔”[12]。祭仲曰：“都城过百雉，国之害也[13]。先王之制：大都，不过参国之一[14]；中，五之一；小，九之一。今京不度，非制也[15]，君将不堪[16]。”公曰：“姜氏欲之，焉辟害[17]？”对曰：“姜氏何厌之有[18]？不如早为之所[19]，无使滋蔓[20]。蔓难图也[21]。蔓草犹不可除[22]，况君之宠弟乎？”公曰：“多行不义必自毙[23]，子姑待之[24]。”

既而大叔命西鄙、北鄙贰于己[25]。公子吕曰[26]：“国不堪贰[27]，君将若之何[28]？欲与大叔，臣请事之[29]；若弗与[30]，则请除之。无生民心[31]。”公曰：“无庸，将自及[32]。”

大叔又收贰以为己邑[33]，至于廪延[34]。子封曰：“可矣，厚将得众[35]。”公曰：

"不义，不昵，厚将崩[36]。"

大叔完聚，缮甲兵，具卒乘[37]，将袭郑。夫人将启之[38]。公闻其期[39]，曰："可矣！"命子封帅车二百乘以伐京[40]。京叛大叔段，段入于鄢，公伐诸鄢[41]。五月辛丑[42]，大叔出奔共[43]。

书曰："郑伯克段于鄢。"段不弟，故不言弟；如二君，故曰克；称郑伯，讥失教也；谓之郑志。不言出奔，难之也。

遂置姜氏于城颍[44]而誓之曰[45]："不及黄泉，无相见也！[46]"既而悔之[47]。

颍考叔为颍谷封人，闻之[48]，有献于公[49]。公赐之食，食舍肉[50]，公问之，对曰："小人有母[51]，皆尝小人之食矣[52]，未尝君之羹，请以遗之[53]。"公曰："尔有母遗，繄我独无[54]！"颍考叔曰："敢问何谓也[55]？"公语之故，且告之悔[56]。对曰："君何患焉[57]！若阙地及泉[58]，隧而相见[59]，其谁曰不然[60]？"公从之。公入而赋[61]："大隧之中，其乐也融融。"姜出而赋："大隧之外，其乐也泄泄[62]。"遂为母子如初[63]。

君子曰[64]："颍考叔，纯孝也[65]。爱其母，施及庄公[66]。诗曰：'孝子不匮，永锡尔类[67]。'其是之谓乎[68]？"

## 注　释

[1] 本文表现了郑国统治阶级内部的互相倾轧及郑庄公的阴险毒辣和虚伪。《左传》本无篇目，篇目是后加的。郑：国名，姬姓，在今河南新郑县等地。郑伯：指郑庄公。春秋时有五等爵：公、侯、伯、子、男。郑属伯爵。克：战胜。段：庄公之弟。鄢（yān）：郑地名，在今河南鄢陵县境。隐公：鲁隐公。《春秋》是以鲁国的纪元编年的。事情发生在隐公元年，即公元前722年。

[2] 初：当初。这是追述往事的习惯说法，在本文意指郑伯克段于鄢以前的事。申：国名，姜姓，在今河南南阳。娶于申：从申国娶妻（即娶申国国君之女）。武姜："武"表示丈夫为武公，"姜"表示娘家姓姜。

《郑伯克段于鄢》朗读欣赏

[3] 共（gōng）：国名，在今河南辉县。叔，排行在末的，年少的。在这里"叔"表示段是庄公的弟弟。段后出奔共，所以称为共叔段。

[4] 寤（wù）：通"牾"，逆，倒着。寤生：胎儿脚先出来，等于说难产。

[5] 遂：等于说"从此就"。

[6] 亟（qì）：屡次。弗：不。

[7] 及：到了。即位：天子或诸侯就职叫即位。

[8] 为之请制：替段请求制这个地方。为（wèi）：介词。制：又名虎牢，在今河南巩县东，原是东虢（guó）国的领地，东虢为郑所灭，制遂为郑地。

[9] 岩：险要。邑：人所聚居的地方，大小不定（依孙诒让说，见《周礼正义》"里宰"疏）。

[10] 虢叔：东虢国的君。死焉：死在那里。

[11] 佗：同"他"。唯命：是"唯命是听"的省略。

[12]"请京……大叔"句：姜氏请求京，庄公使共叔段住在那里，称他为京城大叔。京：郑邑

名，在今河南荥阳县东南。大（tài）：后来写作“太”。

［13］祭（zhài）仲：郑大夫。城：指城墙。雉：量词，长三丈，高一丈。国：国家。

［14］参：三。国：国都。参国之一：国都的三分之一。古制侯伯之国，城墙为三百雉。三分之一就是百雉。

［15］不度：不合法度。非制：不是先王的制度。

［16］君将不堪：您将要受不了，即无法控制的意思。堪：经得起。

［17］“姜氏”二句：姜氏要这样，哪里能够避开祸害？辟：后来写作避。焉：疑问代词，哪里。

［18］姜氏何厌之有：姜氏哪有满足的时候？厌：满足。之：代词，复指提前的宾语“何厌”。

［19］不如早为之所：不如早点安排他个地方。意指早点给段换个便于控制的地方。为：动词，在这里指“安排”之类的意思。之：指共叔段，作“为”的间接宾语。所：处所，“为”的直接宾语。

［20］无使滋蔓：不要使他发展。无：通毋，不要。滋：滋长。蔓：蔓延。

［21］图：图谋。这里指设法对付。

［22］蔓草：蔓延的野草。犹：尚且，还（hái）。

［23］不义：指不义的事情。毙：倒下去。

［24］子：古代对人的尊称。姑：姑且。之：代词，指段自毙事。

［25］既而：不久。鄙：边邑。贰：两属，属二主。贰于己：一方面属于庄公，一方面属于自己。

［26］公子吕：字子封，郑大夫。

［27］国不堪贰：国家受不了两属的情况。

［28］若之何：奈何，怎么办？

［29］“欲与”二句：如果打算把郑国送给大叔，就请您允许我侍奉他。

［30］若：假如。

［31］无生民心：不要使民生二心。

［32］“无庸”二句：用不着，（他）将会自己赶上（灾祸）。庸：用。及：赶上。

［33］贰：指前两属的地方。原先该地是两属，现在段则正式收为自己所有。

［34］至：到。廪延：郑邑名，在今河南延津县北。

［35］厚：指土地扩大。众：百姓，这里指民心。

［36］“不义”三句：段既然不义，就不能笼住民心，土地占多了就要垮台。这是就“厚将得众”而说的双关话。昵，通“黏”。这里指能团结人。崩，山塌，这里指垮下来，崩溃。

［37］完：修葺（qì），指修城。聚：指聚集百姓。缮：修理，制造。甲：戎衣、铠（kǎi）甲。兵：武器。具：准备。卒：步兵。乘（shèng）：兵车。

［38］人：指武姜。启之：为段开城门，即做内应。启：开门。

［39］期：段袭郑的日期。

［40］帅：通“率”。春秋时都是车战，兵车一乘有甲士（带盔甲的兵士）三人，步卒七十二人。二百乘，共甲士 600 人，步卒 14 400 人。以，连词。

［41］诸：“之于”的合音字。

［42］五月辛丑：古人以干支纪日，五月辛丑，即隐公元年五月二十三日。

［43］奔：快跑。出奔：指逃到外国避难。此句后面略有删节。

［44］置：放置，安顿，这里有放逐的意思。城颍：郑邑名，在今河南临颍县西北。

［45］誓之：向她发誓。

[46] 黄泉：地下的泉水，黄色，这里指墓穴。这句等于说这辈子咱们不见面了。

[47] 之：指置姜氏于城颍并发誓事。

[48] 颍考叔：郑大夫。颍谷：郑边邑，在今河南登封县西南。封：疆界。封人：管理疆界的官。

[49] 有献：有所献。

[50] 舍：放着，后来写作“捨”。

[51] 小人：颍考叔自己谦称。

[52] 皆尝小人之食矣：我的食物（她）都吃过了。尝：这里是“吃”的意思。

[53] 遗（wèi）：给，这里指留给。之：指其母。

[54] 尔：你。繄（yī）：句首语气词。

[55] 敢：表谦敬的副词。何谓：说的是什么意思？这话怎么讲？

[56] 语（yù）：告诉。之：间接宾语。语之故：把缘故告诉他。告之悔：把心里后悔的事告诉了他。语法结构同于“语之故”。

[57] 君何患焉：您在这件事情上忧虑什么呢？

[58] 阙：通“掘”，挖。

[59] 隧：用作动词，挖隧道。

[60] 其谁曰不然：谁说不是这样？其：语气词，加强反问。然：代词，指黄泉相见。

[61] 入：在这里与下面的“出”互文见义，即笼统表示庄公和姜氏进出隧道。赋：赋诗。这里是庄公所赋的诗的一部分。

[62] 泄泄（yì yì）：快乐舒畅的样子。

[63] 遂为母子如初：从此母亲与儿子还和当初一样。

[64] 君子：作者的假托，《左传》中惯用的发表评论的方式。

[65] 纯：笃厚。

[66] 施（yì）：延，扩展，等于说“扩大影响”。

[67]“孝子”二句：见《诗经·大雅·既醉》。孝子的孝没有穷尽，永久把它给予你（指孝子）的同类。匮（kuì）：尽。锡：赐，给予。

[68] 其是之谓乎：大概是说这种情况吧。其：表委婉的语气词。是：这个，作“谓”的宾语。之：代词，复指“是”。

## 作品简析

《郑伯克段于鄢》是《左传》中的名篇。

春秋时期，周王室逐渐衰微，各诸侯国之间开始了互相兼并的战争，各国内部统治者之间争夺权势的斗争也加剧起来。为了争夺王位，骨肉至亲成为殊死仇敌。《郑伯克段于鄢》是一篇完整而优美的记事散文。文章把发生在两千七百多年前的这一历史事件，具体可感地呈现在我们眼前。鲁隐公元年（公元前 722 年），郑庄公同其胞弟共叔段为了夺国君权位，进行了一场你死我活的斗争。郑庄公设计并故意纵容其弟共叔段与其母武姜，其弟骄纵，于是欲夺国君之位，庄公便以此讨伐共叔段。庄公怨其母偏心，将母亲迁于颍地。后来自己也后悔了，又有颍考叔规劝，母子又重归于好。

此文并不平铺直叙地记述事件的发展过程，而是紧紧抓住相关人物性格的发展逻辑及其言行展开记述。不仅使我们清楚地看到，正是相关人物的固有个性决定着事件的发展和结局；同时又使我们在事件的发展和结局中，更清楚地看到了相关人物的固有个性。

同时，通过《郑伯克段于鄢》，我们还可以深刻地了解到《左传》的一种总体行文特点，即不着一褒字，也不着一贬字，而褒贬自在其中。这种手法，也正是《春秋》一书所用的手法。即后来常说的“春秋笔法”。如我们所了解到的郑庄公阴险狡诈、姜氏偏心溺爱、共叔段贪得无厌，并非作者直接告诉我们，而是通过他们各自的言行惟妙惟肖地表现出来。好的叙事体作品，作者的倾向是在真实而客观地叙述和描写故事的发展过程中自然而然地显现出来的。

## 晋公子重耳之亡[1]

僖公二十三年

晋公子重耳之及于难也[2]，晋人伐诸蒲城[3]。蒲城人欲战，重耳不可[4]，曰：“保君父之命而享其生禄[5]，于是乎得人[6]。有人而校[7]，罪莫大焉。吾其奔也[8]。”遂奔狄[9]。从者狐偃、赵衰、颠颉、魏武子、司空季子[10]。

狄人伐廧咎如[11]，获其二女叔隗、季隗，纳诸公子[12]。公子取季隗，生伯儵、叔刘[13]；以叔隗妻赵衰[14]，生盾。将适齐[15]，谓季隗曰：“待我二十五年，不来而后嫁。”对曰：“我二十五年矣，又如是而嫁，则就木焉[16]。请待子。”处狄十二年而行。

过卫，卫文公不礼焉[17]。出于五鹿[18]，乞食于野人，野人与之块[19]。公子怒，欲鞭之。子犯曰：“天赐也[20]。”稽首[21]，受而载之。

及齐，齐桓公妻之，有马二十乘[22]。公子安之。从者以为不可。将行，谋于桑下。蚕妾在其上[23]，以告姜氏。姜氏杀之，而谓公子曰：“子有四方之志[24]，其闻之者，吾杀之矣。”公子曰：“无之。”姜曰：“行也！怀与安，实败名[25]。”公子不可。姜与子犯谋，醉而遣之[26]。醒，以戈逐子犯。

及曹，曹共公闻其骈胁[27]，欲观其裸[28]。浴，薄而观之[29]。僖负羁之妻曰[30]：“吾观晋公子之从者，皆足以相国[31]。若以相[32]，夫子必反其国[33]。反其国，必得志于诸侯[34]。得志于诸侯而诛无礼[35]，曹其首也。子盍蚤自贰焉[36]。”乃馈盘飧[37]，置璧焉[38]。公子受飧反璧[39]。

及宋，宋襄公赠之以马二十乘。

及郑，郑文公亦不礼焉。叔詹谏曰[40]：“臣闻天之所启[41]，人弗及也。晋公子有三焉[42]，天其或者将建诸[43]，君其礼焉！男女同姓，其生不蕃[44]。晋公子，姬出也[45]，而至于今，一也；离外之患[46]，而天不靖晋国[47]，殆将启之[48]，二也；有三士足以上人而从之[49]，三也。晋、郑同济[50]，其过子弟[51]，固将礼焉[52]，况天之所启乎？”弗听。

及楚，楚子飨之[53]，曰：“公子若反晋国[54]，则何以报不谷[55]？”对曰：“子女玉帛，则君有之，羽毛齿革[56]，则君地生焉。其波及晋国者，君之余也，其何以报君？”

曰："虽然[57]，何以报我？"对曰："若以君之灵[58]，得反晋国，晋楚治兵，遇于中原，其辟君三舍[59]。若不获命[60]，其左执鞭弭、右属櫜鞬[61]，以与君周旋。"子玉请杀之[62]。楚子曰："晋公子广而俭[63]，文而有礼。其从者肃而宽[64]，忠而能力。晋侯无亲，外内恶之[65]。吾闻姬姓，唐叔之后，其后衰者也[66]，其将由晋公子乎？天将兴之，谁能废之？违天必有大咎[67]。"乃送诸秦[68]。

秦伯纳女五人[69]，怀嬴与焉[70]。奉匜沃盥[71]，既而挥之[72]。怒，曰[73]："秦晋，匹也[74]，何以卑我[75]？"公子惧，降服而囚[76]。他日，公享之[77]。子犯曰："吾不如衰之文也[78]。请使衰从。"公子赋《河水》[79]，公赋《六月》[80]。赵衰曰："重耳拜赐[81]。"公子降[82]、拜，稽首，公降一级而辞焉[83]。衰曰："君称所以佐天子者命重耳[84]，重耳敢不拜！"

僖公二十年

二十四年春，王正月[85]，秦伯纳之[86]。不书，不告入也。及河，子犯以璧授公子，曰："臣负羁绁从君巡于天下[87]，臣之罪甚多矣。臣犹知之，而况君乎？请由此亡。"公子曰："所不与舅氏同心者，有如白水[88]！"投其璧于河。

济河[89]，围令狐[90]，入桑泉[91]，取臼衰[92]。二月甲午，晋师军于庐柳[93]。秦伯使公子絷如晋师[94]，师退，军于郇[95]。辛丑，狐偃及秦、晋之大夫盟于郇[96]。壬寅，公子入于晋师。丙午，入于曲沃[97]。丁未，朝于武宫[98]。戊申，使杀怀公于高梁。不书，亦不告也。

## 注　释

[1] 选自《左传·僖公二十三年、二十四年》。晋公子重耳，晋献公的儿子。亡：逃亡。

[2] 及于难：僖公四年十二月，晋献公听信骊姬的谗言，逼迫太子申生自缢而死，其余二子重耳、夷吾也同时出奔。

[3] 伐诸蒲城：在蒲城讨伐重耳。诸，"之于"的合音。蒲城，在现在山西省。

[4] 可：允许，许可。

[5] 保君父之命而享其生禄：倚仗君父的天命而享受养生的俸禄。保：倚仗、依靠。君父：指晋献公。生禄：养生的禄邑，古代贵族从封地中取得生活资料。

[6] 得人：得到人民的拥戴。

[7] 校：较量、抵抗。

[8] 吾其奔也：我还是逃亡吧！其：表希望、劝告之类的语气。

[9] 狄：当时北方的少数种族。

[10] 狐偃：晋大夫，字子犯，重耳的舅父。赵衰（cuī）：晋大夫，字子余。魏武子：晋大夫，名犨（chōu）。司空季子：晋大夫，名胥臣。

[11] 廧（qiáng）咎（gāo）如：狄族的别种，姓隗（wěi）。

[12] 纳诸公子：交给晋公子重耳。纳：上交，交纳。诸：相当于"之于"。

[13] 儵：念 chóu。

[14] 妻（qì）：以女嫁人。

《晋公子重耳之亡》
朗读欣赏

［15］将适齐：将要到齐国去。适：到……去。

［16］就木：意思是“被装进棺材”。就：接近、靠近。

［17］卫文公不礼焉：卫文公没有以礼相待。卫文公，名燬（huǐ），是卫国的中兴之主。鲁僖公元年（公元前659年）即位，在位24年。

［18］五鹿：卫国地名，在现在河南省濮阳市东。

［19］块：土块。

［20］天赐：上天的赏赐。古人认为，土地是建立国家的预兆，所以叫“天赐”。

［21］稽首，受而载之：重耳向野人叩头致谢，收下土块，装在车上。稽首：一种礼节，行礼时以头抵地。首：头。

［22］二十乘：二十辆马车。

［23］蚕妾：采桑叶养蚕的女奴隶。

［24］四方之志：远大的志向。

［25］怀与安，实败名：贪恋享乐，安于现状，是足可以摧毁一个人的名声的。

［26］醉而遣之：把重耳灌醉，打发他上路。之：代重耳。

［27］曹共公：名襄，鲁僖公七年（公元前653年）即位，在位35年。骈胁：肋骨连在一起。

［28］裸：裸体。

［29］薄：迫近。

［30］僖负羁：曹国大夫。

［31］相国：辅佐国家。

［32］若以相：如果以他们为辅佐。相：辅佐君主。

［33］夫子必反其国：那人一定会返回晋国。夫：那。子：指重耳。

［34］得志：这里指称霸。

［35］无礼：对重耳无礼的国家。上文曹共公偷看重耳骈胁，是非常无礼的行为。

［36］子盍蚤自贰焉：您何不早些表示您和曹国人有所不同呢？盍：何不。蚤：通“早”。

［37］乃馈盘飧：于是送去一盘熟食。

［38］置璧焉：把璧藏在晚餐里。大夫是不能私自和别国人来往的，“置璧”是为了向重耳表示敬意，同时又不致被人发现。

［39］受飧返璧：接受晚餐（表示领情），退回璧玉（表示不贪）。

［40］叔詹：郑国大夫。

［41］天之所启：上天所开导、赞助的人。启：开。

［42］有三焉：有三件不同寻常的事。

［43］天其或者将建诸：上天或者有意要树立他吧？其：表推测的语气。建：建立、树立。诸：“之乎”的合音。

［44］男女同姓，其生不蕃：中国古代有同姓不婚的说法，认为夫妻同姓，所生的后代不能繁盛。蕃：繁盛。

［45］姬出：指重耳的父母都姓姬。

［46］离外之患：遭到出亡在外的患难。离：同“罹”，遭遇。

［47］靖：安定，平定。这里用作动词。

［48］殆：大概。

[49] 有三士足以上人而从之：有三个够得上上等人的贤士跟随他。据《国语》，“三士”指狐偃、赵衰和贾佗。

[50] 晋、郑同侪（chái）：晋国和郑国都是姬姓国。侪：辈、类。

[51] 子弟：这里指重耳是晋国国君的儿子。

[52] 固将礼焉：本来就应以礼相待。

[53] 楚子飨之：楚成王设酒宴款待他。楚子：楚成王。飨：用酒食招待。

[54] 若返晋国：如果回到晋国做国君。

[55] 何以报不谷：用什么来报答我呢？不谷：诸侯自称。谷：结果实，引申为善、好。

[56] 羽毛齿革：鸟羽、兽毛、象牙、牛皮等物。

[57] 虽然：尽管如此。

[58] 若以君之灵：如果托您的福。

[59] 其辟君三舍：当撤军九十里。其：语气词。辟：同“避”。舍：三十里为一舍。

[60] 若不获命：如果得不到您退兵的命令。

[61] 鞭弭（mǐ）：马鞭和不加装饰的弓。櫜（gāo）鞬（jiàn）：装弓箭的口袋。

[62] 子玉：楚丞相成得臣。

[63] 广而俭：心胸广阔而谦逊。

[64] 肃而宽：精神集中、恭敬而待人宽厚。

[65] 晋侯无亲，外内恶（wù）之：晋惠公众叛亲离，不得人心。

[66] 唐叔之后，其后衰者也：唐叔之后的晋国国运久长。

[67] 违天必有大咎：违背天意，一定会有大的灾祸。咎：灾祸。

[68] 诸：“之于”的合音。

[69] 纳女五人：送给他五名女子。

[70] 怀嬴与焉：怀嬴也在其中。怀嬴：秦穆公之女，曾嫁给晋怀公（晋惠公之子圉），怀公自秦逃归后，怀嬴又作为媵妾送给重耳。

[71] 奉匜（yí）沃（wò）盥（guàn）：怀嬴捧着盛水器给重耳洗手。奉：同“捧”。匜：盛水器。沃：浇水。盥：洗手。

[72] 既而挥之：重耳洗完后，用带水的手向怀嬴挥甩，使水溅在她身上。之：代怀嬴。

[73] 怒，曰：这句话的主语是怀嬴。

[74] 匹：相当，相等。

[75] 卑我：以我为卑。即看不起我。

[76] 降服而囚：重耳脱去上衣，像囚犯那样向怀嬴谢罪。

[77] 公享之：秦穆公设宴款待他。

[78] 文：言辞的文采。

[79] 公子赋《河水》：重耳朗诵《河水》诗。赋：朗诵。《河水》：应是《诗经》中的《沔（miǎn）水》。

[80]《六月》：《诗经》中篇名。诗中歌颂了尹吉甫辅佐周宣王北伐获胜的事。

[81] 拜赐：拜谢秦穆公的好意。赐：恩赐，好意。

[82] 降：下台阶。

[83] 公降一级：秦穆公下一级台阶，表示不敢接受。

［84］君称所以佐天子者命重耳：您用尹吉甫辅佐天子的诗篇教导重耳。

［85］王正月：周历的正月。王：指周天子。

［86］秦伯纳之：秦穆公派人护送重耳回到晋国。纳：使接纳，送。

［87］负羁（jī）绁（xiè）：背着马笼头和马缰绳。负：背。羁：马笼头。绁：马缰绳。

［88］所不与舅氏同心者，有如白水：意思是，我如不和舅父您同心，请白水作证。这是指河水发誓。

［89］济河：渡过黄河。

［90］令狐：地名，在现在山西省临猗县西。

［91］桑泉：地名，在现在山西省解（xiè）县西。

［92］臼衰（cuī）：地名，在现在山西省解县东南。

［93］晋师军于庐柳：晋怀公的军队驻扎在庐柳。意思是说，晋怀公用武力阻止重耳回国。庐柳：地名，在现在山西省临猗县境内。

［94］秦伯使公子絷（zhí）如晋师：秦穆公派公子絷去晋国军营。

［95］郇（xú n）：地名，在现在山西省解县西北。

［96］盟：结盟，订立盟约。

［97］曲沃：地名，在现在山西省闻喜县东北。

［98］武宫：重耳的祖父晋武公的神庙。宫：宗庙。

## 作品简析

本文选自《左传》，记载了晋文公重耳出奔、流亡到回国夺取政权的经历。同时对各诸侯国君主和大臣的政治远见和性格也有所记录。本文是了解春秋时期的政治、军事、外交等不可多得的史料。

公子重耳就是日后夺取了晋国政权的晋文公，“春秋五霸”之一。本文可以看作晋文公传记的一个组成部分。重点记述晋文公在争霸前的流亡生涯和成长经历。时间长达19年（公元前655年—公元前636年），历经狄、卫、齐、曹、宋、郑、楚、秦诸国。文章看起来是在顺叙晋公子重耳的流亡经历，实际上也勾画出了春秋列国间错综复杂的矛盾和斗争，以及晋国在春秋列国中的地位和影响。

# 晋灵公不君[1]

晋灵公不君。厚敛以雕墙[2]。从台上弹人，而观其辟丸也[3]。宰夫胹熊蹯不孰[4]，杀之，置诸畚[5]，使妇人载以过朝[6]。赵盾、士季见其手[7]，问其故，而患之[8]。将谏，士季曰：“谏而不入[9]，则莫之继也[10]。会请先[11]，不入，则子继之[12]。”三进及溜，而后视之[13]。曰：“吾知所过矣[14]，将改之。”稽首而对曰[15]：“人谁无过？过而能改[16]，善莫大焉[17]。《诗》曰：‘靡不有初，鲜克有终[18]。’夫如是[19]，则能补过者鲜矣。君能有终，则社稷之固也[20]，岂惟群臣赖之[21]？又曰：‘衮职有阙，惟仲山甫补之[22]。’能补过也。君能补过，衮不废矣[23]。”

犹不改[24]。宣子骤谏[25]，公患之，使鉏麑贼之[26]。晨往，寝门辟矣[27]。盛服将朝[28]，尚早，坐而假寐[29]。麑退，叹而言曰："不忘恭敬，民之主也。贼民之主，不忠；弃君之命，不信[30]。有一于此[31]，不如死也！"触槐而死[32]。

秋九月，晋侯饮赵盾酒[33]，伏甲，将攻之[34]。其右提弥明知之[35]，趋登[36]，曰："臣侍君宴，过三爵[37]，非礼也。"遂扶以下[38]。公嗾夫獒焉[39]。明搏而杀之[40]。盾曰："弃人用犬，虽猛何为[41]？"斗且出[42]。提弥明死之[43]。

初，宣子田于首山[44]，舍于翳桑[45]。见灵辄饿[46]，问其病。曰："不食三日矣。"食之[47]，舍其半[48]。问之，曰："宦三年矣[49]，未知母之存否。今近焉，请以遗之[50]。"使尽之[51]，而为之箪食与肉[52]，置诸橐以与之[53]。既而与为公介[54]，倒戟以御公徒[55]，而免之[56]。问何故，对曰："翳桑之饿人也。"问其名居[57]，不告而退。遂自亡也[58]。

乙丑[59]，赵穿攻灵公于桃园[60]。宣子未出山而复[61]。大史书曰[62]："赵盾弑其君[63]。"以示于朝[64]。宣子曰："不然[65]。"对曰："子为正卿，亡不越竟[66]，反不讨贼[67]，非子而谁？"宣子曰："乌呼[68]！'我之怀矣，自诒伊戚[69]'，其我之谓矣。"

孔子曰："董狐，古之良史也[70]，书法不隐[71]。赵宣子，古之良大夫也，为法受恶[72]。惜也，越竟乃免[73]。"

## 注释

[1] 本文选自《左传·宣公二年》，着重表彰了敢于直谏、忠于国事的赵盾。晋灵公：名夷皋，晋襄公之子，文公之孙，是历史上有名的暴君。君：用作动词。不君：不行君道。宣公二年，即公元前607年。

[2] 厚：重。敛：赋税。厚敛：加重赋税。雕：画，一本作"彫"。

[3] 弹人：用弹弓射人。辟（bì）：躲避，后来写作"避"。丸：弹子。

[4] 宰夫：厨子。胹（ér）：炖。熊蹯（fán）：熊掌。孰：熟，后来写作"熟"。

[5] 畚（běn）：草绳编成的筐子一类的器物。

[6] 载：用车装。过朝：经过朝廷。灵公是以杀人为儿戏，并想借此让众人怕自己。

[7] 赵盾：晋正卿（相当于首相），谥号宣子。士季，名会，晋大夫。其手：宰夫的手。

《晋灵公不君》朗读欣赏

[8]"问其"二句：问宰夫被杀的原因，并为这件事忧虑。

[9] 不入：不纳，这里指不接受谏言。

[10] 莫：否定性的无定代词，等于说"没有谁"。之：代词，指赵盾，等于说"您"（注意：先秦"之"字可以活用），在这里做"继"的宾语。

[11] 先：动词，这里是说先谏。

[12] 之：等于说"我"。

[13] 三进：往前走了三次。及：到。溜：通"霤"，房顶瓦垄滴水处，指屋檐下。士会往前走一段路，就伏到地上行礼，灵公知道他要进谏，所以假装没看见，士会只好又往前走，再行礼，这样往

前走了三次已到檐下，灵公无可回避了，才理他。

［14］“吾知”句：我知道我所犯的错误了。灵公想把士会的话挡回去，所以抢先说话。

［15］稽首：古人最恭敬的礼节，动作近似于磕头，但要先拜，然后双手合抱按地，头伏在手前边的地上并停留一会儿，整个动作都较缓慢。

［16］前一“过”字是名词，指过错；后一“过”字是动词，指犯了错误。

［17］“善莫”句：没有任何善事能比这个更大的了。

［18］引自《诗经·大雅·荡》。大意是：没有谁向善没一个开始，但很少能坚持到底。靡：没有谁，作用同“莫”。初：开始。鲜（xiǎn）：少。克：能。

［19］夫：句首语气词，表示下面要发表议论。

［20］则社稷之固也：社稷就巩固了。之：介词。

［21］赖：依靠。之：指“君能有终”。

［22］引自《诗经·大雅·烝民》。大意是：周宣王有没尽职的地方，只有仲山甫来弥补。衮：天子之服，这里指天子。职：职责。阙：通缺，过失。仲山甫：周宣王的大臣。

［23］“君能”句：这话有双关的意思。您能补救您的过失，您的衮袍就可以不被废掉了。意思是您的君位就丢不了了。

［24］犹：还（hái），仍。

［25］骤：多次。

［26］患：厌恶。锄麑（chú　ní）：晋国力士。贼：杀。上“之”字指骤谏，下“之”字指赵盾。

［27］寝门：卧室的门。辟：开。

［28］盛服：正其衣冠，也就是“穿戴整齐”的意思。

［29］假寐（mèi）：不脱衣冠坐着打盹。

［30］信：守信用。

［31］有一于此：在不忠不信中有一样。

［32］触：撞。

［33］“晋侯”句：晋侯赐给赵盾酒喝。饮（yìn）：使……喝，也就是“给……喝”。

［34］伏：埋伏。甲：铠甲，这里指穿铠甲的武士。

［35］右：车右，又称骖乘。古制，一车乘三人，尊者在左，御者在中，骖乘居右；但君王或战争时的主帅居中，御者在左。车右都是有勇力之士，任务是执干戈以御敌，并负责战争中的力役之事。提弥明：人名，晋国的勇士，赵盾的车右。

［36］趋登：快步走上堂去。

［37］爵：古代饮酒器。

［38］“遂扶”句：紧接着就扶着（赵盾）走下堂去。

［39］嗾（sǒu）：唤狗的声音，用作动词，嗾使。夫（fú）：指示代词，那个。獒（áo）：猛犬。《尔雅》：“犬四尺为獒。”

［40］搏：徒手打，搏斗。

［41］何为：做什么？也就是“顶得了什么？”

［42］且出：一边打，一边出去。且：连词，一边……一边……

［43］死之：为他（赵盾）死了，即“殉难”的意思。

［44］田：打猎，后来写作“畋”。首山：又名首阳山，在今山西永济县南。

[45] 舍：住扎休息。翳桑：地名（依王引之说，见《经义述闻》）。
[46] 灵辄：人名，晋国人。饿：指饿得快死了。
[47] 食（sì）之：给他东西吃。“食”的用法同上文“饮”。
[48] 舍其半：灵辄留下一半食物没吃。
[49] 宦（huàn）：当贵族的仆隶。
[50] “今近”句：现在离她近了，请允许把（这一半）给她吃。遗（wèi）：给。
[51] 尽：用作动词，这里是吃尽的意思。
[52] “而为”句：并且给他预备一筐饭和肉。为：作，这里有“预备”的意思。箪（dān）：盛饭用的竹筐。食（sì）：饭。
[53] 橐（tuó）：口袋。以：连词。
[54] 既而：不久。与（yù）：参加。介：甲，指甲士。
[55] “倒戟”句：把兵器倒过头来挡住灵公手下的人。
[56] 免之：使赵盾免于难。
[57] 名：名字。居：住处。
[58] 亡：逃走，指赵盾逃亡。
[59] 乙丑：宣公二年九月二十六日。
[60] 攻：当为“杀”字之误。桃园：灵公的园囿。
[61] 山：晋国边境的山。复：回来。
[62] 大（tài）史：后来写成太史，官名，专管记载国家大事，这里是指晋太史董狐。书：写，指记事。
[63] 弑（shì）：古代臣杀君、下杀上称“弑”。太史这样记载是为了维护宗法社会的正统思想和等级观念。无论国君如何无道，也只可谏，不可杀，杀君就是大逆不道。史官以此为记事的准则，当然不会写出真正的历史。
[64] “以示”句：把上面的话拿到朝廷上公布。
[65] 不然：不是这样。然：代词。
[66] 竟：国境，边境，后来写作“境”。
[67] 反：回来。后作“返”。讨：声讨。贼：大逆不道的人，这里指赵穿。
[68] 乌呼：即呜呼，感叹词。
[69] “我之”二句：杜预说这两句是逸诗。可能是引自《诗经·邶风·雄稚》，今本《诗经》“伊戚”作“伊阻”。赵盾引这两句的意思是：由于我怀念祖国，反而自己找来了忧患。之：介词。怀：眷恋。诒：通“贻”，给。伊：指示代词，那个。戚：忧。
[70] 良史：好史官。
[71] 书法：记事的原则。隐：隐讳。
[72] 为（wèi）：为了。法：指书法。恶：指恶名。
[73] 照孔子看来，董狐的书法是对的，赵盾也没罪，只是因为史官的记事原则而受屈。“越竟”就是孔子提出的解决这个矛盾的方法：“越竟则君臣之义绝，可以不讨贼”（见杜注）。这反映了孔子的正统观念。

## 作品简析

《晋灵公不君》是《左传》中应用春秋笔法较明显的一篇文章。孔子在《春秋》里写道“晋赵盾弑其君夷皋”，按《春秋》的义例，凡是被杀的国君称名，是因为国君无道，这里称晋灵公夷皋的名，就是贬斥晋灵公无道。“晋灵公不君”一文，开头就说“晋灵公不君”——晋灵公不行国君正道。定了贬斥晋灵公的调子，预示晋国要发生大乱，国家要失去稳定。本文从多个角度，以鲜活生动的材料集中突现了晋灵公的残暴和应得的下场，通过正反两方面的三个典型事例，把儒家“君君，臣臣，父父，子子”的道理做了形象化的说明。

## 苏秦以连横说秦

苏秦始将连横，说秦惠王[1]曰：“大王之国，西有巴、蜀、汉中之利[2]，北有胡貉、代、马之用，南有巫山、黔中之限[3]，东有崤、函之固。田肥美，民殷富，战车万乘，奋击百万，沃野千里，蓄积饶多，地势形便，此所谓天府，天下之雄国也。以大王之贤，士民之众，车骑之用，兵法之教，可以并诸侯，吞天下，称帝而治，愿大王少留意，臣请奏其效[4]。”

秦王曰：“寡人闻之，毛羽不丰满者，不可以高飞；文章不成者，不可以诛罚[5]；道德不厚者，不可以使民；政教不顺者[6]，不可以烦大臣。今先生俨然不远千里而庭教之[7]，愿以异日[8]。”

苏秦曰：“臣固疑大王不能用也。昔者神农伐补遂[9]，黄帝伐涿鹿而禽蚩尤[10]，尧伐驩兜[11]，舜伐三苗[12]，禹伐共工[13]，汤伐有夏[14]，文王伐崇[15]，武王伐纣[16]，齐桓任战而伯天下[17]。由此观之，恶有不战者乎？古者使车毂击驰[18]，言语相结[19]，天下为一；约从连横[20]，兵革不藏；文士并饬[21]，诸侯乱惑，万端俱起，不可胜理；科条既备，民多伪态[22]；书策稠浊，百姓不足[23]；上下相愁，民无所聊[24]；明言章理，兵甲愈起；辩言伟服[25]，战攻不息；繁称文辞[26]，天下不治；舌弊耳聋[27]，不见成功；行义约信，天下不亲[28]。于是，乃废文任武，厚养死士，缀甲厉兵，效胜于战场。夫徒处而致利[29]，安坐而广地，虽古五帝、三王、五伯[30]、明主贤君，常欲坐而致之，其势不能，故以战续之。宽则两军相攻，迫则杖戟相撞，然后可建大功。是故兵胜于外，义强于内；威立于上，民服于下。今欲并天下，凌万乘，诎敌国，制海内，子元元，臣诸侯，非兵不可[31]！今之嗣主，忽于至道，皆惛于教，乱于治，迷于言，惑于语，沉于辩，溺于辞。以此论之，王固不能行也。”

说秦王书十上而说不行，黑貂之裘弊[32]，黄金百斤尽。资用乏绝，去秦而归。羸縢履蹻[33]，负书担橐[34]，形容枯槁，面目犁黑，状有归色。归至家，妻不下纴，嫂不为炊，父母不与言。苏秦喟然叹曰：“妻不以我为夫，嫂不以我为叔，父母不以我为子，是皆秦之罪也。”乃夜发书，陈箧数十，得太公《阴符》之谋[35]，伏而诵之，简练以为揣摩。读书欲睡，引锥自刺其股，血流至踵。曰：“安有说人主不能出其金玉锦绣，取卿相之尊者乎？”期年，揣摩成，曰：“此真可以说当世之君矣！”

于是乃摩燕乌集阙[36]，见说赵王于华屋之下，抵掌而谈[37]。赵王大悦，封为武安君，受相印，革车百乘，锦绣千纯，白璧百双，黄金万溢[38]，以随其后，约从散横[39]，以抑强秦。

故苏秦相于赵而关不通[40]。当此之时，天下之大，万民之众，王侯之威，谋臣之权，皆欲决苏秦之策[41]。不费斗粮，未烦一兵，未张一士，未绝一弦，未折一矢，诸侯相亲，贤于兄弟。夫贤人在而天下服，一人用而天下从。故曰：式于政，不式于勇；式于廊庙之内，不式于四境之外[42]。当秦之隆，黄金万溢为用，转毂连骑，炫熿于道，山东之国，从风而服，使赵大重[43]。

且夫苏秦特穷巷掘门、桑户棬枢之士耳[44]，伏轼撙衔，横历天下，廷说诸侯之王，杜左右之口，天下莫之能伉[45]。将说楚王，路过洛阳，父母闻之，清宫除道，张乐设饮，郊迎三十里。妻侧目而视，倾耳而听；嫂蛇行匍伏，四拜自跪而谢[46]。苏秦曰：“嫂何前倨而后卑也[47]？”嫂曰：“以季子之位尊而多金[48]。”苏秦曰：“嗟乎！贫穷则父母不子，富贵则亲戚畏惧。人生世上，势位富贵，盖可忽乎哉[49]！”

## 注 释

[1] 苏秦：字季子，东周洛阳人，少年时和张仪同学于齐。他策划联合六国抗秦，后被破坏，齐、魏共同伐赵，赵王责备苏秦，苏秦要求赵王派他去联合燕国。后又为燕国作间谍到齐国，骗取齐王的信任，最后在齐国被杀。秦惠王：秦国的国君，名驷。连横：秦处于西，六国在东，且六国土地南北相连。若六国联合结盟抗秦，则称“合纵”；若秦国从西向东收服诸国，则称为“连横”。张仪曾经游说六国，让六国共同侍奉秦国，即称“连横”。苏秦初始游说“连横”，想得到秦的重用，不料遭遇秦王冷遇，因而怀恨在心，以致有了后来的“约从散横，以抑强秦”。此处的“连横”，是有具体所指，而下面的“约从连横”，属泛指。

[2] 巴、蜀：今四川省地区。巴：以重庆为中心的川东地带；蜀：以成都为中心的川西地带。汉中：今陕西省南部地区。

[3] 貉（hé）：地名，位于今内蒙古南部。代、马：地名。代郡、马邑。限：古籍中通“险”，险隘。

[4] 请奏其效：请：请允许（我）……奏：恭述、奏明。效：效验，验证。但文中此句又可作另一番理解，即“其”为语气助词，效：代指为秦王效力的见解或策略。

《苏秦以连横说秦》
朗读欣赏

[5] 文章不成者，不可以诛罚：文章：指礼乐和法度。诛罚：杀罚也，指刑罚实施。

[6] 政教：这里指国政方面的教化或主张。不顺：不合时宜，行不通，有阻力。

[7] 俨然：矜庄貌，郑重其事的样子。庭教之：庭上指教。

[8] 愿以异日：希望改日再领教。

[9] 神农：传说中的炎帝名号。补遂：古代部落名。

[10] 黄帝伐涿鹿而禽蚩尤：黄帝：传说中的古帝名，号轩辕氏，建国于有熊。涿（zhuō）鹿：山名，在今河北省涿鹿县西南。蚩尤：九黎部落之酋长，与黄帝作战，为黄帝所诛。

[11] 尧伐驩兜：尧：传说中的古帝名，姓姬，名放勋，国号唐。传位于舜。驩（huān）兜：尧

臣，因作乱被放逐。

［12］舜伐三苗：舜：传说中的古帝名，姓姚，名重华，国号虞。传位于禹。三苗：即古代的苗族部落。

［13］禹伐共工：禹：古帝名。本舜臣，治水有功，受舜禅，即帝位，国号夏。共工：古之水官名，极横暴，为禹所放逐。

［14］汤伐有夏：汤：商朝开国的王，本为夏朝诸侯。夏王桀无道，汤起兵攻桀，建立商朝。有夏：指夏代末代君主王桀。

［15］文王伐崇：文王：即周文王，姓姬，名昌，殷纣时为西方诸侯首领，又称西伯。崇：当时的诸侯国名。

［16］武王伐纣：武王：即周武王。文王之子，名发，灭纣后，即天子位，国号周。纣：即殷纣王，暴虐之君。

［17］齐桓任战而伯天下：齐桓：齐桓公，齐国国君，名小白。他联合诸侯，抵抗外族侵扰，为诸侯盟主。任战：即肯战。伯：同“霸”，称霸。霸天下，即为诸侯盟主。

［18］古者使车毂击驰：古者使：古人使者。使：于此非作使动词。车辆来往奔驰，车毂互相撞击，形容车辆之多，奔驰之急。毂（gǔ）：车轴的中心。

［19］言语相结：商谈结盟。

［20］天下为一；约从连横：倒置句。约：约定；从：此为古“纵”的通假字。连：结交。南北曰纵，东西曰横；此处“约从连横”属于泛指，古意为邦交、结盟于四方诸国之事。“约从连横”另一层意思为：既邀约自己势力范围内的力量（或称为同盟），亦连接争取自己势力范围之外的力量。

［21］文士并饬（chì）：指各国使臣或文人说客均用巧饰的语言游说于诸侯之前。

［22］科条：规章制度。伪态：虚伪态度，即非真心来履行。

［23］书策：法令。稠浊：繁乱。百姓不足：百姓（却）很贫困。

［24］上下相愁，民无所聊：君臣上下相互仇怨，百姓无以聊生。

［25］辨言：言辞巧辩。伟服：服装壮观。

［26］繁称：称谓烦琐。文辞：美饰言辞。

［27］舌弊耳聋：弊：指疲困、劳累。如“今三分天下，益州疲弊。（诸葛亮《出师表》）”。舌弊耳聋喻指说得舌头疲累，听得耳朵发聋。

［28］行义约信，天下不亲：即便（你）行事仁义、诚信守约，天下也无人（与你）亲近。

［29］夫徒处而致利：徒处：指置身空守，与下句“坐”，均谓不劳坐守。

［30］五帝、三王、五伯：五帝：一般指黄帝、颛顼、帝喾、尧、舜。三王：三代的王，指夏禹、商汤和周文王。五伯：指齐桓公、晋文公、宋襄公、秦穆公、楚庄王。

［31］“凌万乘……”句：凌：凌驾、统帅。诎（qū）：屈服、使屈服。制：整治。臣：使臣服。元元：指百姓。子元元：即纳天下百姓为子孙。《后汉书·班固传》：元元本本。又百姓曰元元。《史记·文帝本纪》：以全天下元元之民。

［32］裘：皮衣。弊：坏，坏损。

［33］羸縢履蹻：羸（léi）：通“缧”，缠绕。縢（téng）：绑腿布。履：穿。蹻（qiāo）：草鞋。此句大概意思为：扎系藤蔓，足穿草鞋。

［34］橐（tuó）：袋子。

［35］发：翻找。陈：放置、陈列。箧（qiè）：书箱、书篓。“得太公《阴符》之谋”：太公：姓

姜，名尚，周文王臣，佐武王伐纣。《阴符》：后人托名太公所著的兵法书。

［36］于是乃摩燕乌集阙：摩：接近、临近、逼近，此处意为“登上”。燕乌集阙：宫阙名。燕乌乌鹊汇集宫阙檐下，取名至雅，可惜已无从查考。阙：有本解释为“塞”名，不敢恭维。

［37］赵王：赵肃侯，名语。华屋：华丽殿堂。抵掌而谈：抵掌，两人手掌相抵，喻交心而谈。

［38］革车：用皮革包裹装饰的车子；纯：古代量名，《淮南子·地形训》里闲九纯，纯丈五尺。溢：通：“镒”，古代重量单位，合二十四两为一镒。

［39］约：邀约、联合。从：古代“纵”的通假字，此指同盟阵营。散：离散、拆散。横：此指非同盟阵营势力。

［40］关不通：函谷关内和关外的交通隔绝，指秦兵不能出函谷关。

［41］皆欲决……：都想以……为决定。策：谋略、主张。

［42］式：同“试”，用、取用、致力于。

［43］当秦之隆，黄金万溢为用：当：匹敌、堪比、与抗衡。隆：兴盛、兴旺。用：用度、费用、开销。转毂连骑：滚滚军车战骑。炫熿：光耀，炫耀。从风而服：闻风听服。大重：大受重视。大：大受、广受、深受。重：尊崇、重视。

［44］“且”“夫”均为文言文句首助语词；“夫”前加“且”，加重语气，有“且说那……”之意。特：只是、仅此、不过。穷巷掘门：居于贫穷巷子里，凿墙洞为门。《齐策》亦有“掘穴穷巷”句。桑户棬（quān）枢：桑户，引喻为贫穷的庄稼农户。棬：曲木做的饮器。棬枢：木杯代用的门户枢座。指门的枢座磨坏了，便临时用木杯来代用，喻寒酸至极。

［45］“伏轼撙衔”句：伏扶于车轼之上。伏：伏身。轼：古代车厢前扶手横木。撙（zǔn）：勒，操控，控制，节制。衔：马嚼子，会意为供操制的缰绳。廷：通“庭”，殿庭。说：说服，辩说。杜左右之口：让左右其余人等难以表述自己的言论。杜：禁阻，堵塞。伉：古与抗同，意为对等、抗衡。

［46］清宫除道：清理房舍，洒扫街路。张乐设饮：摆列乐队，设置酒宴。郊迎：郊外迎接。蛇行匍伏：蛇样曲回匍匐前行。谢：谢罪、忏悔过失或罪过。

［47］前倨而后卑：先前傲慢而后来谦卑。倨：傲慢。卑：谦卑。

［48］以：因为。季子：一意为年龄最小之子、少子。这里是指苏秦的字。位尊而多金：地位显赫而多有钱财。

［49］盖可忽乎哉：盖：又作“盍（hé）”，与“何”同义。《礼记·檀弓》：“子盖言子之志于公乎。”《庄子·养生主》：“技盖至此乎?”忽：忽视，轻视。乎哉：语气助词，相当于今日的“啊”“哦”。“盖可忽乎哉”意为：怎么可忽视啊！由此句观，苏秦亦金钱势利一小人耳！

## 作品简析

《苏秦以连横说秦》出自《战国策》，《战国策》是战国时代纵横家的说辞及权变故事的汇编。《战国策》原本没有小标题，标题为编者所加，以下各篇同。苏秦是战国纵横家的代表人物。他先以连横之策游说秦王，备受冷落；后又以合纵之术游说赵王，大获成功。时而连横，时而合纵，没有固定的政治主张，只为取卿相之尊而奔走，是典型的政客形象。“人生世上，势位富厚，盖可以忽乎哉?”这正是纵横家的肺腑之言。

《苏秦以连横说秦》颇能代表《战国策》的风格，与《左传》文风迥异。《左传》凝练，言简意赅；《战国策》舒放，铺陈夸张。《左传》深沉含蓄，耐人寻味；《战国策》则驰辩骋说，富于气势。此外，本文在语言方面还大量使用排偶句，渲染气氛，使文气贯通，气势奔放，具有震撼人心的力量，充分显示了纵横家的风格。

在描写人物形象的方法方面，与其他先秦散文相比，这篇文章也有所突破。比如，写他说秦失败后那困顿狼狈之窘态的肖像描写、发愤读书锥刺股的细节描写、读书充满自信的独白等表现手法，颇有小说的味道，这在其他先秦著作中是少见的。

## 冯谖客孟尝君[1]

齐人有冯谖者[2]，贫乏不能自存[3]，使人属孟尝君[4]，愿寄食门下[5]。孟尝君曰："客何好[6]？"曰："客无好也。"曰："客何能？"曰："客无能也。"孟尝君笑而受之，曰："诺[7]。"

左右以君贱之也[8]，食以草具[9]。居有顷[10]，倚柱弹其剑，歌曰："长铗归来乎[11]！食无鱼。"左右以告[12]。孟尝君曰："食之，比门下之客[13]。"居有顷，复弹其铗，歌曰："长铗，归来乎，出无车。"左右皆笑之，以告。孟尝君曰："为之驾[14]，比门下之车客[15]。"于是乘其车，揭其剑[16]，过其友[17]，曰："孟尝君客我[18]。"后有顷，复弹其铗，歌曰："长铗，归来乎！无以为家[19]。"左右皆恶之[20]，以为贪而不知足。孟尝君问："冯公有亲乎？"对曰："有老母。"孟尝君使人给其食用[21]，无使乏。于是冯谖不复歌。

后孟尝君出记[22]，问门下诸客："谁习计会[23]，能为文收责于薛者乎[24]？"冯谖署曰[25]："能。"孟尝君怪之，曰："此谁也？"左右曰："乃歌夫'长铗归来'者也[26]。"孟尝君笑曰："客果有能也，吾负之[27]，未尝见也。"请而见之，谢曰[28]："文倦于事[29]，愦于忧[30]，而性懧愚[31]，沉于国家之事[32]，开罪于先生[33]。先生不羞[34]，乃有意欲为收责于薛乎[35]？"冯谖曰："愿之[36]。"于是约车治装[37]，载券契而行[38]。辞曰："责毕收[39]，以何市而反[40]？"孟尝君曰："视吾家所寡有者。"

驱而之薛[41]，使吏召诸民当偿者[42]，悉来合券[43]。券遍合[44]，起，矫命以责赐诸民[45]，因烧其券[46]，民称万岁。

长驱到齐[47]，晨而求见[48]。孟尝君怪其疾也[49]，衣冠而见之[50]，曰："责毕收乎，来何疾也？"曰："收毕矣。""以何市而反？"冯谖曰："君云'视吾家所寡有者'。臣窃计，君宫中积珍宝[51]，狗马实外厩[52]，美人充下陈[53]。君家所寡有者以义耳[54]！窃以为君市义[55]。"孟尝君曰："市义奈何[56]？"曰："今君有区区之薛[57]，不拊爱子其民[58]，因而贾利之[59]。臣窃矫君命，以责赐诸民，因烧其券，民称万岁，乃臣所以为君市义也[60]。"孟尝君不说[61]，曰："诺。先生休矣[62]！"

后期年[63]，齐王谓孟尝君曰[64]："寡人不敢以先王之臣为臣[65]。"孟尝君就国于薛[66]。未至百里[67]，民扶老携幼，迎君道中终日[68]。孟尝君顾谓冯谖："先生所为文市义者，乃今日见之[69]。"

冯谖曰："狡兔有三窟，仅得免其死耳[70]。今君有一窟，未得高枕而卧也[71]。请为君复凿二窟。"孟尝君予车五十乘[72]，金五百斤，西游于梁[73]，谓惠王曰[74]："齐放其大臣孟尝君于诸侯[75]，诸侯先迎之者，富而兵强。”于是梁王虚上位[76]，以故相为上将军[77]，遣使者，黄金千斤[78]，车百乘，往聘孟尝君。冯谖先驱[79]诫孟尝君曰[80]：“千金，重币也[81]；百乘，显使也[82]。齐其闻之矣[83]。”梁使三反[84]，孟尝君固辞不往也[85]。

齐王闻之，君臣恐惧。遣太傅赍黄金千斤[86]，文车二驷[87]，服剑一[88]，封书谢孟尝君曰[89]：“寡人不祥[90]，被于宗庙之祟[91]，沉于谄谀之臣[92]，开罪于君。寡人不足为也[93]；愿君顾先王之宗庙[94]，姑反国统万人乎[95]？”冯谖诫孟尝君曰：“愿请先王之祭器，立宗庙于薛[96]。”庙成，还报孟尝君曰：“三窟已就[97]，君姑高枕为乐矣。”

孟尝君为相数十年，无纤介之祸者[98]，冯谖之计也。

## 注 释

[1] 谖（xuān）：一本作“暖”，《史记·孟尝君列传》作“欢”，都读 xuān。客：用作动词，这里当作客讲。孟尝君，姓田，名文，齐国的贵族，封于薛（故城在今山东滕县东南），孟尝君是他的封号。他是“战国四公子”之一（另外三个是魏国的信陵君、赵国的平原君、楚国的春申君），门下有食客数千人。本文写孟尝君的门客冯谖为他出谋划策以巩固他的政治地位。

[2] 者：语气词，表提顿。

[3] 存：存在，这里指生活。

[4] 属（zhǔ）：嘱托。后来写作“嘱”。

[5] 寄食：就是依靠别人吃饭。这里指到孟尝君门下作食客。

[6] 何好（hào）：爱好什么。

[7] 诺：答应的声音。

[8] 左右：指在孟尝君左右为他办事的人。以：因为。贱：用作动词，意动用法。贱之：以之为贱，等于说看不起他（冯谖）。

[9] 食（sì）：给……吃。草具：粗恶的饮食。具：馔具，饮食的东西。

[10] 居有顷：待了不久。

[11] “长铗”句：长铗啊，咱们还是回去吧！铗（jiá）：剑把，这里指剑。

[12] 以告：把（冯谖唱歌的事）告诉（孟尝君）。“以”是介词，宾语“之”省略了。

《冯谖客孟尝君》朗读欣赏

[13] 比门下之客：比照一般门客。

[14] 为之驾：给他准备车马。这是双宾语结构。

[15] 车客：可以坐车的客。

[16] 揭：高举。

[17] 过：指拜访。

[18] 客我：以我为客，也就是把我当客。客：用作动词。

［19］无以为家：没有用来养家的东西，等于说没法养家。为：动词。

［20］恶（wù）：厌恶。

［21］给：供应，使足。

［22］记：大约是文告之类。

［23］习：熟习。计会（kuài）：就是会计。

［24］责（zhài）：债务，债款。后来写作“债”。

［25］署：签名。

［26］“乃歌”句：就是唱那“长铗归来”的人啊。乃：就是。夫：指示代词，当“那”讲。

［27］吾负之：我对不住他。

［28］谢：道歉。

［29］文倦于事：我被琐事搞得疲劳。于：介词，表被动，下句的“于”同。

［30］愦于忧：被忧虑搞得心烦意乱。愦（kuì）：心乱。

［31］懧（nuò）：懦弱。

［32］沉：沉溺。

［33］开罪：等于说得罪。

［34］不羞：不以为羞。

［35］乃：却，竟。为（wèi），介词。

［36］之：代词。指“为收责于薛”。

［37］约车：套车。约：束。治装：整理行装。

［38］券（quàn）契：大致和后世的契据合同相当。借贷双方各持一份书牍（竹木做成的），刻齿其旁，以便合齿验证。所以下文说“合券”。

［39］毕收：完全收了。

［40］以何市而反：用收回的债款买什么东西回来？以：介词。市：买。反：返回，这个意义后来写作“返”。

［41］驱：本为赶马，这里指驾车。之：往。

［42］当偿者：应当还债的人。

［43］悉：尽，都。

［44］遍合：全部合过。

［45］起：站起来。矫命：假托命令。以责赐诸民：把债款赐给老百姓。

［46］因：于是。

［47］长驱：一直赶着车，指毫不停留。

［48］晨而求见：清晨就求见孟尝君。

［49］疾：快。

［50］“衣冠”句：穿好衣服戴好帽子来接见他，以表示恭敬。衣、冠，都是名词用作动词。

［51］窃：私自，谦词。计：考虑。

［52］实：和下句的“充”是同义词，都当充实讲。厩（jiù）：马房。

［53］下陈：等于说后列。

［54］以：疑是衍文。

［55］“窃以”句：以：用，介词。为（wèi）：介词。

［56］奈何：怎么样。

［57］区区：小小的。

［58］拊（fǔ）：和“抚”的意思差不多。子其民：以其民为子，就是把薛地的人民看成自己的子女。子：用作动词。

［59］贾（gǔ）利之：用商贾之道向人民图利。贾：藏货待卖叫作贾。

［60］“乃臣”句：这就是我用来替你买义的方式啊。所：代词。以：介词。这里的“所以”意思是“用来……的方式”，不同于现代汉语的“所以”。

［61］说（yuè）：喜悦，高兴。这个意义后来写作“悦”。

［62］休：停止。休矣：等于说算了吧。

［63］期（jī）年：一周年。古代单说“期”，也指一周年。

［64］齐王：指齐愍（mǐn）王。

［65］“寡人”句：我不敢把先王的臣作为我的臣。这是委婉语，实际上是撤他的职。先王：指齐宣王。

［66］就国：前往自己的封邑。就：到……去。

［67］未至百里：还差百里没到。

［68］君：指孟尝君。

［69］“先生”句：大意是：先生替我买义的道理，今天才见到了。乃：副词，才。

［70］仅：才。耳：语气词，同“而已”，相当于现代汉语的“罢了”。

［71］高枕而卧：把枕头垫得高高地躺着，比喻没有忧虑。高：用作动词。

［72］予：给。

［73］梁：就是魏国。魏原都安邑，惠王迁都大梁（今河南开封），所以也叫梁。

［74］惠王：即梁惠王。

［75］“齐放其大臣”句：齐国放逐他的大臣孟尝君到各诸侯国去。放：放逐。

［76］虚上位：就是把上位（指相位）空出来。虚：用作动词，使……虚。

［77］“以故相”句：把原来的宰相调为上将军。故：原来。

［78］“黄金”前省略了介词“以”。

［79］先驱：先赶车回去。

［80］诫：告诫。

［81］千金：等于说金千斤。币：这里指聘币，是古代聘请人时送的礼物。

［82］显使：显贵的使臣。

［83］齐其闻之矣：齐国大概听说了。其：句中语气词，表示委婉语气。

［84］梁使三反：梁国的使臣往返三次。

［85］固辞：坚决推辞。

［86］太傅：官名。赍（jī）：拿东西送人。

［87］文车二驷：绘有文彩的四马车两辆。驷：这里指四马拉的车的单位。

［88］服剑：佩带的剑。

［89］封书：封好了书信。谢孟尝君：向孟尝君道歉。

[90] 不祥：不善。

[91] 被于宗庙之祟：遭受祖宗降下的灾祸。被：遭受。宗庙：这里借指祖宗。祟（suì）：神祸。

[92] 谄谀（chǎn yú）：巴结逢迎。

[93] 寡人不足为也：我是不值得您帮助的。为：指帮助。

[94] 顾：顾念。

[95] 姑：暂且，副词。统：治理。万人：指全国人民。

[96] “愿请”句：希望你向齐王请求先王传下来的祭器，在薛建立宗庙。按：古人重视宗庙，这样就可以使孟尝君的地位更加巩固。

[97] 就：完成。

[98] 纤（xiān）：细。介：通“芥”，小草。纤介：是细小的意思。

## 作品简析

本文是《战国策》的名篇，属《战国策·齐策四》。战国时期，列国纷争，宗法制度遭到破坏，诸侯国王和贵族等领主势力受到削弱，他们迫切需要大量的拥护者和谋划者，于是王侯将相争相养士，从而出现了“士”这一特殊阶层。这段时期，风行养士（食客）之风，尤以“四大公子”为甚。如齐国的孟尝君，赵国的平原君，魏国的信陵君，楚国的春申君及吕不韦等。这些士大多是能辩善谋，有一定的政治见解，或有一技之长，甚至身怀绝技者。“食客三千”已经成了那个时代的特点。士阶层，是当时的特殊阶层，有着一定的社会势力。他们依附于君主，不断地献计献策，为君主扩大政治影响，巩固权位。这些人中，龙蛇混存，既有鸡鸣狗盗之徒，也不乏非凡胆识的人才，本文主角冯谖就属后者。文中即通过冯谖展现了战国时代士的才干和智慧，也反映了那个时期的政治面貌。

## 触龙说赵太后[1]

赵太后新用事[2]，秦急攻之。赵氏求救于齐。齐曰：“必以长安君为质[3]，兵乃出[4]。”太后不肯，大臣强谏[5]。太后明谓左右[6]：“有复言令长安君为质者[7]，老妇必唾其面[8]！”

左师触龙言愿见太后，太后盛气而揖之[9]。入而徐趋[10]，至而自谢，曰：“老臣病足[11]，曾不能疾走[12]，不得见久矣，窃自恕[13]，而恐太后玉体之有所郄也[14]，故愿望见太后。”太后曰：“老妇恃辇而行。”曰：“日食饮得无衰乎[15]？”曰：“恃鬻耳。”曰：“老臣今者殊不欲食[16]，乃自强步[17]，日三四里，少益嗜食[18]，和于身[19]。”太后曰：“老妇不能。”太后之色少解[20]。

左师公曰：“老臣贱息舒祺[21]，最少，不肖[22]。而臣衰[23]，窃爱怜之[24]。愿令得补黑衣之数[25]，以卫王宫，没死以闻[26]。”太后曰：“敬诺[27]。年几何矣[28]？”对曰：“十五岁矣。虽少，愿及未填沟壑而托之[29]。”太后曰：“丈夫亦爱怜其少子乎[30]？”对曰：“甚于妇人[31]。”太后笑曰：“妇人异甚[32]！”对曰：“老臣窃以为媪之爱燕后[33]，贤于长安君[34]。”曰：“君过矣[35]！不若长安君之甚[36]。”左师公曰：“父母之爱子，则为之计深远[37]。媪之送燕后也，持其踵，为之泣[38]，念悲其远也[39]，亦哀之矣。已行[40]，非弗思也，祭祀必祝之，祝曰：‘必勿使反[41]。’岂非计久长，有子孙相继为王也哉[42]？”太后曰：“然。”

左师公曰：“今三世以前[43]，至于赵之为赵[44]，赵王之子孙侯者，其继有在者乎[45]？”曰：“无有。”曰：“微独赵[46]，诸侯有在者乎？[47]”曰：“老妇不闻也[48]。”“此其近者祸及身，远者及其子孙。岂人主之子孙则必不善哉？位尊而无功，奉厚而无劳[49]，而挟重器多也[50]。今媪尊长安君之位[51]，而封之以膏腴之地[52]，多予之重器[53]，而不及今令有功于国。一旦山陵崩[54]，长安君何以自托于赵[55]？老臣以媪为长安君计短也[56]，故以为其爱不若燕后[57]。”太后曰：“诺，恣君之所使之[58]！”于是为长安君约车百乘，质于齐，齐兵乃出。

子义闻之[59]，曰：“人主之子也，骨肉之亲也，犹不能恃无功之尊[60]，无劳之奉，而守金玉之重也，而况人臣乎！”



## 注 释

[1] 事在赵孝成王元年（公元前265年）。触龙，赵国的左师（官名）。赵太后，就是赵威后，孝成王的母亲。本文写爱国的触龙针对赵太后的自私心理，巧妙地说服了赵太后。

[2] 新：刚开始。用事：这里指执政。公元前266年，赵惠文王死，子孝成王立，年幼，所以由赵太后执政。

[3] 长安君：赵太后最小的儿子的封号。质（zhì）：抵押。当时诸侯间结盟，常常把自己的子孙交给对方做抵押，以取得信任。

《触龙说赵太后》朗读欣赏

[4] 乃：这里当“才”讲，副词。

[5] 强谏：竭力谏诤。

[6] 明谓：明明白白地说给。

[7] 者：代词，这里代人，相当于“的人”。

[8] 老妇：赵太后自称。唾其面：吐口水在他的脸上。

[9] 太后盛气而揖之：太后很生气地等着他。揖：《史记·赵世家》作“胥”。“揖”当是“胥”字传写之误。“胥”通“须”，等待。

[10] 徐：慢慢地。趋：快步走。当时臣见君，按礼当快步走，只因触龙脚上有毛病，所以只能徐趋，其实只不过是做出“趋”的姿势罢了。

[11] 病足：脚上有毛病。

[12] 曾：放在“不”字前面，加强否定的语气。疾走：快跑。

[13] 自恕：自己原谅自己。

[14] 玉体：等于说贵体。古人把玉看成贵重的宝物，这里用玉来表示贵重。郄（xì）：同“隙”，不舒适。

[15] 日：每天，时间名词做状语。得无：类似现代汉语的“该不会”。衰：减少。

[16] 今者：这里当“近来”讲。殊：很。

[17] 乃自强步：自己却勉强散散步。乃：这里当“却”讲。步：慢慢走，动词。注意它和“趋”

的区别。

［18］少（shǎo）益：两个副词连用，稍微，渐渐地。嗜：喜爱。

［19］和：这里指舒适。

［20］太后之色少解：太后的怒色稍稍地消了一些。解：通“懈”，松弛，消解。

［21］贱息：向人谦称自己的儿子。息：子。

［22］不肖（xiào）：原意是不像先辈（那样贤明），后来泛指儿子不成材、不成器。肖：像，似。

［23］衰：衰老。

［24］怜：爱。古汉语里，“怜”和“爱”在亲爱这一意义上是同义词。

［25］“愿令”句：希望让他得以补充卫士的数目。这是客气的说法，意思就是请求让他当一名卫士。得：表示客观情况的容许。黑衣：卫士的代称，因当时王宫的卫士都穿黑衣。

［26］没死以闻：冒着死罪把这话告诉您。没死：就是昧死（昧，通“冒”）。以：介词，省略了宾语“之”。闻：使闻，即禀告的意思。

［27］敬诺：可以，答应你，表示许诺。

［28］几何：多少。

［29］及：趁。填沟壑（hè）：指死后没人埋葬，尸体被扔在山沟里。这里是谦虚的说法，就是指死。

［30］丈夫：古时男子的通称。

［31］甚于妇人：比妇人厉害。于：介词，在形容词后表比较。

［32］异甚：特别厉害。“异”是状语。

［33］媪（ǎo）：对年老妇人的尊称。燕后：指赵太后的女儿，嫁到燕国为后，所以称之为燕后。

［34］贤：胜，超越。

［35］过：动词，错。

［36］不若长安君之甚：不像（爱）长安君那样厉害。

［37］计深远：等于说做长远打算。计：动词，打算，考虑。

［38］“持其踵”句：握着她的脚后跟为她而哭。持：握。踵（zhǒng）：脚后跟。大概女儿登车后，赵太后在车下，只能摸着女儿的脚后跟。

［39］念悲其远也：惦念着她而且伤心她远嫁于外。

［40］已行：已经走了之后。

［41］必勿使反：一定别让她回来。古代诸侯的女儿远嫁到他国，只有被废或亡国后才回到本国，所以赵太后祭祀时祝女儿别回来。反：回来。这个意义后来写作“返”。

［42］“岂非计久长”句：难道不是作长远打算，希望燕后有子孙世世代代相继为王吗？也哉：都是语气词，“也”表判断，“哉”表反问，语气的重点落在“哉”字上。

［43］三世：三代，父子相继为一世。这里的“三世以前”，指赵肃侯时。

［44］至于赵之为赵：上推到赵氏开始建成赵国的时候。指赵烈侯由晋国的一个大夫成为万乘之国的国君。

［45］继：指继承人，就是后嗣。

［46］微独：不仅。微：非。

［47］诸侯有在者乎：这句话的主语不是“诸侯”，而是“诸侯之子孙侯者，其继”。

［48］不闻：没有听说。

［49］奉：通“俸”，指俸禄。劳：功劳。

［50］挟：持。重器：贵重的宝物，指金玉、珍宝、钟鼎等。

［51］尊长安君之位：使长安君的地位很高。

［52］膏腴：肥沃。

［53］予：给。

［54］山陵崩：比喻君死，是一种委婉的说法。这里比喻赵太后死去。

［55］“长安君”句：长安君凭什么在赵国寄托身躯呢？

［56］以：认为。

［57］其爱：指对长安君的爱。

［58］恣君之所使之：任凭你怎样支使他。恣：任凭。

［59］子义：赵国的贤士。

［60］犹：还，仍。尊：指尊高的地位。

## 作品简析

《触龙说赵太后》是《战国策》中的名篇。主要讲述了战国时期，秦国趁赵国政权交替之机，大举攻赵，并已占领赵国三座城市。赵国形势危急，向齐国求援。齐国一定要赵太后的小儿子长安君为人质，才肯出兵。赵太后溺爱长安君，执意不肯，致使国家危机日深。

本文写的就是在强敌压境、赵太后又严厉拒谏的危急形势下，触龙因势利导，以柔克刚，用“爱子则为之计深远”的道理，说服赵太后，让她的爱子出质于齐，换取救兵，解除国家危难的故事，歌颂了触龙以国家利益为重的品质和善于做思想工作的才能。古人云：“一言可以兴邦，一言也可以误国。”苏秦凭三寸不烂之舌而身挂六国相印，诸葛亮靠经天纬地之言而强于百万之师，烛之武因势利导而存郑于危难，触龙循循善诱而救赵于水火。言语得失，小则牵系做人难易，大则连及国家兴亡，非常重要。

# 古汉语通论

## 词类的活用

在古代汉语里，某一词的词类还是相对固定的，各类词在句中的作用也有一定的分工。例如名词经常用作主语、宾语、定语，动词经常用作谓语，形容词经常用作定语、谓语和状语。如：《战国策·赵策》：“赵太后新用事”“老臣病足，曾不能疾走”，又：“齐愍王已益弱”，等等。这种情况，古今是相同的。

但是，在上古汉语里，词类活用的现象比现代汉语更多一些，有些词可以按照一定的语言习惯而灵活运用。古书中比较常见的是名词用作动词，形容词用作动词，名词用作状语，动词用作状语，等等。由于仿古的关系，在后世古文家的作品里，还常常可以见到这类活用的情况。

在这一节里，将准备讨论以下几个问题：名词用作动词；动词、形容词、名词的使动用法；形容词、名词的意动用法；名词用作状语；动词用作状语。

## 一、名词用作动词

古代汉语名词可以用作动词的现象相当普遍。例如：

（1）从左右，皆肘之。（《左传·成公二年》）

（2）晋灵公不君。（《左传·宣公二年》）

（3）孟尝君怪其疾也，衣冠而见之。（《战国策·齐策四》）

（4）鄂侯争之急，辨之疾，故脯鄂侯。（《战国策·赵策三》）

（5）马童面之，指王翳曰："此项王也。"（《史记·项羽本纪》）

（6）夫子式而听之。（《礼记·檀弓下》）

（7）曹子手剑而从之。（《公羊传·庄公十三年》）

（8）假舟楫者，非能水也，而绝江河。（《荀子·劝学》）

（9）左右欲刃相如。（《史记·廉颇蔺相如列传》）

（10）秦师遂东。（《左传·僖公三十二年》）

（11）汉败楚，楚以故不能过荥阳而西。（《史记·项羽本纪》）

上面所举的例子可以分为两类：前九个例子是普通名词用作动词，后两个例子是方位名词用作动词。判断某一名词用作动词，是由上下文决定的。鉴别某一名词是不是用作动词，须要从整个句子的意思来考虑，同时还要注意它在句中的地位，以及它前后有哪些词类的词和它相结合，跟它构成什么样的句法关系。就一般情况而言，代词前面的名词用作动词（"肘之""面之"），因为代词不受名词修饰；副词特别是否定副词后面的名词用作动词。（"遂东""不君"）；能愿动词后面的名词也用作动词（"能水""欲刃"）。此外还有一些辨认的方法，比如说，肯定了宾语以后，就会知道宾语前面的名词用作动词（"脯鄂侯""手剑"）。

## 二、动词、形容词、名词的使动用法

动词的使动用法，顾名思义，就是主语所代表的人物并不施行这个动词所表示的动作，而是使宾语所代表的人或事物施行这个动作。例如《左传·隐公元年》："庄公寤生，惊姜氏。"这不是说庄公本人吃惊，而是说庄公使姜氏吃惊。

在古代汉语里，不及物动词常常有使动用法。不及物动词本来不带宾语，当它们以使动用法出现在句中的时候，也就能带有宾语了。例如：

（1）焉用亡郑以陪邻？（《左传·僖公三十年》）

（2）晋人归楚公子谷臣与连尹襄老之尸于楚，以求知䓨。（《左传·成公三年》）

（3）大车无輗，小车无軏，其何以行之哉？（《论语·为政》）

（4）小子鸣鼓而攻之可也。（《论语·先进》）

（5）求也退，故进之；由也兼人，故退之。（《论语·先进》）

（6）故远人不服，则修文德以来之。（《论语·季氏》）

有时候不及物动词的后面虽然不带宾语，但是从上下文的意思看，仍是使动用法。例如《论语·季氏》："远人不服而不能来也。"这个"来"字是使远人来的意思。

古代汉语及物动词用作使动的情况比较少见。及物动词本来带有宾语，在形式上和使动用法没有什么区别，区别只在意义上。使动的宾语不是动作的接受者，而是主语所代表的人物使它具有这种动作。例如《孟子·梁惠王上》："朝秦楚。"不是齐宣王朝见秦楚之君，相反地，是齐宣王使秦楚之君朝见自己。

下面各句中的及物动词是使动用法：

（7）问其病，曰："不食三日矣。"食之。（《左传·宣公二年》）

（8）左右以君贱之也，食以草具。（《战国策·齐策》）

（9）晋侯饮（yìn）赵盾酒。（《左传·宣公二年》）

这些动词由于后代把它们读成另一个音，与纯粹的及物动词区别开来，就显得是另一个词了。

但是后代并没有改变所有的使动用法的及物动词的读音，而且改变读音的也不限于使动用法的动词，因此我们不能完全根据古书注解里的读音来判断一个及物动词在具体的句子里是纯粹的及物动词或是使动用法。要判断是纯粹的及物动词或是使动用法，须从上下文观察。仍以"朝"字为例：《孟子·公孙丑上》中"武丁朝诸侯"和《孟子·公孙丑下》里"孟子将朝王"结构相同。前一个"朝"字是使动用法，后一个"朝"字是纯粹的及物动词。又如《汉书·李广苏建传》："欲因此降武。"《史记·项羽本纪》："涉间不降楚。"前一个"降"字是使动用法，后一个"降"字是纯粹的及物动词。

使动用法是古代汉语的语法特点之一。它实际上是以动宾式的结构表达了兼语式的内容，试把兼语前面的表示"使令"意义的动词去掉，并把兼语后面的动词移到兼语前面去，这样就成了使动。试比较：

（10）使姜氏惊。惊姜氏。

（11）晋侯使赵盾饮酒。晋侯饮赵盾酒。

显而易见，使动用法比兼语式的句法精练。这样分析，只是为了便于了解使动用法，不是说使动用法是由兼语式改造过来的，相反地，在上古汉语里，这种兼语式反而是罕见的。

使动用法这个语法特点造成一些特殊现象。举例说，"胜之"和"败之"意义相同，就因为"胜"字被用为一般的及物动词，而"败"字是使动用法，"战胜了他"和"打败了他"（使他打了败仗），意义就是一样的了。

在古代汉语里，形容词也常常被用作使动，使宾语所代表的人或事物具有这个形容词所表示的性质或状态。例如《论语·尧曰》："君子正其衣冠。""正"字用作使动，意思是使其衣冠正。下面各句中的形容词是使动用法：

（12）今媪尊长安君之位。（《战国策·赵策四》）

（13）冉有曰："既庶矣，又何加焉？"曰："富之。"（《论语·子路》）

（14）以正君臣，以惊父子，以睦兄弟，以和夫妇。（《礼记·礼运》）

（15）是以君子远庖厨也。（《孟子·梁惠王上》）

（16）抑王兴甲兵，危士臣，构怨于诸侯，然后快于心与？（《孟子·梁惠王上》）

（17）什一，去关市之征，今兹未能；请轻之。（《孟子·滕文公下》）

（18）固国不以山溪之险。（《孟子·公孙丑下》）

（19）必先苦其心志，劳其筋骨，饿其体肤，空乏其身。（《孟子·告子下》）

在古代汉语里，名词也偶然用作使动。例如：

（20）吾见申叔，夫子所谓生死而肉骨也。（《左传·襄公二十二年》）（杜预注："已死复生，白骨更肉。"）

（21）齐桓公合诸侯而国异姓。（《史记·晋世家》）

第一例"生死"与"肉骨"为对。"生死"不是并列结构，而是动宾结构，"生"字是不及物动词用作使动，意思是使死者复生；同样，"肉骨"也不是并列结构，而是动宾结构，"肉"字是名词用作使动，意思是使白骨生肉。正因为"生死""肉骨"是两个动宾结构，所以中间能用"而"字连接。第二例"国"字是名词用作使动，意思是使异姓立国。古代汉语里名词用作使动的情况比较少见。

## 三、形容词、名词的意动用法

形容词的意动用法，不是说使宾语所代表的人或事物具有这个形容词所表示的性质或状态，而是主观上认为其具有这种性质或状态。例如《孟子·尽心上》："孔子登东山而小鲁。"不是说孔子使鲁国变小了，而是说孔子登上东山觉得鲁国小了（以鲁为小）。再举一些例子：

（1）左右以君贱之也，食以草具。（《战国策·齐策》）

（2）以贤勇知。（《礼记·礼运》）

（3）甘其食，美其服，安其居，乐其俗。（《老子》）

（4）是故明君贵五谷而贱金玉。（《论贵粟疏》）

形容词用作意动，它后面的成分就是它的宾语。从意思上看，"甘其食"就是以其食为甘，"美其服"就是以其服为美。

在古代汉语里，名词也可以用作意动。名词用作意动，意思是把宾语所代表的人或事物看成为这个名词所表示的人或事物。例如：

（5）夫人之，我可以不夫人之乎？（《谷梁传·僖公八年》）

（6）不如吾闻而药之也。（《左传·襄公三十一年》）

（7）故人不独亲其亲，不独子其子。（《礼记·礼运》）

（8）友风而子雨。（《赋》）

关于形容词用作使动和意动，有两点值得注意：

第一，衡量形容词用作动词（使动、意动）和衡量名词用作动词，其标准大致相似。就一般情况说，代词前面的形容词一定用作使动或意动（“富之”“轻之”“苦其心志”是使动，“贱之”“甘其食”是意动），因为代词照例是不被形容词所修饰的，代词前面的形容词只能用作动词。此外，肯定了宾语之后，就会知道宾语前面的形容词用作动词（“危士臣”是使动，“贤勇知”是意动），等等。

第二，同一个形容词在句中是使动用法还是意动用法，常常是靠上下文来分辨。例如“左右以君贱之也”，“贱”字用作意动，因为它不是使之贱的意思；但是《孟子·告子上》：“赵孟之所贵，赵孟能贱之。”“贱”字则用如使动，因为它是使之贱的意思。

## 四、名词用作状语

用作状语的名词，通常是普通名词。普通名词用作状语，有的表示比喻，有的表示对待人的态度，有的表示处所或工具。

第一，表示比喻。名词用作状语表示人或事物的行动特征，来描绘动词所表示的行动的方式或状态。例如：

（1）豕人立而啼。（《左传·庄公八年》）

（2）狐鸣呼曰：“大楚兴，陈涉王。”（《史记·陈涉世家》）

（3）其后秦稍蚕食魏。（《史记·魏公子列传》）

（4）天下云集而响应，赢粮而景从。（《过秦论》）

（5）各鸟兽散，犹有得脱归报天子者。（《汉书·李广苏建传》）

“人立而啼”，意思是像人似的站着啼哭。其余由此类推。这种用法，修辞的意味非常浓厚。

第二，表示对待人的态度。这是把动词宾语所代表的人，当作用作状语的那个名词所表示的人或事物来对待。例如：

（6）彼秦者……虏使其民。（《战国策·赵策》）

（7）今而后知君之犬马畜伋。（《孟子·万章下》）

“君”，指鲁缪公。“伋”jí，孔子的孙子子思的自称。

（8）君为我呼入，我得兄事之。（《史记·项羽本纪》）

（9）齐将田忌善而客待之。（《史记·孙子吴起列传》）

“虏使其民”，意思是把秦国的人民当作俘虏（奴隶）来使用。其余由此类推。

第三，表示处所或工具。例如：

（10）舜勤于民事而野死。（《国语·鲁语》）

（11）童子隅坐而执烛。（《礼记·檀弓上》）

（12）夫以秦王之威，而相如廷叱之。（《史记·廉颇蔺相如列传》）

（13）秦王车裂商君以徇。（《史记·商君列传》）

“车裂”，用车把人肢体拖裂，是古代的酷刑。“徇”，示众。

（14）群臣后应者，臣请剑斩之。（《汉书·霍光传》）

上面所举的五个例子，前三个表示处所，后两个表示工具。这类用作状语的名词，有的虽然前面可以加上适当的介词去理解，但不必认为是省略了介词。试以“童子隅坐而执烛”为例，如果说成“童子于隅坐而执烛”，反倒不合乎古代的语言习惯。同样，“车裂商君”也不必认为是“以车裂商君”的省略。

用作状语的名词和用作主语的名词一样，其位置都在动词（谓语）的前面，因此，就一般情况说，凡动词（谓语）前面的名词在意思上不能认为是用作主语的，就应该认为是用作状语。根据同样的道理，有些名词性词语，它们在句中的作用，实际上和用作状语的单个名词大致相同。例如：

（15）力不足者中道而废。（《论语·雍也》）

（16）乐岁终身饱。（《孟子·梁惠王上》）

（17）纵江东父兄怜而王我，我何面目见之！（《史记·项羽本纪》）

在讨论古代汉语名词用作状语的时候，应该注意时间名词的用法。古代汉语的时间名词，和现代汉语的时间名词一样，它们在句中作为状语以表示时间修饰，是这一类词的语法功能之一。例如：

（18）五月辛丑，大叔出奔共。（《左传·隐公元年》）

（19）夜缒而出。（《左传·僖公三十年》）

（20）朝济而夕设版焉。（《左传·僖公三十年》）

（21）长驱到齐，晨而求见。（《战国策·齐策》）

古代汉语中“岁”“月”“日”等字的用法，按照古代的语言习惯常常被用作状语，但是，它们用作状语时所表示的意义和它们平时的意义有所不同，已经不是单纯的时间修饰。

第一，“岁”“月”“日”放在具有行动性的动词前面，有“岁岁”（每年）、“月月”（每月）、“日日”（每天）的意思，表示行动的频率。例如：

（22）良庖岁更刀，割也；族庖月更刀，折也。（《庄子·养生主》）

（23）今有人日攘其邻之鸡者。（《孟子·滕文公下》）

第二，“日”字放在动词或形容词的前面，当“一天一天”讲，表示情况的逐渐发展。例如：

（24）田单兵日益多，乘胜，燕日败亡。（《史记·田单列传》）

（25）事日急。（《史记·魏其武安侯列传》）

（26）贱妾守空房，相见常日稀。（《古诗为焦仲卿妻作》）

第三，“日”字用在句首主语的前面，当“往日”讲，用来追溯过去。例如：

（27）日君以夫公孙段为能任其事，而赐之州田。（《左传·昭公七年》）

“君”，指晋平公。“州”，地名。

（28）日起请夫环，执政弗义，弗敢复也。（《左传·昭公十六年》）

“起”，韩起自称。“弗敢复”，不敢复求环。

这些用法都不是现代汉语单个的时间名词“年”“月”“日”所能有的。

## 五、动词用作状语

动词用作状语的情况颇为罕见。用作状语的动词一般只限于不及物动词。例如：

(1) 广……杀其二人，生得一人，果匈奴射雕者也。(《史记·李将军列传》)

(2) 争割地而赂秦。(《过秦论》)

但是动词用作状语之后，用“而”字（或“以”字）和动词谓语连接，这种情况就比较多了。例如：

(3) 夜缒而出。(《左传·僖公三十年》)

(4) 坐而假寐。(《左传·宣公二年》)

(5) 咏而归。(《论语·先进》)

(6) 子路拱而立。(《论语·微子》)

(7) 仰而视之。(《庄子·秋水》)

(8) 箕踞以骂。(《战国策·燕策》)

“箕踞”，像簸箕似地蹲坐在地上，这是一种傲慢的姿态。

至于用动宾短语作状语，多用来表示行为的方式的，有一些表示时间。有时加“而”字（或“以”字），有时不加。例如：

(9) 触槐而死。(《左传·宣公二年》)

(10) 太后曰：“老妇恃辇而行。”(《战国策·赵策四》)

(11) 保民而王，莫之能御也。(《孟子·梁惠王上》)

(12) 有牵牛而过堂下者。(《孟子·梁惠王上》)

(13) 挟太山以超北海。(《孟子·梁惠王上》)

(以上表示方式)

(14) 故君父至尊亲，送其终也，有时而既。(《报孙会宗书》)

(15) 先帝知臣谨慎，故临崩寄臣以大事也。(《出师表》)

(以上表示时间)

动词（或动宾短语）用作状语，在词序上和连动式一样，在意思上和连动式不同。连动式一般表示一先一后的行为，不分主次，例如“公入而赋”（《左传·隐公元年》），“入而徐趋，至而自谢”（《战国策·赵策》），“右援枹而鼓”（《左传·成公二年》）。动词（或动宾短语）用作状语，是修饰动词谓语的，有主有次，必须加以区别。

文史拓展

# 中国古代散文发展概述

## 一、散文的概念

“散文”一词大概出现在北宋太平兴国时期。《辞海》认为，中国六朝以来，为区别韵文与骈文，把凡不押韵、不重排偶的散体文章（包括经传史书），统称“散文”。也就是说我国古代把与韵文、骈体文相对的散体文章称为“散文”，即除诗、词、曲、赋之外，不论是文学作品还是非文学作品，都一概称为“散文”。而现代的散文则指除诗歌、戏剧、小说以外的文学作品，包括杂文、小品文、随笔、游记、传记、见闻录、回忆录、报告文学等。近年来，由于传记、报告文学、杂文等已发展为独具特色的文体，所以人们又趋于把散文的范围缩小。

根据散文的内容和性质，散文可分叙事散文、抒情散文、写景散文、哲理散文几类。散文有以下几个特点：

（一）形散而神不散。“形散”主要是说散文取材十分广泛自由，不受时间和空间的限制；表现手法不拘一格：可以叙述事件的发展，可以描写人物形象，可以托物抒情，可以发表议论，而且作者可以根据内容需要自由调整、随意变化。“神不散”主要是从散文的立意方面说的，即散文所要表达的主题必须明确而集中，无论散文的内容多么广泛，表现手法多么灵活，都是为了更好地表达主题服务。

（二）意境深邃，注重表现作者的生活感受，抒情性强，情感真挚。作者借助想象与联想，由此及彼，由浅入深，由实而虚地依次写来，可以融情于景、寄情于事、寓情于物、托物言志，表达作者的真情实感，实现物我的统一，展现出更深远的思想，使读者领会更深的道理。

（三）语言优美凝练，富于文采。所谓优美，就是指散文的语言清新明丽，生动活泼，富于音乐感，行文如涓涓流水，叮咚有声，如娓娓而谈，情真意切。所谓凝练，是说散文的语言简洁质朴，自然流畅，寥寥数语就可以描绘出生动的形象，勾勒出动人的场景，显示出深远的意境。散文力求写景如在眼前，写情沁人心脾。散文素有“美文”之称，它除了有精神的见解、优美的意境外，还有清新隽永、质朴无华的文采。

## 二、古代散文发展历程

### （一）先秦散文

先秦散文共可分为两类，一类是以记述历史事件和历史人物为主的历史散文；一类是以议论、说理为主的散文，通称诸子散文，又称哲理散文。它们有共同点，也有不同的地方，这些特色广泛地表现在内容、体裁、风格、结构、语言艺术等方面。文体上，先秦散文众体兼备，百花齐放。就历史散文而言，《国语》《战国策》为国别体；《春秋》《左传》《竹书纪年》为编年体。《尚书》《国语》和《战国策》以记言体为主；《春秋》《左传》《竹书纪年》以叙事为主。就诸子散文而言，《论语》是语录体，《老子》《孙子兵法》是散韵结合的格言体。内容上，先秦散文史、哲不分，学术性与艺术性相结合。不少作品既是历史学、哲学，还兼具文学色彩。由于作者的思想、气质、政治流派不同，他们的文章便明显地表现出不同的风格个性。如：《论语》的风格是雍容和顺；《孟子》则灵活善譬，多辞好辩；《庄子》想象丰富；《荀子》结构谨严，论断缜密；《韩非子》词锋峻削，说理透辟等。性质上，先秦散文都是密切为现实服务的产物，不存在为艺术写作的文章。许多著作的目的性非常明确，作家首先想到的是实用价值，而不是美学欣赏。在历史散文方面，历史散文的写作，主要是为了记载和总结历史上统治阶级的经验教训，以资借鉴，并指导当时的政治斗争。先秦散文的这些特点，对后世的影响非常深远。两千多年来，先秦散文著作中博大的思想内容，一直影响着中国社会的各个阶层，在政治、经济、哲学、历史、教育、伦理等方面发挥了积极或消极的影响。

### （二）秦汉散文

秦代较有成就的散文作家是李斯，李斯在文学上以散文见长，最著名的是《谏逐客书》。

两汉散文中最先发展起来的是政论文。西汉初年，战国时代诸子百家争鸣的余风犹存。一些作家继承先秦诸子的优良传统，关心国家和社会的发展，面对现实，分析形势，勇于表现自己的政治见解和主张，使汉初政论文具有鲜明的时代色彩。两汉政论散文虽是基于先秦诸子散文，但有明显不同于先秦诸子的文章。汉代散文家由于处在大一统的新政治格局下，他们的文章比先秦诸子散文缺少了思想表达的自由度，显得严谨质实。除贾谊外，晁错的《言兵事疏》、邹阳的《狱中上梁王书》等最为著名。

汉武帝至宣帝在位时期，是两汉文学的全盛时期，代表汉代文学最高成就的新体赋在此期间定型、成熟，出现了以司马相如为首的一大批辞赋作家，代表作有司马相如的《子虚赋》《上林赋》和扬雄的“四大赋”。枚乘的《七发》标志着汉大赋体制的形成，标志着以地方诸王为中心的汉赋创作时代的终结和以京都为中心的创作时代的到来。

汉代散文中的史传文成就突出，在中国古代文学发展史上占有重要的地位。战国以后，特别是经过秦始皇焚书坑儒，至汉王朝建立时，史官制度已名存实亡，典籍图书的散失更加严重。经过六七十年的休养生息，至汉武帝时，社会经济、文化才出现了繁荣的景象。与思想文化上罢黜百家、独尊儒术的政策一致，总结、整理历史资料就成为文化思想的必然趋势，这就导致了史传散文的出现。比如：《史记》和《汉书》。《史记》中的人物传记，作者的匠心独运，使之成为中国古代历史传记文学的开山之作，后代的文学家从中受到的影响是多方面的。东汉时期的历史散文还有范晔的《吴越春秋》和袁康的《越绝书》。这两部作品在写法上都更近于小说，表现了历史散文向小说过渡的趋势。

东汉文坛与西汉相比，变化很大。他们所关注的热点已经跨出宫廷苑囿，从更广阔的范围寻找有价值的题材。另一方面，社会现实的黑暗及统治集团的高压政策，使士人普遍受压抑，他们更多地运用“赋”来抒发自己的不平，赋的风貌也经历了较大的变化。比较著名的作品有班固的《两都赋》及张衡的《二京赋》。

总之，在我国漫长的文学发展过程中，两汉时期，出现了众多优秀的散文。文人们将“述理于心，著言于翰”，锻炼成为语言运用的艺术，把直接的实用性和艺术的审美价值结合起来，最终成就了我国文学史上成就斐然、影响巨大的文学现象。

### （三）魏晋南北朝散文

魏晋南北朝是中国历史上的一个大分裂时期，在多元政治和政权频繁更迭的同时，思想家于一尊的局面早已不复存在，代之而起的是玄学、佛学的盛行，以及儒、释、道三家并存局面的出现。这一时期是中国历史上又一思想相对活跃、开放的时期，魏晋南北朝的文坛出现了新的格局，并开拓出个性化与美文化的多元发展前景，散文的发展也呈现出许多新特点。

在各种文体中，辞赋创作的时代特征最为突出，与汉赋的对比也最为鲜明。讲究对偶、声律和藻饰之美成为风气，文章的句式结构逐渐发生变化，其结果是骈文的出现和成熟。赋体受诗的影响，也趋于骈化，有些赋其实就是骈文。北朝文坛虽然整体上受骈化的影响，但仍有别具风格的散体名篇大放异彩，从而对唐代文坛发展构成多重影响。

辞赋在魏晋时期出现了新局面，其标志是抒情小赋的涌现，从而拓展了辞赋的表现领域与风格。沿着东汉以来情理赋发展的方向，魏晋之际的辞赋创作显示出抒情化、小品化的特色。随着感情表现领域的扩大，作者的表现力也在个性化的基础上得到进一步的加强。与东汉班固、张衡等赋家兼善散体大赋与骚体辞赋不同，这一时期的作家往往集诗人与小赋作者于一身，这也标志着诗赋交相影响的深化。王粲的诗赋为“七子之冠冕”（刘勰《文心雕龙·才略》），其代表作是《登楼赋》。由于主体意识和抒情因素的强化，魏晋时期涌现出一批体物写志的佳作，如曹植的《洛神赋》。

辞赋生机的焕发，还表现在大赋的体式功能得到一定的调动。自魏晋以来，大赋仍有表现严正重大题材的习惯，不过与汉代不同的是，它已不限于国家政治生活（如左思《三都赋》、潘岳《籍田赋》），更多更重要的是个人生活中的大事，如潘岳《西征赋》，以及南北朝时期谢灵运《山居赋》、梁武帝《净业赋》、梁元帝《玄览赋》、颜之推《观我生赋》等。南北朝时期最杰出的赋家是庾信，代表作为《哀江南赋》。

### （四）隋、唐、宋散文

隋代文风上承南北朝宫体文学的余绪，浮华轻靡。隋文帝崇尚朴质，有意转变文风，但当时作家受南朝文风的影响甚巨，一时难以改革文风。而炀帝又崇尚宫体之类的金粉文学，于是，隋朝文学又笼罩在六朝唯美的风气下，缺少新时代的气象。这期间提倡古文的作家并不多，以李谔与王通为代表。

唐的统一为文学的发展提供了新的环境和可能。在此形式下魏徵等人提出了南北文学融合的问题。此时的文坛虽延续齐梁，为骈体文所主宰，却也在发生潜移默化的变化。这种变化在“初唐四杰”和陈子昂的文章中得到了具体体现。“初唐四杰”和陈子昂的散文代表了初唐文风改革的两个方向：一是骈体文本身的洗心革面；一是散体文章浓厚的儒家精神和风格的近古。这两种倾向左右了其后的唐代文坛。

在韩愈、柳宗元登上文坛之前，盛唐至中唐时期相继出现了一批以提倡古文为己任的作家，如独孤及、柳冕等人。这些人上承“初唐四杰”、陈子昂，下开韩愈、柳宗元，成为古文运动的先驱人物。这个时期，散文开始增多，疏议、墓志、碑文渐由骈体转为散文。骈文、散文的分工也因而日趋明朗：凡是需要歌咏赞颂的应酬文字，多用骈文；凡是务实致用的文章，多用散文。“安史之乱”后，唐经历了由盛转衰的剧烈变化，促使文人们开始认真思考拯救国家命运的办法。从肃宗到德宗贞元年间，复古思潮十分盛行。元结、独孤及、权德兴等人，都大力主张用散文“尊经”“载道”。

唐代古文运动是发生在唐德宗贞元到唐宪宗元和年间的一次文体革命。它的指导思想是“文以载道”，也就是要用散文阐明儒道的基本宗旨，摆脱骈偶体裁的束缚，使形式为内容服务。一批文人抱着行道济世、兴利除弊之心积极参与，古文运动达到高潮。古文运动，在理论上有较明确系统的论述，提出“文以载道”“文以明道”的主张，阐发了文道相辅而行的关系。而且人才辈出，既有韩愈、柳宗元做领袖，又有刘禹锡、白居易等一批参与者，再加上目标明确，既有理论指导，又有创作实践，在各种体裁的创作中几乎都有突破或创新，并形成了各自的鲜明风格，如韩文雄浑奇崛，柳文精深峻洁，被奉为后世古文的楷模。这使古文对骈文取得了压倒性的胜利，对后世散文创作有着巨大影响。

到了宋代，欧阳修再一次掀起了古文运动，此后的王安石、曾巩、苏轼、苏洵、苏辙等人都在古文革新运动的影响之下取得了各自的成就，后人将他们与唐代韩愈、柳宗元合称为“唐宋八大家”。

### （五）元、明、清散文

元代的散文，仍是沿袭着唐宋古文的发展，虽不能有宋代那样辉煌的成就，但散文作家仍是不少。元代散文虽不乏可读可观的篇章，但总的说来，抒情写景的作品甚少，大都是经世致用、歌功颂德的论说文字，绝大多数缺乏自由抒发个人思想感情的作品，苏天爵搜罗元代诗文编选的《散文类》，即体现了这一特点。

明代开国之初，刘基、宋濂是当时主要的散文作家。宋濂一部分传记文很有现实意义，比较著名的作品有《秦士录》《王冕传》《李疑传》等。明中叶以后，针对程朱理学、八股文的束缚，以李梦阳、何景明为首的“前七子”发起“复古运动”，倡导文必秦汉。他们在对扫荡八股文风起到一定积极作用的同时，又走上了盲目模拟古人的路子。后来以李攀龙、王世贞为代表的“后七子”复古运动，也再一次重复了他们的错误。归有光等“唐宋派”首先起来反对复古派，进而是万历年间的“公安派”也加入猛烈抨击拟古主义的队伍。“公安派”以袁宗道、袁宏道、袁中道为代表，时称“三袁”，袁宏道最为著名。他们认为不同的时代有不同的文学，因此反对贵古贱今，模拟古人。袁宏道更出于作家的主观要求提出了“性灵说”。“公安派”的散文创作特点是，冲破传统古文的陈规旧律，自然流露个性，语言不事雕琢。“公安派”与“竟陵派”革新的直接产物是晚明大量出现的小品散文，这是传统散文的一个发展，张岱是小品散文作者中比较有成就的一位。他的小品散文题材较广，山水名胜、风俗世情、戏曲技艺乃至古董玩具等都可以入他的文。他的散文语言清新活泼，形象生动，广览简取，《西湖七月半》《湖心亭看雪》是他的代表作。

清初有不少成绩突出的散文家，如王猷定、魏禧。王猷定的传奇性散文打破了传统古文写法，代表作有《李一足传》《汤琵琶记》《义虎记》等。魏禧以人物传记最为突出，代表作是《大铁椎传》。“桐城派”古文是清中叶（康熙、乾隆年间）最著名的一个流派，主要作家方苞、刘大櫆、姚鼐都是安徽桐城人，“桐城派”因此而得名。方苞继承归有光的传统，提出“义法”主张，并使之成为桐城派古文的基本理论。桐城派古文作品选材用语只重阐明立意，而不期堆砌材料，因而文章一般简洁自然，但缺乏生气，代表作品有方苞的《狱中杂记》《左忠毅公逸事》，姚鼐的《登泰山记》等。在“桐城派”极盛时期，文学主张和写作倾向与“桐城派”不同的有袁枚、沈复等人，袁枚提倡“性灵”，反对拟古。鸦片战争前后，杰出的思想家、文学家龚自珍开创了经世散文的新风，标志着清代散文的转折。到了晚清，康有为、梁启超主张变法维新，提出“文界革命”的口号，创立了“新文体”，是“五四”时期“文体改革的先导”。

清代后期，正值西方文化入侵的时期，许多传统的文化都遭受到严重的冲击。散文发展到此，已经准备迈入另一个新阶段了。民国建立，白话文学运动的提倡，使得散文由传统的古典散文进入白话散文的时代，一直影响到今天的散文创作。散文发展的历史，便在历经了千百年来的转变之后，延续至今。

## 以古说今

### 法者，治之端也

#### 一、用典与出处

“法者，治之端也”，该句出自《荀子·君道篇第十二》。2017 年 1 月 18 日，习近平主席在联合国日内瓦总部发表了题为《共同构建人类命运共同体》的主旨演讲中引用了这句话。

原文如下：

“法者，治之端也；君子者，法之原也。故有君子，则法虽省，足以遍矣；无君子，则法虽俱，失先后之施，不能应事之变，足以乱矣。”

释义：

法制，是政治（治理国家）的开头；君子，是法制的本原。所以有了君子，法律即使简略，也足够用在一切方面了；如果没有君子，法律即使完备，也会失去先后的实施次序，不能应付事情的各种变化，足够形成混乱了。

荀子，战国末期赵国人，著名的思想家、哲学家、教育家，儒家学派的代表人物，先秦时代百家争鸣的集大成者。荀子在吸收法家学说的同时发展了儒家思想，他尊王道，也称霸力；崇礼义，又讲法治；在“法先王”的同时，又主张“法后王”。他还提出了人定胜天，反对宿命论，万物都循着自然规律运行变化等朴素唯物主义观点。《荀子》，是荀子和弟子们整理或记录他人言行的哲学著作，今存32篇，除少数篇章外，大部分是荀子自己所写。他的文章擅长说理，组织严密，分析透辟，善于取譬，常用排比句增强议论的气势，语言警炼，有很强的说服力和感染力。

## 二、古今解读

法治最早源于夏商时期。《左传》有记载“夏有乱政而作禹刑”“商有乱政而作汤刑”“周有乱政而作九刑”等，“禹刑”“汤刑”“九刑”分别是夏朝、商朝和西周法律的统称；出土的西周青铜器上就刻铸有贵族之间打官司的记载。后来，古人先后将“刑”改称为“法”和“律”。“法”字原写作“灋”，左面是三点水，右面上部是“廌”，廌即“獬豸”，是一种传说的独角神兽。传说獬豸性古怪，见到高低不平之处，就会用其独角将高处抵调。灋字的下部是去，合在一起意欲法灋公平，要平之如水。“律”字的本意为整齐、统一。“刑”“法”“律”三个字基本上代表了中国古人对法律的认识或理想。到春秋战国时期，管仲辅佐齐桓公治理齐国，提出“以法治国”“君臣上下贵贱皆从法”等理论，成为我国历史上第一个提出以法治国的人。郑国的子产曾辅佐郑简公执掌国政，制定了一套“刑书”公布天下，要求君臣百姓遵守，开启了春秋晚期成文法公开化的先河。战国时期，魏文侯任命老师李悝编著了我国古代第一部较为完整的法典——《法经》。李悝的学生商鞅携带《法经》前往秦国，在秦国推行变法，改法为律，实行以律治国。韩非将商鞅的“法”、申不害的“术”和慎到的“势”集于一身，成为法家思想的集大成者；他强调法律是君主治理国家的依据，是人民行为的规范，必须人人遵从。秦始皇采纳并施行“法治”，最终实现了“六王毕，四海一”的伟业。秦统一六国后，建立了第一个统一的中央集权封建国家，皇帝掌握最高的立法权、行政权和司法权。秦始皇在全国范围内确立了郡县制度等。至此，其法制体系影响了以后中国整整2000多年的社会历史。

法治兴则国兴，法治强则国强。从历史上看，国家强盛往往同法治相伴而生。古巴比伦国王汉谟拉比统一全国法令，制定了人类历史上第一部成文法——《汉谟拉比法典》，推动古巴比伦王国进入上古两河流域的全盛时代。唐太宗以奉法为治国之重，一部《贞观律》成就了“贞观之治”；在《贞观律》基础上修订而成的《唐律疏议》，标志着中国古代立法达到了最高水平，为大唐盛世奠定了法律基石，成为中华法系的典范。人类社会发展的事实证明，依法治理是最可靠、最稳定的治理。什么时候重视法治、法治昌明，什么时候就国泰民安；什么时候忽视法治、法治松弛，什么时候就国乱民怨。

## 三、全面依法治国

“法者，治之端也。”执政兴国，离不开法治支撑；社会发展，离不开法治护航；百姓福祉，离不开法治保障。面对百废待兴的新中国，中国共产党人坚定地选择了依法治国的道路。1949 年《中国人民政治协商会议共同纲领》的通过，把革命胜利的成果用法律形式固定下来，让新中国自诞生伊始，就深深烙下了“法治”的印痕。为了建立和健全社会主义法治，我国从二十世纪五十年代开始，制定了一系列重要的法律、法规。1954 年，中国历史上第一部社会主义类型的宪法诞生，奠定了新中国立国、治国的最根本的法律基础，也为“中国人民从此站起来了”提供强有力的法律依据。“立善法于天下，则天下治；立善法于一国，则一国治。”1978 年，党的十一届三中全会在总结正反两方面经验教训的基础上，提出加强社会主义法制，使民主制度化、法律化，做到“有法可依、有法必依、执法必严、违法必究”；1997 年，党的十五大正式提出“依法治国”基本方略；1999 年，“建设社会主义法治国家”被载入宪法；2011 年，中国特色社会主义法律体系基本形成。中国法治建设在实践中改革，在改革中创新，在创新中发展，在发展中追寻良法善治。一部部顺应最广大人民意愿、维护最广大人民利益的良法善法，正构筑起我国全面依法治国的坚固基石，凝聚起中华民族伟大复兴的制度伟力。

“为国也，观俗立法则治，察国事本则宜。不观时俗，不察国本，则其法立而民乱，事剧而功寡。”全面推进依法治国，必须从我国实际出发，同推进国家治理体系和治理能力现代化相适应，既不能罔顾国情、超越阶段，也不能因循守旧、墨守成规。2020 年 5 月 28 日，十三届全国人大三次会议表决通过了《中华人民共和国民法典》，这部法律自 2021 年 1 月 1 日起施行。这是新中国第一部以法典命名的法律，是新中国截至目前体量最为庞大的法律，被誉为社会生活的百科全书。该法典的编纂与出台是新时代中国特色社会主义法治进程中科学立法、民主立法、依法立法的重要里程碑，也是全面推进依法治国、加快建设社会主义法治国家、不断提升国家治理体系和治理能力现代化的重大举措，彰显了人民群众对新时代社会发展更高的法治需求，是对“法者，治之端也”的完美诠释。

习近平总书记在党的二十大报告中指出，“全面依法治国是国家治理的一场深刻革命，关系党执政兴国，关系人民幸福安康，关系党和国家长治久安。必须更好发挥法治固根本、稳预期、利长远的保障作用，在法治轨道上全面建设社会主义现代化国家。”法律是治国之重器，法治是国家治理体系和治理能力的重要依托。坚持全面依法治国，是坚持和发展中国特色社会主义制度的本质要求，是解决党和国家事业发展面临的各种突出矛盾和问题的紧迫需要，是夺取新时代中国特色社会主义伟大胜利的必然要求。坚持全面依法治国，必须把党的领导贯彻落实到依法治国全过程和各方面，坚定不移走中国特色社会主义法治道路，完善以宪法为核心的中国特色社会主义法律体系，建设中国特色社会主义法治体系，建设社会主义法治国家。坚持全面依法治国，要将依法治国、依法执政、依法行政共同推进，坚持法治国家、法治政府、法治社会一体建设，坚持依法治国和以德治国相结合，依法治国和依规治党有机统一，深化司法体制改革，提高全民族法治素养和道德素质。

“国无常强，无常弱。奉法者强则国强，奉法者弱则国弱。”党的十八大以来，习近平总书记从统筹中华民族伟大复兴战略全局和世界百年未有之大变局，以及坚持和发展中国特色社会主义的全局和战略高度，深刻回答了新时代为什么实行全面依法治国、怎样实行全面依法治国等一系列重大问题，形成了新时代法治思想，为推进全面依法治国提供了根本遵循和行动指南。经过长期努力，中国特色社会主义法律体系已经形成，我们国家和社会生活各方面总体上实现了有法可依，这是我们取得的重大成就，也是我们继续前进的新起点。形势在发展，时代在前进，法律体系必将随着时代和实践发展而不断发展，为全面建设社会主义现代化国家、实现中华民族伟大复兴的中国梦提供更有力法治保障。



第四单元课后练习

# 第二编

# 秦汉至魏晋南北朝

# 第五单元　两汉诗歌

## 文学概说

### 乐府诗与古诗十九首

#### 一、乐府与乐府诗

从秦代开始，就有了掌管乐舞的机关——乐府。1977 年，陕西秦始皇陵墓旁出土的秦代编钟上就篆刻有“乐府”的字样。但秦代的乐府规模很小，主要是为皇宫祭祀礼仪中组织乐舞表演而设立的，秦代已有乐府官，但史籍没有具体记载，也没有诗歌流传下来。

到汉代，伴随着经济的发展和文化的繁荣，乐府开始逐渐扩大。西汉乐府官署有两个：一为奉常卿（即太常卿）统属的太乐，掌管雅乐，主要是传自周代的乐章；另一为少府卿统属的乐府，是汉武帝时建立起来的，专管通俗音乐，着重从各地采集民间歌曲，供皇帝和贵族们娱乐欣赏之用。汉武帝时乐府得到了较大的发展。这一时期，光是乐府的大小官吏和属下人员就曾达到八百多人。从秦汉至魏晋南北朝，中央政府一直设置着管理音乐和歌曲的专门官署乐府，负责采集和编制各种乐曲，配诗演唱。这些配乐演唱的诗歌，就称为乐府诗，也简称乐府。现存乐府诗数量众多，其中有不少采录自民间歌谣，更多的是文人作品两方面都有不少优秀作品。大量的文人作品在不同程度上受到民歌的影响。乐府诗原是配合音乐的，但后来许多文人作品，只是用乐府体写作，并不配乐。唐代的新乐府辞更是如此。

据《汉书》所载，西汉乐府诗有一百三十八首；东汉尚且不在内，但现存的总共不过三四十首。最早见于记录的是沈约的《宋书》，郭茂倩编《乐府诗集》有所增广。郭茂倩的《乐府诗集》，将自汉至唐的乐府诗分为十二类：郊庙歌辞、燕射歌辞、鼓吹曲辞、横吹曲辞、相和歌辞、清商曲辞、舞曲歌辞、琴曲歌辞、杂曲歌辞、近代曲辞、杂歌谣辞、新乐府辞。其中包含汉乐府的为郊庙歌辞、鼓吹曲辞、相和歌辞、杂曲歌辞这四类。“郊庙”一类中是由文人制作的朝廷典礼乐章，诗歌则主要保存在“相和”“鼓吹”“杂曲”这三类中，尤以“相和”类中为多。“相和”是一种“丝竹相和”的管弦乐曲，也是汉代民间的主要乐曲；“鼓吹曲”是武帝时吸收北方民族音乐而形成的军乐；

"杂曲"只是一种声调失传的杂牌曲子。在写作年代上，郊庙歌辞中的《房中歌》最早，为高祖唐山夫人所作；鼓吹曲辞中的《铙歌十八曲》是西汉作品；相和歌则大部分产生在东汉；杂曲年代最晚，已出现不少文人的五言作品，由此可以看出乐府诗的影响。

## 二、汉乐府诗的艺术特点

汉乐府诗，最典型的特点是它的叙事性，《汉书》总结其特点为"感于哀乐，缘事而发"。中国诗歌以抒情为主，两汉乐府诗以叙事性奠定了中国古代叙事诗的基础。汉乐府诗《孔雀东南飞》和北朝民歌《木兰诗》合称为"乐府双璧"。这两首诗歌都是叙事长诗，以其深刻的社会思想意义和极高的艺术成就，为历代文人所推崇。两汉乐府诗有以下艺术特色：

首先，汉乐府诗在艺术上最突出的特色是以叙事为主，善于剪裁和安排情节。汉乐府民歌虽也有一些抒情诗颇具时代特征，但最能体现其特色的还是大量的叙事诗。这些诗有的描写一个场面，有的叙述一个完整曲折的故事，在叙事上取得了突出成就，其中最成熟的作品是《陌上桑》和《孔雀东南飞》。两诗都注意以人物关系构建叙事情节，以人物冲突推动情节的发展，并注意人物活动的典型环境。不同的是，《陌上桑》截取事件发展中最富戏剧性的一个横断面作横向展开，以罗敷为中心，所有冲突都围绕罗敷与观者、罗敷与使君的关系产生，在冲突达到高潮时，戛然而止，耐人寻味。《孔雀东南飞》则把情节的发展和人物的性格、命运建立在更广泛、复杂的社会关系上。前半部分，将焦、刘的深情厚爱，交织在恶化的婆媳关系与不和谐的母子关系中，从而形成爱情与家长权威的矛盾，冲突以封建家长制的胜利暂告一段。后半部分，波澜又起，县令、太守相继求亲，主簿、郡丞巧言为媒，刘兄趋炎，刘母柔顺，焦母冥顽，进一步左右着人物命运，推动着情节发展，主人公的抗争，终未能逃脱宗法、社会势力及庸俗社会意识织成的罗网。情节曲折跌宕，结构复线交叠，前所未有。

其次，善于通过人物的语言和行动来刻画人物的性格特征是汉乐府民歌的又一艺术特色。《东门行》中妻子与丈夫的对话，《上山采蘼芜》中弃妇与故夫的答对，《陌上桑》中罗敷回答太守之语，都口吻毕肖，充分表现了人物各自的个性特征。乐府民歌还注意刻画人物动作。如《艳歌行》以男主人公"斜柯西北眄"的动作，来表现其猜疑。《陌上桑》中写"罗敷前致辞"，表现她的从容不迫，勇敢无畏。《孔雀东南飞》中焦母捶床大怒，刘母拊掌而悲，也传神地表达了不同的人物个性。

再次，汉乐府民歌还善于运用比兴、拟人、夸张、铺陈和烘托等手法。如《白头吟》以"皑如山上雪，皎若云间月"比喻女子的爱情纯洁。《乌生》使腐臭的鱼哭泣，《战城南》使乌鸦的魂魄向人们申诉，让动物具有人的情感，想象奇特。《上邪》那种如山洪暴发似的激情和高度的夸张，具有浓重的浪漫色彩。《陌上桑》以铺陈手法，通过对罗敷衣着打扮的铺叙，表现了她的美丽；通过对夫婿英俊、事功的铺陈，表现了夫婿的不同凡俗。《十五从军征》以"兔从狗窦入，雉从梁上飞"，烘托了老兵家园的破败和他心境的凄凉，有强烈的艺术效果。

最后，汉乐府民歌语言朴素自然，生动活泼。句式上打破《诗经》的四言，以杂言为主，逐渐趋于五言。如《妇病行》《孤儿行》等篇，用的是杂言，句式灵活，对于协调诗歌节奏，形象地表现人物的神态、语言和作者的思想感情，有着重要作用。《白头吟》《陌上桑》等，用的是整齐的五言，便于双音词与单音词的组合，寓变化于整齐之中，扩大了诗歌的容量。一般说来，西汉乐府民歌多杂言，东汉则多五言。杂言体式对后世的影响很大，五言体式是文人五言诗的先河。

## 三、汉乐府诗的影响

乐府诗继承并发展了周代民歌现实主义的优良传统，它更广泛、更深刻地反映了当时的社会生活和人们的思想感情，对后代诗歌也有巨大影响，许多作品都起着示范性的作用。

首先，乐府诗的影响表现在它的“感于哀乐，缘事而发”的现实主义精神上。这种精神像一根红线似的贯穿在从建安到唐代的诗歌史上，俨然形成一条以乐府为系统的现实主义传统。它们之间一脉相承的关系非常明晰。由借用汉乐府旧题到摆脱旧题而自创新题，由不自觉或半自觉的学习到成为一种创作原则，由少数人的拟作到形成一个流派，这说明乐府诗的现实主义精神对后代诗人的影响愈来愈显著。

其次，乐府诗的影响还表现在对新的诗歌形式的创造上。乐府诗的主要形式是杂言体与五言体。杂言体在当时尚未引起文人们的注意，但自建安后，它的影响已日趋显著。五言体的影响，比之杂言更早也更大。据现有文献，可以肯定文人拟作五言诗是从东汉初就开始了的，如班固《咏史》。东汉中叶后则拟作益多，如《古诗十九首》等。到汉末建安，五言体出现腾越局面，自此以后，五言体遂取代《诗经》的四言、《楚辞》的骚体，一直成为我国诗史上一种重要的传统形式。两汉乐府诗对中国古代诗歌样式的嬗革起到了积极的推动作用，实现了由四言诗向杂言诗和五言诗的过渡。

再次，在艺术手法上，特别是在叙事诗的写作技巧上，乐府诗的影响也是非常显著的。诸如人物对话或独白的运用、人物心理描写和细节刻画、语言的朴素生动等，都成为后代一切反映社会现实诗人的学习榜样。乐府诗反映现实、批判现实通常是通过对现实做客观的具体的描绘，但有时也在诗的末尾揭示出写作的目的，这对于后来白居易的“卒章显其志”也有所启发。至于李白抒情诗中那些出人意表的浪漫主义的幻想和夸张，同样也可以看到它和乐府诗歌的渊源关系。

## 四、《古诗十九首》

《古诗十九首》的名称，最早见于萧统的《文选》。在两晋南北朝时期，人们把流传下来的一些无主名的古代诗歌称为“古诗”。萧统编《文选》时，从这些“古诗”中选择了十九首，编在一起，题为《古诗十九首》。

现在一般认为《古诗十九首》作于东汉末年的桓、灵之时。其作者，根据诗的思想内容和思想感情来分析，应是一些生活在社会中下层的文人。总之，《古诗十九首》并不是一人一时之作，其中有少数也可能是民歌，或者是由民歌改写的，这从它常套用乐府民歌的句子可以看出。《古诗十九首》代表了汉代文人五言诗的最高成就。

《古诗十九首》的作者既非一人，所以它们反映的思想内容比较复杂。大体说来，有写热衷仕宦的，如《今日良宴会》《西北有高楼》《回车驾言迈》三首。有写游子思妇的，如《去者日以疏》《明月何皎皎》及《行行重行行》《青青河畔草》《冉冉孤生竹》《凛凛岁云暮》《孟冬寒气至》《客从远方来》八首。有写人生无常，及时行乐的，如《青青陵上柏》《东城高且长》《驱车上东门》《生年不满百》四首。有写朋友交情凉薄的，如《明月皎夜光》一首。此外，还有主题不明确的，如《涉江采芙蓉》和《庭中有奇树》二首，可能是指夫妇，也可能是指朋友。《迢迢牵牛星》一首，表面是咏物的诗，实际上是借牛女双星比男女离别之情。《古诗十九首》的思想感情虽然复杂，但有一个共同特征，就是对人生易逝、节序如流的感伤，大有汲汲遑遑、如恐不及的忧虑。如"人生非金石，岂能长寿考?""昼短苦夜长，何不秉烛游?为乐当及时，何能待来兹?"所有这些，都是失意士人正当社会大动乱的前夕，对于现实生活和内心要求的矛盾、苦闷的反映。

《古诗十九首》的作者通过闺人怨别、游子怀乡、游宦无成、追求享乐等内容的描写，表现了浓厚的感伤情绪。他们和乐府诗的作者，为了寻求出路，不得不远离乡里，奔走权门，或游京师，或谒州郡，以搏一官半职。这些人就是诗中所谓"游子"和"荡子"。他们长期在外，家属不能同往，彼此之间就不能没有伤离怨别的情绪。这对思妇来说，就会有"浮云蔽白日，游子不顾反"的叹息；对游子自己来说，就会发生"客行虽云乐，不如早旋归"的感慨。《古诗十九首》中所流露的游子思妇的感伤，正是东汉末年政治社会的真实反映；其中浓厚的消极情绪更是封建统治阶级走向没落时期的反映。至于那些"游子"和"荡子"，或出身于太学，或起家于征辟，大都是有较好的文学素养之人。当他们游宦四方，想着策高足，据要津，却得不到帮助时，就不免愤愤不平，发而为诗。他们既然落拓失意，自然容易感到寂寞、苦闷，所以一旦听到动人的"慷慨有余哀"的清商曲调随风传出楼外时，不禁触物兴感，自然而然地沉吟："不惜歌者苦，但伤知音稀。"而由此消极情绪也会油然而生，于是"人生非金石""人生忽如寄""人生天地间，忽如远行客"等想法都会出来。加以东汉末年已是大乱将临的时候，到处是农民起义，严重地威胁着每一个人。在此危机四伏、朝不保夕的环境中，那些感到人生短促、没有出路的游子，眼前看到京洛等地的繁华，又不禁发生一连串纵情享乐的思想，"荡涤放情志，何为自结束""不如饮美酒，被服纨与素"，甚至秉烛夜游的想法都一起出来。这就是《古诗十九首》的全部思想内容，也是东汉末年现实生活的一个侧面镜头。"文学即人学"，对人的生命的关注，也是文学永恒的主题。

## 五、《古诗十九首》的艺术特点

《古诗十九首》有着极高的艺术成就，这几乎是古今学者所公认的事实。刘勰说："观其结体散文，直而不野，婉转附物，怊怅切情，实五言之冠冕也。"(《文心雕龙·明诗》）钟嵘说："文温以丽，意悲而远。惊心动魄，可谓几乎一字千金！"（《诗品》上）它确实在我国文学史上把抒情诗推进到新的高度。

### （一）《古诗十九首》善于创造优美动人的意境

所谓意境，就是作者把自己所要表达的思想感情，通过一种鲜明、具体、生动的艺术画面自然而然地表达出来，具体地说，意境就是作者所描写的画面与所要表达的思想情绪的密切无间的结合，是情与景的水乳交融，是一种能浸透人心灵的艺术效果。

《古诗十九首》是情景交融的优美抒情诗。《明月皎夜光》一首，前面八句看似纯然写景，但诗人提供给读者的一系列的意象是明月、促织、星、白露、野草、蝉、玄鸟，勾勒成一个悲凉枯寂的深秋的意境。"时节忽复易"是主观感受，其作用是使景物与情绪浑然一体，并且很自然地转入对"同门友"的怨恨和伤时失志的悲哀的抒发。《回车驾言迈》更是情景交融的例证：

回车驾言迈，悠悠涉长道。四顾何茫茫，东风摇百草。所遇无故物，焉得不速老？盛衰各有时，立身苦不早。人生非金石，岂能长寿考？奄忽随物化，荣名以为宝。

前四句写的是春景，有东风，有百草，本是东风劲吹、百草繁茂、万象更新的景象，但诗人用了几个饱含萧索情调的词——"悠悠""长道""茫茫""摇"，把可以写成欣欣向荣的春景写得悲意盎然。仅仅读这四句，我们也可以体会到那"涉长道"驾车回乡的游子的颓唐空虚和寂寞的心境，自然而然地由"东风摇百草"的景物引起"所遇无故物，焉得不速老"的慨叹，"盛衰各有时，立身苦不早"的悔恨和"人生非金石，岂能长寿考"的悲哀。这四句真可以说是写景的绝唱。

《古诗十九首》的即景抒情，情景交融，与后世的一些山水诗（如谢灵运的一些诗）的先写景后抒情、说理和写景割裂的手法具有天壤之别。

### （二）《古诗十九首》善用委婉曲折的表达抒情

《古诗十九首》的抒情艺术的成就还表现在委婉曲折的表达方式上。这种委婉的表达方式能造成言有尽而意无穷的艺术效果。例如《迢迢牵牛星》：

迢迢牵牛星，皎皎河汉女。纤纤擢素手，札札弄机杼。终日不成章，泣涕零如雨。河汉清且浅，相去复几许？盈盈一水间，脉脉不得语。

全诗虽然是抒思妇游子的相思之情，但却全用比喻，用天上比喻人间，用牵牛、织女比喻游子、思妇。比喻本身就有隐约曲折的艺术效果，而且诗人在描写牛郎、织女悲剧的时候，也很注意构思和立意。诗里重点写两情阻隔的悲哀，但对阻隔他们的河汉，却一再点明"清且浅""相去复几许""盈盈一水间"，仿佛他们之间阻隔的困难并不难于克服，实际上这就暗示了阻隔他们的绝不仅仅是"清且浅"的"河汉"，还有其他的原因。读者也可以由天上的"河汉"想到人间的"河汉"，而且牛郎和织女尚且有一年一度的鹊桥相会，这人间的阻隔就更非是天上的"河汉"可比了。诗人把很多感情隐在言外，让读者得之于想象之外。另外，《凛凛岁云暮》主要是在结构的曲折上表达婉转之情。写思妇的念夫，因思之切、爱之深而产生"锦衾遗洛浦"的怀疑，因思而不眠，终于"梦想见容辉"，由现实写入梦境。梦中的描写也是极尽曲折，既写迎娶时的欢欣，又写相聚之须臾，最后写寻梦之悲哀。曲折地表达了思妇的婉转不尽的情意。真正是委婉含蓄、余味无穷。

### （三）《古诗十九首》善于塑造人物形象

《古诗十九首》也特别善于塑造形象。它不是叙事诗，但人物的形象却极为鲜明。有时只简略的几笔，人物却栩栩如生。《迢迢牵牛星》主要写织女的形象。先写织女纤纤素手，札札机声，泣涕如雨，最后，"盈盈一水间，脉脉不得语"，则把这个形象点活了，我们仿佛看到一个美丽少妇含情脉脉隔河相望的情景。描写思妇形象最为突出的是《青青河畔草》：

青青河畔草，郁郁园中柳。盈盈楼上女，皎皎当窗牖。娥娥红粉妆，纤纤出素手。昔为倡家女，今为荡子妇。荡子行不归，空床难独守。

"盈盈"四句极力写出这个女子的容颜之美和她所处的浓春烟景的环境。画龙点睛之笔是"空床难独守"，把人物的感情、心境描写得淋漓尽致，很符合"昔为倡家女，今为荡子妇"的女子的身份。形象极其鲜明。

### （四）《古诗十九首》语言自然浑成而韵味悠长

《古诗十九首》在语言上自然浑成，毫无斧凿雕琢的痕迹。《四溟诗话》说它"若秀才对朋友说家常话"，固然道出了其语言平淡自然的现象，但是却没有从根本上寻找出其语言特点。其语言特点在于用自然的语言表达了真切的感情。语言固然是一个优点，但关键更在于能真切地表情达意。《古诗十九首》语言的可贵之处正在此！下面的一些句子都是极平常的家常话：

客从远方来，遗我一书札。上言长相思，下言久离别。置书怀袖中，三岁字不灭。（《孟冬寒气至》）

去者日以疏，来者日以亲。出郭门直视，但见丘与坟。古墓犁为田，构柏摧为薪。白杨多悲风，萧萧愁杀人。（《去者日以疏》）

服食求神仙，多为药所误。不如饮美酒，被服纨与素。（《驱车上东门》）

这种口语的运用，使读者感到亲切，加上这些看似平淡的语言中都浸透着深情，则更使读者感到真切了。王国维在《人间词话》里说《古诗十九首》里的《生年不满百》和《驱车上东门》"写情如此，方为不隔"。我们理解之所以"不隔"，就是因为以极平淡自然的语言而能作深挚情感的抒发。其实《古诗十九首》中几乎篇篇都是如此"不隔"的。

《古诗十九首》是我国文学史上第一批文人创作的、具有高度艺术成就的五言诗。它的出现标志着我国五言诗已进入成熟阶段。从此，五言诗体正式进入诗坛，并且逐渐占据了统治地位。直到唐代，它的地位才被七言诗体所代替，但仍然与七言诗一起，作为我国古典诗歌的两种主要的诗歌模式并世而立。

# 文学作品

## 垓下歌[1]

项　羽

力拔山兮气盖世[2]，时不利兮骓不逝[3]。骓不逝兮可奈何[4]，虞兮虞兮奈若何[5]。

### 注　释

[1] 本文选自《史记·项羽本纪》。垓（gāi）下：古地名，在今安徽省灵璧县南沱河北岸。

[2] 兮：文言助词，类似于现代汉语的“啊”或“呀”。

[3] 骓（zhuī）：意为宝马。《说文解字》曰：“骓，马苍黑杂毛也。从马，隹声。”

[4] 奈何：怎么办。

[5] 虞：即虞姬。奈若何：拿你怎么办。若：你。

《垓下歌》朗读欣赏

### 作品简析

《垓下歌》是西楚霸王项羽败亡之前吟唱的一首诗。全诗通过虚实结合的手法，生动地显示出作者叱咤风云的气概，篇幅虽短小，却表现出丰富的内容和复杂的感情：既洋溢着无与伦比的豪气，又蕴含着满腔深情；既显示出罕见的自信，又为人的渺小而沉重地叹息。宋代朱熹《楚辞集注》：“慷慨激烈，有千载不平之余愤。”

## 大风歌[1]

刘　邦

大风起兮云飞扬，威加海内兮归故乡[2]。安得猛士兮守四方[3]！

### 注　释

[1] 本文选自《史记·高祖本纪》。大风歌：这是汉高祖刘邦（公元前256年—公元前195年）在击破英布军以后，回长安，途径故乡（沛县）时，邀集父老乡亲饮酒。酒酣，刘邦击筑（一种打击乐器）高歌，唱了这首《大风歌》。

[2] 威：威望，权威。加：施加。

[3] 安得：怎样得到。安：哪里，怎样。四方：指代国家。

《大风歌》朗读欣赏

### 作品简析

这首诗仅有三句，这在中国历代诗歌史上是极其罕见的，三句诗中每一句都代表一个广大的不同的场景与心境，而且作者对这三句诗真可谓惜墨如金、高度凝练。全诗充满着一种王霸之气，雄豪自放。这首诗艺术特色十分鲜明。其一，语言精练，内容丰富。全文只有短短三句，二十三个字，却涵盖了十分丰富的内容。其二，思想深刻，逻辑性强。全诗主题突出，层次分明，高屋建瓴，哲理深刻，思想性极强。其三，对比强烈，跌宕起伏。文似看山不喜平。全诗选材精当，跌宕起伏，写法独特，雄伟壮丽，气势恢宏。动静描写、喜忧对比十分强烈，逐层递进，跌宕起伏，引人入胜，艺术感染力极强。

## 有所思[1]

### 乐府民歌

有所思，乃在大海南[2]。何用问遗君[3]？双珠玳瑁簪[4]，用玉绍缭之[5]。闻君有他心[6]，拉杂摧烧之[7]。摧烧之，当风扬其灰[8]。从今以往，勿复相思！相思与君绝[9]！鸡鸣狗吠，兄嫂当知之[10]。妃呼狶[11]！秋风肃肃晨风飔[12]，东方须臾高知之[13]。



### 注释

[1] 本文选自《乐府诗集》卷十六。

[2] “有所思”句：有一个我所思念的人，他远在大海的南边。

[3] 问遗（wèi）：赠予。君：情人。

[4] 瑇瑁：即玳（dài）瑁（mào），动物名，甲壳光滑多文采，可制装饰品。簪：古人用来连接发髻和冠，簪身横穿髻上，两端出冠外。双珠：系在簪端头的宝珠。

《有所思》朗读欣赏

[5] 绍缭：缠绕。

[6] 他心：二心。

[7] 拉杂：折碎。摧烧：折毁焚烧。

[8] 当风：迎风。

[9] 相思与君绝：从此与君断绝相思。

[10] “鸡鸣”句：女主人公回忆初恋时的情景，曾因约会惊动了鸡犬，和自己处在一起的兄嫂当然不可能不知道。想到这里，决绝之意动摇了，觉得情谊很难断绝。

[11] 妃呼狶：叹惜之声。一说是表声词，无意义。

[12] 肃肃：风声。晨风：鸟名，即鹯（zhān），飞行迅疾。飔（sī）：疾速。一说，晨风，即雉鸟。飔为思之讹。雉鸟常朝鸣以求偶。晨风飔：言晨风鸟慕类悲鸣。这句在写景中隐喻求偶失败之意。

[13] 须臾：不久。高：此处音义同“皓”，东方高即东方发白，天色渐明。这句大意是：主意不定，等天亮之后，总会知道怎么办的。

### 作品简析

《有所思》是汉代时流传的一首乐府诗，属于《铙歌十八曲》之一。这是一首感情真挚的诗。这首诗以自述的口吻，刻画了一位热烈多情、大胆泼辣的女子形象。全诗运用前后对比的手法描写了一位痴情女子的矛盾心理，表现了她从热恋到失恋、眷恋的心理历程。清代文学家陈本礼《汉诗统笺》评曰："言我不忍与君绝决之心，固有如皦日也。谓予不信，少待须臾，俟东方高则知之矣。"

## 战城南

乐府民歌

战城南，死郭北[1]，野死不葬乌可食[2]。为我谓乌："且为客豪[3]！野死谅不葬[4]，腐肉安能去子逃[5]！"水声激激[6]，蒲苇冥冥[7]。枭骑战斗死[8]，驽马徘徊鸣[9]。梁筑室，何以南，何以北？禾黍不获君何食？愿为忠臣安可得！思子良臣[10]，良臣诚可思：朝行出攻，暮不夜归！

### 注　释

[1] 郭：外城。

[2] 野死：死于野外。乌：乌鸦。

[3] 客：指战死者，死者多为外乡人，故称之为"客"。豪：同"嚎"，大声哭叫，号叫。

[4] 谅：当然。

[5] 安：怎么。

[6] 激激：清澈的样子。

[7] 冥冥：深暗的样子。

[8] 枭（xiāo）骑：这里指善战的骏马。枭：通"骁"，作"勇"解。

[9] 驽（nú ）马：劣马，此诗中指疲惫的马。

[10] 良臣：指忠心为国的战士。

《战城南》朗读欣赏

### 作品简析

《战城南》系乐府旧题，属汉代《铙歌十八曲》之一，是一首民歌。这首民歌是为在战场上的阵亡将士而作，诗中描写了战争的残酷，道出人民只是战争牺牲品的社会现实，表达了人民反对并诅咒战争的意愿。此诗以死者告语乌鸦、驽马哀鸣的奇思妙想抒发作者的悲怆之情，极富浪漫主义精神。

## 江　南

乐府民歌

江南可采莲，莲叶何田田[1]，鱼戏莲叶间。
鱼戏莲叶东，鱼戏莲叶西，鱼戏莲叶南，鱼戏莲叶北。

### 注　释

[1] 何：多么。田田：莲叶长得茂盛相连的样子。

《江南》朗读欣赏

## 作品简析

《江南》是一首汉代乐府诗。这是一首歌唱江南劳动人民采莲时愉快情景的民歌。前三句点明采莲季节、场合；后四句描述鱼儿嬉戏的场景。全诗使用比喻和反复的修辞手法，写出了江南采莲时的优美意境。

# 陌上桑[1]

日出东南隅[2]，照我秦氏楼。秦氏有好女，自名为罗敷。罗敷喜蚕桑[3]，采桑城南隅。青丝为笼系，桂枝为笼钩[4]。头上倭堕髻[5]，耳中明月珠。缃绮为下裙，紫绮为上襦[6]。行者见罗敷，下担捋髭须。少年见罗敷，脱帽着帩头[7]。耕者忘其犁，锄者忘其锄。来归相怨怒，但坐观罗敷。

使君从南来[8]，五马立踟蹰。使君遣吏往，问是谁家姝？"秦氏有好女，自名为罗敷。""罗敷年几何？""二十尚不足，十五颇有余。"使君谢罗敷[9]："宁可共载不[10]？"罗敷前置辞："使君一何愚！使君自有妇，罗敷自有夫！"

"东方千余骑，夫婿居上头[11]。何用识夫婿？白马从骊驹，青丝系马尾，黄金络马头；腰中鹿卢剑[12]，可直千万余。十五府小吏，二十朝大夫，三十侍中郎[13]，四十专城居。为人洁白皙，鬑鬑颇有须。盈盈公府步[14]，冉冉府中趋。坐中数千人，皆言夫婿殊。"



## 注释

［1］本文选自《乐府诗集》卷二十八。

［2］隅：方位、角落。中国在北半球，夏至以后日渐偏南，所以说日出东南隅。

［3］喜蚕桑：喜欢采桑。喜，有的本子作"善"（善于、擅长）。

［4］青丝为笼系：用黑色的丝做篮子上的络绳。笼，篮子。系，络绳（缠绕篮子的绳子）。笼钩：一种工具。采桑用来钩桑枝，行时用来挑竹筐。

［5］倭堕髻：即堕马髻，发髻偏在一边，呈坠落状。

［6］缃绮：有花纹的浅黄色的丝织品。

［7］帩头：帩头，古代男子束发的头巾。

［8］使君：汉代对太守、刺史的通称。

［9］谢：这里是"请问"的意思。

［10］不（fǒu）：通假字，通"否"。

［11］居上头：在行列的前端。意思是地位高，受人尊重。

［12］鹿卢剑：剑把用丝绦缠绕起来，像鹿卢的样子。鹿卢：即"辘轳"，井上汲水的用具。宝

《陌上桑》朗读欣赏

剑：荆轲刺秦王时带的就是鹿卢剑。

［13］侍中郎：出入宫禁的侍卫官。

［14］盈盈：仪态端庄美好。

## 作品简析

《陌上桑》是中国汉乐府诗歌的名篇，是一首富有喜剧色彩的汉族民间叙事诗。本篇叙述一个太守调戏采桑女子而遭到严词拒绝的故事，赞美了女主人公的坚贞和智慧。在创作方法上，作者一任感情的奔泻和主观愿望的支配，大胆夸张地创造，绝不拘泥字字句句的写实，充满浪漫主义色彩，在中国诗歌史上独树一帜。

# 饮马长城窟行[1]

青青河畔草，绵绵思远道[2]。远道不可思[3]，宿昔梦见之[4]。梦见在我傍，忽觉在他乡[5]。他乡各异县，展转不相见[6]。枯桑知天风，海水知天寒[7]。入门各自媚[8]，谁肯相为言[9]！

客从远方来，遗我双鲤鱼[10]，呼儿烹鲤鱼[11]，中有尺素书[12]。长跪读素书[13]，书中竟何如：上言加餐食，下言长相忆[14]。

## 注 释

［1］本文选自《文选》。

［2］绵绵：这里一语双关，细密绵延的野草引起了缠绵不断的思念。

［3］远道不可思：这句是无可奈何的反话，言人在远方，相思徒然无益，所以说“不可思”。

《饮马长城窟行》朗读欣赏

［4］宿昔：昨夜。

［5］“梦见”句：觉：醒。这句说，忽然醒来，梦中人仍在他乡。

［6］展转：亦作辗转，不定。这里是说，他乡作客的人行踪不定。一说，展转，犹反复，指自己反复思量。

［7］“枯桑”句：无叶的枯桑也能感到风吹，不冻的海水也能感到天寒，难道我不知道自己的孤凄、相思之苦吗？这是民歌中常用的比兴手法。

［8］媚：爱悦。

［9］言：问讯。以上两句说，从远方回家的乡人，各爱自家的人，有谁肯替自己捎个信儿呢？

［10］遗（wèi）：赠予。双鲤鱼：放书信的函，用两块木板做成，一底一盖，刻作鱼形。

［11］烹鲤鱼：指打开书信。“烹”本作“煮”讲，用在这里是为了造语生动。

［12］素：生绢，古人在绢上写字。尺素书，即书简。

［13］长跪：伸直了腰跪着。古人席地而坐，坐时两膝着地，臀部坐在脚后跟上。跪时将腰挺直，上身就显得长了。

[14] 上言：前边讲。下言：后边说。

## 作品简析

《饮马长城窟行》是汉代乐府古题。相传古长城边有水窟，可供饮马，曲名由此而来。全诗从开始的魂牵梦萦，忧心缠绵，到收信看信，重逢的希望落空，通过多方描写，将思妇复杂而微妙的内心世界做了完整而深入的刻画。而就在思妇的相思苦闷发展到顶点时，诗却在含蓄得近乎平淡的意象中结束，余味无穷。该诗化虚为实，描绘实境，使所要表达的真挚而深厚的思想感情，形象而生动地显示出来。

# 行行重行行[1]

行行重行行，与君生别离[2]。相去万余里，各在天一涯[3]。道路阻且长[4]，会面安可知？胡马依北风[5]，越鸟巢南枝[6]。相去日已远，衣带日已缓[7]。浮云蔽白日，游子不顾反[8]。思君令人老，岁月忽已晚。弃捐勿复道[9]，努力加餐饭[10]。



## 注释

[1] 此篇是《古诗十九首》中的第一首。重行行：是说行而不已。

[2] 生别离：活着分开。

[3] 天一涯：天一方。

[4] 阻：艰险。

[5] 胡马依北风：胡马：北方所产的马。这句说，胡马南来后仍依恋北风。

[6] 越鸟巢南枝：这句是说，越鸟北飞后仍筑巢于南向的树枝。以上两句说禽兽也不忘故乡。暗示物尚有情，何况于人。越：南方的越族。越鸟：即南方的鸟。

[7] 衣带日已缓：缓：宽松。这句是说，人因相思而日渐消瘦，因腰身瘦损而衣带显得宽松。

《行行重行行》朗读欣赏

[8] 顾：念。

[9] 捐：弃，丢开。道：谈说。

[10] 以上两句说，别再提怀人之事，还是多吃饭保重身体。是思妇无可奈何、勉自宽慰的话。

## 作品简析

全诗结构严谨，层次分明；运用比兴，形象生动；语言朴素自然，通俗易懂，自然地表现出思妇相思的心理特点，具有淳朴清新的民歌风格。宋代陈绎《诗谱》评曰："情真、景真、事真、意真。"明末清初吴淇《选诗定论》："妙在'已晚'上着一'忽'字。比衣带之缓曰'日已'，逐日抚髀，苦处在渐；岁月之晚曰'忽已'，陡然惊心，苦处在顿。"

# 明月皎夜光[1]

明月皎夜光，促织鸣东壁。玉衡指孟冬[2]，众星何历历。白露沾野草，时节忽复易。秋蝉鸣树间，玄鸟逝安适[3]？昔我同门友[4]，高举振六翮[5]。不念携手好，弃我如遗迹。南箕北有斗[6]，牵牛不负轭[7]。良无盘石固[8]，虚名复何益？

## 注　释

［1］《明月皎夜光》是《古诗十九首》之一。皎夜光：犹言明夜光。

［2］玉衡：指北斗七星中的第五星。北斗七星形似酌酒的斗：第一星至第四星成勺形，称斗魁；第五星至第七星成一条直线，称斗柄。由于地球绕日公转，从地面上看去，斗星每月变一方位。古人根据斗星所指方位的变换来辨别节令的推移。孟冬：本指冬季的第一个月，此处指方位。玉衡星已经指向孟冬亥宫之方向——西北方，时已过夜半。

［3］“秋蝉”句：玄鸟：燕子。安适：往什么地方去？燕子是候鸟，春天北来，秋时南飞。这句是说天凉了，燕子又要飞往什么地方去了？

［4］同门友：同在师门受学的朋友。

［5］翮（hé）：本义为羽毛中间的硬管，指禽鸟的尾羽或翼羽中那些大而硬的角质空心的羽轴。据说善飞的鸟有六根健劲的羽茎，故曰“六翮”。这里泛指鸟的翅膀。

［6］南箕（jī）：星名，形似簸箕。北有斗：即北斗，星名，形似斗（酌酒器）。

《明月皎夜光》朗读欣赏

［7］牵牛：指牵牛星。轭：车辕前横木，牛拉车则负轭。“不负轭”是说不拉车。这句说，牵牛星不能负轭拉车，寓意也本自《诗经·大东》：“睆彼牵牛，不以服箱。”意思是说，牵牛星不能用来驾车。以上两句是比喻徒有同门友的空名，实际上没有真实情谊。

［8］良：的确。盘石：同“磐石”，大石，用以象征坚定不移的感情。

## 作品简析

全诗借景抒情，把失魂落魄的感叹、愤激、伤痛和悲哀，始终交织在秋夜的星光、月色等之中，情景交融。清代张玉榖《古诗赏析》：“妙在忽蒙上文‘众星历历’，借箕、斗、牵牛有名无实，凭空作比，然后拍合，便顿觉波澜跌宕。”

# 庭中有奇树[1]

庭中有奇树，绿叶发华滋[2]。攀条折其荣[3]，将以遗所思[4]。馨香盈怀袖[5]，路远莫致之[6]。此物何足贡[7]？但感别经时[8]。

## 注　释

［1］《庭中有奇树》是《古诗十九首》之一。奇树：犹嘉树，佳美的树木。

［2］发华（huā）滋：花开繁盛。华：同“花”。滋：繁盛、茂盛。

［3］荣：犹“花”。古代称草本植物的花为“华”，称木本植物的花为“荣”。

［4］遗（wèi）：赠送，赠予。

《庭中有奇树》朗读欣赏

[5] 馨（xīn）香：香气。盈怀袖：充满于衣服的襟袖之间。

[6] 致：送到。

[7] 贡：献。一作“贵”。

[8] 感：感受，感动。别经时：离别之后所经历的时光。以上两句意思说，这花有什么稀奇呢？只因离别经时，借折花以表怀念之情罢了。

## 作品简析

此诗写一个妇女对远行的丈夫所产生的深切怀念之情，以及长期盼归又寄情无望而产生的忧愁。全诗八句，前四句描写环境，后四句抒发情感。诗中每两句提示一个完整的意象，四个意象正是起、承、转、合的安排，层次井然，一气呵成，风格明快，情感深挚。台湾师范大学教授简宗梧《文学的御花园——文选》：“这是《古诗十九首》中诗情最明朗、手法最明快的一首。叙事写情，层次井然，没有换韵，一气呵成。”

# 今日良宴会

今日良宴会，欢乐难具陈[1]。弹筝奋逸响[2]，新声妙入神[3]。令德唱高言[4]，识曲听其真。齐心同所愿[5]，含意俱未申。人生寄一世，奄忽若飙尘[6]。何不策高足[7]，先据要路津。无为守贫贱，坎坷长苦辛[8]。

## 注 释

[1]《今日良宴会》是《古诗十九首》之一。具：全部。陈：说。

[2] 筝：乐器名，瑟类。奋：发出、扬起。逸响：超越寻常的奔放的声音。

[3] 新声：当时流行的歌曲。

[4] 高言：高妙的言辞。

[5] 齐心同所愿：这句是说，大家所想的都是这样。

[6] 飙：自下而上的暴风。飙尘：卷在暴风中的尘土，以喻人生极易泯灭。

[7] 高足：指快马。

[8] 坎坷：车行不利，这里引申为失志不渝。

《今日良宴会》朗读欣赏

## 作品简析

《今日良宴会》是产生于汉代的一首文人五言诗，是《古诗十九首》之一。此诗所歌咏的是听曲感心，写客中对酒听歌的感慨，托为阐明曲中的真意，发了一番议论，表现出“贫士失职而志不平”的愤慨。全诗质直中见婉曲，结构浑然一体，不以一字一句争奇斗胜，诗中每一个形象、每一个词语和整首诗结合起来形成一种感发的力量。

# 西北有高楼

西北有高楼，上与浮云齐。交疏结绮窗[1]，阿阁三重阶[2]。上有弦歌声[3]，音响一何悲[4]！谁能为此曲？无乃杞梁妻[5]。清商随风发[6]，中曲正徘徊[7]。一弹再三叹[8]，慷慨有余哀[9]。不惜歌者苦[10]，但伤知音稀[11]。愿为双鸿鹄[12]，奋翅起高飞。

## 注 释

[1] 交疏：一横一直的窗格子，指窗制造的精致。疏：镂刻。结绮（qǐ）：张挂着绮制的帘幕。绮：有文彩的丝织品。

[2] 阿（ē）阁：四面有檐的楼阁。三重阶：指台。楼在台上。阿阁建在有三层阶梯的高台上，形容楼阁之高。

[3] 弦歌声：歌声中有琴弦伴奏。

[4] 一何：何其，多么。

[5] 无乃：莫非，岂不是。杞梁妻：杞梁的妻子。杞梁：即杞梁殖，春秋时齐国大夫。征伐莒国时，死于莒国城下。他的妻子为此痛哭十日，投水自杀。传说死前谱有琴曲《杞梁妻叹》。

[6] 清商：乐曲名，曲调清越，适宜表现哀怨的感情。发：指乐声的发散、传播。

《西北有高楼》朗读欣赏

[7] 中曲：乐曲的中段。徘徊：来往行走，不能前进的样子。这里借指乐曲旋律回环往复。

[8] 一弹（tán）：弹奏完一段。再三叹：指歌词里复沓的曲句和乐调的泛声。

[9] 慷慨：指不得志的心情。余哀：哀伤不止。

[10] 惜：悲，叹惜。

[11] 知音：懂得乐曲中意趣的人。这里引申为知心好人。

[12] 鸿鹄（hú）：大雁或天鹅一类善于高飞的大鸟。

## 作品简析

《西北有高楼》是产生于汉代的一首文人五言诗，是《古诗十九首》之一。此诗借不遇佳人“知音”之悲，抒写了自身政治上的失意之情，反映了一种带有广泛社会性的被压抑的苦闷、悲伤与期待，表现了东汉末年大动乱时期一部分在政治上找不到出路、生活中彷徨的知识分子的悲凉和迷茫。全诗融情于景，语言形象生动，风格朴素浑厚，运用典故及比喻、寄托等手法，从高楼写起，以高飞作结，当中交错描画弦歌之声及听者感受，写得缥缈空灵。

# 明月何皎皎

明月何皎皎[1]，照我罗床帏[2]。忧愁不能寐[3]，揽衣起徘徊[4]。客行虽云乐[5]，不如早旋归[6]。出户独彷徨[7]，愁思当告谁[8]？引领还入房[9]，泪下沾裳衣[10]。

## 注 释

[1] 皎：本义是洁白明亮。此处用引申义，为“光照耀”的意思。

[2] 罗床帏：指用罗制成的床帐。

[3] 寐：入睡。

［4］揽衣：犹言“披衣”“穿衣”。揽：取。

［5］客：这里指诗人自己。

［6］旋归；回归，归家。旋：转。

［7］彷徨：徘徊的意思。

［8］告：把话说给别人听。

［9］引领：伸着脖子远望。

［10］裳（cháng）衣：一作“衣裳”。裳：下衣，指古人穿的遮蔽下体的衣裙，男女都穿。

《明月何皎皎》朗读欣赏

## 作品简析

《明月何皎皎》是产生于汉代的一首文人五言诗。此诗通过皎皎明月抒发主人公的愁思。其主题有两种解读：一说塑造了一个久客异乡、愁思辗转、夜不能寐的游子形象；一说刻画了一个独守空闺、愁思难寐、徘徊辗转的闺中女子形象。全诗充分运用动作描写和心理描写。主人公丰富复杂的情感是通过人物的自我意识活动及由意识而诱发的行动来表现的，具有文学的形象性，而且更把人物的心理和感情糅合在一起，富有抒情诗的特质。

# 涉江采芙蓉

涉江采芙蓉[1]，兰泽多芳草[2]。采之欲遗谁[3]，所思在远道[4]。还顾望旧乡[5]，长路漫浩浩[6]。同心而离居[7]，忧伤以终老[8]。

## 注　释

［1］芙蓉：荷花的别名。

［2］兰泽：生有兰草的沼泽地。芳草：这里指兰草。

［3］遗（wèi）：赠予。

［4］所思：所思念的人。远道：犹言“远方”，遥远的地方。

［5］还顾：回顾，回头看。旧乡：故乡。

［6］漫浩浩：犹“漫漫浩浩”，这里用以形容路途的广阔无边。漫：路长貌。浩浩：水流貌。

［7］同心：古代习用的成语，多用于男女之间的爱情关系，这里是说夫妇感情的融洽。

［8］终老：度过晚年直至去世。

《涉江采芙蓉》朗读欣赏

## 作品简析

《涉江采芙蓉》是产生于汉代的一首文人五言诗，是《古诗十九首》之一。此诗借助他乡游子和家乡思妇采集芙蓉来表达相互之间的思念之情，深刻地反映了游子思妇的现实生活与精神生活的痛苦。全诗运用借景抒情及白描手法抒写漂泊异地失意者的离别相思之情；从游子和思妇两个角度交错叙写，表现游子思妇的强烈情感；运用丰富的想象，在虚实结合中强化了夫妻之爱及妻子对丈夫的深情。

# 客从远方来

客从远方来，遗我一端绮[1]。相去万余里，故人心尚尔[2]！文采双鸳鸯[3]，裁为合欢被[4]。着以长相思[5]，缘以结不解[6]。以胶投漆中[7]，谁能别离此[8]？

## 注　释

[1] 遗："给予""馈赠"的意思。一端：即半匹。古人以二丈为一"端"，二端为一"匹"。绮：绫罗一类的丝织品。

[2] 故人：古时习用于朋友，此指久别的"丈夫"。尚：犹也。尔：如此。

[3] 鸳鸯：匹鸟。古诗文中常用以比夫妇。这句是说绮上织有双鸳鸯的图案。

[4] 合欢被：是指把绮裁成表、里两面合起来的被，所以有合欢之义。

[5] 着：往衣被中填装丝绵叫"着"。绵为"长丝"，"丝"谐音"思"，故云"着以长相思"。

[6] 缘：饰边，镶边。这句是说被的四边缀以丝缕，使连而不解。

[7] 投：本义为"投掷"，这里是"加入""混合"的意思。

[8] 别离：分开。

《客从远方来》朗读欣赏

## 作品简析

《客从远方来》是产生于汉代的一首文人五言诗。此诗以奇妙的思致，抒写了一位思妇的意外喜悦和痴情的浮想。全诗巧妙地截取了"客来遗绮"这一生活片断来描写思妇的心理活动，描写形象生动，极有章法，以"端绮"为生发点，以"故人心尚尔"为情感的策源，以思妇的情感变化为线索，以物写情，以事写人，一气流走，首尾贯穿，结构严谨，略无松懈。

## 古书的注解与说文解字

### 一、古书的注解

我国古代创造了灿烂辉煌的文化，需要我们认真地去继承和发展。但是，由于语言文字方面的隔阂，今人阅读前人的著作往往会遇到许多困难。从汉代起，人们即开始了对古书的注解工作。古注是阅读古代文献、掌握古代文化知识的桥梁。古注本身牵涉到体例、术语等诸多方面的问题，要利用古注，首先必须了解古注。

#### （一）古注的重要性

古代注释家距所注古代文献的时代较近，对古代文献产生的时代背景、文化特点、典章制度、风俗习惯等情况都比较了解，所以其注释的准确性相对较高。有些词句，如果没有古人的注释，我们不是无从知道其含义，就是会出现理解上的错误。例如：《左传·隐公元年》：祭仲曰："都城过百雉，国之害也。"杜预注："方丈曰堵，三堵曰雉，一雉之墙长三丈，高一丈。侯伯之城，方五里，径三百雉，故其大都不得过百雉。"

根据杜注，我们不但知道了一雉墙的体积，而且知道了三百雉并非指诸侯国首都城墙的周长，而是指首都城墙一面的长度。又如：

《诗经·周南·关雎》："窈窕淑女，君子好逑。"毛传："窈窕，幽闲也。淑，善。逑，匹也。言后妃有关雎之德，是幽闲专贞之善女，宜为君子之好匹。"朱熹注："窈窕，幽闲之意。淑，善也。女者，未嫁之称。盖指文王之妃大姒为处子时而言也。君子，则指文王也。好，亦善也。逑，匹也。"

根据《毛传》和朱熹注，我们得知"窈窕"本来的含义是"幽闲""娴静"的意思，后来才引申出"美好、漂亮"这一义项。

古注并非都是正确的，其中也存在着不少错误，因此我们在阅读古注时既要重视古注，又不能盲目地相信古注，认为凡是古注都是正确的，不敢越雷池一步。例如：

《左传·隐公元年》："庄公寤生，惊姜氏。"杜预注："寐寤而庄公已生，故惊而恶之。"

"寤生"之"寤"实是"牾"的通假字，本是"逆"的意思，杜预释"寤"为"寐寤"显然是不合情理的。

又如：《左传·桓公四年》："宋华父督见孔父之妻于路，目逆而送之，曰：'美而艳。'"杜预注："色美曰艳。"按照这一解释，"美"与"艳"的意思就重复了，实际上"艳"的含义是高大。《说文解字》："艳，好而长也。从丰，丰，大也。"又《左传·文公十六年》："公子鲍美而艳。"公子鲍是男子，这里的"艳"显然不是妖艳的意思。

又如：《汉书·贾邹枚路传·邹阳》："是以申徒狄蹈雍之河，徐衍负石入海。"服虔注："雍之河，雍州之河也。"清人王念孙指出，"雍"实为"瓮"的通假字，"蹈雍之河"即抱瓮自沉于河，服注为望文生义。

### （二）古注的类型

古注的别称有传、笺、章句、注、疏等，按今人的理解都是指对古书注释或注解，但它们的原义有细微差别，经历了一个发展过程。

#### 1. 先秦

先秦就有"传、解、说"的名目，这些都是"解释"的意思，传为"传过、传通"之意。《说文》："传：遽也。"（意为送信的快车或快马）。段玉裁注：如今驿马，引申传遽之义，则凡展转引申之称皆曰传，"孔颖达曰：传通其义也"。

如：《毛诗诂训传》（简称毛传）；《尚书》孔安国传；《春秋左氏传》《春秋公羊传》《春秋谷梁传》（三者合称"春秋三传"，一般说，《左传》多补充史实，文字较多；《公羊》《谷梁》多解释词语和《春秋》的体例）；其他如《韩非子》有《解老》一篇，《墨子》前有《经上》和《经下》两篇，后有《经说上》和《经说下》两篇。

一般说"传"偏重于内容的解说，意思的阐发。"传"又称"注"，两者都是注解、诠释古书原文的。总之，先秦时期注释术语尚处于萌芽状态。

#### 2. 两汉、魏晋

先秦的古书传到汉代有很多已经很难读懂，于是学者们开始为这些古书做注解，当时所注多为儒家经典，如毛亨《毛诗诂训传》，郑玄《毛诗笺》《周礼注》《仪礼注》；赵岐《孟子章句》，后来注解的范围逐渐扩大到子类和史类，如东汉高诱《战国策注》《吕氏春秋注》《淮南子注》，以及王逸《楚辞章句》等。

汉人注书多是循经立训，一般侧重字词、名物的注解，有时也简要串讲句意，说明章旨。到了魏晋南北朝时期，注解的范围进一步扩大了，经史子集的许多古书都有了注本，如何晏《论语集解》、王弼《楚辞注》、郦道元《水经注》等。

"笺"，使注释的意思更加明确，即补充注释的意思。《说文解字》："笺，表识书也。"《字林》："笺，表也；识也。"《十三经注疏》于《诗经·周南·关雎》训诂传郑玄笺下疏："郑于诸经皆谓之注，此言笺者……郑以毛学审备，尊畅厥旨，所以表明毛意，记识其事，故特称为'笺'，余经无所尊奉，故谓之'注'。"说的是郑称"笺"有进一步表明毛意，且有自谦的意思，即对原注简略不明显的地方加以申说，或记下自己的不同意见。

"注"，流注，注明。用在注释古书时，是指使文意如水之流注，畅通明晓。《仪礼·士冠礼》郑玄注下，贾公彦疏："注者，注义于经下，若水之注物，亦名为'著'，故郑叙云："凡著三礼七十二篇，著者，取其名经意者也。"注，即著，言为之解说，使其义著明也。古书注释称"注"的很多，如郑玄《周礼注》《仪礼注》；高诱《吕氏春秋注》等。

“章句”，离章辩句，分析章节句读的意思。类似今天的串讲句意，分析其中的含义。如《孟子章句》《楚辞章句》等。

“集解”，又称为集注、集说、集释等。“集解”可以分为两类。一类是指汇集各家解说，加以选择并加上自己见解的一种注释方法，如魏何晏的《论语集解》。一类是指通释经传，如晋杜预的《春秋左氏经传集解》。

#### 3. 唐代

汉人的注释到了唐代又变得难懂了，于是又出现了一种新的注解方法：不仅解释正文，而且给前人的注释做注解，一般叫“疏”，也叫“正义”。《说文》：“疏，通也。”即疏通文义，如《毛诗正义》（汉）毛亨传，郑玄笺，（唐）孔颖达疏。孔颖达有“五经正义”，即《周易正义》《尚书正义》《诗经正义》《礼记正义》《春秋左传正义》。唐人的义疏有“疏不破注”的传统，在尊重原注的同时，罕有发明。

例如现在最通行的《十三经注疏》大多数是汉朝人或魏晋人做的注，唐宋人做的疏，各部书的注疏人如下：

（1）《周易》：魏王弼、韩康伯注，唐孔颖达等正义；

（2）《尚书》：旧题汉孔安国传，唐孔颖达等正义；

（3）《诗经》：汉毛亨传，汉郑玄笺，唐孔颖达等正义；

（4）《周礼》：汉郑玄注，唐贾公彦疏；

（5）《仪礼》：汉郑玄注，唐贾公彦疏；

（6）《礼记》：汉郑玄注，唐孔颖达等正义；

（7）《春秋左传》：晋杜预注，唐孔颖达等正义；

（8）《春秋公羊传》：汉何休注，唐徐彦疏；

（9）《春秋谷梁传》：晋范宁注，唐杨士勋疏；

（10）《论语》：魏何晏集解，宋邢昺疏；

（11）《孝经》：唐玄宗注，宋邢昺疏；

（12）《尔雅》：晋郭璞注，宋邢昺疏；

（13）《孟子》：汉赵岐注，宋孙奭疏。

### （三）古注的体例和内容

#### 1. 体例

（1）单注本。孔颖达曰：“汉初，为传训者皆与经别行，三《传》之文不与经连，故《石经》书《公羊》皆无经文。”《艺文志》云：“《毛诗经》二十九卷，《毛诗诂训传》三十卷。”是毛为诂训亦与经别也。

（2）经注本，即经、注合一。约从东汉开始，为了阅读方便，方有经、注合一的经注本。孔颖达十三经注疏本《毛诗正义·周南·关雎》诂训传第一“郑氏笺”下孔颖达疏曰：“……及马融为《周礼》之注，乃云‘欲省学者两读，故具载本文，然则汉以来始就经为注’。”自马融“就经为注”后，一些子书注释者也都就原文注释，径注文句之下，经注本就是就经为注，经、注合一，注文紧置于所要注释的文字之下。

随着对同一著作各家注释日渐增多，为了博收众家之长，从魏晋开始又出现了“集注本”。“集注本”有两种情况，一是集诸家注与本人的注为一体，如杜预《春秋经传集解》；一是集诸家之注时，于注文之首标明集自何人，如何晏《论语集解》，宋代邢昺疏云：“以叙集解之体例也，今谓何晏时，诸家谓孔安国、包戚、周氏、马融、郑玄、陈群、王肃、周生烈也。集此诸家所说善者而存之，示无剿说，故各记其姓名，注言‘包曰’、‘马曰’之类是也。”

（3）注疏本，是经、注合刻的一种注本，这种注本始于大约南北宋之间。疏出现后也有单疏本，后来集众注疏为一书的注疏本也应时间而生。阮元《尚书注疏校勘记·序》“宋版”下附记：“盖注疏合刻起于南北宋之间，《易》《书》《周礼》先刻，当在北宋之末也。”

2. 注释的内容

给古书做注解，涉及古代社会、历史、文化、科学等方面，要注解的东西很多，主要来说有注音、校勘、解词、释句、通章等。此外，汉代后尤其是魏晋南北朝时期作家喜欢引经据典，注解时有必要注明出典，如唐代李善给和梁代萧统编撰的《文选》做注时，以注明典故来源和某些词语的出处为主。有些注解以考证人名、地名和考核史实为主，如唐代司马贞《史记索引》，张守节《史记正义》都是如此。而南朝裴松之注《三国志》则以考核史实、增补史料为主。也有在注解中侧重阐明哲学思想的，如晋代郭象《庄子注》，有些注解家尤其是宋代的一些注解家常利用注释来发挥自己的政治、哲学思想，如朱熹《周易本义》《诗集传》《论语集注》《孟子集注》《楚辞集注》等，其注平易可通，但不少地方反映了宋代理学的唯心主义思想，这是所谓“六经注我”式的注解。

清代学者注解古书时重视实际材料，重考据，形成了考据之学，方法较为科学，注解大多详尽可靠。

## （四）古注的术语

古注所使用的术语很多，不能一一列举，这里择其要者说明如下：

1. 释义的术语

**曰、为、谓之：**被释词放于其后。不仅用来释义，还用来区别同义词或近义词之间的细微差别。

《论语·学而》：“有朋自远方来，不亦说乎？”郑玄注：“同门曰朋，同志曰友。”《尔雅·释天》：“谷不熟为饥，蔬不熟为馑。”《尔雅·释器》：“骨谓之切，象谓之磋，玉谓之琢，石谓之磨。”

**谓：**格式是“甲谓乙也”。被释词放于其前。往往以具体释抽象，或以一般释特殊。《论语·为政》：“道之以政，齐之以刑，民免而无耻。”孔安国注：“政谓法教。”《论语·子罕》：“后生可畏。”何晏注：“后生谓少年。”《离骚》：“恐美人之迟暮。”王逸注：“美人谓怀王也。”

**貌：**一般用于动词或形容词后。被释词往往是表示某种性质或状态的形容词。

《论语·阳货》："夫子莞尔而笑。"何晏注："莞尔，小笑貌。"《离骚》："纷吾既有此内美兮。"王逸注："纷，盛貌。"

**犹：** 格式是"甲犹乙也。"释者与被释者往往是同义或近义的关系。《说文》："讎，犹应也。"段注："凡汉人作注云犹者，皆义隔而通之。"《诗经·魏风·伐檀》："坎坎伐辐兮，置之河之侧兮。"毛传："侧，犹厓也。"《诗经·邶风·式微》："式微式微。"朱熹注："微，犹衰也。"

**之言、之为言：** 格式是"甲之言乙也""甲之为言乙也"。使用这两个术语时必然是"声训"，除了释义之外，释者与被释者有时是同音的关系，有时是双声或叠韵的关系。《论语·季氏》："吾恐季孙之忧，不在颛臾，而在萧墙之内也。"郑玄注："萧之言肃。墙谓屏也。君臣相见之礼至屏而加肃敬，是以谓之萧墙。"《论语·为政》朱注："政之为言正也，德之为言得也。"

### 2. 拟音的术语

**读若、读如：** 一般是用来注音，有时也是用本字来说明假借字。《说文》"读"下段注云："拟其音曰读，凡言读如、读若皆是也。"《说文·王部》："皇，大也。从自，自，始也。始皇者，三皇大君也。自，读若鼻。"《礼记·儒行》："起居竟信其志。"郑玄注："信，读如屈伸之伸，假借字也。"

**如字：** 在特定的上下文里，这个字要按照它本来的读音读。《左传·隐公元年》："卫国在汲郡朝歌县。"陆德明《释文》："朝，如字。"《礼记·大学》："所谓诚意者，勿自欺也，如恶恶臭，如好好色。"《经典释文》："恶恶，上乌路反，下如字。"

**读为、读曰：** 用本字本义来说明假借字，又称为"破读"。后面是本字，前面是假借字。《说文解字》"读"下段注云："易其字以释其义曰读，凡言读为、读曰、当为皆是也。"《诗经·卫风·氓》："淇则有岸，隰则有泮。"郑笺："泮读为畔。"

### 3. 正误的术语

**当作、当为：** 用来表示声误和字误。段玉裁《周礼汉读考》："凡易字之例，其音无关涉而改易字之误则曰'当为'，或音可相关义绝无关者，定为声之误，则亦曰'当为'。"《周礼·掌客》郑注："牲当为腥，声之误也。"《礼记·丧大记》郑注："胥当为祝，字之误也。

### 4. 校勘学常用的术语

**衍文：** 简称"衍"，也叫"衍字""羡文"，用来指明古籍在传抄刊刻过程中多出了文字的现象。《荀子·王制》："元恶不待教而诛，中庸民不待政而化。"王念孙《读书杂志》八之三"中庸民"条："'元恶''中庸'对文，'中庸'下不当独有'民'字，此涉注文'中庸民'而衍，《韩诗外传》无'民'字。"

**脱文：** 简称"脱"（有时作"敓"或"夺"），也叫"脱字""夺文""阙文"，用来指明古籍在传抄刊刻过程中丢失了文字的现象。《淮南子·主术》："故民之化也，不从其所言而从其所行。"王念孙《读书杂志》九之九"民之化也"条："'民之化也'本作'民之化上也'，下句'其'字正指'上'而言。脱'上'字则义不相属。《文子·

精诚》篇正作‘民之化上’。”

**倒文：**用来指明古籍在传抄刊刻过程中词语的次序颠倒了，也说转写误倒等；加以改正常说乙、乙正。《墨子·鲁问》：“翟虑耕而食天下之人矣。”王念孙《读书杂志·墨子第四》“倒文四”条：“旧本‘而食’二字在‘天下’之下，今据下文乙正。”

**误文：**就是误字。《墨子·明鬼下》：“此吾所以知《商书》之鬼也。且《商书》独鬼，而《夏书》不鬼。”旧本上《商书》讹作商周，下《商书》讹作《禹书》，王念孙《读书杂志·墨子第三》“误文二”条据上文改正。

**形讹：**也叫字误、形误、形近而误，指两个字因形体相近而误。《诗·邶风·绿衣》序：“《绿衣》，卫庄姜伤己也。”郑玄笺：“‘绿’当为‘褖’。故作‘褖’，转作‘绿’，字之误也。”《管子·形势解》：“故曰：‘万事之任也，异起而同归，古今一也。’”王念孙《读书杂志·管子第十》“万事之任异起”条说：“案：《形势篇》作‘万事之生也，异趣而同归’，是也。‘生’‘任’‘趣’‘起’皆字形相近而误。”

**一作、或作、又作、一本作、本亦作、本或作：**罗列版本异同的校勘学术语。《楚辞·九歌·湘君》：“望夫君兮未来。”洪兴祖补注：“未，一作归。”《诗·周南·关雎》：“悠哉悠哉，辗转反侧。”陆德明释文：“辗，本亦作展。”

### （五）古书注解的形式举例

注疏本的大致体例：用字体大小、字行排列和各种符号把经、注、疏区别开来。阮元《毛诗注疏校勘记序》云：“经作大字，注释文、正义皆小字双行在其下。《释文》首加○隔之，正义首加‘疏’字围其外隔之……是为各本注疏之祖。”（疏文并用［　］括起来）

#### 1.《诗经·卫风·相鼠》

相鼠刺无礼也卫文公能正其群臣而刺在位承先君之化无礼仪也

○相息亮反篇内同［疏］相鼠三章章四句至礼仪正义曰作相鼠诗者刺无礼也由卫文公能正其群臣使有礼仪故刺其在位有承先君之化无礼仪者由文公能化之使有礼而刺其无礼者所以美文公也凯风美孝子而反以刺君此刺无礼而反以美君作者之本意然也在位无礼仪文公不黜之者以其承先君之化弊风未革身无大罪不可人废之故也

相鼠有皮人而无仪 相视也无礼仪者虽居尊位犹为暗昧之行笺云仪威仪也视鼠有皮虽处高显之处偷食苟得不知廉耻亦与人无威仪者同○行下孟反之处昌虑反

人而无仪不死何为 笺云人以有威仪为贵今反无之伤化败俗不如其死无所害也［疏］相鼠至何为○正义曰文公能正其群臣而在位犹有无礼者故刺之相鼠有皮犹人之无仪何则人有皮鼠亦有皮鼠犹无仪故可耻也人无礼仪何异于鼠乎人以有威仪为贵人无礼仪则伤化败俗此人不死何为若死则无害也○笺视鼠至者同○正义曰大夫虽居尊位为暗昧之行无礼仪而可恶犹鼠处高显之居偷食苟得不知廉耻鼠无廉耻与人无威仪者同故喻焉以传曰虽居尊位故笺言虽处高显之居以对之

相鼠有齿人而无止 止所止息也笺云止容止孝经曰容止可观无止韩诗止节无礼节也

人而无止不死何俟 俟待也

相鼠有体 体支体也［疏］传体支体○正义曰上云有皮有齿已指体言之明此言体非徧体也故为支体○

人而无礼人而无礼胡不遄死 遄速也○遄市专反

2.《诗经·周南·桃夭》(节选)

桃之夭夭其叶蓁蓁 蓁蓁至盛貌有色有德形体至盛也○蓁侧斤反 之子于归宜其家人 一家之人尽以为宜笺云家人犹室家也尽津忍反或如字他皆放此 [疏] 笺家人犹室家○正义曰易传者以其与上相类同有宜其之文明据宜其为夫妇据其年盛得时谓之美不宜横为一家之人桓十八年左传曰女有家男有室室家谓夫妇也此云家人家犹夫也人犹妇也以异章而变文耳故云家人犹室家也

3.《文选汉武帝诏一首》(节选)

诏曰盖有非常之功必待非常之人马或奔踶而致千里 善曰言马不良或奔或踶御之以道而致千里之涂声类曰踶蹑也杜计切 或有负俗之累而立功名 晋灼曰被世讥论也善曰越绝书曰有高世之材者必有负俗之累也 夫泛驾之马跅弛之士亦在御之而已 应劭曰泛覆也马有余气力乃能败驾泛方奉切如淳曰弛废也士行卓异不入俗检如见斥也跅音拓或音尺 其令州县察吏民有茂才异等 应劭曰旧言秀才避光武讳改称茂才异等者越轶群不与凡同也善曰察观也察审知然后荐之也 可为将相及使绝国者 善曰桓子新论雍门周曰远赴绝国无相见期

文中的单行大字是经文，并有句读，紧置于经文之下用双行小字排列的是注文。注文后用○隔开的小字是陆德明《经典释文》中的音义，也是双行排列。疏文前大字[疏]，[疏]下的小字是有待疏解的文字提示，下面用○隔开的“正义曰”表示以下是疏文。疏文中有的是进一步对经注进行疏解；有的是疏解者自己的注释，其区别是：有待疏解的文字前有“注”字，是疏解注文；如果没有“注”字，是表示疏解者自己的注释原文。

## 二、《说文解字》

### (一)许慎与《说文解字》

《说文解字》是中国文字学的奠基之作，作者为东汉的许慎，这是我国第一部完备的字典。它收字 9 353 个，另有重文 1 163 个，每个字都是先列小篆体型，然后进行说解，先释字义，后说形体结构。

许慎（约 58 年—约 147 年），字叔重，东汉汝南召陵万岁里人（今河南郾城），我国著名的文字学家、训诂学家和词汇学家，同时也是著名的书法家及中国文字学的开拓者。初为郡功曹，后举孝廉，入京为太尉府南阁祭酒，并从贾逵受古文经学。主要著述有《五经异义》《孝经古文说》《淮南子注》《说文解字》等。只有《说文解字》通行于今。因他博通经典，当时人称他为“五经无双许叔重”。

整个西汉时代一直以今文学派为主，且居于统治地位。与此同时，古文学派逐渐兴起。古文学派的兴起及其所有有关的研究成果，为《说文解字》的成书提供了条件。当时经学家为了捏造所谓的“微言大义”，就随心所欲地解释经书。许慎对这种随心所欲地解说文字和解释经典的现象非常愤慨。他认为“人用己私，是非无正，巧说邪辞，使天下学者疑”是造成典籍解释混乱的根本原因。为了纠正这一时弊，有必要对语言文字做深入的探讨。因为“文字者，经义之本，王政之史，前人所以垂后，后人所以识古”。故作《说文解字》以求理群类，解谬误，晓学者，达神旨。

### （二）《说文解字》释义的方法

1. 形训：通过分析字形说明字义。作为汉字构形依据的本义是“造意”，字所记录的词的本义是“实义”。造意以实义为依据构形，但是有时造意仅仅是实义的具体化、形象化，而并非实义本身。只有实义才是真正在语言中使用过的意义，才能称作本义。

2. 义训：直接陈述字义。相当于今之字典。《说文解字》中有两种形式的义训：一为同义为训，即选择同近义字相训释。这是汉代以前最通行的训释方法。同义为训又分为互训（甲乙两词互相训释）、同训【几个词用同一个词训释和递训（几个词递相训释）】。二为标明义界，即用准确、简洁的语言解释字义所概括的对象的本质与特性。

3. 声训：揭示字的音和义的关系。依据字音相同、相近解释字义。但此字义也不是实意：有的揭示的是语源义，有的揭示的是词义特点。所以声训的主要目的是推求语源，突破了字形的限制。

### （三）《说文解字》的体例和编排

《说文解字》的体例是先列出小篆，如果古文和籀文不同，则在后面列出。然后解释这个字的本义，再解释字形与字义或字音之间的关系。《说文解字》中的部首排列是按照形体相似或者意义相近的原则排列的。

《说文解字》开创了部首检字的先河，后世的字典大多采用这个方式，段玉裁称这部书“此前古未有之书，许君之所独创”。《说文解字》共540部，大体是据形系联的。凡形体相关或意义相近者，均按次序排列。（据形系联、以类相从）《说文解字·叙》：“其建首也，立一为端。方以类聚，物以群分。同条牵属，共理相贯。杂而不越，据形系联。引而申之，以究万原。毕终于亥，知化穷冥。”《说文解字》的9 353字分列在540部中，都是“以类相从”。《说文解字》各部所列之字的次第，大体上是有一定规律的。凡东汉皇帝之名讳，必列于一部之首。凡每部之字，一般是先吉后凶，先实后虚。凡与部首形体重叠者，以及凡与部首形体相反者，皆列于该部首之末。

### （四）《说文解字》的影响

《说文解字》首次阐发“六书”内容，并在说解中贯穿了“六书”原则，为汉字建立了理论体系。改变了周、秦到汉字书的编纂方法，将所收字编成四言、七言韵语的形式，开创了部首编排法，共分为540部。许氏总结了先前的“六书”理论，创造了系统解释文字之法，是先解释字义，再剖析形体构造，最后注明读音。剖析字形的方法，是以前字书中没有出现过的。

《说文解字》是我国第一部以“六书”理论系统分析字形、解释字义的字典，它保存了大部分先秦字体，以及汉代和以前的不少文字训诂，反映了上古汉语词汇的面貌，比较系统地提出分析文字的理论，是我国语文学史上第一部分析字形、解说字义、辨识声读的字典，也是 1 800 年来唯一研究汉字的经典著作，是我们今天研究古文字和古汉语必不可少的材料。如果没有这部书的流传，我们将不能认识秦、汉以来的篆书，更不要说商代甲骨文和商、周的金文与战国时的古文了。因此，它不但过去对汉字研究发生了巨大的影响，对现在和将来的汉字研究仍有巨大的意义。

《说文解字》同时也创立了汉民族风格的语言学——文献语言学，《说文解字》就是文献语言学的奠基之作。《说文解字》对传统语言学的形成和发展有巨大影响，后世所说的文字、音韵、训诂之字，大体不出《说文解字》所涉及的范围，而《说文解字》本身则形成一个专门学科。《说文解字》完整而系统地保存了小篆和部分籀文，是国人认识更古文字——甲骨文和金文的桥梁；《说文解字》的训解更是国人今天注释古书、整理古籍的重要依据。所以《说文解字》在今天仍有重大的学术价值和应用价值。

### （五）说文四大家

历朝历代皆有学者研究《说文》，而至清代达到鼎盛阶段，研究者逾两百人，其中，成就最大、备受推崇的当属段玉裁、桂馥、王筠、朱骏声，四人并称“说文四大家”。其主要著作分别为：段玉裁《说文解字注》，桂馥《说文解字义证》，王筠《说文句读》《说文释例》，朱骏声《说文通训定声》。

“说文四大家”的代表性著作中，桂馥的《说文解字义证》成书最早，其后便是段玉裁的《说文解字注》，二人在当时都有很大的影响，不过桂馥的名气还是不及段玉裁，王念孙曾高度赞扬段氏之作是“盖千七百年来无此作矣”。其后便是王筠，据称他的《说文释例》也是想弥补段、桂著的不足。王筠的《说文句读》及《说文释例》也引起了很大的轰动，叶德辉称他与段、桂二人如同鼎立三足。四人中朱骏声的成书时间最晚，最早刊刻是在1833 年，但是朱骏声在世的时候其书并没有得到时人的重视，一直到他去世十多年后，其子重刊此书，才让人们发现了它的价值。

“说文四大家”的代表性著作既有相似之处，又有各自的特色，四个人的书都是通释《说文解字》，进行了逐字逐句地注解，但是又各有侧重。作为“说文四大家”之首的段玉裁在《说文解字注》中首次提出了“形、音、义三位一体观”，突破了前人只着眼于形、义关系的局限性。它讲究音以音韵证字形、以音韵通训诂，就字形推求字义。桂馥的《说文解字义证》将研究重点放在形义关系上，尤重义证，他通过列举大量的实例来阐明字义，对《说文解字》卷一到卷十八都一一进行了字经互证。因此，他所著的《说文解字义证》被认为与段著《说文解字注》不相上下。王筠在《说文释例》中运用了偏旁分析法，他对古今字学的贡献，更被认为是在段氏之上。他的一个重要贡献是指出了先有声义而后有形，先有语言而后有文字。朱骏声曾跟随清朝著名学者钱大昕游学，在训诂等方面成就斐然。朱骏声在释义的基础上加上了音韵方面的研究，他的“通训”，意指通释训诂；“定声”，即把文字按古韵分类聚合排列。

## 文史拓展

# 常用字典辞书

### （一）《康熙字典》《中华大字典》

《康熙字典》是张玉书、陈廷敬等编纂，在明代梅膺祚的《字汇》和张自烈的《正字通》的基础上编成。按部首排列，分为214部，部首又按十二地支，分成子丑寅卯辰巳午未申酉戌亥十二集，每集又分上、中、下三卷。笔画少的部首排在前面，同部首的字再按笔画数目排列。“一二子中三丑寅，四卯辰巳五午未，六在未申七仔酉，八九戌部余亥存。”收字47 035个，是清代以前收字最多的一部字典。

这部字典的释字体例是先音后义。每字下面先列历代主要韵书的反切，然后解释字义，每义之下一般都引古书为证，有时也有古注，很少有编者自己的见解。

道光七年（1827年），王引之作《字典考证》，纠正了它的引述错误2 588条；1981年王力作《康熙字典音读订误》，共八类五千九百多条。

《中华大字典》是由陆费逵、欧阳溥存主编，1915年中华书局出版的。用部首排列，收字48 000多个，比《康熙字典》多收了一些近代的方言字和翻译用的新字。全书在体例方面，注音主要采用《集韵》的反切，还加注直音，释义也比较简单，并采用了一些清人的训诂研究成果。

### （二）《辞源》《辞海》

《辞源》是商务印书馆编印的，出版于1915年，编写者有陆尔奎、方毅等50多人。这是一部以词语为主，兼顾各种术语、人名、地名、书名、文物、典章制度的大辞书。这部书用的是部首排列法，沿用《康熙字典》的214个部首，单字字头下大量收列古今的复音词和词组，先释单字，再释复音字。单字先注音，后释义。注音全部采用清代李光地的《音韵阐微》的反切。释义基本上是先说明词义和用法，然后再引书证或综述引文大意，有的还引古注对书证进行解释。

《辞源》基本上奠定了汉语现代词典编纂的体例格局，1958年加以修订，它是一部“以语文为主，百科为副”的帮助阅读古籍的语文工具书，专收古汉语词汇。《辞源》（修订本）的注音采取了汉语拼音和注音字母注今音，但仍保留了反切注音，采用《广韵》和《集韵》的反切。修订版更符合溯源的要求，共收单字12 890个，复合词8 413条，总字数1 100多万字，是一部目前帮助阅读古籍的较大的、较好的辞书，使用繁体字，按部首排列，部首合并成208部，最后附有《四角号码索引》和《汉语拼音索引》。

《辞海》是中华书局于1936年编印的，由舒新城、沈颐、张相等主编，较《辞源》的最大改进是引书注明篇名。1958年修订时，决定改成一部综合性辞书。新《辞海》是按部首排列的，将214部调整为250部。

### （三）《汉语大字典》《汉语大词典》

《汉语大字典》和《汉语大词典》是两部大型的语文工具书，都是“古今兼收，源流并重”，《汉语大字典》偏重收集古今的汉字，《汉语大词典》偏重收集汉语的古今复印词语。

《汉语大字典》共八卷，1 500 多万字，编者的意图是注重历史地反映汉字形、音、义的发展。在字形方面，单字条目下收列了能够感应形体演变关系的、有代表性的甲骨文、金文、小篆和隶书的形体；在字音方面，除尽可能注明现代诉因外，还收列了中古的反切，标注了上古的韵部。《汉语大字典》按部首排列，部首释义传统的《康熙字典》214 部位基础，删并成 200 部。单字归部也基本上与《康熙字典》相同，每卷前面都列有该卷的检字表，第八卷列有全书的《笔画检字表》。

《汉语大词典》共十二卷，是一部大型的、历史性的汉语语文辞典，全书 5 000 余万字，共收词目 37 万条左右。它同《辞源》《辞海》一样，部首与《汉语大字典》相同，也是 200 部。多字条目按“以字带词”的原则，列在单字条目之后，多字条目的次序再按字数和笔画的多少排列，另附有《音序检字表》《笔画检字表》。

### （四）《新华字典》《现代汉语词典》《古汉语常用字字典》

《新华字典》是新华辞书社编纂的，由魏建功主持，它的收字范围和释义只限于现代汉语，但也适当地收录了古代文献中的词汇及历史上的词语。

《现代汉语词典》是中国社会科学院语言研究所词典编辑编的，主编先后有吕叔湘和丁树声。它是以记录普通话语汇为主的中型现代语文词典，收词目 56 000 多条，这是一部释义精确、体现目前汉语研究水平的好辞书。

《古汉语常用字字典》1979 年由商务印书馆出版，主要编写者有王力、岑麒祥、林焘、戴澧、唐作藩、蒋绍愚、张万起、徐敏霞。这本字典收古汉语常用字 3 700 多个，后附难字表，收难字 2 600 多个，它是在王力主编的《古代汉语》常用词的基础上编写的。在释义解词中，重视词义的概括性和各义之间的内部联系，注释简明通俗，适用于初学古汉语的读者。1993 年出版了修订本，对原书的体例做了较大的修改。它是按照《现代拼音方案》的音序排列的，前面附有《部首检字》。

### （五）《经籍籑诂》

《经籍籑（zhuàn）诂》是清代阮元主编的，出版于清嘉庆三年。这是一部专门收集唐代以前各种古书注解的字典。它在编排上用的是韵母排列法，按平水韵 106 韵编次被释的字，全书 106 卷。每字之下，罗列唐以前各种古书注解对这个字的解释。

### （六）《经传释词》《词诠》

《经传释词》是清代学者王引之所著，出版于清嘉庆二十四年（1819）。全书共解释虚词 160 个，编排次序是按照古声母的顺序排列的。这本书在虚词的特殊用法上，引证丰富的材料，分析排比，做出了许多精彩结论。

《词诠》是近人杨树达所著，1928 年由商务印书馆出版。这本书收字 500 个以上，所讲的内容，既包括虚词的通常用法，也包括虚词的特殊用法，引例丰富，比较通俗易懂，编排体例是按注音字母的次序。

虚词著作还有清人的《助字辨略》和何乐士的《古代汉语虚词通释》。

### （七）《诗词曲语词汇释》

《诗词曲语词汇释》是近人张相所著，1953 年由中华书局出版。这是一部诗词曲中特殊的一部专著，书中一般是解释单词和词组的意义，有时还由意义的解释推及词源（或语源）的探讨和语法的分析，被解释的单词或词组，都是唐宋元明流行于诗词曲中的特殊词语。

## 以古说今

## 得众则得国，失众则失国

### 一、用典与出处

“得众则得国，失众则失国”，该句出自《礼记·大学》。2016 年 7 月 1 日，习近平总书记在《在庆祝中国共产党成立 95 周年大会上的讲话》中，引用过这句话。

原文如下：

《诗》云：“殷之未丧师，克配上帝。仪监于殷，峻命不易。”道得众则得国，失众则失国。是故君子先慎乎德。有德此有人，有人此有土，有土此有财，有财此有用。

释义：

《诗经》说：“殷商还没有丧失民心的时候，天意和它是相衬的。如今我们应该把它当作前车之鉴，守住天命并不是一件容易事。”为政者能够得到民心，就能治理好国家，如果失去了民心，国家就会走向灭亡。所以，君子首先要注重修养德行，有了良好的德行才能争取到人心，得到人心才能得到土地，有了土地才能拥有财富，有了财富才能满足各种用途。

《大学》是一篇论述儒家修身齐家治国平天下思想的散文，相传为春秋战国时期曾子所作。它多次引用并阐释《诗经》中的诗句，原文中的“殷之未丧师，克配上帝。仪监于殷，峻命不易”出自《诗经·大雅·文王》。《大学》提出了“三纲领”（明明德、亲民、止于至善）和“八条目”（格物、致知、诚意、正心、修身、齐家、治国、平天下），强调修己是治人的前提，修己的目的是为了治国平天下，说明治国平天下和个人道德修养的一致性 。

### 二、古今解读

“得众则得国，失众则失国。”“众”就是普天之下的泱泱百姓。《尚书·夏书·五子之歌》说，“皇祖有训，民可近，不可下；民为邦本，本固邦宁”，民众是国家存在、政府治理的根本和依据。《尚书·周书·泰誓》中周武王说，“天视自我民视，天听自我民听”，民众的得失好恶是汤武革命、历史变迁的关键和基础。孟子曰：“民为贵，社稷次之，君为轻。”商鞅以“奖励耕织，奖励军功”为核心的变法，更是彰显了民众作为物质生产发展和社会变革的决定性力量；基于这一思想和实践的秦国统一六国，开创了中国历史上第一个大一统王朝。秦朝之后“百代皆行秦政治”，影响深远；但同时“百代皆是秦命运”，发人深省。秦朝“二世而亡”、猝然崩颓带给历代统治者和思想者沉重的思索和无尽的苦恼。

人民是真正的英雄，是创造历史的主人。这虽然会被少数英雄帝王的丰功伟业所掩盖一时，但改变不了潮流浩荡的历史大势。“风流总被雨打风吹去”，看似波谲云诡历史变迁背后总是透出人心向背的决定性作用。《史记》的历史叙事中就充满了这种力量：秦统一六国是大势所趋，但多行诡诈残酷之术，长平之战坑赵军降卒 20 万，又诓骗囚禁楚怀王，最后群雄并起，“楚虽三户、灭秦必楚”，项羽巨鹿之战坑秦军 20 万，将咸阳付诸一炬。同样，项羽也因滥杀无辜招致秦人怨恨，又违背了天下人向往安定的意愿随意分封，最后刘邦凭借约法三章在秦地赢得的民心，以三秦将士为主力战胜项羽。历史是公平的游戏，如果说冥冥之中有天意，这个天，就是人民，就是民心。

得众则得国，得民心者得天下，问题在于哪一个政权能真正地得民心、爱人民，旗帜鲜明地代表民众的利益，哪一个政党能持续地得民心、爱人民，永恒不变地站在人民的立场。在庆祝中国共产党成立 95 周年大会的讲话中，习近平总书记借 2000 多年前的这句“得众则得国，失众则失国”阐释的是“人民立场”这个中国共产党根本和永恒的政治立场。

回望中国共产党波澜壮阔的历史，正是与人民风雨同舟、生死与共，始终保持血肉联系，才能战胜一切困难和风险，从胜利走向胜利。在人类历史上，马克思主义第一次站在人民的立场探求人类自由解放的道路。马克思恩格斯指出：“无产阶级的运动是绝大多数人的，为绝大多数人谋利益的独立的运动。”中国共产党作为马克思主义政党，党性和人民性从来都是一致的、统一的，除了国家、民族、人民的利益，没有任何自己的特殊利益。不谋私利才能谋根本、谋大利，才能从党的性质和根本宗旨出发，从人民根本利益出发，全心全意为人民服务。

## 三、中国共产党的领导是历史和人民的选择

只有创造过辉煌的民族，才懂得复兴的意义；只有经历过苦难的民族，才对复兴有着深切的渴望。中国是一个有着 5000 多年文明史的大国，在历史上曾长期走在世界前列。鸦片战争以后，我国逐渐成为半殖民地半封建社会，人民生活在水深火热之中。从那时起，实现民族复兴就成为中华民族最伟大的梦想。为了改变被奴役、被欺凌的命运，无数仁人志士前仆后继，努力探寻救亡图存的出路。可是，历次反对外国侵略的战争也好，太平天国的农民起义也好，“中体西用”的洋务运动也好，试图变法图强的戊

戌维新运动也好，起自社会下层并有着广泛群众规模的义和团运动也好，都失败了，都没能改变中华民族的悲惨境地。辛亥革命虽然结束了中国两千多年的君主专制制度，但依旧没有改变旧中国半殖民地半封建的社会性质，没有改变中国人民的悲惨命运。在历史的反复比较中，在各种政治力量的反复较量中，在马克思主义同中国工人运动的结合过程中，中国共产党应运而生，最终成为担当民族复兴重任的时代先锋、民族脊梁。回望百年历史，中国共产党是中国革命、建设和改革不断取得胜利的引领者，是实现中华民族伟大复兴的中流砥柱。

人民是中国共产党领导和执政的力量源泉，是决定党和国家前途命运的根本力量。习近平总书记指出，“我们党来自于人民，为人民而生，因人民而兴”。中国共产党的创建，为中国革命取来了理想信念的火种，从根本上改变了中国没有先进的坚强的政党领导的局面。中国共产党自诞生起，就坚持以马克思主义为行动指南，旗帜鲜明地把社会主义和共产主义规定为奋斗目标，把为中国人民谋幸福、为中华民族谋复兴作为初心和使命，让灾难深重的中国人民看到了新的希望，有了坚定的依靠。新中国的成立，社会主义制度的确立，实现了中国历史上最广泛而深刻的社会变革，为国家发展进步奠定了政治前提和制度基础；改革开放的推进，开辟了中国特色社会主义道路，让中国跨越了西方国家几百年的发展历程，大踏步赶上了时代。党的十八以来，以习近平同志为核心的党中央，团结带领全党全国各族人民，解决了许多长期想解决而没有解决的难题，办成了许多过去想办而没有办成的大事，实现了第一个百年奋斗目标，推动中国特色社会主义进入了新时代，根本原因就在于我们坚持党的领导不动摇，坚持党中央权威和集中统一领导不动摇。历史与事实雄辩地证明，只有中国共产党才能肩负起民族复兴的历史使命，才能带领中国人民实现民族复兴的中国梦。

“得众则得国，失众则失国。”百年来，中国共产党领导中国人民在民族复兴路上取得的伟大胜利，使具有5000多年文明历史的中华民族全面迈向现代化，让中华文明在现代化进程中焕发出新的蓬勃生机。习近平总书记在党的二十大报告中指出，“从现在起，中国共产党的中心任务就是团结带领全国各族人民全面建成社会主义现代化强国、实现第二个百年奋斗目标，以中国式现代化全面推进中华民族伟大复兴。”接下来摆在全党和全国各族人民面前的使命更光荣、任务更艰巨、挑战更严峻。只有紧密地团结在党的周围，不忘昨日的苦难辉煌，牢记今日的使命担当，下定决定，排除万难，我们一定能够实现中华民族伟大复兴的中国梦。

第五单元课后练习

# 第六单元　秦汉散文

## 文学概说

### 秦汉散文

#### 一、秦代散文

秦王朝作为一个中央集权的统一封建国家只存在15年，加之其实行的“焚书坑儒”的文化毁灭政策，使其在文学成就上无大作为，在文学发展中起到一定影响的是完成于秦统一前的秦王政八年（公元前239年）的《吕氏春秋》和李斯作于秦王政十年（公元前237年）的《谏逐客书》。前者由秦丞相吕不韦主持，由其门客集体编著，它同先秦其他诸子散文一样，有不少地方借寓言故事说理，富于文学意味，书中还保存了大量先秦时代的文献和佚文遗闻，是后世研究先秦历史文化的重要资料。后者是李斯为谏阻秦王拟驱逐六国来客而作。文章揆之以事理，说之以利害，排比铺张，有战国纵横家说辞的气势；而在文辞的修饰整齐、音节的和谐流畅等方面，又是汉代政论文和辞赋的先声。

虽说秦代文学荒芜，但不可否认的是秦始皇开创了天下大一统的封建政治制度，这为后世文学的发展奠定了一定的政治基础。汉初之时，总结秦代早早夭亡的经验教训，制定切实可行的治国方略成为当务之急。而与秦代严苛的文化管制不同的是，汉时黄老思想盛行，“无为而治”下宽松自由的文化环境，成为汉时文学作品百花齐放的摇篮。

#### 二、汉代散文

汉代散文可大体分为政论散文、说理散文、叙事散文、历史散文四类，其中，政论散文最先发展，政论散文和说理散文之间的界限并不分明。

（一）政论散文

综观汉代政论散文的发展，大体可分四个阶段：第一阶段从汉高祖建汉到汉武帝即位前。此时，文化环境相对轻松自由，文士自信心强，责任感大，又有创作时间，故而他们为文形式多样，或为奏、议，或为策、疏等，内容充实，多发政见，或指陈时弊，或总结秦亡教训，或劝告诸侯不要谋反。一般还都有战国纵横家余风，畅所欲言，铺陈壮大，感情充沛，气势逼人。重要作家有贾谊、晁错、邹阳、枚乘等，而以贾谊最为有名，其作品有《过秦论》《论积贮书》和《陈政事疏》。第二阶段从汉武帝到元、成之世。此期，中央集权加强，儒术独尊，文士为文大都依经立义，讲说灾异，论证君权神授、专制合理，征引繁复，文气迟缓，思想禁锢，少有个性，董仲舒的《春秋繁露》《天人三策》及刘向的《谏营起昌陵疏》是其中较有代表的作品。也有一些直陈时事、不傍经典的政论文，如司马相如的《谕巴蜀檄》《难蜀父老》及桓宽的《盐铁论》等是其中的名篇。此外，淮南王刘安君臣的《淮南子》不同于众，别具一格。第三阶段从成、哀之世到东汉中期。此期，汉帝国由盛而衰，又由衰而兴，今文经学走向极端，被不少文士怀疑、批判，古今经学随之兴起。与之相应，此阶段论说散文大都明白晓畅、不傍经典，如刘歆的《让太常博士书》、扬雄的《自叙书传》、桓谭的《新论》、王充的《论衡》等是其中的代表作。第四阶段是东汉后期。其时，朝政腐败，民生凋敝，社会危机严重，朝野清议之风兴起，清议之文亦随之出现。此阶段论说散文多发愤之作，指陈时弊，不但富于激情，颇有气势，而且骈散相间，注意文采。王符的《潜夫论》、崔寔的《政论》、仲长统的《昌言》等是其中的代表作。其中成就最高的是仲长统。总体而言，东汉政论散文继承了西汉的传统，但文章气势不如西汉。

值得注意的是《淮南子》一书。该书是汉代皇室贵族淮南王刘安招致门客编成，共21篇，10几万字，是西汉一部大著述。《淮南子》原称《淮南鸿烈》，“鸿”是广大之意，“烈”是光明之意。作者自认为此书包含广大光明的道理，可出于诸子百家之上，为汉代治国法典，实际是以道家思想为主而杂以孔、墨、申、韩之说，是汉初黄老思想的继续。东汉高诱说此书“其旨近老子，淡泊无为，蹈虚守静，出入经道”，大体不差。作为一部理论著作，《淮南子》的论说博奥深宏，无所不包，有一套完整的思想体系。但它并非一部抽象论道之书，其重点乃在于“纪纲道德，经纬人事”（《淮南子·要略》），处处紧密关合着现实，多用历史、神话、传说、故事来说理，具有很强的文学色彩。行文多形容铺张，繁富有序，颇重语言的修饰和整饬，大量排比式的句子，与陆贾、贾谊等人的文章共开后世骈文之先河。

### （二）说理散文

西汉说理散文首推董仲舒的《春秋繁露》。《春秋繁露》共17卷，82篇，主要宣扬天人合一、天人感应的神学目的论。董仲舒是今文经学大师，专治《春秋公羊传》，曾任博士、江都相和胶西王相。元光元年（前134），汉武帝下诏征求治国方略，董仲舒在著名的《举贤良对策》中把儒家思想与当时的社会需要相结合，并吸收了其他学派的理论，创建了一个以儒学为核心的新的思想体系，深得汉武帝的赞赏，书中系统地提出了“天人感应”“大一统”学说和“诸不在六艺之科、孔子之术者，皆绝其道，勿使并进”“罢黜百家，独尊儒术”的主张被汉武帝所采纳，使儒学成为中国社会正统思想，影响长达2000多年。其学以儒家宗法思想为中心，杂以阴阳五行说，把神权、君权、父权、夫权贯穿在一起，形成帝制神学体系。

刘向是西汉后期著名的经学家、目录学家，也是一位很有成就的散文家。他编著的

《新序》《说苑》《列女传》，是分类编集的历史故事集，也杂有民间传说、寓言故事等，文章说教气较浓，但文笔简洁流畅，语言朴素生动，这类故事可谓是魏晋小说的先声。刘向的《七略别录》一书是我国最早的分类目录学著作。

西汉说理散文另一种形式是书信体散文。书信体散文通常有抒情与议理相结合的特点。代表作品有枚乘的《上书谏吴王》，邹阳的《狱中上梁王书》，杨恽的《与孙会宗书》等。

说理散文最为著名的是司马迁的《报任安书》，该文章堪称中国散文史上第一篇正面袒露襟怀、抒发怨愤的作品。文章中的主要内容是说他遭李陵之祸的经过和受刑后屈辱、愤懑的心情以及他发愤著书的理想，文章中充满了悲凉沉痛和压抑不住的愤激之情。该文章的最大特点就是用千回百转之笔，写出了自己的光明磊落之志，抒写了愤郁不平之气，传达了曲肠九回之情。在表现手法上，结构严谨，层次井然，前后照应，于议论叙事之中抒愤懑之情，在感情的表达上纵横排宕，方法手段丰富多变而又运用自如，语言丰富而生动，形成了极强的艺术表现力量。

### （三）叙事散文

东汉时期大量出现的碑文，是品核人物风气推动下走向成熟的新文体。东汉碑文和秦代刻石铭文有渊源关系，但东汉碑文不像秦刻石铭文那样凝重呆板，而是不时有清丽之作。崔瑗的《河间相张平子碑》用简洁的文字展示张衡的学问品格，文采斐然。胡广的《征士法高碑》短小精悍，多用偶句，妙语天成。蔡邕的碑文在东汉最为著名，成就尤高。“三胡碑”虽然都是为胡广所撰，但能变化体势，不相重复，他的碑文能写出人的各自特征。杨秉是危世抗节之臣，为他写的碑文直录其事，富有生气。杨赐有清操懿德，深通《尚书》，碑文也就本于经术，气象渊静。《郭有道碑》和《陈太丘碑》是蔡邕碑文的代表作，历来受人称道。碑主郭泰、陈寔都是汉末名士，郭泰终身不仕，陈寔先仕后隐。这两篇碑文没有败笔，时见道气，读其文如见碑主其人。东汉后期盛行品鉴人物的风气，蔡邕身为士林领袖，也参与了对名士的评议，他是从人物鉴赏的角度撰写碑文，这和后代那些专门用于树碑立传的文字有所不同，其文学价值也就在于此。

马第伯的《封禅仪记》是现今所能见到的最早的游记。该文记叙建武三十二年（公元 56 年）的封禅活动，虽然是按时间顺序依次写来，但其中时有精彩的景物描写，攀登泰山的艰险场面也写得很传神。这篇游记对泰山的人文景观、封禅仪式也多有交待，具有较高的文献价值，后来的《洛阳伽蓝记》《水经注》在笔法上和这篇作品有很多相似之处。

### （四）历史散文

汉武帝时，西汉迎来全盛时代，政治上加强了封建集权，君主迫切地追求思想文化上的大一-统。从而采纳了董仲舒的建议，实行“罢黜百家，独尊儒术”的文化政策，结束了百家争鸣的文化局面，进一步加强巩固统治的同时，也大大影响了后世的思想和文学理论创作。与国家强盛相对应的是文化繁荣，由此修史的任务也成为大势所趋，在这样的社会历史条件下，《史记》应运而生。司马迁以开创纪传体史传的方式开创了历史，并对后世的文学产生了极其深远的影响。这一部分会在之后的“史传文学”中详细讲述。

## 文学作品

### 谏逐客书

李　斯

臣闻吏议逐客，窃以为过矣[1]。

昔穆公求士[2]，西取由余于戎[3]，东得百里奚于宛[4]，迎蹇叔于宋[5]，求丕豹、公孙支于晋[6]。此五人者，不产于秦，而穆公用之，并国二十[7]，遂霸西戎。孝公用商鞅之法[8]，移风易俗，民以殷盛，国以富强。百姓乐用，诸侯亲服。获楚、魏之师[9]，举地千里，至今治强。惠王用张仪之计[10]，拔三川之地，西并巴、蜀[11]，北收上郡[12]，南取汉中，包九夷，制鄢、郢[13]；东据成皋之险[14]，割膏腴之壤。遂散六国之从，使之西面事秦，功施到今。昭王得范雎[15]，废穰侯，逐华阳[16]，强公室，杜私门，蚕食诸侯，使秦成帝业。此四君者，皆以客之功。由此观之，客何负于秦哉？向使四君却客而不内[17]，疏士而不用，是使国无富利之实，而秦无强大之名也。

今陛下致昆山之玉，有随、和之宝，垂明月之珠[18]，服太阿之剑，乘纤离之马，建翠凤之旗，树灵鼍之鼓[19]。此数宝者，秦不生一焉，而陛下说之[20]，何也？必秦国之所生然后可，则是夜光之璧，不饰朝廷，犀、象之器，不为玩好，郑、卫之女不充后宫；而骏马駃騠不实外厩[21]，江南金锡不为用，西蜀丹青不为采。所以饰后宫、充下陈、娱心意、说耳目者[22]，必出于秦然后可，则是宛珠之簪、傅玑之珥、阿缟之衣、锦绣之饰，不进于前[23]，而随俗雅化、佳冶窈窕赵女，不立于侧也[24]。夫击瓮叩缶、弹筝搏髀，而歌呼呜呜，快耳目者[25]，真秦之声也。郑、卫桑间、《韶虞》《武象》者[26]，异国之乐也。今弃击瓮而就郑、卫，退弹筝而取《韶虞》，若是者何也？快意当前适观而已矣。

今取人则不然，不问可否，不论曲直，非秦者去，为客者逐，然则是所重者，在乎色乐珠玉；而所轻者，在乎人民也，此非所以跨海内、制诸侯之术也。臣闻地广者粟多，国大者人众，兵强则士勇。是以泰山不让土壤，故能成其大；河海不择细流，故能就其深；王者不却众庶，故能明其德。是以地无四方，民无异国，四时充美，鬼神降福，此五帝、三王之所以无敌也[27]。今乃弃黔首以资敌国[28]，却宾客以业诸侯[29]，使天下之士，退而不敢西向，裹足不入秦，此所谓借寇兵而赍盗粮者也[30]。

夫物不产于秦，可宝者多；士不产于秦，而愿忠者众。今逐客以资敌国，损民以益仇，内自虚而外树怨于诸侯，求国之无危，不可得也。

## 注 释

［1］过：错。

［2］穆公：春秋秦君，姓嬴，名任好，都雍（今陕西凤翔县）。在位三十九年。

［3］由余：春秋晋人。入戎，戎王命出使秦国，为秦穆公所用。献策攻戎，开境千里，使穆公称霸。

［4］百里奚：春秋楚人，字井伯，为虞大夫。虞亡，走宛，为楚人所执。秦穆公闻其名，以五羖（公羊）皮赎他，用为相。

［5］蹇叔：春秋时人，居宋，穆公迎为大夫。穆公出兵袭郑，蹇叔谏阻，不听。秦军为晋军在殽地击败。

《谏逐客书》朗读欣赏

［6］丕豹：春秋晋人，父丕郑为晋惠公所杀，因奔秦，穆公用为大夫。公孙支：秦人，游晋，后归秦，穆公用为大夫。荐孟明于穆公，为人所称。

［7］并国二十：指用由余而攻占的西戎二十部落。

［8］孝公：战国秦君，名渠梁。在位二十四年。商鞅：即公孙鞅，战国卫人，仕魏为中庶子。入秦，说孝公变法，为左庶长。定变法令，废井田，开阡陌，倡农战，使国富兵强。封于商，称商君。孝公死，为惠王所杀。

［9］获楚、魏之师：商鞅率兵攻魏，掳公子卬，大破魏军。魏献河西地于秦。商鞅获楚师事不详。

［10］惠王：秦孝公子，名驷。用张仪为相，使司马错灭蜀，又夺取楚汉中地六百里，始称王，在位二十七年。张仪：战国魏人，与苏秦同师鬼谷子，同为纵横家。苏秦主合纵，合六国拒秦。张仪相秦惠王，主连横，散六国合纵，使六国西向事秦。惠王卒，仪到魏为相卒。

［11］拔三川之地，西并巴蜀：张仪与司马错争论，张仪主张取三川，司马错主张取蜀，惠王用司马错取蜀。当时张仪为相，故归功张仪。惠王死，武王立。命甘茂取宜阳，通三川，也归功张仪。三川，东周以伊水、洛水、黄河为三川。巴、蜀，皆古国名，均在今四川境内。

［12］北收上郡：惠王十年，魏献上郡（今陕西省北部）十五县。

［13］南取汉中：惠王十三年，攻楚汉中，取地六百里。汉中，今陕西南部。九夷：楚地的各种夷族。鄢、郢：均楚国地方，在今湖北省境内。

［14］成皋：在今河南汜水县。

［15］昭王：战国秦武王弟，名稷。并西周，用范雎为相。范雎：参前《范雎说秦王》篇。

［16］穰侯：魏冉，秦昭王母宣太后的异父同母弟。昭王即位，年少，宣太后用冉执政，封为穰侯。华阳：芈戎，宣太后弟，封华阳君。华阳，在今陕西商县。

［17］内：同“纳”。

［18］昆山：即昆冈，出宝玉，在于阗（今属新疆）。随、和之宝：相传春秋时随侯救了受伤的大蛇，后蛇于江中衔大珠以报，称随珠。春秋时楚人卞和得璞，剖璞得宝玉，琢为璧，称和璧。明月之珠：即夜光珠。

［19］太阿：春秋时楚王命欧冶子、干将铸龙渊、太阿、工布三宝剑。纤离：良马名。翠凤：用翡翠羽毛做成凤形装饰的旗子。灵鼍（tuó）之鼓：用扬子鳄皮制成的鼓。

［20］说：同“悦”。

［21］駃騠（jué tí）：北狄良马。

［22］下陈：犹后列。

［23］宛珠之簪：用宛（今河南南阳县）地的珠来装饰的簪。簪，定发髻的长针。傅玑之珥：装有玑的耳饰。玑，不圆的珠。阿缟：东阿（在今山东）出产的丝织品。

［24］随俗雅化：随着世俗使俗变为雅。

［25］搏髀（bì）：拍大腿以节歌。

［26］郑、卫桑间：《礼记·乐记》："郑卫之音，乱世之音也，比于慢矣。桑间濮上之音，亡国之音也。"桑间，卫国濮水上的地名。以上指当时民间的音乐。《韶虞》《武象》：韶是虞舜时的音乐。武是周武王时的乐舞，故称武象。以上指当时的雅乐。

［27］五帝：《史记·五帝本纪》以黄帝、颛顼、帝喾、尧、舜为五帝。三王：指夏禹、商汤、周文王及武王。

［28］黔首：以黑巾裹头，指平民。

［29］业：立功业。

［30］赍（jī）：给。

## 作品简析

《谏逐客书》是李斯的一篇优秀古代公文，是应用写作法定公文研究的重要内容之一。这里的"书"不是书信，而是上书、奏章，为古代臣子向君主陈述政见的一种文体，是一种臣子向帝王逐条分析事理的公文名称，与表性质类似。《史记·李斯列传》记载，韩国派水工郑国游说秦王嬴政（即后来的秦始皇），倡言凿渠溉田，企图耗费秦国人力而不能攻韩，以实施"疲秦计划"。事被发觉，秦王嬴政听信宗室大臣的进言，认为来秦的客卿大抵都想游间于秦，就下令驱逐客卿。李斯也在被驱逐之列，尽管惶恐不安，但他在临行前主动上书劝说秦王不要逐客，写下流传千古的《谏逐客书》。

本文先叙述自秦穆公以来皆以客致强的历史，说明秦若无客的辅助则未必强大的道理；然后列举各种女乐、珠玉虽非秦地所产却被喜爱的事实作比，说明秦王不应该重物而轻人。文章立意高深，始终围绕"大一统"的目标，从秦王统一天下的高度立论，正反论证，利害并举，说明用客卿强国的重要性。

文章辞采华美，排比铺张，音节流畅，理气充足，挟战国纵横说辞之风，兼具汉代辞赋之丽。末尾作结，指出秦人"逐客以资敌国，损民以益仇"的危害，有极强的理论说服力和艺术感染力。《谏逐客书》最精彩的是中间一段，语词泛滥，意杂诙嘲，语奇字重，兔起鹘落，可谓骈体之祖。李斯虽为羁旅之臣，然其抗言陈词，有一种不可抑制的气势，成为后世奏疏的楷模。

# 论积贮疏

贾　谊

管子曰[1]："仓廪实而知礼节[2]。"民不足而可治者[3]，自古及今[4]，未之尝闻[5]。古之人曰[6]："一夫不耕[7]，或受之饥[8]；一女不织，或受之寒。"生之有时[9]，而用之亡度[10]，则物力必屈[11]。古之治天下，至孅至悉也[12]，故其畜积足恃[13]。今背本而趋末[14]，食者甚众，是天下之大残也[15]；淫侈之俗[16]，日日以长[17]，是天下之大贼也[18]。残贼公行[19]，莫之或止[20]；大命将泛[21]，莫之振救[22]。生之者甚少[23]，而靡之者甚多[24]，天下财产何得不蹶！汉之为汉[25]，几四十年矣[26]，公私之积[27]，犹可哀痛[28]。失时不雨[29]，民且狼顾[30]；岁恶不入[31]，请卖爵子[32]，既闻耳矣[33]。安有为天下阽危者，若是而上不惊者[34]？

世之有饥穰[35]，天之行也[36]，禹、汤被之矣[37]。即不幸有方二三千里之旱[38]，国胡以相恤[39]？卒然边境有急[40]，数千百万之众，国胡以馈之[41]？兵旱相乘[42]，天下大屈[43]，有勇力者聚徒而衡击[44]；罢夫羸老易子而咬其骨[45]；政治未毕通也[46]，远方之能疑者[47]，并举而争起矣[48]。乃骇而图之[49]，岂将有及乎[50]？

夫积贮者[51]，天下之大命也[52]。苟粟多而财有余[53]，何为而不成[54]？以攻则取[55]，以守则固，以战则胜。怀敌附远[56]，何招而不至[57]？今殴民而归之农[58]，皆着于本[59]；使天下各食其力[60]，末技游食之民[61]转而缘南亩[62]，则畜积足而人乐其所矣[63]。可以为富安天下[64]而直为此廪廪也[65]？窃为陛下惜之[66]。

## 注 释

［1］管子：即管仲。后人把他的学说和依托他的著作，编辑成《管子》一书，共二十四卷。

［2］仓：贮藏谷物的建筑物。《吕氏春秋·仲秋》：“修囷（qūn）仓。”高诱注：“圆曰囷，方曰仓。”廪：米仓。实：充实，满。而：同“则”，就，连词。礼节：礼仪法度。

［3］不足：指衣食不足，缺吃少穿。治：治理，管理。

［4］及：到。

［5］未之尝闻：即“未尝闻之”，没有听说过这回事。未尝：不曾。副词。之：指“民不足而可治”，代词在否定句中作宾语，一般要前置。

《论积贮疏》朗读欣赏

［6］古之人：亦指管子，以下四句引自《管子·轻重甲》，与原文略有出入。

［7］夫：古代对成年男子的通称。

［8］或：有的人，代词。

［9］生之有时：生产有时间的限制。之：指物资财富，代词。

［10］亡：同“无”。度：限制，节制。

［11］则：那么，连词。物力：指财物，财富。屈：竭，穷尽。

［12］至：极，副词。孅（xiān）：通“纤”，细致。悉：详尽，周密。

［13］畜：同“蓄”，积聚，储藏。恃：依赖，依靠。

［14］背本趋末：放弃根本的事，去做不重要的事，此处是指放弃农业而从事工商业。古代以农桑为本业，工商为末业。背：背离，背弃。

［15］是：这，代词，作主语。残：害，危害，祸害。

［16］淫侈（chǐ）之俗：奢侈的风气。淫：过分，副词。

［17］以：连词。长（zhǎng）：增长。

［18］贼：害，危害，祸害。

［19］公行：公然盛行。

［20］莫之或止：即“莫或止之”，没有人去稍微制止它一下。莫：没有人，代词。之：代词，指“残贼公行”之事。是“止”的宾语，前置。或：副词，有“稍微”“稍稍”之意。

［21］大命：国家的命运。将：将要，副词。泛：通“覂”，翻覆，覆灭。

［22］振救：拯救，挽救。

［23］生之者：生产粮食、财物的人。

［24］靡：耗费。

［25］汉之为汉：意谓汉朝自从建立政权以来。这是个主谓短语，“之”是用于短语主、谓之间的助词。为：成为，动词。

［26］几：将近，副词。

［27］公私：国家和个人。

［28］犹：还，仍然，副词。可哀痛：指积蓄少得使人痛心。

［29］失时：错过季节。雨：下雨，动词。

［30］且：将，副词。狼顾：狼性多疑，行走时常回头看，以防袭击，比喻人有后顾之忧。此处形容人们看到天不下雨的忧虑不安。

［31］岁恶：年景不好。恶：坏。不入：指纳不了税。“入”是“纳”的意思。

［32］请卖爵（jué）子：即请爵卖子。指富者向国家缴粮买爵位，贫者卖儿女为生。汉朝有公家出卖爵位以收取钱财的制度。

［33］既：已经，副词。闻耳：闻于耳，指上述严重情况传到了皇帝的耳中。

［34］安：哪里，副词。为：治理。阽危：危险。阽：临近。是：如此，像这个样子。上：皇上，皇帝。

［35］饥穰：荒年和丰年。此处为偏义复词，只指荒年。饥：灾荒。《墨子·七患》：“五谷不收谓之饥。”穰：庄稼丰熟。

［36］天之行也：是自然界的固有现象。天：大自然。行：常道，规律。

［37］禹、汤被之：禹：传说中古代部落联盟领袖。原为夏后氏部落领袖，奉舜命治水有功，舜死后继其位。汤：商朝的开国君主。被：遭，受。之：代词，指“饥穰”。传说禹时有九年的水灾，汤时有七年的旱灾。

［38］即：如果，假如，连词。方二三千里：纵横各二三千里。

［39］胡以：何以，用什么。胡：代词。以：介词。相：副词，兼有指代接受动作一方的作用，此处指“方二三千里”的灾区。恤：周济，救济。

［40］卒然：突然。卒：通“猝”。急：紧急情况，指突然爆发的战争。

［41］馈：进食于人，此处指发放粮饷，供养军队。

［42］兵：兵灾，战祸，战争。乘：因，趁。

［43］大：非常，十分，副词。屈：缺乏。

［44］徒：同伙。衡击：横行劫掠攻击。衡：通“横”。

［45］罢（pí）：通“疲”。羸（léi）：瘦弱。易：交换。

［46］毕：完全，副词。通：达。

［47］能：是衍文。疑者：指对朝廷反抗的人。疑：同“拟”，指与皇帝相比拟，较量。

［48］并：一同，副词。举：举兵。争起：争先起来闹事。

［49］乃：才，副词。骇：受惊，害怕。图：谋划，想办法对付。

[50] 岂：难道，副词。

[51] 夫：助词，用在全句之前，表示一种要阐发议论的语气。

[52] 大命：大命脉，犹言“头等大事”。

[53] 苟：如果，假如，连词。粟：此处泛指粮食。

[54] 何为：做什么事。何：疑问代词作宾语，前置。为，动词。

[55] 以：凭，靠，介词，后面省略宾语“之”。则：就，连词。

[56] 怀敌：使敌对者来归顺。怀：归向，使动用法。附远：使远方的人顺附。附：使动用法。

[57] 招：招抚。何：疑问代词作宾语，前置。

[58] 殴：通“驱”，驱使。归之农：使动双宾语，使之归农。

[59] 着：“着”的本字，附着。

[60] 食其力：靠自己的劳力吃饭。

[61] 末技：不值得重视的技能，此处指与“本业”相对的“末业”，即工商业。游食之民：游手好闲、不劳而食的人。游食：坐食，不劳而食。《荀子·成相》：“臣下职，莫游食。”杨倞注：“游食谓不勤于事，素餐游手也。”

[62] 缘南亩：走向田间，从事农业。缘：因，循，此处有趋向之意。南亩：泛指农田。

[63] 乐其所：以其所为乐，即乐于从事自己的本业（农业）。乐：以……为乐，意动用法。所：名词。

[64] 可以：助动词。为：做到。富安天下：使天下富足安定。富安：使动用法。富：指食用充足；安：指政治安定。

[65] 而：但，却，连词。直：竟然，副词。为：造成，动词。廪廪：同“懔懔”，危惧的样子。指令人害怕的局面。

[66] 窃：私下，副词，表示自谦。为：替，介词。陛下：对帝王的尊称。

## 作品简析

这篇奏疏，是贾谊针对西汉初年在经济上所面临的严重危机而提出的要注意积贮的重要论文。它从不同角度论述了加强积贮对国计民生的重大意义，表现出一个地主阶级政治家思想家的远见卓识。他的重视发展农业，提倡积贮的思想，即使至今，也仍有借鉴的价值。本文理论结合实际，紧密围绕“积贮”的论题，从正、反两面逐层深入地来论证中心论点。文章围绕中心论点，引古证今，理论结合实际，进行正反对照，并以确凿的论据、严密的逻辑，层层深入进行论证，把道理说得清楚透彻，有条不紊，令人信服。

# 过秦论（上篇）

贾　谊

秦孝公据崤函之固[1]，拥雍州之地[2]，君臣固守，以窥周室[3]，有席卷天下[4]，包举宇内，囊括四海之意，并吞八荒之心[5]。当是时也，商君佐之[6]，内立法度，务耕织，修守战之具，外连衡而斗诸侯[7]。于是秦人拱手而取西河之外[8]。

孝公既没[9]，惠文、武、昭襄蒙故业[10]，因遗策[11]，南取汉中，西举巴、蜀，东割膏腴之地[12]，北收要害之郡[13]。诸侯恐惧，会盟而谋弱秦，不爱珍器重宝肥饶之地[14]，以致天下之士[15]，合从缔交[16]，相与为一。当此之时，齐有孟尝，赵有平原，楚有春申，魏有信陵。此四君者[17]，皆明智而忠信，宽厚而爱人，尊贤而重士，约从离衡[18]，兼韩、魏、燕、楚、齐、赵、宋、卫、中山之众[19]。于是六国之士，有宁越、徐尚、苏秦、杜赫之属为之谋[20]，齐明、周最、陈轸、召滑、楼缓、翟景、苏厉、乐毅之徒通其意[21]，吴起、孙膑、带佗、倪良、王廖、田忌、廉颇、赵奢之伦制其兵[22]。尝以十倍之地，百万之众，叩关而攻秦[23]。秦人开关延敌，九国之师，逡巡而不敢进[24]。秦无亡矢遗镞之费[25]，而天下诸侯已困矣。于是从散约败，争割地而赂秦。秦有余力而制其弊[26]，追亡逐北，伏尸百万[27]，流血漂橹；因利乘便[28]，宰割天下，分裂山河。强国请服，弱国入朝。延及孝文王、庄襄王，享国之日浅[29]，国家无事。

及至始皇，奋六世之余烈[30]，振长策而御宇内[31]，吞二周而亡诸侯[32]，履至尊而制六合[33]，执敲扑而鞭笞天下，威振四海[34]。南取百越之地[35]，以为桂林、象郡；百越之君，俯首系颈[36]，委命下吏[37]。乃使蒙恬北筑长城而守藩篱[38]，却匈奴七百余里；胡人不敢南下而牧马，士不敢弯弓而报怨。于是废先王之道[39]，焚百家之言[40]，以愚黔首；隳名城[41]，杀豪杰，收天下之兵，聚之咸阳，销锋镝[42]，铸以为金人十二，以弱天下之民[43]。然后践华为城，因河为池，据亿丈之城，临不测之渊[44]，以为固。良将劲弩守要害之处，信臣精卒陈利兵而谁何[45]。天下已定，始皇之心，自以为关中之固[46]，金城千里[47]，子孙帝王万世之业也[48]。

始皇既没，余威震于殊俗[49]。然陈涉瓮牖绳枢之子[50]，氓隶之人[51]，而迁徙之徒也[52]；才能不及中人[53]，非有仲尼、墨翟之贤，陶朱、猗顿之富；蹑足行伍之间[54]，而倔起阡陌之中[55]，率疲弊之卒，将数百之众，转而攻秦，斩木为兵，揭竿为旗，天下云集响应，赢粮而景从[56]。山东豪俊遂并起而亡秦族矣。

且夫天下非小弱也[57]，雍州之地，崤函之固，自若也。陈涉之位，非尊于齐、楚、燕、赵、韩、魏、宋、卫、中山之君也；锄櫌棘矜[58]，非铦于钩戟长铩也[59]；谪戍之众，非抗于九国之师也；深谋远虑，行军用兵之道，非及向时之士也[60]。然而成败异变，功业相反，何也？试使山东之国与陈涉度长絜大[61]，比权量力，则不可同年而语矣。然秦以区区之地，致万乘之势[62]，序八州而朝同列[63]，百有余年矣[64]；然后以六合为家，崤函为宫；一夫作难而七庙隳，身死人手，为天下笑者，何也？仁义不施而攻守之势异也。

## 注释

［1］秦孝公（公元前 381—公元前 338 年）：战国时秦国的国君，名渠梁。穆公十五世孙。他任用商鞅变法，使秦富国强兵。崤函（xiáo hán）：崤山和函谷关。崤山，在函谷关的东边。函谷关，在河南省灵宝县。固：险要的地理位置。

［2］雍州：包括今陕西省中部和北部、甘肃省除去东南部的大部分地区、青海省的东南部和宁夏

回族自治区一带地方。

［3］周室：这里指代天子之位的权势，并非实指周王室。战国初期，周王室已经十分衰弱，所统治的地盘只有三四十座城池，三万多人口。

［4］席卷天下：与下文“包举宇内、囊括四海、并吞八荒”是同义铺排。席，像用席子一样，名词作状语。下文的“包”“囊”同此。

［5］八荒：原指八方荒远的偏僻地方，此指代“天下”。

［6］商君：即商鞅（约公元前390—公元前338年）。战国时卫人。姓公孙，名鞅。因封于商，号曰“商君”。先仕魏，为魏相公叔痤家臣。痤死后入秦，相秦十九年，辅助秦孝公变法，使秦国富强。孝公死，公子虔等诬陷鞅谋反，车裂死。

［7］外：对国外。连衡：也作“连横”，是一种离间六国，使它们各自同秦国联合，从而实施各个击破的策略。“连衡”一句为虚笔，张仪相秦始于惠文王十年，即公元前328年，是商鞅死后十年的事。斗诸侯：使诸侯自相争斗。斗，使动用法。

《过秦论（上篇）》
朗读欣赏

［8］拱手：两手合抱，形容毫不费力。西河：又称河西，今陕西东部黄河西岸地区。秦孝公二十二年（公元前340年），商鞅伐魏，魏使公子为将而击之。商鞅遗书公子，愿与为好会而罢兵。会盟既已，商鞅虏公子而袭夺其军。其后十年间，魏屡败于秦，魏王恐，乃使使割西河之地献于秦以和。

［9］没：通“殁”，死。

［10］惠文、武、昭襄：即惠文王、武王、昭襄王。惠文王是孝公的儿子，武王是惠文王的儿子，昭襄王是武王的异母弟。

［11］因：动词，沿袭。

［12］膏腴（gāo yú）：指土地肥沃。

［13］要害之郡：指政治、经济、军事上都非常重要的地区。

［14］爱：吝惜，吝啬。

［15］致：招致，招纳。

［16］合从：与秦“连横”之策相对，是联合六国共同对付秦国的策略。从，通“纵”。

［17］四君：指齐孟尝君田文、赵平原君赵胜、楚春申君黄歇、魏信陵君魏无忌。他们都是当时仅次于国君的当政者，皆以招揽宾客著称。

［18］约：结。离：使离散。衡：通“横”。

［19］兼：兼并、统一。

［20］徐尚：宋人。苏秦：洛阳人，是当时的“合纵长”。杜赫：周人。

［21］齐明：东周臣。周最：东周君儿子。陈轸：楚人。召（shào）滑：楚臣。楼缓：魏相。翟（zhái）景：魏人。苏厉：苏秦的弟弟。乐（yuè）毅：燕将。

［22］吴起：魏将，后入楚。孙膑：齐将。带佗：楚将。倪良、王廖：都是当时的兵家。田忌：齐将。廉颇、赵奢：赵将。制：统领、统帅。

［23］叩关：攻打函谷关。叩，击。

［24］九国之师，逡巡（qūn xún）而不敢进：九国，就是上文的韩、魏、燕、楚、齐、赵、宋、卫、中山。逡巡，有所顾虑而徘徊或不敢前进。《史记·六国表》载，并没有“九国之师”齐出动的情况，“秦人开关延敌，九国之师，逡巡而不敢进”不尽合历史事实。

［25］亡：丢失，丢掉。镞（zú）：箭头。

［26］制：制裁，制服。弊：通“敝”，困敝、疲敝。

［27］亡：逃亡的军队，在此用作名词。北：败北的军队，名词。伏尸百万：这里说的不是一次战役的死亡人数。秦击六国杀伤人数史书皆有记载，如公元前293年击韩伊阙，斩首24万；公元前260年，破赵长平军，杀卒45万。

［28］因：趁着，介词。利：有利的形势，用作名词。

［29］享国：帝王在位的年数。

［30］六世：指秦孝公、惠文王、武王、昭襄王、孝文王、庄襄王。

［31］御：驾驭，统治。

［32］二周：在东周王朝最后的周赧王时，东西周分治。西周都于河南东部旧王城，东周则都巩，史称东西二周。西周灭于秦昭襄王五十一年，东周灭于秦庄襄王元年，不是始皇时事，作者只是为了行文方便才这样写的。

［33］履至尊：登帝位。制：控制。

［34］振：通“震”，震惊（粤教版已直接用所通假的字）。

［35］南：向南。百越：古代越族居住在江、浙、闽、粤各地，每个部落都有名称，而统称百越，也叫百粤。

［36］俯首系颈：意思是愿意顺从投降。系颈：颈上系绳，表示投降。

［37］下吏：交付司法官吏审讯。

［38］北：在北方，方位名词作状语。藩篱：比喻边疆上的屏障。藩：篱笆。

［39］先王：本文指的是秦自孝公以来六代君王。先：已死去的长辈。

［40］焚百家之言：指秦始皇焚书坑儒。百家之言：诸子百家各学派的著作。言：言论，这里指著作。

［41］隳（huī）名城：毁坏高大的城墙。

［42］销锋镝（dí）：销毁兵器。销：熔化金属。锋：兵刃。镝：箭头。

［43］金人：《史记·秦始皇本纪》：“收天下兵，聚之咸阳，销以为钟鐻，金人十二，重各千斤，置廷宫中。”弱：使（天下百姓）衰弱。

［44］亿丈之城：指华山。不测之渊：指黄河。

［45］良将劲弩守要害之处，信臣精卒陈利兵而谁何：这两个句子用了互文的手法，应当理解为，“良将劲弩、信臣精卒，守要害之处，陈利兵而谁何”。信臣：可靠的大臣。谁何：呵问他是谁，就是缉查盘问的意思。何：通“呵”，呵喝。

［46］关中：秦以函谷关为门户，关中即指秦雍州地。

［47］金城：坚固的城池。金：比喻坚固。

［48］子孙帝王：子子孙孙称帝称王。帝王：名词活用为动词。

［49］殊俗：不同的风俗，指边远的地方。

［50］瓮牖（yǒu）绳枢：以破瓮作窗户，用草绳替代户枢系门板，形容家里贫穷。瓮：用瓮做。牖：窗户。绳：用绳子系。枢：门扇开关的枢轴。

［51］氓（méng）隶：农村中地位低下的人。陈涉少时为人佣耕，所以称他为“氓隶”。氓：古时指农村居民。隶：奴隶。

［52］迁徙之徒：被征发戍边的人，指陈涉在秦二世元年被征发戍守渔阳。

[53] 中人：一般人。

[54] 蹑足行伍（háng wǔ）：置身于戍卒的队伍中。蹑足：蹈，用脚踏地，这里有“置身于……”的意思。行伍：古代军队编制，以五人为伍，二十五人为行，故以“行伍”代指军队。

[55] 倔：通“崛”，突起（粤教版已直接用所通假的字）。阡陌（qiān mò）：本是田间小道，这里代指民间。

[56] 赢粮而景从：担着干粮如影随形地跟着。赢：担负。景：同“影”。

[57] 且夫：复合虚词，表递进，相当于“再说”“而且”。小弱：变小变弱。

[58] 耰（yōu）：通“櫌”（粤教版已直接用所通假的字），古时的一种碎土平田用的农具，似耙而无齿。棘：酸枣木。矜：矛柄，这里指木棍。

[59] 铦（xiān）：锋利。钩：短兵器，似剑而曲。戟：以戈和矛合为一体的长柄兵器。铩：长矛。

[60] 及：动词，赶得上，追得上。

[61] 絜（xié）：衡量。

[62] 万乘（shèng）：兵车万辆，表示军事力量强大。周制，天子地方千里，出兵车万乘，故又以万乘代指天子。乘：古时车辆叫乘。

[63] 序八州：给八州按次第排列座次。序：座次、次序，这里是排列次序的意思。八州：指兖州、冀州、青州、徐州、豫州、荆州、扬州、梁州。古时天下分九州，秦居雍州，六国分别居于其他八州。朝同列：使六国诸侯都来朝见。朝：使……来朝拜。同列：同在朝班，此指六国诸侯，秦与六国本来都是周王朝的同列诸侯。

[64] 有：通“又”，用于连接整数和零数。

## 过秦论（中篇）

贾　谊

秦灭周祀，并海内，兼诸侯，南面称帝[1]，以养四海[2]。天下之士，斐然向风[3]。若是，何也？曰：近古之无王者久矣。周室卑微[4]，五霸既灭，令不行于天下。是以诸侯力政[5]，强凌弱，众暴寡[6]，兵革不休，士民罢弊。今秦南面而王天下，是上有天子也。既元元之民冀得安其性命，莫不虚心而仰上[7]。当此之时，专威定功[8]，安危之本，在于此矣。

秦王怀贪鄙之心，行自奋之智，不信功臣，不亲士民，废王道而立私爱[9]，焚文书而酷刑法[10]，先诈力而后仁义[11]，以暴虐为天下始。夫并兼者高诈力[12]，安危者贵顺权[13]，推此言之，取与守不同术也。秦离战国而王天下[14]，其道不易，其政不改，是其所以取之也；孤独而有之，故其亡可立而待也。借使秦王论上世之事[15]，并殷、周之迹，以制御其政[16]，后虽有淫骄之主[17]，犹未有倾危之患也。故三王之建天下，名号显美，功业长久。

今秦二世立，天下莫不引领而观其政。夫寒者利裋褐而饥者甘糟糠[18]。天下嚣嚣[19]，新主之资也。此言劳民之易为政也。向使二世有庸主之行，而任忠贤，臣主一心，而忧海内之患，缟素而正先帝之过；裂地分民，以封功臣之后；建国立君，以礼天下；虚囹圄而免刑戮，去收孥污秽之罪[20]，使各反其乡里；发仓廪，散财币，以振孤独穷困之士；轻赋少事，以佐百姓之急；约法省刑[21]，以持其后。使天下之人皆得自新，更节循行，各慎其身；塞万民之望，而以盛德与天下，天下息矣。即四海之内皆欢然各自安乐其处，惟恐有变。虽有狡害之民[22]，无离上之心，则不轨之臣无以饰其智，而暴乱之奸弭矣。

二世不行此术，而重以无道：坏宗庙与民，更始作阿房之宫；繁刑严诛，吏治刻深；赏罚不当，赋敛无度。天下多事，吏不能纪；百姓困穷，而主不收恤；然后奸伪并起，而上下相遁；蒙罪者众，刑戮相望于道，而天下苦之。自群卿以下至于众庶，人怀自危之心，亲处穷苦之实，咸不安其位，故易动也。是以陈涉不用汤、武之贤，不借公侯之尊，奋臂于大泽[23]，而天下响应者，其民危也。

故先王者见终始不变，知存亡之由。是以牧民之道[24]，务在安之而已矣。下虽有逆行之臣，必无响应之助。故曰"安民可与为义，而危民易与为非"，此之谓也。贵为天子，富有四海[25]，身在于戮者，正之非也。是二世之过也。

## 注　释

［1］南面：古代以坐北面南为尊位，帝王的座位面向南，所以称居帝位为"南面"。

［2］养：养育，统治。

［3］斐然：顺服的样子。斐：通"靡"。向风：归顺。

［4］卑微：衰败。

［5］力政：以武力征伐。政：通"征"。

［6］暴：欺侮。

［7］既：当是"则"的意思。《会注考证》引李笠曰："当依《新书》作'即'。"元元：平民百姓。冀：希望。

［8］专威：独擅威势。

［9］王道：古时指以仁义统治天下的政策。

［10］文书：诗书古籍。酷刑法：使刑法严酷。

［11］先：把……放在前头。后：把……放在后头。

［12］高：以为高，重视。

［13］贵：以为贵，重视。顺权：顺时权变。

［14］离：经历。

［15］借使：假使。

［16］制御：统治，控制。

［17］淫骄：荒淫骄横。

［18］糟糠：酒滓、谷皮等粗劣食物，贫者以之充饥。

［19］天下嚣嚣：天下百姓苦苦哀叫。

［20］收孥（nú）：古时，一人犯法，妻子连坐，没为官奴婢，谓之收孥。

［21］约法省刑：是汉初的立法原则之一，是为了缓和社会矛盾而实施的立法原则。

［22］狡害：狡猾为害。

［23］奋臂：振臂而起。大泽：大泽乡，是陈胜、吴广起义的地点。

《过秦论（中篇）》
朗读欣赏

[24] 牧民：治民。

[25] 富有四海：享有全国的一切财富，旧时用以形容帝王。四海：指全国。

## 过秦论（下篇）

贾　谊

秦并兼诸侯山东三十余郡[1]，缮津关，据险塞，修甲兵而守之[2]。然陈涉率散乱之众数百[3]，奋臂大呼，不用弓戟之兵，鉏耰白梃，望屋而食，横行天下[4]。秦人阻险不守，关梁不闭[5]，长戟不刺，强弩不射。楚师深入，战于鸿门，曾无藩篱之难[6]。于是山东诸侯并起，豪俊相立[7]。秦使章邯将而东征，章邯因其三军之众，要市于外，以谋其上[8]。群臣之不相信[9]，可见于此矣。

子婴立，遂不悟。借使子婴有庸主之材，而仅得中佐，山东虽乱，三秦之地可全而有，宗庙之祀宜未绝也。秦地被山带河以为固，四塞之国也。自缪公以来至于秦王，二十余君，常为诸侯雄，此岂世贤哉？其势居然也[10]。且天下尝同心并力攻秦矣[11]，当此之世，贤智并列，良将行其师，贤相通其谋，然困于险阻而不能进者，岂勇力智慧不足哉？形不利，势不便。秦虽小邑，伐并大城，得阨塞而守之，诸侯起于匹夫[12]，以利会，非有素王之行也[13]。其交未亲，其下未附[14]，名曰亡秦，其实利之也。彼见秦阻之难犯也[15]，必退师。案土息民以待其敝[16]，承解诛罢以令国君，不患不得意于海内[17]。贵为天子，富有四海，而身为禽者，其救败非也[18]。

秦王足己而不问[19]，遂过而不变[20]。二世受之，因而不改，暴虐以重祸[21]。子婴孤立无亲，危弱无辅。三主之惑，终身不悟[22]，亡不亦宜乎？当此时也，世非无深谋远虑知化之士也[23]，然所以不敢尽忠拂过者[24]，秦俗多忌讳之禁[25]，忠言未卒于口，而身为糜没矣。故使天下之士，倾耳而听，重足而立[26]，阖口而不言[27]。是以三主失道，而忠臣不谏，智士不谋也。天下已乱，奸不上闻[28]，岂不哀哉！

先王知雍蔽之伤国也[29]，故置公卿、大夫、士，以饰法设刑[30] 而天下治。其强也，禁暴诛乱而天下服；其弱也，五霸征而诸侯从[31]；其削也，内守外附而社稷存[32]。故秦之盛也，繁法严刑而天下振[33]；及其衰也，百姓怨望而海内叛矣。故周五序得其道，千余载不绝[34]，秦本末并失[35]，故不能长。由是观之，安危之统，相去远矣[36]。

野谚曰："前事之不忘，后事之师也。"[37] 是以君子为国，观之上古，验之当世，参之人事，察盛衰之理，审权势之宜[38]，去就有序[39]，变化因时，故旷日长久而社稷安矣。

### 注　释

[1] 秦并兼诸侯山东三十余郡：秦始皇统一六国后，分天下为三十六郡，原来六国的土地有三十多郡。山东，指崤山、函谷关以东，意即原来六国的土地。

[2] 循津关，据险塞，缮甲兵而守之：修整好各地的关隘，占据各地的险要，整备下精良的武器装备，以保守这些地方。津关：渡口和关隘，指水陆要道。据：凭依。甲兵：铠甲，武器。

[3] 散乱之众：防守边防的士兵。

[4] 不用弓戟之兵，锄櫌（yōu）白梃（tǐng），望屋而食，横行天下：没有锋利的兵器，仅仅使用锄头、木棍等作武器，随所到之处就食，而天下无所阻挡。弓戟之兵：弓箭、戟矛一类武器。櫌白梃，指农具。此处借以形容武器之粗劣。櫌：锄头的木柄。白梃：白木棒，即没有经过加工的棍棒。望屋而食：见有人家，就去吃饭，指没有军粮储备。

[5] 关梁不阖（hé）：关口和桥梁来不及封闭。阖：关闭。

[6] 楚师深入，战于鸿门，曾无藩篱之难：楚军一直打到鸿门一带地方，连像篱笆那样的阻碍也没有遇到。楚师：指陈胜起义的部队。陈胜起义后号为张楚，因此称为楚师。鸿门：在今陕西省临潼县东，今名项王营。

[7] 于是山东诸侯并起，豪俊相立：在这种情况下，秦在原来六国的统治大乱，各地纷纷乘机起兵。豪俊：豪杰，有相当才能的人。

[8] 章邯因以三军之众要市于外，以谋其上：章邯趁机凭借众多的军队，来图谋他的君主，求取自己的爵位。章邯：秦大将。要市：指谋求自己的利益。要：同“徼”，求取。市：交易。

《过秦论（下篇）》
朗读欣赏

[9] 不相信：不忠实。

[10] 其势居然也：是它的地理形势所在才这样的。即是说，由于所处地理形势好，才能称雄于诸侯。

[11] 且：连词，况且。

[12] 诸侯起于匹夫：指山东各地的起义首领都是从平民中崛起的。匹夫：这里指普通老百姓。

[13] 素王之行：素王的德行。素王：指没有王位而具有王者德行的人。

[14] 其下未附：他们的下属还未亲附。

[15] 彼见秦阻之难犯也：他们见到秦朝的防御是难以进犯的。

[16] 案土息民，以待其敝：使境内平安，民众能休养生息，以等待他们的衰败。弊：败、坏。

[17] 收弱扶罢，以令大国之君，不患不得意于海内：收养弱小，扶助疲敝，而使秦国的国君不怕不能在天下实现自己的意愿。

[18] 救败：挽救败亡。

[19] 足己不问：骄傲自满，不请教别人。

[20] 遂过而不变：有过错因循而不能更改。

[21] 二世受之，因而不改，暴虐以重祸：秦二世承继了秦始皇的做法，因循而不加以改变，又加上残暴酷虐，因而加重了祸患。

[22] 三主之惑，终身不悟：指秦始皇、秦二世、子婴三代君主溺于错误而终身不悟。惑：困惑，迷乱。

[23] 深虑知化：智虑深远，了解形势变化的道理。

[24] 拂过：提出纠正错误的意见。拂：违反。

[25] 秦俗多忌讳之禁：秦朝的风习是禁忌很多。俗：习俗，风气。

[26] 重足而立：两脚紧靠着站着，形容恭敬的样子。

[27] 阖口而不言：闭着嘴不说话。形容心怀恐惧而不敢说话的样子。

[28] 奸不上闻：坏消息不让皇帝知道。

[29] 壅蔽：阻塞，蒙蔽。指上下之间情况不通。

[30] 饰法设刑：整饬法令，设立刑罚。饰：同“饬”，整顿。

[31] 其弱也，五伯征而诸侯从：在它衰弱的时候，也能靠五伯的征伐而使诸侯服从。五霸：即春秋五霸。

[32] 其削也，内守外附而社稷存：它削弱的时候，也能内部加强守护，外部交好其他国家而使政权保存下来。守：保持。附：靠近。

[33] 繁法严刑而天下振：法令繁复，刑罚严酷而使得天下震动不安。振：同“震”。

[34] 故周五序得其道，而千余岁不绝：所以，周王朝设置五等爵位，符合治国的原则，因而延续了一千多年。五序：指公、侯、伯、子、男五等爵位。序：顺序。千余载：周王朝的统治，西、东周合计共八百余年。这里说“千余岁”，是夸大的说法。

[35] 秦本末并失：秦王朝在根本和次要的方面都不正确，所以统治不能长久。本末：这里指治理国家的根本方针和采取的方法、手段。

[36] 安危之统：指使得国家安全或者危险的原理。统：统绪，纲纪。

[37] 野谚曰：“前事之不忘，后事之师也。”民谚说：“不忘记先前事情的经验教训，就是后来事情的借鉴。”师：师法，借鉴。

[38] 察盛衰之理，审权势之宜：明了盛衰的道理，明辨权位势力的适当运用。宜：适当，适宜。

[39] 去就有序：取舍有一定的顺序。

## 作品简析

《过秦论》是贾谊政论散文的代表作，分上、中、下三篇。全文从各个方面分析秦王朝的过失，故名为《过秦论》。此文旨在总结秦速亡的历史教训，以作为汉王朝建立制度、巩固统治的借鉴，是一组见解深刻而又极富艺术感染力的文章。

《过秦论》上篇先讲述秦自孝公以迄始皇逐渐强大的原因：具有地理的优势、实行变法图强的主张、正确的战争策略、几世秦王的苦心经营等。行文中采用了排比式的句子和铺陈式的描写方法，富有气势；之后则写陈涉虽然本身力量微小，却能使强大的秦国覆灭，在对比中得出秦亡在于“仁义不施”的结论。中篇剖析秦统一天下后没有正确的政策，秦二世没有能够改正秦始皇的错误政策，主要指责秦二世的过失。下篇写秦在危迫的情况下，秦王子婴没有救亡扶倾的才力，主要指责秦王子婴的过失。文章气势充沛，一气呵成。

# 论贵粟疏

晁　错

圣王在上，而民不冻饥者，非能耕而食之[1]，织而衣之也[2]，为开其资财之道也[3]。故尧、禹有九年之水，汤有七年之旱，而国亡捐瘠者[4]，以畜积多而备先具也。今海内为一，土地人民之众不避汤、禹[5]，加以亡天灾数年之水旱，而畜积未及者，何也？地有遗利，民有余力，生谷之土未尽垦，山泽之利未尽出也，游食之民未尽归农也。

民贫，则奸邪生。贫生于不足，不足生于不农，不农则不地著[6]，不地著则离乡轻家，民如鸟兽。虽有高城深池，严法重刑，犹不能禁也。夫寒之于衣，不待轻暖；饥之于食，不待甘旨；饥寒至身，不顾廉耻。人情一日不再食则饥，终岁不制衣则寒。夫腹饥不得食，肤寒不得衣，虽慈母不能保其子，君安能以有其民哉？明主知其然也，故务民于农桑，薄赋敛，广畜积，以实仓廪[7]，备水旱，故民可得而有也。

民者，在上所以牧之[8]，趋利如水走下，四方无择也。夫珠玉金银，饥不可食，寒不可衣，然而众贵之者，以上用之故也。其为物轻微易藏，在于把握，可以周海内而无饥寒之患。此令臣轻背其主，而民易去其乡，盗贼有所劝，亡逃者得轻资也。粟米布帛，生于地，长于时，聚于力，非可一日成也。数石之重[9]，中人弗胜[10]，不为奸邪所利；一日弗得而饥寒至。是故明君贵五谷而贱金玉。

今农夫五口之家，其服役者不下二人，其能耕者不过百亩，百亩之收不过百石。春耕，夏耘，秋获，冬藏，伐薪樵，治官府，给徭役；春不得避风尘，夏不得避暑热，秋不得避阴雨，冬不得避寒冻，四时之间，无日休息。又私自送往迎来，吊死问疾，养孤长幼在其中[11]。勤苦如此，尚复被水旱之灾，急政暴虐[12]，赋敛不时，朝令而暮改[13]。当具有者半贾而卖，无者取倍称之息[14]；于是有卖田宅、鬻子孙以偿债者矣。而商贾大者积贮倍息[15]，小者坐列贩卖，操其奇赢[16]，日游都市，乘上之急，所卖必倍。故其男不耕耘，女不蚕织，衣必文采，食必粱肉；无农夫之苦，有阡陌之得[17]。因其富厚，交通王侯，力过吏势，以利相倾；千里游遨，冠盖相望，乘坚策肥[18]，履丝曳缟[19]。此商人所以兼并农人，农人所以流亡者也。今法律贱商人，商人已富贵矣；尊农夫，农夫已贫贱矣。故俗之所贵，主之所贱也；吏之所卑，法之所尊也。上下相反，好恶乖迕[20]，而欲国富法立，不可得也。

方今之务，莫若使民务农而已矣。欲民务农，在于贵粟；贵粟之道，在于使民以粟为赏罚。今募天下入粟县官[21]，得以拜爵[22]，得以除罪。如此，富人有爵，农民有钱，粟有所渫[23]。夫能入粟以受爵，皆有余者也。取于有余，以供上用，则贫民之赋可损[24]，所谓损有余、补不足，令出而民利者也。顺于民心，所补者三：一曰主用足，二曰民赋少，三曰劝农功。今令民有车骑马一匹者[25]，复卒三人。车骑者，天下武备也，故为复卒。神农之教曰："有石城十仞，汤池百步，带甲百万，而无粟，弗能守也。"以是观之，粟者，王者大用[26]，政之本务。令民入粟受爵，至五大夫以上[27]，乃复一人耳，此其与骑马之功相去远矣。爵者，上之所擅[28]，出于口而无穷；粟者，民之所种，生于地而不乏。夫得高爵也免罪，人之所甚欲也。使天下人入粟于边，以受爵免罪，不过三岁，塞下之粟必多矣。

陛下幸使天下入粟塞下以拜爵，甚大惠也。窃窃恐塞卒之食不足用大渫天下粟。边食足以支五岁，可令入粟郡县矣；足支一岁以上，可时赦，勿收农民租。如此，德泽加于万民，民俞勤农。时有军役，若遭水旱，民不困乏，天下安宁；岁孰且美，则民大富乐矣。

## 注　释

［1］食（sì）之：给他们吃。“食”作动词用。

［2］衣（yì）之：给他们穿。“衣”作动词用。

［3］道：途径。

［4］捐瘠（jí）：被遗弃和瘦弱的人。捐，抛弃。瘠：瘦。

［5］不避：不让，不次于。

［6］地著（zhuó）：定居一地。《汉书·食货志》：“理民之道，地著为本。”颜师古注：“地著，谓安土也。”

《论贵粟疏》朗读欣赏

［7］廪（lǐn）：米仓。

［8］牧：养，引申为统治、管理。

［9］石：重量单位。汉制三十斤为钧，四钧为石。

［10］弗胜：不能胜任，指拿不动。

［11］长（zhǎng）：养育。

［12］政：同“征”。虐：清代王念孙认为当作“赋”。

［13］改：王念孙认为原本作“得”。

［14］倍称（chèn）之息：加倍的利息。称：相等，相当。

［15］贾（gǔ）：商人。

［16］奇赢：以特殊的手段获得更大的利润。

［17］阡陌（qiān mò）之得：指田地的收获。阡陌：田间小路，此代田地。

［18］乘坚策肥：乘坚车，策肥马。策：用鞭子赶马。

［19］履丝曳（yè）缟（gǎo）：脚穿丝鞋，身披绸衣。曳：拖着。缟：一种精致洁白的丝织品。

［20］乖迕（wǔ）：相违背。

［21］县官：汉代对官府的通称。

［22］拜爵：封爵位。

［23］渫（xiè）：散出。

［24］损：减。

［25］车骑马：指战马。

［26］大用：最需要的东西。

［27］五大夫：汉代的一种爵位，在侯以下二十级中属第九级。凡纳粟四千石，即可封赐。

［28］擅：专有。

## 作品简析

疏是向皇帝陈述意见的一种文体，也称“奏疏”或“奏议”。这篇文章分析了西汉初期社会经济上存在的严重问题，大地主、大商人兼并土地，聚敛财物，大批农民流离失所，生活困苦，社会矛盾日趋激化。文帝时，为防匈奴入侵，边塞又陈兵无数，耗粮巨万。针对这些问题，晁错上疏，全面论述了“贵粟”的重要性，阐明使民务农，入粟于边，以解决农民与商贾贫富悬殊、守边士卒无粮供给的矛盾。文章引古说今，多用对比手法，以古圣王之时与今之时相比，以五谷与珠玉金银相比，以富商大贾与劳动人民相比，对照鲜明，说理透辟。逻辑严密，文辞流畅，充满强烈的情感。

# 古汉语通论

## 省 略

省略本来是古今汉语都有的事，但古汉语中使用省略之例更多，古汉语中的省略，大致有以下几种情况。

### 一、省主语

省略主语，有对话时的省略。例如：

（1）食之，比门下之客。（《战国策·齐策》）

（2）事急矣，请奉命求救于孙将军。（《资治通鉴·赤壁之战》）

这里的“食之”前面省去了第二人称代词“汝”“汝辈”。由于主语是当时的听话者，不会不了解，所以可以省去。“请奉命求救于孙将军”的主语是第一人称“亮”或其谦称的代词“臣”，这是诸葛亮对刘备讲的话。“奉命”当然是奉刘备的命，奉命的臣当然是说话者自己。

有概括性的省略，即所省的主语指任何人。像下面的例子可以加上主语“人”。例如：

（1）故（）不登高山，不知天之高也；不临深溪，不知地之厚也。（《荀子·劝学》）

（2）（）少壮不努力，（）老大徒伤悲。（古乐府《民歌行》）

有承上或启下的省略。例如：

（3）先生饮一斗而醉，（）恶能饮一石哉？《史记·滑稽列传》）

（4）夫子步，（）亦步，夫子趋，（）亦趋……夫子奔逸绝尘，而回瞠若乎后矣。（《庄子·田子方》）

（3）是承上而省去主语“先生”；（4）是启下而省去主语“回”。

这些例子和现代汉语没有什么区别，值得注意的是下面的例子：

（1）郤子至，请伐齐，晋侯弗许；（郤子）请以其私属（伐齐），（晋侯）又弗许。（《左传·宣公十七年》）

（2）邴夏……射其左，（左）越于车下；（邴夏）射其右，（右）毙于车中。（《左传·成公二年》）

（3）道士寂然，若无闻也。（二子）累问，（道士）不应。（《石鼎聯句诗序》）

这里每一例句所省略的是两个不同的主语。如果在现代语里，两个主语至少有一个可以用第三人称“他”来代替，如“晋侯不答应，他又请求带自己的部队去……”“两个人问了好几次，他还是不答应。”在文言文里，却没有适当的第三人称代词可用，就只能用别的办法：复说名词（如括号内多加的）或索性省略。如果主语是第一或第二人称，就不受这样的限制。

主语除了上述三种省略情况外，在某些场合里，如自己写给自己看的日记等，第一人称的主语常常可以省掉。例如陆游的《入蜀记》：

乾道五年十二月六日，（余）得报差通判夔州。（）方久病，未堪远役，谋以夏初离乡里。六年闰五月十八日，（）晚行，夜至法云寺。十九日黎明，（）至柯桥馆，见送客。（）巳时至钱清，食亭中，凉爽如秋。（）与诸子及送客，步过浮桥。

## 二、省略动词谓语

这在文言文里比较少见，但也不是极个别的。谓语可以省去，必然是这个谓语已见于上下文的句子中。例如：

（1）山木如市，弗加于山；鱼、盐、蜃、蛤（），弗加于海。（《左传·昭公三年》）

（2）杨子之邻人亡羊，既率其党（），又请杨子之竖追之。（《列子·说符》）

（3）忽问：“杭有名妓瑞云，今如何矣？”贺以“适人”对。又问：“（）何人？”（《聊斋志异·瑞云》）

（1）（2）省去动词谓语及其宾语“如市”和“追之”；（3）省去动词谓语“适”。

## 三、省宾语

宾语的省略，主要是承上文的省略。例如：

（1）（褚公）名字已显而位微，人多未（）识。（《世说新语·雅量》）

（2）为之，则难者亦易矣；不（）为，则易者亦难矣。（《为学》）

（3）和喜曰：“天下唯真才人为能多情，不以妍媸易念也。请从君归，便赠（）一佳人。”（《聊斋志异·瑞云》）

（1）（2）可以在省掉的地方加上“之”，（3）可以加上“君”。所省略的成分，都已见于上文。

## 四、省兼语

现代汉语基本上不能省去兼语，而古汉语中省去兼语的情况则较为普遍。例如：

（1）寡人有弟，不能和谐，而使（）糊其口于四方。（《左传·隐公十一年》）

（2）武帝以（陵）为有广之风，使（）将八百骑，深入匈奴二千里，过居延，视地形。（《汉书·李陵传》）

（3）余人各复延（）至其家。（《桃花源记》）

（4）吏来而呼曰：“官命（）促尔耕，勖尔植，督尔获，蚤缫而绪，蚤织而缕，字而幼孩，遂而鸡豚。”（《种树郭橐驼传》）

除了已经加上的以外，用白话讲，就必须是“使他到四方去找饭吃”“上官命令我来催促你们耕种……”，“他”和“我”是省不了的。

## 五、省介词的宾语

现代汉语很少省掉介词的宾语，在古汉语里则可以省去若干介词的宾语。例如：

（1）然吾居乡，见长人者好烦其令，而卒以（烦令、此）祸（人、之）。（《种树郭橐驼传》）

（2）即解貂覆生，为（生、之）掩户。（《左忠毅公逸事》）

（3）汝客善，可与（）语矣。（《史记·商君列传》）

## 六、省介词“于、以”等

（1）客闻之，请买其方（以）百金。（《庄子·逍遥游》）

（2）复力战（于）山谷间，尚四五十里，得平地，不能破，乃还。（《汉书·李陵传》）

（3）陈涉起（自）匹夫。（《史记·儒林列传》）

有很多用名词作状语的例子，实际也可以说是这些作为状语的名字之前省去了介词“以”“于”等。

## 七、省“曰”字

古书里不论记叙独白和对话，都有省去“曰”字的情况。遇到这种地方，就得细心体会文义，辨别哪里应该有“曰”字及是谁说的话。

对话省“曰”字，例如：

（1）子曰：“由也，女（汝）闻六言六弊矣乎？”对曰：“未也。”（子曰）：“居，吾语女……”（《论语·阳货》）

独白省“曰”字，例如：

（2）秦伯素服郊次，乡（向）师而哭，曰：“孤违蹇叔，以辱二三子，孤之罪也。”不替孟明；（曰）：“孤之过也，大夫何罪。”（《左传·僖公三十三年》）

## 八、省定语

古汉语句子中，有的时候会省去定语，例如：

（1）陵到浚稽山，与单于相直（值），（单于）骑可三万围陵军。（《汉书·李陵传》）

（2）媪斥去（瑞云）装饰，使与婢辈伍。（《聊斋志异·瑞云》）

文史拓展

## 《吕氏春秋》与《谏逐客书》

公元前 221 年，以秦最终灭齐为界，实现了中国的大一统，建立起中国历史上第一个中央集权的封建专制王朝，但同时也是一个短命的王朝，公元前 206 年刘邦攻入咸阳，宣告秦朝的灭亡。

秦虽然国运不长，但在历史上的地位具有承上启下的作用。它统一了度量衡、货币、文字和车轨等，对后代产生了深远的积极影响。但采取严酷的文化政策，如焚书坑儒等摧残了文化，压制了思想，对后世乃至整个中国文化产生了不可估量的消极影响。整个秦代文学都不发达，有“秦世无文”之说。纵观秦代文学能够让世人称道的有两部作品，一是吕不韦主持编纂的《吕氏春秋》，一是李斯的《谏逐客书》。

### 一、吕不韦与《吕氏春秋》

吕不韦，战国末年商人、政治家、思想家，秦国丞相，早年经商于阳翟，扶植秦国质子异人回国，秦庄襄王继位，拜为相国，封文信侯。执政时，带兵攻取周国、赵国、卫国土地，分别设立三川郡、太原郡、东郡，对秦王嬴政兼并六国的事业做出重大贡献。庄襄王去世后，迎立太子嬴政即位，拜为相邦，尊称“仲父”，权倾天下。

曾命宾客编纂《吕氏春秋》（又名《吕览》），包含八览、六论、十二纪，汇合了先秦诸子各派学说，“兼儒墨，合名法”，史称“杂家”。

此书以儒家学说为主干，以道家理论为基础，以名、法、墨、农、兵、阴阳家思想学说为素材，熔诸子百家学说于一炉，闪烁着博大精深的智慧之光。吕不韦想以此作为大秦统后的意识形态，但后来执政的秦始皇却选择了法家思想，使包括道家在内的诸子百家全部受挫。《吕氏春秋》集先秦道家之大成，是战国末期道家的代表作，全书共分 26 卷，160 篇，20 余万字 。

《吕氏春秋》是中国历史上第一部有组织、按计划编写的文集，上应天时，中察人情，下观地利，以道家思想为基调，坚持无为而治的行为准则，用儒家伦理定位价值尺度，吸收墨家的公正观念、名家的思辨逻辑、法家的治国技巧，加上兵家的权谋变化和农家的地利追求，形成一套完整的国家治理学说。从学术角度观察，它具有浓厚的自然主义色彩；从管理角度观察，它充满了功利主义色彩。《吕氏春秋》通过对先秦诸子的修正，形成了自己的特色，在管理思想的全局性、整体性和深刻性上，都有自己的建树。从阴阳五行的理论架构，到经验主义的具体论证；从养生和贵己的“内圣”，到君臣之道和善治天下的“外王”；从个人和国家、社会和政权之间的关系调适，到自然之道支配下的生理、物理、事理和心理的互相配套，形成了一个完整的体系。《吕氏春秋》总括先秦诸子，开启秦汉先声，在管理思想史上具有重要地位。

## 二、李斯与《谏逐客书》

李斯，战国末期楚国人，秦代著名的政治家、文学家和书法家。

李斯早年为郡小吏，后从荀子学帝王之术，学成入秦。初为秦相吕不韦舍人，被任命为郎。旋任长史，拜客卿。秦王政十年（前237）下逐客令时，上书力谏客不可逐，为秦王采纳。又为秦并六国谋划，建议先攻取韩国，再逐一消灭各诸侯国，完成统一大业。

秦始皇二十六年（前221年）统一全国后，作为廷尉奉命与丞相王绾、御史大夫冯劫等议定“皇帝”之号。后任丞相，多次随始皇帝巡行。反对淳于越分封子弟之议，主张禁私学、废《诗》、《书》、六国史记及“百家语”。又以小篆为标准，整理文字，作《仓颉篇》以为范文。

始皇帝死后，与赵高矫诏迫扶苏自杀，立胡亥为帝。秦末农民起义爆发后，劝二世更法令，“行督责之道，专以天下自适”，加强君权。后被赵高诬为谋反，具五刑，腰斩于咸阳市，夷三族。

秦王下逐客令是在公元前237年，距秦统一天下还有16年。时处战国末期，几个大国之间的兼并战争十分激烈。秦国最为强大，由它来统一天下的局势已相当明朗。其他诸侯国都惧怕秦国并吞自己，因而就千方百计地遏制秦国向外扩张。就在这时，韩国利用秦国大力进行水利建设的机会，派了一个名叫郑国的水工到秦国去，劝说秦王修筑一条很长的灌溉渠，目的是想以浩大的工程耗费秦国的人力、财力，使它难以对外用兵。可是不久，这一阴谋被发觉了。事情发觉后，秦宗室大臣提出逐客的主张，李斯也在被逐之中，他因此写了这封《谏逐客书》，并收拾行装出走。由于这个奏疏写得有理有力，因而使秦王立即撤销了逐客令，并派人把李斯从半路上追了回来。

刘勰《文心雕龙论说》称“李斯之止逐客”，“顺情入机，动言中务，虽批逆鳞，而功成计合，此上书之善说也”。当时赶走客卿的主张，已得到秦王同意。李斯反对赶走客卿，触犯秦王，所以称“批逆鳞”，却能“功成计合”，这跟“顺情入机，动言中务”有关。他开头提出“臣闻吏议逐客，窃以为过矣”，把“逐客说成是“吏议”，使秦皇容易听下去，这就是“顺情”。接下来历举穆公、孝公、惠王、昭王四君任用客卿所收到的功效，这就是“入机”，又以“向使四君却客而不内”会怎样，作正反比较，逐客的错误就明显了。

转到秦王，另起波澜。从秦王爱好的色乐珠玉都不产于秦，然后反复推论，归结到重色乐珠玉而轻人民，“此非所以跨海内、制诸侯之术也”。这就是“动言中务”，正点到秦王要称霸的雄心。接下来又从“地广者粟多”等联系到泰山、河海的比喻，再转到“弃黔首以资敌国”的错误，归结到“今逐客以资敌国”的危殆。这样波澜起伏，正是“飞文敏以济辞”（刘勰语），终于打动了秦王。

李斯卓越的才华，不仅体现在政治上，在文学、艺术等领域，李斯也为秦国、为后世做出了巨大的贡献。

在文学上，李斯以散文见长，其文布局严密、纵横驰骋，既有实质，又有文采，往往文质互生。可以说，在秦代短暂的历史上，李斯是文学界的一枝独秀。鲁迅先生就曾称赞道："秦之文章，李斯一人而已。"

李斯的散文，流传于世的共有四篇，除《谏逐客书》是写于秦统一之前，其他三篇作品《论督责书》《言赵高书》《狱中上书》都是作于秦统一后。由于身份地位、时代环境的变化，李斯的文风也多有转变。

作于秦统一之前的《谏逐客书》，有战国时代纵横家的风范。但秦始皇实施"以法为教、以吏为师"的文化专制政策后，李斯的文风也一改往日磅礴、华美的风格，变得质朴、深刻。尤其是秦二世继位后，秦国的形势、李斯的处境都不容乐观，此时李斯所作《论督责书》《言赵高书》，都体现了他的文风和心境。当受赵高诬陷后，他在狱中写下了为自己辩诬的《狱中上书》，该文用大量反语，深刻地表现出自己此时满腔怨愤的心情，感情激荡，有很强的感染力。

除散文外，李斯还善于碑铭。秦始皇一生曾五次巡行天下，除第五次始皇病逝外，其余四次都令李斯刻石纪念，四次下来累计有《泰山刻石》《碣邪台刻石》《东观刻石》《碣石刻石》《会稽刻石》等七篇碑铭流传。这些碑铭无一例外都是在为始皇歌功颂德。

此外，李斯还是书法的鼻祖。秦统一后，为贯彻秦始皇书同文的旨意，李斯对大篆字体进行了简化，整理出一套文字，以后就被称为秦小篆。他建议以秦小篆作为标准书写体，始皇同意后，下令在全国推行。小篆的出现，对汉字的规范化起了很大的推动作用，是汉字发展史上的一大进步，也是李斯对中国历史的又一大贡献。

## 以古说今

### 民惟邦本，本固邦宁

#### 一、用典与出处

"民惟邦本，本固邦宁"，该句出自《尚书·夏书·五子之歌》。2014 年 1 月 7 日，习近平总书记在中央政法工作会议发表讲话时引用了此句。

原文如下：

其一曰："皇祖有训，民可近，不可下。民惟邦本，本固邦宁……予临兆民，懔乎若朽索之驭六马，为人上者，奈何不敬？"

释义：

其中太康的一个兄弟说："祖上禹帝曾经训示我们说，人民可以亲近，不可以轻贱失礼。人民是国家的根基，人民安定了，君位就稳固了……我治理亿万百姓，危惧的心情就像用腐朽的绳索驾驭六匹马。作为民众的君主，怎么能够不敬慎警惕呢？"

《尚书》中《禹贡》《甘誓》《五子之歌》《胤征》共四篇，旧亦称《夏书》。《五子之歌》是汉代从孔子故宅的墙壁里发现的尚书文稿中的一篇，记载的是夏代“太康尸位”的故事。据传，大禹的儿子启作为夏朝君主开启了“父传子，家天下”的世袭君主制时代。然而，启之子太康继位之后，贪图享乐，不理朝政，终日沉浸在游玩捕猎之中，引起了朝野上下的强烈不满。一次，太康越过洛水以南打猎，一百多天都没有返回都城。东夷有穷氏部落首领后羿趁机拥兵占领都城，并派兵把守在洛水北岸，拒绝太康返国。太康的五个弟弟侍奉着母亲随从打猎，在洛水和黄河的交界处被拦住之后，苦苦等候太康长达一百多日。想起太康平时的所作所为，五位公子追述先祖大禹的告诫，作诗表达对哥哥的怨恨和指责，他们说唱的诗歌便是《五子之歌》。这首诗歌是对中国最早的帝王亡国的叹息，体现了中国最早最原始的以人为本而不是以神为本的政治思想，难能可贵。

## 二、古今解读

“民惟邦本，本固邦宁”是大禹王对后世子孙的告诫，也是中国古代民本思想的源头。《说文·木部》中有言：“本，木下曰本，从木，一在其下。”即本在树的下端，树的根株即为本。如《礼记·礼运》中言：“必以天地为本。”天地为万物之根基，事物的本源、主体或者重要部分都可以视作“本”的基本含义。“民惟邦本”即认为国家之有民众犹如树木之有根基，君主的地位犹如末茎枝叶，只有根基牢固，才能枝繁叶茂，家国安宁。

贵民重民是我国传统治国修政理念的重要组成部分，历代明君贤士都将“以民为本”置于为政方略的首要地位。概观历史，早在商周时期，中国政治就开始了神本向人本的转化，产生了“民之所欲，天必从之”“天视自我民视，天听自我民听”等思想观点。到春秋战国时期，民本思想进一步发展，孔子提出了庶民、富民、教民的仁政思想；孟子继而提出了“民为贵，社稷次之，君为轻”的政治秩序理论，要求统治者要有“忧民之忧”及“与民同乐”的思想境界；荀子则更进一步提出“天之生民，非为君也；天之立君，以为民也”的立君为民权力观，先秦民本思想基本形成。西汉政治思想家贾谊总结出人民是国家兴衰成败根本的结论，深入阐述了人民的重要性，完善了民本思想体系。唐代柳宗元在“民为本”思想的基础上提出“吏为民役”的观点，可谓是中国古代民本思想发展的高峰。他认为，当官者是人民的仆役，是要为人民办事的。数千年来，“民惟邦本，本固邦宁”的民本思想已内化为源远流长的中华优秀传统文化的核心理念，代代相传。

党的十八大以来，以习近平同志为核心的党中央，坚持马克思主义唯物史观，继续深化人民群众是历史创造者这一基本原理，在系列讲话中多次引用“民惟邦本，本固邦宁”的政治格言，充分表达了中国共产党一贯坚持的“以民为本，执政为民”的治国理念。2014 年 1 月 7 日，习近平总书记在中央政法工作会议发表讲话指出，“人民安居乐业，国家才能安定有序，正所谓‘民惟邦本，本固邦宁’。政法工作搞得好不好，最终要看是否有利于人民安居乐业”。2014 年 5 月 4 日在北京大学师生座谈会上的讲话中，习近平总书记就把“民惟邦本”列为中华文化的核心理念第一条。2016 年 9 月 3 日，在二十国集团工商峰会开幕式上，习近平总书记发表主旨演讲，强调“在新的起点上，我们将坚定不移推进公平共享，增进更多民众福祉。‘民惟邦本，本固邦宁’。坚持以人民为中心，就要扎扎实实体现在经济社会发展各方面各环节。

## 三、坚持和完善中国特色社会主义制度

“天下之治乱，不在一姓之兴亡，而在万民之忧乐。”习近平总书记指出：“一个国家选择什么样的治理体系，是由这个国家的历史传承、文化传统、经济社会发展水平决定的，是由这个国家的人民决定的。”中国是社会主义制度国家，社会主义制度是历史的选择，也是人民的选择。中国特色社会主义制度，是马克思主义基本原理与中华优秀传统文化结合的产物，是中国共产党与中国人民在实践中形成的制度体系，是国家治理体系和治理能力不断提升的制度保障。我们要不断坚持和完善中国特色社会主义制度，因为中国特色社会主义制度是紧紧依靠人民的制度，是为人民谋幸福的制度。习近平总书记曾说过：“一切向前走，都不能忘记走过的路；走得再远、走到再光辉的未来，也不能忘记走过的过去，不能忘记为什么出发。”

1949 年，以毛泽东同志为主要代表的中国共产党人，团结带领全党全国各族人民，经过长期浴血奋斗，完成了新民主主义革命，建立了中华人民共和国，确立了社会主义基本制度，完成了中华民族有史以来最为广泛而深刻的社会变革。“人民是历史的创造者，是决定党和国家前途命运的根本力量”。中国人民政治协商会议第一届全体会议通过的《共同纲领》，确定了新中国人民民主专政的国体、人民代表大会制的政体、单一制的国家结构形式，以及党领导的多党合作和政治协商制度、民族区域自治制度等政治制度，成为中华民族实现站起来的重要标志和制度支撑。在国民经济恢复的基础上，我们党创造性地开展生产资料私有制的社会主义改造，完成社会主义革命，消灭了剥削制度和剥削阶级，确立了社会主义基本制度，为当代中国一切发展进步奠定了根本政治前提和制度基础。

党的十一届三中全会以后，我们党团结带领人民开启了改革开放的伟大革命，成功开创、坚持和发展了中国特色社会主义。中国特色社会主义体现在制度上，就是确立中国特色社会主义制度，巩固发展我国的国体、政体和基本政治制度、基本经济制度及各方面重要制度，健全中国特色社会主义法律体系，为中华民族实现富起来提供根本制度保障。

党的十八大以来，以习近平同志为核心的党中央把制度建设摆到更加突出的位置，在推进全面深化改革的历史进程中，推动中国特色社会主义制度走向更加成熟定型。党的十八届三中全会提出了“推进国家治理体系和治理能力现代化”的重大命题，把“完善和发展中国特色社会主义制度、推进国家治理体系和治理能力现代化”确定为全面深化改革的总目标。党的十九届四中全会更加清晰地勾勒出新时代全面深化改革的路线

图，全面回答了我国国家制度和国家治理应该“坚持和巩固什么，完善和发展什么”这个重大问题。党的二十大报告进一步提出，“必须坚定不移走中国特色社会主义政治发展道路”。实践证明，中国特色社会主义制度既继承了科学社会主义的基因，又契合中国实际，具有中国特色，释放出巨大的能量，成为当代中国发展的根本保障。

制度优势是一个国家最大的优势，制度竞争是国家间最根本的竞争。新中国成立70多年来，我们党领导人民创造了世所罕见的经济快速发展奇迹和社会长期稳定奇迹，中华民族迎来了从站起来、富起来到强起来的伟大飞跃。实践证明，中国特色社会主义制度和国家治理体系是以马克思主义为指导、植根中国大地、具有深厚中华文化根基、深得人民拥护的制度和治理体系，是具有强大生命力和巨大优越性的制度和治理体系，是能够持续推动拥有近14亿人口大国进步和发展、确保拥有5000多年文明史的中华民族实现“两个一百年”奋斗目标进而实现伟大复兴的制度和治理体系。在新时代，我们要继续站稳以人民为中心的根本政治立场，要不断坚持和完善中国特色社会主义制度，不断增强中国特色社会主义制度的稳定性、延续性，不断延展中国特色社会主义制度的创新性、发展性，有效推动国家治理体系和治理能力现代化，为中国特色社会主义的长久兴盛，中华民族伟大复兴的中国梦的早日实现提供坚强有力的制度保障。

第六单元课后练习

# 第七单元　两汉文赋

## 文学概说

### 两汉文学及汉赋的产生

#### 一、两汉文学

两汉王朝总共四百余年，是中国历史上的昌盛时期。汉初的统治者汲取了秦王朝短期覆灭的教训，初步取得了社会安定的局面，在文化政策上也有较大调整，采取了一系列有利于文学发展的措施，汉代文学出现了蓬勃发展的景象。

（一）两汉思想文化概况

西汉初期，统治者奉行黄老哲学，实行“无为而治”。黄老主张顺应自然，汉初文化学术因此具有相当自由的环境，加之汉初实行分封诸侯制度，文人往来于藩国之间，思想较少束缚，具有独立的人格，能畅所欲言，有战国纵横家的遗风。汉武帝时期，经济繁荣，国力强盛，疆域拓展，大汉帝国由此进入了鼎盛时期。此时的作家普遍具有开阔的胸襟和非凡的气度，如司马相如就有“赋家之心，苞括宇宙，总揽人物”（《西京杂记》）之语，司马迁也有“究天人之际，通古今之变，成一家之言”（《报任安书》）之说，这正代表了他们的创作主张；他们对作品都追求广大的容量、恢宏的气势，都欣赏那种使人产生崇高感的巨丽之美。他们普遍具有朝气蓬勃的进取精神，怀着强烈的建功立业的愿望；他们追求人生的不朽，为了实现人生理想，可以忍辱负重，赴汤蹈火，甚至不惜牺牲自己的生命。

与此同时，汉武帝实行“罢黜百家，独尊儒术”的思想统治，将武力镇压、严刑酷法与思想麻醉结合起来，这对开放的先秦及汉初的思想学术是一种“反动”。汉武帝设经学博士，经学家的地位大大提高，自此文学沦为经学的附庸，朝廷对文人以倡畜之，文人依附于政治和王权，干预现实的批判精神和独立的人格尊严都被淡化了，歌功颂德、润色鸿业成为这批侍从文人的主要使命。西汉后期与东汉前期，是我国历史上儒家思想统治最严厉、社会意识受儒风侵染最突出的时代之一，经学以阴阳灾异解说时事政治，牵强附会，细碎烦琐，令人不忍卒读，至东汉时一度兴起谶纬之学，五经之义皆谶决，用图谶来附会人事，经学在很大程度上已经神化，这是建立在天人感应之上的虚妄之学。

东汉末年，儒家的传统观念与现实社会状况之间的严重冲突，导致士人思想行为的变化。儒家统治逐步崩溃，以道家为中心的各家各派思想又抬起头来，此风逐渐昌炽，一直发展到后来的“魏晋风流”。汉末文人如赵壹、祢衡等人，任性使气，耿介孤傲，走向了个性的独立回归。

总而言之，汉代文学走过了批判—赞颂—批判的道路，汉代文人的地位也经历了一个从独立到依附再到独立的过程。

### （二）两汉文学的四个时期

汉代文学的发展，大体可划分为四个时期：

自高祖至景帝，是汉代文学的初创期。多种文体基本上沿袭战国文学的余绪，同时又有新的因素萌生，出现了像《七发》那样为汉赋体制奠定基础的作品。汉初政论受战国说辞和辞赋的影响，大多气势磅礴，感情激切。楚声诗歌广为传播，并且用于宫廷祭祀，成为庙堂之曲。这个时期的代表作家是贾谊和枚乘，他们的辞赋和政论都有较高的成就。

从武帝至宣帝，是两汉文学的全盛期。代表汉代文学最高成就的新体赋在此期间定型、成熟，出现了以司马相如为首的一大批辞赋作家。史传文学也发展到高峰，不朽的传记文学名著《史记》由司马迁撰写完毕。武帝罢黜百家，独尊儒术，思想逐渐定于一尊。因此，政论散文也由越世高谈转为本经之义，形成了以史实、经典、灾异、人事为论证环节的论说模式。经学文风，由此形成。乐府的强化，使大量民歌被采集、记录下来，宫廷文人也竞相创作乐府诗。

从元帝至东汉和帝，是西汉文学的中兴期。辞赋创作掀起第二次高潮，相继涌现出扬雄、班固等著名的辞赋作家。班固《汉书》在此期间问世，成为继《史记》之后又一部重要的传记文学作品。由于经学的日益深入人心，文坛模拟风气日趋严重，王充《论衡》以“疾虚妄”的批判精神，与当时陈陈相因的不良倾向形成鲜明的对照。

从安帝到灵帝是汉王朝由盛转衰的时期，也是汉代文学的转变期。在张衡身上集中体现了汉代文学的历史转变，从他开始，抒情短赋陆续出现。赵壹、蔡邕、祢衡等人的辞赋更加贴近现实，批判精神很强。五言古诗进入成熟阶段，《古诗十九首》代表了文人五言诗的最高成就。作家在诗文中对人的生命、命运及价值的重新发现、思索和追求，诗文的日趋整饬华美，预示着一个文学自觉时代的即将到来。

### （三）两汉文学样式

两汉是文学体裁发生重大变革的时代，许多重要的文学样式都在这个阶段孕育产生，形成了丰富多彩的文学景观。

西汉文学中成就最高的是散文，散文中成就最高的是史传散文。司马迁《史记》以人物为中心来反映历史，创立的纪传体史书的新样式，开辟了纪传文学的新纪元。《汉书》继承《史记》体例，并且使之更加完善。

其次是政论散文，以贾谊、晁错为代表。赋是汉代文学最具代表性的样式，它介于诗歌和散文之间，韵散兼行，是汉代的一种新兴文体。枚乘《七发》标志着新体赋的正式形成，司马相如《子虚赋》《上林赋》代表着汉赋的最高成就。西汉后期赋的代表作家是扬雄。班固《两都赋》、张衡《二京赋》是东汉新体赋的两篇力作。同时，张衡《归田赋》突破旧的传统，开创了抒情小赋的先河。

汉代产生了新的诗歌样式——五言诗，这种诗体西汉时期多见于歌谣和乐府诗，文人五言诗在东汉开始大量出现，班固、张衡、秦嘉、蔡邕等人对五言诗的发展起了积极作用。东汉的五言诗已经成熟，叙事诗出现了《孔雀东南飞》这样的鸿篇巨制，五言抒情诗则有《古诗十九首》这样的典范，它是文人五言诗成熟的显著标志，乐府诗也有许多五言名篇。

## 二、两汉文赋

### （一）汉赋

汉赋是在汉朝涌现出的一种有韵的散文，它的特点是散韵结合，专事铺叙。从赋的形式上看，在于“铺采摛文”；从赋的内容上说，侧重“体物写志”。

汉赋分为大赋和小赋。大赋又叫散体大赋，规模巨大，结构恢宏，气势磅礴，语汇华丽，往往是成千上万言的鸿篇巨制。西汉时的贾谊、枚乘、司马相如、扬雄，东汉时的班固、张衡等，都是大赋的行家、小赋扬弃了大赋篇幅冗长、辞藻堆砌、舍本逐末、缺乏情感的缺陷，在保留汉赋基本文采的基础上，创造出篇幅较小、文采清丽、讥讽时事、抒情咏物的短篇小赋，赵壹、蔡邕、祢衡等都是写作小赋的高手。

赋是汉代最具代表性的文学形式。在各类文体之中，赋体制最为特殊。赋既如诗歌，讲求押韵和形式的整饬，又如散文，句型自由，无格律的限制。这样的文体，宜于状物叙事、抒情说理，兼具诗歌与散文的表现功能，实为两者的综合性文体。王国维先生在《宋元戏曲考》中明确指出：“凡一代有一代之文学，楚之骚，汉之赋，六代之骈语，唐之诗，宋之词，元之曲，皆所谓一代之文学，而后世莫能继焉者也。”赋是汉代文学的象征，它真实地表现了汉王朝的大国风貌，传达了大汉帝国的时代精神，展示了汉代广大知识分子的生存状态和价值取向，是一种富有创造性的文学形式。

以赋名篇，始于荀子。荀子于《成相》而外，又有《赋篇》，分别咏礼、智、云、蚕、箴。其文图像品物，谲譬指事，颇似隐语，是后来咏物赋的开端，也是最早以赋名篇的作品。赋至汉代，蔚为大观。贾谊首开汉赋先风，其代表作为《吊屈原赋》和《鹏鸟赋》。真正创立汉赋体制的是汉初辞赋大家枚乘。《七发》是枚乘的代表作，起到承前启后的作用。在汉人习用的概念中，赋或辞赋，一般是包括散体赋、骚体赋、四言赋在内的赋体的总称；单独言“辞”，则大都指骚体赋。汉人作赋，皆能口诵。《汉书》载，汉宣帝太子病，“诏使褒等皆之太子宫，虞侍太子，朝夕诵读奇文及所自造作。疾平复，乃归。太子喜褒所为《甘泉》及《洞箫颂》，令后宫贵人、左右皆诵读之”。由是可知，赋在当时，多半可以口诵。发展到后来，赋由半书面、半口头文学演变为纯书面文学，

“不歌而诵”的特点渐次消失，“敷陈其事”的作风却畸形发展为铺采摛文。而赋的概念仍相沿袭，成为汉代一种重要文体的总称。

### （二）汉赋的发展

两汉赋体文学的发展，大致可分三个阶段。汉初六十年是骚体赋的时代；西汉武帝至东汉中叶，是散体赋勃兴、发展而渐次衰落的时代；东汉中后期，则是汉赋走向抒情化、小品化的时代。

汉初，上层社会崇尚楚文化，影响到文人，便产生了屈原《楚辞》的骚体赋。在汉末抒情诗复苏以前，骚体赋几乎是汉代文人最主要的文学抒情形式。在内容方面，汉初骚体赋继承了《楚辞》的“怨刺”传统，抒写朝廷忠奸不分，贤人失志；在句型的运用方面，也大都保持了《楚辞》于整饬中见变化、情与辞相宛转的特点。汉初骚体赋最有代表性的作家是贾谊。贾谊贬居长沙，与屈原有同病之苦，作《吊屈原赋》；又无可解脱，以老庄为千古知己，作《鹏鸟赋》。贾谊之后，贤人失志之赋还有严忌的《哀时命》。之后，还有司马迁的《悲士不遇赋》。

散体赋兴起于汉武帝时期，是一种含有诗、骚、散文等文体因素的综合性文体。汉武帝时期，汉帝国以其多方面的成就登上高峰，汉代的文化学术也进入一个融汇南北、兼采各家的大融合时期。散体赋是这一时期赋文学的代表性文体，并就此居于主流地位。《诗经》和《楚辞》是散体赋的源头，对散体赋的形成，有多方面的影响。另外，散体赋的体制，又源于先秦散文。散体赋的初具规模之作是宋玉的《高唐赋》，奠基之作是枚乘的《七发》，把散体赋推向成熟阶段的，则是司马相如的《子虚赋》和《上林赋》。扬雄是成、哀之世的著名赋家，其代表作有《甘泉赋》《羽猎赋》《长杨赋》《河东赋》和《蜀都赋》。在东汉，以都城著称的赋家是班固和张衡，班固的《两都赋》为其代表；东汉中后期，国势衰微，散体赋亦由模仿而走向没落。作为都城大赋绝响的，是张衡的《二京赋》。

东汉中叶以后，汉王朝迅速走向没落。以颂扬帝国富强、声威为主的散体大赋，失去了存在的现实基础。文士目睹社会黑暗，道德沦丧，传统的信念开始动摇；又因随时可能遭到迫害，内心的忧惧和愤懑，与日俱增。以辞赋趋奉权贵、娱乐主上的行为，乃为正直之士所不齿。这时的辞赋，皆主于言志抒情，或发为末世感叹，或发为玄虚之谈，或表现个人生活，或揭露社会弊端。铺叙成分大大减少，辞赋的体制，也就相应缩短。赋风的转变，又与抒情诗的复苏相关。汉末赋家，多兼具诗人身份。其于辞赋的创作，不仅注意吸取、熔铸诗的语言艺术、诗的意境创造，而且更注重开掘和表现个人的内心世界。赋家诗人化与赋的诗艺化、诗境化的结果，使赋的表现功能向诗歌靠拢，这才最后完成了赋向抒情化、小品化的转化。汉末抒情赋的代表作家，是张衡、蔡邕和赵壹等人。张衡的《二京赋》，是汉代散体大赋的绝响，其《归田赋》又是汉代抒情小赋的开风气之作。在汉末抒情赋中，以蔡邕的题材内容最为广泛，其代表作是《述行赋》。汉末文人中，赵壹对现实的批判最为峻直激烈。他的《刺世疾邪赋》极抒其怨愤，对封建集权社会弊端的揭露、批判是大胆而深刻的，它无论思想性和艺术性都已超过了“怨刺”文学的界限，而更接近于“诗人的愤怒”，这在整个汉赋中都是极为罕见的。

### （三）汉赋的影响

赋是继《诗经》《楚辞》之后，在中国文坛上兴起的一种新的文体。在汉末文人五言诗出现之前，它是两汉四百年间文人创作的主要文学样式。古代的文学家非常推崇汉赋，他们奉为汉赋正宗的却是枚乘、司马相如、扬雄、班固及张衡等人的散体赋，也正是这些散体赋，在思想和艺术形式上表现了较多的局限性。西晋的挚虞在《文章流别论》中批评说：“古诗之赋。以情义为主，以事类为佐；今之赋，以事形为本，以义正为助。”他所谓“今之赋”就是指汉代兴起的散体赋。他认为它们“假象过大，则与类相远；逸词过壮，则与事相违；辩言过理，则与义相失；丽靡过美，则与情相悖”。挚虞对汉赋的社会作用及艺术上的评价是中肯的。

汉赋，特别是散体赋，尽管存在一定的缺点，但在文学史上仍然有其特殊的地位。

首先，即以那些描写宫苑、田猎、都邑的散体大赋来说，大都是对国土的广阔、水陆物产的丰盛、宫苑建筑的华美、都市的繁荣，以及汉帝国的文治武功的描写和颂扬，这在当时是有其意义的。赋中对封建统治者的劝谕之词，也反映了这些赋作者反对帝王过分华奢淫靡的思想，表现了这些作者并非是对帝王贵族们毫无是非原则的奉承者和阿谀者。尽管这方面的思想往往表现得很委婉，收效甚微，但仍然不应抹杀。

其次，散体大赋虽然炫博耀奇，堆砌辞藻，以至于好用生词僻字，但在丰富文学作品的词汇、锻炼语言词句、描写技巧等方面，都取得了一定的成就。建安以后的很多诗文，往往在语言、辞藻和叙事状物的手法方面，从汉赋得到不少启发。

最后，从文学发展史上看，两汉辞赋的繁兴，对中国文学观念的形成也起到一定的促进作用。中国的韵文从《诗经》《楚辞》开始，中经西汉以来辞赋的发展，到东汉初步把文学与一般学术区分开来。《汉书·艺文志》中除《诸子略》以外，还专设立了《诗赋略》，除了所谓儒术、经学以外，又出现了“文章”的概念。至魏晋则出现了“诗赋欲丽”（曹丕《典论》），“诗缘情而绮靡，赋体物而浏亮”（陆机《文赋》）等对文学基本特征的探讨和认识，文学观念由此日益走向明晰化。

## 文学作品

# 七　发[1]

枚　乘

楚太子有疾，而吴客往问之[2]，曰：“伏闻太子玉体不安，亦少间乎[3]?”太子曰：“惫！谨谢客。”客因称曰[4]：“今时天下安宁，四宇和平，太子方富于年[5]。意者久耽安乐，日夜无极，邪气袭逆，中若结轖[6]。纷屯澹淡，嘘唏烦酲，惕惕怵怵，卧不得瞑[7]。虚中重听，恶闻人声。精神越渫，百病咸生[8]。聪明眩曜，悦怒不平[9]。久执不废，大命乃倾[10]。太子岂有是乎？”太子曰：“谨谢客。赖君之力，时时有之，然未至于是也[11]。”客曰：“今夫贵人之子，必宫居而闺处，内有保母，外有傅父，欲交无所[12]。饮食则温淳甘膬，腥醲肥厚[13]；衣裳则杂遝曼煖，燀烁热暑[14]。虽有金石之坚，犹将销铄而挺解也[15]，况其在筋骨之间乎哉？故曰：纵耳目之欲，恣支体之安者，伤血脉之和[16]。且夫出舆入辇，命曰蹷痿之机[17]；洞房清宫，命曰寒热之媒[18]；皓齿蛾眉，命曰伐性之斧[19]；甘脆肥脓，命曰腐肠之药[20]。今太子肤色靡曼，四支委随，筋骨挺解，血脉淫濯，手足堕窳[21]；越女侍前，齐姬奉后；往来游燕，纵恣于曲房隐间之中[22]。此甘餐毒药，戏猛兽之爪牙也[23]。所从来者至深远，淹滞永久而不废，虽令扁鹊治内，巫咸治外[24]，尚何及哉！今如太子之病者，独宜世之君子，博见强识，承间语事，变度易意，常无离侧，以为羽翼[25]。淹沈之乐，浩唐之心，遁佚之志[26]，其奚由至哉！”太子曰：“诺。病已，请事此言[27]。”

客曰：“今太子之病，可无药石针刺灸疗而已，可以要言妙道说而去也[28]。不欲闻之乎？”太子曰：“仆愿闻之。”

客曰：“龙门之桐[29]，高百尺而无枝。中郁结之轮菌，根扶疏以分离[30]。上有千仞之峰，下临百丈之溪。湍流溯波，又澹淡之[31]。其根半死半生。冬则烈风漂霰、飞雪之所激也，夏则雷霆、霹雳之所感也[32]。朝则鹂黄、鳱鴠鸣焉，暮则羁雌、迷鸟宿焉[33]。独鹄晨号乎其上，鹍鸡哀鸣翔乎其下[34]。于是背秋涉冬，使琴挚斫斩以为琴，野茧之丝以为弦，孤子之钩以为隐，九寡之珥以为约[35]。使师堂操《畅》，伯子牙为之歌[36]。歌曰：‘麦秀蔪兮雉朝飞，向虚壑兮背槁槐，依绝区兮临回溪[37]。’飞鸟闻之，翕翼而不能去；野兽闻之，垂耳而不能行；蚑、蟜、蝼、蚁闻之，拄喙而不能前[38]。此亦天下之至悲也，太子能强起听之乎？”太子曰：“仆病未能也。”

客曰：“犓牛之腴，菜以笋蒲[39]。肥狗之和，冒以山肤[40]。楚苗之食，安胡之飰，抟之不解，一啜而散[41]。于是使伊尹煎熬，易牙调和[42]。熊蹯之臑，勺药之酱[43]。薄耆之炙，鲜鲤之鲙[44]。秋黄之苏[45]，白露之茹。兰英之酒，酌以涤口。山梁之餐，豢豹之胎。小飰大歠[46]，如汤沃雪。此亦天下之至美也，太子能强起尝之乎？”太子曰：“仆病未能也。”

客曰：“钟、岱之牡，齿至之车[47]；前似飞鸟，后类距虚[48]。穱麦服处，躁中烦外[49]。羁坚辔，附易路[50]。于是伯乐相其前后，王良、造父为之御，秦缺、楼季为之右[51]。此两人者，马佚能止之[52]，车覆能起之。于是使射千镒之重，争千里之逐[53]。此亦天下之至骏也，太子能强起乘之乎？”太子曰：“仆病未能也。”

客曰：“既登景夷之台，南望荆山，北望汝海，左江右湖[54]，其乐无有。于是使博辩之士，原本山川，极命草木，比物属事，离辞连类[55]。浮游览观，乃下置酒于虞怀之宫[56]。连廊四注，台城层构，纷纭玄绿[57]。辇道邪交，黄池纡曲[58]。溷章、白鹭，孔鸟、鶤鹄，鵷雏、鵁鶄，翠鬣紫缨[59]。螭龙、德牧，邕邕群鸣[60]。阳鱼腾跃，奋翼振鳞[61]。漃漻薵蓼，蔓草芳苓[62]。女桑、河柳，素叶紫茎[63]。苗松、豫章，条上造天[64]。梧桐、并闾，极望成林[65]。众芳芬郁，乱于五风[66]。从容猗靡，消息阳阴[67]。

列坐纵酒，荡乐娱心。景春佐酒，杜连理音[68]。滋味杂陈，肴糅错该[69]。练色娱目，流声悦耳[70]。于是乃发《激楚》之结风，扬郑、卫之皓乐[71]。使先施、征舒、阳文、段干、吴娃、闾娵、傅予之徒，杂裾垂髾，目窕心与[72]；揄流波，杂杜若，蒙清尘，被兰泽，嬿服而御[73]。此亦天下之靡丽、皓侈、广博之乐也[74]，太子能强起游乎？”太子曰：“仆病未能也。”

客曰：“将为太子驯骐骥之马，驾飞軨之舆，乘牡骏之乘[75]。右夏服之劲箭，左乌号之雕弓[76]。游涉乎云林，周驰乎兰泽，弭节乎江浔[77]。掩青苹，游清风[78]。陶阳气，荡春心[79]。逐狡兽，集轻禽。于是极犬马之才，困野兽之足，穷相御之智巧[80]，恐虎豹，慑鸷鸟[81]。逐马鸣镳，鱼跨麋角[82]。履游麕兔，蹈践麖鹿，汗流沫坠，寃伏陵窘[83]。无创而死者，固足充后乘矣[84]。此校猎之至壮也[85]，太子能强起游乎？”太子曰：“仆病未能也。”然阳气见于眉宇之间，侵淫而上，几满大宅[86]。

客见太子有悦色，遂推而进之曰：“冥火薄天，兵车雷运，旌旗偃蹇，羽毛肃纷[87]。驰骋角逐，慕味争先[88]。徼墨广博，观望之有圻[89]。纯粹全牺，献之公门[90]。太子曰：“善！愿复闻之。”

客曰：“未既。于是榛林深泽，烟云闇莫，兕虎并作[91]。毅武孔猛，袒裼身薄[92]。白刃硙硙，矛戟交错。收获掌功[93]，赏赐金帛。掩苹肆若，为牧人席[94]。旨酒嘉肴，羞炰脍炙，以御宾客[95]。涌觞并起[96]，动心惊耳。诚不必悔，决绝以诺[97]；贞信之色，形于金石[98]。高歌陈唱，万岁无斁[99]。此真太子之所喜也，能强起而游乎？”太子曰：“仆甚愿从，直恐为诸大夫累耳。”然而有起色矣。

客曰：“将以八月之望，与诸侯远方交游兄弟，并往观涛乎广陵之曲江[100]。至则未见涛之形也，徒观水力之所到，则恤然足以骇矣[101]。观其所驾轶者，所擢拔者，所扬汩者，所温汾者，所涤汔者，虽有心略辞给，固未能缕形其所由然也[102]。怳兮忽兮，聊兮栗兮，混汩汩兮，忽兮慌兮，俶兮傥兮，浩瀇瀁兮，慌旷旷兮[103]。秉意乎南山，通望乎东海[104]。虹洞兮苍天，极虑乎崖涘[105]。流揽无穷，归神日母[106]。汩乘流而下降兮[107]，或不知其所止。或纷纭其流折兮，忽缪往而不来[108]。临朱汜而远逝兮，中虚烦而益怠[109]。莫离散而发曙兮，内存心而自持[110]。于是澡概胸中，洒练五藏，澹澉手足，颒濯发齿[111]。揄弃恬怠，输写淟浊，分决狐疑，发皇耳目[112]。当是之时，虽有淹病滞疾，犹将伸伛起躄，发瞽披聋而观望之也[113]，况直眇小烦懑，酲醲病酒之徒哉[114]！故曰：发蒙解惑，不足以言也[115]。”太子曰：“善！然则涛何气哉[116]？”

客曰：“不记也。然闻于师曰，似神而非者三[117]：疾雷闻百里[118]；江水逆流，海水上潮[119]；山出内云，日夜不止[120]。衍溢漂疾[121]，波涌而涛起。其始起也，洪淋淋焉，若白鹭之下翔[122]。其少进也，浩浩溰溰，如素车白马帷盖之张[123]。其波涌而云乱，扰扰焉如三军之腾装[124]。其旁作而奔起也，飘飘焉如轻车之勒兵[125]。六驾蛟龙，附从太白；纯驰浩蜺，前后骆驿[126]。颙颙卬卬，椐椐强强，莘莘将将[127]。壁垒重坚，沓杂似军行[128]。訇隐匈磕，轧盘涌裔，原不可当[129]。观其两旁，则滂渤怫郁，闇漠感突，上击下律[130]，有似勇壮之卒，突怒而无畏。蹈壁冲津，穷曲随隈，逾岸出追[131]。

遇者死，当者坏[132]。初发乎或围之津涯，荄轸谷分[133]。回翔青篾，衔枚檀桓[134]。弭节伍子之山，通厉骨母之场[135]，凌赤岸，篲扶桑，横奔似雷行[136]，诚奋厥武，如振如怒[137]；沌沌浑浑[138]，状如奔马。混混庉庉，声如雷鼓[139]。发怒庢沓，清升逾跇，侯波奋振，合战于藉藉之口[140]。鸟不及飞，鱼不及回，兽不及走[141]。纷纷翼翼，波涌云乱，荡取南山，背击北岸；覆亏丘陵，平夷西畔[142]。险险戏戏，崩坏陂池[143]，决胜乃罢。㶉汩潺湲，披扬流洒[144]，横暴之极。鱼鳖失势，颠倒偃侧，沋沋湲湲，蒲伏连延[145]。神物怪疑，不可胜言。直使人踣焉，洄闇凄怆焉[146]。此天下怪异诡观也[147]，太子能强起观之乎？”太子曰：“仆病，未能也。”

客曰：“将为太子奏方术之士有资略者[148]，若庄周、魏牟、杨朱、墨翟、便蜎、詹何之伦[149]，使之论天下之精微，理万物之是非[150]。孔、老览观，孟子筹之[151]，万不失一。此亦天下要言妙道也，太子岂欲闻之乎？”

于是太子据几而起[152]，曰：“涣乎若一听圣人辩士之言[153]。”涊然汗出，霍然病已[154]。

## 注 释

[1] 七发：这篇赋假托吴客语，讽谏楚太子接受要言妙道，实质谏阻吴王刘濞。

[2] 问：探望，问候。

[3] 少间：指病稍稍痊愈。

[4] 因称：就势说。

[5] 四宇：四方。富于年：未来的年岁很多，即正当年轻。

[6] 耽：沉溺，迷恋。无极：没有限度。袭逆：指侵入体内。逆：迎，受。结轖（sè）：郁结堵塞。轖：借为“塞”。

[7] 纷屯：纷乱。澹淡：心神不定的样子。嘘唏：呻吟叹息。烦酲：烦闷如醉。酲：醉酒。惕惕怵怵：惊恐不安的样子。瞑：通“眠”，小睡。

[8] 虚中：指身体虚弱。重听：听觉不灵敏。越渫（xiè）：涣散。咸：皆，都。

[9] 聪明：指听觉和视觉，犹言耳目。眩曜：眩晕，眼冒金星，是眩晕的常见症状。不平：失衡。

[10] 久执：指病魔长久缠身。废：止，去。倾：倒。

[11] “赖君”三句：靠国君的力量，天下太平，我得以享受安乐，以至于经常有此类病状，但还未达到您说的这种地步。

[12] 宫居：居住在宫中。闺：宫中小门。这里泛指深宫。内：指宫中。外：指朝廷。傅父：负责教育辅导的老师。欲交无所：要结交朋友而没有地方。

[13] 温淳：指味道厚重。膬（cuì）：同“脆”。脭（chéng）：肥肉。醲（nóng）：醇酒。

[14] 杂遝（tà）：众多的样子。曼煖：轻细而又暖和。燂（xú n）：火热。烁：热。

[15] 销铄：熔化。挺解：松散，分散。

[16] 恣：放纵。支体：同“肢体”。伤血脉之和：损害血脉的调和。

[17] 舆辇：均为车。蹷痿（juě wěi）：都是麻痹、瘫痪的意思。机：征兆。

《七发》朗读欣赏

[18] 洞房：深邃的住宅。清宫：清凉的房屋。寒热：感寒或受热。媒：媒介。

[19] 皓齿蛾眉：洁白的牙齿，像蚕蛾触须一样细长的眉，指代美女。性：性命。

[20] 脓：同“醲”。腐肠：使肠子腐烂。药：指毒药。都是比喻的说法。

[21] 靡曼：细嫩的样子。四支：即四肢。委随：麻木不灵便的样子。淫濯：指血管扩张，血液循环受阻滞，不畅通。堕窳（yǔ）：指手脚软弱无力。

[22] 燕：通“宴”。曲房隐间：幽深的密室。

[23] 甘餐毒药：把毒药当鲜食吃。戏：玩耍。

[24] 淹滞：滞留、拖延。扁鹊：先秦时代的名医。巫咸：传说商代的神巫，能通过巫法给人祛病，故云“治外”。

[25] 独宜：只需要。宜：应该，需要。强识：强记。承间语事：间：机会。变度易意：改变太子的胸襟和思想。度：胸襟。羽翼：辅佐之人。

[26] 淹沈：耽溺沉迷。浩唐：同“浩荡”，纵情放恣。遁佚：放纵。

[27] 病已：病好了。请事此言：照这话去做。请：敬语。

[28] 无：不用。药：泛指药物。石：砭石，一种古代医疗器具。

[29] 龙门：山名，今山西与陕西之间。桐：树名，材质适合制琴。

[30] 郁结：积聚。轮菌：纹理盘曲貌。根扶疏：指树根在土中向四外伸展。

[31] 溯波：逆流之波。澹淡：水波摇荡的样子。

[32] 霰：小雪粒。激：激荡。感：通“撼”，指桐木在夏天被雷电所震撼。

[33] 鹂黄：鸟名，即黄鹂。鳱鴠（hàn dàn）：鸟名，传说似鸡，冬无毛，昼夜鸣。羁雌：失群的雌鸟。迷鸟：迷失方向的鸟。

[34] 独鹄：孤独的黄鹄，鹄即天鹅。鹍（kūn）鸡：鸟名，黄白色，长颈赤喙。

[35] 琴挚：即师挚，鲁太师，因其工于鼓琴，故谓之“琴挚”。野茧之丝：野蚕茧的丝。钩：衣带的钩。隐：琴上的一种装饰。九寡：生有九个儿子的寡妇。《列女传》：“鲁之母师，九子之寡母也。不幸早失夫，独与九子居。”珥：耳饰。约：琴徽。

[36] 师堂：古代乐师，一称师襄，孔子曾向他学过琴。《畅》：相传尧时琴曲名。伯子牙：即伯牙，古代善鼓琴者。

[37] 秀：指农作物结穗。蕲（jiān）：麦芒。虚：空。壑：山谷。槁：枯。绝区：指悬崖、断岸一类的地方。回溪：曲折的溪流。

[38] 翕（xī）：合。蚑（qí）：虫名，一种长蜘蛛。蟜（jiǎo）：一种毒虫。柱：支撑，张开。喙（huì）：嘴。

[39] 犓（chú）牛：即小牛。腴：腹下肥肉。笋：竹笋。蒲：即蒲菜，多年生草，叶细长而尖，其茎心细嫩可食。

[40] 和：羹。冒：通“芼”，用菜调和。山肤：植物名，即面耳，可食用。

[41] 苗：指苗民所产之稻米。安胡：即菰米。飰：同“饭”。抟（tuán）：聚拢在一起。解：散开。啜：吃，尝。

[42] 伊尹：商汤的大臣，相传伊尹以烹任见长。易牙：春秋时人，以能善调味得到齐桓公的宠爱。

[43] 熊蹯：熊掌。臑：烂熟。芍药：古人常用作调料。

［44］鲙（kuài）：鱼片。

［45］苏：即紫苏，药草名，可以食用。

［46］豢豹：被人畜养着的豹。歠（chuò）：饮。

［47］钟、岱：皆地名，属古赵国，其地以产马著名。牡：雄马。齿至：指马之年齿适中。

［48］飞鸟：应作“飞兔”，骏马名。距虚：骏马名。

［49］穱（zhuō）麦：早熟的麦子。服处：谓饲马使服食草料。躁中烦外：穱麦饲马则马肥，马肥则易烦躁而亟思奔驰。

［50］附：依附，凭借。易路：平坦的道路。

［51］王良：春秋时晋国最善于驾车的人。造父：周穆王的御者。秦缺：古之勇士。善疾走。楼季：战国时魏国勇士。

［52］佚：同“逸”，奔跑。

［53］射：睹马。争：竞赛。逐：奔跑。

［54］景夷：台名，在今湖北省监利县北。荆山：即猎山，在今湖北省境内。汝海：即汝水，源出河南嵩县，东南流入淮河。江：长江。湖：洞庭湖。

［55］离：附丽。“比”“属”“丽”“连”四字同义，均为连缀之意。

［56］浮游：漫游。虞怀：宫名。

［57］注：连通如水注。纷纭：犹言“缤纷”，盛貌。

［58］辇道：驰行车辇的大道。邪交：纵横交错。黄池：围绕着城墙的水池。

［59］溷章：鸟名，具体何鸟未详。孔鸟：孔雀。鹍鹄：就是鹍鸡。鹓雏：凤凰。鵁鶄（jiāo jīng）：水鸟名，似凫。翠鬣：头顶上的毛。缨：颈毛。

［60］螭龙、德牧：俱鸟名。邕邕：群鸟和鸣的声音。

［61］阳鱼：即鱼，古人以鱼类属阳，故称。

［62］溆漻（jì liáo）：清静之水。蔞蓼（chóu liǎo）、芳苓：皆草名。

［63］女桑：柔嫩的小桑树。河柳：落叶亚乔木，高丈余，夏、秋两季开红色小花。素叶：指女桑。紫茎：指河柳。

［64］豫章：樟树。条：枝。造：达到。

［65］并闾：即棕榈。极望：远望。

［66］五风：五方之风。二句言草木花色，香气浓郁，随风飘荡。

［67］消息：犹言偃息，风吹树林，树冠时高时低，树叶时隐时现。阳阴：指树林的当阳面和背阴面。

［68］景春：战国纵横家，善于辞令。杜连：古之善鼓琴者，传说为伯牙之师。

［69］肴糅错该：名贵的肉肴错杂地陈列于前。该：备。

［70］练色：选择音色。流声：零星唱几句。按：这是正式演出前的准备活动，做准备都这样好，可以想见正式演出的不凡了。

［71］激楚：楚地歌曲名，因楚地音乐声调激切，故称。结风：歌曲结尾的余声。皓乐：优美、动听的乐曲。

［72］先施：即西施，越国美女。阳文：楚国美女。吴娃：吴国美女。闾娵：战国时梁国魏婴的美人。段干、傅予：不详何人。杂裾：用各种美彩盛饰的衣裾。髾（shāo）：发髻后垂。目窕：窕同

“挑”，用目光挑逗。心与：心中暗暗相许。

[73] 揄：引，取。流波：流水。被：通“披”，指用兰花的香脂沐发润身。嬿：同“燕”。御：用。

[74] 靡丽：豪华。皓侈：盛大奢侈。

[75] 骐骥：骏马。飞軨（líng）：有窗的车。牡骏：雄骏马。乘：后一个乘（shèng）作名词。

[76] 夏：指夏后氏。服：“箙”之假借字，盛箭器。乌号：相传是黄帝所用的弓，以柘木制成。雕：雕饰。

[77] 云林：云梦中的树林。兰泽：生有兰草的大泽。江浔：江边。

[78] 掩：休息。苹：当作“薠”，陆生之草，屈原《九歌·湘夫人》：“登白薠兮骋望。”

[79] 阳气：春天阳气升。

[80] 相：向导。御：驾车之人。

[81] 慑（zhé）：畏惧。鸷鸟：猛禽。

[82] 镳（biāo）：马勒旁横铁。鸣镳：镳旁马铃子响。鱼跨：似鱼之腾跃。麋角：似麋之角逐。

[83] 麕（jūn）：鹿一类的动物。麖（jīng）鹿：鹿一类的动物。汗流沫坠：状犬马奔驰之貌。沫坠，流下口沫。寃：同“冤”，构形是兔子屈身于冖下，这里指藏匿。寃伏陵窘：指禽兽躲藏窘迫的样子。

[84] 这两句是说就连那些体外没有创伤而死的猎物，已足够装满后面的车子了。

[85] 校猎：一种田猎方式。

[86] 浸淫：渐进貌。大宅：《文选》李善注谓“未详”，六臣注始谓“面也”。按：当以穴位解之。眉宇之间为印堂，印堂之上为神庭，神庭之上为上星，上星又名鬼堂、明堂、神堂，但是上星已入发际一寸，平常不可见，则从位置和名称两方面看只有神庭最相符合。

[87] 冥火：指夜间纵火焚烧原野，以驱禽兽，这种狩猎方式起源很古。薄：迫近。雷运：言车轮运行，其声如雷。偃蹇：高的样子。羽毛：鸟羽和牛尾，都是旌旗上的装饰物。肃纷：整齐而众多。

[88] 味：指美味。

[89] 徼：边界。墨：指烧田后土变成黑色。圻：通“垠”，边界。

[90] 纯、粹：指禽兽的毛色纯一。全牺：身体完整，即前文所说“无创而死者”。

[91] 榛林：丛林。闇莫：昏暗不明貌。并作：一起出现。

[92] 孔：很，非常。袒裼（tǎn xī）：指裸体。薄：靠近。指靠近禽兽搏击。下句“白刃硙硙”之“硙硙”（ái）：同“皑皑”，白的样子，指刀光剑影。

[93] 掌功：指记录功劳、成绩。

[94] 掩：盖。苹：薠。肆：陈列。若：杜若。牧人：田官。

[95] 羞：精美的食物。炰（páo）：用火烤熟的食物。

[96] 涌觞：满杯。觞：盛酒器。

[97] 诚：忠诚。决绝：坚决。

[98] 贞信：诚信。金石：指乐器。

[99] 陈唱：久歌。无斁：无厌。

[100] 望：阴历十五日。交游：朋友。广陵：扬州。按：《七发》所记之潮是古代著名的广陵潮。《乐府诗集·长干曲》：“逆浪故相邀，菱舟不怕摇。妾家杨子住，便弄广陵潮。”

[101] 恤（xù）然：惊骇的样子。

[102] 驾轶：超越，此指一浪高过一浪。擢拔：指浪头高耸拔起。扬汩（yù）：指波涛速度快，与《离骚》“汩余若将不及兮”之“汩”同。温汾：指水流结聚回转。涤汔（qì）：洗荡，冲刷。心略：心智谋略。辞给：敏捷的言辞。缕形：详细描述。

[103] 恍兮忽兮：恍忽，同“恍惚”，形容江涛浩荡无际，令人看不真切。聊兮栗兮：聊栗，惊恐战栗的样子。混：水势浩大。汩汩（gǔ）：水流声。俶兮傥兮：卓异独特的样子。浺瀁（wǎng yáng）：水热浩大无边的样子，义近“汪洋”。慌旷旷：形容江涛茫茫一片。慌：义同“恍惚”。旷旷：空阔的样子。

[104] 秉意：执意，指集中注意力。南山：指南山之下江涛壮观处。通望：一直望到。通：彻。

[105] 虹洞：这里指水势汹涌，上与天连接。极虑乎崖涘：指观涛者竭尽思虑，想流览潮水的尽头。崖涘，水的边际。

[106] 流揽：同“流览”。日母：指太阳。

[107] 汩乘流而下降：指江涛迅速地顺水向下游流去。

[108] 缪（liáo）：纠结在一起。

[109] 朱汜：地名。中虚烦而益怠：这句是说，观涛者见波涛远去心中空虚烦闷而精神也有些倦怠。

[110] “莫离”二句：大意是说，观涛以后，夜里心神散乱一直到天亮，自己才把心收起来保持安定情绪。莫：通“暮”。离散：指观涛者观涛之后心神散乱。发曙：天发亮。

[111] 澡概：洗濯。概：通“溉”。洒练、澹澉、颒（huì）濯：均洗涤之意。五藏：根据上下文，应指的五脏。

[112] 揄弃：抛弃，扬弃。恬怠：安逸懒惰。输写：排除。写：通“泻”。淟（tiǎn）浊：污垢。分决：分辨决断。发皇耳目：使耳聪目明。皇：明。

[113] 淹病滞疾：指延挨日久的疾病。伸伛（yǔ）：使伛偻者伸直腰板。起躄（bì）：使跛足者起立行走。发瞽：使盲人重见光明。披聋：使聋子恢复听觉。

[114] 直：只。酲醲：指酒醉后的烦闷之感。

[115] 发蒙解惑：启发愚蒙，解除迷惑。不足以言：不值得说。

[116] 气：气象，景象。

[117] 不记：没有记载。似神而非：江涛似有神助、其实并非神力所致的。

[118] 疾雷闻百里：涛声似疾雷，闻于百里之远。这是特征之一。

[119] 上潮：涨潮。这是特征之二。

[120] 出内：通“出纳”，指云气在山谷中出入。这是特征之三。

[121] 衍溢漂疾：指江水涨满，流速很快。

[122] 洪淋淋焉：洪涛上空淋下。洪：洪水。

[123] 浩浩溰溰（ái）：同前文“白刃硙硙”之“硙硙”，即“皑皑”，形容波涛在空中白茫茫一片。

[124] 云乱：云气翻滚。扰扰焉：纷乱的样子。腾装：带着装备腾跃而起。

[125] 旁作：指波涛向两旁涌起。轻车：一种兵车。这里指将帅所乘的指挥车。勒兵：统率军队。

[126] 太白：据《文选》李善注，即《淮南子》里的“冯迟太白”，就是河伯即河神。“六驾蛟

龙”是说河伯出行以六蛟龙像马那样驾车。纯：专也。皓蜺：素蜺。蜺：同“霓”，就是虹。这句是说波涛腾驾若白虹一般。

[127] 颙颙（yóng）卬卬（áng）：高大的样子。椐椐（jū）强强：形容江涛前后相随的样子。莘莘（xīn）将将（qiāng）：形容波涛互相激荡的样子。

[128]“壁垒”二句：江涛重重叠叠如军营的坚壁，沓杂众多如军队的行列。

[129] 訇（hōng）隐匈磕（gài）：都是象声词，形容江涛发出的巨大轰鸣声。轧盘涌裔：形容波涛翻滚奔腾的样子。轧：排挤。盘：盘桓。裔：流动。原：本。当：抵挡。

[130] 滂渤：同“磅礴”，形容气势。怫郁：形容激怒。闇漠感突：形容江涛汪洋一片，左冲右突。感：通“撼”。上击下律：向高空冲击，向下坠落。律：当作“硉”（lù），石从高处滚下。

[131] 蹈壁冲津：指波涛拍打江岸，冲击渡口。穷曲随隈（wēi）：指波涛冲向所有江岸弯曲之处。曲、隈：均指江水弯曲的地方。出追：超出沙滩。追：古“堆”字。

[132] 坏：崩坏。

[133] 或围：疑为地名。荄（gāi）轸谷分：草根被冲动，山谷被冲开。荄：据《说文》为草根。轸，转动。

[134] 回翔：指江水回旋。青篾：地名，一说车名。衔枚：古代行军时，士兵口中衔枚以免喧哗，这里形容波涛初起时无声前进。按：水势浩大而初起时无声，有似海啸之初起。檀桓：同“盘桓”。

[135] 弭节：缓慢行进。伍子之山：即伍子山，因纪念伍子胥而得名。通厉：远行。骨母之场：祭祀伍子胥的祠庙，“骨”为“胥”之误，胥母，山名，在今江苏省。《论衡·书虚篇》载，吴王杀伍子胥，投于江中，子胥恚恨，驱水为滔，以溺杀人。一些地方立子胥庙，慰其恨心，以止怒涛。按：过去江浙一带多有伍祠，广陵潮到此稍作停顿，因为伍子胥也。

[136] 凌赤岸：超越赤岸。赤岸：地名。篲（huì）扶桑：扫向扶桑。篲：扫帚，用作动词。扶桑，神话传说中的日出之处。雷行：如疾雷般迅行。

[137] 诚奋厥武：确实发挥了它的威武。振：通“震”，盛怒的意思。

[138] 沌沌（tún）浑浑：波涛相逐的样子。沌：《广韵·魂韵》注为“水势”。

[139] 混混庉庉（tún）：波涛相逐。就是“沌沌浑浑”换个样子又说一次。

[140] 庢（zhì）：阻碍。沓：激溅而出。清升：清波升起。逾跇（yì）：超越。侯：波神，这里以侯波代指大波。藉藉：地名。

[141]“鸟不”三句：从侧面显示波涛的迅猛异常。回：回转。

[142] 纷纷翼翼：繁多的样子。荡取南山：向南冲荡。取：通“趋”，趋向。背击：回击。覆亏：倾覆亏蚀。夷：平，指荡平。畔：岸。

[143] 险险戏戏：危险的样子。戏戏：通“巇巇”，危险的样子。

[144] 湓（jié）：水波相击声。潺湲：水流的样子。披扬流洒：形容江水汹涌，浪花四溅。

[145] 偃侧：犹言东倒西歪。偃：仰躺。侧：歪斜。沈沈（yóu）湲湲：形容鱼鳖歪歪倒倒的样子。蒲伏：同“匍匐”，伏地而行的样子。连延：连续不断。

[146] 踣（bó）：跌倒。泂闇：神志不清的样子。

[147] 诡观：奇观。

[148] 奏：进，这里是推荐的意思。资略：资望智略。

[149] 庄周、魏牟、杨朱、墨翟、便蜎（yuān）、詹何：这些人物都是春秋战国时有资略的人。

伦：辈，类。

[150] 精微：指精深微妙的道理。

[151] 孔、老：孔子、老子。览观：审察，评说。筹：筹划，计算。

[152] 据几（jī）：扶着几。几：小桌。

[153] 涣乎：清醒的样子。

[154] 涊（niǎn）然：出汗的样子。霍然：忽然。

## 作品简析

《七发》是汉代辞赋家枚乘的赋作，有浓厚的黄老道家色彩。这是一篇讽喻性作品，赋中假设楚太子有病，吴客前去探望，通过互相问答，构成七大段文字。吴客认为楚太子的病因在于贪欲过度，享乐无时，不是一般的用药和针灸可以治愈的，只能“以要言妙道说而去也”。于是分别描述音乐、饮食、乘车、游宴、田猎、观涛等六件事的乐趣，一步步诱导太子改变生活方式；最后要向太子引见“方术之士”“论天下之精微，理万物之是非”，太子乃霍然而愈。作品的主旨在于劝诫贵族子弟不要过分沉溺于安逸享乐，表达了作者对贵族集团腐朽纵欲的不满。此赋是汉大赋的发端之作，对后世有很大影响，它以主客问答的形式，连写七件事的结构方式，为后世所沿袭，并形成赋中的“七体”。

# 子虚赋[1]

司马相如

楚使子虚使于齐，王悉发车骑与使者出畋[2]。畋罢，子虚过姹乌有先生[3]，亡是公在焉。坐定，乌有先生问曰：“今日畋乐乎？”子虚曰：“乐。”“获多乎？”曰：“少。”“然则何乐？”对曰：“仆乐齐王之欲夸仆以车骑之众，而仆对以云梦之事也。”曰：“可得闻乎？”

子虚曰：“可。王车驾千乘，选徒万骑，畋于海滨。列卒满泽，罘罔弥山[4]。掩兔辚鹿[5]，射麋脚麟[6]，鹜于盐浦[7]，割鲜染轮[8]。射中获多，矜而自功[9]。顾谓仆曰：‘楚亦有平原广泽游猎之地饶乐若此者乎？楚王之猎孰与寡人乎[10]？’仆下车对曰：‘臣，楚国之鄙人也[11]。幸得宿卫十有余年，时从出游，游于后园，览于有无，然犹未能遍睹也，又焉足以言其外泽者乎？’齐王曰：‘虽然，略以子之所闻见而言之。’

“仆对曰：‘唯唯[12]。臣闻楚有七泽，尝见其一，未睹其余也。臣之所见，盖特其小小耳者[13]，名曰云梦。云梦者，方九百里，其中有山焉。其山则盘纡岪郁[14]，隆崇嵂崒[15]；岑崟参差[16]，日月蔽亏[17]；交错纠纷[18]，上干青云[19]；罢池陂陀[20]，下属江河[21]。其土则丹青赭垩[22]，雌黄白坿[23]，锡碧金银[24]，众色炫耀[25]，照烂龙鳞[26]。其石则赤玉玫瑰[27]，琳珉昆吾[28]，瑊玏玄厉[29]，碝石碔砆[30]。其东则有蕙圃[31]，衡兰芷若[32]，芎䓖菖蒲[33]，茳蓠麋芜[34]，诸柘巴且苴[35]。其南则有平原广泽，登降陁靡[36]，案衍坛曼[37]，缘以大江[38]，限以巫山[39]。其高燥则生葴菥苞荔[40]，薛莎青薠[41]。其埤湿则生藏莨蒹葭[42]，东蔷雕胡[43]，莲藕觚卢[44]，菴闾轩于[45]。众物居之[46]，不可胜图[47]。其西则有涌泉清池，激水推移[48]，外发芙蓉菱华[49]，内隐巨石白沙[50]。其中则有神龟蛟鼍[51]，瑇瑁鳖鼋[52]。其北则有阴林[53]，其树楩柟豫章[54]，桂椒木兰[55]，檗离朱杨[56]，樝梨梬栗[57]，橘柚芬芳[58]。其上则有鹓雏孔鸾[59]，腾远射干[60]。其下则有白虎玄豹，蟃蜒貙犴[61]。

"'于是乃使剸诸之伦[62]，手格此兽[63]。楚王乃驾驯驳之驷[64]，乘雕玉之舆[65]，靡鱼须之桡旃[66]，曳明月之珠旗[67]，建干将之雄戟[68]，左乌号之雕弓[69]，右夏服之劲箭[70]。阳子骖乘[71]，纤阿为御[72]。案节未舒[73]，即陵狡兽[74]，蹴蛩蛩[75]，辚距虚[76]，轶野马，轊騊駼[77]，乘遗风，射游骐[78]，倏眒倩浰[79]，雷动猋至[80]，星流霆击[81]，弓不虚发，中必决眦[82]，洞胸达掖[83]，绝乎心系[84]，获若雨兽，掩草蔽地[85]。于是楚王乃弭节徘徊[86]，翱翔容与，览乎阴林，观壮士之暴怒，与猛兽之恐惧，徼郄受诎[87]，殚睹众物之变态[88]。

"'于是郑女曼姬[89]，被阿緆[90]，揄纻缟[91]，杂纤罗[92]，垂雾縠[93]，襞积褰绉[94]，纡徐委曲，郁桡溪谷[95]；衯衯裶裶[96]，扬袘戌削[97]，蜚襳垂髾[98]；扶舆猗靡[99]，翕呷萃蔡[100]，下靡兰蕙[101]，上拂羽盖[102]；错翡翠之葳蕤[103]，缪绕玉绥[104]；眇眇忽忽[105]，若神之仿佛[106]。

"'于是乃相与獠于蕙圃[107]，媻珊勃窣，上乎金堤[108]。掩翡翠，射鵕鸃[109]。微矰出，纤缴施[110]，弋白鹄，连驾鹅[111]，双鸧下，玄鹤加[112]。怠而后发，游于清池[113]。浮文鹢，扬旌栧[114]，张翠帷，建羽盖[115]。罔瑇瑁，钩紫贝[116]。摐金鼓，吹鸣籁[117]，榜人歌，声流喝[118]，水虫骇，波鸿沸[119]，涌泉起，奔扬会[120]。礧石相击[121]，硠硠磕磕[122]，若雷霆之声，闻乎数百里之外。将息獠者，击灵鼓[123]，起烽燧[124]，车按行，骑就队[125]。纚乎淫淫[126]，般乎裔裔[127]。

"'于是楚王乃登云阳之台[128]，泊乎无为[129]，澹乎自持[130]，勺药之和具而后御之[131]。不若大王终日驰骋，曾不下舆，脟割轮焠[132]，自以为娱。臣窃观之，齐殆不如[133]。'于是齐王默然无以应仆也。"

乌有先生曰："是何言之过也！足下不远千里，来贶齐国[134]，王悉发境内之士，而备车骑之众，与使者出畋，乃欲勠力致获[135]，以娱左右，何名为夸哉！问楚地之有无者，愿闻大国之风烈[136]，先生之余论也。今足下不称楚王之德厚，而盛推云梦以为高，奢言淫乐而显侈靡[137]，窃为足下不取也。必若所言，固非楚国之美也。无而言之，是害足下之信也[138]。章君恶，伤私义，二者无一可，而先生行之，必且轻于齐而累于楚矣[139]。且齐东陼巨海[140]，南有琅邪[141]，观乎成山[142]，射乎之罘[143]，浮勃澥[144]，游孟诸[145]，邪与肃慎为邻[146]，右以汤谷为界[147]。秋田乎青丘[148]，仿偟乎海外，吞若云梦者八九，于其胸中曾不蒂芥[149]。若乃俶傥瑰玮[150]，异方殊类[151]，珍怪鸟兽，万端鳞崒，充牣其中[152]，不可胜记。禹不能名[153]，卨不能计[154]。然在诸侯之位，不敢言游戏之乐，苑囿之大。先生又见客[155]，是以王辞不复，何为无以应哉[156]！"

## 注释

［1］子虚：与乌有先生都是赋中虚构的人物。《子虚赋》不同传本文字出入较大，这里是依李善注《文选》卷七。

［2］悉：全，皆。畋：打猎。

［3］过：拜访。

［4］罘（fú）：捕兔的网。罔：捕鱼的网。弥（mí）：满。

［5］掩：覆盖、罩住。辚：用车轮辗压。

［6］麋：麋鹿。脚：本指动物的小腿，此用为动词，捉住小腿之意。麟：雄鹿，非指古人作为祥瑞之物的麟。

《子虚赋》朗读欣赏

［7］骛：纵横奔驰。盐浦：海边盐滩。

［8］鲜：指鸟兽的生肉。染轮：血染车轮。此句言猎获之物甚多。

［9］矜：骄矜、夸耀。自功：自我夸功。

［10］孰与：何如，比起来怎么样。

［11］鄙人：见识浅陋的人。

［12］唯唯：应答的声音。

［13］特：只。

［14］盘纡：迂回曲折。岪郁：山势曲折的样子。

［15］隆崇：高耸之状。嵂崒（lù zú）：山势高峻险要的样子。

［16］岑崟（yí n）：《方言》释为“峻貌”，即山势高峻的样子。参差：形容山岭高低不齐的样子。

［17］蔽：全遮住。亏：半缺。

［18］交错纠纷：形容山岭交错重叠，杂乱无序。

［19］干：接触。按：《文选》李善注引孔安国《尚书传》曰：“干，犯也。”

［20］罢（pí）池：山坡倾斜的样子。下文“陂陀”亦此意。

［21］属：连接。

［22］丹：朱砂。青：石青，可制染料。赭（zhě）：赤土。垩（è）：白土。

［23］雌黄：一种矿物名，即石黄，可制橙黄色染料。白坿：石灰。

［24］碧：青色的玉石。

［25］众色：指各种矿石闪现出的不同光彩。炫耀：光辉夺目的样子。

［26］照：照耀。烂：灿烂。这句说各种矿石光彩照耀，有如龙鳞般的灿烂辉煌。

［27］赤玉：赤色的玉石。玫瑰：一种紫色的宝石。

［28］琳珉：一种比玉稍次的石。昆吾：同“琨珸”，即“琨”，《说文》：“琨，石之美者。”

［29］瑊玏（jiān lè）：次于玉的一种石名。玄厉：一种黑色的石头，可以磨刀。

［30］碔（fū）石：一种次于玉的石头，《文选》李善注：“白者如冰，半有赤色。”碝砆：一种次于玉的美石，质地赤色而有白色斑纹。

［31］蕙圃：蕙草之园。蕙与兰皆为香草，外貌相似。蕙：比兰高，叶狭长，一茎可开花数朵；兰是一茎一花。

[32] 衡：杜衡，香草名，《文选》李善注："其状若葵，其臭如蘼芜。"兰：兰草。芷：白芷，或称"药"，香草名。若：杜若，香草名。

[33] 芎䓖：今通常叫作"川芎"，香草名，其根可以入药，有活血等作用。菖蒲：水草名，根可入药，气香。

[34] 茳蓠（lí）：水生香草名。蘪（mí）芜：水生香草名，《文选》李善注引张揖曰："似蛇床而香。"按：蛇床，其子入药，名蛇床子，可壮阳。

[35] 诸柘：即甘蔗。巴苴（jū）：即芭蕉。

[36] 登降：此言地势高低不平，或登上或降下。陁靡：山坡倾斜绵延的样子。

[37] 案衍：地势低下。坛曼：地势平坦。

[38] 缘：沿、循。大江：指长江。

[39] 限：界限。巫山：指云梦泽中的阳台山，在今湖北境内，非今四川巫山。

[40] 高燥：高而干燥之地。葴：马蓝，草名。菥：一种像燕麦的草。苞：草名。按：即《左传》讲到的楚国的特产苞茅，可滑酒、编席织鞋等。荔：草名，其根可制刷。

[41] 薛：蒿的一种。莎（suō）：一种蒿类植物名。青薠：一种形似莎而比莎大的植物名。

[42] 卑：低。藏莨（zāng láng）：即狗尾巴草，也称狼尾草。

[43] 东蔷：草名，状如蓬草，结实如葵子，可以吃。雕胡：即蒋，或称菰，俗称茭白。

[44] 觚（gū）卢：《文选》李善注引张晏说即葫芦。

[45] 菴（ān）闾：蒿类植物名，子可入药。轩于：即莸（yóu）草，一种生于水中或湿地里的草。

[46] 众物：指众多的草木。居：此指生长。

[47] 图：计算。

[48] 涌泉：奔涌的泉水。推移：浪涛翻滚向前。

[49] 外：指池水表面之上。发：开放。芙蓉：即荷花。菱华：即菱花，开小白花。

[50] 内：指池水下面。隐：藏。

[51] 中：指池水中。蛟：古代传说中能发水的一种龙。鼍（tuó）：即今之扬子鳄，俗名猪婆龙。

[52] 瑇瑁：玳瑁，龟类动物，其有花纹的甲壳可做装饰品。鼋：大鳖。

[53] 阴林：背阳面的树林。

[54] 楩（pián）：树名，即黄楩木。柟（nán）：树名，即楠木，树质甚佳。豫章：树名，即樟木。

[55] 桂：花椒树。木兰：树名，高大乔木，开白花。

[56] 檗：即黄檗树。其高数丈，其皮外白里黄，入药清热燥湿。离：通"樆（lí）"，即山梨树。朱杨：生于水边的树名，即赤茎柳。

[57] 樝（zhā）梨：即山楂。梬（yǐng）栗：梬枣，似柿而小。

[58] 橘柚：芸香科植物，俗称橘子、柚子。

[59] 鹓雏（yuān chú）：凤凰。孔：孔雀。鸾：鸾鸟，传说中似凤凰的鸟名。

[60] 腾远：疑为"腾猿"之误字，猿善腾跃。射（yè）干：似狐而小的动物，能上树。

[61] 蟃蜒：应作"獌狿"，一种似狸的大兽。貙犴（qū hàn）：一种似狸而大的猛兽。

[62] 刳诸：即专诸，春秋时代的吴国勇士，曾替吴公子光刺杀吴王僚。此指像刳诸一样的勇士。

伦：类。

［63］格：击杀。

［64］驯：被驯服。驳：毛色不纯的马。驷（sì）：古代四匹马驾一车称驷，此泛指马。

［65］雕玉之舆：用雕刻的玉石装饰的车，言车之高贵。

［66］靡：通“麾”，挥动。鱼须：海中大鱼之须，用来做旗子的穗饰。桡旃（náo zhān）：曲柄的旗。

［67］曳：摇动。明月之珠旗：画有明月装饰有珠子的旗。

［68］建：举起。干将：本为春秋时代吴国的著名制剑工匠，此指利刃。雄戟：有刃的戟。

［69］乌号：古代良弓名，相传为黄帝所用。雕弓：雕刻花纹的弓。

［70］夏服：通“夏箙（fú）”，盛箭的袋子。相传善射的夏后羿有良弓繁弱，还有良箭，装在箭袋之中，此箭袋即称夏服。

［71］阳子：即孙阳，字伯乐，秦穆公之臣，以善相马著称。骖乘：陪乘的人。古时乘车，驾车者居中，尊者居左，右边一人陪乘，以御意外，称骖乘。

［72］纤阿（ē）：传说是为月神驾车的仙女，后人泛称善驾车者为纤阿。

［73］案节：马走得缓慢而有节奏。此言马未急行。未舒：指马足尚未尽情奔驰。

［74］陵：侵凌，此指践踏。狡兽：强健的猛兽。按《广雅》：“狡，健也。”

［75］蹴：践踏。蛩蛩（qióng）：传说中的怪兽，其状如马，善奔驰。

［76］辚：用车轮辗压。距虚：一种善于奔走的野兽名，其状如驴。

［77］轶：超过。轊：车轴顶端。这里是撞击之意。騊駼（táo tú）：北方野马名；一说即野马。

［78］遗风：千里马名。骐：野兽名，似马。

［79］倏眒（shū shēn）：迅速的样子。倏，通“跾（shū）”，疾速。倩浰（lì）：迅疾的样子。

［80］雷动：像惊雷那样震动。猋（biāo）：即飙风，迅疾的大风。

［81］星流：流星飞坠。霆：疾雷。

［82］决：射裂。眦（zì）：眼眶。

［83］洞：洞穿。掖：同“腋”。

［84］绝：断裂。心系：连接心脏的组织。

［85］雨（yù）：下雨。这里指把猎物丢下来像落雨一样，夸耀多。揜（yǎn）：掩盖。

［86］弭节：停鞭缓行。

［87］激：拦截。郄（jù）：极度疲倦。诎：穷尽，指精疲力竭。

［88］殚（dān）：尽。

［89］郑女：古代郑国多美女。曼姬：美女。曼，皮肤细腻柔美。

［90］被：通“披”。此指穿衣。阿：轻细的丝织品。緆（xì）：细布。

［91］揄：牵曳。纻：麻布。缟：白绸布。

［92］纤罗：纤细的有花纹的丝绸。按：凡言纤言细都是指的丝绸质量好，质量好才做得到轻薄。

［93］雾縠（hú）：轻柔的细纱。

［94］襞（bì）积：形容女子腰间裙褶重重叠叠。褰（qiān）绉：褶皱。

［95］郁桡：深曲的样子。

［96］衯（fēn）衯裶（fēi）裶：衣服长长的样子。

[97] 扬：抬起。袘（yì）：裙子下端边缘。戌削：形容裙缘整齐的样子。

[98] 蜚：通“飞”。襳：妇女上衣上的飘带。髾（shāo）：本指妇女燕尾形的发髻，此指衣服的燕尾形的下端。

[99] 扶舆猗靡：形容衣服合身，体态婀娜的样子。

[100] 噏呷（xī xiá）、萃蔡：皆为人走路时衣服摩擦所发出的响声的象声词。

[101] 靡：摩擦。

[102] 拂：拂拭。羽盖：插饰羽毛的车盖。

[103] 错：间杂。翡、翠：皆为鸟名，前者羽毛红色，后者羽毛绿色。葳蕤（ruí）：指作装饰的羽毛发亮。也作“萎蕤”，就是植物玉竹，玉竹因为叶面有光泽，晶莹可爱，所以也用来指有光泽的东西。

[104] 缪绕：缭绕。玉绥：用玉装饰的帽带。

[105] 眇眇：缥缈。忽忽：飘忽不定的样子。

[106] 仿佛：似有似无。

[107] 獠：夜间打猎。

[108] 媻姗：同“蹒跚”，走路缓慢的样子。郣窣（bó sū）：缓缓前行的样子。金堤：堤名。

[109] 鵕鸃（jùn yí）：锦鸡，野鸡一类。

[110] 缴（zhuó）：系在射鸟的箭上的绳线。施：射出。

[111] 弋（yì）：用带丝线的箭射飞禽。白鹄：白天鹅。连：牵连。此指用带丝线的箭射中驾鹅。驾（jiā）鹅：野鹅。

[112] 鸧（cāng）：鸟名，即鸧鸹（guā），形似雁，黑色。玄鹤：黑鹅。加：箭加其身，即射中之意。

[113] 怠：疲倦。发：指开船。游：泛舟。清池：指云梦西边的涌泉清池。

[114] 浮：漂浮。文：花纹。鹢（yì）：水鸟名，此指船头绘有鹢的图案的画船。扬：举起。旌：旗。栧（yì）：船桨。

[115] 张：挂起。翠帷：画有翡翠鸟图案的帷帐。建：树起。羽盖：用鸟毛装饰的伞盖。

[116] 罔：通“网”，用网捕取。

[117] 摐（chuāng）：撞击。金鼓：形如铜锣的古乐器，即钲。籁：管乐器，即排箫。

[118] 榜人：划船的人。按：“榜人”即“舫人”，《说文》：“舫人，习水者。”流喝：声音悲凉嘶哑。

[119] 水虫：指水中的鱼虾之类。鸿：洪大。沸：指波涛翻滚。

[120] 奔扬：指波涛。会：汇合。

[121] 礧（léi）：通“磊”。

[122] 硠（láng）硠、磕（kē）磕：皆为水石相撞击的声音。

[123] 灵鼓：神鼓。

[124] 起：点燃。烽燧：烽火。

[125] 行：行列。就队：归队。

[126] 纚：接续不断的样子。淫淫：渐进的样子。指队伍缓缓前行。

[127] 般乎：犹“班然”，依次相连的样子。裔裔：络绎不绝地向前行进的样子。

［128］云阳之台：楚国台榭之名，在云梦南部的巫山下。

［129］泊：安静无为的样子。

［130］澹乎：淡泊，安静无为的样子。

［131］勺药：即芍药。和：调和。具：通“俱”，齐备。御：用。

［132］脟（luán）：通“脔”，把肉切成小块。焠（cùi）：用火烤。按：轮焠，转着烤。

［133］殆：恐怕。

［134］贶：惠赐。

［135］勠力：齐心合力。致获：获得禽兽。

［136］风：风范。烈：功业。

［137］显：彰显。

［138］害：损害，减少。信：诚信。

［139］轻：受人轻视。累：受人牵累。

［140］陼（zhǔ）：水边，此处用作动词。巨：巨大。

［141］琅邪（yé）：或写作“琅琊”，山名，在今山东诸城东南海边。

［142］成山：山名，在今山东荣城东北。

［143］之罘：也作“芝罘”，在今山东烟台市。

［144］浮：行船。勃澥：也作“渤澥”，即今之渤海。

［145］孟诸：古代大泽名，在今河南商丘市东北，已淤塞消失。

［146］邪：同“斜”，指侧翼方向。肃慎：古代国名，在今东北三省境内。

［147］右：《文选》李善注以为此“右”字当是“左”字之误。按：李善注应是正确的，今出土汉代地图，好几种都是上南下北，自然也就是左东右西了；《子虚赋》的姊妹篇《上林赋》也说“左苍梧，右西极”，明左东右西。汤谷：或写作“旸谷”，神话传说中太阳升起的地方。

［148］青丘：国名，相传在大海之东三百里。

［149］曾：竟。蒂芥：指极小的东西。

［150］俶傥：通“倜傥”，卓越非凡。瑰玮：奇伟，卓异。

［151］异方：不同地区。殊类：别样物类。

［152］鳞崒：像鱼鳞般地聚集在一起。崒：同“萃”，会聚。充牣：充满。牣：满。

［153］名：叫出名字来。

［154］卨（xiè）：古“契（xiè）”字，应是指的商代的始祖契，传说做过舜臣，时代上正好在禹之后。

［155］见客：被当作客人对待。

［156］王辞不复：齐王没有回话。这两句的意思是齐王没有回话，不是没有话回。

## 作品简析

《子虚赋》作于司马相如为梁孝王宾客时，在汉景帝年间，其主题是以这一时期以虚静为君的道家思想为指向的，因景帝不好辞赋，所以司马相如并没有得到景帝的赏识，但却为后来的汉武帝所赏识，此赋写楚国之子虚先生出使齐国，子虚向乌有先生讲述随齐王出猎，齐王问及楚国，极力铺排楚国之广大丰饶，以至云梦不过是其后花园之小小一角。乌有不服，便以齐国之大海名山、异方殊类，傲视子虚。其主要意义是通过这种夸张声势的描写，表现了汉代的强大声势和雄伟气魄。此赋极铺张扬厉之能事，辞藻丰富，描写工丽，散韵相间，标志着汉大赋的完全成熟。它与《上林赋》构成姊妹篇，都是汉代汉族文学正式确立的标志性作品。

## 上林赋[1]

司马相如

亡是公听然而笑，曰[2]：“楚则失矣[3]，而齐亦未为得也。夫使诸侯纳贡者[4]，非为财币，所以述职也[5]；封疆画界者[6]，非为守御，所以禁淫也[7]。今齐列为东藩[8]，而外私肃慎[9]，捐国逾限[10]，越海而田[11]，其于义固未可也。且二君之论[12]，不务明君臣之义，正诸侯之礼，徒事争于游戏之乐，苑囿之大，欲以奢侈相胜[13]，荒淫相越，此不可以扬名发誉[14]，而适足以贬君自损也[15]。

“且夫齐楚之事，又乌足道乎[16]！君未睹夫巨丽也？独不闻天子之上林乎？左苍梧[17]，右西极[18]。丹水更其南[19]，紫渊径其北[20]。终始灞、浐[21]，出入泾、渭[22]；酆、镐、潦、潏[23]，纡馀委蛇[24]，经营乎其内[25]；荡荡乎八川分流[26]，相背而异态[27]。东西南北，驰骛往来[28]：出乎椒丘之阙[29]，行乎洲淤之浦[30]；经乎桂林之中[31]，过乎泱漭之野[32]。汩乎混流[33]，顺阿而下[34]，赴隘陿之口[35]。触穹石[36]，激堆埼[37]，沸乎暴怒，汹涌澎湃。滭弗宓汩[38]，逼侧泌瀄[39]，横流逆折，转腾潎冽[40]，滂濞沆溉[41]，穹隆云桡[42]，宛潬胶戾[43]。逾波趋浥[44]，莅莅下濑[45]。批岩冲拥[46]，奔扬滞沛[47]；临坻注壑[48]，瀺灂霣坠[49]；沉沉隐隐[50]，砰磅訇礚[51]；潏潏淈淈[52]，湁潗鼎沸[53]。驰波跳沫[54]，汩急漂疾[55]。悠远长怀[56]，寂漻无声[57]，肆乎永归[58]。然后灏溔潢漾[59]，安翔徐回[60]，翯乎滈滈[61]，东注太湖[62]，衍溢陂池[63]。

“于是乎鲛龙赤螭[64]，䱭䲛渐离[65]，鰅鳙鰬鮀[66]，禺禺魼鳎[67]；揵鳍掉尾[68]，振鳞奋翼，潜处乎深岩，鱼鳖欢声[69]，万物众伙。明月珠子[70]，的砾江靡[71]；蜀石黄碝[72]，水玉磊砢[73]；磷磷烂烂[74]，采色澔汗，藂积乎其中[75]。鸿鹔鹄鸨[76]，驾鹅属玉[77]，交精旋目[78]，烦鹜庸渠[79]，箴疵鵁卢[80]，群浮乎其上，泛淫泛滥[81]，随风澹淡[82]，与波摇荡，奄薄水渚[83]，唼喋菁藻[84]，咀嚼菱藕。

“于是乎崇山矗矗[85]，巃嵸崔巍[86]；深林巨木，崭岩嵾嵳[87]，九嵕巀嶭[88]，南山峨峨[89]；岩陁甗锜[90]，摧崣崛崎[91]。振溪通谷[92]，蹇产沟渎[93]，谽呀豁閜[94]。阜陵别隝[95]，崴磈嵔廆[96]，丘虚堀礨[97]。隐辚郁垒[98]，登降施靡[99]，陂池貏豸[100]，沇溶淫鬻[101]，散涣夷陆[102]；亭皋千里，靡不被筑[103]。掩以绿蕙[104]，被以江蓠[105]；糅以蘼芜[106]，杂以留夷[107]；布结缕[108]，攒戾莎[109]。揭车衡兰[110]，槁本射干[111]；茈姜蘘荷[112]，葴持若荪[113]，鲜支黄砾[114]，蒋苎青薠[115]，布濩闳泽[116]，延曼太原[117]。离靡广衍[118]，应风披靡，吐芳扬烈[119]；郁郁菲菲[120]，众香发越[121]；肸蚃布写[122]，晻薆咇茀[123]。

“于是乎周览泛观，缜纷轧芴[124]，芒芒恍忽[125]。视之无端，察之无涯，日出东沼[126]，入乎西陂[127]。其南则隆冬生长，踊水跃波[128]；其兽则㺎旄貘犛[129]，沉牛麈麋[130]，赤首圜题[131]，穷奇象犀[132]。其北则盛夏含冻裂地[133]，涉冰揭河[134]；其兽则麒麟角端[135]，騊駼橐驼[136]，蛩蛩驒騱[137]，駃騠驴骡[138]。

“于是乎离宫别馆[139]，弥山跨谷；高廊四注[140]，重坐曲阁[141]；华榱璧珰[142]，辇道纚属[143]；步櫩周流[144]，长途中宿[145]。夷嵏筑堂[146]，累台增成[147]，岩窔洞房[148]，俯杳眇而无见[149]，仰攀橑而扪天[150]；奔星更于闺闼[151]，宛虹扡于楯轩[152]。青龙蚴蟉于东箱[153]，象舆婉僤于西清[154]；灵圄燕于闲馆[155]，偓佺之伦[156]，暴于南荣[157]。醴泉涌于清室[158]，通川过于中庭[159]。盘石振崖[160]，嵚岩倚倾[161]，嵯峨嶕嶪[162]，刻削峥嵘[163]。玫瑰碧琳[164]，珊瑚丛生，瑉玉旁唐[165]，玢豳文鳞[166]；赤瑕驳荦[167]，杂臿其间[168]，晁采琬琰[169]，和氏出焉[170]。

“于是乎卢橘夏熟[171]，黄甘橙楱[172]；枇杷橪柿[173]，亭奈厚朴[174]，梬枣杨梅[175]，樱桃蒲陶[176]；隐夫薁棣[177]，答遝离支[178]。罗乎后宫，列乎北园；貤丘陵[179]，下平原。扬翠叶，扤紫茎[180]；发红华，垂朱荣[181]。煌煌扈扈[182]，照曜巨野[183]；沙棠栎槠[184]，华枫枰栌[185]。留落胥邪[186]，仁频并闾[187]；欃檀木兰[188]，豫章女贞[189]。长千仞，大连抱[190]；夸条直畅[191]，实叶葰楙[192]。攒立丛倚[193]，连卷欐佹[194]；崔错癹骫[195]，坑衡閜砢[196]；垂条扶疏，落英幡纚[197]。纷溶萷蔘[198]，猗狔从风[199]；莅莅芔歙[200]，盖象金石之声，管钥之音[201]。偨池茈虒，旋还乎后宫[202]。杂袭累辑[203]，被山缘谷，循阪下隰[204]；视之无端[205]，究之无穷。

“于是乎玄猨素雌[206]，蜼玃飞蠝[207]，蛭蜩蠼蝚[208]，獑胡豰蛫[209]，栖息乎其间。长啸哀鸣，翩幡互经[210]。夭蟜枝格[211]，偃蹇杪颠[212]；隃绝梁[213]，腾殊榛[214]；捷垂条[215]，掉希间[216]；牢落陆离[217]，烂漫远迁[218]。若此者数百千处。娱游往来，宫宿馆舍[219]；庖厨不徙，后宫不移，百官备具[220]。

“于是乎背秋涉冬[221]，天子校猎[222]。乘镂象[223]，六玉虬[224]；拖蜺旌[225]，靡云旗[226]；前皮轩[227]，后道游[228]。孙叔奉辔[229]，卫公参乘[230]，扈从横行[231]，出乎四校之中[232]。鼓严簿[233]，纵猎者。河江为阹[234]，泰山为橹[235]，车骑雷起[236]，殷天动地[237]，先后陆离[238]，离散别追[239]。淫淫裔裔[240]，缘陵流泽[241]，云布雨施。生貔豹[242]，搏豺狼[243]，手熊罴[244]，足野羊[245]；蒙鹖苏[246]，绔白虎[247]，被班文[248]，跨野马[249]，凌三嵏之危[250]，下碛历之坻[251]；径峻赴险[252]，越壑厉水[253]。椎蜚廉[254]，弄獬豸[255]，格虾蛤[256]，鋋猛氏[257]；羂騕褭[258]，射封豕[259]。箭不苟害[260]，解脰陷脑[261]；弓不虚发，应声而倒。

“于是乘舆弭节徘徊[262]，翱翔往来；睨部曲之进退[263]，览将帅之变态[264]。然后侵淫促节[265]，儵敻远去[266]；流离轻禽[267]，蹴履狡兽[268]。轊白鹿[269]，捷狡兔[270]；轶赤电[271]，遗光耀[272]；追怪物[273]，出宇宙[274]。弯蕃弱[275]，满白羽[276]；射游枭[277]，栎蜚遽[278]。择肉而后发[279]，先中而命处[280]；弦矢分，艺殪仆[281]。然后扬节而上浮[282]，凌惊风，历骇猋[283]，乘虚无[284]，与神俱。躏玄鹤[285]，乱昆鸡[286]；遒孔鸾[287]，促鵕鸃[288]。拂翳鸟[289]，捎凤皇[290]；捷鹓雏[291]，揜焦明[292]。道尽途殚，回车而还；消遥乎襄羊[293]，降集乎北纮[294]；率乎直指[295]，晻乎反乡[296]。蹶石阙，历封峦；过鳷鹊，望露寒[297]；下棠梨[298]，息宜春[299]。西驰宣曲[300]，濯鹢牛首[301]；登龙台[302]，掩细柳[303]。观士大夫之勤略[304]，均猎者之所得获[305]，徒车之所辚轹[306]，步骑之所蹂若[307]，人臣之所蹈籍[308]；与其穷极倦谻[309]，惊惮詟伏[310]，不被创刃而死者，他他籍籍[311]，填坑满谷，掩平弥泽[312]。

"于是乎游戏懈怠[313]，置酒乎颢天之台[314]，张乐乎胶葛之寓[315]；撞千石之钟[316]，立万石之虡[317]；建翠华之旗[318]，树灵鼍之鼓[319]。奏陶唐氏之舞[320]，听葛天氏之歌[321]；千人唱，万人和；山陵为之震动，川谷为之荡波。巴渝、宋、蔡[322]，淮南《干遮》[323]，文成颠歌[324]，族居递奏[325]，金鼓迭起，铿鎗闛鞈[326]，洞心骇耳[327]。荆吴郑卫之声，韶濩武象之乐[328]，阴淫案衍之音[329]，鄢郢缤纷[330]，《激楚》《结风》[331]。俳优侏儒[332]，狄鞮之倡[333]，所以娱耳目乐心意者，丽靡烂漫于前[334]，靡曼美色[335]。若夫青琴、宓妃之徒[336]，绝殊离俗，妖冶娴都[337]，靓妆刻饰[338]，便嬛绰约[339]，柔桡嫚嫚[340]，妩媚孅弱[341]，曳独茧之褕绁[342]，眇阎易以恤削[343]，便姗嫳屑[344]，与俗殊服。芬芳沤郁[345]，酷烈淑郁[346]；皓齿粲烂，宜笑的皪[347]；长眉连娟[348]，微睇绵藐[349]；色授魂与[350]，心愉于侧[351]。

"于是酒中乐酣[352]，天子芒然而思[353]，似若有亡[354]，曰：'嗟乎，此大奢侈！朕以览听馀闲[355]，无事弃日[356]，顺天道以杀伐[357]，时休息于此[358]，恐后叶靡丽[359]，遂往而不返[360]，非所以为继嗣创业垂统也[361]。'于是乎乃解酒罢猎而命有司曰：'地可垦辟，悉为农郊[362]，以赡萌隶[363]。隤墙填堑[364]，使山泽之人得至焉。实陂池而勿禁[365]，虚宫馆而勿仞[366]，发仓廪以救贫穷，补不足，恤鳏寡，存孤独。出德号[367]，省刑罚，改制度，易服色，革正朔[368]，与天下为更始[369]。'

"于是历吉日以斋戒[370]，袭朝服[371]，乘法驾[372]，建华旗，鸣玉鸾[373]，游于六艺之囿[374]，驰骛乎仁义之途，览观《春秋》之林[375]，射狸首[376]，兼驺虞[377]；弋玄鹤[378]，舞干戚[379]；载云罕[380]，揜群雅[381]；悲《伐檀》[382]，乐乐胥[383]；修容乎礼园[384]，翱翔乎书圃[385]；述易道[386]，放怪兽；登明堂[387]，坐清庙[388]；次群臣，奏得失；四海之内，靡不受获[389]。于斯之时，天下大说[390]，乡风而听，随流而化[391]；芔然兴道而迁义[392]，刑错而不用[393]；德隆于三王[394]，而功羡于五帝[395]；若此，故猎，乃可喜也。若夫终日驰骋，劳神苦形；罢车马之用[396]，抗士卒之精[397]；费府库之财，而无德厚之恩；务在独乐，不顾众庶；忘国家之政，贪雉兔之获，则仁者不繇也[398]。从此观之，齐楚之事，岂不哀哉！地方不过千里，而囿居九百[399]，是草木不得垦辟，而人无所食也。夫以诸侯之细[400]，而乐万乘之侈[401]，仆恐百姓被其尤也[402]。"

于是二子愀然改容[403]，超若自失[404]，逡巡避席[405]，曰："鄙人固陋[406]，不知忌讳[407]，乃今日见教，谨受命矣。"

## 注 释

[1] 上林：上林苑，故址在今陕西西安市西及周至、户县界。它本是秦代的旧苑，汉武帝时重修并加扩大。

[2] 亡是公：作者假托的人名。亡，通“无”。听（yǐn）然：张口而笑的样子。

[3] 失：指不对。《上林赋》是承《子虚赋》而来，《子虚赋》是借楚国子虚和齐国乌有先生的对话展开，以折齐称楚结束，所以本文这样承接。

[4] 纳贡：交纳贡物。

[5] 述职：古代诸侯朝见天子陈述政务方面的情况。

[6] 封疆画界：指画定诸侯国之间的疆界。古代植树为界，称封疆，在两封之间又树立标志，称画界。

《上林赋》朗读欣赏

[7] 淫：放纵，过分。指诸侯国不知节制，侵入别国疆界。

[8] 东藩：东方的藩国。齐国在东，故称“东藩”。藩：藩篱、屏障。

[9] 私：指私自交好。肃慎：古国名，在今长白山以北至黑龙江一带。

[10] 捐国：指离开自己的国家。逾限：越过本国边界。

[11] 越海而田：指《子虚赋》言齐王“秋田乎青丘”之事。“青丘”为传说中的海外国名，故云“越海”。田：通“畋”，畋猎。

[12] 二君：指《子虚赋》中的子虚和乌有先生。

[13] 相胜：相互压服。

[14] 扬名发誉：即发扬名誉。意思是使好的名声传播开来。

[15] 贬君自损：贬低君主，损害自己的声誉。

[16] 乌：何。

[17] 左：指东方。苍梧：汉郡名，治所在今广西苍梧县。苍梧古属交州，在长安东南，故言“左”。

[18] 右：指西方。西极：古指豳地，在长安西北一带，故言“右”。

[19] 丹水：水名，出陕西商州市西北冢岭山，东南流入河南境。更：经过。

[20] 紫渊：当为上林苑北边水名。径：同“经”。

[21] 终始灞、浐：指灞水和浐水始终流在上林苑中。终始：作动词用。灞、浐：都是渭水的支流。

[22] 出入泾、渭：指泾水和渭水流入苑中又流出苑去。泾：泾水，源出宁夏南部六盘山东麓，流经甘肃，至陕西高陵县境入渭水。渭：渭水，源出甘肃渭源县之鸟鼠山，东流至陕西潼关县入黄河。

[23] 酆、镐（hào）、潦（lǎo）、潏（jué）：皆为水名，同归渭河。

[24] 纡馀委蛇（yí）：形容水流曲折宛转的样子。委蛇：同“逶迤”。

[25] 经营乎其内：指诸水流经其中。经营：周旋。

[26] 八川分流：指上述灞、浐、泾、渭、酆、镐、潦、潏八条河流各自流动。

[27] 相背：指诸水流向不一。

[28] 驰骛：马疾行的样子，这里指水流很快。

[29] 椒丘之阙：生满椒树的山相对而立，类似于阙的形状。阙：又名门观。门前两旁建台，上有楼观，中间有阙口为通道，故称阙。

［30］洲淤：水中可居之地。古时长安一带人呼洲为淤。浦：水边。

［31］桂林：指上林苑中的桂树林。

［32］泱漭：广大、辽阔。

［33］汩（yù）乎混流：指水流很急，水势很大。汩：水流迅速。混：水势浩大。

［34］阿：高大的山丘。

［35］隘陿：即狭隘。陿：同“狭”。

［36］穹石：大石。

［37］堆埼（qí）：高大曲折的河岸。

［38］滭弗（bì fèi）同“觱沸”，水上涌的样子。宓（mì）汩：水流疾去的样子。

［39］逼侧：水迫近岸边。泌滞（jié）：水浪涌起互相冲击的样子。

［40］转腾：旋转激荡。潎（piē）洌：水波互相冲击的样子。

［41］滂濞（pāng pì）：即“彭湃”，水波相互撞击的声音。沆（hàng）溉：水浪愤怒涌起的样子。

［42］穹隆：水势高起的样子。云桡：形容水势回旋翻滚如云涌。桡：扰动。

［43］宛潬（shàn）：水流盘曲的样子。胶戾：水流纠绞在一起的样子。

［44］逾波：一波超一波，即后浪推前浪。趋浥：指很快地流向低处。

［45］莅（lì）莅：水流急的样子。濑（lài）：浅水沙石滩。

［46］批：击打。拥：同“壅”，防水堤。

［47］奔扬：水流奔腾。滞沛：浪花翻卷。

［48］临坻（chí）：临近小丘。坻：水中小丘。注壑：流入沟壑之中。

［49］瀺灂（chán zhuó）：小水声。指水流近小丘时发出的细小声音。賈坠：指水从高处落到低处。賈：通“陨”。

［50］沉沉：水深的样子。隐隐：水势盛大。

［51］砰磅（pēng pāng）：即“乒乓”，象声词。訇磕（hōng kē）：指水流激荡发出轰隆隆的声音。

［52］潏（jué）潏淈（gǔ）淈：水涌出的样子。潏：水涌出貌。淈淈：同“汩汩”。

［53］湁潗（chì jí）鼎沸：形容水流上涌如沸腾的样子。湁潗：水沸腾的样子。

［54］驰波跳沫：水流疾泻而飞沫跳荡。

［55］汩潝（yù xī）：水流急转的样子。漂疾：同“剽疾”，形容水势猛悍。

［56］怀：归往。

［57］寂漻：同“寂寥”，水流平缓而无声。

［58］肆：安，指水流平稳安定。

［59］灏溔（hào yǎo）：水势广大无际的样子。潢（guāng）漾：水势深广，水波荡漾。

［60］安翔徐回：形容水流缓慢。回：回旋。

［61］翯（hè）乎滈（hào）滈：谓大水泛着白光。翯：白而有光泽。滈滈：指水泛着白光。

［62］太湖：在今江苏省。因在长安东方，故曰“东注”。

［63］衍溢陂（pí）池：谓水流满池塘。陂池：池塘。

[64] 螭（chī）：传说中蛟龙一类的动物，无角。

[65] 䱭䲛（gèng méng）：鱼名，形似鳝。渐离：鱼名，形状不详。

[66] 鰅（yú）：鲶类的一种，皮肤有文。鳙（yōng）：同“鳙”，即花鲢鱼。鰬（qián）：鱼名，形似鲤而体长。鮀（tuó）：即河豚。或说即黄颊鱼，口大而食小鱼。

[67] 禺禺：黄地黑文，皮上有毛的一种鱼。魼（qū）：即比目鱼。鳎（tǎ）：亦比目鱼一类。

[68] 揵（qiān）：扬起。掉：摇动。

[69] 欢：喧哗，闹嚷。

[70] 明月：宝珠名。

[71] 的皪（lì）江靡（méi）：谓宝珠的光芒照耀江边。的皪：明亮的样子。靡：通“湄”，水边。

[72] 蜀石：质次于玉的一种石。黄碝（ruǎn）：黄色的碝石。碝：石名，质地次于玉。

[73] 水玉：即水晶石。磊砢（luǒ）：众多。

[74] 磷磷烂烂：谓玉石色泽鲜明，光彩灿烂。

[75]“采色”二句：谓玉石积聚于水中，光芒辉映。澔汗：盛多的样子。这里指光彩灼灼，相互映辉。藂：同“丛”。

[76] 鸿：大雁。鹔（sù）：即鹔鹴，雁的一种，毛为绿色。鹄：天鹅。鸨：似雁而大，灰颈白腹，背部有黄褐和黑色斑纹。

[77] 驾（jiā）鹅：雁的一种，形比鸭大而嘴小。属（zhú）玉：水鸟，似鸭而大。

[78] 交精：水鸟名，俗名茭鸡，形如凫而腿长。旋目：鸟名，大于鹭而尾短，眼旁毛呈现回旋的样子。

[79] 烦鹜：鸟名，外形像鸭而小。庸渠：鸟名，俗名水鸡，外形像鸭而鸡足。

[80] 箴疵：水鸟名，形似鱼虎，毛呈苍黑色。䴔卢：俗称水老鸦。

[81] 泛淫泛滥：指鸟浮于水面上自由自在的样子。泛：同“泛”，飘浮。

[82] 澹淡：此指飘动的样子。

[83] 奄薄水渚：指群鸟止息于小洲之上。奄：息。薄：集。

[84] 唼喋（zā dié）：指鸟聚在一起吃食。菁、藻：都是水草名。

[85] 矗矗：山直立高耸的样子。

[86] 笼苁（lóng zōng）崔巍：山高峻的样子。

[87] 崭（chán）岩參嵳：山势险要高低不平。參嵳，同“参差”。

[88] 九嵕（zōng）：山名，在陕西礼泉县东北。巀嶭（jié niè）：山高峻的样子。

[89] 南山：终南山，主峰在陕西西安市南。峨峨：高大。

[90] 岩陁（zhì）甗（yǎn）锜（qí）：指山中多穴洞。陁：坂，山坡。甗：瓦器名。锜：三只脚的釜。

[91] 摧崣：同“崔巍”，山势高峻的样子。崛崎：形容山势陡峭险绝。

[92] 振溪通谷：指大的山谷。振：开放。溪：溪谷。通：通达。

[93] 蹇产：曲折的样子。

[94] 谽（hān）呀豁閜（xiā）：指山谷幽远空洞的样子。谽呀：形容山谷幽深。豁閜：空虚的

样子。

[95] 阜陵别隝：谓山丘像被水分成的一个个小岛。

[96] 崴磈（wéi）㟪瘣（wěi）：都是高峻的意思。

[97] 丘虚堀礨（jué lěi）：指山特起不平的样子。虚：通“墟”。

[98] 隐辚郁垒（lěi）：指山堆积不平的样子。

[99] 登降施（yǐ ）靡：指山势高下绵延。施靡：山势倾斜绵延的样子。

[100] 陂池貏豸（bǐ zhì）：指山势渐渐平坦。陂池，读如“坡陀”，倾斜的样子。貏豸：渐趋平坦。

[101] 沇（wěi）溶淫鬻：指水在山涧中缓缓流动。淫鬻：水流缓慢。

[102] 散涣：涣散，散开。夷陆：平坦的原野。

[103]“亭皋”二句：谓水边地方没有不平坦的。亭：平。皋：水边地。被筑：指筑地令平。

[104] 掩（yǎn）：遮盖。绿蕙：香草名。

[105] 被：覆盖。江蓠：香草名。

[106] 糅：掺杂。蘼芜：香草名，又名蕲芷。

[107] 留夷：香草名。

[108] 布：布满。结缕：草名，多年蔓生，叶如白茅。

[109] 攒戾莎：戾莎丛聚而生。戾莎：草名。

[110] 揭车衡兰：指揭车、杜衡和兰草三种香草。

[111] 槁（gǎo）本：香草名，根可入药。射干：草名，根可入药。

[112] 茈姜：即紫姜，嫩姜。茈：同“紫”。蘘（ráng）荷：一名蘘草，茎叶似姜，根可食，也可入药。

[113] 葴（zhēn）持：即酸浆草。若荪：杜若和荪草，都是香草。

[114] 鲜支：香草名，又名燕支，可染红色。黄砾：香草名，可染黄色。

[115] 蒋：即菰蒲草，又名茭，所结实即菰米。苎（zhù）：同“苧”，草名，即三棱草。青薠：草名，形状类莎（suō）草而稍大。

[116] 布濩（hù）：散布，布满。闳泽：大水泽。闳：宏大。

[117] 延曼：蔓延。太原：广大原野。

[118] 离靡：连绵不断的样子。广衍：广泛散布开来。衍，展开。

[119] 吐芳扬烈：谓花草散发出浓烈的香气。

[120] 郁郁菲菲：形容香气浓烈。

[121] 发越：发扬，散发。

[122] 肸蚃（xī xiǎng）：指香气四散，沁入人心。肸：响声传布。蚃：对声音反应敏感的一种虫子。布写：四散传布。写：通“泻”。

[123] 晻薆咇茀（bì bó）：形容香气充盛。

[124] 缜纷：茂密繁多。轧芴（wù）：致密而不可分辨。

[125] 芒芒恍忽：眼花缭乱的样子。

[126] 东沼：上林苑东边池沼。

[127] 西陂：亦上林苑池名。与上句联系，极言上林苑之大。

[128]“其南”二句：指上林苑面积广阔，其南部隆冬也草木生长，水不结冻。

[129]犝（róng）：又名封牛，颈上有肉堆，有力而善于奔走。旄：旄牛。貘（mò）：形似犀牛而略小，鼻长无角。犛（lí）：小于旄牛，皮黑色。

[130]沈牛：水牛。麈（zhǔ）：鹿类，一角，尾大，可作拂尘。麋：即驼鹿，又叫犴（hān），四不像。

[131]赤首：传说中的一种兽的名称。圜题：亦是一种兽名。传说两兽均生活在南方。题：额。

[132]穷奇：传说中的怪兽，能食人，外形像牛，毛如猬，声音像嗥狗。

[133]其北：指上林苑北部。

[134]揭（qì）：提起衣服度水。

[135]角端：兽名，外形像貊（形似熊），角生在鼻上。

[136]騊駼（táo tú）：北方野马名；一说即野马。橐驼：即骆驼。

[137]蛩（qióng）蛩：一种白色野兽，形似马。驒騱（tuó xī）：野马的一种，青黑色，有白色鳞纹。

[138]駃騠（jué tí）：骏马名。

[139]离宫别馆：指皇宫以外供皇帝临时居住的宫殿馆舍。

[140]四注：四面围绕。

[141]重坐：指两层楼房。曲阁：指曲折连接的楼阁。

[142]华榱（cuī）：用花纹装饰的椽子。璧珰：用璧玉装饰的瓦当。

[143]辇道纚（xǐ）属：指宫中辇道四通八达。辇道，可以乘辇而行的阁道。纚属：阁道回环，如织丝之相连属。纚：束发的帛。

[144]步櫩（yán）：可以通行的长廊。櫩：同“檐”。周流：周遍。

[145]长途中宿：谓长廊走不完，中间需要停宿。

[146]夷嵏（zōng）筑堂：削平山岭，建筑房屋。夷：削平。嵏：高的山。

[147]累台增成：高的楼台一层又一层。增：通“层”。成：一层叫一成。

[148]岩窔（yǎo）：深邃的样子。洞房：幽深的房屋。

[149]俯：同“俯”。杳眇：深邃的样子。此句是形容亭台极高，下视不见地。

[150]橑（lǎo）：屋椽。扪（mén）：用手摸。此句亦形容亭台极高。

[151]奔星：流星。更：经过。闺闼：宫中的小门。

[152]宛虹：弯曲的虹。楯（shǔn）轩：指门窗的栏杆。

[153]“青龙”句：谓青龙驾的车子可以在东厢房行进。此极力形容房屋的宽阔。蚴蟉（yǒu liú），龙行的样子。此用以形容车子。东箱：东边厢房。箱：通“厢”。原作“葙”，据《考异》改正。

[154]象舆：象拉的车子。婉僤（shàn）：车行进的样子。西清：指西厢房。清：清静之处。

[155]灵圄（yǔ）：对于仙人的总称。燕：燕息，闲居。闲馆：清雅的馆舍。

[156]偓佺：古代传说的仙人名。伦：类。

[157]暴：通“曝”，晒太阳。荣：指飞檐。

[158]醴泉：甘甜的泉水。清室：即静室。

[159] 通川：流水。

[160] 盘石：大石。盘：通“磐”。振崖：砌成整齐的石崖。振：《考异》以为当作“裖（zhèn）”，累积整齐。

[161] 嵚（qīn）岩：倾斜的样子。倚倾：偏斜倾侧。

[162] 嵯峨：高大的样子。嶕嶫（jié yè）：高峻的样子。

[163] 刻削：形容石崖险峻，像刀削过一样。

[164] 玫瑰：珍珠名。碧琳：玉石名。

[165] 瑉玉：像玉的美石。瑉：同“珉”。旁唐：如说“磅礴”，广大的样子。

[166] 玢（bīn）豳：有纹理的样子。文鳞：文彩斑斓像鳞片一样排列。

[167] 赤瑕：赤色的玉。驳荦（luò）：色彩斑驳。驳：同“驳”。

[168] 杂臿：夹杂。臿：通“插”。

[169] 晁采：美玉名。琬琰（yǎn）：美玉名。

[170] 和氏：指和氏璧。为春秋时楚国人卞和所发现。

[171] 卢橘：橘子的一种，皮厚，大小像柑。秋天结实，第二年夏天始熟。

[172] 黄甘：即黄柑，橘的一种。榛（còu）：橘的一种，又称小橘。

[173] 橪（rán）：即酸枣。

[174] 亭：即棠梨，又名海棠果。奈：属苹果一类的水果。厚朴：树名，果实甘美，树皮可入药。

[175] 梬（yǐng）枣：枣类，外形似柿而小。

[176] 蒲陶：即葡萄。

[177] 隐夫：果木名，形状不详。薁（yù）棣：即唐棣，又名郁李，果实可食，种子入药。

[178] 荅沓（tà）：木名，果实像李子。离支：即荔枝。

[179] 貤（yí）：通“迤”，延及，绵延。

[180] 扤（wù）：摇动不定。

[181] 荣：木本植物的花。

[182] 煌煌扈扈：光彩鲜艳的样子。

[183] 巨野：广阔的原野。

[184] 沙棠：果名，俗名沙果。栎（lì）：橡实。槠（zhū）：苦槠，木名，常绿乔木，果实小于橡实。

[185] 华：即桦树。枰（píng）：平仲树，即银杏树。栌（lú）：黄栌。

[186] 留落：石榴树。胥邪：即椰子树。

[187] 仁频：即槟榔树。并闾：即棕榈树。

[188] 欃檀：檀木的一种。木兰：又名杜兰，木名。

[189] 豫章：即樟树。女贞：即冬青树。

[190] 大连抱：指树干很粗，几个人才能合抱过来。

[191] 夸条：指花朵和枝条。夸：通“荂（huā）”，花。直畅：指任意舒展。

[192] 葰楙（jùn mào）：肥大茂盛。葰：大。楙：同“茂”。

[193] 攒立丛倚：指草木丛聚而生，或直立，或相互依傍。

［194］连卷（quán）：即“连蜷”，指枝柯屈曲生长。槅佹（lì guǐ）：指树枝相互交错，向背不一。槅：依附。佹：背离。

［195］崔错：错杂的样子。癹骫（bō wěi）：指枝条屈曲错杂的样子。骫：通“委”。

［196］坑衡：抗衡。坑：通“抗”。閜砢（kě luǒ）：指枝条盘屈扭结，互相倾倚。

［197］落英：落花。幡纚（xǐ）：飞扬的样子。

［198］纷溶：繁盛的样子。萷蔘（xiāo sēn）：高大的样子。

［199］猗狔从风：指花随风飘动。猗狔，同“旖旎”，柔美的样子。

［200］莅莅：风吹草木发出的声音。卉歙（xī）：如同说“呼吸”，指风迅疾吹木的声音。

［201］钥：古代的一种管乐器。

［202］“偨池”二句：指高高低低树木围绕后宫生长。偨池：同“差池”，高低不平的样子。茈虒（cí chí）：义亦同“差池”，不整齐。旋还：环绕。

［203］杂袭：错杂重复。累辑：众多繁盛。

［204］循：沿着。阪：山坡。隰（xí）：低湿的地方。

［205］无端：无边。

［206］玄猨素雌：黑色的雄猿，白色的雌猿。猨：同“猿”。

［207］蜼［wěi］：一种长尾猿，形如猕猴黑色。玃（jué）：大母猴。蠝（lěi）：鼯鼠。前后肢间有薄膜，能从树上飞翔。

［208］蛭：传说中一种能飞的兽，四翼。蜩：传说中一种兽名，大如驴，形如猴，善爬树。蠼蝚（jué náo）：同“玃猱”，老猕猴。

［209］獑（chán）胡：兽名，似猿。豰（hú）：即白狐子，以猴类为食物。蛫（guǐ）：猿类。

［210］翩幡：鸟飞轻疾的样子。这里指猿类来往轻捷灵巧。幡：通“翻”。互经：互相经过。

［211］夭蟜（jiǎo）：指猿猴跳荡矫健的动作。枝格：长的树枝。

［212］偃蹇：指猿猴身体活动屈曲宛转的样子。杪（miǎo）颠：树枝顶端。杪：树梢。

［213］踰：同“逾”，越过。绝梁：断的桥梁。这里形容从甲树跃到乙树如越绝梁，非实指。

［214］腾：跃上。殊榛（zhēn）：另一片榛树丛。

［215］捷垂条：拉住下垂的树枝。捷：通“接”。

［216］掉希间：指猿猴在树枝稀疏的空间荡来荡去。掉：摆动，摇荡。

［217］牢落陆离：指猿猴零落不齐，聚散无常。牢落：散漫的样子。陆离：参差不齐。

［218］烂漫远迁：指猿猴往来迁徙。烂漫：形容猿猴奔走蹦跳的样子。

［219］宫宿馆舍：在离宫止宿，在别馆居住。

［220］“庖厨”三句：谓离宫别馆中有庖厨，有宫女，有百官侍奉，不必从朝廷调来。

［221］背秋涉冬：指秋末冬初。背：离开。涉：入。

［222］校（jiào）猎：用木栏圈起猎场打猎。校：木栏。

［223］镂象：指用象牙雕刻装饰的车子。

［224］六玉虬：指用六匹马驾车。虬：无角的龙。这里指马。

［225］拖：曳。蜺旌：指色彩斑斓有如虹蜺的旌旗。蜺：同“霓”。

［226］靡：倾斜。云旗：画有熊虎的大旗。

［227］皮轩：以兽皮作饰的车子。

[228] 道游：指道车和游车。古代天子出行，用道车五乘、游车九乘作为前导。道：通“导”。
[229] 孙叔：古代善于驾车的人。一说，指汉武帝时的太仆公孙贺（字子叔）。奉：捧。
[230] 卫公：也是指古代善于驾车的人。一说，指汉武帝时大将军卫青。参乘：陪乘，即车右，担任护卫。参：通“骖”。
[231] 扈从：即护从，指天子的侍卫。
[232] 四校：指天子射猎时的四支扈从部队。
[233] 鼓严簿：指在戒备森严的仪仗侍卫队伍中击鼓。簿：卤簿，天子出行时的随行仪仗。
[234] 河江：即江河。阹（qù）：阻拦禽兽的围阵。
[235] 橹：望楼。
[236] 雷起：形容车骑声很大，如同雷响。
[237] 殷天：震天。
[238] 陆离：分散。
[239] 别追：指分别追逐禽兽。
[240] 淫淫裔裔：指围猎的人来来往往。
[241] 流泽：指打猎的车骑密密麻麻地拥向水泽。
[242] 生貔（pí）豹：活捉貔豹等野兽。貔：豹一类的猛兽。
[243] 搏：搏击。
[244] 手：徒手击杀。罴：熊类猛兽。
[245] 足：用脚踏住。
[246] 蒙鹖苏：指戴着用鹖鸟尾装饰的帽子。鹖：鸟名，形像雉鸡，斗时至死不退却。苏：尾。
[247] 绔（kù）白虎：穿着织有白虎纹饰的裤子。绔：同“袴”，套裤，此指穿套裤。
[248] 被：通“披”，穿着。班文：指用虎豹一类兽皮做成的衣服。
[249] 跨：骑。野马：指北地所产的良马，又名騊駼。
[250] 凌：登。三嵕：山名。危：顶巅。
[251] 碛（qì）历：高低不平的样子。坻（dǐ）：山斜坡。
[252] 径：同“经”，过。
[253] 厉：涉水。
[254] 椎：击杀。蜚廉：龙雀，鸟身鹿头。
[255] 弄：用手摆弄，此也指擒获。獬豸：神兽名，相传似鹿而一角。
[256] 格：搏杀。虾蛤：猛兽名。
[257] 鋋（chán）：铁柄短矛。这里指用短矛刺杀。猛氏：兽名，形状像熊而小，毛短，有光泽。
[258] 羂（juǎn）：用绳索绊取野兽。騕褭（yǎo niǎo）：神马名，传说能日行千里。
[259] 封豕：大野猪。
[260] 箭不苟害：指每箭必射中要害，而不是胡乱将猎物射伤即可。
[261] 解：分解，分开。脰（dòu）：颈项。
[262] 乘（shèng）舆：皇上乘坐的车。此指皇上。弭节：驻节，停车。
[263] 睨：视。部曲：指参加围猎的队伍。
[264] 变态：指各种各样的形态。

[265] 侵淫促节：逐渐加快行驶的速度。

[266] 儵敻（shū xiòng）：忽然远去的样子。儵：同“倏”。

[267] 流离：四散，即冲散。轻禽：指飞鸟。轻：轻捷。

[268] 蹴履：即践踏。狡兽：猛兽。狡：健。

[269] 軎（wèi）白鹿：用车轴头挂住白鹿。軎：车轴头。

[270] 捷：疾取。

[271] 轶赤电：形容车骑疾速。轶：超过。

[272] 遗光耀：也极言车骑迅疾。遗：指抛在后面。

[273] 怪物：指奇珍怪兽。

[274] 出：超出。宇宙：指天地之间的空间。天地四方称“宇”，古往今来称“宙”。

[275] 蕃弱：传说中夏后氏良弓名。

[276] 满：拉弓到箭头称为满。白羽：指用白色翎毛作尾羽的箭。

[277] 游枭：各处游荡的枭。枭：一名枭羊，兽名。一说即狒狒。

[278] 栎（lì）：击打。蜚遽：神兽名，鹿头龙身。

[279] 择肉：指选择肥胖的。一说选择禽兽身上可射的地方。

[280]“先中”句：谓先指明要射中什么地方，然后射中预定目标。

[281] 艺：箭靶。这里指射的目标。殪（yì）仆：指猎物被射死倒下。

[282] 扬节而上浮：旌节飞扬上游于太空。

[283] 陵猋（biāo）：即惊风，疾风。猋：通“飙”，从下向上刮的疾风。

[284] 乘：升，登。虚无：指天空。

[285] 躏：践踏。玄鹤：黑色的鹤。

[286] 乱：指使其行列混乱。昆鸡：同“鹍鸡”，鸟名，形状似鹤，赤喙长颈，全身黄白色。

[287] 遒：迫，追捕。孔鸾：孔雀和鸾鸟。

[288] 促：捕捉。鵕䴊：即赤雉，毛五彩，有花纹。

[289] 拂：击。翳鸟：传说中的大鸟，毛五彩，飞起能遮蔽一乡。

[290] 捎：同“箾”，以竹竿击打。

[291] 捷：取。鹓雏：凤凰一类的鸟。

[292] 揜：同“掩”，捕捉。焦明：西方鸟名，也属凤凰一类。又作“焦朋”。

[293] 消遥：同“逍遥”，悠然自得的样子。襄羊：同“徜徉”，自由徘徊的样子。

[294] 降集：停留。降：下降。集：止。北纮：指极北边的地方。古代认为地的周围有八泽，八泽之外有八纮，北纮称为委羽。纮：维。

[295] 率乎：直指的样子。直指：一直往前。

[296] 晻乎：迅速的样子。反乡：即“反向”，返回。

[297]“蹷（jué）石阙”四句：指经过了石阙、封峦、鳷鹊、露寒四个观。这四个观是汉武帝建元间所建，在甘泉宫外。蹷：踏过。望：探看。

[298] 下：住。棠梨：宫名，在甘泉宫东南三十里。

[299] 宜春：宫名，在陕西杜县以东。

[300] 宣曲：宫名，在昆明池以西（今陕西西安市西南）。

[301] 濯鹢：指划船。濯：通“棹”，摇船的工具。鹢：船头有鹢鸟图形装饰的船。牛首：池名，

在上林苑西边（今陕西西安市西北）。

［302］龙台：观名，在今陕西户县东北，靠近渭水。

［303］掩：止息。细柳：观名，在昆明池南面（今陕西西安市西南）。

［304］勤略：辛勤巡查。略：巡行。

［305］均：比较多少。得获：获得。

［306］徒车：指士卒和车骑。徒：车前步行的士卒。辚（lìn）：践踏。轹（lì）：碾压。

［307］步骑：指步兵骑士。蹂若：践踏。

［308］蹈籍：踏踩。

［309］穷极倦𠜳（jù）：走投无路，疲惫不堪。𠜳：极度疲惫。

［310］惊惮詟（zhé）伏：惊恐而不敢活动。詟：同“慑”，恐惧。

［311］他他籍籍：纵横交错的样子。

［312］掩平：遮蔽了平原。弥泽：填满了大泽。此句极言死亡禽兽之多。

［313］懈怠：疲劳懒怠。此指射猎活动后放松。

［314］颢天之台：上接天宇的高台。颢天：同“昊天”。

［315］张：陈设。胶葛之寓：指空旷辽阔的屋子。胶葛：寥廓。寓：同“宇”，屋宇。

［316］石：古代重量单位，一石重一百二十斤。

［317］虡（jù）：悬挂钟磬的木架。

［318］翠华之旗：以翠羽装饰的旗子。

［319］灵鼍（tuó）之鼓：用鼍皮做成的鼓。鼍：鳄鱼一类的动物。

［320］陶唐氏：即唐尧。

［321］葛天氏：古代部落首领，据说其善歌。

［322］巴渝宋蔡：指这些地方的歌舞。巴、渝：今四川一带。宋、蔡：河南一带。

［323］淮南：诸侯国名，相当于今安徽淮河以南、和县以北地区，治所寿春。干遮：曲名。

［324］文成：县名，当今河北卢龙县境，其地人善歌。颠歌：指滇地的乐歌。颠：同“滇”，即今云南一带，汉时属西南夷的一部分。

［325］族居：聚集在一起。递奏：互相交替地演奏。

［326］铿鎗：同“铿锵”，指钟声。闛鞈（táng tà）：指鼓声。

［327］洞心：响彻内心。

［328］韶：虞舜时乐名。濩：商汤时乐名。武：周武王时乐名。象：周公旦时乐名。

［329］阴淫案衍：指过度而无节制的音乐。

［330］鄢郢：都是楚地名。缤纷：指舞蹈时交杂错落的样子。

［331］激楚：指楚地的歌曲。结风：指歌曲结尾余音悠长。

［332］俳优：古代表演杂戏等以供人取乐的人。侏儒：矮人。此指侏儒中任优伶、乐师者。

［333］狄鞮（dī）：西方部族名。倡：女乐工。

［334］丽靡烂漫：美好华丽、色彩鲜明。

［335］靡曼：指美人的细腻润泽，姿态美妙。

［336］青琴：传说中的古代神女。宓（fú）妃：传说中的伏羲氏之女，溺死于洛水，遂为洛水之神。

[337] 妖冶：美好。娴都：美丽典雅。

[338] 靓（jìng）妆：指以粉黛装扮。刻饰：指修整头发。以胶刷鬓发，使其整齐如刻画。

[339] 便嬛（huán）：轻盈俏丽的样子。绰约：柔婉的样子。

[340] 柔桡嫚嫚：指身体柔软苗条、姣好多姿。桡：曲。

[341] 妩媚：容貌美丽，悦人心意。孅弱：指身体轻细柔软。

[342] 独茧：一个蚕茧的丝。指丝线颜色纯净一致。褕（yú）：短衣。绁：同“袣（yì）”，衣袖。此皆指衣服。

[343] 眇：美好，形容下文“阎易”“恤削”。阎易：衣长的样子。恤削：指衣服线条整齐清晰。

[344] 便姗嫳（piè）屑：衣服翩翩飘动的样子。

[345] 沤郁：郁积，指香气浓盛。

[346] 淑郁：形容香气浓厚、美好。

[347] 宜笑：微露牙齿的笑。的皪（lì）：指牙齿鲜白的样子。

[348] 连娟：又弯又细的样子。

[349] 微睇：微微顾盼。睇：流盼。绵藐：指眼光的绵长悠远。

[350] 色授魂与：指女子以颜色、精神勾引人。一说“色授”是指女子以色勾引男子，“魂与”，是指男子与之精神相应。

[351] 心愉于侧：指倾心于侧。心输：即倾心。愉：通“输”。

[352] 酒中：饮酒到一半时。

[353] 芒然：怅然。芒：通“茫”。

[354] 亡：失。

[355] 览听馀闲：指处理政事之后的空闲时间。

[356] 无事弃日：指没有政事，只是虚度时日。弃：抛弃、闲置。

[357] “顺天道”句：指顺应天道在秋末冬初打猎。

[358] 此：指上林苑。

[359] 后叶：后世。靡丽：奢华。

[360] 往而不返：指一味追求奢侈，不知回头。

[361] 继嗣：继承者，后嗣。创业垂统：创立基业，留传后代。

[362] 农郊：农田。郊：田。

[363] 萌隶：农夫。萌：通“氓”。

[364] 隤（tuí）墙填堑：谓把上林苑四周的墙推倒，把壕沟填平。隤：毁坏。

[365] 实陂池：指在陂池中放养鱼类。勿禁：指让百姓随意打鱼。

[366] “虚宫馆”句：指不再使用上林苑中的宫馆。虚宫馆，使宫馆空虚。仞：满。

[367] 出德号：指发布实行德政的命令。

[368] 革正朔：改革历法。正：指每年的正月。朔：指每月的初一。古代封建王朝新建立之时，总要易服色，革正朔，以表示与前个朝代不同。

[369] 更始：指重新开始。更：变更。

[370] 历：选择。斋戒：古人在举行典礼之前，为了表示恭敬，不饮酒，不吃荤，不宿内寝，称为斋戒。

[371] 袭：穿。

[372] 法驾：天子车驾的一种，用于通常的行动，由奉车郎御车，侍中骖乘，属车四十六乘。

[373] 鸣玉鸾：指车辆行走时发出和谐悦耳的铃声。鸾：马辔上的铃。

[374] 六艺：即《诗》《书》《礼》《乐》《易》《春秋》六经。此句是说遍读六经。

[375]《春秋》之林：指《春秋》中包含的众多的经验道理。

[376] 射：指行射礼。狸首：古逸诗的篇名。古代诸侯举行射礼时，奏《狸首》乐章。

[377] 驺虞：《诗经·召南》中的一篇。古代天子举行射礼时，奏《驺虞》乐章。相传驺虞是一种动物，性仁慈。

[378] 弋玄鹤：指表演弋射玄鹤的舞蹈。弋：用弓缴来射。玄鹤：黑色的鹤，古代认为它是一种瑞鸟。

[379] 干戚：盾和斧。相传舜舞干戚，感服了南方的有苗氏。后演化为舞干戚的大夏舞。

[380] 云罕（hǎn）：本指捕捉禽兽的网，此指旌旗。古注说，云罕用以猎兽，今载之于车，象征"捕群雅"。

[381] 揜：罩住，捕。这里指收罗。群雅：指众多的有才能的人。雅：既指才俊之士，又同"鸦"，语义双关。

[382] 悲《伐檀》：谓汉天子因读《伐檀》而兴悲。《伐檀》：《诗经·魏风》篇名。旧说这首诗是讽刺贤者不遇明主。

[383] 乐乐胥：谓汉天子因读到"乐胥"的诗句而高兴。《诗经·小雅·桑扈》："君子乐胥，受天之祜。"郑玄笺："胥，有才智之名也。祜，福也。王者乐臣下有才智，知文章，则贤人在位，庶官不旷，政和而民安，天予之以福禄。"

[384] 修容：修饰容仪。礼园：指《礼》的规定范围。

[385] 翱翔：往来游观。书圃：指《尚书》的规定范围。

[386] 易：指六经之一的《易经》。古人认为《易》包含有一些洁静微妙的道理。

[387] 明堂：古代天子朝见诸侯的地方。此指处理政事、朝见大臣的地方。

[388] 清庙：太庙，天子祭祖先之庙。

[389] 靡不受获：没有人不受到天子的恩泽。获：猎获物，此处指恩惠。

[390] 说：通"悦"。

[391]"乡风"二句：谓像风行水流一样，百姓乐意服从天子。乡：通"向"。

[392] 芔（huì）然：勃然兴起的样子。兴道：指按道行事。迁义：指逐渐接近义。迁：登，接近。

[393] 错：通"措"，弃置。

[394]"德隆"句：谓德高过了三王。隆：高，盛。三王：即夏禹、商汤、周武王。

[395] 羡：溢，超过。五帝：指黄帝、颛顼、帝喾、尧、舜。

[396] 罢：通"疲"。作动词用。

[397] 抏：损耗。精：指精力。

[398] 繇：通"由"，从。此句指仁德之人不照这个样子做。

[399] 囿居九百：极言苑囿之广。

[400] 细：微小。

[401] 乐万乘之侈：喜好天子的奢华。万乘：代指天子。

[402] 被其尤：遭受那种做法带来的祸殃。尤：祸患。

[403] 愀然改容：改变了脸色。愀然：脸色改变的样子。

[404] 超若自失：怅然若失。超：怅惘，惆怅。若：义同“然”。

[405] 逡巡：向后退。避席：古人席地而坐，有所敬则离座而起，谓之避席。

[406] 鄙人：粗鄙的人，谦称。固陋：指见识狭隘浅陋，不合于礼义。

[407] 忌讳：指不应当说、不应当做的事。

## 作品简析

《上林赋》是《子虚赋》的姊妹篇，是司马相如的代表作品，有浓厚的黄老道家色彩。作品描绘了上林苑宏大的规模，进而描写天子率众臣在上林狩猎的场面。作者在赋中倾注了昂扬的气势，构造了具有恢宏巨丽之美的文学意象。此赋是表现盛世王朝气象的第一篇鸿文。

# 归田赋

### 张　衡

游都邑以永久[1]，无明略以佐时[2]；徒临川以羡鱼[3]，俟河清乎未期[4]；感蔡子之慷慨[5]，从唐生以决疑[6]。谅天道之微昧[7]，追渔父以同嬉[8]；超埃尘以遐逝[9]，与世事乎长辞[10]。

于是仲春令月[11]，时和气清。原隰郁茂[12]，百草滋荣。王雎鼓翼[13]，仓庚哀鸣[14]；交颈颉颃[15]，关关嘤嘤。于焉逍遥[16]，聊以娱情。

尔乃龙吟方泽，虎啸山丘[17]。仰飞纤缴[18]，俯钓长流；触矢而毙，贪饵吞钩；落云间之逸禽[19]，悬渊沉之魦鰡[20]。

于时曜灵俄景[21]，系以望舒[22]。极般游之至乐[23]，虽日夕而忘劬[24]；感老氏之遗诫[25]，将回驾乎蓬庐。弹五弦之妙指[26]，咏周孔之图书[27]；挥翰墨以奋藻[28]，陈三皇之轨模[29]。苟纵心于物外，安知荣辱之所如[30]！

## 注　释

[1] 都邑：指东汉京都洛阳。永：长。久：滞。言久滞留于京都。

[2] 明略：明智的谋略。这句意思说自己无明智的谋略来匡佐君主。

[3] 徒临川以羡鱼：《淮南子·说林训》曰：“临川流而羡鱼，不如归家织网。”用词表明自己空有佐时的愿望。徒：空，徒然。羡：愿。

[4] 俟：等待。河清：黄河水清，古人认为这是政治清明的标志。此句意思为等待政治清明未可预期。

[5] 蔡子：指战国时燕人蔡泽。《史记》卷七九有传。慷慨：壮士不得志于心。

《归田赋》朗读欣赏

[6] 唐生：即唐举，战国时梁人。决疑：请人看相以绝对前途命运的疑惑。蔡泽游学诸侯，未发迹时，曾请唐举看相，后入秦，代范雎为秦相。

[7] 谅：确实。微昧：幽隐。

[8] 渔父：宋洪兴祖《楚辞补注》引王逸《渔父章句序》："渔父避世隐身，钓鱼江滨，欣然而乐。"嬉：乐。此句表明自己将于渔父通于川泽。

[9] 超埃尘：即游于尘埃之外。埃尘：比喻纷浊的事务。遐逝：远去。

[10] 长辞：永别。由于政治昏乱，世路艰难，自己与时代不合，产生了归田隐居的念头。

[11] 仲春令月：春季的第二个月，即农历二月。令月：美好的月份。

[12] 原：宽阔平坦之地。隰（xí）：低湿之地。郁茂：草木繁盛。

[13] 王雎：鸟名。即雎鸠。

[14] 仓庚：鸟名。即黄鹂。

[15] 颉颃（xié háng）：鸟飞上下貌。

[16] 于焉：于是乎。逍遥：安闲自得。

[17] 尔乃：于是。方泽：大泽。这两句言自己从容吟啸于山泽间，类乎龙虎。

[18] 纤缴（zhuó）：指箭。纤：细。缴：射鸟时系在箭上的丝绳。

[19] 逸禽：云间高飞的鸟。

[20] 鲨鰡（shā liú）：一种小鱼，常伏在水底沙上。

[21] 曜灵：日。俄：斜。景：同"影"。

[22] 系：继。望舒：神话传说中为月亮驾车的仙人，这里代指月亮。

[23] 般（pán）游：游乐。般：乐。

[24] 虽：虽然。劬：劳苦。

[25] 感老氏之遗诫：指《老子》十二章："驰骋田猎，令人心发狂。"

[26] 五弦：五弦琴。指：通"旨"。

[27] 周孔之图书：周公、孔子著述的典籍。此句写其读书自娱。

[28] 翰：毛笔。藻：辞藻。此句写其挥翰遗情。

[29] 陈：陈述。轨模：法则。

[30] 如：往，到。以上两句说自己纵情物外，脱略形迹，不在乎荣辱得失所带来的结果。

## 作品简析

《归田赋》是东汉辞赋家张衡的代表作之一。它形象地描绘了田园山林那种和谐欢快、神和气清的景色，反映了作者畅游山林，悠闲自得的心情，又颇含自戒之意，表达了作者道家思想的超脱精神。《归田赋》文句平淡清丽、结构短小灵活，开了骈赋的先河，是千百年来人们传诵的优秀篇章。这是一篇短小明畅的抒情小赋，有着独特的艺术风格，它一洗汉大赋铺采摛文、繁重凝滞、虚夸堆砌的规矩，转为文句平淡清丽、结构短小灵活的风格，语言自然清新，洗练优美，感情真挚，情景交融，是难得的赋作佳篇。

# 古汉语通论

## 人称代词、指示代词、者字、所字

古代汉语同现代汉语一样，也有人称代词、指示代词和疑问代词。但古今汉语的代词体系仍有很大的不同。主要表现在以下三个方面：

第一，古代汉语有两类比较特别的代词是现代汉语所没有的。一类是无定代词“或”和“莫”，另一类是辅助性代词“者”和“所”。

第二，古汉语的人称代词、指示代词和疑问代词都使用了许多与今天完全不同的形式，比如同是第一人称代词，古汉语不但有“我”，还有“吾”“余”“朕”“卬”等；与现代汉语指示代词“这”相当的，不但有“此”，还有“是”“斯”“兹”等。

第三，古代汉语人称代词体系不完备，第三人称代词发育不全。严格来说，先秦汉语没有真正的第三人称代词，第三人称代词的职务是由指示代词“其”和“之”来承担的。

### 一、人称代词

#### （一）“吾”“我”“予”（余）都属于第一人称。例如：

（1）吾日三省吾身。（《论语·学而》）

（2）老吾老，以及人之老；幼吾幼，以及人之幼。（《孟子·梁惠王上》）

（3）我非爱其财而易之以羊也，宜乎百姓之谓我爱也。（《孟子·梁惠王上》）

在上古汉语里，“我”和“予”（余）可以用作主语、宾语、定语；“吾”可以用作主语、定语，但一般不用作宾语。《庄子·齐物论》中的“今者吾丧我”（如今我忘记了自身），就是一个典型的例子，不能换成“今者我丧吾”或“今者吾丧吾”。但是这只是位置的关系；如果在否定句里，宾语放在动词的前面，却又可以用“吾”字了。例如：

（4）居则曰：“不吾知也。”（《论语·先进》）

第一人称代词还有“朕”，先秦一般人都可以用，如：

（5）皋陶曰：“朕言惠。”（《尚书·皋陶谟》）

（6）帝高阳之苗裔兮，朕皇考曰伯庸。（《楚辞·离骚》）

“朕”到了秦始皇统一中国后规定为皇帝专称，一般人不能使用。

#### （二）“女”（汝）“尔”“若”“而”“乃”都属于第二人称。例如：

（1）力不足者中道而废，今女画。（《论语·雍也》）

（2）往之女家。（《孟子·滕文公下》）

（3）必欲亨乃翁，幸分我一杯羹。（《汉书·项羽传》）

第二人称代词可以分为两类：一类是“女（汝）、尔、若”，可以作主语、宾语和定语；另一类是“而”和“乃”，一般只作定语，偶尔可作主语，但绝不作宾语（连否定句的宾语都不能）。

另外，第二人称的“女（汝）”注意跟男女之“女”区别。“尔”还可以作指示代词和语气词；“若”还可以作动词、指示代词、假设连词等；“而”可以作名词（胡须）、连词；“乃”可以作副词，这些都需要根据上下文进行区别。

（三）“其”和“之”同属第三人称，“其”字略等于现代汉语“他的”“她的”“它的”；“之”字略等于现代汉语的“他”“她”“它”。这种“其”用作定语，“之”用作宾语。例如：

（1）管仲以其君霸，晏子以其君显。（《孟子·公孙丑上》）

（2）今吾于人也，听其言而观其行。（《论语·公冶长》）

（3）师之所为，郑必知之。（《左传·僖公三十二年》）

（4）虽有天下易生之物也，一日暴之，十日寒之，未有能生者也。（《孟子·告子上》）

（5）下视其辙；登轼而望之。（《左传·曹刿论战》）

上面的例子表明：“其”字只能用作定语，“之”字只能用作宾语。

在上古汉语里，“其”字不能用作主语。在许多地方“其”字很像主语，其实不是；这是因为“其”字所代替的不是简单的一个名词，而是名词加“之”字。例如：

（6）孟子，吾见师之出而不见其入也。（《左传·僖公三十二年》）

“不见其入”等于说不见师之入。“其入”是名词性结构作“见”的宾语。

（7）且夫水之积也不厚，则其负大舟也无力。（《庄子·逍遥游》）

“其负大舟”等于“水之负大舟”，是名词性结构作“无力”的主语。

这些地方的“之”字不能译为现代汉语的“的”。同理，这些地方的“其”字也不能译为“他的”“她的”“它的”，只能译为“他”“她“它”。也就是说，这样的句子，我们在翻译的时候，可以把偏正结构译为主谓结构，但是，我们不能根据译文来分析古代的语法结构。从语法结构上看，正如这些地方的名词必须认为是定语一样，“其”字也必须认为是定语，不能认作主语。因为这种“其”字只能和后面的成分合成一个词组作整个句子的主语（如“其负大舟”）或宾语（如“其入”），而不是“其”字本身能用作主语。这是古今语法的一个不同之处。中古以后，偶然有人把“其”字用作主语，那是不合上古语法规律的。古文家仍旧遵用上古语法。

以上是本教材的观点。但是下面的句子似乎与此说法相悖，“其”其实可作主语。如：

（8）绛无贰志，事君不避难，有罪不逃刑，其将来辞，何辱命焉？（《左传·襄公三年》）（“其”指代魏绛）

（9）其似恶闻君王之臭也。（《战国策·楚策》）（“其”指代楚王新纳的美人）

因此，上古汉语第三人称“其”的语法功能应该改为“一般只作定语”比较合适。

“之”和“其”虽然同属第三人称，但是可以灵活运用：有时候是说话人本人自称，有时候是指称对话人。也就是说，有时活用为第一人称，有时活用为第二人称。例如：

（10）若从君之惠而免之，以赐君之外臣首，首其请于寡君而以戮于宗，亦死且不朽。（《左传·成公三年》）

“免之”的“之”，是说话人知罃的自称。

（11）士季曰：“谏而不入，则莫之继也。会请先，不入，则子继之。”（《左传·宣公二年》）

“莫之继也”的“之”，指称赵盾。“则子继之”的“之”，是士季自称。

古代汉语的第三人称，除了“其”“之”外，还用“彼”。它本来是指示代词，但有时也用来称代人。如：

（12）彼，丈夫也；我，丈夫也。吾何畏彼哉？（《孟子·滕文公》）

总之，上古的第三人称代词基本上都是借用别的词类来充当，而且用法比较特殊。真正的第三人称代词到六朝时才出现，最早是用“伊”和“渠”。现在的闽方言仍保留着“伊”，粤方言则保留着“渠”。如：

（13）伊必能克蜀。（《世说新语·雅量》）

（14）女婿昨来，必是渠所窃。（《三国志·吴书·赵达传》）

至于现代汉语的第三人称代词“他”，其字则古已有之，但却是一个旁指代词，意思是“别的”“其他的”。如：

（15）他山之石，可以攻玉。（《诗经·小雅·鹤鸣》）

（16）所以遣将守关者，备他盗之出入与非常也。（《史记·项羽本纪》）

到了唐代，“他”才发展成为第三人称代词。如：

（17）世人欲得知姓名，良久问他不开口。（《高适·渔父词》）

（18）他亦知有李十郎名字。（《霍小玉传》）

而表示女性的“她”，本是“姐”的异体字，见于《玉篇》。“五四”时期，由于刘半农的倡议，后用以专指女性的第三人称。

在上古汉语里，人称代词是单复数同形的。因此在具体的句子中，人称代词是单数还是复数，要根据上下文来确定。

古人常用谦称和尊称。谦称代替了第一人称，尊称代替了第二人称。谦称和尊称都是名词（或形容词用作名词），不是代词，所以它们不受代词规律的制约（在否定句中不放在动词前面）；但是，从词义上说，它们又表示了“我”或“你”。例如：

（19）昭王南征而不复，寡人是问。（《左传·僖公四年》）

（20）虽然，必告不谷。（《左传·成公三年》）

以上是谦称。

此外，自称其名也是一种谦称，称人之字也是一种尊称。例如：

（21）文倦于事，愦于忧，而性懧愚，沉于国家之事，开罪于先生。（《战国策·齐

策四》）

以上自称其名。

（22）今少卿抱不测之罪。（《报任安书》）

以上为称人之字。

总的来看，古代汉语的人称代词用得少些，有两个原因：（1）古代汉语省略主语的地方较多，而且第三人称代词不用作主语；（2）谦称和尊称代替了人称代词。

## 二、指示代词

古代汉语的指示代词有“是”“此”“斯”“兹”“彼”“夫”“之”“其”“若”“尔”“然”等。

### （一）是、此、斯、兹

这四个是近指代词，可译为“这”“这个”“这些”等。其中“此”的指示性最强，与远指代词“彼”相对，是真正的近指代词。“斯”有些近似远指代词的“夫”，指代性比“此”轻。“兹”出现得早，甲骨文中就有，本来是远近不分的，是个泛指代词。“是”更多用在承前指示中，用于复指。

### （二）彼、夫

这两个是远指代词。如：

（1）彼一时也，此一时也。（《孟子·公孙丑上》）

“彼”的指示性很强，后来发展为带有人称代词的性质，差不多完全等于现代的“他”或“他们”。例如：

（2）彼且奚适也？（《庄子·逍遥游》）

（3）彼丈夫也，我丈夫也，吾何畏彼哉？（《孟子·滕文公上》）

但是，“彼”字始终没有完全丧失它的指示性。由于它表示远指，因此它又常常带着轻视的意味（如《论语·宪问》：“或问子产。子曰：‘惠人也。’问子西。曰：‘彼哉！彼哉！’”意即“那人哪！那人哪！”。）可见“彼”到底不是正式的人称代词，所以古代汉语里一般不用它来表示“他”或“他们”的意义。

“夫”的指代性较轻，翻译时往往不必译出；用在句首时，往往虚化为句首语气词，表示要发议论。如：

（4）夫夷以近，则游者众；险以远，则至者少。（《游褒禅山记》）

其实这种句首语气词“夫”仍然带有指示性质，因此语气词“夫”和指示代词“夫”的界限并不十分清楚。

### （三）之、其

“之”是一个泛指代词，“其”是一个特指代词。如：

（1）之子于归，宜其室家。（《诗经·周南》）

（于归：出嫁。）

这种“之”既非远指，又非近指，杨树达称为泛指代词。这种“之”只作定语和宾语，不作主语。

“其”是和“之”相对的一个代词，相当于“那个”“那种”，用作定语。如：

（2）晏子立于崔氏之门外，其人曰：“死乎？”（《左传·襄公二十五年》）

### （四）若、尔、然

“若”常作定语。如：

（1）以若所为，求若所欲，犹缘木而求鱼。（《孟子·齐桓晋文之事》）

“然”和“尔”字，经常用作句子的谓语。约等于现代汉语的“这样”“那样”。

（2）其谁曰不然？（《左传·隐公元年》）

（3）问君何能尔，心远地自偏。（《饮酒诗》）

单说“然”字，是应答之词，表示“是的”“正是这样”。例如：

（4）王曰：“然。”（《孟子·梁惠王上》）

这三个指示代词和前面八个指示代词的区别在于：前面八个是体词性的指示代词，而这三个是谓词性的指示代词。体词性指的是名词、代词等；谓词性包括形容词和动词。所谓谓词性的指示代词，就是说它们具有形容词或动词的性质。

### （五）无定代词“或”和“莫”

1. “或”字是肯定性的无定代词，“或”字通常用来指人，而且只用作主语。例如：

或问乎曾西曰：“吾子与子路孰贤？”（《孟子·公孙丑上》）

现代汉语没有和它相当的代词，可译成现代汉语的“有人”。

2. 有时候“或”字前面出现先行词，“或”字指代其中的某些人或某一个人。例如：

宋人或得玉。（《左传·襄公十五年》）

（有一个宋国人得到一块玉。）

3. 在古代汉语里，常常用两个以上的“或”字，前后相应，以表示列举。在这种情况下，“或”字仍然是无定代词，它既可以指人（译为“有人”），又可以指物（译为“有的”）。例如：

（1）或百步而后止，或五十步而后止。（《孟子·梁惠王上》）

这种用法的“或”字并不是表示选择的连词，不能译为“或者”，这是应该注意的。

“莫”是个否定性的无定代词，意思是“没有谁”“没有什么东西”，如：

（2）过而能改，善莫大焉。（《左传·宣公二年》）

在先秦汉语里，“莫”字一般只用作无定代词，偶尔可作否定副词，相当于“不”。如：

（3）小子何莫学乎《诗》？（《论语·阳货》）

汉以后，发展成为禁止性的否定副词，相当于“不要”。如：

（4）秦王车裂商君以徇曰：“莫如商鞅反者。”（《史记·商君列传》）

## 三、辅助性代词“者”字和“所”字

“者”字和“所”字在有的语法书中把它们叫作助词。但是这两个词有一定的称代作用，因此从马建忠开始，许多语法学家就把它们归到代词中。不过这两个词作为代词，又与一般的代词有所不同，它们虽然都有指代作用，但又不能独立用作句子成分，而必须与别的词结合，构成“者”字结构或“所”字结构，才能作为句子的一个成分。因此我们把它们叫作辅助性代词或特殊指示代词。

### （一）“者”字

“者”字作为特殊指示代词，主要有两个作用。

1. 用在形容词、动词或动词词组的后面组成一个名词性的词组，表示“……的人”“……的事物”。例如：

（1）老者安之，朋友信之，少者怀之。（《论语·公冶长》）

（2）不为者与不能者之形何以异？（《孟子·梁惠王上》）

有时候，“者”字用在主谓结构的后面组成一个名词性的词组。例如：

（3）力不足者中道而废，今女画。（《论语·雍也》）

这种“者”字词组译成现代汉语有时候可以简单地译作“……的”，但是古代汉语的“者”并不等于现代汉语的“的”，因为这两个字的性质和用法并不完全相同。例如“勇者”固然可以译作“勇敢的”，但是现代还可以说“勇敢的人”，而古代却不能说“勇者人”。现代能说“谁的”“我的”“木头的”之类，古代的“者”字没有这种用法。

2. “者”字还可以用在数词后面表示一定范围或种类，即表示几种人、几件事情，或者几样东西。（“的”字没有这种用法）例如：

老而无妻曰鳏，老而无夫曰寡，老而无子曰独，幼而无父曰孤。此四者，天下之穷民而无告者。（《孟子·梁惠王下》）

（“四者”指代鳏、寡、独、孤四种人。）

“者”字除了作为特别指示代词外，还可以作语气词，附此简单说明：

1. 语气词“者”字用在判断句的主语后面表示提顿，这种“者”字又常常用在“有”字的宾语后面，和“有”字及其宾语组成一个名词性词组，作下文的主语（“有”字的宾语只是下文概念上的主语）。例如：

有颜回者好学，不迁怒，不贰过。不幸短命死矣。（《论语·雍也》）

2. “者”字用在时间词“今”“昔”等字的后面，例如：

（1）今者臣来，过易水，蚌方出曝。（《战国策·燕策二》）

（2）昔者，吾舅死于虎，吾夫又死焉，今吾子又死焉。（《礼记·檀弓下》）

3. 语气词“者”字又常常用在假设分句或结果分句的后面表示停顿。例如：

（1）假设分词

入则无法家拂土，出则无敌国外患者，国恒亡。（《孟子·告子下》）

（2）结果分词

然而不胜者，是天时不如地利也。（《孟子·公孙丑下》）

## （二）“所”字

“所”字作为一个特别的指示代词，主要有以下用法：

1. 它通常用在及物动词的前面和动词组成一个名词性的词组，表示“所……的人”“所……的事物”。“所”字所指代的一般是行为的对象。例如：

（1）夺其所憎而与其所爱。（《战国策·赵策三》）

这种“所”字词组译成现代汉语有时候可以简单地译作“（所）……的”，但是古代汉语的“所”不等于现代汉语的“的”，因为这两个字的性质和用法不相同。

需要注意的是，与及物动词结合以后“所”字结构和“者”字结构是不同的。这种不同有两点：① 位置不同，“所”字放在动词前，“者”字放在动词后；② 指代不同，“所”字表示行为的对象，是动作的受事者、被动者，例如“所食”指代“食”的对象，意即吃的东西；“者”字表示行为的主动者，是施事者，例如“食者”指代行为的主动者，意即吃东西的人。再比较：

（2）始臣之解牛之时，所见无非牛者。（《庄子·养生主》）

2. “所”字和“者”字结合，构成“所……者”的格式，表达的意思与“所”字相同，仍是指代行为的对象，如“所食者”就是“吃的东西”，但加了“者”，整个结构的名词性更加明显了。这种结构中“所”字和它所带的动词是“者”字的修饰语，“所”的指代性减弱，它的作用在于使后面的“者”字由表示行为的主动者变为被动者。如：

孟尝君曰：“视吾家所寡有者。”（《战国策·齐策四》）

3. 由于“所”字和动词结合以后组成的词组带有名词性，因此能够被定语所修饰（通常用“之”字为介词），例如“所食”可以扩展成“民之所食”。又如“曾西之所不为”“君之所知”“须臾之所学”（《荀子·劝学》），等等。“其”字代替一个名词加“之”，所以也能作“所”字词组的定语，例如“其所憎”“其所爱”。

4. “所”字词组虽然带有名词性，但是离开上下文，它本身一般不能明白表示是人还是事物，更不能具体表示是什么人、什么事物。因此还可以在动词后面再加名词，举出人或事物的名称，让“所”字结构放在前面作定语修饰它，如“所食”可以扩展为“所食之粟”。

**归纳以上“所”字的用法，有四种形式：**

1. 所+动词（如：所食）。
2. “所”字结构+者（如：所食者）。
3. 修饰语（+之）+“所”字结构（如：民之所食或民之所食者）。
4. “所”字结构+名词（如：民所食之粟）。

“所”字还有其他一些用法：

1. “所”字又常常用在介词“从”“以”“为”“与”等字的前面，指代介词所介绍的对象，它们所表示的是：行为发生的处所，行为赖以实现的工具手段和方式方法，产生某种行为的原因，以及与行为有关的人物，等等。“所”字和介词，以及介词后面的动词（或动宾词组）相结合组成的词组也带有名词性。例如：

楚人有涉江者，其剑自舟中坠于水，遽契其舟，曰：“是吾剑之所从坠。”（《吕氏春秋·察今》）（所，表示剑从坠的地方。）

这种用法似乎比较特殊，其实应该说这也是上古汉语“所”字的基本用法。后来介词的运用日益普遍，出现了“所从……”“所以……”“所为……”“所与……”等，但是这种基本用法并没有完全被这类新兴的结构所代替，所以我们在同一篇作品里既可以看到“大官大邑，身之所庇也”的说法，又能看到“大官大邑，所以庇身也”的说法。

这里特别说明一下“所以”的用法。在古代汉语里，“所以”主要有两个意思：

第一个意思比较具体，相当于“用来……的方法”“凭它来……”，说明“怎样”。例如：

（1）吾知所以拒子矣。（《墨子·公输》）

（2）师者，所以传道授业解惑也。（《师说》）

第二个意思比较抽象，说明“为什么”，大致相当于“导致……的原因”，它用在上半句的主谓语之间，提出需要说明原因的事情，下半句解释原因。例如：

吾所以为此者，以先国家之急而后私仇也。（《史记·廉颇蔺相如列传》）

第二个意思在现代汉语中还沿用，有时也说成“之所以”。例如：

（1）我所以对他比较熟悉，是因为我和他在一起工作过。

（2）他之所以会出差错，是因为不专心。

现代汉语的“所以”除了沿用这种用法外，已经发展成了一个表示因果关系的连词，而不是“所”加介词，我们不能用现代汉语的“所以”去硬套古代汉语的“所以”。

2. 在上古汉语里，“所”字还可以用在某些带有形容性的词语前面，指代描述的对象。这样组成的词组也带有名词性。例如：

杀所不足而争所有余，不可谓智。（《墨子·公输》）

（“所不足”指人民而言，“所有余”指土地而言。）

但是这种用法在古书里并不常见。

3. 在古代汉语里，我们常常见到“有所……”“无所……”“何所……”的说法。

“有所……”“无所……”是动宾词组，“所”字词组用作动词“有”或“无”的宾语。“何所……”是主谓倒装的疑问句式，“所”字词组用作主语，“何”字用作谓语，“何所不容”就是“所不容（者）何”；这种说法在意思上带有普遍性，“何所不容”意思是“无所不容”。

4. 在古代汉语被动句中也用“所”，不过这种“所”已经虚化，失去了指代性，在被动句中表示动词用于被动，明确句子的被动性。这种“所”有人称为表示被动的动词词头，有人称为表被动的助词。

# 文史拓展

## 司马相如与上林赋

### 一、司马相如的生平

司马相如（约公元前179年—公元前118年），原名长卿，因仰慕蔺相如为人，更名相如，蜀郡成都人。他青少年时期，喜欢读书练剑。最初，凭借家中资财被授予郎官之职，景帝时，为武骑常侍，时常随从天子狩猎。后称病免官，旅居梁国，与邹阳、枚乘等同为梁孝王门客，著有《子虚赋》。梁孝王死后，相如归蜀，琴挑文君，度过了一段闲散生活。武帝继位后，偶然读到《子虚赋》，大为赞赏，加之蜀郡人狗监杨得意趁机推荐，武帝召见了相如。相如表示：《子虚赋》只写诸侯之事，不值得看，他愿意写一篇天子游猎赋，进献给皇帝，于是作《上林赋》。武帝大悦，任为郎。几年以后，相如奉命出使西南地区，发布《谕巴蜀檄》，恩威并施，以安抚当地百姓。不久又被任命为中郎将，持节出使，平定西南夷。当时，他的《难蜀父老》一文，促成了西南少数民族与朝廷的合作。但他因被人告发，出使西南时收受贿赂而失去官职，岁余后，复召为郎。晚年因病免官，卒于家中。

司马相如是汉武帝时期的文学家、政治家。他出使西南夷，将西南夷民族团结统一于大汉疆域，被称为“安边功臣”，名垂青史。他是汉赋的奠基人，被后人称为“辞宗”“赋圣”，《汉书·艺文志》著录“司马相如赋二十九篇”，代表作有《子虚赋》《上林赋》《大人赋》《长门赋》《哀秦二世赋》。扬雄欣赏他的赋作，称：“长卿赋不似从人间来，其神化所至邪!”（扬雄《答桓谭书》）鲁迅在《汉文学史纲要》中指出：“武帝时文人，赋莫若司马相如，文莫若司马迁。”

### 二、《子虚赋》和《上林赋》

《子虚赋》《上林赋》是司马相如的代表作，也是汉赋中具有开拓意义和典范作用的成果。这两篇作品不作于一时。《子虚赋》作于相如为梁孝王宾客时。《上林赋》又称《天子游猎赋》，作于武帝召见之际，前后相去十年。两赋内容连属，构思一贯，结体谨严，实为一篇完整作品的上、下章。作品虚构子虚、乌有先生、亡是公三人，并通过他们讲述齐、楚和天子畋猎的状况，他们对此事的态度，结成作品的基本骨架。

《子虚赋》写楚臣子虚使于齐，齐王盛待子虚，悉发车骑，与使者出猎。畋罢，子虚访问乌有先生，遇亡是公在座。子虚讲述齐王畋猎之盛，而自己则在齐王面前夸耀楚王游猎云梦的盛况。在子虚看来，齐王对他的盛情接待中流露出大国君主的自豪、自炫，这无异于表明其他诸侯国都不如自己。他作为楚国使臣，感到这是对自己国家和君主的轻慢。使臣的首要任务是不辱君命，于是，他以维护国家和君主尊严的态度讲述了楚国的辽阔和云梦游猎的盛大规模。赋的后半部分是乌有先生对子虚的批评。他指出，子虚“不称楚王之德厚，而盛推云梦以为高，奢言淫乐而显侈靡”，这种做法是错误的。在他看来，地域的辽远、物产的繁富和对于物质享乐的追求，同君主的道德修养无法相比，是不值得称道的。从他对子虚的批评中可以看出，他把使臣的责任定位在传播自己国家的强盛和君主的道德、声誉上。而子虚在齐王面前的所作所为，恰恰是诸侯之间的比强斗富，是受已经过时的思想观念所支配。因此他说：“必若所言，固非楚国之美也。”作品通过乌有先生对子虚的批评，表现出作者对诸侯及其使臣竞相侈靡、不崇德义的思想和行为的否定。“彰君恶”诸语表现出较鲜明的讽喻意图。

《上林赋》紧承上篇乌有先生的言论展开，写出亡是公对子虚、乌有乃至齐、楚诸侯的批评，并通过渲染上林苑游猎之盛及天子对奢侈生活的反省，艺术地展现了汉代的盛世景象，表明作者对游猎活动的态度、对人民的关心。

在《上林赋》中，亡是公以“楚则失矣，而齐亦未为得”一语起势，将全篇的意蕴提到一个新的高度。在作者看来，子虚自炫物资繁富、奢侈逾度的思想最为浅陋；乌有先生重精神、尚道义，从较高的基点上对它进行了否定。然而，乌有先生谈话的思想基点，乃是诸侯国中较有识见的贤臣思想，它与大一统的盛世强国的精神，尚有明显的高下之别。他明确地指出：

不务明君臣之义、正诸侯之礼，徒事争于游戏之乐、苑囿之大，欲以奢侈相胜，荒淫相越，此不可以扬名发誉，而适足以贬君自损也。

针对他们二人共同的失误给予总体批评，然后笔锋一转，以上林的巨丽之美否定了齐、楚的辽远盛大，使诸侯国相形见绌。作者极写上林苑囿的广阔，天子畋猎声势的浩大，离宫别馆声色的淫乐。描写上林苑的文字占据了作品的绝大部分篇幅，它浓墨重彩、生动地描绘出庞大帝国统治中心前所未有的富庶、繁荣，气势充溢，信心十足；通过畋猎这一侧面，写出汉帝国中央王朝在享乐生活方面也独具坚实丰厚的物质基础。

在作者的笔下，居于这个庞大帝国统治中心的天子是个既懂得享乐奢侈又勤政爱民的英明君主。他在酒足乐酣之时，茫然而思，似若有失，曰：“嗟乎，此太奢侈！”尽管如此，这位帝王认为自己是以勤于政事的闲暇率众出猎，奢侈而不废政务。他担心后嗣陷于“靡丽”歧途，“往往而不返”“非所以为继嗣创业垂统也”。他不想对后世产生误导，遂发布了一个同以往设立上林苑迥然不同的命令：

于是乎乃解酒罢猎，而命有司，曰：“地可垦辟，悉为农郊，以赡萌隶；隤墙填堑，使山泽之人得至焉。实陂池而勿禁，虚宫馆而勿仞。发仓廪以救贫穷，补不足，恤鳏寡，存孤独。出德号，省刑罚，改制度，易服色，革正朔，与天下为更始。”

这个命令否定上林的巨丽之美，而代之以天下之治。帝王采取了一系列措施，尚德崇义，按照儒家理想和经典以治天下。作品描绘出一幅天下大治的盛世景象：“于斯之时，天下大说，向风而听，随流而化。卉然兴道而迁义，刑错而不用。德隆于三皇，而功羡于五帝。”此处所展现的景象同前面所描绘的上林巨丽之美有着本质的差别。这里不渲染地域的辽阔、物质的饶富、气势的充溢，而是突出了道德的、政治的潜在力量和功效。于是，天下大治的理想社会又成为对上林巨丽之美的否定。

## 三、《上林赋》在文学史上的地位

《上林赋》作为司马相如最重要的代表作，是文学史上第一篇全面体现汉赋特色的大赋。它描写了汉天子上林苑的壮丽景象及其游猎的盛大规模，体现了反对奢侈、崇尚德义、天下大治的主旨，既歌颂了统一王朝的声威和气势，又对天子有所讽谏，开创了汉代大赋的一个基本主题。正如扬雄所谓“靡丽之赋，劝百而讽一，犹骋郑卫之声，曲终而奏雅”（司马迁《史记》）。作者假托人物，设为问答，运用大量连词、对偶、排比句，层层渲染，使得作品词采富丽，气势磅礴，形成铺张扬厉的风格，确立了汉代大赋的体制。

在《上林赋》中，作品的宗旨得到进一步升华。亡是公所描绘的盛世景象成为“猎乃可喜”的前提条件。他不再停止于乌有先生所力主的对道义的追求，而是从天子对后世子孙的垂范作用，从天子对人民、对社稷所负使命的角度，看待畋猎之事。他要以自己构想出的盛世蓝图及对畋猎的态度诱导君主，以达到讽谏的目的。《上林赋》对楚国云梦和天子上林苑的辽阔、两处物产的丰富，特别是对天子畋猎的声势，做了极其夸张的描绘，使之超出事物的现实可能性。这样极度夸张的描写赋予作品以强烈的艺术感染力，使作品具有超乎寻常的巨丽之美。同时，在司马相如的笔下，夸张描绘的艺术渲染原则和严肃的艺术旨趣紧密地结合在一起，对艺术巨丽之美的追求和对艺术社会意义即讽谏作用的依归，较好地融为一体。

《上林赋》的结构，是篇首几段用散文领起，中间若干段用韵文铺叙，篇末又用散文结尾。作品气势恢宏，波澜起伏，一转再转，而又气脉贯通，一泻千里。这两篇作品句法灵活，用了许多排比句，并间杂长短句。在对各种景物进行描写时，司马相如不是像枚乘那样多用长句，而是大量采用短句，描写山水用四字句，描写游猎主要用三言，音节短促，应接不暇，文采斑驳陆离。总之，《上林赋》在许多方面都超越前人而成为千古绝调，是汉赋的典范之作，也成为后代赋类作品的楷模。

## 以古说今

### 因时而变，随世而制

## 一、用典与出处

“明者因时而变，知者随世而制”，该句出自《盐铁论·忧边第十二》。2013 年 4 月 7 日，习近平总书记在博鳌亚洲论坛开幕式上的演讲中引用了这句话。

原文如下：

文学曰：“明者因时而变，知者随世而制。孔子曰：‘麻冕，礼也，今也纯，俭，吾从众。’故圣人上贤不离古，顺俗而不偏宜。”

释义：

文章学术说：“聪明的人会随着时代的变化而改变策略，有智慧的人会按照世事变化的情况而制定法则。孔子说：‘过去的礼帽用麻料做，这是符合周礼的。今天大家都用丝绸，因为这样节省些。我也同意。’因此圣人崇尚贤人但不和古代的礼节相违背，顺应习俗但不过于迎合时宜。”

汉昭帝始元六年（公元前 81 年），政府召开辩论大会——盐铁之议，对汉武帝时期国家政策特别是盐铁专卖政策进行总的评价和估计。后桓宽根据盐铁会议的记录推衍整理成《盐铁论》六十篇。该书记述了御史大夫桑弘羊和从全国各地召集来的贤良文学人士，就盐铁官营、均输、平准等问题展开的辩论，以精彩的政论散文体表现了唇枪舌战及其思想共鸣：改变先帝的政策并不意味着对先王圣德的损害，根据具体情况的不同而制定相应政策，把国家治理好才是对先王最大的尊重。盐铁之议废除了当时的全国酒类专卖和关内铁官制度，结束了汉武帝时代的经济管制政策。

## 二、古今解读

“明者因时而变，知者随世而制”是贤良文学人士的政治主张，明确了国家和社会的治理者，是进行决策、制定政策的依据。其中，“明者”“知者”（即智者）指的都是能够高明决策的治理者；“时”指时代态势，“世”（后被化用为“事”）指客观规律，两者都是决策的依据、政策的根据。这句话强调了“变”的重要性和必要性，体现了我国传统文化中源远流长的权变、经权、常变的哲学思想，即处理事情应该遵循一定的原则，但是也要因时制宜、因地制宜，根据情境、形势的不同而灵活变通，主张与时俱进，守正创新，反对因循守旧、固步自封。

与时俱进、创新发展一直是中华优秀传统文化的理念和价值。在被称为诸经之首的《易经》中就有“凡益之道，与时偕行”“时止则止，时行则行，动静不失其时”等观点，要求人们要做到“‘终日乾乾’，与时偕行”“穷则变，变则通，通则久”。儒家传统哲学的经权思想始自孔子，《论语》中说：“尔爱其羊，我爱其礼。”孔子用“礼”字指代经权思想中的“经”，即为人处世应遵守的原则。同时，《论语·子罕》中说：“可与共学，未可与适道；可与适道，未可与立；可与立，未可与权。”这里的“权”指通权达变，由此可见，孔子认为为人处世坚守原则非常重要，但是根据形势的不同而灵活变通才是最难做到的。《礼记》提出“苟日新，日日新，又日新”，旨在激励人们弃旧革新，创新不已。道家庄子提出“礼义法度者，应时而变者也”“与时俱化而无肯专为”，显示的也是一种因时而变、与时俱进精神。法家则更加趋时和务实，商鞅提出“当时而立法，因事而制礼”，韩非认为“随时以举事，因资而立功”。这些求新求变的思想，在中国历史上产生了深远影响，是中华民族繁荣发展的内在动力，是古代中国长期走在世界前列的内在支持。

当前，中国特色社会主义进入新时代，世界面临着百年未有之大变局，习近平总书记曾在多个场合引用此句古语。2013 年 4 月 7 日，习近平总书记在博鳌亚洲论坛开幕式上的演讲中谈道：“世间万物，变动不居。‘明者因时而变，知者随世而制。’要摒弃不合时宜的旧观念，冲破制约发展的旧框框，让各种发展活力充分迸发出来。”同年 8 月 19 日，习近平总书记在全国宣传思想工作会议上发表重要讲话。他强调：“‘明者因时而变，知者随世而制。’宣传思想工作创新，重点要抓好理念创新、手段创新、基层工作创新，努力以思想认识新飞跃打开工作新局面，积极探索有利于破解工作难题的新举措新办法，把创新的重心放在基层一线。”2021 年 9 月 9 日，习近平在金砖国家领导人第 13 次会晤上提出：“明者因时而变，知者随世而制。我们在推进金砖合作的道路上，要顺应时代变化，做到与时俱进。相信在我们共同努力下，金砖机制一定能焕发出新的生机和活力。”

“明者因时而变，知者随世而制”，是一种求真务实的态度，是一种破冰前行的勇气，更是一种创新发展的智慧。它向世人吹响了改革的号角，为推动中国、亚洲和世界的持久、共同发展指明了方向。

## 三、以坚强战略定力应对百年未有之大变局

党的十九大以来，习近平总书记多次指出，“当今世界正经历百年未有之大变局”，概括起来说，就是当前国际格局和国际体系正在发生深刻调整，全球治理体系正在发生深刻变革，国际力量对比正在发生近代以来最具革命性的变化，世界范围呈现出影响人类历史进程和趋向的重大态势。这是我们党立足中华民族伟大复兴战略全局，科学认识全球发展大势、深刻洞察世界格局变化而做出的重大判断，对于我们深刻认识和准确把握当前的世界发展大势，抓住和用好我国发展重要战略机遇期，指导我们开启全面建设社会主义现代化国家新征程、夺取新时代中国特色社会主义新胜利，具有重大而深远的意义。

“变”是宇宙运动变化的普遍性和永恒性。回顾新中国 70 多年的奋斗历程，“变”字始终贯穿其中。从探索建立公有制到建立和完善社会主义市场经济，从“学习苏联经验”到“走自己的路”，变革的精神一以贯之。正是因为不断与时俱进，勇于推动变革，我们才能不断校准方向、调整政策，走出一条强国富民的复兴之路。“十四五”时期，我国发展仍然处于重要战略机遇期，但面临的国内外环境正在发生深刻复杂变化。如何更好地识变、应变、求变，是摆在我们面前一道绕不过去的问题。党的十九届五中全会上明确指出，全党要“发扬斗争精神，树立底线思维，准确识变、科学应变、主动求变，善于在危机中育先机、于变局中开新局，抓住机遇，应对挑战，趋利避害，奋勇前进”。

习近平总书记党的二十大报告中指出，“当前，世界之变、时代之变、历史之变正以前所未有的方式展开”“世界百年未有之大变局加速演进，新一轮科技革命和产业变

革深入发展，国际力量对比深刻调整，我国发展面临新的战略机遇”。和平与发展仍然是时代主题，但是不稳定性不确定性更加突出。英国“脱欧”、法国“黄马甲”运动、美国大规模骚乱等“西方之乱”不断上演，其背后是国际金融危机深层次影响持续发酵，西方国家贫富差距不断扩大，催生政治极化、民粹主义、种族冲突等问题。特别要看到，2020年新冠肺炎疫情全球大流行，成为世界百年未有之大变局的新变量、催化剂。党的二十大报告中全面分析了前进道路上面临的挑战，“世纪疫情影响深远，逆全球化思潮抬头，单边主义、保护主义明显上升，世界经济复苏乏力，局部冲突和动荡频发，全球性问题加剧，世界进入新的动荡变革期”。这次百年一遇的大疫情，不仅让复苏乏力的世界经济雪上加霜，更重要的是它凸显出西方资本主义主导下国际体系的严重弊端，加快了国际力量此消彼长，推动大变局不断向纵深发展。纵横不出方圆，万变不离其宗。从根本上说，我们正在经历的百年未有之大变局，是世界范围内生产力和生产关系矛盾运动的必然结果，反映了人类文明发展的大潮流大趋向。这个大变局，是从事实上“一家独大”的单极世界向协同共治的多极世界的转变。中国已然成为世界多极化进程中的一支重要力量。



习近平总书记强调：“大变局带来大挑战，也带来大机遇，我们必须因势而谋、应势而动、顺势而为。”要心怀“国之大者”，树立正确的历史观、大局观、角色观，深刻把握世界百年未有之大变局与中华民族伟大复兴战略全局的辩证关系，立足大局、统筹全局、引领变局、开创新局，努力实现变中求进、变中突破、变中取胜。我们必须保持战略定力、发扬斗争精神，决不屈服于任何外部压力，决不吞下任何损害中华民族根本利益的苦果。越是乱云飞渡、惊涛拍岸，越要处变不惊、沉着应对，把握战略主动，发挥制度优势，更好引领世界大变局朝着有利于中华民族伟大复兴、有利于世界和平与进步的方向发展。

第七单元课后练习

# 第八单元　史传文学

## 文学概说

### 司马迁与史记

西汉王朝到武帝时期国力臻于鼎盛,文学创作也出现空前繁荣的局面。政论散文和辞赋得到长足发展的同时，历史散文也出现了里程碑式的杰作，这就是司马迁撰写的《史记》。《史记》代表了古代历史散文的最高成就，鲁迅称它为“史家之绝唱，无韵之离骚”（《汉文学史纲要》）。西汉散文转变时期出现的《史记》，其风格兼有前期气势磅礴、感情激切和后期深广宏富、醇厚典雅的特点；其内容既有前期历史反思的余绪，又有后期沟通天地人的尝试。司马迁是汉代成就最高的散文家，他渊博的学识、深邃的思想、不朽的人格，以及挥洒自如的神来之笔，令后代文人仰慕不已，千载之下依然可以见其雄风。

司马迁与《史记》

#### 一、司马迁的生平、思想与著作

司马迁（公元前 145 年，一说公元前 135 年—公元前 87 年），字子长，夏阳龙门（今陕西韩城北）人。史官世家出身。其父司马谈精通天文、历史和诸子之学，尤好黄老，著有《论六家要旨》，武帝初为太史令。他的学识和道家倾向，对司马迁有直接影响。司马迁少年时代在家乡耕牧读书，十岁左右诵读古文。约十七岁时，又师从董仲舒学《公羊春秋》，向孔安国请教古文《尚书》。二十多岁南游江淮，北至齐鲁，复转而南游，过梁、楚以归。三十岁左右为郎中。三十五岁曾奉命出使巴蜀以南，到过川、云、贵的一些地方。三十六岁又曾侍从武帝泰山封禅。这些经历使他对文化典籍、历史传说、山川地理、人文风俗、民族状况、社会现实了解颇多，为他日后写作《史记》打下了坚实基础。司马谈有志于“史记”，未就而卒。三年后，司马迁继承父业，做了太史令，遍览皇家所藏史料、图籍和档案。四十二岁时，正式开始《史记》的写作。

天汉二年（公元前 99 年），李陵兵败投降匈奴，武帝大怒。司马迁称言李陵之功，因而以“诬上”下狱。家贫无以自赎，交游莫救，出于创作《史记》的考虑，他被迫接受宫刑。这使他对武帝的横暴、法吏的残忍、上层社会的冷酷等有了深切体会，生死观也发生了重大变化，认识到“人固有一死，或重于泰山，或轻于鸿毛”（《报任安书》)，为他发愤写作《史记》增加了动力。出狱后，任中书令，忍辱负重，续撰《史记》。约征和二年(公元前91年)，他完成了《史记》创作，此后不久，与世长辞。

司马迁的思想比较复杂，既受到传统史家“实录”精神、历史循环、先秦儒家明君贤臣及“德政”思想的影响，又受到董仲舒新儒学“天人感应”思想的影响，同时也受汉初流行的黄老思想的影响。此外，其思想亦有新的进步内容。如他以人事为依据，对“天道无亲，常与善人”的传统天道观表示怀疑。在对历史进行具体考察的过程中，能“原始察终，见盛观衰”，注意到事物自身的因果联系。他还有一个进步的社会理想，即君明臣贤、公正合理、百姓安居乐业、社会繁荣富裕。为此，他惩恶扬善，与下层人民的爱憎情感比较接近。

除《史记》外，司马迁还存有《报任安书》《悲士不遇赋》。

## 二、史记的名称、体例及思想内容



“史记”本是史书的泛称。司马迁之作原名为《太史公书》，汉人多以此相称，也有称《太史公记》《太史公百三十篇》的。东汉末灵帝时方有《史记》之称。

《史记》是我国第一部纪传体通史，正如司马迁在《报任安书》中说，他修史的宗旨是“究天人之际，通古今之变，成一家之言”。为了达到这个目的，他在综合前代史书各种体制的基础上，创立了纪传体的通史。全书记叙了自黄帝到汉武帝太初年间约三千年的历史。共一百三十篇，五十二万六千余字，由本纪、书、表、世家、列传五体组成。本纪共十二篇，主要叙述帝王事迹；表十篇，是各代的历史大事记；书八篇，是天文、历法、水利、经济、文化、艺术等方面的专史；世家三十篇，主要叙述贵族侯王的历史；列传七十篇，主要是各种不同类型、不同阶层的人物的传记，少数是叙述国外和国内少数民族首领的历史。

虽然这五种体例各有区别，但它们相互配合，构成了一个有机的整体。其中十二本纪是纲领，统摄上自黄帝下至西汉武帝时代三千年的兴衰沿革。十表、八书作为十二本纪的补充，叙述了帝王侯国间大事和有关经济、文化、天文、历法等方面的专门论述，形成纵横交错的叙事网络。三十世家围绕十二本纪而展开，主要是贵族之家的历史，至于七十列传，则是不同阶层、不同类型的人物传记。《史记》由五种体例相互补充而形成的结构框架，勾连天人，贯通古今，在设计上颇具匠心，同时也使它的叙事范围广泛，展示了波澜壮阔的社会生活画图。

《史记》是司马迁以“不虚美，不隐恶”“扬善贬恶”的史家实录精神写就的。它如实记录了上古到汉各阶层不同地位、不同职业人物的生平活动，内容极为丰富生动，具有鲜明的倾向性。

暴露统治阶级的丑恶面目，是《史记》的重要内容之一。这首先表现在对最高统治者帝王丑恶面目的暴露，尤其是汉代帝王。如对开国帝王刘邦，司马迁固然没有抹杀他统一天下的功绩和他善于用人、博采众长的优点，同时也暴露了他的流氓品质和残忍本性。《高祖本纪》里写他不事生产与“好酒及色”，是个地道的流氓无赖。《项羽本纪》

里写刘邦为了自己不顾父亲、儿女性命，则反映了他残忍自私的本性。其次，《史记》对统治阶级内部争权夺利、以利相合的丑恶行径及骄奢荒淫的行为进行了揭露批判。如《吕太后本纪》写刘邦死后，吕雉对争立太子的政敌戚姬及赵王如意母子，先鸩杀如意，后又对戚夫人断去手足，“去眼，煇耳，饮瘖药，使居厕中，命曰‘人彘’”。手段残酷，令人发指。再次，《史记》对酷吏残害无辜的罪行和谀儒的丑态也进行了暴露和谴责。《酷吏列传》写了汉代酷吏十二人，这些酷吏残暴成性，挖空心思加害官吏和百姓，又深得皇帝宠幸。如王温舒为河内太守，捕人“相连坐千余家”，杀人“至流血十余里”。行刑期过，他竟顿足叹息：“嗟乎！令冬月益展一月，足吾事矣！”武帝闻其事，竟以为能，迁为中尉。酷吏而外，谀儒亦为司马迁所不齿。叔孙通和公孙弘是这方面的代表。如公孙弘习文吏法事，而又以儒术缘饰。每有朝会，他不肯面折庭争，“与公卿约议，至上前，皆倍其约以顺上旨。”“为人意忌，外宽内深”“虽详与善，阴抱其祸。”（《平津侯主父列传》）这样一位阿世之人，武帝竟封相封侯。

《史记》在揭露和批判邪恶、腐败、庸俗的同时，还运用大量篇幅记录了“明君”“贤臣”、反抗强暴的英雄及中下层一些人物的事迹，歌颂了他们的历史贡献和优秀品质。歌颂“明君”“贤臣”，是他社会理想的正面寄托。他在《匈奴列传》中说：“且欲兴圣统，唯在择任将相哉！唯在择任将相哉！”《太史公自序》中又指出：“国有贤相良将，民之师表也。”汉文帝是他热情歌颂的帝王，他盛赞其“仁德”。信陵君是他景仰的人物，他着重写其“仁而下士”的优良品质，赞其得士之助而取得反抗强秦、救赵存魏的光辉业绩。

对于反抗暴秦的英雄人物，司马迁也给予了热情歌颂。陈涉是抗秦先锋，司马迁将其起义与汤武革命、孔子作《春秋》相提并论，并把陈涉列入“世家”与诸侯同视，给其以相当高的历史地位。另一位抗秦英雄项羽，司马迁亦不以成败论之，饱含同情地描写了其一生事迹，肯定了他摧毁暴秦主力的历史功绩，并写入“本纪”，与帝王同列。

此外，《史记》还描写了一些中下层人物，如振人之急、然诺必诚的朱家、郭解、剧孟，重义轻生、慷慨赴死的聂政、荆轲、专诸、豫让，乃至以其物质劳动和精神劳动贡献于社会人生者，凡其立身行事情操高尚者，作者都给予了充分肯定和由衷赞扬。其中最突出的是对游侠的称赞。《游侠列传》称这些游侠，虽是布衣，却能“设取予然诺，千里诵义，为死不顾世，此亦有所长，非苟而已也。故士穷窘而得委命，此岂非人之所谓贤豪间者邪?”汉武帝对游侠是严惩不贷的，而司马迁公开唱反调，为其鸣不平，并立专传，记载其事迹，颂扬其见义勇为而又廉洁退让的高贵品质。

## 三、史记的人物刻画

《史记》中的“纪”“传”是以人物为中心的纪传散文，通过展示人物的活动而再现多彩的历史画面。本纪、世家、列传中的人物来自不同阶层，上自帝王将相，下至市井细民，诸子百家、三教九流，应有尽有，所涉人物四千多个，重要人物数百名。

《史记》中的人物形象各具姿态，都有自己鲜明的个性特征。不但不同类型的人物迥然有别，就是同一类型的人物，形象也罕有雷同。同是以好士闻名的贵公子，信陵君和其他三公子在人格上有高下之别，而孟尝君、平原君、春申君也各有各的风貌。同为战国策士，苏秦主要是一位发奋者的形象，而张仪身上更多的是狡诈权谋。张良、陈平同是刘邦的重要谋士，但司马迁笔下的张良莫测高深，带有几分神异；而陈平这位智囊却富有人情味，没有张良那种仙风道气。《史记》同类人物形象之间尚有如此明显的区别，不同类型人物形象之间更是形成巨大的反差、鲜明的对照，人物的个性在差异、区别中得到充分的显示。

司马迁在刻画人物时，能准确地把握表现对象的基本特征并加以渲染，使许多人物形象的个性非常突出。《万石张叔列传》突出石奋祖孙三代的谨小慎微，唯命是从。《李将军列传》在描写李广时着意表现他高超的祖传射艺，他射匈奴射雕者、射白马将、射追击者、射猎、射石、射敌方裨将，百发百中，矢能饮羽。《史记》中的人物形象之所以各具风采，就在于司马迁充分地展示了他们的个性特征。

司马迁在表现人物的个性特征时，能充分注意到他们的家庭出身、文化教养、社会经历等各方面的因素，并给以恰如其分的表现，不但展现出人物的个性特征，而且对形成人物个性特征的原因也有或明或暗的显示，有时一开始就为人物性格的发展做了铺垫。萧何是刀笔吏出身，故能谨守管钥，因势奉法。陈平年轻时贫而好学，所以始终有读书人的气质，见识高远，在皇帝面前对答如流；周勃最初从事杂艺，没有什么学问，执政之后就显露出知识的不足，在文帝面前常陷入窘境。樊哙发迹前以屠狗为业，成为将军以后保留那种莽撞豪爽之气，他大块吃肉，大杯饮酒，对刘邦、项羽也敢于直言直语、大声大气。写窦婴是一副老年失势的窘态，写田蚡则是少年得志的猖狂。总之，影响人物个性的许多重要因素，司马迁都充分注意到了，因此，他使《史记》中的人物都按各自的方式说话行事，符合自己的年龄、身份和教养。

《史记》中的人物形象各有各的风貌，各有各的性格，同时，他们身上还表现出许多带有普遍性的东西，即得到社会广泛认可并对后代产生深远影响的某些共性。这是《史记》在刻画人物方面取得的重要成就，最容易引起读者的共鸣。《史记》人物形象的共性是多方面的，主要有以下几点：一是知恩图报，以德报德。苏秦之于宗族、朋友，刘邦之于萧何，陈平之于魏无知，韩信之于漂母、亭长，王陵之于张苍，都是受人之惠而报人之恩。二是以牙还牙，以怨报怨。这是和知恩图报、以德报德相对应的一种行为，伍子胥之于楚平王，李广之于霸陵尉、主父偃之于昆弟宾客，采取的都是这种做法。

司马迁在刻画人物时，采用多维透视的方法，他笔下的人物显露出多方面的性格特征，有血有肉，生动丰满。项羽是司马迁着笔最多的一位英雄人物，在他身上就可以发现多重人格。他喑恶叱咤，又言语呕呕。他爱人礼士，又妒贤嫉能。他是残暴的，焚烧咸阳，坑杀俘虏；他又是仁爱的，鸿门宴有恻隐之心，不杀刘邦，还时常虑念百姓疾苦。他有时与部下同甘共苦，分衣推食；有时又非常吝啬，已经刻好的官印不肯发给功臣，放在手里反复把玩。至于与虞姬悲歌唱和的场面，则兼有风云气和儿女情。这些相互对立的因素有机地集于项羽一身，使得人物形象具有丰富的内涵和深厚的底蕴，而且非常真实。

司马迁全面把握和充分展示自己笔下的人物形象的丰富性、复杂性。有的是在一篇传记中同时写出人物性格的几个侧面，有的则采用旁见侧出的方法，通过多篇传记完成对某个人物形象的塑造。旁见侧出法，又称互见法，即在一个人物的传记中着重表现他的主要特征，而其他方面的性格特征则放到别人的传记中显示。《高祖本纪》主要写刘邦带有神异色彩的发迹史，以及他的雄才大略、知人善任，对他的许多弱点则没有充分展示。而在其他人的传记中，却使人看到刘邦形象的一些侧面。《项羽本纪》通过范增之口道出刘邦的贪财好色，《萧相国世家》《留侯列传》表现他猜忌功臣，《魏豹彭越列传》《郦生陆贾列传》揭露他慢而侮人，责骂诸侯臣如奴仆。《史记》中的人物形象具有多方面的性格特征，要把相关传记联系起来加以观照才能全面地把握。

## 四、史记的地位和影响

《史记》是我国纪传体史学的奠基之作，同时也是我国传记文学的开端。中国古代史传文学在先秦时期就已经初具规模，记言为《尚书》，记事为《春秋》，其后又有编年体的《左传》和国别体的《国语》《战国策》。但是，以人物为中心的纪传体史学著作，却是司马迁的首创。《史记》的出现，标志着中国古代史传文学的发展已经达到高峰。

《史记》的影响是极其深远的，它为后代文学的发展提供了丰富的营养和强大的动力。

司马迁作为伟大的史学家和文学家，在《史记》一书中大力弘扬人文精神，为后代作家树立起一面光辉的旗帜。《史记》所渗透的人文精神是多方面的，主要有以立德、立功、立言为宗旨以求青史留名的积极入世精神，忍辱含垢、历尽艰辛而百折不挠、自强不息的进取精神，舍生取义、赴汤蹈火的勇于牺牲精神，批判暴政酷刑、呼唤世间真情的人道主义精神，立志高远、义不受辱的人格自尊精神等。《史记》中一系列血肉丰满的人物形象，从不同侧面集中体现了上述精神，许多人物成为后代作家仰慕的对象，给他们以鼓舞和启迪。

《史记》是传记文学名著，但它具有诗的意蕴和魅力。《史记》指次古今，出入风骚，对《诗经》和《楚辞》均有继承，同时，战国散文那种酣畅淋漓的风格也为《史记》所借鉴，充分体现了大一统王朝中各种文学传统的融汇。

《史记》是传记文学的典范，也是古代散文的楷模，它的写作技巧、文章风格、语言特点，无不令后代散文家翕然宗之。从唐宋古文八大家，到明代“前后七子”、清代的桐城派，都对《史记》推崇备至，他们的文章也深受司马迁的影响。《史记》在语言上平易简洁而又富有表现力，把许多佶屈聱牙的古书词句译成汉代书面语，还适当地引用口语、谚语，显得生动鲜活。《史记》语言多是单行奇字，不刻意追求对仗工稳，亦不避讳重复用字，形式自由，不拘一格。正因为如此，历史上的古文家在批评骈文的形式主义倾向和纠正艰涩古奥文风时，都要标举《史记》，把它视为古文的典范。

《史记》的许多传记情节曲折，人物形象栩栩如生，为后代小说创作积累了宝贵的经验。小说塑造人物形象的许多基本手法，在《史记》中都已经开始运用，如使用符合人物身份、性格的语言，通过具体事件或生活琐事显示人物性格，把人物置于矛盾冲突中加以表现。从唐传奇到明清小说，在人物塑造、情节安排、场面描写等方面都可以见到《史记》的痕迹。同时，古代作家还从写法上探讨《史记》与小说的关系，得出了许多精辟的结论。

《史记》的许多故事在古代广为流传，成为后代小说戏剧的取材对象。元代出现的列国故事平话、明代出现的《列国志传》，以及流传至今的《东周列国志》，所叙人物和故事有相当一部分取自《史记》。明甄伟的《西汉通俗演义》，也是大量利用《史记》中的材料。《史记》的许多人物故事相继被写入戏剧，搬上舞台，据傅惜华《元代杂剧全目》所载，取材于《史记》的剧目就有180多种。据李长之统计，在现存132种元杂剧中，有16种采自《史记》，后来的京剧也有不少剧目取材于《史记》。总之，《史记》成为中国古代小说、戏剧的材料宝库，它作为高品位的艺术矿藏得到反复开发利用。



## 文学作品

### 廉颇蔺相如列传（节选）

廉颇者，赵之良将也。赵惠文王十六年[1]，廉颇为赵将，伐齐，大破之，取阳晋[2]，拜为上卿[3]，以勇气闻于诸侯。

蔺相如者，赵人也，为赵宦者令缪贤舍人[4]。

赵惠文王时，得楚和氏璧[5]。秦昭王闻之[6]，使人遗赵王书[7]，愿以十五城请易璧。赵王与大将军廉颇诸大臣谋：欲予秦，秦城恐不可得，徒见欺[8]；欲勿予，即患秦兵之来。计未定，求人可使报秦者，未得。宦者令缪贤曰："臣舍人蔺相如可使。"王问："何以知之？"对曰："臣尝有罪，窃计欲亡走燕[9]，臣舍人相如止臣，曰：'君何以知燕王[10]？'臣语曰：'臣尝从大王与燕王会境上[11]，燕王私握臣手，曰"愿结友"。以此知之，故欲往。'相如谓臣曰：'夫赵强而燕弱，而君幸于赵王[12]，故燕王欲结于君。今君乃亡赵走燕[13]，燕畏赵，其势必不敢留君，而束君归赵矣[14]。君不如肉袒伏斧质请罪[15]，则幸得脱矣。'臣从其计，大王亦幸赦臣。臣窃以为其人勇士，有智谋，宜可使[16]。"

《廉颇蔺相如列传（节选）》朗读欣赏

于是，王召见，问蔺相如曰："秦王以十五城请易寡人之璧，可予不[17]？"相如曰："秦强而赵弱，不可不许。"王曰："取吾璧，不予我城，奈何？"相如曰："秦以城求璧而赵不许，曲在赵[18]。赵予璧而秦不予赵城，曲在秦。均之二策[19]，宁许以负秦曲[20]。"王曰："谁可使者？"相如曰："王必无人，臣愿奉璧往使[21]。城入赵而璧留秦；城不入，臣请完璧归赵[22]。"赵王于是遂遣相如奉璧西入秦。

秦王坐章台见相如[23]，相如奉璧奏秦王[24]。秦王大喜，传以示美人及左右[25]，左右皆呼万岁。相如视秦王无意偿赵城[26]，乃前曰：“璧有瑕[27]，请指示王。”王授璧，相如因持璧却立[28]，倚柱，怒发上冲冠[29]，谓秦王曰：“大王欲得璧，使人发书至赵王，赵王悉召群臣议，皆曰‘秦贪，负其强[30]，以空言求璧，偿城恐不可得’。议不欲予秦璧。臣以为，布衣之交尚不相欺[31]，况大国乎！且以一璧之故逆强秦之欢[32]，不可。于是赵王乃斋戒五日[33]，使臣奉璧，拜送书于庭[34]。何者？严大国之威以修敬也[35]。今臣至，大王见臣列观[36]，礼节甚倨；得璧，传之美人，以戏弄臣。臣观大王无意偿赵王城邑，故臣复取璧。大王必欲急臣[37]，臣头今与璧俱碎于柱矣！”相如持其璧睨柱[38]，欲以击柱。秦王恐其破璧，乃辞谢固请[39]，召有司案图[40]，指从此以往十五都予赵[41]。相如度秦王特以诈详为予赵城[42]，实不可得，乃谓秦王曰：“和氏璧，天下所共传宝也[43]，赵王恐，不敢不献。赵王送璧时，斋戒五日，今大王亦宜斋戒五日，设九宾于廷[44]，臣乃敢上璧。”秦王度之，终不可强夺，遂许斋五日，舍相如广成传[45]。相如度秦王虽斋，决负约不偿城，乃使其从者衣褐[46]，怀其璧，从径道亡[47]，归璧于赵。

秦王斋五日后，乃设九宾礼于廷，引赵使者蔺相如。相如至，谓秦王曰：“秦自缪公以来二十余君[48]，未尝有坚明约束者也[49]。臣诚恐见欺于王而负赵，故令人持璧归，间至赵矣[50]。且秦强而赵弱，大王遣一介之使至赵，赵立奉璧来[51]。今以秦之强而先割十五都予赵，赵岂敢留璧而得罪于大王乎？臣知欺大王之罪当诛，臣请就汤镬[52]，唯大王与群臣孰计议之[53]。”秦王与群臣相视而嘻[54]。左右或欲引相如去，秦王因曰：“今杀相如，终不能得璧也，而绝秦赵之欢，不如因而厚遇之[55]，使归赵，赵王岂以一璧之故欺秦邪！”卒廷见相如[56]，毕礼而归之[57]。

相如既归，赵王以为贤大夫使不辱于诸侯，拜相如为上大夫。秦亦不以城予赵，赵亦终不予秦璧。

其后秦伐赵，拔石城[58]。明年，复攻赵，杀二万人。

秦王使使者告赵王，欲与王为好会于西河外渑池[59]。赵王畏秦，欲毋行[60]。廉颇、蔺相如计曰：“王不行，示赵弱且怯也。”赵王遂行，相如从。廉颇送至境，与王诀曰[61]：“王行，度道里会遇之礼毕[62]，还，不过三十日。三十日不还，则请立太子为王，以绝秦望[63]。”王许之，遂与秦王会渑池。秦王饮酒酣，曰：“寡人窃闻赵王好音[64]，请奏瑟[65]。”赵王鼓瑟。秦御史前书曰[66]：“某年月日，秦王与赵王会饮，令赵王鼓瑟。”蔺相如前曰：“赵王窃闻秦王善为秦声[67]，请奏盆缻秦王[68]，以相娱乐。”秦王怒，不许。于是相如前进缻，因跪请秦王。秦王不肯击缻。相如曰：“五步之内，相如请得以颈血溅大王矣！”左右欲刃相如[69]，相如张目叱之[70]，左右皆靡[71]。于是秦王不怿[72]，为一击缻。相如顾召赵御史书曰：“某年月日，秦王为赵王击缻。”秦之群臣曰：“请以赵十五城为秦王寿[73]。”蔺相如亦曰：“请以秦之咸阳为赵王寿。”秦王竟酒[74]，终不能加胜于赵。赵亦盛设兵以待秦[75]，秦不敢动。

既罢归国，以相如功大，拜为上卿，位在廉颇之右[76]。廉颇曰：“我为赵将，有攻城野战之大功，而蔺相如徒以口舌为劳，而位居我上，且相如素贱人[77]，吾羞，不忍为之下。”宣言曰：“我见相如，必辱之。”相如闻，不肯与会。相如每朝时，常称病，不欲与廉颇争列[78]。已而相如出，望见廉颇，相如引车避匿[79]。于是舍人相与谏曰[80]：“臣所以去亲戚而事君者，徒慕君之高义也。今君与廉颇同列，廉君宣恶言而君畏匿之，恐惧殊甚，且庸人尚羞之，况于将相乎！臣等不肖，请辞去。”蔺相如固止之，曰：“公之视廉将军孰与秦王[81]？”曰：“不若也。”相如曰：“夫以秦王之威，而相如廷叱之，辱其群臣，相如虽驽[82]，独畏廉将军哉？顾吾念之，强秦之所以不敢加兵于赵者，徒以吾两人在也。今两虎共斗，其势不俱生。吾所以为此者，以先国家之急而后私仇也。”廉颇闻之，肉袒负荆[83]，因宾客至蔺相如门谢罪[84]。曰：“鄙贱之人，不知将军宽之至此也[85]。”卒相与欢，为刎颈之交[86]。

## 注 释

[1] 赵惠文王十六年：公元前 283 年。赵惠文王：赵国君主，名何。

[2] 阳晋：齐国城邑，在今山东菏泽西北。

[3] 上卿：战国时期诸侯国大臣中最高的官位。

[4] 宦者令：宦官的首领。舍人：有职务的门客。

[5] 和氏璧：战国时著名的玉璧，是楚人卞和发现的，故名。事见《韩非子·何氏》。

[6] 秦昭王：即秦昭襄王，名则。

[7] 遗（wèi）：送。

[8] 徒见欺：白白地被欺骗。

[9] 亡走燕：逃到燕国去。

[10] 何以知燕王：根据什么知道燕王（会收留你）。

[11] 境上：指燕赵两国的边境。

[12] 幸于赵王：被赵王宠爱。幸：宠幸。

[13] 乃：却，竟然。

[14] 束君归赵：把您捆绑起来送还赵国。

[15] 肉祖伏斧质：解衣露体，伏在斧质上。祖：脱衣露体。质：同“锧”，承斧的砧板。

[16] 宜可使：可供差遣。宜：适宜。

[17] 不：同“否”。

[18] 曲：理屈，理亏。

[19] 均之二策：衡量这两个计策。均：衡量。之：这。

[20] 宁许以负秦曲：宁可答应，而让秦国承担理亏的责任。

[21] 奉：捧着。

[22] 完璧归赵：让璧完整无损地归还赵国。

[23] 章台：秦离宫中的台观名。

[24] 奏：进献。

[25] 美人：指秦王的姬妾。

[26] 偿赵城：把十五城补偿给赵国。

[27] 瑕：玉上的斑点或裂痕。
[28] 却立：倒退几步立定。
[29] 怒发上冲冠：愤怒得头发直竖，顶起了冠。形容极其愤怒。
[30] 负：倚仗。
[31] 布衣之交：平民间的交往。古代平民只穿麻衣、葛布，故称布衣。
[32] 逆：拂逆，触犯。
[33] 斋戒：古人祭祀之前，一定要沐浴更衣，节制饮食，表示虔诚，叫作斋戒。
[34] 书：指赵王的复信。庭：同“廷”，朝堂。
[35] 严：尊重，敬畏。修敬：致敬。
[36] 列观（guàn）：一般的台观，指章台。不在朝堂接见，说明秦对赵使的不尊重。
[37] 急：逼迫。
[38] 睨（nì）：斜视。
[39] 辞谢：婉言道歉。固请：坚决请求（相如不要把璧撞破）。
[40] 有司：职有专司的官吏。案图：查明地图。案：同“按”。
[41] 都：城邑。
[42] 特：只，只是。详为：假装做。详：同“佯”，假装。
[43] 共传：等于说公认。
[44] 设九宾：一种外交上最隆重的仪式。有傧相九人依次传呼接引宾客上殿。宾：同“傧”。
[45] 舍：安置。广成：宾馆名。传（zhuàn）：传舍，宾馆。
[46] 衣（yì）褐：穿着粗麻布短衣，指化装成平民百姓。
[47] 径道：小路。
[48] 缪公：即秦穆公。缪：同“穆”。
[49] 坚明约束：坚决明确地遵守信约。约束：信约。
[50] 间（jiàn）：抄小路，与上文“从径道亡”相应。
[51] 立：立刻。
[52] 就汤镬（huò）：指接收烹刑。汤：沸水。镬：大锅。
[53] 孰：同“熟”，仔细。
[54] 嘻：苦笑声。
[55] 因而厚遇之：趁此优厚地款待他。
[56] 卒廷见相如：终于在朝堂上接见蔺相如。
[57] 毕礼而归之：举行完廷见的外交大礼然后送他回国。
[58] 拔石城：攻取石城。石城：故址在今河南林州西南。
[59] 为好：修好。西河：黄河西边。渑池：今河南渑池。
[60] 欲毋行：想不去。
[61] 诀：告别。
[62] 度道里会遇之礼毕：估算前往渑池的路程和会谈完毕的时间。道里：路程。
[63] 绝秦望：断绝秦国要挟胁迫的念头。
[64] 好音：喜欢音乐。
[65] 瑟：古代乐器，形似琴而较长大。通常配有二十五根弦。

[66] 御史：官名。战国时御史专管图籍，记载国家大事。
[67] 秦声：秦国的音乐。
[68] 盆缻（fǒu）：均为瓦器。缻：同“缶”。秦人敲打盆缶作为唱歌时的节拍。
[69] 刃：刀锋。这里是“杀”的意思。
[70] 叱：喝骂。
[71] 靡：倒下，这里指后退。
[72] 怿（yì）：愉快。
[73] 为秦王寿：祝秦王长寿，指向秦王献礼。
[74] 竟酒：直到酒宴完毕。
[75] 盛设兵：多布置军队。
[76] 右：上。古人以右为尊。
[77] 相如素贱人：指蔺相如这个人做过太监的家臣，向来微贱。素：素来，向来。
[78] 争列：争位次的高下。
[79] 引车避匿：将车子调转躲避。
[80] 舍人：指蔺相如的门客。相与：一起，共同。
[81] 孰与秦王：与秦王相比怎么样？孰与：与……相比。孰：谁，哪一个。
[82] 驽：愚笨，拙劣。
[83] 负荆：背着荆条，表示愿受鞭打。
[84] 因：通过。
[85] 将军：当时的上卿兼职将相，所以廉颇这样称呼蔺相如。
[86] 刎（wěn）颈之交：指能够共患难、同生死的朋友。刎颈：杀头。刎：割。

## 作品简析

《廉颇蔺相如列传》，出自西汉司马迁所著《史记》卷八十一。战国末，强秦采取远交近攻、各个击破的战略，积极对外扩张。赵国实力比秦稍弱。本篇为合传，以廉颇、蔺相如为主，并记述了赵奢父子及李牧的主要事迹。价值连城、完璧归赵、渑池之会、布衣之交、负荆请罪、刎颈之交、怒发冲冠、白璧微瑕等成语均出自本篇。

《廉颇蔺相如列传》生动刻画了廉颇、蔺相如、赵奢、李牧、赵惠文王等一批性格各异的人物形象，他们或耿直或忠厚，或鲁莽或机智，形象鲜明生动，令人叹服。

司马迁在文中极尽渲染之能事，层层蓄势，有如大江截流。如他在文中五次渲染相如操天下大势为己用之睿智：为国纾难，利用国际舆论，借使秦负曲之势，奉璧至秦；秦王得璧不偿城，相如以“璧有瑕，请指示王”诓得玉璧后，抓住秦王贪婪的弱点，欲以璧击柱，借“秦恐璧破”之势威胁秦王；抓住秦国二十余君“不坚明约束”之过，借理在我方之势，使人怀璧归赵；渑池之会，借“五步之内以颈血溅大王”之势，逼秦王就范，为一击缶；借“赵亦盛设兵以待秦”之势，迫使秦不敢动武。相如勇智，已是光彩照人。行文至此，司马迁笔势陡转：多谋善断、意气风发的蔺相如竟对无理取闹的廉颇一再退忍避让，连门客都感到羞愧。当门客要离开他时，才袒露他“先国家之急而后私仇也”的胸怀。相如的绝顶智慧和贤相风采凸现在读者的眼前。

# 项羽本纪（节选）

项籍者，下相人也，字羽。初起时，年二十四。其季父项梁[1]，梁父即楚将项燕，为秦将王翦所戮者也。项氏世世为楚将，封于项，故姓项氏。

项籍少时，学书不成，去[2]，学剑，又不成。项梁怒之。籍曰："书足以记名姓而已。剑一人敌，不足学，学万人敌。"于是项梁乃教籍兵法，籍大喜，略知其意，又不肯竟学[3]。项梁尝有栎阳逮[4]，乃请蕲狱掾曹咎书抵栎阳狱掾司马欣[5]，以故事得已[6]。项梁杀人，与籍避仇于吴中。吴中贤士大夫皆出项梁下[7]。每吴中有大繇役及丧[8]，项梁常为主办，阴以兵法部勒宾客及子弟[9]，以是知其能。秦始皇帝游会稽，渡浙江，梁与籍俱观。籍曰："彼可取而代也。"梁掩其口，曰："毋妄言[10]，族矣[11]！"梁以此奇籍。籍长八尺余，力能扛鼎[12]，才气过人，虽吴中子弟皆已惮籍矣[13]。

……

项羽已杀卿子冠军，威震楚国，名闻诸侯。乃遣当阳君、蒲将军将卒二万渡河[14]，救钜鹿。战少利[15]，陈余复请兵。项羽乃悉引兵渡河，皆沉船，破釜甑[16]，烧庐舍，持三日粮，以示士卒必死，无一还心。于是至则围王离，与秦军遇，九战，绝其甬道，大破之，杀苏角，虏王离。涉间不降楚，自烧杀。当是时，楚兵冠诸侯[17]。诸侯军救钜鹿下者十余壁[18]，莫敢纵兵[19]。及楚击秦，诸将皆从壁上观。楚战士无不一以当十，楚兵呼声动天，诸侯军无不人人惴恐[20]。于是已破秦军，项羽召见诸侯将，入辕门[21]，无不膝行而前[22]，莫敢仰视。项羽由是始为诸侯上将军，诸侯皆属焉。

……

项王军壁垓下，兵少食尽，汉军及诸侯兵围之数重。夜闻汉军四面皆楚歌，项王乃大惊曰："汉皆已得楚乎？是何楚人之多也[23]！"项王则夜起，饮帐中。有美人名虞，常幸从；骏马名骓[24]，常骑之。于是项王乃悲歌慷慨，自为诗曰："力拔山兮气盖世，时不利兮骓不逝[25]。骓不逝兮可奈何，虞兮虞兮奈若何[26]！"歌数阕[27]，美人和之。项王泣数行下，左右皆泣，莫能仰视。

于是项王乃上马骑，麾下壮士骑从者八百余人，直夜溃围南出[28]，驰走。平明，汉军乃觉之，令骑将灌婴以五千骑追之。项王渡淮，骑能属者百余人耳[29]。项王至阴陵，迷失道，问一田父，田父绐曰："左。"[30]。左，乃陷大泽中。以故汉追及之。项王乃复引兵而东，至东城，乃有二十八骑。汉骑追者数千人。项王自度不得脱。谓其骑曰："吾起兵至今八岁矣，身七十余战，所当者破，所击者服，未尝败北，遂霸有天下。然今卒困于此[31]，此天之亡我，非战之罪也。今日固决死，愿为诸君快战[32]，必三胜之，为诸君溃围，斩将，刈旗[33]，令诸君知天亡我，非战之罪也。"乃分其骑以为四队，四向[34]。汉军围之数重。项王谓其骑曰："吾为公取彼一将。"令四面骑驰下，期山东为三处。于是项王大呼驰下，汉军皆披靡[35]，遂斩汉一将。是时，赤泉侯为骑将，追项王，项王瞋目而叱之，赤泉侯人马俱惊，辟易数里[36]。与其骑会为三处。汉军不知项王所在，乃分军为三，复围之。项王乃驰，斩汉一都尉，杀数十百人，复聚其骑，亡其两骑耳。乃谓其骑曰："何如?"骑皆伏曰："如大王言。"于是项王乃欲东渡乌江。

乌江亭长檥船待[37]，谓项王曰："江东虽小，地方千里，众数十万人，亦足王也。愿大王急渡。今独臣有船，汉军至，无以渡。"项王笑曰："天之亡我，我何渡为[38]！且籍与江东子弟八千人渡江而西，今无一人还，纵江东父兄怜而王我，我何面目见之?纵彼不言，籍独不愧于心乎?"乃谓亭长曰："吾知公长者。吾骑此马五岁，所当无敌，尝一日行千里，不忍杀之，以赐公。"乃令骑皆下马步行，持短兵接战。独籍所杀汉军数百人。项王身亦被十余创[39]。顾见汉骑司马吕马童，曰："若非吾故人乎[40]?"马童面之[41]，指王翳曰："此项王也。"项王乃曰："吾闻汉购我头千金[42]，邑万户，吾为若德[43]。"乃自刎而死。王翳取其头，余骑相蹂践争项王，相杀者数十人。最其后，郎中骑杨喜，骑司马吕马童，郎中吕胜、杨武各得其一体[44]。五人共会其体，皆是。故分其地为五：封吕马童为中水侯，封王翳为杜衍侯，封杨喜为赤泉侯，封杨武为吴防侯，封吕胜为涅阳侯。

项王已死，楚地皆降汉，独鲁不下。汉乃引天下兵欲屠之，为其守礼义，为主死节[45]，乃持项王头视鲁[46]，鲁父兄乃降。始，楚怀王初封项籍为鲁公，及其死，鲁最后下，故以鲁公礼葬项王谷城。汉王为发哀，泣之而去。诸项氏枝属[47]，汉王皆不诛。乃封项伯为射阳侯。桃侯、平皋侯、玄武侯皆项氏，赐姓刘。

太史公曰：吾闻之周生曰"舜目盖重瞳子"[48]，又闻项羽亦重瞳子。羽岂其苗裔邪[49]？何兴之暴也[50]！夫秦失其政，陈涉首难，豪杰蜂起，相与并争，不可胜数，然羽非有尺寸，乘势起陇亩之中[51]，三年，遂将五诸侯灭秦[52]，分裂天下，而封王侯，政由羽出，号为"霸王"，位虽不终[53]，近古以来未尝有也。及羽背关怀楚[54]，放逐义帝而自立，怨王侯叛己，难矣。自矜功伐[55]，奋其私智而不师古[56]，谓霸王之业，欲以力征经营天下。五年卒亡其国，身死东城，尚不觉寤而不自责，过矣。乃引"天亡我，非用兵之罪也"[57]，岂不谬哉！

## 注 释

[1] 季父：父之幼弟，即小叔父。季：兄弟中排行最小的。

[2] 去：放弃，丢下。

[3] 竟学：学到底。竟：终于，完毕。

[4] 逮：及，指有罪相连及。

[5] 请：求，要。书：信。抵：到达，这里是送达的意思。

[6] 以故：因此。已：止，了结。

[7] 皆出项梁下：意思是都不如项梁。

[8] 繇：同“徭”。

[9] 阴：暗中。部勒：部署，组织。宾客：指客居吴中依附项梁的人。子弟：指吴中的年轻人。

[10] 妄言：胡乱说。

[11] 族：灭族，满门抄斩。

[12] 扛：两手对举。

[13] 虽：即使。惮：害怕。

[14] 河：这里指漳河。

[15] 少利：胜利不多。

[16] 釜：锅。甑（zèng）：做饭用的一种瓦器。

[17] 冠诸侯：在诸侯军当中居第一。

[18] 壁：壁垒，营垒。

[19] 纵兵：出动军队。纵：放。

[20] 惴（zhuì）恐：恐惧。

[21] 辕门：即营门。古时军营用两辆兵车竖起车辕相对为门，所以叫辕门。

[22] 膝行而前：跪着向前走。膝行：用膝盖行走。

[23] 何楚人之多：怎么楚人这么多。

[24] 骓（zhuī）：毛色苍白相杂的马。

[25] 逝：跑。

[26] 奈若何：把你怎么办。

[27] 阕：乐曲每终了一次叫一阕。数阕：几遍。

[28] 直：同“值”，当，趁。

[29] 属：连接，这里指跟上。

[30] 田父（fǔ）：老农。绐：欺骗。

[31] 卒：终于。

[32] 快战：痛快地打一仗。

[33] 刈（yì）：割，砍。

[34] 四向：面向四方。

[35] 披靡：原指草木随风倒伏，这里比喻军队溃败。

[36] 辟易：倒退的样子。

《项羽本纪（节选）》
朗读欣赏

［37］檥（yǐ）：整船靠岸。
［38］何渡为：还渡江干什么。
［39］被：遭受。
［40］故人：旧友。
［41］面之：跟项王面对面。吕马童原在后面追赶项王，项王回过头来看见他，二人才正面相对。
［42］购：悬赏征求。
［43］为若德：意思是送给你点儿好处。德：恩德。
［44］体：身体的部分，四肢加头合称五体。
［45］死节：为节操而死。
［46］视：同“示”，给……看。
［47］枝属：宗族。
［48］周生：《正义》引孔文祥说以为是汉代儒者，姓周。盖：大概。重瞳子：两个瞳仁。
［49］苗裔：后代。
［50］何兴之暴：怎么起来得这么突然。
［51］尺寸：形容很少。势：权势，权柄。又：有人认为“尺寸”指尺寸之地，这句在“寸”字后断句，“乘势”属下句，是趁势的意思。陇亩之中：田野之中，指民间。陇：同“垄”。
［52］五诸侯：指战国时的齐、赵、韩、魏、燕五个诸侯国。
［53］位：指王位。不终：指没有维持下来。终：到最后。
［54］背关：舍弃关中。背：弃。
［55］矜：夸。功伐：功劳。“伐”与“功”同义。
［56］奋：振，这里有极力施展的意思。师古：效法古人。力征：以武力征伐。
［57］寤：同“悟”。过：错。乃：竟然。引：拿过来。

## 作品简析

《项羽本纪》通过叙述秦末农民大起义和楚汉之争的宏阔历史场面，生动又深刻地描述了项羽的一生。他既是一个力拔山、气盖世、“近古以来未尝有”的英雄，又是一个性情暴戾、优柔寡断、只知用武不谙计谋的匹夫。司马迁巧妙地把项羽性格中矛盾的各个侧面，有机地统一于这一鸿篇巨制之中，虽然不乏深刻的挞伐，但更多的却是由衷的惋惜和同情。

## 陈涉世家[1]（节选）

陈胜者，阳城人也[2]，字涉。吴广者，阳夏人也[3]，字叔。陈涉少时，尝与人佣耕[4]，辍耕之垄上[5]，怅恨久之[6]，曰：“苟富贵[7]，无相忘。”佣者笑而应曰：“若为佣耕[8]，何富贵也？”陈涉太息曰[9]：“嗟乎[10]，燕雀安知鸿鹄之志哉[11]！”

二世元年七月[12]，发闾左適戍渔阳[13]，九百人屯大泽乡[14]。陈胜、吴广皆次当行[15]，为屯长[16]。会天大雨[17]，道不通，度已失期[18]。失期，法皆斩。陈胜、吴广乃谋曰：“今亡亦死[19]，举大计亦死[20]，等死[21]，死国可乎[22]？”陈胜曰：“天下苦秦久矣[23]。吾闻二世少子也，不当立[24]，当立者乃公子扶苏[25]。扶苏以数谏故[26]，上使外将兵[27]。今或闻无罪，二世杀之。百姓多闻其贤，未知其死也。项燕为楚将[28]，数有功，爱士卒，楚人怜之[29]。或以为死，或以为亡。今诚以吾众诈自称公子扶苏、项燕，为天下唱[30]，宜多应者[31]。”吴广以为然。

乃行卜[32]。卜者知其指意[33]，曰：“足下事皆成[34]，有功。然足下卜之鬼乎[35]！”陈胜、吴广喜，念鬼[36]，曰：“此教我先威众耳[37]。”乃丹书帛曰“陈胜王”[38]，置人罾鱼腹中[39]。卒买鱼烹食，得鱼腹中书，固以怪之矣[40]。又间令吴广之次所旁丛祠中[41]，夜篝火[42]，狐鸣呼曰[43]：“大楚兴，陈胜王。”卒皆夜惊恐。旦日[44]，卒中往往语[45]，皆指目陈胜[46]。

吴广素爱人，士卒多为用者[47]。将尉醉[48]，广故数言欲亡，忿恚尉[49]，令辱之[50]，以激怒其众。尉果笞广[51]。尉剑挺[52]，广起，夺而杀尉。陈胜佐之，并杀两尉[53]。召令徒属曰[54]：“公等遇雨[55]，皆已失期，失期当斩。藉弟令毋斩[56]，而戍死者固十六七[57]。且壮士不死即已，死即举大名耳，王侯将相宁有种乎[58]！”徒属皆曰：“敬受命[59]。”乃诈称公子扶苏、项燕，从民欲也[60]。袒右[61]，称大楚。为坛而盟[62]，祭以尉首[63]。陈胜自立为将军，吴广为都尉[64]。攻大泽乡，收而攻蕲[65]。蕲下[66]，乃令符离人葛婴将兵徇蕲以东[67]。攻铚、酂、苦、柘、谯皆下之[68]。行收兵[69]。比至陈[70]，车六七百乘，骑千余，卒数万人。攻陈，陈守令皆不在[71]，独守丞与战谯门中[72]。弗胜，守丞死，乃入据陈。数日，号令召三老、豪杰与皆来会计事[73]。三老、豪杰皆曰：“将军身被坚执锐[74]，伐无道，诛暴秦，复立楚国之社稷[75]，功宜为王。”陈涉乃立为王，号为张楚[76]。

当此时，诸郡县苦秦吏者，皆刑其长吏[77]，杀之以应陈涉。

## 注 释

［1］节选自《史记·陈涉世家》。公元前209年，以陈胜、吴广为首的戍卒九百人在大泽乡（现在安徽宿州西南）发动了中国历史上第一次农民起义。节选的这一部分记叙了这次起义的原因、经过和起义军的浩大声势。世家，《史记》传记的一种，主要记诸侯之事。陈胜首事反秦，功大，故入“世家”。

［2］阳城：现在河南登封东南。

［3］阳夏（jiǎ）：现在河南太康。

［4］尝与人佣耕：曾经同别人一道被雇佣耕地。

［5］辍耕之垄上：停止耕作走到田畔高地上（休息）。之：去、往。

［6］怅恨久之：因失望而叹恨了好久。怅：失望。

［7］苟：如果。

［8］若：你。

［9］太息：长叹。

《陈涉世家（节选）》
朗读欣赏

［10］嗟乎：感叹词，相当于“唉”。

［11］燕雀安知鸿鹄（hú）之志哉：燕雀怎么知道鸿鹄的志向呢！燕雀：小鸟，比喻见识短浅的人。鸿鹄：天鹅，比喻有远大抱负的人。

［12］二世元年：公元前 209 年。秦始皇死后，他的小儿子胡亥继立为皇帝，称为二世。

［13］发闾（lǘ）左適（zhé）戍渔阳：征发贫苦人民去驻守渔阳。闾：古代二十五家为一闾，贫者居住闾左，富者居住闾右，闾左就用来指代贫苦人民。適：通“谪”。適戍：强迫去守边。渔阳：现在北京密云西南。

［14］屯：停驻。

［15］皆次当行（háng）：都（被）编入適戍的队伍。次：编次。当行：当在征发之列。

［16］屯长：戍守队伍的小头目。

［17］会：适逢，恰巧遇到。

［18］失期：误期。

［19］亡：逃走。

［20］举大计：发动大事，指起义。下文的“举大名”意思与此相同。

［21］等：同样。

［22］死国：为国事而死。

［23］苦秦：苦于秦（的统治）。

［24］立：指立为国君。

［25］扶苏：秦始皇的长子。

［26］以数（shuò）谏故：因为屡次劝谏的缘故。数：屡次。谏：古代下级对上级提意见或建议。

［27］上使外将（jiàng）兵：皇上派（他）在外面带兵。上：臣下对皇帝的敬称，这里指秦始皇。

［28］项燕：楚国大将。秦灭楚时，他被秦军围困，自杀。

［29］怜：爱戴。

［30］诚以吾众：如果把我们的人。唱：通“倡”，首发。

［31］宜多应者：应当（有）很多响应的人。

［32］乃行卜：就去占卜。用占卜来预测吉凶，是古人的一种迷信做法。

［33］指意：意图。

［34］足下：指对方，古人对于别人的敬称。

［35］卜之鬼乎：把事情向鬼神卜问一下吧！卜之鬼：就是“卜之于鬼”，“于”字省略。

［36］念鬼：考虑卜鬼的事。念：考虑、思索。

［37］威众：威服众人。

［38］乃丹书帛曰“陈胜王（wàng）”：就（用）丹砂（在）绸子上写“陈胜王”（三个字）。丹：朱砂。书：写。王：称王。

［39］置人所罾（zēng）鱼腹中：放在别人所捕的鱼的肚子里。罾：鱼网，这里作动词，就是用网捕。

［40］固以怪之矣：自然就诧怪这事了。以，通“已”。

［41］间（jiàn）令：暗使。间：私自，偷着。之次所旁丛祠中：往驻地旁边的丛林里的神庙中去。次：旅行或行军在途中停留。次所：这里指军队驻扎的地方。丛：树木，鬼神所凭寄的地方。丛

祠：神祠。

[42] 篝火：用笼罩着火。这里的意思是用篝火装作“鬼火”。篝：笼。

[43] 狐鸣：作狐狸嗥叫的凄厉声音。

[44] 旦日：第二天。往往语：到处谈论。

[45] 往往语：到处谈论。

[46] 指目：指指点点，互相以目示意。

[47] 多为（wèi）用者：多为（他）用的。这里的意思是说，戍卒多愿听吴广的差遣。

[48] 将尉：押送（戍卒）的军官。

[49] 忿恚（huì）尉：使尉恼怒。恚：恼怒。

[50] 令辱之：使（尉）责辱他。之：指吴广。

[51] 笞（chī）：用鞭、杖或竹板打。

[52] 剑挺：剑拔出鞘。

[53] 并：一齐。

[54] 召令徒属：召集并号令所属的人。

[55] 公等：你们诸位。公，对对方的敬称。

[56] 藉弟令毋斩：即使能免于斩刑。

[57] 十六七：十分之六七。

[58] 王侯将相宁（nìng）有种乎：王侯将相难道有天生的贵种吗？宁：难道。

[59] 受命：听从（你的）号令。

[60] 从民欲：依从人民的愿望。

[61] 袒右：露出右臂（作为起义的标志）。

[62] 为（wèi）坛而盟：（用土）筑台，并（在台上）宣誓。盟：盟誓。

[63] 祭以尉首：用（两）尉的头祭天。

[64] 都尉：次于将军的军官。

[65] 收而攻蕲（qí）：收集大泽乡的军队，攻打蕲县。蕲：在现在安徽宿州南。

[66] 下：攻下，攻克。

[67] 符离：现在安徽宿州。徇：攻占（土地）。指率军巡行，使人降服。

[68] 铚（zhì）、酂（cuǒ）、苦、柘（zhè）、谯（qiáo）：秦时地名，铚、谯：在现在安徽。酂、苦、柘：在现在河南。

[69] 行收兵：行军中沿路收纳兵员。

[70] 比：等到。陈：秦时县名，现在河南淮阳。

[71] 守令皆不在：郡守、县令都不在。秦时，陈县属于砀（dàng）郡，是郡府、县府的所在地，所以有守有令。

[72] 守丞：守城的当地行政助理官。谯门中：城门洞里。

[73] 三老：封建社会里掌管教化的乡官。豪杰：这里指当地有声望的人。与皆来会计事：一起来集会议事。

[74] 身被坚执锐：身穿着战甲，拿着武器，意思是亲自作战。被：通“披”。坚：指铁甲。执：紧握着。锐：指武器。

[75] 社稷（jì）：国家。社：土地神。稷：谷神。封建君主祭社稷，祈求丰年，后来就把社稷作为国家的代称。

[76] 号为张楚：对外宣称要张大楚国，即复兴楚国之意。号：宣称。一说定国号为“张楚”。

[77] 刑其长吏：惩罚当地郡县长官。刑：惩罚。

## 作品简析

《陈涉世家》是秦末农民起义领袖陈胜、吴广的传记。公元前209年，以陈胜、吴广为首的戍卒九百人在大泽乡（今安徽宿州东南）发动了中国历史上第一次大规模的农民起义，揭开了反对秦王朝残暴统治的序幕。此文以陈胜、吴广的活动为线索，详细地记述了陈胜起义的全过程，以及相继而起的各路起义军的胜败兴替。文章记述了起义军的浩大声势，肯定了陈胜在反对秦王朝统治斗争中的功绩。同时，司马迁也论述了陈胜起义最终失败的原因：起义领袖缺乏指挥全局的能力、听信谗言、用人不当，导致起义军作战失利，内部离心离德。陈胜、吴广都死于自己的随从或部下之手，其结局具有深刻的悲剧意义。



## 苏武传[1]

武字子卿[2]，少以父任，兄弟并为郎[3]，稍迁至栘中厩监[4]。时汉连伐胡[5]，数通使相窥观。匈奴留汉使郭吉、路充国等前后十余辈[6]。匈奴使来，汉亦留之以相当[7]。

天汉元年[8]，且鞮侯单于初立[9]，恐汉袭之，乃曰[10]：“汉天子，我丈人行也[11]。”尽归汉使路充国等。武帝嘉其义[12]，乃遣武以中郎将使持节送匈奴使留在汉者[13]；因厚赂单于[14]，答其善意[15]。武与副中郎将张胜及假吏常惠等，募士、斥候百余人俱[16]。既至匈奴，置币遗单于[17]。单于益骄[18]。非汉所望也[19]。

方欲发使送武等[20]，会缑王与长水虞常等谋反匈奴中[21]。缑王者，昆邪王姊子也[22]，与昆邪王俱降汉，后随浞野侯没胡中[23]，及卫律所将降者[24]，阴相与谋劫单于母阏氏归汉[25]。会武等至匈奴。虞常在汉时，素与副张胜相知[26]，私候胜曰[27]：“闻汉天子甚怨卫律，常能为汉伏弩射杀之[28]，吾母与弟在汉，幸蒙其赏赐[29]。”张胜许之，以货物与常[30]。

后月余，单于出猎，独阏氏、子弟在[31]。虞常等七十余人欲发[32]，其一人夜亡，告之[33]。单于子弟发兵与战，缑王等皆死，虞常生得[34]。单于使卫律治其事[35]。张胜闻之，恐前语发[36]，以状语武[37]。武曰：“事如此，此必及我[38]。见犯乃死[39]，重负国！”欲自杀，胜、惠共止之。虞常果引张胜[40]。单于怒，召诸贵人议[41]，欲杀汉使者。左伊秩訾曰[42]：“即谋单于，何以复加[43]？宜皆降之[44]。”单于使卫律召武受辞[45]。武谓惠等：“屈节辱命[46]，虽生[47]，何面目以归汉！”引佩刀自刺。卫律惊，自抱持武。驰召医[48]，凿地为坎[49]，置煴火[50]，覆武其上[51]，蹈其背[52]，以出血。武气绝，半日复息[53]。惠等哭，舆归营[54]。单于壮其节[55]，朝夕遣人候问武[56]，而收系张胜[57]。

武益愈[58]，单于使使晓武[59]，会论虞常[60]，欲因此时降武[61]。剑斩虞常已[62]，律曰："汉使张胜谋杀单于近臣[63]，当死[64]。单于募降者赦罪[65]。"举剑欲击之，胜请降。律谓武曰："副有罪，当相坐[66]。"武曰："本无谋[67]，又非亲属，何谓相坐[68]？"复举剑拟之[69]，武不动。律曰："苏君！律前负汉归匈奴，幸蒙大恩[70]，赐号称王[71]，拥众数万，马畜弥山[72]，富贵如此。苏君今日降，明日复然[73]。空以身膏草野[74]，谁复知之！"武不应。律曰："君因我降[75]，与君为兄弟，今不听吾计，后虽复欲见我，尚可得乎？"

武骂律曰："女为人臣子，不顾恩义，畔主背亲[76]，为降虏于蛮夷[77]，何以女为见[78]！且单于信女，使决人死生，不平心持正，反欲斗两主，观祸败[79]。南越杀汉使者，屠为九郡；宛王杀汉使者，头县北阙；朝鲜杀汉使者，即时诛灭。独匈奴未耳！若知我不降明[80]，欲令两国相攻，匈奴之祸，从我始矣[81]！"律知武终不可胁[82]，白单于[83]。单于愈益欲降之[84]。乃幽武，置大窖中[85]，绝不饮食[86]。天雨雪[87]，武卧啮雪，与旃毛并咽之[88]，数日不死。匈奴以为神，乃徙武北海上无人处[89]，使牧羝[90]，羝乳乃得归[91]。别其官属常惠等，各置他所[92]。

武既至海上，廪食不至[93]，掘野鼠、去草实而食之[94]。仗汉节牧羊[95]，卧起操持，节旄尽落[96]。积五六年，单于弟於靬王弋射海上[97]。武能网纺缴[98]，檠弓弩[99]，於靬王爱之，给其衣食[100]。三岁余，王病，赐武马畜、服匿、穹庐[101]。王死，后人众徙去。其冬，丁令盗武牛羊[102]，武复穷厄[103]。

初，武与李陵俱为侍中[104]。武使匈奴，明年[105]，陵降，不敢求武[106]。久之[107]，单于使陵至海上，为武置酒设乐[108]。因谓武曰："单于闻陵与子卿素厚[109]，故使陵来说，足下虚心欲相待[110]，终不得归汉，空自苦亡人之地[111]，信义安所见乎[112]？前长君为奉车[113]，从至雍棫阳宫[114]，扶辇下除[115]，触柱折辕[116]，劾大不敬[117]，伏剑自刎[118]，赐钱二百万以葬。孺卿从祠河东后土[119]，宦骑与黄门驸马争船[120]，推堕驸马河中，溺死，宦骑亡。诏使孺卿逐捕[121]。不得，惶恐饮药而死[122]。来时，太夫人已不幸[123]，陵送葬至阳陵[124]。子卿妇年少，闻已更嫁矣[125]。独有女弟二人[126]，两女一男[127]，今复十余年，存亡不可知。人生如朝露，何久自苦如此[128]！陵始降时，忽忽如狂，自痛负汉[129]；加以老母系保宫[130]。子卿不欲降，何以过陵[131]！且陛下春秋高[132]，法令亡常[133]，大臣亡罪夷灭者数十家[134]，安危不可知，子卿尚复谁为乎[135]？愿听陵计，勿复有云！[136]"

武曰："武父子亡功德[137]，皆为陛下所成就[138]，位列将[139]，爵通侯[140]，兄弟亲近[141]，常愿肝脑涂地[142]。今得杀身自效，虽蒙斧钺汤镬[143]，诚甘乐之[144]。臣事君，犹子事父也；子为父死，亡所恨，愿勿复再言。"

陵与武饮数日，复曰："子卿壹听陵言[145]。"武曰："自分已死久矣[146]！王必欲降武，请毕今日之欢，效死于前！[147]"陵见其至诚，喟然叹曰："嗟呼，义士！陵与卫律之罪上通于天[148]！"因泣下沾衿[149]，与武决去[150]。陵恶自赐武，使其妻赐武牛羊数十头。

后陵复至北海上，语武：“区脱捕得云中生口，言太守以下吏民皆白服，曰：‘上崩。’”武闻之，南乡号哭，欧血，旦夕临。

昭帝即位数年[151]，匈奴与汉和亲。汉求武等。匈奴诡言武死[152]。后汉使复至匈奴。常惠请其守者与俱[153]，得夜见汉使，具自陈道[154]。教使者谓单于，言天子射上林中[155]，得雁足有系帛书，言武等在某泽中。使者大喜，如惠语以让单于[156]。单于视左右而惊，谢汉使曰[157]：“武等实在。”于是李陵置酒贺武曰：“今足下还归，扬名于匈奴，功显于汉室，虽古竹帛所载，丹青所画，何以过子卿！陵虽驽怯，令汉且贳陵罪，全其老母，使得奋大辱之积志，庶几乎曹柯之盟。此陵宿昔之所不忘也！收族陵家，为世大戮，陵尚复何顾乎？已矣，令子卿知吾心耳！异域之人，壹别长绝！”陵起舞，歌曰：“径万里兮度沙幕，为君将兮奋匈奴。路穷绝兮矢刃摧，士众灭兮名已隤。老母已死，虽欲报恩将安归！”陵泣下数行，因与武决。单于召会武官属，前已降及物故[158]，凡随武还者九人[159]。

武以始元六年春至京师[160]。诏武奉一太牢谒武帝园庙。拜为典属国，秩中二千石；赐钱二百万，公田二顷，宅一区。常惠、徐圣、赵终根皆拜为中郎，赐帛各二百匹。其余六人老，归家，赐钱人十万，复终身。常惠后至右将军，封列侯，自有传。武留匈奴凡十九岁，始以强壮出，及还，须发尽白。

武来归明年，上官桀、子安与桑弘羊及燕王、盖主谋反。武子男元与安有谋，坐死。初，桀、安与大将军霍光争权，数疏光过失予燕王，令上书告之。又言苏武使匈奴二十年，不降，还，乃为典属国。大将军长史无功劳，为搜粟都尉，光颛权自恣。及燕王等反诛，穷治党与，武素与桀、弘羊有旧，数为燕王所讼，子又在谋中，廷尉奏请逮捕武。霍光寝其奏，免武官。

数年，昭帝崩，武以故二千石与计谋立宣帝，赐爵关内侯，食邑三百户。久之，卫将军张安世荐武明习故事，奉使不辱命，先帝以为遗言。宣帝即时召武待诏宦者署，数进见，复为右曹典属国。以武著节老臣，命朝朔望，号称祭酒，甚优宠之。武所得赏赐，尽以施予昆弟、故人，家不余财。皇后父平恩侯、帝舅平昌侯、乐昌侯、车骑将军韩增、丞相魏相、御史大夫丙吉皆敬重武。

武年老，子前坐事死，上闵之。问左右：“武在匈奴久，岂有子乎？”武因平恩侯自白：“前发匈奴时，胡妇适产一子通国，有声问来，愿因使者致金帛赎之。”上许焉。后通国随使者至，上以为郎。又以武弟子为右曹。武年八十余，神爵二年病卒。

## 注　释

［1］节选自《汉书·李广苏建传》。《汉书》是我国第一部纪传体断代史。它记载了从汉高祖刘邦元年（公元前 206 年）到王莽地皇四年（公元 23 年）之间 229 年的历史。班固（32—92），字孟坚，东汉安陵（今陕西咸阳）人，著名史学家和文学家。

［2］武字子卿：苏武的传是附在父亲苏建的传后面的，所以这里不再写明他的姓。

［3］少以父任，兄弟并为郎：年轻时，因为父亲职任的关系而被任用，兄弟都做了皇帝的侍从官。任：指他父亲的职任。汉朝制度，凡职位在二千石以上的官吏可以保举子弟一人做郎官。并：都。郎：官名。汉代专指皇帝的侍从官。

《苏武传》朗读欣赏

［4］稍迁至栘中厩监：渐渐升到栘中厩监。稍：渐渐。迁：升迁、升任。栘中：厩名。监：管事的官员，这里是指管理马厩的官。

［5］时汉连伐胡，数通使相窥观：当时汉朝接连讨伐匈奴，屡次互派使者窥探观察（对方的情况）。伐：征讨。胡：此处指匈奴。通使：互派使者。

［6］十余辈：十余人。

［7］当（dàng）：抵押。

［8］天汉元年：公元前 100 年。天汉：汉武帝年号。

［9］且鞮侯：单于名。单于：匈奴的最高首领。

［10］乃曰：就说。

［11］汉天子我丈人行也：汉天子是我的长辈啊。丈人：对老人和长辈的尊称。行（háng）：辈。

［12］嘉其义：赞许他这种合乎情理的做法。义：宜，做事合乎情理。

［13］乃遣武以中郎将使持节送匈奴使留在汉者：（武帝）就派苏武以中郎将的身份，让他持节出使匈奴，送留在汉朝的匈奴使者。节：旄（máo）节，以竹为竿，上缀以旄牛尾，是使者所持的信物（即凭证）。匈奴使留在汉者：就是“留在汉之匈奴使”。

［14］厚赂（lù）：赠以丰厚的礼物。赂：赠送礼物。

［15］答其善意：回报他的好意。

［16］武与副中郎将张胜及假吏常惠等，募士、斥候百余人俱：苏武与副中郎将张胜及临时充任使臣属吏的常惠等招募士卒和侦察敌情的一百多人，一同（前往）。假吏：指临时充任使臣属吏。募：招募。士：士卒。斥候：侦察兵。俱：一同。“俱”后省略动词谓语。

［17］置币遗（wèi）单于：备办了一些财物送给单于。

［18］益骄：更加倨傲。

［19］非汉所望也：不是汉朝所期望的。

［20］方欲发使送武等：汉正要打发派送苏武等人及以前扣留的匈奴使者等的时候。发、使、送：都是动词。

［21］会缑（gōu）王与长水虞常等谋反匈奴中：适逢匈奴国内缑王与原长水校尉虞常等人密谋反叛。缑王：匈奴的一个王。长水：水名，在今陕西蓝田西北。长水虞常：指汉朝投降匈奴的原长水校尉虞常。长水校尉，官名。

［22］昆（hú n）邪（yé）王：匈奴的一个王，其部落在现在甘肃省西北部。

[23] 后随浞（zhuó）野侯没胡中：后来又跟随浞野侯陷没在匈奴。浞野侯：是汉将赵破奴的封号，太初二年（公元前103年）出击匈奴，兵败投降。没：陷没。

[24] 及卫律所将降者：以及卫律所带领的那些被迫投降匈奴的人。卫律：长水胡人，生长于汉，曾任汉使出使匈奴，后因事株连，畏罪逃亡投降匈奴，封为丁灵王，成为单于的亲信。丁灵：匈奴的一个部落。将：领。降者：投降匈奴的人。

[25] 阴相与谋劫单于母阏（yān）氏（zhī）归汉：暗地里一起密谋劫抢单于的母亲阏氏归附汉朝。阴：暗地里。相与：共同、一起。阏氏：匈奴单于配偶的称号，如王后。

[26] 相知：相熟识、有交情。

[27] 私候胜：私自拜访张胜。

[28] 常能为汉伏弩射杀之：我虞常能为汉朝暗中用弩弓射死他（指卫律）。

[29] 幸蒙其赏赐：希望得到皇帝的赏赐。幸：希望。蒙：蒙受、得到。其：代词，指汉天子。

[30] 以货物与常：把财物给虞常。货物：指一般财物。

[31] 独阏氏、子弟在：只有阏氏和单于的子弟在家。

[32] 欲发：准备发动（事）。

[33] 其一人夜亡：他们当中有一个人夜里跑了出来。告之：告发这件事。

[34] 生得：被活捉。

[35] 治其事：审理这个案件。

[36] 恐前语发：担心以前（与虞常）的谈话被揭发。

[37] 以状语武：把情况告诉苏武。

[38] 此必及我：这一定会牵连到我。及：动词，牵连到。

[39] 见犯乃死，重（zhòng）负国：等到被（匈奴）侮辱以后才死，更加对不起国家。见犯：受到侵犯、侮辱。重：更加。

[40] 果引张胜：果然招出张胜。引：牵攀、招供。

[41] 召诸贵人议：召集贵族们商议。

[42] 左伊秩訾：匈奴贵族的一种称号。

[43] 即谋单于，何以复加：假使谋杀单于，又该用什么更重的处罚呢？意思是说，因为谋劫阏氏杀卫律就把汉使处死，处罚太重。

[44] 宜皆降之：应该招降他们。

[45] 受辞：受审讯。

[46] 屈节辱命：屈辱了使命。

[47] 虽生：即使活着。

[48] 驰召医：（派人）骑马跑去召医生来。

[49] 坎：坑。

[50] 煴（yūn）火：无焰的火。

[51] 覆武其上：把苏武背朝上放在坑上。

[52] 蹈：通“搯（tāo）”，轻轻敲打。

[53] 复息：又能呼吸。息：气息。

[54] 舆：用车载运。

[55] 壮其节：钦佩苏武的气节。壮：形容词的意动用法，“以……为壮”。

［56］候问：问候。

［57］收系：逮捕并监禁。

［58］益愈：渐渐痊愈。

［59］使使晓武：派使者通知苏武。前一个“使”作动词，派遣。后一个“使”是名词，使者。

［60］会论虞常：共同判定虞常的罪。论：判罪。

［61］因：就。

［62］已：完毕。

［63］近臣：亲近之臣。这里是卫律自指。

［64］当死：判处死罪。

［65］单于募降者赦罪：招募投降的人就免罪。

［66］相坐：连带（治罪）。一个人犯了罪，有关的人连带治罪，叫“连坐”或“相坐”。

［67］本无谋：本来没有参加谋划。

［68］何谓相坐：说什么连坐（治罪）？

［69］举剑拟之：举起剑来做要砍的样子。拟：比画。

［70］幸蒙大恩：幸而受到单于的大恩。

［71］赐号称王：赐我爵号称王。卫律曾被单于封为丁灵王。

［72］弥山：满山。

［73］复然：也会这样。

［74］空以身膏草野：白白地把身体给野草做肥料。指被杀身死。膏草野：使野草滋润肥美，也就是做肥料的意思。膏：肥。

［75］君因我降：你通过我的关系而投降。

［76］畔主背亲：背叛主上，离弃双亲。畔：同“叛”。

［77］为降虏于蛮夷：在异族那里投降做奴隶。蛮夷：古代用以指边远民族。

［78］何以汝为见：即“何用见汝为”，要见你干什么？为：语气助词。

［79］反欲斗两主，观祸败：挑拨汉天子和单于的关系，（从旁）观看祸败。斗两主：使两主相斗。斗：使动用法。

［80］若知我不降明：你明明知道我不会投降。若：你。

［81］匈奴之祸，从我始矣：匈奴的灾难，就要从（杀死）我苏武开始了。

［82］不可胁：不因威胁而屈服。

［83］白：告诉、禀告。

［84］单于愈益欲降之：单于越发想使他投降。

［85］乃幽武，置大窖中：就把苏武囚禁起来，安置在大地窖里面。幽：禁闭。

［86］绝不饮食：断绝供应，不给他喝的、吃的。

［87］天雨（yù）雪：天下雪。雨：动词，下。

［88］啮（niè）：咬、嚼。与旃（zhān）毛并咽之：同旃毛一起吞下去。旃：同“毡”，毛织的毡毯。

［89］北海：在匈奴的北境，即现在的俄罗斯境内的贝加尔湖。

［90］羝（dī）：公羊。

［91］羝乳乃得归：公羊生了小羊才能回。乳：生子，公羊不能生子，说明苏武永远没有回国的

希望。

[92] 别其官属常惠等，各置他所：分开他的随从官吏常惠等人，分别安置到另外的地方。别：分别隔离。官属：所属官吏、部下。他所：别的处所。

[93] 廪食不至：公家发给的粮食不来。这是指匈奴断绝了苏武的粮食供应。

[94] 掘野鼠去草实而食之：掘野鼠、收草实来吃。去：通“弆”（jǔ），收藏。草实：野生果实。

[95] 杖汉节牧羊：拄着汉朝的旄节牧羊。杖：执、拄。

[96] 节旄尽落：节上旄牛尾的毛全部脱落。

[97] 单于弟於（wū）靬（jiān）王弋（yì）射海上：单于的弟弟於王在北海打猎。弋射：用绳系在箭上而射。

[98] 网：结网，用作动词。纺缴（zhuó）：纺制系在箭尾的丝绳。

[99] 檠（qíng）弓弩：矫正弓和弩。檠：本是矫正弓弩的工具，此处用作动词，用檠矫正弓弩。

[100] 给（jǐ）：供给。

[101] 服匿、穹庐：服匿：盛酒酪的瓦器。穹庐：毡帐，类似“蒙古包”。

[102] 丁令：即丁灵，匈奴族的一支。卫律被封为丁灵王。“丁令盗武牛羊”，也许是他所使。

[103] 穷厄（è）：陷于困境。穷：失意。厄：困窘。

[104] 武与李陵俱为侍中：苏武与李陵都做皇帝的侍从。李陵：字少卿，汉代名将李广的孙子，汉武帝时为骑都尉（官名），天汉二年（公元前 99 年），兵败投降匈奴。侍中：汉时在其本官职外的加衔。

[105] 武使匈奴明年：武出使匈奴的第二年。

[106] 求：访求。

[107] 久之：时间过了很久。之：助词，无实在意义。

[108] 置酒设乐：备办酒宴，安排歌舞。

[101] 素厚：一向关系很好。

[110] 虚心欲相待：单于准备以礼相待。

[111] 空自苦亡人之地：白白地在这荒无人烟的地方受苦。亡：同“无”。

[112] 信义安所见（xiàn）乎：（您对汉朝）的信义表现在哪里呢（即有谁知道您的信义呢）？安：何。见：同“现”。

[113] 前长君为奉车：前些时候您的大哥做奉车都尉。长君：大哥，指苏武的哥哥苏嘉。奉车：奉车都尉，皇帝出行时的侍从，掌管皇帝的车马。

[114] 从至雍棫（yù）阳宫：跟随皇帝到雍城的棫阳宫去。雍：在今陕西凤翔南。棫阳宫：本是秦宫，在雍的东边，在今陕西扶风东北。

[115] 扶辇（niǎn）下除：扶着皇帝的车子下殿除。除：殿阶。

[116] 触柱折辕：碰到柱子上有车辕折断了。

[117] 劾大不敬：被指控为“大不敬”。对皇上犯了“大不敬”的罪，在当时是要处极刑的。劾：弹劾。

[118] 伏剑自刎：以剑自杀了。

[119] 孺卿从祠河东后土：您的弟弟苏贤跟随皇帝去祭祀河东后土。孺卿：苏武的弟弟苏贤的字。

祠：祀。河东：郡名，在今山西夏县北。后土：相对皇天而言，指地神。汉武帝曾去河东祭祀地神。

［120］宦骑与黄门驸马争船：一个骑马的宦官和黄门驸马抢着上船。宦骑：侍卫皇帝的骑马的宦官。黄门驸马：宫中掌管车辆马匹的官。

［121］诏使孺卿逐捕：（皇帝）命令苏贤追捕。

［122］惶恐饮药而死：因害怕而服毒自杀了。

［123］太夫人已不幸：您的母亲已去世。太夫人：称苏武的母亲。不幸：对去世的委婉说法。

［124］阳陵：县名，今陕西咸阳东。

［125］更（gēng）嫁：改嫁。

［126］女弟：妹妹。

［127］两女一男：指苏武的三个孩子。

［128］人生如朝露，何久自苦如此：人生像早晨的露水，（一下子就消失了，）何必久久地这样折磨自己？

［129］忽忽如狂，自痛负汉：精神恍惚，好像发狂一样，痛心自己对不起汉朝。

［130］系保宫：关押在保宫。保宫：汉代囚禁大臣及其眷属的处所。

［131］子卿不欲降，何以过陵：您不肯投降的心情，怎能超过当时的我？

［132］春秋高：年纪老。

［133］法令亡常：法令没有定规，意思是随意变更法令。

［134］大臣亡罪夷灭者数十家：大臣无罪而全家被杀的有几十家。夷灭：消灭，这里指全家被杀尽。

［135］尚复谁为乎：还又为谁（守节）呢？

［136］勿复有云：不要再说什么了。

［137］亡（wú）功德：无功无德。亡：通“无”。德：指施于民的德惠。

［138］成就：栽培，提拔。

［139］位列将：官职升到列将。列将：一般将军的总称。苏武的父亲苏建伐匈奴有功，封为“游击将军”“右将军”。

［140］爵通侯：爵位封为通侯。通侯：爵位名，秦代置爵二十级，最高一级叫彻侯。汉朝继承秦制，后因汉武帝名彻，避讳改为通侯，苏建封为平陵侯。

［141］兄弟亲近：兄弟三人都是皇上的亲近之臣。苏武的大哥苏嘉做过奉车都尉，弟弟苏贤做过骑都尉，苏武出使前也是郎，都是皇帝的侍从官。

［142］常愿肝脑涂地：常常希望为朝廷献出生命。肝脑涂地：本是形容死亡惨状，这里喻以身许国。

［143］虽蒙斧钺（yuè）汤镬：即使被杀。斧钺，古代军法用以杀人的斧子。斧钺、汤镬：这里泛指刑戮。

［144］诚甘乐之：的确甘心乐意。

［145］壹听陵言：听一听我的话。

［146］分：料想，断定。

［147］王必欲降武，请毕今日之欢，效死于前：您一定要逼迫我投降，那就请结束今天的欢聚，在您面前死去。王：指李陵（李陵被单于封为右校王）。毕：尽。效：献出。

［148］上通于天：意思是罪行严重，无以复加。通：达。

[149] 沾衿：沾湿了衣襟。衿：同“襟”。

[150] 决去：告别而去。决：同“诀”，辞别。

[151] 昭帝：公元前 87 年至公元前 74 年在位。汉武帝少子，名弗陵，即位后次年（公元前 86 年）改年号为“始元”。

[152] 诡言：欺骗说。

[153] 常惠请其守者与俱：常惠请求看守他的人同他一起去（见汉使）。

[154] 具自陈道：自己详细地陈说（这几年的经过情况）。具：一五一十地、详尽。陈道：陈述说明。

[155] 上林：即上林苑，皇帝游猎的场所，在长安西。

[156] 如惠语以让单于：（汉使）依照常惠的话去责备单于。让：责问。

[157] 谢：道歉，谢罪。

[158] 前已降及物故：以前已经投降匈奴和死去的。物故：死亡。

[159] 凡：共，副词。

[160] 武以始元六年：苏武在始元六年。以：在。始元六年：公元前 81 年。始元：汉昭帝年号。以：在……的时候。

## 作品简析

《苏武传》是《汉书》中一篇优秀的传记文学作品。

苏武一生经历曲折丰富，作者在传记中比较集中地选取了他一生里最重要的活动——出使匈奴，来刻画苏武的性格、品质，以简练的文笔、清楚的脉络，塑造了一个坚贞顽强、忠于国家和民族的英雄形象。在表现手法上，作者比较充分地使用了对比和陪衬。文中作者以较多的笔墨记述了卫律和李陵两个投敌者。卫津劝降，向苏武炫耀权力和财富，苏武则报之以“不应”和斥责；李陵兵败投降，因母亲被处死而绝了归汉之望，苏武则亲属散亡殆尽而不改其誓死归汉的决心。文章最后叙述苏武归汉时，说他“以强壮出，及还，须发尽白”，来时募百余人，“随武还者九人”。这些对比，突出了苏武的形象，也给读者以更深刻的印象。

# 古汉语通论

## 连　词

古代汉语的连词可以分为单向连词和双向连词两类。单向连词也可以叫作启后连词，一般分布在复句的偏句之中或一个语段的开头，双向连词分布在两个句法成分或两个句子之间。

### 一、单向连词

单向连词可以分为以下几类：（一）表示提起；（二）表示并列；（三）表示假设；

（四）表示让步；（五）表示选择；（六）表示原因。

### （一）表示提起

表示提起的单向连词一般出现在一个语段的开头，常见的有“夫”“且”“至”“如”“若”，其中“夫”是纯粹地提起下文，而其他几个则主要是宕开上文，另申一义。例如：

（1）夫人必自侮，然后人侮之。（《孟子·离娄上》）

（2）方六七十，如五六十，求也为之，比及三年，可使足民。如其礼乐，以俟君子。（《论语·先进》）

（3）公等遇雨，皆已失期。失期当斩。藉弟令毋斩，而戍死者固十六七。且壮士不死即已，死即举大名耳。（《史记·陈涉世家》）

（4）故言九州岛山川，《尚书》近之矣。至《禹本纪》《山海经》所有怪物，余不敢言之也。（《史记·大宛列传》）

**以上几个提起连词也可以连起来用，构成“若夫”“且夫”“至于”“至如”等。**例如：

（5）曩者霸上、棘门军若儿戏耳，其将固可袭而虏也。至于亚夫，可得而犯耶？（《史记·绛侯周勃世家》）

（6）《韩子》曰：“儒以文乱法，而侠以武犯禁。”二者皆讥，而学士多称于世云。至如以术取宰相卿大夫，辅翼其世主，功名着于春秋，固无可言者。（《史记·游侠列传》）

（7）大上有立德，其次有立功，其次有立言，虽久不废，此之谓三不朽。若夫保姓受氏，以守宗祊，世不绝祀，无国无之。禄之大者，不可谓不朽。（《左传·襄公二十四年》）

（8）南郭惠子问于子贡曰：“夫子之门何其杂也？”子贡曰：“君子正身以俟，欲来者不距，欲去者不止。且夫良医之门多病人，隐栝之侧多枉木。是以杂也。”（《荀子·法行》）按：隐栝，矫正木材的工具。

### （二）表示并列

表示并列的单向连词有“既”“终”“已（以）”，可以翻译成“既”“又”。例如：

（1）既破我斧，又缺我斨。（《诗经·豳风·破斧》）按：斨，方孔斧。

（2）终风且暴，顾我则笑。（《诗经·邶风·终风》）按：“终风且暴”即“既风且暴”，意思是：既刮风又下雨。

（3）已失人，又失天，其有殃也多矣。（《国语·晋语三》）按：“已失人”即“既失人”。

（4）日夜合离，以成文章，以能合从，又善连衡。（《荀子·赋》）——从，通“纵”。衡，通“横”。按：“以能合从，又善连衡”意思是：既能合纵，又善于连横。

### （三）表示假设

表示假设的单向连词比较多，常见的有**“如”“若”“苟”**，可以翻译成“如果”“假如”。例如：

（1）如或知尔，则何以哉？（《论语·先进》）

（2）若使烛之武见秦君，师必退。（《左传·僖公三十年》）

（3）自始合，苟有险，余必下推车。（《左传·成公二年》）

**此外，还有“抑”“使”“令”“向（乡）”“即”“且”“诚”“果”“第”“设”“假”“为”“所”“而”，以及复音的“若苟”“若使”“如若”“如使”“如令”“如果”“苟使”“假设”“假使”“假如”“假若”“假令”“设使”“设若”“设令”“倘若”“倘使”“向使”“诚使”“诚令”等。例如：**

（4）晋侯使叔向告刘献公曰：“抑齐人不盟，若之何？”（《左传·昭公十三年》）

（5）使武安侯在者，族矣。（《史记·魏其武安侯列传》）

（6）令秦来年复攻，王得无割其内而媾乎？（《战国策·赵策三》）

（7）王即不听用鞅，必杀之，无令出境。（《史记·商君列传》）

（8）君且欲霸王，非管夷吾不可。（《史记·齐世家》）

（9）诚其大略是也，虽有小过，不足以为累。（《淮南子·泛论训》）

（10）人一能之，己百之；人十能之，己千之。果能此道也，虽愚必明，虽柔必强。（《礼记·中庸》）

（11）长卿，第俱如临邛，从昆弟假贷，犹足为生，何故自苦如此。（《史记·司马相如列传》）

（12）（孙叔敖）戒其子曰：“为我死，王则封汝，汝必无受利地。”（《列子·说符》）

（13）所不此报，无能涉河！（《左传·宣公十七年》）

（14）人而无信，不知其可也。（《论语·为政》）

（15）向使四君却客而不内，疏士而不用，是使国无富利之实，而秦无强大之名也。（《谏逐客书》）

（16）如使予欲富，辞十万而受万，是为欲富乎？（《孟子·公孙丑下》）

（17）假设陛下居齐桓之处，将不合诸侯而匡天下乎？（《汉书·贾谊传》）

（18）诚使秦王得志于天下，天下皆为虏矣。（《史记·秦始皇本纪》）

### （四）表示让步

表示让步的单向连词有**“虽”“则”“而”“且”“尚”“犹”“且犹”“尚犹”“纵”“即”“第（弟）令”“藉弟令”“虽使”“虽则”**等，其中“虽”“即”“虽则”所引出的分句有表示假设让步和表示事实让步两种，“则”“而”“且”“尚”“犹”“且犹”“尚犹”等引出的分句一般只表示事实让步，“纵”“第令”“藉弟令”“虽使”引出的分句一般只表示假设让步。表示**假设让步**时，可以翻译成“即使”；表示**事实让步**，可翻译成“虽然”或“尚且”。例如：

（1）故虽有尧之智，而无众人之助，大功不立。（《韩非子·观行》）按：此例是假设让步。

（2）虽君之有鲁丧，亦敝邑之忧也。（《左传·襄公三十一年》）按：此例是事实让步。

（3）桀、纣即厚有天下势，索为匹夫而不可得也。（《荀子·王霸》）按：此例表示既成事实。

（4）公子即合符，而晋鄙不授公子兵而复请之，事必危矣。（《史记·魏公子列传》）——合符：对虎符。按：此例是假设让步。

（5）出其东门，有女如云。虽则如云，非我思存。（《诗经·郑风·出其东门》）按：此例为事实让步。

（6）虽则子弟之中，刑及之而宜。（《荀子·非十二子》）按：此例是假设让步。

（7）多则多矣，抑君似鼠。夫鼠昼伏夜动。（《左传·襄公二十三年》）按：此例的意思是：（战功）多虽然多，但国君您像个老鼠。老鼠就是白天躲着，夜里活动的。

（8）臣死且不避，卮酒安足辞！（《史记·项羽本纪》）

（9）孟孙曰：“夫一麑而不忍，又何况于人乎？”（《淮南子·人间训》）

（10）窃人之财，犹谓之盗，况贪天之功以为己力乎！（《左传·僖公二十四年》）

（11）布衣之交尚不相欺，况大国乎？（《史记·廉颇蔺相如列传》）

（12）管仲且犹不可召，而况不为管仲者乎？（《孟子·公孙丑下》）

（13）夫千乘之王、万家之侯、百室之君尚犹患贫，而况匹夫编户之民乎？（《史记·货殖列传》）

（14）且予纵不得大葬，予死于道路乎？（《论语·子罕》）按：此例是假设让步。

（15）失期当斩。藉弟令毋斩，而戍死者固十六七。（《史记·陈涉世家》）

（16）今大王与吴西乡（向），第令事成，两主纷争，患乃始结。（《史记·吴王濞列传》）

（17）厚葬久丧虽使不可以富贫、众寡、定危、治乱，然此圣王之道也。（《墨子·节葬下》）按：此例的“富”“众”“定”“治”均为使动用法。

### （五）表示选择

表示选择的单向连词有**“与其”“与”**，用于表示对比选择关系的前项。例如：

（1）且而与其从辟人之士也，岂若从辟世之士哉？（《论语·微子》）

（2）与其害于民，宁我独死。（《左传·定公十三年》）

（3）与我处畎亩之中，由是以乐尧、舜之道，吾岂若使是君为尧、舜之君哉？（《孟子·万章上》）

（4）妇人见之，请于父母曰：“与为人妻，宁为夫子妾。”（《庄子·德充符》）

### （六）表示原因

表示原因的单向连词常见的只有“以”“为”“由”等，用于因果复句表示原因的分句之首，可以翻译成“因为”“由于”。例如：

（1）楚人以晏子短，为小门于大门之侧而延之。（《晏子春秋·内篇杂下》）

（2）左右以君贱之也，食以草具。（《战国策·齐策四》）

（3）为其杀是童子而征之，四海之内皆曰：“非富天下也，为匹夫匹妇复雠也。”（《孟子·滕文公下》）

（4）由所杀蛇白帝子，杀者赤帝子，故上赤。（《史记·高祖本纪》）

汉代也用“用”。例如：

（5）用无子，故废耳。（《史记·外戚世家》）

表示原因的分句多数情况下出现在结果分句之前，但有时也可以出现在结果分句之后，表示对原因的强调。例如：

（6）强秦之所以不敢加兵于赵者，徒以吾两人在也。（《史记·廉颇蔺相如列传》）

（7）夫卖兔者满市，而盗者不敢取，由名分已定也。（《商君书·定分》）

## 二、双向连词

双向连词分布在单句的两个句法成分之间或复句的两个分句之间，起关联过递的作用。分布在单句的两个成分之间的双向连词可以称为句内双向连词，分布在复句的两个分句之间的双向连词可以称为句际双向连词。

### （一）句内双向连词

句内双向连词有以下四种：（1）表示并列；（2）表示选择；（3）连接状语与谓语；（4）连接整数与余数。

#### 1. 表示并列

表示并列的句内双向连词常见的有“与”“及”“而”“且”“以”等。

（1）“与”“及”一般连接两个或两个以上的体词性成分，表示并列关系。例如：

① 子罕言利，与命与仁。（《论语·子罕》）

② 夫弗及而忧，与可忧而乐，与忧而弗害，皆取忧之道也。（《左传·昭公元年》）

③ 知可以战与不可以战者胜。（《孙子·谋攻》）

④ 吕后，妇人，专欲以事诛异姓王者及大功臣。（《史记·卢绾列传》）

⑤ 李延年，中山人也，父母及身、兄弟及女皆故倡也。（《史记·佞幸列传》）

“暨”“之”等也有同样的用法。例如：

① 东至海暨朝鲜。（《史记·秦始皇本纪》）

② 昔鬼侯之鄂侯、文王，纣之三公也。（《战国策·赵策三》）按：“鬼侯之鄂侯、文王”意为“鬼侯与鄂侯、文王”。

（2）“而”“且”“以”连接两个谓词性成分，表示并列关系。

① 乐伯左射马而右射人。（《左传·宣公十二年》）

② 君子有酒，旨且多。（《诗经·小雅·鱼丽》）

③ 天大雷电以风，禾尽偃。（《尚书·金縢》）

“而”“以”有时也连接体词性成分。例如：

① 高祖为人，隆准而龙颜，美须髯。（《史记·高祖本纪》）

② 闻善而不善皆以告其上。（《墨子·尚同》）按：“善而不善”意思是：好的和不好的事情。

③ 赋《常棣》之七章以卒。（《左传·襄公二十七年》）按：这句话的意思是：朗诵《诗经·小雅·常棣》这首诗的第七章和末章。

“且”表示并列关系有时是“一边……一边”的意思，可以单用，也可以连用两个。例如：

① 盾曰：“弃人用犬，虽猛何为？”斗且出。（《左传·宣公二年》）

② 且引且战，连斗八日。（《史记·李将军列传》）

2. 表示选择

（1）表示选择关系的主要有“如”和“若”，可以翻译成“或者”。例如：

① 安见方六七十如五六十而非邦也者？（《论语·先进》）

② 宗庙之事，如会同，端章甫，愿为小相焉。（《论语·先进》）

③ 其以丙子若壬午作乎？（《左传·昭公十七年》）

④ 愿取吴王若将军头，以报父之仇。（《史记·魏其武安侯列传》）

⑤ 天地开辟，人皇以来，随寿而死若中年夭亡，以亿万数。（《论衡·论死》）

（2）“与”“且”有时也表示选择关系，可以翻译成“或者”。例如：

① 臣不知其思与不思。（《战国策·秦策二》）

② 汉之圣者在高祖之孙且曾孙也。（《史记·封禅书》）

3. 连接状语与谓语中心语

连接状语与谓语中心语的有“而”和“以”。所连接的状语是表示状态、方式的谓词性词语或者是表示时间的词语，其中时间状语之后只用“而”连接。例如：

（1）子路率尔而对。（《论语·先进》）

（2）夫如是，则四方之民襁负其子而至矣。（《论语·子路》）

（3）置诸畚，使妇人载以过朝。（《左传·宣公二年》）

（4）樊哙侧其盾以撞。（《史记·项羽本纪》）

（5）吾十有五而志于学。（《论语·为政》）

（6）君子之泽，五世而斩。（《孟子·离娄下》——斩：断绝。）

（7）后五月而秦孝公卒。（《史记·商君列传》）

此外，“而”“以”有时也可以出现在介词结构中。例如：

（8）由孔子而来，至于今百有余岁。（《孟子·尽心下》）

（9）余暨以南属越，钱塘以北属吴。（《论衡·书虚》）按：“余暨以南”犹“自余暨以南”；“钱塘以北”犹“自钱塘以北”。

这种用法“以”比“而”出现得晚，汉代以后才有。

#### 4. 连接整数与余数

连接整数与余数用“有（yòu）”。例如：

（1）吾十有五而志于学。（《论语·为政》）

（2）割地而朝者三十有六国。（《韩非子·五蠹》）

### （二）句际双向连词

句际双向连词关联两个或两个以上的句子。按所关联的两个句子之间的语义关系，可以分为以下八类：

#### 1. 接连贯关系的复句

即连词所连接的两个句子表示时间上先后相承的两个事件。常见的有“而”“乃”“则”“斯”“遂”“因遂”“而后”“既而”“已而”“然后”等，可以翻译成“然后”“而后”“于是”或“就”。例如：

（1）见兔而顾犬，未为晚也；亡羊而补牢，未为迟也。（《战国策·楚策四》）

（2）度我至军中，公乃入。（《史记·项羽本纪》）

（3）弟子入则孝，出则悌。（《论语·学而》）

（4）子路问：“闻斯行诸？”（《论语·先进》）

（5）吴师来，斯与之战，何患焉？（《左传·哀公八年》）

（6）公入而赋：“大隧之中，其乐也融融。”姜出而赋：“大隧之外，其乐也泄泄。”遂为母子如初。（《左传·隐公元年》）

（7）楚服，因还袭蔡，曰：“余为天子伐楚，而蔡不以兵听从。”因遂灭之。（《韩非子·外储说左上》）

（8）楚成王以商臣为太子，既而又欲置公子职。（《韩非子·内储说下》）

（9）权，然后知轻重；度，然后知长短。（《孟子·梁惠王上》）

（10）射者正己而后发。（《孟子·公孙丑上》）

（11）（张仪）求见苏秦，苏秦乃诫门下不为通，又使不得去者数日。已而见之，坐之堂下，赐仆妾之食。（《史记·张仪列传》）

#### 2. 连接并列关系的复句

常见的连词有“且”“而”“又”“亦”等，可以翻译成“并且”“而又”“又”。例如：

（1）公语之故，且告之悔。（《左传·隐公元年》）

（2）泛爱众，而亲仁。（《论语·学而》）

（3）不敢输币，亦不敢暴露。（《左传·襄公三十一年》）

（4）逢执事之不闲，而未得见；又不获闻命，未知见时。（《左传·襄公三十一年》）

#### 3. 连接递进关系的复句

常见的有“且”“而”“乃”“而且”“而又”“况”“而况”“又况”“何况”“矧

（shěn）”等（“何况”是汉代以后才出现的）。其中，“且”“而”等可以翻译成“而且”，“况”“而况”“况于”“何况”等一般出现在让步进逼的递进复句中，可以翻译成“何况”。例如：

（1）比及三年，可使有勇，且知方也。（《论语·先进》）

（2）君子博学而日参省乎己，则知明而行无过矣。（《荀子·劝学》）

（3）非独政之能，乃其姊者亦列女也。（《战国策·韩策二》）——政，聂政。列，通“烈”。

（4）故知节用裕民，则必有仁义圣良之名，而且有富厚丘山之积矣。（《荀子·富国》）

（5）过而不改，而又久之，以成其悔，何利之有焉？（《左传·宣公十七年》）

（6）蔓草犹不可除，况君之宠弟乎？（《左传·隐公元年》）

（7）父母之于子也，犹用计算之心以待之，而况无父子之泽乎？（《韩非子·六反》）

（8）世主恣行，则中人将逃其君，去其亲，又况于不肖者乎？（《吕氏春秋·振乱》）

（9）孟孙曰：“夫一麑而不忍，又何况于人乎？”（《淮南子·人间训》）

4. 连接目的关系的复句

即连词所连接的两个分句是行为与目的的关系。最常见的连词是“以”，也用“而”和“为”，可以翻译成“来”或“为了”。例如：

（1）晋侯复假道于虞以伐虢。（《左传·僖公五年》）

（2）古之为关也，将以御暴；今之为关也，将以为暴。（《孟子·尽心下》）

（3）量地而立国，计利而畜民，度人力而授事。（《荀子·富国》）

（4）子产使尽坏其馆之垣而纳车马焉。（《左传·襄公三十年》）

（5）君子创业垂统，为可继也。（《孟子·梁惠王下》）

5. 连接选择关系的复句

常见的连词有“抑”“意”“意者”“且”“将”等，可以翻译成“还是”。例如：

（1）夫子至于是邦也，必闻其政。求之与？抑与之与？（《论语·学而》）

（2）诚病乎？意亦思乎？（《战国策·秦策二》）

（3）王以天下为尊秦乎？且尊齐乎？（《战国策·齐策四》）

（4）宁诛锄草茅以力耕乎？将游大人以成名乎？（《楚辞·卜居》）

“意者”，可以两个分句之前都用。例如：

意者秦王帝王之主也，君恐不得为臣，何暇从以难之；意者秦王不肖主也，君从以难之未晚也。（《吕氏春秋·不侵》）

6. 连接条件关系的复句

即连词所连接的两个分句是条件与结果的关系，其中条件分句既可以是事实条件，也可以是假设条件。最常见的连词是“则”，此外，还有“是”“乃”“斯”“而”“则是”等，可以翻译成“那么”。例如：

（1）君子笃于亲，则民兴于仁。（《论语·泰伯》）

（2）或百步而后止，或五十步而后止。以五十步笑百步，则何如？（《孟子·梁惠王上》）

（3）知彼知己，胜乃不殆；知天知地，胜乃可全。（《孙子兵法·地形》）

（4）仁远乎哉？我欲仁，斯仁至矣。（《论语·述而》）

（5）若野赐之，是委君贶于草莽也，是寡大夫不得列于诸卿也。（《左传·昭公元年》）

（6）君子务本，本立而道生。（《论语·学而》）

（7）城入赵而璧留秦；城不入，臣请完璧归赵。（《史记·廉颇蔺相如列传》）

（8）不识王之不可以为汤、武，则是不明也。（《孟子·公孙丑下》）

### 7. 连接因果关系的复句

即连词所连接的两个分句是原因与结果的关系。用于这种复句中的双向连词比较多，常见的有“故”“以”“而”“乃”“是以”“是用”“是故”“以故”“因”“因是”“然则”等，可以翻译成“因此”“因而”“所以”。例如：

（1）彼竭我盈，故克之。（《左传·庄公十年》）

（2）不谷不德而贪，以遇大敌。（《左传·宣公十二年》）

（3）夫贤人在而天下服，一人用而天下从。（《战国策·秦策一》）

（4）秦王恐其破璧，乃辞谢固请。（《史记·廉颇蔺相如列传》）

（5）敏而好学，不耻下问，是以谓之“文”也。（《论语·公冶长》）

（6）伯夷、叔齐不念旧恶，怨是用希（稀）。（《论语·公冶长》）

（7）玉不琢，不成器；人不学，不知道。是故古之王者，建国君民，教学为先。（《礼记·学记》）

（8）汉败楚，楚以故不能过荥阳而西。（《史记·项羽本纪》）

（9）宋人有耕者，田中有株，兔走触株，折颈而死。因释其耒而守株，冀复得兔。（《韩非子·五蠹》）

（10）寡君惧，因是行也。（《左传·襄公二十二年》）

（11）汤、武之王也，不循古而兴；殷、夏之灭也，不易礼而亡。然则反古者未必可非，循礼者未足多也。（《商君书·更法》）

### 8. 连接转折关系的复句

即连词所连接的两个分句意义相反或相对。用以连接转折复句的连词常见的有“然”“而”“乃”“然而”“然则”“则”“即”“抑”“顾”“反”“更”“但”“还”“亦”等，可以翻译成“但是”“却”。例如：

（1）夫虽无四方之忧，然谋臣与爪牙之士不可不养而择也。（《国语·越语上》）

（2）若圣与仁，则吾岂敢？抑为之不厌，诲人不倦，则可谓云尔已矣。（《论语·述而》）

(3) 贫而无谄，富而无骄。(《论语·学而》)

(4) 不见子都，乃见狂且。(《诗经·郑风·山有扶苏》)

(5) 求牛则名马，求马则名牛，所求必不得矣。(《吕氏春秋·审分》)

(6) 欲予秦，秦城恐不可得，徒见欺；欲勿予，即患秦兵之来。(《史记·廉颇蔺相如列传》)

(7) 夫环而攻之，必有得天时者矣，然而不胜者，是天时不如地利也。(《孟子·公孙丑下》)

(8) 夫贵为天子，富有天下，是人情之所同欲也。然则从人之欲，则势不能容，物不能赡也。(《荀子·荣辱》)

(9) 今秦妇人婴儿皆言商君之法，莫言大王之法，是商君反为主，大王更为臣也。(《战国策·秦策一》)

(10) 若既得立，欲分吴国予我，我顾不敢望也。(《史记·伍子胥列传》)

(11) 人体欲得劳动，但不当使极尔。(《三国志·魏书·方技传》)

(12) 以孔璋之才，不闲辞赋，而多自谓与司马长卿同风，譬画虎不成还为狗者也。(《三国志·魏书·曹植传注》)

## 介　词

古代汉语介词数量不多，但有些介词的功能比较复杂，其基本情况如下表：

| 介词所引介的成分 | 例词 |
|---|---|
| 时间、处所和范围 | 于、乎、以、在、即、及、自、从、由（繇）、当、方、到、迨、逮、至、比、竟、投、向、临、先 |
| 工具和凭借 | 以、因、用、于 |
| 原因 | 以、为、于、因、缘 |
| 行为对象 | 于、乎、为、与、及、从 |
| 行为施事者 | 于、乎 |

从上表可以看出，“于”“乎”的功能最为复杂，将“于”“乎”的用法搞清楚了，其他介词的用法差不多也就搞清楚了。“于”作介词在殷商时期的甲骨文里就很常见了，“于”“乎”则是春秋以后出现的。这两个词语音相近，功能基本相同，所以把它们看成是一个词的不同变体也是可以的。它们在句子中差不多可以引介各种成分，所以要分辨它们所引介的是哪一种成分，需要根据具体的语境以及它们所引介的成分与谓语动词的关系来判断。

### 一、引介处所或范围成分

根据处所、范围成分与谓语动词的语义关系，又可以分为起点、经由、活动或存在场所、方向目标和终点等。

（一）引介起点和经由成分，分布在谓语动词之后，可翻译为“从”。例如：

（1）穆姜出于房。（《左传·成公九年》）

（2）仲尼适楚，出于林中。（《庄子·达生》）

（3）民以为将拯己于水火之中也。（《孟子·梁惠王上》）

（4）先王过举，擢之乎宾客之中。（《战国策·燕策二》）

以上四个例子中，例（1）“于”引出的处所成分表示动作行为的主体位移的起点；例（2）“于”引出的处所成分表示行为主体经由的处所；例（3）“于”引出的处所成分表示行为所支配的事物位移的起点；例（4）“乎”引出的处所成分表示行为所支配的事物位移的起点范围。

在上古时期，引介处所起点或经由成分的介词除了“于”“乎”之外，还有“自”“从”“由”等。与“于”“乎”不同的是，“自”和“由”及其所引介的成分既可以出现在谓语动词的后头，也可以出现在谓语动词的前头，“从”及其所引介的成分祇出现在谓语动词的前头。例如：

（5）有朋自远方来，不亦乐乎？（《论语·学而》）

（6）出自北门，忧心殷殷。（《诗经·邶风·北门》）

（7）从台上弹人，而观其辟丸也。（《左传·宣公二年》）

（8）君子阳阳，左执簧，右召我由房。（《诗经·王风·君子阳阳》）

（9）由司射之南适堂西，释弓。（《仪礼·乡射》）

（二）引介行为发生或状态存在的场所，可翻译成“在”。例如：

（1）鸡栖于埘，日之夕矣。（《诗经·王风·君子于役》）

（2）于以采蘩，于沼于沚。（《诗经·召南·采蘩》）

（3）夫子当路于齐，管仲、晏子之功，可复许乎？（《孟子·公孙丑上》）

（4）季氏于鲁相二君矣。（《左传·成公二年》）

（5）千乘之国，摄乎大国之间。（《论语·先进》）

例（1）“于”引介的处所成分表示状态存在的场所；例（2）“于”引介的处所成分表示动作行为发生的场所；例（3）（4）的“于”和例（5）的“乎”引介的处所成分都是表示动作行为发生的场所。

在上古汉语中，“于”引介行为发生或状态存在的场所，极少位于谓语动词之前，魏晋以后“于”已成为文言词，“于”及宾语位于动词之前的用例却逐渐地多起来。“乎”及其宾语则总是谓语动词之后。此外，“于”还可以引介表示范围的成分，这是“乎”所没有的。例如：

（6）吴人曰：“于周室，我为长。”晋人曰：“于姬姓，我为伯。”（《左传·哀公十三年》）

（7）请神择于五人者，使主社稷。（《左传·昭公十三年》）

（8）燕于姬姓独后亡。（《史记·燕世家》）

西汉以后，“在”“即”也相继有引介行为发生或状态存在的场所的用法，但“即”

有“就在”的意思。“在”及其宾语可以位于动词之前，也可以位于动词之后，“即”及其宾语位于动词之前。例如：

(9) 丞相李斯为上崩在外，恐诸公子及天下有变，乃秘之，不发丧。(《史记·秦始皇本纪》)

(10) 从官在山下闻若有言万岁云。(《史记·孝武本纪》)

(11) 项羽晨朝上将军宋义，即其帐中斩宋义头。(《史记·项羽本纪》)

**(三) 引介方向或目标成分可翻译成“向”“往”“对”。**例如：

(1) 楚人谋徙于阪高。(《左传·文公十六年》)

(2) 公奔于卫。(《史记·鲁周公世家》)

这种用法除了“于”之外，还有“向（乡）”“当”。例如：

(3) 当壁而拜者，神所立也。(《左传·昭公十三年》)

(4) 秦伯素服郊次，乡师而哭。(《左传·僖公三十三年》)

(5) 向水火而泣，能涌水灭火乎？(《论衡·感虚》)

此外，在上古汉语里，当动词本身具有趋向意义时，方向目标成分也常常不用介词“于”引介。例如：

(6) 五月辛丑，大叔出奔共。(《左传·隐公元年》)

(7) 百濮离居，将各走其邑，谁暇谋人？(《左传·文公十六年》)

例(6)的“共”和例(7)的“其邑”都是目标成分，未用介词引介。

**(四) 引介终点成分可翻译成“到”。**例如：

(1) 剑及于寝门之外。(《左传·宣公十四年》)

(2) 孔子自陈迁于蔡。(《史记·孔子世家》)

(3) 鸡鸣狗吠相闻而达乎四境。(《孟子·公孙丑上》)

这种用法除了“于”“乎”之外，还有“及”“至”等。例如：

(4) 郤克伤于矢，流血及屦。(《左传·成公二年》)

(5) 汉兵追至塞，度弗及，即罢。(《史记·韩长孺列传》)

## 二、引介时间成分

时间成分与处所成分类似，可以分为起始时间、经由时间、发生的时间、接近的时间、先时时间、终止的时间等。

**(一) 引介起始时间的用法最早用“自”，先秦时期也用“于”“由”“从”，但不用“于”和“乎”。“自”“于”引介的时间起点成分一般都出现在动词的前头，可翻译成“从”。**例如：

(1) 自朝至于日中昃，不遑暇食。(《尚书·无逸》)

(2) 自今请虽吾家，听子而行。(《左传·襄公三十一年》)

(3) 晋于是始尚羔。(《左传·定公八年》)

(4) 乃赐造父以赵城，由此为赵氏。(《史记·赵世家》)

(5) 宣王伐鲁，立孝公，诸侯从是而不睦。(《国语·周语上》)

先秦时期。“于”与“是”组合，也常常说成“于是乎”。例如：

(6) 晋于是乎失诸侯。(《左传·定公四年》)

(二) 引介经由时间，可翻译成“从”“由”。例如：

先王之法，经乎上世而来者也。(《吕氏春秋·察今》)

(三) 引介动作行为发生的时间，最早用“于”，西周以后多用“于”，也用“在”“以”“方”“当”，汉代以后也用“即”，可以翻译成“在”。在这种用法上，介词及其宾语一般都出现在谓语动词的前头。例如：

(1) 于今日雨。(《甲骨文合集》20925)

(2) 子于是日哭，则不歌。(《论语·述而》)

(3) 齐、晋、秦、楚其在成周微甚。(《史记·十二诸侯年表》)

(4) 孔子年七十二，以鲁哀公十六年四月己丑卒。(《史记·孔子世家》)

(5) 方其梦也，不知其梦也。(《庄子·齐物论》)

(6) 当其贫困时，人莫省视；至其贵也，乃争附之。(《史记·滑稽列传》)

(7) 项伯许诺，即夜复去。(《史记·项羽本纪》)

(四) 引介接近的时间成分一般不用“于”，而用“向”“临”等，可翻译成“临近”“接近”。例如：

(1) 夫水，响(向)冬则凝而为冰。(《淮南子·俶真训》)

(2) 太子有子曰岑娶，而太子早死。临死，谓其父昆莫曰：“必以岑娶为太子，无令他人代之。”(《史记·大宛列传》)

(五) 引介先时时间成分一般也不用“于”，而用“迨”“逮”“及”“先”等，可翻译成“趁”“在……之前”。例如：

(1) 迨天之未阴雨，彻彼桑土，绸缪牖户。(《诗经·豳风·鸱鸮》)

(2) 逮吴之未定，君其取分焉。(《左传·僖公二十八年》)

(3) 彼众我寡，及其未既济也，请击之。(《左传·僖公二十二年》)

(4) 汉元年十月，沛公兵遂先诸侯至灞上。(《史记·高祖本纪》)

(六) 引介行为终止的时间成分用“于”“乎”，也用“及”“比”“逮”“至”“犁(黎)”“迟”，东汉以后也用“到”“投”，可翻译成“到”。例如：

(1) 自我不见，于今三年。(《诗经·豳风·东山》)

(2) 父兄百官皆不欲，曰：“吾宗国鲁先君莫之行，吾先君亦莫之行也，至于子之身而反之，不可。”(《孟子·滕文公上》)

(3) 骥、骜、绿耳背日而西走，至乎夕则日在其前矣。(《吕氏春秋·别类》)

(4) 自中丁以来，废适而更立诸弟子，弟子或争相代立；比九世，乱，于是诸侯莫朝。(《史记·殷本纪》)

(5) 及庄公即位，为之请制。(《左传·隐公元年》)

(6) 逮夜至于齐。(《左传·哀公六年》)

（7）扁鹊名闻天下……至今天下言脉者，由扁鹊也。（《史记·扁鹊仓公列传》）

（8）犁二十五年，吾冢上柏大矣。（《史记·晋世家》）

（9）于是沛公乃夜引军从他道还，偃旗帜，迟明，围宛城三匝。（《汉书·高帝纪》）

（10）儒者传学，不妄一言，先师古语，到今具存。（《论衡·定贤》）

（11）投暮，入其里宅，因自匿不见人。（《汉书·原涉传》）

## 三、引介工具、方式或凭借的依据成分

引介工具、方式或依据成分通常用“以”，但也可以用“于”“乎”。用“于”“乎”一般都出现在谓语动词的后头，只有“于”引介依据成分时才可以出现在谓语动词的前头；而用“以”引介工具或方式成分，两种语序形式都可以。引介工具成分可翻译成“用”，引介方式及凭借的依据可翻译成“凭”“依靠”“按照”等。例如：

（1）是故非诚贾不得食于贾，非诚工不得食于工，非诚农不得食于农。（《管子·乘马》）

（2）民保于城，城保于德。（《左传·哀公七年》）

（3）依乎天理，批大郤，导大窾。（《庄子·养生主》）

（4）诈称病不朝，于古法当诛。（《史记·吴王濞列传》）

（5）昔者黄帝氏以云纪，故为云师而云名；炎帝氏以火纪，故为火师而火名；共工氏以水纪，故为水师而水名；我高祖少皞挚之立也，凤鸟适至，故纪于鸟，为鸟师而鸟名。（《左传·昭公十七年》）——按：此例中“纪于鸟”与前面的“以云纪”“以火纪”的作用是一样的，都表示动作行为的依据，前几个依据成分用“以”引介，分布在谓语动词之前，后一个依据成分用“于”引介，分布在谓语动词之后。

（6）醒，以戈逐子犯。（《左传·僖公二十四年》）

（7）百工为方以矩，为圆以规。（《墨子·法仪》）

（8）以贤，则去疾不足；以顺，则公子坚长。（《左传·宣公四年》）

（9）行之以礼，守之以信，奉之以仁。（《左传·昭公六年》）

这种用法除了用“于”“以”之外，还用“用”“因”。“用”可以引介工具和凭借成分，“因”主要引介凭借成分，一般都分布在谓语动词的前面。例如：

（10）齐氏用戈击公孟。（《左传·昭公二十年》）

（11）吾闻用夏变夷者，未闻变于夷者。（《孟子·滕文公上》）

（12）善战者因其势而利导之。（《史记·孙子吴起列传》）

## 四、引介对象成分

对象成分按与谓语动词的语义关系，可以分为比较对象、言语对象、服务对象、予取对象、偕同对象、关涉对象、支配对象等。

（一）引介比较对象一般都分布在谓语动词之后，偶尔也分布在谓语动词之前。可翻译成“比”（差比）“跟”（比较异同）。例如：

（1）古我先王将多于前功。（《尚书·盘庚下》）

（2）与人善言，暖于布帛；伤人之言，深于矛戟。（《荀子·荣辱》）

（3）是何异于刺人而杀之曰：非我也，兵也。（《孟子·梁惠王上》）

（4）福轻乎羽，莫之知载；祸重乎地，莫之知避。（《庄子·人间世》）

（5）使同乎我者正之？既同乎我矣，恶能正之？（《庄子·齐物论》）

（6）克于先大夫，无能为役。（《左传·成公二年》）

（二）引介言语对象，分布在谓语动词之后，可翻译成“向”或不译。例如：

（1）隐为桓立，故以桓母之丧告于诸侯。（《公羊传·隐公元年》）

（2）周桓公言于王曰：“我周之东迁，晋、郑焉依。”（《左传·隐公六年》）

（3）或问乎曾西曰：“吾子与子路孰贤？”（《孟子·公孙丑上》）

当谓语动词是“言”“语”时，言语对象成分也用“与”“为”引介，“与”“为”及其宾语分布在谓语动词之前。例如：

（4）子曰：“吾与回言终日，不违，如愚。”（《论语·为政》）

（5）严仲子辟人，因为聂政语。（《战国策·韩策二》）

（三）引介服务对象一般都分布在谓语动词之后，用“于”时偶尔出现在谓语动词之前。可翻译成“为”“替”。例如：

（1）齐侯使管夷吾平戎于王。（《左传·僖公十二年》）

（2）舜曰：“惟兹臣庶，汝其于予治。”（《孟子·万章上》）

（3）妇人遂行，生二子于郄氏。（《左传·成公十一年》）

“为”“与”及其宾语的分布位置都是出现在谓语动词的之前。例如：

（4）故为渊驱鱼者，獭也；为丛驱爵者，鹯也。（《孟子·离娄上》）

（5）项羽大怒，曰：“旦日飨士卒，为击破沛公军。”（《史记·项羽本纪》）

（6）后若有事，吾与子图之。（《国语·吴语》）

（四）引介与取对象，指所引介的成分表示给予的对象或索取的对象。引介给予对象时可翻译成“给”，引介索取对象可翻译成“向”。例如：

（1）郑子产献捷于晋。（《左传·襄公二十五年》）

（2）己所不欲，勿施于人。（《论语·颜渊》）

（3）孔子曰：“鲁今且郊，如致膰乎大夫，则吾犹可以止。”（《史记·孔子世家》）

（4）定王使子服求后于齐。（《左传·宣公六年》）

（5）薛谭学讴于秦青。（《列子·汤问》）

（6）晋侯复假道于虞以伐虢。（《左传·僖公五年》）

以上例（1）（2）（3）中介词“于”“乎”引介的是给予对象成分，例（4）（5）（6）中介词“于”引介的是索取对象。

给予对象成分也可用“与”引介。例如：

（7）我有禁方，年老，欲传与公，公毋泄。（《史记·扁鹊仓公列传》）

索取对象成分汉代以后也可以用“从”引介，“从”及其宾语出现在谓语动词之前。例如：

（8）（文君曰：）“长卿，第俱如临邛，从昆弟假贷，犹足以为生，何至自苦如此？”（《史记·司马相如列传》）

**（五）偕同对象成分表示偕同施事或与施事交互从事某一行为的人或事物。“于”引介这种成分时可翻译成“跟”“和”“同”“与”等。**例如：

（1）晋赵婴通于赵庄姬。（《左传·成公四年》）

（2）宋华元善于令尹子重。（《左传·成公十一年》）

这种成分也可以用“与”“及”引介，“与”“及”及其宾语出现在谓语动词之前。例如：

（3）初，内蛇与外蛇鬭于郑南门中，内蛇死。（《左传·庄公十四年》）

（4）古之人与民偕乐，故能乐也。（《孟子·梁惠王上》）

（5）及尔偕老，老使我怨。（《诗经·卫风·氓》）

**（六）关涉对象成分表示动作行为所向或旁及的对象。“于”“乎”引介关涉对象可翻译成“对”“对于”“在……方面”等，或不翻译。**例如：

（1）公将不利于孺子。（《尚书·金縢》）

（2）始吾于人也，听其言而信其行；今吾于人也，听其言而观其行。（《论语·公冶长》）

（3）鲁侯不亦善于礼乎？（《左传·昭公五年》）

（4）王曰：“吾甚惭于孟子。”（《孟子·公孙丑下》）

（5）此于其亲戚兄弟若此，而又况于仇雠之敌国也？（《战国策·魏策三》）

在这种用法上，“于”及其宾语有时作为主语的一部分，前面用结构助词“之”关联。例如：

（6）吾之于人也，谁毁谁誉？（《论语·卫灵公》）

（7）寡人之于国也，尽心焉耳矣。（《孟子·梁惠王上》）

（8）且今时赵之于秦，犹郡县也。（《史记·张仪列传》）

**（七）支配对象成分表示动作行为的受事者。支配对象成分一般是不用介词引介的，但有时为了强调，也用“于”“乎”引介。“于”“乎”的这种用法一般可以不翻译。**例如：

（1）国将兴，听于民；将亡，听于神。（《左传·庄公三十二年》）

（2）父在观其志，父没观其行，三年无改于父之道，可谓孝矣。（《论语·学而》）

（3）沛公居山东时，贪于财货，好美姬。（《史记·项羽本纪》）

（4）故以众勇无畏乎孟贲矣，以众力无畏乎乌获矣，以众视无畏乎离娄矣，以众知无畏乎尧、舜矣。（《吕氏春秋·用众》）

## 五、引介施事成分

**“于”“乎”在被动句中引介施事成分，可以翻译成“被”。**例如：

（1）忧心悄悄，愠于群小。（《诗经·邶风·柏舟》）

（2）郤克伤于矢。（《左传·成公二年》）

（3）吾长见笑于大方之家。（《庄子·秋水》）

（4）万尝与庄公战，获乎庄公。（《公羊传·庄公十二年》）

## 六、引介原因成分

“于”引介原因成分可翻译成“因为”。例如：

（1）余必使尔罢于奔命以死。（《左传·成公七年》）

（2）民之憔悴于虐政未有甚于此时者也。（《孟子·公孙丑上》）

**这种用法用“于”“乎”比较少，更多的是用“以”“为”，汉代以后也用“因”“缘”。**例如：

（3）君子不以言举人，不以人废言。（《论语·卫灵公》）

（4）孙膑以此名显天下。（《史记·孙子吴起列传》）

（5）齐侯为楚伐郑之故，请会于诸侯。（《左传·庄公三十二年》）

（6）天行有常，不为尧存，不为桀亡。（《荀子·天论》）

（7）振声激扬，伺者因此觉知。（《后汉书·张衡传》）

（8）赵穿缘民众不说，起弑灵公。（《公羊传·宣公六年》）

## 文史拓展

# 史传文学

## 一、史传文学

史传文学，即史乘而有文学价值者，换言之，就是兼具史学和文学两种属性的历史记载。从史学的角度看，它是通过运用文学艺术的手段，借历史事件与历史人物的描述，来表达一定历史观的历史著作；从文学的角度看，它是以历史事件为题材，重在描写历史人物形象的文学作品。它在文化史上属于所谓“边缘”学科。

我国史传文学产生的年代久远，可以追溯到历史文学的最初形态。和世界上其他国家一样，我国也存在着一个“传说的时代”。那时还没有产生文字，许多历史事件、历史人物故事，如黄帝擒蚩尤、鲧禹治洪水、姜嫄生后稷等，都是以口头方式流传的。自从产生了文字，代代口耳相传的神话、传说、史诗便被以书面的形式记录下来，一部分还被经过改造而成为史籍材料。

我国是一个十分重视历史典籍编写的国家，史籍丰富，起源很早，如《左传》中所说的有《三坟》《五典》《八索》《九丘》及失传的多国春秋，还有孔子修订的我国第一部历史典籍《春秋》。春秋战国时期，史籍编写空前发展，产生了《尚书》（书经）、《左传》《国语》《战国策》等不朽之作。史官或史学家在编撰这些史籍时，受到口头历史文学的影响，也不乏丰富的艺术想象力。他们在叙述历史事件时，注意了情节与细节的生动，在描写人物时，突出了人物言行的个性特征，具有引人入胜的艺术魅力，这些史籍又称为先秦史传文学。

汉代继承了先秦史传文学传统，并有了重大创新。《史记》突破了先秦史传以事为中心的编年体形式，找到了一种新的表述方式，以成熟的传记文学开辟了我国历史文学的新纪元，为中国后世文学提供了一系列塑造典型人物形象的成功经验。继《史记》之后，另一部传记文学名著是东汉班固的《汉书》，这是一部“包举一代”的纪传体断代史，以详赡的资料展现了西汉广阔的社会生活与各种人物的精神风貌。虽其文学性在总体上不及《史记》，但一些人物传记中的历史事件描述得绘声绘色，历史人物也刻画得栩栩如生，如晁错、李陵、苏武等人的传记，人物形象鲜明而传神，其艺术性并不比《史记》人物传记逊色。从《汉书》开始，就出现了文学性减弱而史学性加强的倾向，这不仅因为班固的艺术才思不及司马迁，而且因为奉旨修史束缚了班固艺术才能的充分发挥。东汉后来又出现的《东观汉记》，其文学性就越难与《史记》相比了。中国以后的史籍，大多数沿袭《汉书》的体例，但注重的是史料的收集与史实的考辨，而不是辞采的精美与感情的充沛，文学性逐渐降低，这也是历史著作发展的必然结果。

## 二、史传文学的特点

史传文学的特点可概括为以下几个方面：

### （一）真实性

史传文学必须以真人真事为依据再现历史，再现人物。传主及事件必须符合史实，有史学价值，决不能凭空虚构。当然，史传文学的真实性并不等于历史人物、历史事件的简单记录，一些次要人物、局部细节可以借助想象、联想等做适当的艺术加工，但这种加工必须符合人物的性格，符合事物发展的逻辑。

### （二）艺术性

史传文学要运用多样的艺术手法来刻画人物，描摹物态。史传文学主要是写人的，所以它要求刻画出人物鲜明的个性，塑造栩栩如生的人物形象。

### （三）概括性

在史传文学中，传主的生平经历一般都较完整，便于读者从总体上把握人物（如《史记》）。但一些小传（如逸事等），由于受材料、篇幅的限制，不可能表现人物一生完整的经历、事迹，往往通过典型的事例，以小见大，来表现人物性格的某一方面或某几方面。因而传记一般要求选材精当、高度概括：一是对人物要有选择，选择那些代表性强、事迹丰富和很有性格特点的人来写；二是对人物的事迹要有选择，选择能够概括人物一生特点的事迹，而不是面面俱到。

### （四）通俗性

传记一般要求作者在形式表达方面写得简明易懂，语言风格多样化，容易被读者接受。如介绍科学成就的，语言可以简明、平实、朴素；描述传主多种才能与生活情趣的，语言可以生动活泼、文雅诙谐等，富于文学色彩。

## 三、史传文学与杂史杂传



继史籍之后，能重视并继承史传文学传统的，首先是那些杂史杂传，作者写作并不是为了修史，而是借史传的形式，向读者讲述奇闻逸事，比起史传来，它淡化了纪实性而增强了虚构夸饰。在《史记》之前，已有《穆天子传》《晏子春秋》等杂史杂传。《史记》问世后，为杂史杂传提供了更为成熟的艺术手段，于是魏晋南北朝出现了一大批富有文学色彩的杂史杂传，如袁康、吴平的《越绝书》、赵晔的《吴越春秋》、刘向的《列女传》、佚名的《汉武故事》《蜀王本纪》等，其艺术特征已近乎小说。

到了唐代，韩愈、柳宗元的散传《圬者王承福传》《张中丞传后叙》《柳子厚墓志铭》和《种树郭橐驼传》《梓人传》《段太尉逸事状》等，清新的文笔和鲜明的形象塑造，为传记文学创作注入了新的生命力。其他文学名家如白居易、刘禹锡、李翱、李商隐等亦有佳作。这影响了宋代各体传记文学的普遍发展。如苏轼撰述的《司马温公行状》、朱熹的《张魏公行状》等，开了个人传记文学长篇之先河。明代市民传记兴起，如袁宏道的《徐文长传》，描写更为细腻真切，更贴近生活。宋濂七十余篇小传性质的单篇传记，在展现多种人格模式上有新突破。清代传记以切中时弊、现实感强而独具特色，如顾炎武的《吴同初行状》《书吴、潘二生事》是宣扬民族情绪的反抗性传记文；邵长蘅的《阎典史传》是反映民族情绪的传统性传记文。清代桐城派传记文学书写精致，但传记文学总体处于停滞状态，清中叶后戴名世《画网巾先生传》、方苞《左忠毅公逸事》等，均为流传后世的人物传记的名作。

## 四、史传文学与古典小说

从神话到史传再到小说，是中国叙事文学的一条独特的发展路线。史传积累了丰富的叙事经验，孕育了小说，尤其是在唐代，小说作为叙事文学自成一体后，在它漫长的成长中仍然师从史传文学，从史传文学中吸取丰富的营养。

我国古代小说大多采用史传的叙事结构方式。史传结构方式有编年体和纪传体两种类型。《春秋》《左传》是编年体，按时间顺序记叙历史大事，优点是对历史宏观变化可以做连贯的记叙，但对于一些比较重要的人物或事件却不能作连贯的完整的记叙。而《史记》所确立的纪传体，则对于历史人物的生平，以及以人物为中心的事件可以作连贯而又完整的记叙，可以对某些重大的历史场面进行从容不迫的绘声绘色的描写，因而能够局部地再现历史场景。纪传体对于后世小说的影响尤为深刻。

唐代传奇小说和清代的《聊斋志异》等文言短篇小说在结构方式上，就明显地受到了纪传体的影响。《史记》中的作品，大多是以人物的名字作为题目，故事亦围绕该人物的生平事迹展开，前文叙述故事，后面再直接发表一段议论。对比一下唐代传奇小说的传类作品，几乎也都是这个路数，开篇即介绍主人公姓名、籍贯、家世、时代等，篇末则交代主人公的结局，有完整的故事情节，有开端，有发展，有高潮，有结局，主要人物都有交代。如《霍小玉传》《柳毅传》《谢小娥传》《任氏传》《李娃传》等，都是围绕着题名人物的生平经历展开，历叙其一生的起落、命运归宿，甚至包括后嗣情况，宛如纪传体。这说明《史记》中的传记，在体制上为中国文言短篇小说的出现做了充分准备，奠定了基础。史传的编年体和纪传体结构方式，也为明清长篇小说结构类型的形成奠定了基础。古代小说结构方式继承史传而又有发展创造。在总体结构上采用编年体的小说如《三国演义》、《金瓶梅》和《红楼梦》等，这些小说严格按时间顺序结构。《三国演义》是历史演义小说且不论，即以写世情人情的《金瓶梅》和《红楼梦》而论，它们的情节可以排列出一张大事年表，现今已有“金瓶梅系年”“红楼梦年表”之类的研究专著发表。但是小说并不完全搬用编年体，它们在总体编年的框架中，又吸收了纪传体结构的优点，局部采用列传的写法。清毛宗岗在评论《三国演义》时说：“《三国》叙事之佳，直与《史记》仿佛，而其叙事之难，则有倍难于《史记》者。《史记》各国分出、各人分载，于是有本纪、世家、列传之别。今《三国》则不然，殆合本纪、世家、列传总成一篇。分则文短而易工，合则文长而难好也。”

## 五、史传文学与一般历史著作的相同点

（一）它们所面对的对象都是历史上发生过的事和出现过的人，都要以真实作为写作的出发点。但求真并非易事，在中国古代尤其如此。如受为尊者、贤者、亲者讳的传统束缚，作者难以写出完整的人物；受集体意识的影响，作者有时难以突破世俗偏见；受情感因素的诱导，作者对人物产生爱憎，难免褒贬失度；受虚假材料迷惑，著作中往往掺入一些水分；政治环境的影响，使作者有时难以直书。

（二）史传文学和历史著作都要展现历史的变化，揭示社会发展中某些规律性的东西，给统治者提供借鉴，这是它们的政治目的。一部著作，无论采用何种形式，记载多长时间的历史，总要用事件或人物来展现这段历史的变化，包括王朝的更替、君主的变化、人事的变动等，以此来表明这段历史的来龙去脉，人与自然之间的复杂矛盾，等等。总之，“变”是作者的观察点。一个王朝为什么灭亡，另一个王朝又为什么兴起，这是历代史学家必须探索的问题。

（三）包括史传文学在内的历史文学大都有依附皇权的倾向，在奉旨编纂的著作中尤为明显。在封建专制时代，天子至高无上，他的意志代表一切，因而思想文化领域也必须为他的统治服务。在史传文学和历史著作中，天子被列入“本纪”，以示为天下的

主宰，而且在其他人物选择方面，也受统治者的思想限制。朝廷设立史官，并逐步加强统治，使编纂者难以摆脱正统思想的束缚，因而皇权神授、承天命而治天下等封建迷信进入史书之中，为封建统治制造舆论。不过，也有一些史家敢于冲破封建统治思想的束缚，大胆发表一家之言，并对至高无上的天子进行揭露和讽刺，司马迁就是其中一位。

（四）都有褒善贬恶的道德目标。《史记》所谓“善善恶恶，贤贤贱不肖”就是这一目标的具体体现。史传文学和历史著作，就是要通过或善或恶的人物形象，给世人一个警告。它们都不是单纯地写历史人物，而是把历史人物纳入道德的范畴之中加以选择，然后进入史书这个载体，使这些人物具有正面或反面的模范作用。

## 六、史传文学与一般历史著作的不同点

（一）一般历史著作在叙述人物事件时，用的是“概括法”，概括介绍某人做了某事，而史传文学用的是“形象法”，把事件过程具体化、故事化，使“死”的资料变成“活”的艺术形象。如《春秋》隐公元年，“夏五月，郑伯克段于鄢”，时间、地点、人物、结果都有了，但为什么要“克段于鄢”，如何“克段于鄢”，读者不大了解。而《左传》则对此事进行了详细记述，在叙事中刻画了郑庄公阴险、狠毒、伪孝的形象。因此，《左传》的记述就进入史传文学的领域了。后来的正史如《南齐书》《宋书》等大都用概括法，缺乏生动性。

（二）一般历史著作写人的经历，往往写成履历表的形式，而史传文学则要在此基础上升华生活。“如果只把一系列事实按编年的顺序罗列起来，还不能组成一个人的一生，这仅给出了事件的大致轮廓。因此传记作家要从材料中寻出人物活动的动机，并且发现人物的个性。”为了突出人物的某些特征，可以压缩不必要的时间交代过程，延长或放大富有生命特征的事件，避免将传记写成生平与时代的记录本。如《史记·廉颇蔺相如列传》，只选取了“完璧归赵”“渑池之会”“将相和”三个典型事件，就刻画了蔺相如热爱国家、机智勇敢、不计私仇的形象，这一光辉形象千百年来一直留在人们的脑海里。

（三）一般历史著作主要用作者的叙述语言，来展现人物的形象。史传文学不仅有作者的叙述语言，更重要的是用历史人物自己的语言去表现人物的个性，变静为动，动静结合，因而更形象、更生动。高尔基曾说：“文学就是用语言来创造形象、典型和性格，用语言来反映现实事件、自然景象和思维过程。”“文学的第一个要素是语言。”个性化的语言是历史进入文学领域的一个重要门槛。从某种意义上说，有了个性化的语言，也就有了个性化的人物。

（四）一般历史著作较少细节描写，大都粗陈梗概，史传文学则十分注意用细节来刻画人物。如《左传》僖公二十三、二十四年写晋公子重耳出亡，其中“别隗”“过卫”“醉遣”“窥浴”等段，都是用细节来表现重耳的个性。《史记》在这方面更为突出，如“圯上进履”（《史记·留侯世家》）、“胯下之辱”（《史记·淮阴侯列传》）等。细节描写往往能收到以小见大的效果，表面看来微不足道，但这也是文学区别于历

史的一个重要方面。

（五）一般历史著作只叙述人物所做的事，而不注意心理刻画，史传文学不仅写人做了某事，还要探寻人物“为什么这样做”，揭示人物生命活动的内在动力。史传作家就像一位高级心理学家，能深入人物的内心世界，进行心理刻画，给读者以身临其境之感。唐前史传文学主要通过人物的神态举止、心理独白及抒情诗歌来表现人物的内心世界。

（六）一般历史著作注重的是客观叙述，史传文学则有较浓厚的主观感情。尤其是那些私人著作，融入了个人的人生体验，把强烈的爱憎感情寄寓在叙事之中，有时按捺不住内心的激动，直接站出来，抒发感情。《史记》是最有代表性的，因而被鲁迅先生称为“无韵之《离骚》”，对中国的抒情文学产生了深远的影响。“感人心者，莫先乎情”，“情”是感动读者的催化剂，也是历史迈入文学殿堂的一个标志。基于以上原因，历史著作与史传文学产生了不同的效应。历史著作给人以历史的教益，使人从历史的经验教训中来观照自己；史传文学不仅给人以历史教益，而且给人以艺术的美的享受。史传作家以美的语言、美的形式，使历史人物“生死而肉骨”。读者在历史之外，又多了一种享受，无怪乎史传文学要受到人们的青睐了。

总而言之，“以文运事”和“因文生事”，可以说是对史传文学与其他历史文学之区别的最好概括。《左传》《史记》所奠立的史传文学传统给后世历史编纂以深刻影响。以《左传》为代表的古史，与以《史记》为代表的“前四史”（西汉司马迁的《史记》、东汉班固的《汉书》、南朝范晔的《后汉书》及西晋陈寿的《三国志》），颇具文采，后来史家鲜有不奉其为圭臬者。自司马迁创立纪传体后，历代史书（包括正史及许多野史）都以人为纲，数千年主要历史人物的性格都得到了不同程度的记录或再现。史传文学在具有历史的科学性和真实性的同时，兼具了文学的艺术性和形象性，从而把严肃的科学内容跟具有高度艺术性的表述方法结合到一起。历史是用散文写成的史诗，史传作家只有具备了史学家的谨严和文学家的情采，才能写出动人的篇章。

## 以古说今

### 以史为鉴，可以知兴替

#### 一、用典与出处

“以史为鉴，可以知兴替”，该句出自《贞观政要·任贤》。2021 年 7 月 1 日，习近平总书记在中国共产党成立 100 周年大会上的讲话中引用了这句话。

原文如下：

太宗后尝谓侍臣曰：“夫以铜为镜，可以正衣冠；以古为镜，可以知兴替；以人为镜，可以明得失。朕常保此三镜，以防己过。今魏徵殂逝，遂亡一镜矣。”

释义：

唐太宗曾对身边的大臣说：“用铜作镜子，可以端正衣冠；用历史作镜子，可以知道历代兴亡更替的规律；用人作镜子，可以明了自身的得失。我常保有这三面镜子，以防止自己犯错误。现在魏徵去世了，就失去一面镜子了！”

《贞观政要》是唐代史学家吴兢所著的一部政论性史书。全书10卷40篇，分类编辑了唐太宗在位时期与魏徵、房玄龄等大臣在治政时的问题，包括大臣们的争议、劝谏、奏议等，以规范君臣思想道德和军政思想。《任贤》是《贞观政要》第二卷中的首篇，共八章，分别介绍了唐太宗最为信任的八贤，著名的谏臣魏徵是其中一位。

魏徵是唐朝政治家，凌烟阁二十四功臣之一，以性格刚直、敢于直谏著称，其言论多见于《贞观政要》，其中最著名的是《谏太宗十思疏》。贞观初年，唐太宗求谏心切，曾对大臣说：“人欲自照，必须明镜。主欲知过，必藉忠臣。”后来魏徵便成了他须臾不可离的“人镜”。唐太宗与魏徵作为“明君”和“贤相”，开创了为人津津乐道的“贞观盛世”，“三镜说”也就因其君相的关系、业绩，作为“宏论浩叹”挂在了唐太宗的名下，不仅著名于史，更为世人所传颂。《新唐书》作者为避宋太祖赵敬讳（镜、敬同音），将原句中的镜改为“鉴”，因此，“以古为镜”亦曰“以古为鉴”“以史为鉴”。历史是一面镜子，它照亮现实，也照亮未来。

## 二、古今解读

在博大精深的中华文化中，“以史为鉴”是一以贯之的，早在《尚书》论证“以周代商”的合法性时就已出现。《尚书·召诰》中告诫周人：“我不可不监于有夏，亦不可不监于有殷。”意思是要从夏、殷的灭亡中获得鉴戒。“监”与“鉴”通。“监”的繁体是“監”，其本义是人的眼睛看器皿中盛满的水，即通过静止的水反照自己，看清自己的模样。《尚书》中表达鉴戒之意，用的都是“监”，如“人无于水监，当于民监”，后来有了金属的镜子，于是人们逐渐弃用“监”，而改用“鉴”字，反照的中介由“水”变成了金属，本质上还是观照之物，后转意为“借鉴”。《诗经·大雅·荡》明确有“殷鉴不远，在夏后之世”的说法，意在提醒周人要注意殷代灭亡的教训。

中国历史上的强盛时期，统治者和忧国忧民的士大夫往往重视总结历史的经验教训，从朝代兴替、历史盛衰的角度强调“以史为鉴”。春秋时期，孔子说：“观殷、夏所损益，曰：‘后虽百世可知也。’”强调历史经验对于后世有永不磨灭的启发意义。西汉初期，汉高祖刘邦让儒生陆贾回答“秦何以亡、汉何以兴”，找到汉避免重蹈秦人老路的关键。陆贾著《新语》论述秦亡汉兴，证明“虐行则怨积，德布则功兴”的道理。“殷鉴不远”几乎成了封建统治者们的醒世警钟，保长治久安的重要法宝。而后，司马迁继承前人的史鉴功能观，不仅强调“居今之世，志古之道，所以自镜也”，“志古”能够“自镜”，“往事”可为“居今之世”资鉴，而且指出“述往事，思来者”，从所述往事中，来者应该不断吸取教益，得到治国理政的鉴戒。唐太宗将史书的功能明定为“览前王之得失，为在身之龟镜”，自觉总结前王得失，从而开创出“贞观之治”的大好局面。北宋司马光主编《资治通鉴》，为的是鉴前世之兴衰，考当今之得失，而“有资于治道”。直至清代的顾炎武，仍然提出“夫史书之作，鉴往所以训今”。这些论述，都涉及历史、现实、未来的关系。就是说，“以史为鉴”不仅是必要的，而且是可行的，因为历史是既往的现实，而现实又是未来的历史，研究历史是为了了解现在，以更好地认识未来。“以史为鉴”已经深入中国的文化血脉中，是最能体现中华文化基因的重要内容之一。

党的十八大以来，习近平总书记高度重视“以史为鉴”，指出历史是最好的教科书，也是最好的清醒剂。要求领导干部把学习党史、国史作为“必修课”，“这门功课不仅必修，而且必须修好”。在庆祝中国共产党成立 95 周年大会上，习近平总书记一语道出以历史为镜鉴的目的和意义：“‘明镜所以照形，古事所以知今。’今天，我们回顾历史，不是为了从成功中寻求慰藉，更不是为了躺在功劳簿上、为回避今天面临的困难和问题寻找借口，而是为了总结历史经验、把握历史规律，增强开拓前进的勇气和力量。”

## 三、从百年党史中汲取奋进力量

回望党的百年历史，中国共产党是一个高度重视总结历史经验，也善于总结历史经验的马克思主义执政党。每到重要历史时刻和重大历史关头，党都要从历史中汲取前进的智慧和力量。“一切向前走，都不能忘记走过的路。”在庆祝中国共产党成立 100 周年大会上，习近平总书记发表讲话，围绕“以史为鉴、开创未来”，鲜明提出“九个必须”的根本要求。在党的二十大报告中，习近平总书记明确强调，“持续抓好党史、新中国史、改革开放史、社会主义发展史宣传教育，引导人民知史爱党、知史爱国，不断坚定中国特色社会主义共同理想”“学史明理、学史增信、学史崇德、学史力行，传承红色基因，赓续红色血脉”，并深情寄语广大青年，“坚定不移听党话、跟党走，怀抱梦想又脚踏实地，敢想敢为又善作善成，立志做有理想、敢担当、能吃苦、肯奋斗的新时代好青年”。在广大青年中开展党史学习教育，使新时代青年从党的百年历史中汲取精神滋养，凝聚起新时代青年的磅礴力量，对确保中国特色社会主义事业后继有人和实现“两个一百年”奋斗目标具有重要意义。

学史明理。一个民族要走在时代前列，就一刻不能没有理论思维，一刻不能没有思想指引。中国共产党的百年奋斗史就是一部不断推进马克思主义中国化的历史，就是一部不断推进理论创新、实践创新的历史。广大青年要认真学习马克思主义基本原理和马克思主义中国化重大理论成果，并深刻理解其科学体系、丰富内涵、精神实质和实践要求，感悟和领会党的理论创新成果所蕴藏的强大引领力和实践力，自觉用党的理论创新成果，用习近平新时代中国特色社会主义思想武装头脑、指导实践，深刻认识“没有中国共产党，就没有新中国，就没有中华民族伟大复兴”的道理，通过党史学习教育，从历史、理论和实践层面深刻理解中国共产党为什么能、马克思主义为什么行、中国特色社会主义为什么好。

学史增信。信仰、信念、信心，任何时候都至关重要。对共产主义的信仰，对中国特色社会主义的信念，是共产党人的政治灵魂，是共产党人经受住任何考验的精神支柱。广大青年要通过学习历史，增强对马克思主义、共产主义的信仰，从党的百年奋斗中感悟信仰的力量，始终保持顽强意志，勇敢战胜各种重大困难和严峻挑战；增强对中国特色社会主义的信念，深刻认识到，中国特色社会主义是历史发展的必然结果，是发展中国的必由之路，是经过实践检验的科学真理，始终坚定“四个自信”；增强对实现中华民族伟大复兴的信心，坚信我们党一定能够团结带领人民在中国特色社会主义道路上实现中华民族伟大复兴，努力创造属于我们这一代人、无愧新时代的历史功绩

学史崇德。习近平总书记在“七一”重要讲话中首次提出并深刻阐释了“坚持真理、坚守理想，践行初心、担当使命，不怕牺牲、英勇斗争，对党忠诚、不负人民”的伟大建党精神，指明了中国共产党的精神之源。这一系列伟大精神，跨越时空、历久弥新，深深融入我们党、国家、民族、人民的血脉之中，为立党、兴党、强党提供了丰厚滋养。新时代，广大青年要听党话、跟党走，从党的百年奋斗征程中崇尚学习一代代优秀共产党人对党忠诚的大德、造福人民的公德，从党的百年历史中涌现出的革命先烈和英模人物身上感悟他们高尚的人格魅力，不断筑牢信仰之基、补足精神之钙、把稳思想之舵。

学史力行。习近平总书记“七一”重要讲话，立足历史新起点，面向壮丽新征程，系统提出了以史为鉴、开创未来，在新的征程上推进党和人民事业发展的战略部署，向全党发出了争取更大光荣的伟大号召。广大青年要清醒认识到，中华民族伟大复兴的中国梦不是轻轻松松、敲锣打鼓就能实现的，必须要脚踏实地、埋头苦干，付出更为艰巨、更为艰苦的努力。广大青年要从党的百年奋斗历史中汲取奋进力量，传承革命先烈为国家为民族矢志不渝的奋斗精神，将个人的理想追求与实现中华民族伟大复兴的历史使命紧密结合，努力争做担当民族复兴大任的时代新人，以时不我待、只争朝夕的紧迫感，以更加昂扬的姿态、更加饱满的热情，投身中华民族伟大复兴宏伟实践，走好新时代青年人的“赶考路”。

第八单元课后练习

# 第九单元　魏晋南北朝诗歌

## 文学概说

## 魏晋南北朝诗歌发展概况

### 一、魏晋南北朝的诗歌

魏晋南北朝是中国历史上政权更迭最频繁的时期。从魏至隋的三百六十余年间，长期的封建割据和连绵不断的战争使这一时期中国文化的发展受到特别的影响。其突出表现在于玄学的兴起、佛教的输入、道教的勃兴及波斯、希腊文化的流入，诸多新的文化因素互相影响，交相渗透，使得这一时期儒学的发展及孔子的形象和历史地位等问题也趋于复杂化。综观中国文学史，魏晋南北朝是一个酝酿着新变的时期，许多新的文学现象孕育着、萌生着、成长着，透露出新的生机。

魏晋南北朝时期学术思潮及文学观念、审美追求的改变同样也影响着诗歌的创作。在这个乱世中，文人一方面悲叹生命无常，一方面饮酒行乐，以期望享受人生，形成了这一时期文学创作的基本主题。在题材方面，出现了咏怀诗、咏史诗、游仙诗、玄言诗、宫体诗，以及陶渊明开创的田园诗、谢灵运开创的山水诗等；诗体方面，五言古诗更加丰富多彩，七言古诗也有明显进步，并出现了作为律诗开端的“永明体”，中国古代诗歌的几种基本形式如五律、五绝、七律、七绝等，在这一时期都初具雏形；辞藻方面，追求华美的风气愈来愈甚，藻饰、骈偶、声律、用典，成为诗歌创作中普遍使用的手段。总体来说，整个魏晋南北朝时期的诗歌可以分为四个阶段，即建安诗歌—正始诗歌—两晋诗歌—南北朝诗歌。

### 二、建安风骨与“三曹”

建安诗歌是魏晋南北朝诗歌发展史上最为光辉夺目的一章。汉末的社会动乱和思想的活跃，促使建安诗坛大放异彩。以曹操、曹丕、曹植和孔融、王粲、刘桢、陈琳、阮瑀、徐干、应玚等“建安七子”为代表，诗人们描写社会动乱的现实，抒发建功立业的抱负，形成了“慷慨任气”的时代风格。这就是后世称道的“建安风骨”。这一时期，久已沉寂的四言诗在曹操手里出现中兴现象，五言诗的创作更是繁荣，终于使这一诗体成为我国古典诗歌的主要形式之一。曹丕的《燕歌行》则开创了七言的新体制。富于创新精神的建安诗人善于向民歌学习，又缘以雅词，质朴的古诗开始转向文人诗的华美。这种现象在曹植诗中尤为明显。

曹操（155—220），字孟德。曹操是建安文坛的领袖，他不仅以自己的创作开风气之先，影响了一代诗风，而且以其对文学的倡导，为建安文学的繁荣和发展做出了贡献。曹操所作诗歌内容主要有三：反映汉末的离乱现实和民生疾苦，如《蒿里行》《薤露行》《苦寒行》；表现他自身的雄心壮志和政治理想，如《步出夏门行》《短歌行》《对酒》，这类诗歌以政治家的气度书写了他的胸襟和抱负；此外，曹操诗歌中也有一些以歌咏神仙为内容的游仙诗，如《精列》《秋胡行》。其诗歌的主体风格是：慷慨悲凉，气韵沉雄。总体来说，曹操诗歌的艺术特色可以概括为：乐府古题写时事，充满强烈的现实主义精神；视野宽广、风格悲凉慷慨；为四言诗注入新的生命。

曹丕（187—226），曹操次子，字子桓。现存诗约四十首，主要分为三类：第一类为宴游诗，如写夜游铜雀园的《芙蓉池作诗》、纪游玄武池的《于玄武陂作诗》等。这些诗多写游赏之乐，模山范水比较细致，文辞富丽，常用对偶，在我国山水诗的发展史上有一定地位。第二类是抒情言志之作，如《黎阳作诗》三首，写曹军南征之事，既描写行军的艰苦，更突出了“救民涂炭”和志在“靖乱”的决心。第三类写征人思妇的相思离别及思乡之情，体现了曹丕诗的水平，如《于清河县见挽船士新婚与妻别》《代刘勋妻王氏杂诗》、《杂诗》二首等。同时，《燕歌行》是我国现存第一首成熟的文人七言古诗。其诗歌的艺术特色可以概括为：语言婉转清丽；追求形式之美感；注重个人情感抒发。

曹植（192—232），曹操三子，字子建，曹植的创作以建安二十五年（220 年）为界，分为前后两期。曹植前期诗歌主要是歌唱他的理想和抱负，洋溢着乐观、浪漫的情调。代表作为《白马篇》。曹植诗歌的后期创作主要是表达由理想与现实的矛盾所激起的悲愤和预感生命即将在屈辱与碌碌无为中消耗，失去其应有价值而产生的悲哀，以及对自由生活的向往，因而形成了悲愤哀怨的基调。代表作为《赠白马王彪》《野田黄雀行》《美女篇》《怨诗行》等。

作为失意文人的典型，曹植的诗歌历来受到后人的推崇，主要原因有以下三点：一是由于文采富艳；二是因为他对五言诗的发展具有重大影响；三是他不幸的身世引起后世文人的认同。曹植诗歌的艺术特色可概括为：利用乐府形式广泛抒发感情，使以叙事为主的乐府诗转为以抒情为主；用词华美而又形象生动，形成了“辞采华茂”的风格；讲究写作技巧；善于运用比喻。

## 三、正始诗歌

“正始”是魏齐王曹芳（240—249）的年号。曹魏后期，政局混乱，曹芳、曹髦等皇帝既荒淫无度又昏庸无能，司马懿父子掌握朝政，废曹芳、弑曹髦，大肆诛杀异己。在黑暗的政治统治下，文人少有全其身者，所谓“天下多故，名士少有全焉”（《晋书·

阮籍传》）。文人或放浪形骸，或寄情山水，借以逃避祸端；或曲折为文，借以发泄不满。他们的政治理想落潮，建功立业之心为忧生之嗟所代替，普遍出现危机感和幻灭感。

正始诗歌以对人生哲理的思考和忧生之叹为主题，诗风由建安时的慷慨悲壮变为词旨渊永、寄托遥深，诗歌表现了深刻的理性思考和尖锐的人生悲哀，体现出正始诗风的独特面貌。新一代诗人阮籍、嵇康的出现，标志着诗歌告别建安诗歌进入一个新的阶段，此时的政治时局和玄风思潮是影响这时期诗歌创作的重要因素。正始诗人多崇尚老庄，他们提倡玄风，所以他们在追求自然心与道冥的同时又将老庄的人生理想带入诗中，另一方面，玄学导致了此时创作的哲理化倾向。从整体风貌上看，正始诗歌以对人生哲理的思考和忧生之叹为主题，最突出的特征是深刻的理性思考和尖锐的人生悲哀，其代表作家是以阮籍、嵇康为首的“竹林名士”，还有山涛、王戎、向秀、刘伶、阮咸，七人也称“竹林七贤”。

阮籍（210—263），字嗣宗，陈留尉氏（今河南尉氏县）人，阮籍早年崇尚儒家思想，志在用世，后来发生魏晋禅代的政治动乱，由于对现实失望和深感生命无常，因此采取了蔑弃礼法名教的愤激态度，转向以隐世为旨趣的道家思想轨道。阮籍诗歌的主要成就是《咏怀诗》八十二首。

阮籍的《咏怀诗》把八十二首五言诗连在一起，编成一部庞大的组诗，塑造了一个悲愤诗人的艺术形象，为五言诗的发展奠定了基础，开创了新的境界，做出了巨大的贡献，同时也对后世作家产生了重要影响。其后如左思《咏史》，陶渊明《杂诗》《饮酒》，庾信《拟咏怀》，陈子昂、张九龄《感遇》，李白《古风》等，均受其沾溉而蔚为大观。

嵇康（224—263），字叔夜，谯国铚（今安徽宿州市）人。与阮籍齐名，为“竹林七贤”之一。与魏宗室通婚，官中散大夫，世称“嵇中散”。因声言“非汤武而薄周孔”，且不满当时掌握政权的司马氏集团，遭钟会构陷，为司马昭所杀。现存诗五十余首，有四言、五言、七言和杂言，以四言成就较高。他的四言诗是继曹操之后又一成功之作。嵇康的诗，以表现其追求自然、高蹈独立、厌弃功名富贵的人生观为主要内容。嵇康诗的风格，刘勰《文心雕龙》评为：“嵇志清峻。”又说：“叔夜俊侠，故兴高而采烈。”其艺术特色表现在说理缜密透彻、高洁、秀逸。

## 四、两晋诗歌

两晋诗歌上承建安、正始，下启南朝，呈现出一种过渡的状态。西晋与东晋又各有特点，西晋诗坛以陆机、潘岳、左思为代表，诗歌讲究形式，描写繁复，辞采华丽，诗风繁缛。左思的《咏史》诗，喊出了寒士的不平，在当时独树一帜。郭璞的《游仙诗》借游仙写其坎坷之怀，文采富艳。东晋诗坛被玄风笼罩，以王羲之、孙绰、许询为代表的玄言诗人，作品缺少诗意，“理过其辞，淡乎寡味”（钟嵘《诗品序》），虽在当时被视为正宗，却无生命力。东晋末年的诗人陶渊明，开创了描写田园生活的风气，成为魏晋古朴诗风的集大成者。两晋诗歌主要分为太康诗歌和永嘉诗歌两个发展阶段。

太康诗风就是指以陆机、潘岳、左思为代表的西晋诗风。太康诗歌的诗风总的特点是繁缛，主要体现在：语言由朴素古直趋向华丽藻饰；描写由简单趋向繁缛；句式由散行趋向骈偶。

陆机（261—303），字士衡，吴郡吴县（今江苏苏州）人，西晋著名文学家、书法家。陆机“少有奇才，文章冠世”，诗重藻绘排偶，骈文亦佳。与弟陆云俱为西晋著名文学家，被誉为“太康之英”。其写作特点是：善于拟古；过分追求辞藻的华丽与对仗的工整；有些古诗接近现实，如《从军行》等。

左思（约250—305），字太冲，齐国临淄（今山东淄博）人。西晋著名文学家，其诗文语言质朴凝练。左思的咏史诗，既受前人的影响，又有一定创新，是借古讽今、借古喻今、借古述怀。名为咏史，实为咏怀。其开创了咏史诗借咏史以咏怀的新传统。左思作诗，情调高亢，辞采壮丽，笔力矫健，气势昂扬，形成独有的豪壮风格，被钟嵘称为“左思风力”。钟嵘标举的“左思风力”，含有左思对建安风骨的继承与发扬。

左思的《咏史》八首，开创了咏史诗借咏史以咏怀的新路，成为后世诗人效法的范例，这是他对中国诗歌史的独特贡献。

永嘉为晋怀帝的年号。永嘉诗风，以玄言诗为主，玄言诗是以老庄玄理为主要内容的一种诗歌，西晋永嘉年间至东晋盛极一时，代表作家有许询、孙绰等，主要是用诗的形式讲述老庄的哲学思想，成就不高，但占据整个东晋诗坛，直至陶渊明的出现才打破玄言诗的垄断局面，后被山水诗所取代。

陶渊明（365—427），字元亮，又名潜，浔阳柴桑（今江西九江）人。东晋末至南朝宋初期伟大的诗人、辞赋家。曾任江州祭酒、建威参军、镇军参军、彭泽县令等职，最末一次出仕为彭泽县令，八十多天便弃职而去，从此归隐田园。他是中国第一位田园诗人，被称为“古今隐逸诗人之宗”。陶渊明诗歌的艺术特色是：平淡自然，亲切淳真，其诗歌的主体风格是浑融完整；意境高远；语言自然而精工；风格多样。

## 五、南北朝诗歌

南朝是中国诗歌史重要的转折时期。南朝文人诗歌，从思想内容到艺术形式都较其前有了很大的变化。以谢灵运为代表的山水诗兴起，鲍照的七言和杂言乐府诗快速发展；以谢朓为代表的“永明体”的出现，标志着格律诗的开端。到了梁陈时期，出现了宫体诗。其总体艺术特点是：以乐府诗见长；促进诗体形式发展，开创七言诗发展局面；感情强烈，气势充沛，格调高昂俊逸；语言雅俗结合，俊逸遒丽。南朝宋初兴起的山水诗，其代表人物是谢灵运、谢朓，内容主要描写山水景物，真实反映山水自然美，并通过自然景物的描写抒发作者的思想感情，创造情景交融的意境。山水诗对唐代田园山水诗派产生了深远影响，山水诗的产生，标志着人对自然美的认识加深，人与自然进一步沟通与和谐。山水诗的出现，改变了“诗言志”的诗歌传统，打破了儒家功用主义的诗教观，为诗歌走向纯审美的艺术化铺平了道路，南朝诗歌所具有的美学特征，正是随着山水诗的建立而产生的。

谢灵运（385—433），原名公义，字灵运，以字行于世，小名客儿，世称“谢客”。南北朝时期杰出的诗人、文学家。谢灵运诗与颜延之齐名，并称“颜谢”。谢灵运所开创的山水诗，把自然界的美景引进诗中，使山水成为独立的审美对象。他的创作，不仅把诗歌从“淡乎寡味”的玄理中解放了出来，而且加强了诗歌的艺术技巧和表现力，并影响了一代诗风。谢灵运山水诗的主要特点是鲜丽、清新、自然。他的诗开启了南朝一代的新诗风，实现了诗歌艺术由魏晋的古朴向南朝追求声色的转变。

鲍照（约414—466），字明远，原籍上党（今属山西），后迁居东海（南朝宋时治襄贲，在今山东省苍山县南）。出身寒微，曾从事农耕。后人将他与谢灵运、颜延之并称为“元嘉三大家”。鲍照的文学成就是多方面的，他的诗、赋、散文皆不乏名篇，但成就最高的还是诗歌。鲍照诗歌的艺术风格俊逸豪放，奇矫凌厉。鲍照模拟和学习乐府，经过充分的消化吸收和熔铸创造，不仅得其风神气骨，自创格调，而且发展了七言诗，创造了以七言体为主的歌行体。它以丰富的内容充实了七言体的形式，并且变逐句押韵为隔句押韵，同时可以自由换韵，为七言体诗的发展开拓了宽广的道路。

魏晋至南朝，随着诗歌创作的逐步繁荣，注重语言的形式美和音乐美，是当时诗歌发展的一个重要趋势。“永明体”的产生，更使得中国古典诗歌在完善艺术形式美的进程中向前迈进了一大步，为后来律诗的形成奠定了基础。永明体的主要倡导者是沈约、谢朓、王融、周颙等，要求诗歌创作讲究对偶及平、上、去、入四声变化。四声的发现和永明体的产生，使诗人具有了掌握和运用声律的自觉意识，它对于增加诗歌艺术形式的美感、增强诗歌的艺术效果是有积极意义的。可以说，永明体为唐代格律诗的出现及其繁荣奠定了基础，是中国诗歌史上的又一次划时代的革命。

沈约（441—513），字休文，吴兴武康（今浙江省德清县武康镇）人。其所撰《宋书》流传至今。又有《四声谱》《齐纪》《沈约集》等，已佚。钟嵘《诗品》以“长于清怨”概括沈约诗歌的风格。这种特征主要表现在他的山水诗和离别哀伤诗之中。与同时代的“二谢”等人相比，沈约的山水诗并不算多，但也同样具有清新之气，不过其中又往往透露出一种哀怨感伤的情调，如《登玄畅楼》等。

谢朓（464—499），字玄晖，陈郡阳夏（今河南省太康县）人，是永明体诗的代表诗人，也是齐梁时期最为杰出的诗人，与谢灵运并称为“二谢”，后代称他为“小谢”。谢朓最突出的贡献是对山水诗的发展和对新诗体的探索。在山水诗方面，他继承了谢灵运山水诗细致、清新的特点，通过山水景物的描写来抒发情感意趣，达到了情景交融的地步。在新诗体的探索方面，他将永明声律运用于诗歌创作中，其诗音调和谐，体现出圆美流转的特点。

至齐、梁之世，以皇室成员为中心的文学集团对文学尤其是诗歌发展的影响更深刻。其中规模最大、影响最著者，主要有三大文学集团：南齐竟陵王萧子良文学集团，梁代萧衍、萧统文学集团和萧纲文学集团。南朝皇室皆行伍出身，来自社会下层，留恋、学习市井之风。南朝乐府机构曾采集大量民歌配乐演唱，满足统治者纵情声色的需要。统治者及宫廷文人也有润色或拟作新声歌曲的习惯。这样，南朝民歌便从市井进入了宫廷，形成了“宫体诗”。其主要代表人物是萧纲和徐摛、徐陵、庾肩吾、庾信父子及陈叔宝。内容以宫廷生活为描写对象，具体题材不外乎咏物和描写女性，情调上伤于轻艳，格调不高，风格上比较柔靡缓弱，语言讲究风华流丽、对仗工稳精巧，艺术特点是注重辞藻、对偶和声律，对后来律诗形成有推动作用。

## 文学作品

### 短歌行（其一）

曹 操

对酒当歌[1]，人生几何[2]！譬如朝露，去日苦多[3]。
慨当以慷[4]，忧思难忘。何以解忧？唯有杜康[5]。
青青子衿，悠悠我心[6]。但为君故，沉吟至今[7]。
呦呦鹿鸣，食野之苹[8]。我有嘉宾，鼓瑟吹笙[9]。
明明如月，何时可掇[10]？忧从中来，不可断绝。
越陌度阡[11]，枉用相存[12]。契阔谈讌[13]，心念旧恩。
月明星稀，乌鹊南飞。绕树三匝[14]，何枝可依？
山不厌高，海不厌深[15]。周公吐哺，天下归心。

#### 注 释

［1］对酒当歌：一边喝着酒，一边唱着歌。当：是对着的意思。

［2］几何：多少。

［3］去日苦多：跟（朝露）相比一样痛苦却漫长。有慨叹人生短暂之意。

［4］慨当以慷：指宴会上的歌声激昂慷慨。当以：这里“应当用”的意思。全句意思是，应当用激昂慷慨（的方式来唱歌）。

[5] 杜康：相传是最早造酒的人，这里代指酒。

[6] 青青子衿（jīn），悠悠我心：出自《诗经·郑风·子衿》。原写姑娘思念情人，这里用来比喻渴望得到有才学的人。子：对对方的尊称。衿：古式的衣领。青衿：是周代读书人的服装，这里指代有学识的人。悠悠：长久的样子，形容思虑连绵不断。

《短歌行（其一）》
朗读欣赏

[7] 沉吟：原指小声叨念和思索，这里指对贤人的思念和倾慕。

[8] 呦（yōu）呦鹿鸣，食野之苹。我有嘉宾，鼓瑟吹笙（shēng）：出自《诗经·小雅·鹿鸣》。呦呦：鹿叫的声音。苹：艾蒿。

[9] 鼓：弹。

[10] 何时可掇（duō）：什么时候可以摘取呢？掇：拾取，摘取。另解：掇，读 chuò，为通假字，通"辍"，即停止的意思。何时可掇，意思就是什么时候可以停止呢？

[11] 越陌度阡：穿过纵横交错的小路。陌：东西向小路。阡：南北向小路。

[12] 枉用相存：屈驾来访。枉：这里是"枉驾"的意思；用：以。存：问候，思念。

[13] 讌（yàn）：通"宴"。

[14] 三匝（zā）：三周。匝：周，圈。

[15] 海不厌深：一本作"水不厌深"。这里是借用《管子·形势解》中的话，原文是："海不辞水，故能成其大；山不辞土石，故能成其高；明主不厌人，故能成其众……"意思是表示希望尽可能多地接纳人才。

## 作品简析

《短歌行》是汉末政治家、文学家曹操以乐府古题创作的诗作。此诗气格高远，感情丰富，是诗人内心世界的真实写照。诗中以感人的真诚和慷慨悲凉的情感咏叹了生命的忧患，以貌似颓放的意态来表达及时进取的精神，以放纵歌酒的行为来表现对人生哲理的严肃思考，以觥筹交错之景来抒发心忧天下和渴慕人才之情。

## 燕歌行（其一）

曹　丕

秋风萧瑟天气凉，草木摇落露为霜[1]。
群燕辞归鹄南翔[2]，念君客游思断肠[3]。
慊慊思归恋故乡[4]，何为淹留寄他方[5]？
贱妾茕茕守空房[6]，忧来思君不敢忘[7]，不觉泪下沾衣裳。
援琴鸣弦发清商[8]，短歌微吟不能长。
明月皎皎照我床，星汉西流夜未央[9]。
牵牛织女遥相望，尔独何辜限河梁[10]。

## 注 释

［1］摇落：凋残。摇：一作零。

［2］鹄：天鹅。

［3］思断肠：一作“多思肠”。

［4］慊慊：怨恨不满的样子。

［5］此句一作“君何淹留寄他方”。淹留：久留。上句是设想对方必然思归，本句是因其不归而生疑问。

［6］茕茕（qióng qióng）：孤独无依的样子。出自《楚辞·九章·思美人》：“独茕茕而南行兮，思彭咸之故也。”

《燕歌行（其一）》朗读欣赏

［7］敢：一作“可”。

［8］援：引，持。琴：一作瑟。清商：乐名。清商音节短促细微，所以下句说“短歌微吟不能长”。

［9］夜未央：夜已深而未尽的时候。古人用观察星象的方法测定时间，这诗所描写的景色是初秋的夜间，牛郎星、织女星在银河两旁，初秋傍晚时正见于天顶，这时银河应该西南指，现在说“星汉西流”，就是银河转向西，表示夜已很深了。

［10］尔：指牵牛、织女二星。河梁：河上的桥。传说牵牛和织女隔着天河，只能在每年七月七日相见，乌鹊为他们搭桥。

## 作品简析

这是曹丕《燕歌行》二首中的第一首。《燕歌行》是乐府的一个题目，属于《相和歌》中的《平调曲》，它和《齐讴行》《吴趋行》相类，都是反映各自地区的生活，具有各自地区音乐特点的曲调。

这是今存最早的一首完整的七言诗。它叙述了一位女子对丈夫的思念。笔致委婉，语言清丽，感情缠绵。这首诗突出的特点是写景与抒情的巧妙交融。

诗歌的开头展示了一幅秋色图：秋风萧瑟，草木零落，白露为霜，候鸟南飞……这萧条的景色牵出思妇的怀人之情，映照出她内心的寂寞；最后几句以清冷的月色来渲染深闺的寂寞，以牵牛星与织女星的“限河梁”来表现思妇的哀怨，都获得了很好的艺术效果。这首诗仿柏梁体，句句用韵，于平线的节奏中见摇曳之态。王夫之称此诗“倾情，倾度，倾声，古今无两”，虽是溢美之词，但此诗实为叠韵歌行之祖，对后世七言歌行的创作有很大影响。

## 白马篇[1]

曹 植

白马饰金羁[2]，连翩西北驰[3]。
借问谁家子？幽并游侠儿[4]。
少小去乡邑[5]，扬声沙漠垂[6]。

宿昔秉良弓[7]，楛矢何参差[8]！
控弦破左的[9]，右发摧月支[10]。
仰手接飞猱[11]，俯身散马蹄[12]。
狡捷过猴猿[13]，勇剽若豹螭[14]。
边城多警急，虏骑数迁移[15]。
羽檄从北来[16]，厉马登高堤[17]。
长驱蹈匈奴[18]，左顾凌鲜卑[19]。
弃身锋刃端[20]，性命安可怀[21]？
父母且不顾，何言子与妻？
名编壮士籍[22]，不得中顾私[23]。
捐躯赴国难[24]，视死忽如归。

## 注　释

[1] 白马篇：又名“游侠篇”，是曹植创作的乐府新题，属《杂曲歌·齐瑟行》，以开头二字名篇。

[2] 金羁（jī）：金饰的马笼头。

[3] 连翩（piān）：连续不断，原指鸟飞的样子，这里用来形容白马奔驰的俊逸形象。

[4] 幽并：幽州和并州。在今河北、山西、陕西一带。

[5] 去乡邑：离开家乡。

[6] 扬声：扬名。垂：通“陲”，边境。

[7] 宿昔：从早到晚。秉：执、持。

《白马篇》朗读欣赏

[8] 楛（hù）矢：用楛木做成的箭。何：多么。参差（cēn cī）：长短不齐的样子。

[9] 控弦：开弓。的：箭靶。

[10] 摧：毁坏。月支：白色的箭靶名。左、右是互文见义。

[11] 接：接射。飞猱（náo）：飞奔的猿猴。猱：猿的一种，行动轻捷，攀缘树木，上下如飞。

[12] 散：射碎。马蹄：黑色的箭靶名。

[13] 狡捷：灵活敏捷。

[14] 勇剽（piào）：勇敢轻疾。螭（chī）：传说中形状如龙的动物。

[15] 虏骑（jì）：指匈奴、鲜卑的骑兵。数（shuò）迁移：指经常进兵入侵。数：经常。

[16] 羽檄（xí）：军事文书，插鸟羽以示紧急，必须迅速传递。

[17] 厉马：扬鞭策马。

[18] 长驱：向前奔驰不止。蹈：践踏。

[19] 顾：看。陵：压制。鲜卑：中国东北方的少数民族，东汉末成为北方强族。

[20] 弃身：舍身。

[21] 怀：爱惜。

[22] 籍：名册。

[23] 中顾私：心里想着个人的私事。中，内心。

[24] 捐躯：献身。赴：奔赴。

## 作品简析

《白马篇》是乐府歌辞，又作《游侠篇》。此诗以曲折动人的情节描写边塞游侠儿捐躯赴难、奋不顾身的英勇行为，塑造了边疆地区一位武艺高超、渴望卫国立功甚至不惜牺牲生命的游侠少年形象，表达了诗人建功立业的强烈愿望。开头两句以奇警飞动之笔，描绘出驰马奔赴西北战场的英雄身影，显示出军情紧急，扣动读者心弦；接着以“借问”领起，以铺陈的笔墨补叙英雄的来历，说明他是一个什么样的英雄形象；“边城”六句，遥接篇首，具体说明“西北驰”的原因和英勇赴敌的气概。末八句展示英雄捐躯为国、视死如归的崇高精神境界。全诗风格雄放，气氛热烈，语言精美，称得上是情调兼胜。诗中的英雄形象，既是诗人的自我写照，又凝聚和闪耀着时代的光辉。

# 七哀[1] 诗

曹 植

明月照高楼，流光正徘徊[2]。
上有愁思妇，悲叹有余哀[3]。
借问叹者谁？言是宕子妻[4]。
君行逾十年[5]，孤妾常独栖[6]。
君若清路尘，妾若浊水泥[7]。
浮沉各异势[8]，会合何时谐？
愿为西南风，长逝入君怀[9]。
君怀良不开[10]，贱妾当何依？

## 注 释

[1] 七哀：该篇是闺怨诗，也可能借此“讽君”。“七哀”本为一种乐府古题。

[2] 流光：洒下的月光。

[3] 余哀：不尽的忧伤。

[4] 宕（dàng）子：荡子。指离乡外游，久而不归之人。

[5] 逾：超过。

[6] 独栖（qī）：一个人居住。

《七哀诗》朗读欣赏

[7] 清：形容路上尘。浊（zhuó）：形容水中泥。“清”“浊”二者本是一物。

[8] 浮：就清了。沉：就浊了。比喻夫妇（或兄弟骨肉）本是一体，如今地位不同了。

[9] 逝：往。

[10] 君怀：指宕子的心。良：很久，早已。

## 作品简析

《七哀诗》是三国魏诗人曹植作的一首五言闺怨诗。这首诗借一个思妇对丈夫的思念和怨恨，比喻他和身为皇帝的曹丕之间的生疏“甚于路人”“殊于胡越”，曲折地吐露了诗人在政治上遭受打击之后的怨愤心情。诗人有感于兄弟之间“浮沉异势，不相亲与”，进一步以“清路尘”与“浊水泥”来比喻二人境况悬殊。“愿为西南风，长逝入君怀”，暗吐出思君报国的衷肠；而“君怀良不开，贱妾当何依”，则对曹丕的绝情寡义表示愤慨，流露出无限凄惶之感。全诗处处从思妇的哀怨着笔，句句暗寓诗人的遭际，诗情与寓意浑然无间，意旨含蓄，笔致深婉，确有“情兼雅怨”的特点。

# 咏怀八十二首（其一）

阮　籍

夜中不能寐，起坐弹鸣琴[1]。
薄帷鉴明月[2]，清风吹我襟。
孤鸿号外野[3]，翔鸟鸣北林[4]。
徘徊将何见？忧思独伤心。

## 注　释

[1] 夜中不能寐，起坐弹鸣琴：此二句化用王粲《七哀诗》诗句：“独夜不能寐，摄衣起抚琴。”意思是因为忧伤，到了半夜还不能入睡，就起来弹琴。夜中：中夜、半夜。

[2] 薄帷鉴明月：明亮的月光透过薄薄的帐幔照了进来。薄帷：薄薄的帐幔。鉴：照。

[3] 孤鸿：失群的大雁。号：鸣叫、哀号。

[4] 翔鸟：飞翔盘旋着的鸟。鸟在夜里飞翔正因为月明。北林：《诗经·秦风·晨风》：“鴥彼晨风，郁彼北林。未见君子，忧心钦钦。如何如何，忘我实多！”后人往往用“北林”一词表示忧伤。

咏怀八十二首（其一）
朗读欣赏

## 作品简析

阮籍的《咏怀》八十二首是有名的抒情组诗，当中反映了诗人在险恶的政治环境中，在种种醉态、狂态掩盖下的内心的无限孤独寂寞、痛苦忧愤。

《夜中不能寐》是《咏怀诗》的第一首，它表现了诗人生活在黑暗现实中的内心苦闷，反映了诗人看不见希望和出路的忧思。诗中以“明月”“清风”“孤鸿”“翔鸟”的意象，映衬了自己不寐而弹琴的孤影，写出了诗人在长夜未央时代的“徘徊”“忧思”。

## 幽愤诗

嵇　康

嗟余薄祜[1]，少遭不造[2]。哀茕靡识，越在襁褓。母兄鞠育[3]，有慈无威。恃爱肆姐[4]，不训不师。爰及冠带，冯宠自放[5]。抗心希古，任其所尚。托好老庄，贱物贵身。志在守朴，养素全真。曰余不敏，好善暗人。子玉之败，屡增惟尘。大人含弘，藏垢怀耻。民之多僻[6]，政不由己。惟此褊心，显明臧否。感悟思愆，怛若创痏[7]。欲寡其过，谤议沸腾。性不伤物，频致怨憎。昔惭柳惠[8]，今愧孙登。内负宿心，外恧良朋。仰慕严郑，乐道闲居。与世无营，神气晏如。咨余不淑，婴累多虞。匪降自天，实由顽疏。理弊患结，卒致囹圄。对答鄙讯，絷此幽阻。实耻讼免，时不我与。虽曰义直，神辱志沮。澡身沧浪，岂云能补。嗈嗈鸣雁，奋翼北游。顺时而动，得意忘忧。嗟我愤叹，曾莫能俦[9]。事与愿违，遘兹淹留。穷达有命，亦又何求。古人有言，善莫近名。奉时恭默，咎悔不生。万石周慎[10]，安亲保荣。世务纷纭，只搅余情[11]。安乐必诚，乃终利贞。煌煌灵芝，一年三秀。余独何为，有志不就。惩难思复，心焉内疚。庶勖将来[12]，无馨无臭。采薇山阿，散发岩岫。永啸长吟，颐性养寿。

### 注　释

[1] 祜：福。

[2] 不造：不成。言家道未成。

[3] 鞠育：养育。

[4] 姐：娇。

[5] 冯：同“凭”。

[6] 僻：邪。

[7] 创痏：创伤。

[8] 柳惠：即柳下惠，春秋时人。

[9] 俦：比。

[10] 万石：指汉代石奋。

[11] 只：适。

[12] 勖：勉励。

《幽愤诗》朗读欣赏

### 作品简析

《幽愤诗》是魏末代表作家嵇康的重要作品，是研究嵇康个性与思想的至为重要的文献。全诗以吕安冤狱为直接导因，但更深刻的原因是诗人处于被囚的特定环境中，抒写生平忧郁和对时世的愤慨。从这首诗里，嵇康再次鲜明地表现出他的清醒理智与耿介个性之间的深刻矛盾，显示他反对司马氏集团的政治态度。

《幽愤诗》以内心独白方式反复抒情。作者陷于囹圄之中，无人可与晤谈，而满腔的忧郁和幽愤，又迫切需要排遣，这样就自然而然形成反复抒情的特点。诗中的自责和愤叹，初看似乎很零乱，其实还是有脉络可循。作者先回顾青少年时期旷达个性的形成，紧接着便自责吕安事上的不敏，再检讨一生素志和立身行事之间的诸多矛盾，愤叹自己的有志不就，最后申明隐逸避世的夙愿。整首诗情辞悲慨，淋漓尽致地抒写了诗人的幽愤。

## 招隐诗（其一）

左　思

杖策招隐士[1]，荒涂横古今[2]。
岩穴无结构[3]，丘中有鸣琴。
白云停阴冈，丹葩曜阳林[4]。
石泉漱琼瑶，纤鳞或浮沉[5]。
非必丝与竹[6]，山水有清音。
何事待啸歌，灌木自悲吟[7]。
秋菊兼糇粮，幽兰间重襟[8]。
踌躇足力烦[9]，聊欲投吾簪[10]。

### 注　释

[1] 策：竹杖。招：寻。这句是说手持竹杖去招寻隐士。

[2] 荒涂：荒芜的道路。横：阻塞。横古今：从古至今被阻塞。这句是说道路荒芜，好像从古代到现在都没有通行过。

[3] 岩穴：山洞。结构：指房屋建筑。这句和下句是说只有山洞没有房屋，山丘之中却有人弹琴。

[4] 白云：《世说新语·任诞》篇注作“白雪”，可从。阴：山北为阴。冈：山脊。丹葩：红花。阳林：山南的树林。阳：山南为阳。这两句是说山北停白雪，山南曜丹葩。

[5] 漱：激荡。琼瑶：美玉，这里指山石。纤鳞：小鱼。或浮沉：时沉时浮。这两句是说泉水激荡于山石之间，小鱼沉浮于溪水之中。

[6] 丝：弦乐器。竹：管乐器。这句和下句是说不须管弦乐器，山水自有清妙的声音。

[7] 啸歌：吟咏。灌木：丛生的树木。这两句是说何必歌唱，风吹灌木的声音自是一种悲戚的吟哦了。

[8] 糇（hóu）：食。兼糇粮：兼作粮食。间：杂。间重襟：杂佩在衣襟上。这两句是说食物里兼有秋菊，衣襟上随意佩戴幽兰。

[9] 踌躇：徘徊。烦：疲乏。这句是说在世途上徘徊，脚力疲乏。

[10] 簪：古人用它连结冠和发。投簪：犹弃冠，指放弃官职。这句是说且弃官在此隐居吧！

《招隐诗（其一）》
朗读欣赏

## 作品简析

这首《招隐诗》描写了隐士的生活及居住环境，表达了诗人不与世俗同流合污的决心。诗篇开头两句直接点题，说要到横断古今的荒途之外去找寻隐士。接着用大段篇幅对隐士周围的环境进行了详尽的描写：山冈之上白云飘飘；山林之中红花闪耀；激荡的泉水清澈可鉴，其中有鱼儿婉然游动，这四句是所见。其下四句写所闻：没有丝竹的喧嚣与吵闹，却有山水奏出的清响之音；不须撮口作歌，自有灌木发出的悲吟。不管是见还是闻，所有的一切都十分自然、和谐，没有一点人工雕琢的痕迹。紧接着，“秋菊”二句，诗人从衣食着手来表现隐士的高洁与简朴。最后二句，诗人直抒胸臆，誓欲挂冠归去，追步隐士。本诗写景细致、真切，语言简洁、古朴，诗末议论过渡自然，体现了诗人高洁的情志。



# 悼亡诗（其一）

潘　岳

荏苒冬春谢，寒暑忽流易[1]。
之子归穷泉，重壤永幽隔[2]。
私怀谁克从[3]，淹留亦何益[4]。
僶俛恭朝命，回心反初役[5]。
望庐思其人[6]，入室想所历[7]。
帏屏无仿佛[8]，翰墨有余迹[9]。
流芳未及歇[10]，遗挂犹在壁[11]。
怅恍如或存[12]，回惶忡惊惕[13]。
如彼翰林鸟，双栖一朝只。
如彼游川鱼，比目中路析[14]。
春风缘隙来，晨霤承檐滴[15]。
寝息何时忘[16]，沈忧日盈积[17]。
庶几有时衰，庄缶犹可击[18]。

## 注　释

[1] 荏苒（rěn rǎn）：逐渐。谢：去。流易：消逝、变换。冬春寒暑节序变易，说明时间已过去一年。古代礼制，妻子死了，丈夫服丧一年。这首诗应作于其妻死后一周年。

[2] 之子：那个人，指妻子。穷泉：深泉，指地下。重壤：层层土壤。永：长。幽隔：被幽冥之道阻隔。这两句是说妻子死了，埋在地下，永久和生人隔绝了。

[3] 私怀：私心，指悼念亡妻的心情。克：能。从：随。谁克从：即克

《悼亡诗（其一）》
朗读欣赏

从谁，能跟谁说？

[4] 淹留：久留，指滞留在家不赴任。亦何益：又有什么好处。

[5] 僶俛（mǐn miǎn）：勉力。朝命：朝廷的命令。回心：转念。初役：原任官职。这两句是说勉力恭从朝廷的命令，扭转心意返回原来任所。

[6] 庐：房屋。其人：那个人，指亡妻。

[7] 室：里屋。历：经过。所历：指亡妻过去的生活。

[8] 帏屏：帐帏和屏风。仿佛：相似的形影。无仿佛：帏屏之间连亡妻的形影仿佛也见不到。

[9] 翰墨：笔墨。这句是说只有生前的墨迹尚存。

[10] 流芳未及歇：这句是说衣服上至今还散发着余香。

[11] 遗挂犹在壁：这句是说生平玩用之物还挂在壁上。

[12] 怅恍（huǎng）：恍惚。如或存：好像还活着。

[13] 回惶：惶恐。忡（chōng）：忧。惕：惧。这一句五个字，表现他怀念亡妻的四种情绪。

[14] 翰林：鸟栖之林，与下句"游川"相对。比目：鱼名，成双即行，单只不行。析，一本作拆，分开。这四句是说妻子死后自己的处境就像双栖鸟成了单只，比目鱼被分离开一样。

[15] 缘：循。隟：同"隙"，这里指门窗的缝。霤（liù）：即"溜"，屋上流下来的水。承檐滴：顺着屋檐流。这两句是说春风循着门缝吹来，屋檐上的水早晨就开始往下滴。

[16] 寝息：睡觉休息。这句是说睡眠也不能忘怀。

[17] 盈积：众多的样子。这句是说忧伤越积越多。

[18] 庶几：但愿。表示希望。衰：减。庄：指庄周。缶：瓦盆，古时一种打击乐器。《庄子·至乐》："庄子妻死，惠子吊之，庄子则方箕踞鼓盆而歌。"认为死亡是自然变化，何必悲伤！这两句是说但愿自己的哀伤有所减退，能像庄周那样达观才好。

## 作品简析

潘岳（247—300），字安仁，荥阳中牟（今属河南）人，西晋著名文学家、政治家。《悼亡诗》是诗人悼念亡妻杨氏的诗作，共有三首。潘岳夫妇感情很好，杨氏亡后，潘岳写了一些悼亡诗赋，除《悼亡诗》三首之外，还有《哀永逝文》《悼亡赋》等，表现了诗人与妻子的深厚感情。在这些悼亡诗赋中，《悼亡诗》三首都堪称杰作，其中第一首传诵千古，尤为有名。

这一首《悼亡诗》写作时间大约是杨氏死后一周年，即晋惠帝永康九年（299 年）。这首诗，从内容看，可以分为三个部分："荏苒冬春谢，寒暑忽流易。之子归穷泉，重壤永幽隔。私怀谁克从，淹留亦何益。僶俛恭朝命，回心反初役。"是第一部分，写诗人为妻子守丧一年之后，即将离家返回任所时的心情。"望庐思其人，入室想所历。帏屏无仿佛，翰墨有余迹。流芳未及歇，遗挂犹在壁。怅恍如或存，回惶忡惊惕。"是第二部分，写诗人就要离家返回任所，临行之前，触景生情，心中有说不出的悲哀和痛苦。"如彼翰林鸟，双栖一朝只。如彼游川鱼，比目中路析。春风缘隟来，晨霤承檐滴。寝息何时忘，沈忧日盈积。庶几有时衰，庄缶犹可击。"是第三部分，写诗人丧偶的孤独和悲哀。

潘岳的悼亡诗赋有一个明显的特点，即富于感情。自潘岳后，“悼亡”成为悼念亡妻的诗题，再不是悼念其他死亡者的诗篇。于此可见，潘岳《悼亡诗》对后世创作产生了深远的影响。

## 游仙诗·京华游侠窟

郭　璞

京华游侠窟[1]，山林隐遁栖[2]。
朱门何足荣[3]？未若托蓬莱[4]。
临源挹清波，陵冈掇丹荑[5]。
灵溪可潜盘，安事登云梯[6]？
漆园有傲吏[7]，莱氏有逸妻[8]。
进则保龙见，退为触藩羝[9]。
高蹈风尘外，长揖谢夷齐[10]。

### 注　释

[1] 京华：京师。游侠窟：游侠活动的处所。这句是说京城是游侠出没的地方。

[2] 遁：退。隐遁：指隐居的人。栖：在山林居住。这句是说山林是隐者居住的处所。

[3] 朱门：豪贵之家。何足荣：有什么值得荣耀的？

[4] 未若：不如。蓬莱：海中仙山。托蓬莱：托身仙山，指归隐。

[5] 源：水之源。挹：斟饮。冈：山。掇：拾。丹：指丹芝，又叫赤芝。荑：凡草之初生通名荑。丹荑：初生的赤芝。据《本草》，芝是灵草，吃了可以长寿。这两句是说渴了到水源掬饮清波，饿了登山采食灵芝。

《游仙诗·京华游侠窟》
朗读欣赏

[6] 灵溪：水名。李善注引庾仲雍《荆州记》：“大城西九里有灵溪水。”潜盘：隐居盘桓。登云梯：指登仙。仙人升天因云而上，所以叫云梯。这两句是说灵溪完全可以隐居，何必升天求仙呢？作者本来是借游仙来抒发隐逸的怀抱，所以这里说潜隐也就是游仙。

[7] 漆园吏：指庄周。《史记·老子韩非列传》：“庄子，尝为蒙漆园吏……楚威王闻庄周贤，使使厚币迎之，许以为相。庄周笑谓楚使者曰：“……子亟去，无污我。”即所谓“傲吏”。

[8] 莱氏：指老莱子。《列女传》记载，老莱子逃世，耕于蒙山之阳。楚王坐着车至老莱之门，请他出来做官，他许诺。“妻曰：今先生食人酒肉，受人官禄，为人所制也。能免于患乎？妾不能为人所制。投其畚而去。老莱乃随而隐。”即所谓“逸妻”。逸：节行高超。

[9] 进：指仕进。保：保持。龙见：《周易》中有“初九，潜龙勿用”。又《史记·老子韩非列传》有“老子犹龙”。这句兼用二者的意思，只有潜龙才能表现出龙的品德。退：指避世。藩：篱笆。羝：壮羊。触藩羝：《周易》：“上六，抵羊触藩。”这两句是说只有安心作潜龙的人，在行动上才能保持作“见龙”的自由，否则只知仕进，结果必然像“羝羊触藩”那样，碰得头破血流。细审诗意，“进”“退”二字，应当上下互倒，因为作者原意是主张归隐而厌恶仕进。

[10] 高蹈：远行。风尘：人间、尘世。谢：辞。夷齐：伯夷、叔齐。商朝孤竹君之子，曾互相推

让王位，逃到西伯昌（周文王）那里，当武王伐纣时，又义不食周粟，逃到首阳山，采薇而食，结果饿死在山上。这两句是说辞别伯夷、叔齐而去，完全超乎尘世之外。意思是自己的隐逸更高于伯夷、叔齐。

## 作品简析

郭璞（276—324），字景纯，河东郡闻喜县（今山西省闻喜县）人。两晋时期著名文学家、训诂学家、风水学者，建平太守郭瑗之子。他好古文、奇字，精天文、历算、卜筮，长于赋文，尤以“游仙诗”名重当世，代表作为《游仙诗》十四首。

《游仙诗·京华游侠窟》为十四首中的第一首。由于作者深受道家思想影响，本诗中流露出清静无为、超然物外的老庄之风，作者本人是游仙诗的创始人，开中国文学史上玄言诗风之先河。可以看出，诗虽以“游仙”为题，却并不沉迷于完全与人世相脱离的虚幻的仙境。作者把隐逸和游仙合为一体来写，两者常常密不可分。抒发的情绪，是生活于动乱时代的痛苦和高蹈遗世的向往，但又深藏着不能真正忘怀人世的矛盾，这就是所谓慷慨之气的由来。在写作手法上，这首诗引用庄子的事迹和思想，引用《周易》的成言，借以表述自己的人生观念，体现了玄言诗兴起时代的文学风气。

# 归园田居

陶渊明

### 其一

少无适俗韵[1]，性本爱丘山。
误落尘网中[2]，一去三十年[3]。
羁鸟恋旧林[4]，池鱼思故渊[5]。
开荒南野际[6]，守拙归园田[7]。
方宅十余亩[8]，草屋八九间。
榆柳荫后檐[9]，桃李罗堂前[10]。
暧暧远人村[11]，依依墟里烟[12]。
狗吠深巷中，鸡鸣桑树巅。
户庭无尘杂[13]，虚室有余闲[14]。
久在樊笼里[15]，复得返自然[16]。

《归园田居》朗读欣赏

### 其二

野外罕人事[17]，穷巷寡轮鞅[18]。
白日掩荆扉[19]，虚室绝尘想[20]。
时复墟曲中[21]，披草共来往[22]。
相见无杂言[23]，但道桑麻长[24]。
桑麻日已长，我土日已广。

常恐霜霰至[25]，零落同草莽[26]。

**其三**

种豆南山下[27]，草盛豆苗稀[28]。
晨兴理荒秽[29]，带月荷锄归[30]。
道狭草木长[31]，夕露沾我衣[32]。
衣沾不足惜[33]，但使愿无违[34]。

**其四**

久去山泽游[35]，浪莽林野娱[36]。
试携子侄辈[37]，披榛步荒墟[38]。
徘徊丘垄间[39]，依依昔人居[40]。
井灶有遗处，桑竹残朽株[41]。
借问采薪者，此人皆焉如[42]？
薪者向我言，死没无复余[43]。
一世异朝市[44]，此语真不虚。
人生似幻化[45]，终当归空无。

**其五**

怅恨独策还[46]，崎岖历榛曲[47]。
山涧清且浅，可以濯吾足[48]。
漉我新熟酒[49]，只鸡招近局[50]。
日入室中暗，荆薪代明烛[51]。
欢来苦夕短，已复至天旭[52]。

## 注释

［1］少：指少年时代。适俗：适应世俗。韵：本性、气质。一作“愿”。

［2］尘网：指尘世，官府生活污浊而又拘束，犹如网罗。这里指仕途。

［3］三十年：有人认为是“十三年”之误（陶渊明做官十三年）。一说，此处是三又十年之意（习惯说法是十又三年），诗人意感“一去十三年”音调嫌平，故将十三年改为倒文。

［4］羁（jī）鸟：笼中之鸟。恋：一作“眷”。

［5］池鱼：池塘之鱼。鸟恋旧林、鱼思故渊，借喻自己怀恋旧居。

［6］野：一作“亩”。际：间。

［7］守拙（zhuō）：意思是不随波逐流，固守节操。

［8］方宅：宅地方圆。一说，“方”通“傍”。

［9］荫：荫蔽。

［10］罗：罗列。

［11］暧暧（ài）：昏暗，模糊。

［12］依依：轻柔而缓慢地飘升。墟里：村落。

[13] 户庭：门庭。尘杂：尘俗杂事。

[14] 虚室：空室。余闲：闲暇。

[15] 樊（fán）笼：蓄鸟工具，这里比喻官场生活。樊：藩篱，栅栏。

[16] 返自然：指归耕园田。

[17] 野外：郊野。罕：少。人事：指和俗人结交往来的事。陶渊明诗里的“人事”“人境”都有贬义，“人事”即“俗事”，“人境”即“尘世”。

[18] 穷巷：偏僻的里巷。轮鞅（yāng）：指车马。鞅：马驾车时套在颈上的皮带。

[19] 白日：白天。荆扉：柴门。

[20] 尘想：世俗的观念。

[21] 时复：有时又。墟曲：乡野。曲：隐僻的地方。

[22] 披：拨开。

[23] 杂言：尘杂之言，指仕宦求禄等言论。

[24] 但道：只说。

[25] 霰（xiàn）：小雪粒。

[26] 莽（mǎng）：草。

[27] 南山：泛指山峰，一说指庐山。

[28] 稀：稀少。

[29] 兴：起身，起床。荒秽：指野草之类。形容词作名词。秽：肮脏。这里指田中杂草。

[30] 带：一作“戴”，披。荷（hè）锄：扛着锄头。荷：扛着。

[31] 狭：狭窄。草木长：草木丛生。

[32] 夕露：傍晚的露水。沾：打湿。

[33] 足：值得。

[34] “但使”句：只要不违背自己的意愿就行了。但：只。违：违背。

[35] 去：离开。游：游宦。

[36] 浪莽：放荡、放旷。

[37] 试：姑且。

[38] 榛（zhēn）：丛生的草木。荒墟：废墟。

[39] 丘垄（lǒng）：坟墓。

[40] 依依：思念的意思。

[41] 这两句是说这里有井灶的遗迹，残留的桑竹枯枝。

[42] 此人：此处之人，指曾在遗迹生活过的人。焉如：何处去。

[43] 没（mò）：死。一作“殁”。

[44] 一世：三十年为一世。朝市：城市官吏聚居的地方。

[45] 幻化：虚幻变化，指人生变化无常。

[46] 策：策杖，扶杖。

[47] 崎岖（qí qū）：形容山路不平。榛曲：指草木丛生的小路。

［48］濯（zhuó）：洗。

［49］漉（lù）：水下渗，此指用布滤酒。

［50］近局：近邻。

［51］荆薪：荆柴。明烛：明亮的烛。

［52］天旭：天明。

## 作品简析

陶渊明因无法忍受官场的污浊与世俗的束缚，坚决地辞官归隐，躬耕田园。脱离仕途的那种轻松之感，返回自然的那种欣悦之情，还有清静的田园、淳朴的交往、躬耕的体验，使得这组诗成为杰出的田园诗章。

这组诗生动地描写了诗人归隐后的生活和感受，抒发了作者辞官归隐后的愉快心情和乡居乐趣，从而表现了他对田园生活的热爱，表现出劳动者的喜悦；同时又隐含了对官场黑暗腐败生活的厌恶之感，表现了作者不愿同流合污，为保持完整的人格和高尚的情操而甘受田间生活的艰辛。组诗集中体现了陶渊明追求自由、安于清贫、隐逸山野、洁身自好、远离官场、超脱世俗的美好情操。陶渊明写“归园田居”其实是写作者自己理想的故居。

《归园田居》是一个不可分割的有机整体。其所以如此，不仅在于每首诗分别从辞官场、聚亲朋、乐农事、访故旧、欢夜饮几个侧面描绘了诗人丰富充实的隐居生活，更重要的是，就其所抒发的感情而言，是以质性自然、乐在其中的情趣来贯穿这一组诗篇的。诗中虽有感情的动荡转折，但那种欢愉、达观的明朗色彩是辉映全篇的。

# 饮酒（其五）

陶渊明

结庐在人境[1]，而无车马喧[2]。
问君何能尔[3]？心远地自偏。
采菊东篱下，悠然见南山[4]。
山气日夕佳[5]，飞鸟相与还[6]。
此中有真意，欲辨已忘言。

## 注　释

［1］结庐：建造住宅，这里指居住的意思。

［2］车马喧：指世俗交往的喧扰。

［3］君：指作者自己。何能尔：为什么能这样。尔：如此、这样。

［4］悠然：自得的样子。见：看见。南山：泛指山峰，一说指庐山。

［5］日夕：傍晚。

［6］相与还：结伴而归。

《饮酒（其五）》
朗读欣赏

## 作品简析

《饮酒》二十首是晋末宋初文学家陶渊明创作的一组五言诗。这二十首诗借酒为题，以饱含忧愤的笔触，表达了作者对历史、对现实、对生活的感想和看法，抒写了作者对现实的不满和对田园生活的喜爱，充分表现了作者高洁傲岸的道德情操和安贫乐道的生活情趣。组诗以酒寄意，诗酒结合，使作者自然地袒露出生命深层的本然状态，体现出一种独特的审美境界。

本篇为《饮酒》组诗的第五首。这首诗主要表现隐居生活的情趣，写诗人于劳动之余，饮酒至醉之后，在晚霞的辉映之下，在山岚的笼罩之中，采菊东篱，遥望南山。全诗情味深永，感觉和情理浑然一体，不可分割。表现了作者悠闲自得的心境和对宁静自由的田园生活的热爱，以及对黑暗官场的鄙弃和厌恶，抒发了作者宁静安详的心态和闲适自得的情趣，以及返回自然的人生理想。

# 杂诗（其二）

陶渊明

白日沦西阿[1]，素月出东岭[2]。
遥遥万里辉，荡荡空中景[3]。
风来入房户[4]，夜中枕席冷。
气变悟时易，不眠知夕永[5]。
欲言无予和[6]，挥杯劝孤影。
日月掷人去，有志不获骋[7]。
念此怀悲凄，终晓不能静[8]。

## 注　释

［1］沦：沉。阿：山岭。西阿：西山。

［2］素月：白月。

［3］万里辉：指月光。荡荡：广阔的样子。景：光。这两句是说万里光辉，高空清影。

［4］房户：房门。这句和下句是说风吹入户，枕席生凉。

［5］时易：季节变化。夕永：夜长。这两句是说气候变化了，因此领悟到季节也变了，睡不着觉，才了解到夜是如此之长。

［6］无予和：没有人和我对答。和：去声。这句和下句是说想倾吐隐衷，却无人和我谈论，只能举杯对着只身孤影饮酒。

《杂诗（其二）》
朗读欣赏

［7］日月：光阴。骋：伸、展。这两句是说光阴弃人而去，我虽有志向，却得不到伸展。

［8］此：指有志不得申这件事。终晓：彻夜，直到天明。这两句是说想起这件事满怀悲凄，心里通宵不能平静。

## 作品简析

此诗为陶渊明《杂诗》十二首的第二首，主要表达了光阴流逝、自己对生命已感到有限，而志业无成、生命之价值尚未能实现之忧患意识。

这首诗将素月辉景荡荡万里之奇境，与日月掷人有志未骋之悲慨，融成一片。素月万里之境界，实为诗人襟怀之呈露。有志未骋之悲慨，亦是心中之一境界。所以诗的全幅境界，自然融为一境。诗中光风霁月般的志士襟怀，光阴流逝志业未成、生命价值未能实现之忧患意识，其陶冶人类心灵，感召、激励人类心灵之意义，乃是青的，不会过时的。陶渊明此诗深受古往今来众多读者之喜爱，根源即在于此。

# 石壁精舍还湖中作

谢灵运

昏旦变气候，山水含清晖[1]。
清晖能娱人，游子憺忘归[2]。
出谷日尚早，入舟阳已微[3]。
林壑敛暝色，云霞收夕霏[4]。
芰荷迭映蔚，蒲稗相因依[5]。
披拂趋南径，愉悦偃东扉[6]。
虑澹物自轻，意惬理无违[7]。
寄言摄生客，试用此道推[8]。

## 注 释

[1] 昏旦：傍晚和清晨。清晖：指山光水色。

[2] 娱人：使人喜悦。憺（dàn）：安然，淡泊。这二句出于屈原《九歌·东君》："羌声色兮娱人，观者憺兮忘归"，意思是说山光水色使诗人心旷神怡，以致乐而忘返。

[3] "入舟"句：是说乘舟渡湖时天色已晚。

[4] 林壑：树林和山谷。敛：收拢、聚集。暝色：暮色。霏：云飞貌。这二句是说森林山谷之间到处是一片暮色，飞动的云霞已经不见了。

[5] 芰（jì）：菱。蒲稗（bài）：菖蒲和稗草。这句是说湖中芰荷绿叶繁盛互相映照着，水边菖蒲和稗草很茂密，交杂生长在一起。

《石壁精舍还湖中作》
朗读欣赏

[6] 披拂：用手拨开草木。偃（yǎn）：仰卧。扉（fēi）：门。"愉悦"句是说：愉快地偃息在东轩之内。

[7] 意惬（qiè）：心满意足。理：指养生的道理。这句是说个人得失的考虑淡薄了，自然就会把一切都看得很轻。内心感到满足，就不违背养生之道。

[8] 摄生客：探求养生之道的人。此道：指上面"虑淡""意惬"二句所讲的道理。

## 作品简析

《石壁精舍还湖中作》是南北朝宋时诗人谢灵运创作的一首五言古诗。诗前六句写石壁游览的乐趣，次六句写归来时所见晚景，后四句写从一天游览中得到的理趣。诗融情、景、理于一炉，前两层虽是写景，但皆能寓情于景，景中含情，较为典型地体现了宋初诗风嬗变的某些特点。

此诗还具有两个明显的个性特点：一是结构绵密，紧扣题中一个“还”字，写一天的行踪，从石壁—湖中—家中，次第井然。二是，全诗融情、景、理于一炉，前两层虽是写景，但皆能寓情于景，景中含情。

## 晚登三山还望京邑[1]

谢　朓

灞涘望长安[2]，河阳视京县[3]。
白日丽飞甍[4]，参差皆可见[5]。
余霞散成绮[6]，澄江静如练[7]。
喧鸟覆春洲[8]，杂英满芳甸[9]。
去矣方滞淫[10]，怀哉罢欢宴[11]。
佳期怅何许[12]，泪下如流霰[13]。
有情知望乡，谁能鬒不变[14]？

## 注　释

[1] 三山：山名，在今南京市西南。还望：回头眺望。京邑：指南齐都城建康，即今南京市。

[2] 灞（bà）涘（sì）望长安：借用汉末王粲《七哀诗》“南登霸陵岸，回首望长安”诗意。灞：水名，源出陕西蓝田，流经长安城东。

[3] 河阳：故城在今河南孟县西。京县：指西晋都城洛阳。

[4] 丽：使动用法，这里有“照射使……色彩绚丽”的意思。飞甍（méng）：上翘如飞翼的屋脊。甍：屋脊。

[5] 参差：高下不齐的样子。

[6] 绮：有花纹的丝织品，锦缎。

[7] 澄江：清澈的江水。练：洁白的绸子。

[8] “喧鸟”句：形容鸟儿众多。覆：盖。

[9] 杂英：各色的花。甸：郊野。

[10] 方：将。滞淫：久留，淹留。

[11] 怀：想念。

[12] 佳期：指归来的日期。怅：惆怅。

[13] 霰（xiàn）：小雪珠。

[14] 鬒（zhěn）：黑发。

《晚登三山环望京邑》朗读欣赏

## 作品简析

《晚登三山还望京邑》是南朝诗人谢朓的代表诗作。此诗写临江登山所见到的春晚之景及遥望京师而引起的故乡之思。全诗十四句，前两句交代离京的原因和路程，领起望乡之意；中六句写景，描绘登山所望见的景色；后六句写情，抒发人生感慨。其中“余霞散成绮，澄江静如练”是千古传诵的名句。

# 伤谢朓[1]

沈　约

吏部信才杰[2]，文峰振奇响[3]。
调与金石谐[4]，思逐风云上[5]。
岂言陵霜质[6]，忽随人事往[7]。
尺璧尔何冤[8]，一旦同丘壤。

## 注　释

[1] 谢朓（tiǎo）（464—499）：字玄晖，今河南太康县人。南朝齐杰出的山水诗人。
[2] 吏部：指谢朓，谢朓曾为尚书吏部郎。
[3] 文峰：即词峰。峰：一作“锋”。
[4] 金石：指钟磬等乐器。谐：和谐。
[5] 思：才思。风云：形容高超。
[6] 陵霜质：指谢朓不畏强暴的品质。
[7] 人事：指新陈代谢、生死存亡的现象。
[8] 尺璧：径尺之璧。指谢朓是稀有的人才。

《伤谢朓》朗读欣赏

## 作品简析

《伤谢朓》是南朝诗人沈约伤悼诗人谢朓蒙冤而死的悼亡诗，这首诗总结了谢朓的一生，赞颂死者是个才能、品德杰出的人，评价死者在文坛上独树一帜，不同凡响，哀叹他死得冤枉；表达了诗人对谢朓的悼念。全诗既有哀伤，又有愤慨，同时隐含着对当时朝廷的不满。诗句写得极有感情，声情并茂，言浅意深。

# 古汉语通论

## 语气词和词头、词尾

### 一、语气词

语气是人们说话时的口气，是说话人对所说的事物表现态度、情绪。有提顿、直陈、疑问、祈使等语气。汉语因为没有词形变化，语气是通过句子类型、语调和语气词来表现的。

#### （一）句尾语气词

古代汉语常见的句尾语气词有“也”“矣”“乎”“哉”等，这些语气词放在全句的最后，分别表达全句各种不同的语气。古代汉语和现代汉语一样，语气词的数目是有限的，句子所能表达的语气是多种多样的，一个语气词除了它的基本用法之外，在不同类型的句子中所表达的语气也往往有所不同。

1. 也

“也”字位于句尾时，主要出现在判断句中，帮助谓语进行判断，这是“也”字的基本用法。在复句中，“也”字常常用于最后一个分句的句尾，表示对前面论断的肯定和确认，加强全句的语气。例如：

（1）如必自为而后用之，是率天下而路也。（《孟子·许行》）

（2）虽杀臣，不能绝也。（《墨子·公输》）

2. 矣

“矣”字也是古代汉语常用的一个语气词，它和“也”的区别是：“也”字表静态，“矣”字表动态。“也”字的基本作用是把对事物进行的判断告诉别人，现代汉语语气词“了”的作用大致和它相当。

“矣”有时候还可以表示将然，即预料将要发生某些情况，把它当作新情况告诉别人。例如：

（1）有吴则无越，有越则无吴矣。（《国语·句践灭吴》）

（2）吾属今为之虏矣。（《史记·鸿门宴》）

“矣”字用于描写句时，往往使全句语气略带感叹意味。有时把这种带“矣”的谓语提前，这种感叹语气就更为明显。例如：

（3）甚矣，汝之不惠。（《列子·汤问》）

（4）远矣，全德之君子。（《庄子·田子方》）

祈使句也可以用“矣”字。例如：

（5）善哉，吾请无攻宋矣！（《墨子·公输》）

（6）诺，先生休矣！（《战国策·齐策》）

“矣”字还可以用于疑问句，这种疑问句中必然还另有专门表示疑问的词。例如：

（7）危而不持，颠而不扶，则将焉用彼相矣？（《论语·季氏将伐颛臾》）

（8）年几何矣？（《战国策·触龙说赵太后》）

### 3. 乎，与（欤）、邪（耶）

“乎”“与”“邪”都经常用于疑问句的句尾表示疑问语气。其中“乎”的疑问语气最强，用得也最普遍。

在是非问句里，发问者把一件有疑问的事情全部说出来，要求对方作肯定或否定的答复，往往用语气词“乎”。这种“乎”相当于现代汉语的“吗”。例如：

（1）丈夫亦爱怜其少子乎？（《触龙说赵太后》）

“乎”字还可以表示反问语气，但前面必须有疑问代词、否定词或“岂”“宁”“况”字等相呼应。例如：

（2）若使天下兼相爱，爱人若爱其身，犹有不孝者乎？（《墨子·兼爱上》）

（3）况日不悛，其能久乎？（《晏婴论季世》）

反问句只是用问句的形式表示肯定或否定，并不一定要求回答。反问句中的“乎”，跟疑问代词相呼应，可以译成现代汉语的“呢”，其余的除和“况”呼应时也可译成“呢”外，一般都要译成“吗”。

“乎”字除了表示疑问语气，还可以用在感叹句的句尾。例如：

（4）善哉，技盖至此乎！（《庄子·养生主》）

（5）天乎！吾无罪！（《史记·秦始皇本纪》）

表疑问的句尾语气词，除“乎”以外，常见的还有“与”和“邪”。“与”“邪”的语法作用相同。在先秦，有的古书如《论语》《孟子》只用“与”，不用“邪”，而《庄子》用“邪”的次数则大大超过“与”的次数。

“何以……为”意思是“为什么用得着……呢”，是无疑而问，例如：

（6）是社稷之臣也，何以伐为？（《论语·季氏将伐颛臾》）

（7）君子质而已矣，何以文为？（《论语·颜渊》）

### 4. 哉

“哉”字所表示的语气比较单纯，它的基本作用是表示感叹，而且是比较强烈的感叹，和现代汉语“啊”的作用大致相当。例如：

（1）楚国若有大事，子其危哉！（《左传·昭公二十七年》）

（2）小人之好议论，不乐成人之美如是哉！（《张中丞传后叙》）

“哉”字也常用于反问句中，这时一般需要疑问代词或“岂”字和它呼应。例如：

（3）由此观之，客何负于秦哉？李斯（《谏逐客书》）

（4）以游无穷者，彼且恶乎待哉？（《庄子·逍遥游》）

古代汉语常用来表示感叹语气的还有“夫”。例如：

（5）逝者如斯夫！不舍昼夜。（《论语·子罕》）

（6）今若是焉，悲夫！（《三戒》）

### 5. 句尾语气词的连用

古代汉语的句尾语气词可以连用，最常见的是“乎”“哉”放在其他语气词后面。例如：

（1）位其不可不慎也乎！（《左传·成公二年》）

（2）何可胜道也哉！（《游褒禅山记》）

“乎”和“哉”也常连用，“哉”只能放在“乎”的后面。例如：

（3）善败由己，而由人乎哉？（《左传·僖公二十年》）

连用的语气词，仍然保留各自表达的语气。不过语气的重点一般落在最后一个语气词上，最后是“乎”的句子重点在询问，最后是“哉”的句子重点在感叹。

除“乎”“哉”外，“矣”“已”“与”“邪”“夫”等也可以放在其他语气词的后面。例如：

（4）代翕代张，代存代亡，相为雌雄耳矣！（《荀子·议兵》）

（5）有道而正焉，可谓好学也已！（《论语·学而》）

三个语气词有时也可以连起来用，最常见的是“哉”放在另外两个语气词之后。例如：

（6）吾罪也乎哉！（《左传·襄公二十五年》）

三个语气词连用，感情色彩一般都比较强烈，各语气词都仍然保留各自表达的语气，但放在后面的一般要比前面的语气重一些。

## （二）句首和句中语气词

最常见的句首和句中语气词有“夫”“惟”“其”三个字，“也”也可以作句中语气词用。现代汉语没有句首语气词，语气词放在句中的性质也和古代汉语不同，一般无法直接对译。下面对这三个语气词做一些简单的介绍。

### 1. 夫

“夫”字作为句首语气词是从指示代词“夫”虚化而来的。它经常放在句首表示要发议论，起引出下文的作用。古代称之为“发语词”，现代有的语法书称之为“提顿语气词”。例如：

（1）夫将者，国之辅也。（《孙子·谋攻》）

（2）夫寒之于衣，不待轻暖；饿之于食，不待甘旨。（《论贵粟疏》）

“夫”还可以和“且”“故”“若”“今”相结合，成为“且夫”“故夫”“若夫”“今夫”，用于句首。“且夫”“故夫”大致等于“且”“故”，增加了“夫”字，就加强了要发议论的语气。例如：

（3）且夫水之积也不厚，则其负大舟也无力。（《庄子·逍遥游》）

（4）故夫作法术之人，立取舍之行，别辞争之论，而莫为之正。（《韩非子·问辩》）

### 2. 惟（唯，维）

“惟”字用作句首、句中语气词时，可以写作“唯”“维”。用于句首时，有两种作用。一种作用是提示、引出主语或年月。例如：

（1）惟辟（国君）作福，惟辟作威。（《书经·洪范》）

（2）唯赤则非邦也与？（《子路曾皙冉有公西华侍坐》）

另一种作用是表示期望的语气。例如：

（3）阙秦以利晋，唯君图之。（《左传·僖公三十年》）

“惟”字用作句中语气词，主要起引出谓语的作用，在《书经》《诗经》中比较常见。例如：

（4）蚩尤惟始作乱。（《书经·吕刑》）

（5）周虽旧邦，其命维新。（《诗经·大雅·文王》）

3. 其

语气词“其”用于句首或句中，一般表示推测，有“大概”“恐怕”等意思。例如：

（1）齐其为陈氏矣。（《左传·晏婴论季世》）

（2）天之苍苍，其正色邪？（《庄子·逍遥游》）

4. 也

语气词“也”字的基本作用是放在句尾表示判断肯定的语气；但有时也用于句中，表示停顿语气。例如：

（1）丘也闻有国有家者，不患寡而患不均，不患贫而患不安。（《论语·季氏将伐颛臾》）

（2）大隧之中，其乐也融融！（《左传·郑伯克段于鄢》）

句中“也”字还常和“者”字相结合，位于主语之后，起提示谓语的作用。例如：

（3）君子也者，道法之总要也。（《荀子·致士》）

上古汉语的句首、句中语气词还有“繄”“伊”“思”等，秦汉以后一般不再使用，这里就不一一介绍了。

## 二、词头、词尾

古代汉语有些虚字，古人一般把它叫作“发语词”或“发声词”，现代有的语法著作把它叫作“语首助词”“语中助词”，有的语法著作把它叫作“词头”“词尾”。

可以肯定的词头主要是一个“有”字，可以肯定的词尾是“然”“如”“尔”“若”。还有“其”“言”“于”“薄”四字，在《诗经》中用例很多，散文中却很少看到，也被看作词头，暂难做出定论。下面分别作些介绍：

### （一）有

“有”字作为词头，最常用于专有名词的前面。常见的有上古的朝代名、国名、部族名。例如：

（1）我不可不监于有夏，亦不可不监于有殷。（《书经·召诰》）

朝代名词前面加“有”，一直沿用到后代，如“有唐”“有明”等。

“有”又用于某些名词前面。例如：

（2）予欲左右有民。（《书经·皋陶谟》）

还可以用于某些形容词前面。例如：

（3）不我以归，忧心有忡。（《诗经·邶风·击鼓》）

### （二）其

“其”字用作词头，一般用于不及物动词和形容词前面。例如：

（1）既见君子，云何其忧？（《诗经·唐风·扬之水》）

（2）北风其凉，雨雪其滂。（《诗经·邶风·北风》）

### （三）言、于、薄

“言”“于”“薄”用作词头时性质相同，都只能放在动词前面。例如：

（1）言告师氏，言告言归。（《诗经·周南·葛覃》）

（2）陟彼南山，言采其薇。（《诗经·召南·草虫》）

### （四）然、如、尔、若

“然”“如”“尔”“若”主要放在形容词之后，与形容词结合在一起充当句子的状语（有时也用作谓语）。此外还有“焉”“乎”两个字，作用同前四字相同。“如”“尔”“若”可以认为是“然”的变形。例如：

（1）天下晏如也。（《史记·司马相如列传》）

（2）子路率尔而对。（《子路曾皙冉有公西华侍坐》）

形容词后面加上这些词尾，能增加形象化的色彩，一般都可以解释为“……的样子”（古人解释“为……貌”）。

## 文史拓展

## 陶渊明与田园诗

### 一、陶渊明的生平

陶渊明（365—427），一名潜，字元亮，号“五柳先生”，私谥“靖节”，世称靖节先生，浔阳柴桑（今江西九江）人。陶渊明是东晋末至南朝宋初期诗人、辞赋家，中国第一位田园诗人，被称为“古今隐逸诗人之宗”。他的作品今存诗125首，赋、文、赞、述等12篇，有《陶渊明集》流传于世。代表作有《饮酒》《归园田居》《桃花源记》《五柳先生传》《归去来兮辞》等。

陶渊明出身于破落官僚地主家庭，曾祖陶侃以军功官至大司马，祖父陶茂官至武昌太守，父亲陶逸也曾为官。他年幼时，父亲去世，自此家境逐渐没落。“潜少怀高尚，博学善属文，颖脱不羁，任真自得，为乡邻之所贵。”陶渊明自幼学习儒家经典，有大济苍生的壮志，又受道家思想熏陶，喜欢自然，自称“少无适俗韵，性本爱丘山”（《归园田居》其一）。他少年时期在柴桑的乡村过着少与人交往的清贫生活。

不久后，为谋生路，陶渊明开始漫长艰难的游宦生涯。当意识到这种方式并不是良策时，他选择弃官闲居，直到二十九岁才出仕，任江州祭酒，不久即辞职。后被召为州主簿，他辞而不就。隆安二年（398），陶渊明入桓玄幕。元兴二年（403）桓玄篡位，改国号为楚。元兴三年（404），刘裕起兵讨伐桓玄，陶渊明再度出仕，任镇军将军刘裕参军。此时他的心情十分矛盾，既想有所作为：“时来苟冥会，宛辔憩通衢。”又眷念田园生活：“目倦川途异，心念山泽居”（《始作镇军参军经曲阿作》）。义熙元年（405）三月，他改任建威将军刘敬宣参军，奉命出使京都，途经钱溪，有《乙巳岁三月为建威参军使都经钱溪》诗云：“伊余何为者，勉励从兹役。”“园田日梦想，安得久离析。”通过对途中景物的描绘，抒发自己的思乡之情和归隐之念。陶渊明最后一次出仕是义熙元年（405）八月，任彭泽县令。到任后，他深感“质性自然，非矫厉所得……深愧平生之志。”“在官八十余日”（《归去来兮辞》序），十一月就辞官归隐了。此后，他一直过着隐居躬耕的生活，闲居、种田、读书、创作，直至元嘉四年（427）去世。

陶渊明安贫乐道，崇尚自然，是魏晋风流的代表人物。他希望建功立业，不肯同流合污，“朝与仁义生，夕死复何求”（《咏贫士》），他希望返归和保持自己本来天真的性情，“傲然自足，抱朴含真”（《劝农》）。他凭借“性本爱丘山”（《归田园居》）的自由个性，创作出了质朴自然、意境高远的田园诗，成为中国文学史上继屈原之后的又一位伟大诗人。

## 二、田园诗的创作及内容

在陶渊明的众多诗作中，田园诗数量最多，成就最高。田园诗是陶渊明的独创，这是他为古典诗歌开辟的新境界。他因此有“田园诗人”之称。“田园诗”即歌咏田园生活的诗歌，是以田舍园林风光、农村耕作生活为题材，抒写隐居田园的生活和恬淡心境的诗歌。陶渊明用质朴无华的语言和不事雕饰的白描手法，表现静穆平淡的田园风光和农村日常生活，以及他处于这种生活中恬静自然的心情。他的田园诗于平淡自然中充满情趣与理趣。陶渊明之后，田园诗不断发展，到唐代形成了田园山水诗派。宋以后，描写田园的诗人多到不可胜数。

东晋末年，社会动荡，士族文人往往纵情山水，以隐居逃避现实。陶渊明出身于没落士族地主家庭，从小喜爱自然，渴求自由，曾在农村生活多年，他对现实不满，深感仕途黑暗，于是弃官归隐，躬耕自食，他后半生一直在农村过着粗衣粝食的贫士生活。这些都对他进行田园诗创作产生了重要影响，使他的这部分作品既充满回归自然、回归田园的闲散安逸，又多了一份乐天知命、安分守己的现实感悟。

陶渊明的田园诗内容丰富，主要表现在以下四个方面：

（一）他以亲切自然的笔触描绘田园风物，稼穑生活，写出它们的恬淡意境和茂盛的生命力。如《归园田居》（其一），诗人以白描的手法描绘了草屋茅舍、榆柳桃李、远村炊烟、鸡鸣狗吠，向我们展示了宁静优美的农村风貌，流露出自己对田园风物的由衷喜爱和深切依恋。

（二）陶渊明的田园诗中真实地记录了自己躬耕生活的体验，反映了他对劳动的态度。如《归园田居》（其三），形象地描绘了诗人一天平凡的劳动生活及感受：劳作成绩虽不理想，躬耕生活虽然辛苦，但他心情愉快，体会到如愿以偿的快乐。“衣沾不足惜，但使愿无违。”

（三）陶渊明的田园诗中还记叙了他与农夫野老、隐士挚友交往的情景及其深挚友谊。如《移居》二首：“邻曲时时来，抗言谈在昔。奇文共欣赏，疑义相与析”（其一）。“农务各自归，闲暇辄相思。相思则披衣，言笑无厌时”（其二）。他们亲密无间地交往，一起劳作，一起谈心。淳朴的人情，轻松的氛围，使诗人得到极大的安慰。

（四）陶渊明的某些田园诗叙写自己归隐后的艰难生活及农村的凋敝。如《杂诗》（其八）：“躬亲未曾替，寒馁常糟糠。岂期过满腹，但愿饱粳粮。”诗人一直亲自劳作，却饥寒常至食糟糠，当时他只求能够饱食吃细粮。如《归园田居》（其四）：“徘徊丘垄间，依依昔人居。井灶有遗处，桑竹残朽株。借问采薪者，此人皆焉如。薪者向我言，死没无复余。”诗人徘徊于荒野墓地之间，放眼望去，一片萧条。砍柴人告诉他，所有居民都已故去。自此，我们可以隐约看见战乱和灾害中农村的面貌。

## 三、田园诗的艺术特色及艺术成就

陶渊明的田园诗是中国文学史上的瑰宝，它开创了中国古典诗歌的一个重要流派，在艺术上取得了重大成就。其艺术特色主要表现在以下三个方面：

首先，艺术风格上恬淡自然、醇厚隽永。陶渊明的田园诗恬淡自然，质朴无华。诗歌的题材和内容一般都来自归隐后的生活，诗中所描写的对象都是日常生活中司空见惯的事物。他将隐居田园真实平淡的生活注入诗中，让诗富有生活气息，以此抒发自己的感情。如《饮酒》（其五）诗人借酒为题，写出对现实的不满和对田园生活的喜爱，表现归隐后悠闲自得的心境。

其次，艺术境界上高远拔俗、浑然天成，情、景、理统一交融。在陶渊明的田园诗中，飞禽走兽、花卉草木和山山水水都饱含了强烈的思想感情。同时，诗人又善于寓情于理，把自己对人生、对现实的深刻认识形象化，把诗情与哲理、景物紧密结合起来，给人以清新自然的感觉。如《归鸟》诗，全篇寓意明显，这只倦飞的归鸟，正是作者人格的象征。归鸟的一举一动，都体现着诗人的思想和性格，诗中的每一景物，无不带上他的感情色彩。

最后，语言上自然本色、精练传神。诗人以不着雕饰的语言，细腻传神的笔法刻画景物。这与当时诗坛上流行的形象模糊、晦涩难解的玄言诗形成鲜明的对照。诗中充满近“田家语”的朴素语言和白描手法，形成田园诗平淡自然的风格，达到“一语天然万古新，豪华落尽见真淳”（元好问《论诗三十首》）的艺术效果。如《移居》（其二）中，他用朴素的口语化句子，如实写出诗酒相和、欢聚言笑、经纪衣食、不忘力耕的乡间生活，在他的笔下，平淡、枯燥的农村生活却如此富有诗意。

陶渊明诗歌的艺术成就，从内容到艺术，在魏晋南北朝时期，都是独树一帜的。其艺术成就主要表现在以下几个方面：

（一）陶渊明诗歌创造了安静悠闲的田园境界。田园诗是陶渊明独创，这是他在中国诗歌创作领域所开辟的一个新园地。在此之前，山水题材已进入诗歌之中。曹操的《观沧海》中就有对山水的描写，但他是从观赏自然的角度写出的。他们只不过是登临游赏而兴吟咏，有的是助兴己怀，有的是借以悟道，都不是真正地生活于其中，没有与自己的观赏对象融为一体。而在陶渊明笔下，田园里的一草一木无不充满灵性。他在这里种豆、除草、灌园、获稻、摘蔬、饮酒、出游、交友、读书、弹琴、赋诗等，感到乐在其中。他不是田园生活的旁观者，而是其中的一员。

（二）陶渊明诗歌具有平淡自然的艺术风格。平淡自然是陶渊明诗歌的基本风格。形成平淡自然之美的原因，一在于诗人心境的平和散淡，二在于诗人语言的平易朴质。这与他的生活实践是密不可分的。陶渊明提倡躬耕，并亲自实践。他认为自食其力的劳动生活才最符合自然的原则。这是他思想中最光彩的成分。陶渊明不仅长期从事躬耕，而且对劳动的意义提出了新的见解。

他在《庚戌岁九月中于西田获早稻》一诗中说："人生归有道，衣食固其端。孰是都不营，而以求自安？"人生所归，归向于道。但不管归向什么道，首先要吃饭穿衣。所以经营衣食是归道的起点，躬耕劳动是实践自然之义的开端。他在诗里一再歌咏自己的劳动生活："开荒南野际，守拙归园田。""代耕本非望，锁业在田桑。""衣食当须纪，力耕不吾欺。""晨兴理荒秽，戴月荷锄归。"在劳动中他找到了人生的乐趣。同时，诗人在表现这些内容时运用质朴无华的语言和不事雕饰的白描手法。写诗既然是为了"自娱"而非娱人，就会写自己喜爱的生活内容，就用不着雕饰，所以陶渊明写诗与其做人一样"忘怀得失"。宋人严羽说："渊明之诗，质而自然耳。"从美学角度看，平淡自然也是一种美，而且是一种不易达到的美。

（三）陶渊明诗歌对后世诗歌创作产生巨大影响。他那光明峻伟的胸襟、刚正不阿的人格、直率的生活态度、热爱劳动和田园生活的情操，以及执着探索人生真谛，不断追求美好理想的精神，成为历代无数具有进步思想的作家、知识分子的榜样。产生了巨大的精神力量。他那平淡自然的艺术风格、高远入化的艺术境界，丰富的田园诗歌堪称我国古代文化艺术宝库的珍品，成为人们丰富、发展文艺创作、学习和借鉴的源泉。历代有成就的诗人无不在他的作品中汲取营养和受到他的艺术熏陶。李白说："何时到彭泽，狂歌五柳前。"杜甫："焉得思如陶谢手。"白居易："常爱陶彭泽，文思何高玄。"陆游："我诗慕渊明，恨不造其微。"清代沈德潜谓："陶诗胸次浩然，其中有一段渊深朴茂不可到处。"唐人祖述者：王右丞有其清腴，孟山人有其闲远，储太祝有其朴实，韦左司有其冲和，柳义曹有其骏洁，皆学焉而得其性之所近。"可见其影响是广泛而深远的。他开创了田园诗一体，为古典诗歌开辟了一个新的境界。经过历代诗人的努力，终于形成了田园山水诗派，并且成为中国古典诗歌领域中蔚为壮观的一大主流。

以古说今

# 取之有度，用之有节

## 一、用典与出处

“取之有度，用之有节”。该句出自《均节赋税恤百姓六条》其二《请两税以布帛为额不计钱数》。2019 年 4 月 28 日，习近平总书记在中国北京世界园艺博览会开幕式的讲话中引用了这句话。

原文如下：

夫地力之生物有大数，人力之成物有大限，取之有度，用之有节，则常足；取之无度，用之无节，则常不足。

释义：

靠自然的力量生长之物是有定数的，人的力量创造之物也是有限度的。取用它们要有限度，使用它们要有节制，那么就时常能充足；取用它们没有限度，使用他们没有节制，那么就经常不能满足。

《均节赋税恤百姓六条》是中唐贤相陆贽给唐德宗进呈的一封奏议，作于公元 794 年，也就是陆贽任宰相的最后一年。安史之乱后，土地兼并日益严重，富者兼地数万亩，贫者无容足之地。由于长期用兵，兴师动众，百姓的徭役、赋税也日益残酷，纷纷破产。大唐民困国穷，财政枯竭，经济处于崩溃状态。为了缓和地主阶级和农民阶级日益激化的矛盾，解决国家的财政经济危机，陆贽上疏提出了《均节赋税恤百姓六条》，强调了“取之有度，用之有节”的重要性，系统地阐述了恢复和发展经济、进行政治改良的思想。该篇奏议长达一万余字，共六条，对当时财政税收领域存在的若干问题特别是一些不合理的制度对百姓盘剥太过的问题进行了反映，并就如何解决这些问题提出了自己的意见和建议。奏议比较全面而系统地展示了陆贽节用爱民的思想，以及对于民生问题的基本主张，见地深邃，畅达恳切，警句迭出，是陆贽奏议中的名篇。

## 二、古今解读

“取之有度，用之有节，则常足；取之无度，用之无节，则常不足”，是中国古代生态思想的基本概念和重要核心。其中，“度”指“限度”，“节”为“节制”。地球上的资源是有限的，不是取之不尽、用之不竭的。如果人们能按时按量进行使用，有节制，自然资源也不会枯竭，继续为人类做贡献。反之，资源被人们浪费、滥用，造成严重的损失，最后受害的还是人类自身。

早在春秋战国时期，《管子·权修》就谈道：“取于民有度，用之有止，国虽小必安。取于民无度，用之不止，国虽大必危。”《慎子》中也有所谓“圣王在上，则使人有时，而用之有节，则民无痨疾”的说法。虽然这些论述不具有保护自然环境的生态意义，但阐明了君对于民的取用关系。与此不同，孟子发挥孔子“节用而爱人，使民以时”的思想，说：“不违农时，谷不可胜食也；数罟不入洿池，鱼鳖不可胜食也；斧斤以时入山林，材木不可胜用也。”要求有节制地捕鱼，根据时节伐木，包含了保护自然环境的生态思想。汉初，贾谊提出：“豺不祭兽，不田猎；獭不祭鱼，不设网罟；鹰隼不鸷，睢而不逮，不出植罗；草木不零落，斧斤不入山林；昆虫不蛰，不以火田；不麛，不卵，不刳胎，不殀夭，鱼肉不入庙门，鸟兽不成毫毛不登庖厨。取之有时，用之有节，则物蕃多。”将根据时节和动植物的不同生长状况，有节制地开发和利用自然资源的思想，明确表达为“取之有时，用之有节”。唐德宗贞元十年（794 年），陆贽上《均节赋税恤百姓六条》，其中第二条说道：“夫地力之生物有大数，人力之成物有大限，取之有度，用之有节，则常足；取之无度，用之无节，则常不足。”反对无限度地向百姓征收赋税，主张“用之有节”“量入为出”。应当说，这一思想与先秦《管子》所讲“取于民有度，用之有止”是一致的，与“取之有时，用之有节”一样，对后世产生了深远影响。宋代朱熹从“天人合一”的观点出发，通过对张载《西铭》“民吾同胞，物吾与也”的诠释，把孟子“仁民爱物”与“取之有时，用之有节”结合起来，从而将其中的生态思想发展至新的高度。可以说，“取之有度，用之有节，则常足；取之无度，用之无节，则常不足”是中国古代生态思想中贯穿始终的基本概念和行动准则。

一部人类文明的发展史，就是一部人与自然的关系史。自然生态的变迁决定着人类文明的兴衰更替。2016 年 8 月 24 日，习近平总书记在青海省考察工作结束时讲话：“‘天育物有时，地生财有限。’生态环境没有替代品，用之不觉，失之难存。”2019 年 4 月 28 日，习近平总书记出席 2019 年中国北京世界园艺博览会开幕式并发表重要讲话。他说：“无序开发，粗暴掠夺，人类定会遭到大自然的无情报复；合理利用，友好保护，人类必将获得大自然的慷慨回报”。在党的二十大报告中，习近平总书记再次强调，“大自然是人类赖以生存发展的基本条件。尊重自然、顺应自然、保护自然，是全面建设社会主义现代化国家的内在要求。”

## 三、坚持绿色发展 建设美丽家园

建设生态文明，功在当代，利在千秋。党的十八大以来，生态文明建设纳入国家发展总体布局，“进入了快车道”。党的十九大报告把“坚持人与自然和谐共生”纳入新时代坚持和发展中国特色社会主义的基本方略。党的二十大报告将“人与自然和谐共生的现代化”上升到“中国式现代化”的内涵之一，再次明确了新时代中国生态文明建设的战略任务，总基调是推动绿色发展，促进人与自然和谐共生。绿色是大自然的底色，中国坚持绿色发展、建设生态文明的生动实践深刻表明，绿水青山就是金山银山，改善生态环境就是发展生产力。只有维持地球生态整体平衡，才能让子孙后代既能享有丰富的物质财富，又能遥望星空、看见青山、闻到花香。

要树立人与自然和谐共生的生态观。习近平总书记指出：“人因自然而生，人与自然是一种共生关系。生态是统一的自然系统，是各种自然要素相互依存而实现循环的自然链条。良好的生态环境是人类生存与健康的基础。”人类社会的发展历史充分证明，人类只有遵循自然规律才能有效防止在开发利用自然上走弯路，人类对大自然的伤害最终会伤及人类自身，这是无法抗拒的规律。

要践行绿色发展理念。习近平总书记强调：“绿水青山就是金山银山。”这一论述集中体现了人与自然关系的辩证法，蕴含着鲜活的国际国内发展经验，生动揭示了绿色发展理念的科学内涵。绿水青山既是自然财富、生态财富，也是社会财富、经济财富。我们决不能以牺牲环境、浪费资源为代价换取经济增长，不能在问题发生之后再以更大的代价去弥补。

要守护最普惠的民生福祉。习近平总书记强调，“良好生态环境是最普惠的民生福祉”“环境就是民生，青山就是美丽，蓝天也是幸福”。建设生态文明，关系人民福祉，关乎民族未来。良好的生态环境是最公平的公共产品。坚持绿色发展，就要坚持以人民为中心的发展思想，加快改善生态环境质量，提供更多优质生态产品，保持青山常在、绿水长流、空气常新，守护最普惠的民生福祉。

要深刻认识山水林田湖草是一个生命共同体。习近平总书记深刻指出：“人的命脉在田，田的命脉在水，水的命脉在山，山的命脉在土，土的命脉在树”。由山川、林草、湖沼等组成的自然生态系统，存在着无数相互依存、紧密联系的有机链条，牵一发而动全身。统筹山水林田湖草系统治理，旨在从系统工程和全局角度寻求新的治理之道，通过统筹兼顾、整体施策、多措并举，推动生态环境治理现代化。

要坚持和完善生态文明制度体系。习近平总书记指出：“保护生态环境必须依靠制度、依靠法治。”党的十九届四中全会提出，“要实行最严格的生态环境保护制度、全面建立资源高效利用制度、健全生态保护和修复制度和严明生态环境保护责任制度”。生态文明建设是关系中华民族永续发展的千年大计。必须践行“绿水青山就是金山银山”的理念，坚持节约资源和保护环境的基本国策，坚持节约优先、保护优先、自然恢复为主的方针，坚定走生产发展、生活富裕、生态良好的文明发展道路，建设美丽中国。

要积极参与全球生态环境治理。习近平总书记指出：“建设美丽家园是人类的共同梦想。面对生态环境挑战，人类是一荣俱荣、一损俱损的命运共同体，没有哪个国家能独善其身。”人类只有一个地球，保护生态环境、推动可持续发展是各国的共同责任。我们要秉持人类命运共同体理念，坚决维护多边主义，建设性参与全球环境治理，同构建美丽地球家园、共同构建人类命运共同，实现全球可持续发展贡献中国主张、中国方案、中国智慧、中国力量。

第九单元课后练习

# 第十单元 魏晋南北朝文赋

## 文学概说

### 乱世与乱世文学

#### 一、乱世之魏晋南北朝

魏晋南北朝时期，是中国历史上的“乱世”。近四百年间，除了西晋短暂的统一外，一直处于分裂、动荡之中。汉末动乱，代之而起的是三国鼎立。265 年，司马炎篡魏建立西晋王朝，至 280 年灭吴而统一全国，至 316 年即“八王之乱”而灭亡。317 年，司马睿在江南建立东晋王朝，420 年又为刘裕所篡。此后便形成了南北对峙的局面。北方是十六国的混乱局面，南方则宋、齐、梁、陈几个朝代频繁更迭。这一时期除了西晋的统治时间较长外，其余的朝代均为时较短，最短的萧齐政权不过 20 余年，王朝更迭带来的争斗及南北对峙带来的相互攻伐，使这一时期战乱不断，少有宁日：连绵不绝的军阀混战和地方割据，持续不断的族群侵并、政权倾覆，频繁的人口迁徙和灾难。只有西晋短短 36 年，勉强算是名义上的“统一”，但其内部冲突和争斗亦极为惨烈。长达近 400 年的时间里，多重矛盾交错并织，形成了一个巨大而持久的“历史旋涡”，素为治史者所慨叹。战乱和分裂，成为这个时期的主要特征。

战争使很多百姓为之丧生，加之战乱而来的饥馑、瘟疫及人口的大规模迁徙，又夺走了许多人的生命。据葛剑雄《中国人口发展史》的统计分析，东汉人口的峰值超过 6 000 万，三国末期降为 3 000 万；到公元 220 年三国时期，人口处于谷底，仅 2 300 万。这是中国历史上人口下降幅度最大的几次之一。这种状况在文学作品中可以得到印证，曹操的《蒿里行》说：“白骨露于野，千里无鸡鸣。生民百遗一，念之断人肠。”“千里无鸡鸣”说出人烟的荒凉，“生民百遗一”说出人口的锐减。陶渊明的《归园田居》（其四）说：“徘徊丘垄间，依依昔人居。井灶有遗处，桑竹残朽株。借问采薪者，此人皆焉如。薪者向我言，死没无复余。”这首诗描写的是整个村庄的灭绝。

不管战争的性质如何，长期的战乱所造成的一种不自觉的后果就是对生命的无情摧残和对社会生产力的严重破坏。按照马克思主义哲学的“物质决定意识”“经济基础决定上层建筑”等观点，这样的社会环境下的文学应该是发展缓慢甚至是毫无建树的。然而，就是在这充满血污与战乱的动荡时代，中华文化却在战乱中孕育了新的篇章，开始走向辉煌，魏晋南北朝时期的文学发生了巨大的变化，鲁迅称之为“文学的自觉时代”。

## 二、乱世中的文学自觉

社会环境对文学创作的影响是间接的，也许正是因为社会动乱，政权力量失去了对思想文化界的严密控制，魏晋南北朝的文人墨客就在这样的空隙中以他们的智慧与激情把中国文学推向了历史的高峰，带到了自觉的时代。

如果说春秋战国是中国思想文化的奠基时期，那么魏晋南北朝就是中国文学史上的文学自觉时代。在这一阶段，文学创作趋于个性化；玄学的兴起和佛教的传入为文学创作带来新的因素；发现语言形式美并在文学上运用。战乱和割据不仅打破了一元化的集权统治，同时也出现了文化多元走向。玄学崛起，创制道教，佛教东传，中国固有的儒家学说等，相互冲突，又相互融合，形成了这个时期多元化的局面。

文学的自觉是一个相当漫长的过程，它贯穿于整个魏晋南北朝，是经过三百多年才实现的。所谓的文学自觉有三个明显的标志：第一，文学从广义的学术中分离出来，成为一个独立的学科门类。曹丕的《典论·论文》将文体分为四科，并指出它们各自的特点：“奏议宜雅”“书论宜理”“铭诔尚实”“诗赋欲丽”。第二，对文学的各种体裁有比较细致的区分，更重要的是对各种体裁的体制和风格特点有了比较明确的认识。如果说曹丕《典论·论文》标志着文学已摆脱经学而独立，是文学独立的第一个阶段，那么陆机《文赋》则标志着文学自身价值的独立，是文学独立的第二个阶段，即文学有不依赖于作者价值的自身价值，有一套自身的规律，有待人们去认识发现。而后的文学理论，包括刘勰《文心雕龙》在内，都在《文赋》的基础上向着更细致更周密更全面的方向发展，反映了当时的人们对于文学自身规律的认识更为深入彻底了。第三，对文学的审美特性有了自觉的追求。这是文学自觉的根本性的标志。文学之所以为文学，离不开审美的特性。这一方面是文学内在发展规律的必然结果；另一方面也与当时社会动荡，一些文人墨客远离官场，潜心文学，以及玄学产生、佛教传入、道教产生所造成的多元文化思潮有深刻的关系。

魏晋南北朝的文学理论和文学批评，和文学创作一样繁荣，曹丕《典论·论文》、陆机《文赋》、刘勰《文心雕龙》、钟嵘《诗品》及萧统《文选》等的出现，形成了文学理论和文学批评的高峰。它们不仅深化了对文学性质的认识，而且对文学发展规律进行了深入的探讨，取得了辉煌的成果。

魏晋南北朝时期的文学自觉，表现在文学创作领域又有了以下六个方面的发展：（一）五言古诗继承汉乐府的传统，增强了诗人的个性，其发展在这一时期达到鼎盛；（二）一种诗化的散文即骈文的兴盛，成为这个时期重要的文学现象，骈文的抒情性很强并增强了汉语语言的形式美；（三）在汉代盛极一时的大赋，进而演变为抒情小赋，并因骈文的兴盛而增加了骈俪的成分，骈文、骈赋在梁陈两代进入高峰；（四）七言古诗在这时确立起来，并取得可喜的成就；（五）南北朝民歌的新鲜气息，刺激着诗人进行新的尝试，到了唐代绝句便繁荣起来；（六）小说在这时已初具规模，奠定了中国小说的基础，并出现了一批著名的志怪小说和志人小说。这些文学上的发展，为之后唐诗创作的高潮，以及唐朝文学的全面繁荣奠定了基础。

## 三、魏晋乱世的文学特点

魏晋南北朝时期的战乱使很多人丧生，也带来了饥馑、瘟疫及大规模的人口迁徙，这些都深刻地影响了文人的心态与精神风貌，同时也影响到整个文学创作的主题、题材与作品的基调。文人们既要适应战乱，又要适应改朝换代，一人前后属于两个朝代甚至三个朝代的情况非常多见。敏感的文人们在战乱中最容易感受人生的短促，生命的脆弱，命运的多舛，祸福的无常，以及个人的无能为力，从而形成文学的悲剧性基调。在乱世之中，文人的生活方式或表现为慷慨悲歌，或任诞放达，或及时行乐，追求声色，而文学风貌也呈现出或梗概多气，或隐约曲折，或绮丽华靡的特点，这些都不能不说和当时的时代背景密切相关。

### （一）文学的感情基调表现为悲观和放达

这一时期的文人，有许多都被莫名其妙地卷进了政治斗争的旋涡，文人的处境因此也被带上了政治的色彩。他们中有的受到排挤、压制，有的受到迫害甚至被杀头，如孔融、嵇康、陆机、陆云、张华、潘岳、郭璞、谢灵运、鲍照、王融、谢朓等。有的生活在战乱之中，如死于西晋末年战乱之中的杜育、挚虞、枣嵩、王浚、刘琨、卢谌等。这些遭遇使他们感到自己对社会、对自我都无能为力，表现在这些文人身上的是悲观绝望，还有的则用放浪形骸的行为来发泄无望的情怀。这样，就使这一时期的文学形成了悲观与放达的感情基调。

### （二）生死主题、游仙主题、隐逸主题的凸显

生死主题主要是感慨人生的短促、死亡的不可避免，关于如何对待生、迎接死的思考。在汉乐府和《古诗十九首》中已有不少感叹生死的诗歌，《薤露》《蒿里》之作，以及“人生非金石，岂能长寿考”等诗句，可以说是这类主题的直接源头。魏晋以后，生死主题越发普遍，曹丕的《又与吴质书》很真切地表现了当时带有普遍性的想法：“昔年疾疫，亲故多离其灾。徐、陈、应、刘，一时俱逝，痛何可言！……少壮真当努力，年一过往，何可攀缘。古人思秉烛夜游，良有以也。”因疾疫造成众多亲故死亡，他深感悲痛，由此想到少壮当努力成就一番事业，又想秉烛夜游及时行乐。

游仙主题与生死主题关系密切，主要是想象神仙的世界，表现对那个世界的向往及企求长生的愿望。魏晋以后，游仙主题作为生死主题的补充，企求长生的意愿变得更加浓厚。郭璞的多首《游仙诗》使游仙主题成为魏晋南北朝文学中不可忽视的一类创作题材。

隐逸主题包括向往和歌咏隐逸生活的作品，也包括招隐诗、反招隐诗，形成这一时期特殊的文学景观。魏晋以后，隐逸主题的兴起与魏晋以后士人希望企及隐逸之风的兴

盛有直接关系，而这种风气又与战乱的社会背景和玄学的影响有关。

### （三）文学中渗透着儒学、玄学与佛学思想

这一时期，国家处于长期分裂状态，战争连绵不断，百姓流离失所，一方面使社会经济遭到严重破坏，人们生活十分艰苦；另一方面，也使得人们的思想得到了空前的解放，玄学、儒学、佛学并行，影响并渗透进文学创作中。

魏晋南北朝时期儒家的经学已不再是文人思想学术的唯一追求，但其影响依然存在。这时形成一种新的世界观和人生观，其理论形态就是魏晋玄学。玄学的形成和老庄思想有直接的联系，东晋以后玄学又吸取了佛学的成分，步入新的阶段。

### （四）文学中反映了寒门之士的抑郁不平

魏晋南北朝时期除了社会动荡不宁外，门阀制度阻塞了寒士的仕进之路，一些才高的寒士自然心怀不平，士族和庶族的对立成为这个时期的一个重要特点。寒士的不平反映在文学创作中，也就成为这个时期文学的一个特色。魏晋南北朝时期，在门阀制度下，寒士的不平更为强烈，在诗中的呼喊之声也就更为高亢。左思《咏史》（其二）："郁郁涧底松，离离山上苗。以彼径寸茎，荫此百尺条。"形象地反映了"上品无寒门，下品无势族"的社会情况。

### （五）大量文学家族的出现

这一时期，文学家族的大量出现也是值得注意的现象。例如："三曹"（曹操及其子曹丕、曹植）；阮瑀及其子阮籍；嵇康及其子嵇绍、绍从子嵇含；"三张"（张载及其弟张协、张亢），"二陆"（陆机、陆云兄弟）；"两潘"（潘岳及其从子潘尼）；傅玄及其子傅咸；谢安及其孙谢混，谢混及其族子谢灵运、谢瞻、谢晦、谢曜等。文学家族的大量出现与门阀制度直接相关，文学乃至文化集中在少数世家大族手中，与政治的权力一起世代相传。文学家族在魏晋两代尤盛，南朝以后逐渐减少，这与南朝门阀势力逐渐衰微的趋势是一致的。

### （六）创作形式异彩纷呈

首先，这一时期的主要成就是诗歌，文人的五言诗取得了卓越的成就，而南北朝的民歌，也取得了很大的成就。其次，这一时期的散文虽然逐渐被骈文所代替，但也有一些优秀的散文传世。最后，萌芽于先秦、两汉的小说，到了六朝开始兴盛。为后世小说、戏曲的发展奠定了基础。

## 文学作品

### 登楼赋

王　粲

登兹楼以四望兮[1]，聊暇日以销忧[2]。览斯宇之所处兮[3]，实显敞而寡仇[4]。挟清

漳之通浦兮[5]，倚曲沮之长洲[6]。背坟衍之广陆兮[7]，临皋隰之沃流[8]。北弥陶牧[9]，西接昭丘[10]。华实蔽野[11]，黍稷盈畴[12]。虽信美而非吾土兮[13]，曾何足以少留[14]。

遭纷浊而迁逝兮[15]，漫逾纪以迄今[16]。情眷眷而怀归兮[17]，孰忧思之可任[18]？凭轩槛以遥望兮，向北风而开襟[19]。平原远而极目兮，蔽荆山之高岑[20]。路逶迤而修迥兮[21]，川既漾而济深[22]。悲旧乡之壅隔兮[23]，涕横坠而弗禁[24]。昔尼父之在陈兮，有归欤之叹音[25]。钟仪幽而楚奏兮[26]，庄舄显而越吟[27]，人情同于怀土兮[28]，岂穷、达而异心[29]！

惟日月之逾迈兮[30]，俟河清其未极[31]。冀王道之一平兮[32]，假高衢而骋力[33]。惧匏瓜之徒悬兮[34]，畏井渫之莫食[35]。步栖迟以徙倚兮[36]，白日忽其将匿[37]。风萧瑟而并兴兮[38]，天惨惨而无色[39]。兽狂顾以求群兮[40]，鸟相鸣而举翼[41]。原野阒其无人兮[42]，征夫行而未息[43]。心凄怆以感发兮[44]，意忉怛而憯恻[45]。循阶除而下降兮[46]，气交愤于胸臆[47]。夜参半而不寐兮[48]，怅盘桓以反侧[49]。

## 注释

[1] 兹：此。关于王粲所登何楼，向有异说。《文选》李善注引盛弘之《荆州记》，以为是当阳城楼。《文选》刘良注则说为江陵城楼。按赋中所述“挟清漳之通浦兮，倚曲沮之长洲”和“西接昭丘”的位置，应为（今湖北当阳东南）城楼、漳沮二水之间的麦城。

[2] 聊：姑且，暂且。暇日：假借此日。暇：通“假”，借。销忧：解除忧虑。

[3] 斯宇之所处：指这座楼所处的环境。

[4] 实显敞而寡仇：此楼的宽阔敞亮很少能有与它相比的。寡：少。仇：匹敌。

《登楼赋》朗读欣赏

[5] 挟清漳之通浦：漳水和沮水在这里会合。挟：带。清漳：指漳水，发源于荆山，流经当阳，与沮水汇合，称沮漳河水，经荆州市江陵区注入长江。通浦：两条河流相通之处。

[6] 倚曲沮之长洲：弯曲的沮水中间是一块长形陆地。倚：靠。曲沮：弯曲的沮水。沮水也发源于荆山。长洲：水中的长形陆地。

[7] 背坟衍之广陆：楼北是地势较高的广袤原野。背：背靠，指北面。坟：高。衍：平。广陆：广袤的原野。

[8] 临皋（gāo）隰（xí）之沃流：楼南是地势低洼的低湿之地。临：面临，指南面。皋隰：水边低洼之地。沃流：可以灌溉的水流。

[9] 北弥陶牧：北接陶朱公所在的江陵。弥：接。陶牧：春秋时越国的范蠡帮助越王勾践灭吴后弃官来到陶，自称陶朱公。牧：郊外。湖北江陵西有他陶朱公墓，故称陶牧。

[10] 昭丘：楚昭王的坟墓，在当阳郊外。

[11] 华实蔽野：（放眼望去）花和果实覆盖着原野。华：同“花”。

[12] 黍（shǔ）稷（jì）盈畴：农作物遍布田野。黍稷：泛指农作物。

[13] 信美：确实美。吾土：这里指作者的故乡。

[14] 曾何足以少留：竟不能暂居一段。曾：竟。

[15] 遭纷浊而迁逝：生逢乱世到处迁徙流亡。纷浊：纷乱混浊，比喻乱世。

[16] 漫逾纪以迄今：这种流亡生活至今已超过了十二年。逾：超过。纪：十二年。迄今：至今。

[17] 眷眷（juàn）：形容念念不忘。

[18] 孰忧思之可任：这种忧思谁能经受得住呢？任：承受。

[19] 凭：倚，靠。开襟：敞开胸襟。

[20] 蔽荆山之高岑（cén）：高耸的荆山挡住了视线。荆山：在湖北南漳。高岑：小而高的山。

[21] 路逶迤（wēi yí）而修迥：道路曲折漫长。修：长。迥：远。

[22] 川既漾而济深：河水荡漾而深，很难渡过。这两句是说路远水长归路艰难。

[23] 悲旧乡之壅（yōng）隔兮：想到与故乡阻塞隔绝就悲伤不已。壅：阻塞。

[24] 涕横坠而弗禁：禁不住泪流满面。涕：眼泪。弗禁：止不住。

[25] 昔尼父之在陈兮，有归欤之叹音：据《论语·公冶长》记载，孔子周游列国的时候，在陈、蔡绝粮时感叹："归欤，归欤！"尼父：指孔子。

[26] 钟仪幽而楚奏兮：指钟仪被囚，仍不忘弹奏家乡的乐曲。《左传·成公九年》载，楚人钟仪被郑国作为俘虏献给晋国，晋侯让他弹琴，晋侯称赞说："乐操土风，不忘旧也。"

[27] 庄舄（xì）显而越吟：指庄舄身居要职，仍说家乡方言。《史记·张仪列传》载，庄舄在楚国做官时病了，楚王说，他原来是越国的穷人，现在楚国做了大官，还能思念越国吗？便派人去看，原来他正在用家乡话自言自语。

[28] 人情同于怀土兮：人都有怀念故乡的心情。

[29] 岂穷达而异心：哪能因为不得志和显达就不同了呢？

[30] 惟日月之逾迈兮：日月如梭，时光飞逝。惟：发语词，无实义。

[31] 俟（sì）河清其未极：黄河水还没有到澄清的那一天。俟：等待。河：黄河。未极：未至。

[32] 冀王道之一平：希望国家统一安定。冀：希望。

[33] 假高衢（qú）而骋力：自己可以施展才能和抱负。假：凭借。高衢：大道。

[34] 惧匏（páo）瓜之徒悬：担心自己像匏瓜那样被白白地挂在那里。《论语·阳货》："吾岂匏瓜也哉？焉能系而不食？"比喻不为世所用。

[35] 畏井渫（xiè）之莫食：害怕井淘好了，却没有人来打水吃。渫：淘井。《周易·井卦》："井渫不食，为我心恻。"比喻一个洁身自持而不为人所重用的人。

[36] 步栖（qī）迟以徙倚：在楼上漫步徘徊。栖迟：徙倚都有徘徊、漫步义。

[37] 白日忽其将匿（nì）：太阳将要沉没。匿：隐藏。

[38] 风萧瑟而并兴：林涛阵阵，八面来风。萧瑟：树木被风吹拂的声音。并兴：指风从不同的地方同时吹起。

[39] 天惨惨而无色：天空暗淡无光。

[40] 兽狂顾以求群：野兽惊恐地张望寻找伙伴。狂顾：惊恐地回头望。

[41] 鸟相鸣而举翼：鸟张开翅膀互相地鸣叫。

[42] 原野阒（qù）其无人：原野静寂无人。阒：静寂。

[43] 征夫行而未息：离家远行的人还在匆匆赶路。

[44] 心凄怆以感发：指自己为周围景物所感触，不禁觉得凄凉悲怆。

[45] 意忉怛（dāo dá）而憯（cǎn）恻：指心情悲痛，无限伤感。这两句为互文。憯：同

"惨"。

[46] 循阶除而下降：沿着阶梯下楼。循：沿着。除：台阶。

[47] 气交愤于胸臆：胸中闷气郁结，愤懑难平。

[48] 夜参半而不寐：即直到半夜还难以入睡。

[49] 怅盘桓以反侧：惆怅难耐，辗转反侧。盘桓：这里指内心的不平静。

## 作品简析

《登楼赋》是东汉文学家"建安七子"之一王粲的作品。这篇赋主要抒写作者生逢乱世、长期客居他乡、才能不能得以施展而产生思乡、怀国之情和怀才不遇之忧，表现了作者对动乱时局的忧虑和对国家和平统一的希望，也倾吐了自己渴望施展抱负、建功立业的心情。作品以铺叙手法，由登楼极目四望而生忧时伤事之慨，并把眷恋故乡、怀才不遇之情巧妙地结合起来。全篇抒情意味很浓，"忧"字贯穿全篇，风格沉郁悲凉，语言流畅自然，是建安时代抒情小赋的代表性作品。

此赋有如下特点：

一、层次清晰。全文分为三段，首段写登楼所见，次段叙怀乡之情，末段抒身世之惧，遵循主人公情绪的自然发展而来，层次极为清晰。

二、结构严谨。第一段写景中透露出"忧思"，"望""忧"两字，奠定了全文的抒情基调。第二段集中表达了作者内心的沉重忧思。开头四句承上文"非吾土"抒发怀乡之情，"凭轩槛以遥望兮"中的"望"字，化景物为情思。第三段对思乡之情进一步开掘，揭示出"忧思"深层的政治内涵。情景交融。首段写异乡风光：地势开阔，山川秀美，物产富饶，以眼前乐景反衬心中哀情。末段写傍晚景色：日惨风萧，兽狂鸟倦，原野寂寥，烘托出作者内心的凄怆。前后景物描写，即景生情，寓情于景，一乐一悲，相互照应，真切地反映出作者愁绪步步加深、忧伤至极的过程。

三、语言清丽。文章用典贴切，注意与主观感情的抒发相契合。例如"匏瓜徒悬""井渫莫食"等典故，都传达出作者的怀乡之情和怀才不遇的怨愤。文章大量运用富有音乐性的修饰词语。例如"眷眷""惨惨""凄怆""憯恻""盘桓"等，音节流畅，朗朗上口。

四、主题深刻。这篇文章超越了一般的怀乡之作，揭示了深厚的政治内涵。"遭迁逝"句，概括了当时动荡的时代特征和作者悲惨不幸的遭遇；"惟日月"两句，表达了作者时不我待、急欲乘时而起的紧迫感；"冀王道"两句，表达了作者以天下为己任、急于建功立业的使命感。总之，作者通过登楼四望，抒发了浓重的故土之思，倾吐了宏图难展的悲慨，表达了建功立业的迫切愿望。

综上所述，这篇赋体貌高度精练，情思深厚丰腴，形象感人，因此成为建安时期抒情小赋的杰作。

# 洛神赋（并序）[1]

曹　植

黄初三年[2]，余朝京师[3]，还济洛川[4]。古人有言：斯水之神，名曰宓妃[5]。感宋玉对楚王说神女之事[6]，遂作斯赋。其词曰：

余从京域[7]，言归东藩[8]。背伊阙[9]，越轘辕[10]，经通谷[11]，陵景山[12]。日既西倾，车殆马烦[13]。尔乃税驾乎蘅皋[14]，秣驷乎芝田[15]，容与乎阳林[16]，流眄乎洛川[17]。于是精移神骇[18]，忽焉思散[19]。俯则未察，仰以殊观[20]。睹一丽人，于岩之畔[21]。乃援御者而告之曰[22]："尔有觌于彼者乎[23]？彼何人斯，若此之艳也！"御者对曰："臣闻河洛之神，名曰宓妃，然则君王之所见也，无乃是乎？其状若何？臣愿闻之。"

余告之曰：其形也，翩若惊鸿，婉若游龙[24]。荣曜秋菊，华茂春松[25]。仿佛兮若轻云之蔽月，飘飖兮若流风之回雪[26]。远而望之，皎若太阳升朝霞[27]；迫而察之，灼若芙蕖出渌波[28]。秾纤得中[29]，修短合度[30]。肩若削成，腰如约素[31]。延颈秀项[32]，皓质呈露[33]。芳泽无加，铅华不御[34]。云髻峨峨[35]，修眉联娟[36]。丹唇外朗，皓齿内鲜[37]。明眸善睐[38]，靥辅承权[39]。瑰姿艳逸[40]，仪静体闲[41]。柔情绰态[42]，媚于语言。奇服旷世[43]，骨象应图[44]。披罗衣之璀粲兮[45]，珥瑶碧之华琚[46]。戴金翠之首饰[47]，缀明珠以耀躯。践远游之文履[48]，曳雾绡之轻裾[49]。微幽兰之芳蔼兮[50]，步踟蹰于山隅[51]。

于是忽焉纵体，以遨以嬉[52]。左倚采旄[53]，右荫桂旗[54]。攘皓腕于神浒兮[55]，采湍濑之玄芝[56]。

余情悦其淑美兮，心振荡而不怡[57]。无良媒以接欢兮，托微波而通辞[58]。愿诚素之先达兮[59]，解玉佩而要之[60]。嗟佳人之信修[61]，羌习礼而明诗[62]。抗琼珶以和予兮[63]，指潜川而为期[64]。执眷眷之款实兮[65]，惧斯灵之我欺[66]。感交甫之弃言兮[67]，怅犹豫而狐疑[68]。收和颜而静志兮[69]，申礼防以自持[70]。

于是洛灵感焉，徙倚彷徨[71]。神光离合，乍阴乍阳[72]。竦轻躯以鹤立[73]，若将飞而未翔。践椒途之郁烈[74]，步蘅薄而流芳[75]。超长吟以永慕兮，声哀厉而弥长[76]。

尔乃众灵杂沓[77]，命俦啸侣[78]。或戏清流，或翔神渚[79]，或采明珠，或拾翠羽[80]。从南湘之二妃[81]，携汉滨之游女[82]。叹匏瓜之无匹兮，咏牵牛之独处[83]。扬轻袿之猗靡[84]兮，翳修袖以延伫[85]。体迅飞凫[86]，飘忽若神。凌波微步，罗袜生尘[87]。动无常则，若危若安、进止难期[88]，若往若还。转眄流精[89]，光润玉颜。含辞未吐，气若幽兰[90]。华容婀娜，令我忘餐。

于是屏翳收风，川后静波[91]。冯夷鸣鼓[92]，女娲清歌[93]。腾文鱼以警乘，鸣玉鸾以偕逝[94]。六龙俨其齐首[95]，载云车之容裔[96]。鲸鲵踊而夹毂[97]，水禽翔而为卫。于是越北沚[98]，过南冈，纡素领，回清扬[99]。动朱唇以徐言，陈交接之大纲[100]。恨人神之道殊兮，怨盛年之莫当[101]。抗罗袂以掩涕兮，泪流襟之浪浪[102]。悼良会之永绝兮，哀一逝而异乡[103]。无微情以效爱兮[104]，献江南之明珰[105]。虽潜处于太阴，长寄心于君王[106]。忽不悟其所舍，怅神宵而蔽光[107]。

于是背下陵高[108]，足往心留。遗情想像[109]，顾望怀愁。冀灵体之复形[110]，御轻舟而上溯[111]。浮长川而忘反[112]，思绵绵而增慕。夜耿耿而不寐[113]，沾繁霜而至曙。命仆夫而就驾，吾将归乎东路。揽騑辔以抗策，怅盘桓而不能去[114]。

## 注 释

[1] 洛神：传说古帝宓（fú）羲氏之女溺死洛水而为神，故名洛神，又名宓妃。

[2] 黄初：魏文帝曹丕年号，公元220—226年。

[3] 京师：京城，指魏都洛阳。

[4] 济：渡。洛川：即洛水，源出陕西，东南入河南，流经洛阳。

[5] 斯水：此水，指洛川。

[6] 宋玉对楚王说神女之事：传为宋玉所做的《高唐赋》和《神女赋》，都记载宋玉与楚襄王对答梦遇巫山神女事。

[7] 京域：京都地区，指洛阳。

[8] 言：语助词。东藩：东方藩国，指曹植的封地。黄初三年，曹植被立为鄄（juàn）城（即今山东鄄城县）王，城在洛阳东北方向，故称东藩。

《洛神赋（并序）》
朗读欣赏

[9] 伊阙：山名，又称阙塞山、龙门山，在河南洛阳南。

[10] 轘（huán）辕：山名，在今河南偃师县东南。

[11] 通谷：山谷名。在洛阳城南。

[12] 陵：登。景山：山名，在今偃师县南。

[13] 殆：通“怠”，懈怠。一说指危险。烦：疲乏。

[14] 尔乃：承接连词，于是就。税驾：停车。税：舍、置。驾：车乘总称。蘅皋：生着杜蘅的河岸。蘅：杜蘅，香草名。皋：岸。

[15] 秣驷：喂马。驷：一车四马，此泛指驾车之马。芝田：种着灵芝草的田地，此处指野草繁茂之地。一说为地名，指河南巩县西南的芝田镇。

[16] 容与：悠然安闲貌。阳林：地名。

[17] 流眄：纵目四望。眄：斜视。一作“流盼”，目光流转顾盼。

[18] 精移神骇：神情恍惚。骇：散。

[19] 忽焉：急速貌。思散：思绪分散，精神不集中。

[20] 殊观：少见的异常现象。

[21] 岩之畔：山岩边。

[22] 援：以手牵引。御者：车夫。

[23] 觌（dí）：看见。

[24]“翩若”二句：翩然若惊飞的鸿雁，蜿蜒如游动的蛟龙。翩：鸟疾飞的样子，此处指飘忽摇曳的样子。惊鸿：惊飞的鸿雁。婉：蜿蜒曲折。这两句是写洛神的体态轻盈宛转。

［25］“荣曜（yào）”二句：容光焕发如秋日下的菊花，体态丰茂如春风中的松树。荣：丰盛。曜：日光照耀。华茂：华美茂盛。这两句是写洛神容光焕发充满生气。

［26］“仿佛”二句：时隐时现像轻云遮住月亮，浮动飘忽似回风旋舞雪花。仿佛：若隐若现的样子。飘飖：飞翔貌。回：回旋，旋转。这两句是写洛神的体态婀娜，行动飘忽。

［27］皎：洁白光亮。太阳升朝霞：太阳升起于朝霞之中。

［28］迫：靠近。灼：鲜明，鲜艳。芙蕖：一作“芙蓉”，荷花。渌（lù）：水清貌。以上两句是说，不论远远凝望还是靠近观看，洛神都是姿容绝艳。

［29］秾：花木繁盛。此指人体丰腴。纤：细小。此指人体苗条。

［30］修短：长短，高矮。以上两句是说洛神的高矮肥瘦都恰到好处。

［31］“肩若”二句：肩窄如削，腰细如束。削成：形容两肩瘦削下垂的样子。约素：一束白绢。素：白细丝织品。这两句是写洛神的肩膀和腰肢线条圆美。

［32］延、秀：均指长。颈：脖子的前部。项：脖子的后部。

［33］皓：洁白。呈露：显现，外露。

［34］“芳泽”二句：既不施脂，也不敷粉。泽：润肤的油脂。铅华：粉。古代烧铅成粉，故称铅华。不御：不施。御：用。

［35］云髻：发髻如云。峨峨：高耸貌。

［36］联娟：微曲貌。

［37］“丹唇”二句：红唇鲜润，牙齿洁白。朗：明润。鲜：光洁。

［38］眸：目中瞳子。睐（lài）：顾盼。

［39］靥（yè）：酒窝。辅：面颊。承权：在颧骨之下。权：颧骨。

［40］瑰：奇妙。艳逸：艳丽飘逸。

［41］仪：仪态。闲：娴雅。

［42］绰：绰约，美好。

［43］奇服：奇丽的服饰。旷世：举世唯有。旷：空。

［44］骨象：骨骼形貌。应图：指与画中人相当。

［45］璀粲：鲜明貌。一说为衣动的声音。

［46］珥：珠玉耳饰。此用作动词，作佩戴解。瑶、碧：均为美玉。华琚：刻有花纹的佩玉。琚：佩玉名。

［47］翠：翡翠。首饰：指钗簪一类饰物。

［48］践：穿，着。远游：鞋名。文履：饰有花纹图案的鞋。

［49］曳：拖。雾绡：轻薄如雾的绡。绡：生丝。裾：裙边。

［50］微：轻微。芳蔼：香气。

［51］踟蹰：徘徊。隅：角。

［52］“于是”二句：忽然又飘然轻举，且行且戏。纵体：身体轻举貌。遨：游。

［53］采旄（máo）：彩旗。采：同“彩”。旄：旗杆上旄牛尾饰物，此处指旗。

［54］桂旗：以桂木做旗杆的旗，形容旗的华美。

［55］攘：此指挽袖伸出。神浒：为神所游之水边地。浒：水边泽畔。

［56］湍濑：石上急流。玄芝：黑色芝草，相传为神草。

［57］“余情”二句：我喜欢她的淑美，又担心不被接受，不觉心旌摇曳而不安。振荡：形容心动

荡不安。怡：悦。

［58］“无良媒”二句：没有合适的媒人去通接欢情，就只能借助微波来传递话语。微波：一说指目光。

［59］诚素：真诚的情意。素：同“愫”，情愫。

［60］要：同“邀”，约请。

［61］信修：确实美好。修：美好。

［62］羌：发语词。习礼：懂得礼法。明诗：善于言辞。这句意指有很好的文化教养。

［63］抗：举起。琼珶（dì）：美玉。和：应答。

［64］“指潜川”句：指深水发誓，约期相会。潜川：深渊，一说指洛神所居之地。期：会。

［65］眷眷：依恋貌。款实：诚实。

［66］斯灵：此神，指宓妃。我欺：即欺我。

［67］交甫：郑交甫。《文选》李善注引《神仙传》：“切仙一出，游于江滨，逢郑交甫。交甫不知何人也，目而挑之，女遂解佩与之。交甫行数步，空怀无佩，女亦不见。”弃言：背弃承诺。

［68］狐疑：疑虑不定。因为想到郑交甫曾经被仙女遗弃，故此内心产生了疑虑。

［69］收和颜：收起和悦的容颜。静志：镇定情志。

［70］申：施展。礼防：礼法，礼能防乱，故称礼防。自持：自我约束。

［71］徙倚：流连徘徊。

［72］“神光”二句：洛神身上放出的光彩忽聚忽散，忽明忽暗。

［73］竦（sǒng）：耸。鹤立：形容身躯轻盈飘举，如鹤之立。

［74］椒途：涂有椒泥的道路，一说指长满香椒的道路。椒：花椒，有浓香。

［75］蘅薄：杜衡丛生地。流芳：散发香气。

［76］“超长吟”二句：怅然长吟以表示深沉的思慕，声音哀惋而悠长。超：惆怅。永慕：长久思慕。厉：疾。弥：久。

［77］众灵：众仙。杂沓：纷纭，多而乱的样子。

［78］命俦啸侣：招呼同伴。俦：伙伴、同类。

［79］渚：水中高地。

［80］翠羽：翠鸟的羽毛。

［81］南湘之二妃：指娥皇和女英。据刘向《列女传》载，尧以长女娥皇和次女女英嫁舜，后舜南巡，死于苍梧。二妃往寻，自投湘水而死，为湘水之神。

［82］汉滨之游女：汉水之女神，即前注中郑交甫所遇之神女。

［83］“叹匏瓜”二句：为匏瓜星的无偶而叹息，为牵牛星的独处而哀咏。匏瓜：星名，又名天鸡，在河鼓星东。无匹：无偶。牵牛：星名，又名天鼓，与织女星各处天河之旁。相传每年七月七日才得一会。

［84］袿（guī）：妇女的上衣。猗（yī）靡：随风飘动貌。

［85］翳（yì）：遮蔽。延伫：久立。

［86］凫：野鸭。

［87］“凌波”二句：在水波上细步行走，溅起的水沫附在罗袜上如同尘埃。凌：踏。尘：指细微四散的水沫。

［88］难期：难料。

[89]“转眄”句：转眼顾盼之间流露出奕奕神采。流精：形容目光流转而有光彩。

[90]“气若”句：形容气息香馨如兰。

[91]屏翳：传说中的众神之一，司职说法不一，或以为是云师，或以为是雷师，或以为是雨师，在此篇中被曹植视作风神。川后：传说中的河神。

[92]冯（pí ng）夷：传说中的水神。

[93]女娲：女神名，相传笙簧是她所造，所以这里说“女娲清歌”。

[94]“腾文鱼”二句：飞腾的文鱼警卫着洛神的车乘，众神随着叮当作响的玉鸾一齐离去。腾：升。文鱼：神话中一种能飞的鱼。警乘：警卫车乘。玉銮：鸾鸟形的玉制车铃，动则发声。偕逝：俱往。

[95]六龙：相传神出游多驾六龙。俨：庄严的样子。齐首：六龙齐头并进。

[96]云车：相传神以云为车。容裔：即“容与”，舒缓安祥貌。

[97]鲸鲵（ní）：即鲸鱼。水栖哺乳动物，雄者称鲸，雌者称鲵。毂（gǔ）：车轮中用以贯轴的圆木，这里指车。

[98]沚：水中小块陆地。

[99]“纡素领”二句：洛神不断回首顾盼。纡：回。素领：白皙的颈项。清扬：形容女性清秀的眉目。

[100]交接：结交往来。

[101]盛年：少壮之年。莫当：无匹，无偶，即两人不能结合。

[102]“抗罗袂”二句：举起罗袖掩面而泣，止不住泪水涟涟沾湿了衣襟。抗：举。袂：衣袖。浪浪：水流不断貌。

[103]“悼良会”二句：痛惜这样美好的相会永不再有，哀叹长别从此身处两地。

[104]效爱：致爱慕之意。

[105]明珰：以明月珠作的耳珰。

[106]“虽潜”二句：虽然幽居于神仙之所，但将永远怀念着君王。潜处：深处，幽居。太阴：众神所居之处。君王：指曹植。

[107]“忽不悟”二句：洛神说毕忽然不知去处，我为众灵一时消失隐去光彩而深感惆怅。不悟：不见，未察觉。所舍：停留、止息之处。宵：通“消”，消失。蔽光：隐去光彩。

[108]背下：离开低地。陵高：登上高处。

[109]遗情：留情，情思流连。想像：指思念洛神的美好形象。

[110]灵体：指洛神。

[110]上溯：逆流而上。

[112]长川：指洛水。

[113]耿耿：心神不安的样子。

[114]“揽騑辔”二句：当手执马缰、举鞭欲策之时，却又怅然若失，徘徊依恋，无法离去。騑（fēi），车旁之马。古代驾车称辕外之马为騑或骖，此泛指驾车之马。辔：马缰绳。抗策：犹举鞭。盘桓：徘徊不进貌。

## 作品简析

《洛神赋》是三国时期曹魏文学家曹植创作的辞赋名篇。曹植模仿战国时期楚国宋玉《神女赋》中对巫山神女的描写，叙述自己在洛水边与洛神相遇的故事，在故事情节、人物形象描写上多有借鉴宋赋。此赋虚构了作者自己与洛神的邂逅和彼此间的思慕爱恋，洛神形象美丽绝伦，人神之恋缥缈迷离，但由于人、神道殊而不能结合，最后抒发了无限的悲伤怅惘之情。全篇大致可分为六段：第一段写作者从洛阳回封地时，看到“丽人”宓妃伫立山崖；第二段写宓妃容仪服饰之美；第三段写作者非常爱慕洛神，她既识礼仪又善言辞，作者虽已向她表达了真情，赠以信物，有了约会，却担心受欺骗，极言爱慕之深；第四段写洛神为“君王”之诚所感后的情状；第五段为全篇寄意之所在；第六段写别后作者对洛神的思念。全赋辞采华美，描写细腻，想象丰富，情思缱绻，若有寄托。

## 与山巨源绝交书

嵇　康

康白：足下昔称吾于颍川[1]，吾常谓之知言[2]。然经怪此意尚未熟悉于足下[3]，何从便得之也？前年从河东还[4]，显宗、阿都说足下议以吾自代[5]，事虽不行，知足下故不知之。足下傍通[6]，多可而少怪[7]；吾直性狭中[8]，多所不堪，偶与足下相知耳。闲闻足下迁[9]，惕然不喜[10]，恐足下羞庖人之独割，引尸祝以自助[11]，手荐鸾刀[12]，漫之膻腥[13]，故具为足下陈其可否。

吾昔读书，得并介之人[14]，或谓无之，今乃信其真有耳。性有所不堪，真不可强。今空语同知有达人无所不堪，外不殊俗，而内不失正，与一世同其波流，而悔吝不生耳[15]。老子、庄周[16]，吾之师也，亲居贱职；柳下惠、东方朔[17]，达人也，安乎卑位，吾岂敢短之哉[18]！又仲尼兼爱[19]，不羞执鞭[20]；子文无欲卿相[21]，而三登令尹[22]，是乃君子思济物之意也[23]。所谓达能兼善而不渝[24]，穷则自得而无闷[25]。以此观之，故尧、舜之君世[26]，许由之岩栖[27]，子房之佐汉[28]，接舆之行歌[29]，其揆一也[30]。仰瞻数君，可谓能遂其志者也。故君子百行[31]，殊途而同致[32]，循性而动，各附所安。故有处朝廷而不出，入山林而不返之论[33]。且延陵高子臧之风[34]，长卿慕相如之节[35]，志气所托，不可夺也。吾每读尚子平、台孝威传[36]，慨然慕之，想其为人。少加孤露[37]，母兄见骄[38]，不涉经学。性复疏懒，筋驽肉缓[39]，头面常一月十五日不洗，不大闷痒，不能沐也[40]。每常小便而忍不起，令胞中略转乃起耳[41]。又纵逸来久，情意傲散，简与礼相背，懒与慢相成，而为侪类见宽[42]，不攻其过。又读《庄》《老》[43]，重增其放。故使荣进之心日颓，任实之情转笃[44]。此犹禽鹿[45]，少见驯育，则服从教制；长而见羁[46]，则狂顾顿缨[47]，赴蹈汤火；虽饰以金镳[48]，飨以嘉肴[49]，愈思长林而志在丰草也。

阮嗣宗口不论人过[50]，吾每师之而未能及；至性过人，与物无伤，唯饮酒过差耳[51]。至为礼法之士所绳[52]，疾之如仇，幸赖大将军保持之耳[53]。吾不如嗣宗之资[54]，而有慢弛之阙[55]；又不识人情，暗于机宜[56]；无万石之慎[57]，而有好尽之累[58]。久与事接，疵衅日兴[59]，虽欲无患，其可得乎？又人伦有礼，朝廷有法，自惟至熟[60]，有必不堪者七，甚不可者二：卧喜晚起，而当关呼之不置[61]，一不堪也。抱琴行吟，弋钓草野[62]，而吏卒守之，不得妄动，二不堪也。危坐一时，痹不得摇[63]，性复多虱[64]，把搔无已[65]，而当裹以章服[66]，揖拜上官，三不堪也。素不便书，又不喜作书，而人间多事，堆案盈机[67]，不相酬答，则犯教伤义[68]，欲自勉强，则不能久，四不堪也。不喜吊丧，而人道以此为重，已为未见恕者所怨，至欲见中伤者；虽瞿然自责[69]，然性不可化，欲降心顺俗[70]，则诡故不情[71]，亦终不能获无咎无誉如此[72]，五不堪也。不喜俗人，而当与之共事，或宾客盈坐，鸣声聒耳[73]，嚣尘臭处，千变百伎，在人目前，六不堪也。心不耐烦，而官事鞅掌[74]，机务缠其心，世故烦其虑，七不堪也。又每非汤、武而薄周、孔[75]，在人间不止，此事会显[76]，世教所不容，此甚不可一也。刚肠疾恶，轻肆直言，遇事便发，此甚不可二也。以促中小心之性[77]，统此九患，不有外难，当有内病，宁可久处人间邪？又闻道士遗言，饵术黄精[78]，令人久寿，意甚信之；游山泽，观鱼鸟，心甚乐之。一行作吏，此事便废，安能舍其所乐，而从其所惧哉？

夫人之相知，贵识其天性，因而济之。禹不逼伯成子高[79]，全其节也；仲尼不假盖于子夏[80]，护其短也；近诸葛孔明不逼元直以入蜀[81]，华子鱼不强幼安以卿相[82]，此可谓能相终始，真相知者也。足下见直木不可以为轮，曲木不可以为桷[83]，盖不欲枉其天才，令得其所也。故四民有业[84]，各以得志为乐，唯达者为能通之，此足下度内耳[85]。不可自见好章甫[86]，强越人以文冕也[87]；已嗜臭腐，养鸳雏以死鼠也[88]。吾顷学养生之术，方外荣华[89]，去滋味[90]，游心于寂寞，以无为为贵。纵无九患，尚不顾足下所好者。又有心闷疾，顷转增笃[91]，私意自试，不能堪其所不乐。自卜已审，若道尽途穷则已耳。足下无事冤之[92]，令转于沟壑也[93]。

吾新失母兄之欢，意常凄切。女年十三，男年八岁，未及成人，况复多病。顾此悢悢[94]，如何可言！今但愿守陋巷，教养子孙，时与亲旧叙离阔，陈说平生；浊酒一杯，弹琴一曲，志愿毕矣。足下若嬲之不置[95]，不过欲为官得人，以益时用耳。足下旧知吾潦倒粗疏[96]，不切事情，自惟亦皆不如今日之贤能也。若以俗人皆喜荣华，独能离之，以此为快，此最近之，可得言耳。然使长才广度[97]，无所不淹[98]，而能不营[99]，乃可贵耳。若吾多病困，欲离事自全，以保余年，此真所乏耳，岂可见黄门而称贞哉[100]！若趣欲共登王途[101]，期于相致，时为欢益，一旦迫之，必发狂疾。自非重怨[102]，不至于此也。

野人有快炙背而美芹子者[103]，欲献之至尊[104]，虽有区区之意[105]，亦已疏矣。愿足下勿似之。其意如此，既以解足下，并以为别[106]。嵇康白。

## 注释

［1］称：指称说嵇康不愿出仕的意志。颍川：指山嵚。是山涛的叔父，曾经做过颍川太守，故以代称。古代往往以所任的官职或地名等作为对人的代称。

[2] 知言：知己的话。

[3] 经：常常。此意：指嵇康不愿出仕的意志。

[4] 河东：地名。在今山西省夏县西北。

[5] 显宗：公孙崇，字显宗，谯国人，曾为尚书郎。阿都：吕安，字仲悌，小名阿都，东平人，嵇康好友。以吾自代：指山涛拟推荐嵇康代其之职。嵇康在河东时，山涛正担任选曹郎职务。

《与山巨源绝交书》
朗读欣赏

[6] 傍通：善于应付变化。

[7] 多可而少怪：多有许可而少有责怪。

[8] 狭中：心地狭窄。

[9] 闲：近来。迁：升官。指山涛从选曹郎迁为大将军从事中郎。

[10] 惕然：忧惧的样子。

[11] "恐足下"二句：语本《庄子·逍遥游》："庖人虽不治庖，尸祝不越樽俎而代之。"意思是说："即使厨师（庖人）不做菜，祭师（祭祀时读祝辞的人）也不应该越职替代之。"这里引用这个典故，说明山涛独自做官感到不好意思，所以要荐引嵇康出仕。

[12] 鸾刀：刀柄缀有鸾铃的屠刀。

[13] 漫：沾污。

[14] 并介之人：兼济天下而又耿介孤直的人。山涛为"竹林七贤"之一，曾标榜清高，后又出仕，这里是讥讽他的圆滑处世。

[15] 悔吝：悔恨。

[16] 老子：即老聃。姓李名耳，春秋时楚国苦县人，为周朝的柱下史、守藏史。相传著《老子》五千余言。庄周：战国时宋国蒙县人，曾为蒙漆园吏。相传著《庄子》十余万言。两人都是道家的创始人。

[17] 柳下惠：即展禽。名获，字季，春秋时鲁国人。为鲁国典狱官，曾被罢职三次，有人劝他到别国去，他自己却不以为意。居于柳下，死后谥"惠"，故称柳下惠。东方朔：字曼倩，汉武帝时人，常为侍郎。二人职位都很低下，所以说"安乎卑位"。

[18] 短：轻视。

[19] 仲尼：孔子的字。兼爱：博爱无私。

[20] 执鞭：指执鞭赶车的人。《论语·述而》："子曰：'富而好求也，虽执鞭之士，吾亦为之。'"

[21] 子文：姓斗，名谷於菟（gòu wū tú），春秋时楚国人。

[22] 令尹：楚国官名，相当宰相。《论语·公冶长》："令尹子文，三仕为令尹，无喜色；三已之，无愠色。"

[23] 济物：救世济人。

[24] 达：显达。指得志时。

[25] 穷：指失意时。

[26] 君世：为君于世。"君"作动词用。

[27] 许由：尧时隐士。尧想把天下让给他，他不肯接受，就到箕山去隐居。

[28] 子房：张良的字。他曾帮助汉高祖刘邦统一天下，建立汉王朝。

[29] 接舆：春秋时楚国隐士。孔子游宦楚国时，接舆唱着讽劝孔子归隐的歌从其车边走过。

［30］揆（kuí）：原则，道理。

［31］百行：各种不同行为。

［32］殊途而同致：所走道路不同而达到相同的目的。语出《易·系辞》："天下同归而殊途，一致而百虑。"

［33］"故有"二句：语出《韩诗外传》卷五："朝廷之人为禄，故入而不出；山林之士为名，故往而不返。"

［34］延陵：名季札，春秋时吴国公子。居于延陵，人称延陵季子。子臧：一名欣时，曹国公子。曹宣公死后，曹人要立子臧为君，子臧拒不接受，离国而去。季札的父兄要立季札为嗣君，季札引子臧不为曹国君为例，拒不接受。风：风概。指高尚情操。

［35］长卿：汉代司马相如的字。相如：指战国时赵国人蔺相如，以"完璧归赵"功拜上大夫。《史记·司马相如传》载："（司马）相如既学，慕蔺相如之为人，更名相如。"

［36］尚子平：东汉时人。《文选》李善注引《英雄记》说他："有道术，为县功曹，休归，自入山担薪，卖以供食饮。"《后汉书·逸民传》作"向子平"，说他在儿女婚嫁后，即不再过问家事，恣意游五岳名山，不知所终。台孝威：名佟，东汉时人。隐居武安山，凿穴而居，以采药为业。

［37］孤：幼年丧父。露：羸弱。

［38］兄：指嵇喜。见骄：指受到母兄的骄纵。

［39］驽：原指劣马，这里是迟钝的意思。缓：松弛。

［40］不能（nài）：不愿。能：通"耐"。沐：洗头。

［41］胞：原指胎衣，这里指膀胱。

［42］侪（chái）类：指同辈朋友。

［43］《庄》：《庄子》。《老》：《老子》。

［44］任实：指放任本性。

［45］禽：古代对鸟兽的通称。一说通"擒"。

［46］见：被。

［47］狂顾：疯狂地四面张望。顿缨：挣脱羁索。

［48］金镳（biāo）：金属制作的马笼头，这里指鹿笼头。

［49］飨（xiǎng）：用酒食款待。这里是喂的意思。嘉肴：好菜。这里指精美的饲料。

［50］阮嗣宗：阮籍，字嗣宗，与嵇康同为"竹林七贤"之一。不拘礼法，常用醉酒的办法，以"口不臧否人物"来避祸。

［51］过差：犹过度。

［52］礼法之士：指一些借虚伪礼法来维护自己利益的人。据《晋阳秋》记载，何曾曾在司马昭面前说阮籍"任性放荡，败礼伤教"，"宜投之四裔，以絜王道。"司马昭回答说："此贤素羸弱，君当恕之。"绳：纠正过失，这里指纠弹、抨弹。

［53］大将军：指司马昭。保持：保护。

［54］资：指天赋的资材。

［55］慢弛：傲慢懒散。阙：缺点。

［56］暗于机宜：不懂得随机应变。

［57］万石：汉代石奋。他和四个儿子都官至二千石，共一万石，所以汉景帝称他为"万石君"。一生以谨慎著称。

[58] 好尽：尽情直言，不知忌讳。累：过失，毛病。

[59] 疵（cī）：缺点。衅（xìn）：争端。

[60] 惟：思虑。熟：精详。

[61] 当关：守门的差役。不置：不已。

[62] 弋（yì）：系有绳子的箭，用来射取禽鸟。这里即指射禽鸟。

[63] 痹（bì）：麻木。

[64] 性：身体。

[65] 把（pá）搔：用于搔痒。把：通“爬”。无已：没有停止。

[66] 章服：冠服。指官服。

[67] 机：同“几”，小桌子。

[68] 犯教伤义：指触犯封建礼教失去礼仪。

[69] 瞿然：惊惧的样子。

[70] 降心：抑制自己的心意。

[71] 诡故：违背自己本性。不情：不符合真情。

[72] 无咎无誉：指既不遭到罪责也得不到称赞。

[73] 聒（guō）：喧闹。

[74] 鞅（yāng）掌：职事忙碌。

[75] 非：非难。汤：成汤。推翻夏桀统治，建立商王朝。武：周武王姬发。推翻殷纣王统治，建立周王朝。周：周公姬旦。辅助武王灭纣，建立周王朝。孔：孔子。

[76] 此事：指非难成汤、武王，鄙薄周公、孔子的事。会显：会当显著，为众人所知。

[77] 促中小心：指心胸狭隘。

[78] 饵（ěr）：服食。术、黄精：两种中草药名，古人认为服食后可以轻身延年。

[79] 禹：舜以后的帝王，建立夏王朝。伯成子高：禹时隐士。《庄子·天地》：“尧治天下，伯成子高立为诸侯。尧授舜，舜授禹，伯成子高辞为诸侯而耕。禹往见之，则耕在野。禹趋就下风，立而问焉，曰：‘昔尧治天下，吾子立为诸侯，尧授舜，舜授予，而吾子辞为诸侯而耕，敢问其何故也？’子高曰：‘昔尧治天下，不赏而民劝，不罚而民畏；今子赏罚，而民且不仁，德自此衰，刑自此立，后世之乱自此始矣。夫子阖行邪，无落吾事！’俋俋乎耕而不顾。”

[80] 假：借。盖：雨伞。子夏：孔子弟子卜商的字。《孔子家语·致思》：“孔子将行，雨而无盖。门人曰：‘商也有之。’孔子曰：‘商之为人也，甚吝于财。吾闻与人交，推其长者，违其短者，故能久也。’”

[81] 诸葛孔明：三国时诸葛亮的字。元直：徐庶的字。两人原来都在刘备部下，后来徐庶的母亲被曹操捉去，他就辞别刘备而投奔曹操，诸葛亮没有加以阻留。

[82] 华子鱼：三国时华歆的字。幼安：管宁的字。两人为同学好友，魏文帝时，华歆为太尉，想推举管宁接任自己的职务，管宁便举家渡海而归，华歆也不加强迫。

[83] 桷（jué）：屋上承瓦的椽子。

[84] 四民：指士、农、工、商。

[85] 度内：意料之中。

[86] 章甫：古代一种须缩在发髻上的帽子。

[87] 强：勉强。越人：指今浙江、福建一带居民。文冕（miǎn）：饰有花纹的帽子。《庄子·逍遥游》："宋人资章甫而适诸越，越人断发文身，无所用之。"

[88] 鸳雏（chú）：传说中像凤凰一类的鸟。《庄子·秋水》中说：惠子做了梁国的相，害怕庄子来夺他的相位，便派人去搜寻庄子，于是庄子就往见惠子，并对他说："南方有鸟，其名为鸳雏……非梧桐不止，非练实不食，非醴泉不饮。于是鸱得腐鼠，鸳雏过之，仰而视之，曰：'赫！'"

[89] 外：疏远，排斥。

[90] 滋味：美味。

[91] 增笃：加重。

[92] 无事：不要做。冤：委屈。

[93] 转于沟壑：流转在山沟河谷之间。指流离而死。

[94] 悢（liàng）悢：悲恨。

[95] 嬲（niǎo）：纠缠。

[96] 潦倒粗疏：放任散漫的意思。

[97] 长才广度：指有高才大度的人。

[98] 淹：贯通。

[99] 不营：不营求。指不求仕进。

[100] 黄门：宦官。

[101] 趣（cù）：同"促"，急于。王途：仕途。

[102] 自非：若不是。重怨：大仇。

[103] 野人：居住在乡野的人。快炙（zhì）背：对太阳晒背感到快意。美芹子：以芹菜为美味。

[104] 至尊：指君主。以上两句原本出于《列子·杨朱》："宋国有田夫，常衣缊黂，仅以过冬。暨春东作，自曝于日，不知天下之有广厦隩室，绵纩狐狢，顾谓其妻曰：'负日之暄，人莫知者，以献吾君，将有重赏。'里之富者告之曰：'昔人有美戎菽、甘枲茎芹萍子者，对乡豪称之；乡豪取而尝之，蜇于口，惨于腹，众哂而怨之，其人大惭。子此类也。'"

[105] 区区：形容感情恳切。

[106] 别：告别。这是绝交的婉辞。

## 作品简析

《与山巨源绝交书》，是魏晋时期"竹林七贤"之一的嵇康写给朋友山涛（字巨源）的一封信，也是一篇名传千古的著名散文。这封信是嵇康听到山涛在由选曹郎调任大将军从事中郎时，想荐举他代其原职的消息后写的。信中拒绝了山涛的荐引，指出人的秉性各有所好，申明他自己赋性疏懒，不堪礼法约束，不可加以勉强。他强调放任自然，既是对世俗礼法的蔑视，也是他崇尚老、庄无为思想的一种反映。

这封信分为五段，第一段开门见山，说明绝交的原因，开篇劈头就是"吾直性狭中，多所不堪，偶与足下相知耳""足下故不知之"。交友之道，贵在相知。第二段，作者高屋建瓴，提出人们相处的原则。文中首先列举出老子、庄周等十一位历史人物，借评论他们的事迹阐发了"循性而动，各附所安"的原则。第三段便描述起自己的本性和生活状况来。第四段，他进而举出阮籍受迫害之事，指出自己与朝廷礼法的矛盾更为尖锐。嵇康把这些矛盾概括成九条，就是很有名的“必不堪者七，甚不可者二”。这九条排比而出，滚滚滔滔，一气贯注，丝毫不容对方有置喙的余地。最后一段转而谈对方，以交友之道责之。在列举了古今四位贤人“真相知”“识其天性，因而济之”之后，作者使用了欲抑先扬的手法。

从这篇文章中，一方面，我们可以从嵇康愤激的言辞中体会到当时黑暗、险恶的政治氛围；另一方面，嵇康是“竹林七贤”的领袖，在士人中有着很高的威望和相当大的影响，因此，《与山巨源绝交书》中描写的生活旨趣和精神状态都有一定的代表性，部分反映出当时的社会风貌和思想潮流。

## 归去来兮辞并序[1]

陶渊明

余家贫，耕植不足以自给[2]。幼稚盈室[3]，瓶无储粟[4]，生生所资[5]，未见其术[6]。亲故多劝余为长吏[7]，脱然有怀[8]，求之靡途[9]。会有四方之事[10]，诸侯以惠爱为德[11]；家叔以余贫苦[12]，遂见用于小邑[13]。于时风波未静[14]，心惮远役[15]，彭泽去家百里[16]，公田之利，足以为酒。故便求之。及少日，眷然有归欤之情[17]。何则[18]？质性自然[19]，非矫厉所得。饥冻虽切[20]，违己交病。尝从人事[21]，皆口腹自役[22]。于是怅然慷慨[23]，深愧平生之志。犹望一稔[24]，当敛裳宵逝[25]。寻程氏妹丧于武昌[26]，情在骏奔[27]，自免去职。仲秋至冬[28]，在官八十余日。因事顺心[29]，命篇曰《归去来兮》。乙巳岁十一月也[30]。

归去来兮，田园将芜胡不归[31]？既自以心为形役[32]，奚惆怅而独悲[33]？悟已往之不谏[34]，知来者之可追[35]。实迷途其未远[36]，觉今是而昨非[37]。舟遥遥以轻飏[38]，风飘飘而吹衣。问征夫以前路[39]，恨晨光之熹微[40]。

乃瞻衡宇，载欣载奔[41]。僮仆欢迎，稚子候门[42]。三径就荒，松菊犹存[43]。携幼入室，有酒盈樽[44]。引壶觞以自酌[45]，眄庭柯以怡颜[46]。倚南窗以寄傲[47]，审容膝之易安[48]。园日涉以成趣[49]，门虽设而常关。策扶老以流憩[50]，时矫首而遐观[51]。云无心以出岫[52]，鸟倦飞而知还。景翳翳以将入[53]，抚孤松而盘桓[54]。

归去来兮，请息交以绝游[55]。世与我而相违，复驾言兮焉求[56]？悦亲戚之情话[57]，乐琴书以消忧。农人告余以春及[58]，将有事于西畴[59]。或命巾车[60]，或棹孤舟[61]。既窈窕以寻壑[62]，亦崎岖而经丘[63]。木欣欣以向荣[64]，泉涓涓而始流[65]。善万物之得时，感吾生之行休[66]。

已矣乎[67]！寓形宇内复几时？曷不委心任去留[68]？胡为乎遑遑欲何之[69]？富贵非吾愿，帝乡不可期[70]。怀良辰以孤往[71]，或植杖而耘耔[72]。登东皋以舒啸[73]，临清流而赋诗。聊乘化以归尽[74]，乐夫天命复奚疑[75]！

### 注　释

[1] 归去来兮：意思是“回去吧”。来：表趋向的语助词。兮：语气词。

［2］耕：耕田。植：植桑。以：来。给：供给。

［3］幼稚：指孩童。盈：满。

［4］瓶：指盛米用的陶制容器，如甏（bèng）、瓮之类。

［5］生生：犹言维持生计。前一“生”字为动词，后一“生”字为名词。资：凭借。

《归去来兮辞并序》朗读欣赏

［6］术：这里指经营生计的本领。

［7］长吏：较高职位的县吏。指小官。

［8］脱然：轻快的样子。有怀：有所思念（指有了做官的念头）。

［9］靡途：没有门路。

［10］会有四方之事：刚巧碰上有出使到外地去的事情。会：适逢。四方：意为到各处去。

［11］诸侯：指州郡长官。

［12］家叔：指陶夔（kuí），当时任太常卿。以：因为。

［13］见：被。

［14］风波：指军阀混战。静：平。

［15］惮：害怕。役：服役。

［16］彭泽：县名。在今江西省湖口县东。

［17］眷然：依恋的样子。归欤（yú）之情：回去的心情。

［18］何：什么。则：道理。

［19］质性：本性。矫厉：造作勉强。

［20］切：迫切。违己：违反自己本心。交病：指思想上遭受痛苦。

［21］尝：曾经。从人事：从事于仕途中的人事交往。指做官。

［22］口腹自役：为了满足口腹的需要而驱使自己。

［23］怅然：失意。

［24］犹：仍然。望：期待。一稔（rěn）：公田收获一次。稔：谷物成熟。

［25］敛裳：收拾行装。宵：星夜。逝：离去。

［26］寻：不久。程氏妹：嫁给程家的妹妹。武昌：今湖北省鄂城县。

［27］情：吊丧的心情。在：像。骏奔：急着前去奔丧。

［28］仲秋：农历八月。

［29］事：辞官。顺：顺遂。心：心愿。

［30］乙巳岁：晋安帝义熙元年（公元405年）。

［31］田园将芜胡不归：田园将要荒芜了，为什么不回去？胡：同“何”。

［32］以心为形役：让心神为形体所役使。意思是本心不愿出仕，但为了免于饥寒，违背本意做了官。心：意愿。形：形体，指身体。役：奴役。

［33］奚惆怅而独悲：为什么悲愁失意？惆怅：失意的样子。

［34］悟已往之不谏：觉悟到过去做错了的事（指出仕）已经不能改正。谏：谏止，劝止。

［35］知来者之可追：知道未来的事（指归隐）还可以挽救。追：挽救，补救。

［36］实：确实。迷途：做官。其：大概。

［37］是：正确。非：错误。

［38］舟遥遥以轻飏（yáng）：船在水面上轻轻地飘荡着前进。遥遥：摇摆不定的样子。以：而。

飏：飞扬，形容船行驶轻快的样子。

［39］征夫：指行人，非征兵之人。以：把。后文中：“农人告余以春及”也是这样的。前：前面的。

［40］恨晨光之熹微：遗憾的是天刚刚放亮。恨：遗憾。熹微：微明，天未大亮。

［41］乃瞻衡宇，载欣载奔：看见自己家的房子，心中欣喜，奔跑过去。瞻：远望。衡宇：简陋的房子。

［42］稚子：幼儿。

［43］三径就荒，松菊犹存：院子里的小路快要荒芜了，松菊还长在那里。三径：院中小路。汉朝蒋诩（xǔ）隐居之后，在院里竹下开辟三径，只与少数友人来往。后人以“三径”代指隐士所居。就：近于。

［44］盈樽：满杯。

［45］引：拿来。觞（shāng）：古代酒器。

［46］眄（miǎn）庭柯以怡颜：看看院子里的树木，觉得很愉快。眄：斜看。这里是“随便看看”的意思。柯：树枝。以：为了。怡颜：使面容现出愉快神色。

［47］寄傲：寄托傲然自得的心情。傲：指傲世。

［48］审容膝之易安：觉得住在简陋的小屋里也非常舒服。审：觉察。容膝：只能容下双膝的小屋，极言其狭小。

［49］园日涉以成趣：天天到园里行走，自成一种乐趣。涉：涉足，走到。

［50］策扶老以流憩（qì）：拄着拐杖出去走走，随时随地休息。策：拄着。扶老：手杖。憩：休息。流憩：游息，就是没有固定的地方，到处走走歇歇。

［51］时矫首而遐观：时时抬起头向远处望望。矫：举。遐：远。

［52］云无心以出岫（xiù）：云气自然而然地从山里冒出。无心：无意地。岫：有洞穴的山，这里泛指山峰。

［53］景翳（yì）翳以将入：阳光黯淡，太阳快落下去了。景：日光。翳翳：阴暗的样子。

［54］抚孤松而盘桓：手抚孤松徘徊。盘桓：盘旋，徘徊，留恋不去。

［55］请息交以绝游：意思是不再同官场有任何瓜葛。息交：停止与人交往断绝交游。

［56］世与我而相违，复驾言兮焉求：世事与我所想的相违背，还能努力探求什么呢？驾：驾车，这里指驾车出游去追求想要的东西。言：助词。

［57］情话：知心话。

［58］春及：春天到了。

［59］将有事于西畴：西边田野里要开始耕种了。有事：指耕种之事。事：这里指农事。畴：田地。

［60］或命巾车：有时叫上一辆有帷的小车。巾车：有车帷的小车。或：有时。

［61］或棹（zhào）孤舟：有时划一艘小船。棹：本义船桨。这里名词作动词，意为划桨。

［62］既窈窕以寻壑：经过幽深曲折的山谷。窈窕：幽深曲折的样子。壑：山沟。

［63］亦崎岖而经丘：走过高低不平的山路。

［64］木欣欣以向荣：草木茂盛。欣欣、向荣：都是草木滋长茂盛的意思。

［65］涓涓：水流细微的样子。

[66] 善万物之得时，感吾生之行休：羡慕自然界万物一到春天便及时生长茂盛，感叹自己的一生行将结束。善：欢喜，羡慕。行休：行将结束。

[67] 已矣乎：算了吧！助词“矣”与“乎”连用，加强感叹语气。

[68] 寓形宇内复几时，曷（hé）不委心任去留：活在世上能有多久，何不顺从自己的心愿，管它什么生与死呢？寓形：寄生。宇内：天地之间。曷：何。委心：随心所欲。去留：指生死。

[69] 胡为乎遑遑欲何之：为什么心神不定，想到哪里去呢？遑遑：不安的样子。之：往。

[70] 帝乡不可期：仙境到不了。帝乡：仙乡，神仙居住的地方。期：希望，企及。

[71] 怀良辰以孤往：爱惜美好的时光，独自外出。怀：留恋、爱惜。良辰：指上文所说万物得时的春天。孤独：独自外出。

[72] 或植杖而耘耔：有时扶着拐杖除草培苗。植：立，扶着。耘：除草。耔：培苗。

[73] 登东皋（gāo）以舒啸：登上东面的高地放声长啸，皋：高地。啸：撮口发出的长而清越的一种声音。舒：放。

[74] 聊乘化以归尽：姑且顺其自然走完生命的路程。聊：姑且。乘化：随顺大自然的运转变化。归尽：到死。尽：指死亡。

[75] 乐夫天命复奚疑：乐安天命，还有什么可疑虑的呢？复：还有。疑：疑虑。

## 作品简析

《归去来兮辞》是东晋文学家陶渊明创作的抒情小赋，也是一篇脱离仕途回归田园的宣言。这篇文章作于作者辞官之初，叙述了他辞官归隐后的生活情趣和内心感受，表现了他对官场的认识及对人生的思索，表达了他洁身自好、不同流合污的情操。作品通过描写具体的景物和活动，创造出一种宁静恬适、乐天自然的意境，寄托了他的生活理想。语言朴素，辞意畅达，匠心独运而又通脱自然，感情真挚，意境深远，有很强的感染力。结构安排严谨周密，散体序文重在叙述，韵文辞赋则全力抒情，二者各司其职，成“双美”之势。这篇文章感情真挚，语言朴素，音节谐美，有如天籁，呈现出一种天然真色之美。作者直抒胸臆，不假涂饰，而自然纯真可亲。

# 别　赋

江　淹

黯然销魂者[1]，唯别而已矣。况秦吴兮绝国[2]，复燕宋兮千里[3]。或春苔兮始生，乍秋风兮暂起[4]。是以行子肠断，百感凄恻。风萧萧而异响，云漫漫而奇色。舟凝滞于水滨，车逶迟于山侧[5]，棹容与而讵前[6]，马寒鸣而不息。掩金觞而谁御[7]，横玉柱而沾轼[8]。居人愁卧，怳若有亡[9]。日下壁而沉彩[10]，月上轩而飞光。见红兰之受露，望青楸之罹霜[11]。巡层楹而空掩，抚锦幕而虚凉[12]。知离梦之踯躅[13]，意别魂之飞扬[14]。

故别虽一绪，事乃万族[15]。至若龙马银鞍[16]，朱轩绣轴[17]，帐饮东都[18]，送客金谷[19]。琴羽张兮箫鼓陈[20]，燕赵歌兮伤美人[21]。珠与玉兮艳暮秋，罗与绮兮娇上春[22]。惊驷马之仰秣[23]，耸渊鱼之赤鳞[24]。造分手而衔涕[25]，感寂漠而伤神[26]。

乃有剑客惭恩[27]，少年报士[28]，韩国赵厕[29]，吴宫燕市[30]，割慈忍爱，离邦去里。沥泣共诀[31]，抆血相视[32]。驱征马而不顾，见行尘之时起。方衔感于一剑[33]，非买价于泉里[34]。金石震而色变[35]，骨肉悲而心死[36]。

或乃边郡未和，负羽从军[37]。辽水无极[38]，雁山参云[39]。闺中风暖，陌上草薰。日出天而耀景[40]，露下地而腾文[41]。镜朱尘之照烂[42]，袭青气之烟煴[43]。攀桃李兮不忍别，送爱子兮沾罗裙[44]。

至如一赴绝国，讵相见期[45]。视乔木兮故里[46]，决北梁兮永辞[47]。左右兮魂动，亲宾兮泪滋。可斑荆兮赠恨[48]，惟尊酒兮叙悲[49]。值秋雁兮飞日，当白露兮下时。怨复怨兮远山曲，去复去兮长河湄[50]。

又若君居淄右[51]，妾家河阳[52]。同琼佩之晨照[53]，共金炉之夕香[54]，君结绶兮千里[55]，惜瑶草之徒芳[56]。惭幽闺之琴瑟，晦高台之流黄[57]。春宫闷此青苔色[58]，秋帐含兹明月光，夏簟清兮昼不暮[59]，冬釭凝兮夜何长[60]。织锦曲兮泣已尽，回文诗兮影独伤[61]。

傥有华阴上士[62]，服食还山[63]。术既妙而犹学，道已寂而未传[64]。守丹灶而不顾[65]，炼金鼎而方坚[66]。驾鹤上汉，骖鸾腾天[67]。暂游万里，少别千年[68]。惟世间兮重别，谢主人兮依然[69]。

下有芍药之诗[70]，佳人之歌[71]。桑中卫女，上宫陈娥[72]。春草碧色，春水渌波[73]，送君南浦[74]，伤如之何！至乃秋露如珠，秋月如珪[75]，明月白露，光阴往来，与子之别，思心徘徊。

是以别方不定[76]，别理千名[77]，有别必怨，有怨必盈[78]，使人意夺神骇，心折骨惊[79]。虽渊、云之墨妙[80]，严乐之笔精[81]，金闺之诸彦[82]，兰台之群英[83]，赋有凌云之称[84]，辩有雕龙之声[85]，谁能摹暂离之状，写永诀之情者乎！

## 注释

［1］黯然：心神沮丧，形容惨戚之状。销魂：即丧魂落魄。

［2］秦吴：古国名。秦国在今陕西一带，吴国在今江苏、浙江一带。绝国：相隔极远的邦国。

［3］燕宋：古国名。燕国在今河北一带，宋国在今河南一带。

［4］暂：初，开始。

［5］逶迟：徘徊不行的样子。

《别赋》朗读欣赏

［6］棹（zhào）：船桨，这里指代船。容与：缓慢荡漾不前的样子。讵前：滞留不前。此处化用屈原《九章·涉江》中“船容与而不进兮，淹回水而疑滞”的句意。

［7］掩：覆盖。觞（shāng）：酒杯。御：进用。

［8］横：横持，阁置。玉柱：琴瑟上的系弦之木，这里指琴。轼：车前的横木。

［9］怳（huǎng）：丧神失意的样子。

［10］沉彩：日光西沉。

［11］楸（qiū）：落叶乔木。枝干端直，高达三十米，古人多植于道旁。罹：遭受。

[12] 层楹（yíng）：高高的楼房。楹：屋前的柱子，此指房屋。锦幕：锦织的帐幕。二句写行子一去，居人徘徊旧屋的感受。

[13] 踯躅（zhí zhú）：徘徊不前的样子。元朝张养浩的《山坡羊潼关怀古》中“望西都，意踯躅”。

[14] 意：同“臆”，料想。飞扬：心神不安。

[15] 万族：不同的种类。

[16] 龙马：据《周礼·夏官·廋人》载，马八尺以上称“龙马”。

[17] 朱轩：贵者所乘之车。绣轴：绘有彩饰的车轴。此指车驾之华贵。

[18] 帐饮：古人设帷帐于郊外以饯行。东都：指东都门，长安城门名。《汉书·疏广传》记载疏广告老还乡时，“公卿大夫故人邑子设祖道供帐东都门，送者车数百辆，辞决而去”。

[19] 金谷：晋代石崇在洛阳西北金谷所造金谷园。史载石崇拜太仆，出为征虏将军，送者倾都，曾帐饮于金谷园。

[20] 羽：五音之一，声最细切，宜于表现悲戚之情。琴羽：指琴中弹奏出羽声。张：调弦。

[21] 燕赵：《古诗》有“燕赵多佳人，美者颜如玉”句。后因以美人多出燕赵。

[22] 上春：即初春。

[23] 驷马：古时四匹马拉的车驾称驷，马称驷马。仰秣（mò）：抬起头吃草。语出《淮南子·说山训》：“伯牙鼓琴，驷马仰秣。”原形容琴声美妙动听，此处反其意。

[24] 耸：因惊动而跃起。鳞：指渊中之鱼。语出《韩诗外传》：“昔者瓠巴鼓瑟而潜鱼出听。”

[25] 造：等到。衔涕：含泪。

[26] 寂漠：即“寂寞”。

[27] 惭恩：自惭于未报主人知遇之恩。

[28] 报士：心怀报恩之念的侠士。

[29] 韩国：指战国时侠士聂政为韩国严仲子报仇，刺杀韩相侠累一事。赵厕：指战国初期，豫让因自己的主人智氏为赵襄子所灭，乃变姓名为刑人，入宫涂厕，挟匕首欲刺死赵襄子一事。

[30] 吴宫：指春秋时专诸置匕首于鱼腹，在宴席间为吴国公子光刺杀吴王一事。燕市：指荆轲与朋友高渐离等饮于燕国街市，因感燕太子恩遇，藏匕首于地图中，至秦献图刺秦王未成，被杀。高渐离为了替荆轲报仇，又一次入秦谋杀秦王事。

[31] 沥泣：洒泪哭泣。

[32] 抆（wěn）：擦拭。抆血：指眼泪流尽后又继续流血。

[33] 衔感：怀恩感遇。衔：怀。

[34] 买价：指以生命换取金钱。泉里：黄泉。

[35] 金石震：钟、磬等乐器齐鸣。原本出自《燕丹太子》：“荆轲与武阳入秦，秦王陛戟而见燕使，鼓钟并发，群臣皆呼万岁，武阳大恐，面如死灰色。”

[36]“骨肉”句：语出《史记·刺客列传》，聂政刺杀韩相侠累后，剖腹毁容自杀，以免牵连他人。韩国当政者将他暴尸于市，悬赏千金。他的姐姐聂嫈说：“妾其奈何畏殁身之诛，终灭贤弟之名！”于是宣扬弟弟的义举，伏尸而哭，最后在尸身旁边自杀。骨肉：指死者亲人。

[37] 负羽：挟带弓箭。

[38] 辽水：辽河。在今辽宁省西部，流经营口入海。

[39] 雁山：雁门山。在今山西原平县西北。

［40］耀景：闪射光芒。

［41］腾文：指露水在阳光下反射出绚烂的色彩。

［42］镜：照耀。朱尘：红色的尘霭。照：日光。烂：光彩明亮而绚丽。

［43］袭：扑入。青气：春天草木上腾起的烟霭。烟煴（yī nyū n）：同“氤氲”。云气笼罩弥漫的样子。

［44］爱子：爱人，指征夫。

［45］讵：岂有。

［46］乔木：高大的树木。王充《论衡·佚文》：“睹乔木，知旧都。”

［47］“决北”句：语出《楚辞·九怀》。

［48］斑：铺设。荆：树枝条。据《左传·襄公二十六年》记载，楚国伍举与声子相善。伍举将奔晋国，在郑国郊外遇到声子，“班荆相与食，而言复故”。后来人们就以“班荆道故”来比喻亲旧惜别的悲痛。

［49］尊：同“樽”，酒器。

［50］湄：水边。

［51］淄右：淄水西面。在今山东境内。

［52］河阳：黄河北岸。

［53］琼佩：琼玉之类的佩饰。

［54］“同琼佩”“共金炉”：二句回忆昔日朝夕共处的爱情生活。

［55］绶：系官印的丝带。结绶：指出仕做官。

［56］瑶草：仙山中的芳草。这里比喻闺中少妇。徒芳：比喻虚度青春。

［57］晦：昏暗不明。流黄：黄色丝绢，这里指黄绢做成的帷幕。这一句指为免伤情，不敢卷起帷幕远望。

［58］春宫：指闺房。閟（bì）：关闭。

［59］簟（diàn）：竹席。

［60］釭（gāng）：灯。以上四句写居人春、夏、秋、冬四季相思之苦。

［61］“织锦”二句：据武则天《璇玑图序》载：“前秦苻坚时，窦滔镇襄阳，携宠姬赵阳台之任，断妻苏蕙音问。蕙因织锦为回文，五彩相宣，纵横八寸，题诗二百余首，计八百余言，纵横反复，皆成章句，名曰《璇玑图》以寄滔。”一说窦韬身处沙漠，妻子苏蕙就织锦为回文诗寄赠给他（《晋书·列女传》）。以上写游宦别离和闺中思妇的恋念。

［62］傥（tǎng）：同“倘”。华阴：即华山，在今陕西渭南县南。上士：道士，求仙的人。

［63］服食：道家以为服食丹药可以长生不老。还山：即成仙。一作“还仙”。

［64］寂：进入微妙之境。传：至，最高境界。

［65］丹灶：炼丹炉。不顾：指不顾问尘俗之事。

［66］炼金鼎：在金鼎里炼丹。

［67］骖（cān）：三匹马驾车称“骖”。鸾：古代神话传说中凤凰一类的鸟。

［68］少别：小别。

［69］谢：告辞，告别。以上写学道炼丹者的离别。

［70］下：下士。与“上士”相对。芍药之诗：语出《诗经·郑风·溱洧》：“维士与女，伊其相谑，赠以芍药。”

［71］佳人之歌：指李延年的歌："北方有佳人，绝世而独立。"

［72］桑中：卫国地名。上宫：陈国地名。卫女、陈娥：均指恋爱中的少女。《诗经·鄘风·桑中》："云谁之思？美孟姜矣。期我乎桑中，要我乎上宫。"

［73］渌（lù）波：清澈的水波。

［74］南浦：《楚辞·九歌·河伯》："子交手兮东行，送美人兮南浦。"后以"南浦"泛指送别之地。

［75］珪（guī）：一种洁白晶莹的圆形美玉。

［76］别方：别离的双方。

［77］名：种类。

［78］盈：充盈。

［79］折、惊：均言创痛之深。

［80］渊：即王褒，字子渊。云：即扬雄，字子云。二人都是汉代著名的辞赋家。

［81］严：严安。乐：徐乐。二人为汉代著名文学家。

［82］金闺：原指汉代长安金马门。后来为汉代官署名。是聚集才识之士以备汉武帝诏询的地方。彦：有学识才干的人。

［83］兰台：汉代朝廷中藏书和讨论学术的地方。

［84］凌云：据《史记·司马相如列传》载，司马相如作《大人赋》，汉武帝赞誉为"飘飘有凌云之气，似游天地之间"。

［85］雕龙：据《史记·孟子荀卿列传》载，驺奭写文章，善于闳辩。所以齐人称颂他为"雕龙奭"。

## 作品简析

《别赋》是南朝文学家江淹创作的一篇抒情小赋。此赋以浓郁的抒情笔调，以环境烘托、情绪渲染、心理刻画等艺术方法，通过对戍人、富豪、侠客、游宦、道士、情人别离的描写，生动具体地反映出齐梁时代社会动乱的侧影。全赋用骈偶的句式，绘声绘色，语言清丽，声情婉谐，千百年来，脍炙人口。

文章眉目清晰，次序井然。其结构类似议论文，开宗明义，点出题目，列出论点："黯然销魂者，唯别而已矣。"首段总起，泛写人生离别之悲，"黯然销魂"四字为全文抒情定下基调。中间七段分别描摹富贵之别、侠客之别、从军之别、绝国之别、夫妻之别、方外之别、情侣之别，以"别虽一绪，事乃万族"铺陈各种别离的情状，写特定人物同中有异的别离之情。末段则以"别方不定，别理千名，有别必怨，有怨必盈"的打破时空的方法进行概括总结，在以悲为美的艺术境界中，概括出人类别离的共有感情。其结构又似乐曲中的ABA形式，首尾呼应，以突出主旨。

《别赋》最突出的成就，在于借环境描写和气氛渲染以刻画人的心理感受。作者善于对生活进行观察、概括、提炼，择取不同的场所、时序、景物来烘托、刻画人的情感活动，铺张而不厌其详，夸饰而不失其真，酣畅淋漓，信然能引发共鸣，而领悟悲之所以为美。

善于抓住特征，善于选择素材，还必须有相应的语言技巧，方可描写出色。《别赋》

的文饰骈俪整饬，但却未流入宫体赋之靡丽，亦不同于汉大赋的堆砌，清新流丽，充满诗情画意。尤其是“春草碧色，春水渌波，送君南浦，伤如之何”等名句，如溪流山中，着落预判，千古传诵。

## 哀江南赋序[1]

庾信

粤以戊辰之年，建亥之月[2]，大盗移国[3]，金陵瓦解[4]。余乃窜身荒谷[5]，公私涂炭[6]。华阳奔命[7]，有去无归。中兴道销[8]，穷于甲戌[9]。三日哭于都亭[10]，三年囚于别馆[11]。天道周星[12]，物极不反[13]。傅燮之但悲身世，无处求生[14]；袁安之每念王室，自然流涕[15]。昔桓君山之志事，杜元凯之平生，并有著书，咸能自序[16]。潘岳之文采，始述家风[17]；陆机之辞赋，先陈世德[18]。信年始二毛[19]，即逢丧乱；藐是流离，至于暮齿[20]。燕歌远别，悲不自胜[21]；楚老相逢，泣将何及[22]！畏南山之雨，忽践秦庭[23]；让东海之滨，遂餐周粟[24]。下亭漂泊[25]，高桥羁旅[26]。楚歌非取乐之方，鲁酒无忘忧之用[27]。追为此赋，聊以记言[28]，不无危苦之辞，唯以悲哀为主[29]。

日暮途远，人间何世[30]？将军一去，大树飘零[31]；壮士不还，寒风萧瑟[32]。荆璧睨柱，受连城而见欺[33]；载书横阶，捧珠盘而不定[34]。钟仪君子，入就南冠之囚[35]；季孙行人，留守西河之馆[36]。申包胥之顿地，碎之以首[37]；蔡威公之泪尽，加之以血[38]。钓台移柳，非玉关之可望[39]；华亭鹤唳，岂河桥之可闻[40]！

孙策以天下为三分，众才一旅[41]；项籍用江东之子弟，人唯八千[42]。遂乃分裂山河，宰割天下[43]。岂有百万义师，一朝卷甲[44]，芟夷斩伐[45]，如草木焉！江、淮无涯岸之阻，亭壁无藩篱之固[46]。头会箕敛者，合从缔交[47]；锄耰棘矜者，因利乘便[48]。将非江表王气，终于三百年乎[49]？是知并吞六合，不免轵道之灾[50]；混一车书，无救平阳之祸[51]。呜呼！山岳崩颓，既履危亡之运[52]；春秋迭代，必有去故之悲[53]。天意人事，可以凄怆伤心者矣[54]。况复舟楫路穷，星汉非乘槎可上[55]；风飚道阻，蓬莱无可到之期[56]。穷者欲达其言，劳者须歌其事[57]。陆士衡闻而抚掌，是所甘心[58]；张平子见而陋之，固其宜矣[59]。

### 注释

[1]《哀江南赋》是中国古典文学中一篇有名的长赋，内容以作者自己的遭遇为线索，叙述梁朝的兴亡和人民遭遇的痛苦，抒发了他内心的悲哀。“哀江南”出于《楚辞·招魂》的“魂兮归来哀江南”。梁武帝建都建业（今南京），元帝建都江陵（今湖北江陵县），都在江南，所以借用成语作为赋名。本篇是赋前面的序，概括了赋的全篇大意，并说明作赋的动机。这篇序是用骈体文写成的。庾信的骈体文，实集六朝之大成，而《哀江南赋序》更是其中最著名的一篇。

《哀江南赋序》朗读欣赏

[2] 粤：句首语气词。以：介词，在这里相当于“于”。戊辰之年：梁武帝太清二年（公元 548

年）。建亥之月，阴历十月。

[3] 大盗：指侯景。侯景原先在魏做官，后降梁。太清二年八月反，先攻进金陵（即建业），又攻陷台城（梁的宫城），梁武帝被逼饿死。立简文帝。后又逼简文帝禅位于豫章王萧栋而杀简文帝。不久，又废萧栋，自立为帝。移国，等于说篡国。

[4] 瓦解：比喻崩溃。

[5] 窜：逃匿。荒谷：春秋楚地名。《左传》桓公十三年："莫敖缢于荒谷。"这里借指江陵。

[6] 公私：公室和私门。涂：泥。炭：炭火。伪古文《尚书·仲虺之诰》："有夏昏德，民坠涂炭。"涂炭：指陷入污泥炭火之中，比喻陷于极端困苦的境地。

[7] 华阳：指西魏。《尚书·禹贡》："华阳黑水惟梁州。"据胡渭考证，华阳在今陕西商县（见《禹贡锥指》）。西魏京都在长安，用华阳是活用典故。奔命：为王命奔走。这是指梁元帝承圣三年（公元 554 年），庾信从江陵奉命出使西魏的事。

[8] 中兴：指梁元帝平定侯景之乱，即位江陵，梁亡而复兴。销：消，削减。《周易·泰卦》："君子道长，小人道消也。"这里借用"道销"二字来说明中兴越来越没有希望。

[9] 穷：指中兴道销到了极点。甲戌：即承圣三年（公元 554 年），这年西魏派于谨来攻，梁王詧（元帝的侄子）与于谨合兵攻下江陵，杀死元帝。

[10] 都亭：城郭附近的亭舍。三国时，魏兵攻蜀，后主刘禅降魏。守永安城的蜀将罗宪听说后，率部下到都亭哭了三天。这是庾信写他对梁朝灭亡的哀痛。

[11] 囚于别馆：庾信出使西魏后，梁朝接近灭亡，西魏扣留住他，他成了囚徒，不能居使臣的正馆，而住在正馆以外的馆舍里。

[12] 天道：天理。周星：指岁星（木星）运行一周天，岁星约十二年运行一周天。

[13] 物极不反：古人认为事物发展的常理是"物极必反"（语见《鹖冠子》），而梁朝自江陵失败至甲戌元帝被杀，却未能复兴，所以说"物极不反"。连上是说：按天理，周星之时，应出现物极必反的现象，现在却是物极不反了。

[14] 傅燮（xiè）：字南容，东汉灵州（今宁夏灵武县）人，任汉阳（今甘肃天水一带）太守。被王国、韩遂围攻，城中兵少粮尽。他儿子劝他弃城归乡，他慨叹道："世乱不能养浩然之志，食禄又欲避其难乎！吾行何之？必死于此！"终于临阵战死。这里用传燮来比喻自己的遭遇，是说梁不复兴，身羁异国，只能悲叹自己的身世，而无处求生。

[15] 袁安：字邵公，东汉汝阳（故城在今河南商水县西北）人。官至司徒。因和帝幼弱，外戚窦宪专权，每当朝会进见及与公卿谈论国事时，总是呜咽流涕。这里以袁安自比，表明自己对梁朝的覆亡时时悲叹。

[16] 桓君山：名谭，东汉光武时人，著有《新论》。志事：有志于事业。事：一本作"士"。杜元凯，名预：西晋时人，著有《春秋左氏经传集解》。序：通叙。自序：写文章来叙述自己的身世和志趣。《太平御览》卷六百十四载杜预的自序，中有"少而好学，在官则观于吏治，在家则滋味典籍"等语。桓谭的自序已佚失。

[17] 潘岳：字安仁，晋荥阳中牟（今河南中牟县）人，曾作《家风诗》。

[18] 陆机：字士衡，晋华亭（在今上海市松江县）人，擅长诗赋，他曾作《祖德》《述先》二赋。又，他的《文赋》中有"咏世德之骏烈，诵先人之清芬"的句子。（陆机的祖父陆逊是吴国的丞相，父亲陆抗是吴国的大司马，都有功于吴。）庾信在这里隐含着自己要向潘陆学习的意思。

[19] 二毛：头发有黑有白，即花白头发，指年已半老。时庾信年三十六岁。

[20] 大意是：远远地离开故国，流落在异城，一直到晚年。藐：远。流离：因灾荒或战乱而转徙流落在异乡。暮齿：晚年。

[21] 燕歌：曹丕有《燕歌行》。王褒（庾信同时诗人）曾作《燕歌》，元帝与庾信等诸文士都有和作。《燕歌》多是伤别之作。

[22] “楚老”句大意是：遇到故国遗老，也只有对泣，但哭又有什么用呢！《后汉书·逸民列传》载：桓帝时，党锢事起，兼代外黄令陈留张升弃官归乡，路上遇见一位朋友，两人坐在草上共谈，谈到悲痛处，相抱而泣。陈留老父走过，放下拐杖长叹道：“吁！二大夫何泣之悲也？夫龙不隐鳞，凤不藏羽，纲罗高悬，去将安所，虽泣何及乎！”陈留古为楚地。

[23] “畏南山”之句：这是说本想洁身远害，却又出使西魏。《列女传》载：陶答子妻嫌丈夫贪位怀禄，不修名节，说道：“妾闻南山有玄豹，雾雨七日而不下食者，何也？欲以泽其毛而成文章也，故藏而远害。”忽：快速。秦庭：喻魏都。魏都长安，秦都咸阳，二城相距不远。春秋时，吴兵攻陷楚都，楚国几亡，申包胥到秦国乞师救楚，才恢复了楚国。

[24] 让东海之滨：让位而居于东海之滨。战国时，田和把齐康公迁到海滨，自立为齐国的国君。这里指宇文觉篡夺西魏，改国号为北周。“让”是委婉的说法。因庾信在北周做官，只好这样说。餐周粟：周武王灭商，伯夷、叔齐耻食周粟，饿死于首阳山。这话是说自己先失节于西魏，又失节于北周，不像伯夷、叔齐耻食周粟而死，表示惭愧。

[25] 下亭：《后汉书·独行列传》载：孔嵩被征召，在去京师的路上，宿在下亭（地名），马被盗去。这是说旅途漂泊之苦。

[26] 高桥：又作皋桥，在江苏吴县阊门内，相传汉时皋伯通居此桥旁。《后汉书·梁鸿传》载：梁鸿曾至吴依皋伯通，居庑（廊下的小屋子）下。羁旅：寄迹于外，他乡作客。这是说在异乡过着羁旅生活。

[27] 楚歌：项羽被围垓下，夜闻汉军四面皆楚歌。又《史记·留侯世家》载：汉高祖对戚夫人说：“为我楚舞，吾为若（你）楚歌。”鲁酒：《庄子·胠箧》：“鲁酒薄而邯郸围。”忘忧：陶潜《饮酒》：“凡此忘忧物，远我遗世情。”这里用“楚歌”“鲁酒”这两个现成的词泛指歌与酒。这是说歌与酒都不能取乐忘忧。

[28] 记言：《汉书·艺文志》：“左史记言，右史记事。”这里说“记言”也是指记事。因为“言”字平声，合于这里所要求的平仄。

[29] 危苦：危惧愁苦。嵇康《琴赋》：“称其材干，则以危苦为上；赋其声音，则以悲哀为主。”从“追为”到“为主”，大意是：作赋是要记载历史事实，虽有写自己危苦的话，但主要是哀痛梁朝的灭亡。

[30] “日暮”句：世变多故，不知现在是个怎样的世界。日暮：喻年已垂老。远：一作“穷”。《史记·伍子胥列传》：“吾日暮涂远。”人间何世：《庄子》有《人间世》篇。

[31] “将军”句：《后汉书·冯异传》：“每所止舍，诸将并坐论功，异常独屏树下。军中号曰大树将军。”这里只借用字面，不用故事。“将军”是庾信用以自比。大树飘零：比喻军队溃散。侯景进攻金陵时，信率宫中文武千余人驻扎于朱雀航（即朱雀桥），侯景兵到，信率众先退。

[32] “壮士”句：这是说他一去西魏，即不得重返故国。《战国策·燕策》（又见《史记·刺客列传》）载：荆轲入秦，燕太子丹在易水上为他饯行，高渐离击筑，荆轲歌曰：“风萧萧兮易水寒，壮士一去兮不复还。”萧瑟：双声联绵词，形容秋风吹拂树木所发的声音。

[33] “荆璧”句：这是说相如出使没有被骗，而自己却为西魏所欺。荆璧：即和氏璧，因楚人下

和得玉于楚国的荆山，所以称荆璧。睨柱：斜视着柱子。连城：相连的城。《史记·廉颇蔺相如列传》载：赵得楚和氏璧，秦昭王听说后，愿以十五连城换和氏璧。赵王使蔺相如奉璧见秦王。相如见秦王无意偿赵城，于是诡称璧上有瑕，要指给秦王看。相如取回璧后说："臣观大王无意偿赵王城邑，故臣复取璧。大王必欲急臣，臣头今与璧俱碎于柱矣。"说后就"持其璧睨柱，欲以击柱"。秦王怕他摔破了璧，于是向他道歉，并召有司案图指出所要给的十五城。

[34]"载书"句：这是说毛遂能订盟而自己却不能。载书：盟书。珠盘：用珠子装饰的盘子。珠盘是盟会时所用的。《周礼·天官·玉府》："若合诸侯，则共（供）珠盘（盘）玉敦。"《史记·平原君列传》载：平原君与楚合从，从早晨到正午，还没谈妥。毛遂按着宝剑迈几层台阶闯上前去，责备楚王，楚王这才答应了。毛遂捧铜盘和楚王歃（shà）血（饮血，借以示信）而定合从之约。

[35]"钟仪"句：这是说自己本是楚人，而被留在北朝，有如南冠之囚。钟仪：春秋时楚人。入：指入晋。就：成。《左传·成公七年》载：楚伐郑，郑人俘虏了钟仪，献给晋国。晋人把他囚在军府（储藏军器的地方）。又九年载：晋侯到军府去，见了钟仪，问道："南冠（戴着南方楚国式的帽子）而絷（拘禁）者谁也？"有司回答说："郑人所献楚囚也。"问明了钟仪的先人是个伶人，于是让他弹琴，奏出了南方楚国的音乐。范文子说："楚囚，君子也。"

[36]季孙：名意如，春秋时鲁大夫。行人：官名，掌朝观聘问之事。西河：地名，在陕西东境。《左传·昭公十三年》载：晋侯与诸侯盟于平丘，季孙意如相鲁昭公去参加盟会，由于邾人莒人告鲁侵伐他们，以致无力给晋国进贡，于是晋人不让昭公参加盟会，并把季孙意如扣住带回晋国。后来晋国要释放季孙，季孙要求按礼把他送回。晋人恐吓他说要把他拘囚在西河。这是比喻自己被留在西魏。

[37]顿地：叩头。碎：破。碎之以首：即碎首，碰破了头的意思。《左传·定公四年》载：楚破于吴，申包胥到秦国乞师，秦哀公不肯出兵，申包胥"立依于庭墙而哭，日夜不绝声，勺饮不入口，七日"。等到秦哀公允许出兵，申包胥才"九顿首而坐"。

[38]刘向《说苑·权谋》载："下蔡威公闭门而哭，三日三夜，泣尽而继以血。"邻人问他为什么哭，他说："吾国且亡。"下蔡是春秋时邑名（蔡昭侯时蔡国的都城），在今安徽寿县一带。从"申包胥"到"以血"是说自己对于梁朝之亡，不能像申包胥那样设法拯救，只能像下蔡威公那样痛哭罢了。

[39]钓台：在武昌。移：一作移（yí），柳的一种。《晋书·陶侃传》载：陶侃镇守武昌，曾经考核诸营士兵种柳的情况。玉关：即玉门关，在甘肃敦煌县西北。这话表面是说钓台的柳不是玉门关可以望见的，实际是说自己望不见故乡的树木。

[40]华亭：在今上海市所属松江县西平原村，陆机的故宅在这里。鹤唳（lì）：鹤叫。河桥，在河南孟县南。陆机和弟云事成都王颖，颖进攻长沙王乂，使陆机都督前锋诸军事。机败于河桥，受到卢志的谗毁，与弟云同时被颖杀死。《世说新语·尤悔》载：机临刑前叹道："欲闻华亭鹤唳，可复得乎？"这话是说自己听不到故乡的鸟鸣。从"钓台"到"可闻"，表示怀念家国而不得见。

[41]孙策：孙权的哥哥，字伯符。《三国志·吴志·陆逊传》载：逊上疏曰："昔桓王（孙策谥号为长沙桓王）创基，兵不一旅，而开大业。"三分：指魏蜀吴三分天下。一旅：五百人。

[42]项籍：字羽。《史记·项羽本纪》载：项籍随叔父梁起事，"举吴中兵，使人收下县（吴郡的属县），得精兵八千人"。项籍临死前，对乌江亭长说："籍与江东子弟八千人渡江而西，今无一人还。"江东：长江下游南岸之地。

[43]"遂乃"句：贾谊《过秦论》："宰割天下，分裂河山。"

[44]卷：同卷。卷甲：把战衣卷起来，形容军队败退的情况。侯景破金陵，梁兵号称百万纷纷

败走。

［45］芟（shān）：割草。芟夷：削平。斩伐：砍伐。

［46］“江、淮”句：江、淮不起险阻的作用，而防御工事还不如藩篱坚固。涯岸：指河岸。亭：指亭候。古人在边塞的险要处，筑亭驻兵以伺候寇盗。壁：营垒。藩篱：用竹木编的篱笆或围栅。

［47］“头会箕敛者”句：人民因为不堪横征暴敛之苦，于是互相联合，结成武装集团，起兵反抗。会、敛：抽税。头会箕敛：秦时按人头数抽税，用簸箕来收敛租谷，以充军用。《汉书·张耳陈余传》：“头会箕敛，以供军费。”合从：战国时六国南北联合以抗秦叫合从。贾谊《过秦论》：“合从缔交，相与为一。”这里指起事者互相联合。

［48］“锄耰”句：南朝陈的开国皇帝陈高祖（名陈霸先）和拿着低劣武器的平民乘机推翻了梁朝。耰（yōu）：摩平田地的一种农具。棘：通戟。矜：矛柄，这里指戈戟的柄。棘矜：即戟柄。锄耰棘矜：用作动词，是拿着锄耰棘矜的意思。《过秦论》：“锄耰棘矜，非铦于钩戟长铩也。”因利乘便，是两个同义词组，乘时势之便利的意思。《过秦论》：“因利乘便，宰割天下，分裂河山。”

［49］将非：等于说岂不是。江表：即江南，这里指金陵。王气：王者之气。古人迷信，认为某地出帝王，就有王气。三百年：金陵作为国都，自吴孙权黄龙元年至孙皓天纪四年（公元229—280）共五十二年；又自东晋元帝大兴元年至梁敬帝太平二年（公元318—557）共二百四十年。两段时间合计为二百九十二年，说“三百年”是举其整数。

［50］“是知”句：这是以秦始则强盛，终不免灭亡，比喻江陵陷后梁元帝投降西魏。六合：天地四方，指天下。《过秦论》说秦有“并吞八荒之心”。又说秦始皇“吞二周而亡诸侯，履至尊而制六合”。轵（zhǐ）道：亭名。在今陕西咸阳县东北。刘邦入关，秦王子婴降于轵道旁。

［51］“混一车书”句：这是以晋比喻金陵陷后，梁武帝和简文帝先后被害死。混一车书：即“车同轨，书同文”的意思（见《礼记·中庸》），这里指统一天下。干宝《晋纪·总论》：“太康（晋开国皇帝武帝的年号）之中，天下书同文，车同轨。”平阳：今山西临汾县。西晋永嘉五年（公元311年），刘聪攻陷洛阳，怀帝被虏至平阳，后被杀。又建兴四年（公元316年），刘曜攻陷长安，愍帝被俘至平阳，也被杀。从“是知吞并六合”到“无救平阳之祸”，含有即便是统一了天下的国家也难免灭亡的意思，所以下文说“天意人事”。

［52］山岳崩颓：比喻国家覆灭。履：践，走上。

［53］迭代：更替。春秋迭代：四时更替，比喻朝代更替。去故：指离开故土。班昭《东征赋》：“遂去故而就新兮，志怆悢（chuàng lǎng）而怀悲。”

［54］凄怆：悲伤。阮籍《咏怀诗》：“素质游商声，凄怆伤我心。”

［55］星汉：天河。槎（chá）：用竹木编成的筏子。张华《博物志》有一段神话，说天河与海相通，年年八月，有浮槎按期往来。有个人好奇，带着食粮乘槎而去。起初还能见到日月星辰，后来一片茫茫，不分昼夜。忽然来到一处，城郭环绕，房屋整齐。远远望见宫里有许多织妇，又见一男子在水边饮牛。牵牛人很惊奇，问他怎么来到此处的。他说明之后，并问这是什么地方。那人告诉他回去后到蜀郡问严君平便知。他回来后去问严君平，君平说某年月日有客星犯牵牛宿。经过计算，正是他见到牵牛人的时间。

［56］蓬莱：传说中的仙山，和方丈、瀛洲并称海中三仙山。据说其上有不死之药。战国时齐燕诸王及汉武帝都曾派人去寻求。《汉书·郊祀志》说三仙山“未至，望之如云；及到，三神山反居水下。临之，患且至，则风辄引船而去，终莫能至云”。从“况复”到“可到之期”，是说自己不可能回到江南，就像天河蓬莱之不能到达一样。

[57]“穷者”句：这两句是说自己写《哀江南赋》的动机。“穷”与“达”相反。不得志的人希望立言，也就是在言中求得志（达）。《公羊传》宣公十五年：“劳者歌其事。”这是说劳役的人只能唱歌以减少辛苦。

[58]陆士衡：即陆机。抚掌：拍手。《晋书·左思传》载：陆机刚到洛阳，打算作《三都赋》，听说左思也在作，便拍掌大笑，并在给陆云的信中说：“此间有伧父（等于说鄙夫），欲作《三都赋》，须（等待）其成，当以覆酒瓮耳。”等左思把赋写成之后，他见了却十分敬佩，自己就不再写了。

[59]张平子：即张衡。班固作《两都赋》，张衡薄而陋之，另作《二京赋》。陋之，认为不好。从“陆士衡”到“宜矣”，都是自谦之辞，意思是：自己写这篇赋，被人嘲笑，是甘心情愿的；受人轻视，也是理所当然的。

## 作品简析

《哀江南赋》是南北朝时期庾信所写的一首赋，用来伤悼梁朝灭亡和哀叹个人身世，以其独特格局陈述梁朝的成败兴亡、梁朝腐朽无能，以及侯景之乱和江陵之祸的前因后果。文字真实、凄婉而深刻。其格律严整而略带疏放，文笔流畅而亲切感人，并如实地记录了历史的真相，有“赋史”之称。

作品概括了梁朝由盛至衰的历史，凝聚着对故国和人民遭受劫乱的哀伤，具有史诗般的规模和气魄，在辞、赋和整个文学发展史上都占有重要的地位。其又叙家世，抒哀思，感情深挚动人，是研究庾信生平的极好资料。这篇文章即《哀江南赋》的序文，概述了全赋的主题，并阐明了“穷者欲达其言，劳者须歌其事”的创作动机。全篇以骈文写成，多用典故来暗喻时世和表达作者悲苦欲绝的隐衷，体现了庾信在辞赋和骈文创作中的特色。

# 古汉语通论

## 副　词

古代汉语的副词数量很多，类别也很复杂，是学习的难点之一。古代汉语的副词有否定副词、时间副词、范围副词、程度副词、表数副词、情状副词、语气副词、谦敬副词等八类。

### 一、否定副词

古代汉语的否定副词比较多，用法也复杂，有些问题现在还没有搞清楚。古代汉语的否定副词可以分为五类：一般否定；祈使否定；已然否定；存在否定；判断否定。

#### （一）一般否定

一般否定主要有“不”和“弗”。这两个词的区别在于，“不”与谓语动词（形容词）在搭配上不受限制，谓语动词可以是及物动词，也可以是不及物动词或形容词。“弗”一般只否定及物动词，而且受其否定的及物动词一般不再带宾语。例如：

（1）蔡小而不顺，楚大而不德。（《左传·昭公十一年》）

（2）君子谋道不谋食。（《论语·卫灵公》）

（3）一箪食，一豆羹，得之则生，弗得则死。（《孟子·告子上》）

（4）亟请于武公，公弗许。（《左传·隐公元年》）

受“弗”否定的及物动词带宾语的情况偶尔也有。例如：

（5）伯廖告人曰：“（公子曼满）无德而贪，其在《周易》《丰》之《离》，弗过之矣。”（《左传·宣公六年》）

## （二）祈使否定

表示祈使否定的副词相当于现代汉语的“别”“不要”，主要是“毋”和“勿”，“毋”有时也写作“无”。在《尚书》里“罔”也可以表示祈使否定。此外，“莫”“不”有时也可以用于祈使否定。汉代以后出现“曼（漫、谩）”，也表示祈使否定。“毋”和“勿”的区别与“不”与“弗”的区别基本相同，受“毋”否定的及物动词可以带宾语，受“勿”否定的及物动词一般不带宾语。例如：

（1）益曰：“吁，戒哉！儆戒无虞，罔失法度，罔游于逸，罔淫于乐。”（伪古文《尚书·大禹谟》）

（2）将军毋失时，时间不容息。（《史记·张耳陈余列传》）

（3）子四绝——毋意，毋必，毋固，毋我。（《论语·子罕》）

（4）尔无不信，朕不食言。（《尚书·汤誓》）

（5）子曰：“主忠信，毋友不如己者，过则毋惮改。”（《论语·子罕》）

（6）己所不欲，勿施于人。（《论语·卫灵公》）

受“勿”否定的及物动词有时也带宾语。例如：

（7）（匠石）曰：“已矣，勿言之矣！散木也。”（《庄子·人间世》）

## （三）已然否定

表示已然否定的是“未”，即否定某种情况已经发生，相当于现代汉语的“没”。例如：

（1）盖有之矣，吾未之见也。（《论语·里仁》）

（2）是乃仁术也，见牛未见羊也。（《孟子·梁惠王上》）

“未”与“尝”“曾”组合构成“未尝”“未曾”，表示对过去发生的事件的否定，意思是“从来没有”。“未尝”是先秦、两汉时用，“未曾”是魏晋以后出现的。例如：

（3）子曰：“自行束修以上，吾未尝无诲焉。”（《论语·述而》）

（4）人见其濯濯也，以为未尝有材焉。（《孟子·告子上》）

（5）（罗）友闻白羊肉美，一生未曾得吃，故冒求前耳。（《世说新语·任诞》）

## （四）存在否定

表示存在否定的主要有“无”“罔”“亡（wú）”“靡”“蔑”，其中“罔”主要见于《尚书》。这类否定副词是否定某种情况或事件的存在，相当于现代汉语的“没”

或“没有”。例如：

(1) 尔不从誓言，予则孥戮汝，罔有攸赦。(《尚书·汤誓》)

(2) 自直之箭，自圜之木，百世无有一。(《韩非子·显学》)

(3) 常苦枯旱，亡有平岁，谷贾翔贵。(《汉书·食货志》)

(4) 夙兴夜寐，靡有朝矣。(《诗经·卫风·氓》)

(5) 封疆之削，何国蔑有？(《左传·昭公元年》)

此外，“不”有时也表示存在否定。例如：

(6) 不有祝鮀之佞，而有宋朝之美，难乎免于今之世矣。(《论语·雍也》)——按：祝鮀(tuó)，春秋时期卫国大夫。宋朝，春秋时期卫国的公子朝，以美貌著称。

(7) 不有废也，君何以兴？(《左传·僖公十年》)

### (五) 判断否定

表示判断否定的有“非”，在《诗经》里有时写作“匪”。这类否定副词是对判断的否定，相当于现代汉语的“不是”。例如：

(1) 普天之下，莫非王土；率土之滨，莫非王臣。(《诗经·小雅·北山》)

(2) 子非鱼，安知鱼之乐？(《庄子·秋水》)

(3) 我心匪石，不可转也。我心匪席，不可卷也。(《诗经·邶风·柏舟》)

## 二、时间副词

时间副词大体可以分为四类：(1) 表示动作行为已然、正然和将然；(2) 表示动作行为的时间状态；(3) 表示动作行为刚发生或刚结束；(4) 表示本始或终竟。

### (一) 表示已然、正然和将然

表示已然的有“已”“既”“业”“业已”“已业”，可以翻译成“已经”。其中“业”及“业已”“已业”是秦汉以后出现的。例如：

(1) 道之不行，已知之矣。(《论语·微子》)

(2) 既见君子，云何不乐？(《诗经·唐风·扬之水》)

(3) 良业为取履，因长跪而履之。(《史记·留侯世家》)

(4) 使者业已受节，可至皮山而还。(《汉书·西域传上》)

表示“将然”的先秦时期主要有“将”“且”“其”，秦汉以后有“方”“当”“垂”“方且”“今”“行”“欲”，可以翻译成“将”“将要”。例如：

(5) 夫人将启之。(《左传·隐公元年》)

(6) 不反列，且行法。(《韩非子·外储说左上》)

(7) 若以君之灵得反晋国，晋、楚治兵，遇于中原，其辟君三舍。(《左传·僖公二十三年》)

(8) (韩) 信方斩，曰：“吾悔不用蒯通之计，乃为儿女所诈，岂非天哉!”(《史记·淮阴侯列传》)

注意，“方”既可以表示正然，也可以表示将然，需要根据语境来做出正确的判断。

### （二）表示时间状态

表示动作行为的时间状态的副词又可以分为若干小类。

1. 表示偶或，可以翻译成“偶然”“间或”“有时”。常见的有“倘”“傥（党）”“或”“间”“时”等。例如：

（1）常从王媪、武负贳（shì）酒，时饮醉卧，武负、王媪见其上常有怪。（《汉书·高帝纪》）

（2）夫日月之有蚀，风雨之不时，怪星之党见，是无世而不常有之。（《荀子·天论》）

（3）为医或在齐，或在赵。在赵者名扁鹊。（《史记·扁鹊仓公列传》）

（4）令初下，群臣进谏，门庭若市。数月之后，时时而间进。期年，虽欲言，无可进者。（《战国策·齐策一》）

2. 表示经常或恒常，可以翻译成“常常”“经常”“总是”“向来”“一向”等。常见的有“长”“素”“雅”“宿”“恒”“常”“时”“每”“屡”等。例如：

（1）吾长见笑于大方之家。（《庄子·秋水》）

（2）爱人者，人恒爱之；敬人者，人恒敬之。（《孟子·离娄下》）

（3）鲁之于晋也，职贡不乏，玩好时至。（《左传·襄公二十九年》）

（4）舜素谨敕，太后雅爱信之。（《汉书·元后传》）

3. 表示两个动作行为或两个事件之间时间间隔短暂，可翻译成“一会儿”“立刻”“很快”等。常见的有“少（shǎo）”“旋”“还（xuán）”“寻”“立”“即”“俄”“既而”“俄（蛾）而”“俄且”“俄然”“登”“应”等。其中“旋”“还”“寻”“立”“登”“应”等都是汉代以后产生的。例如：

（1）始舍之，圉圉焉，少则洋洋焉，悠然而逝。（《孟子·万章上》）

（2）乃召与之博，予之人百金，令之昆弟博，俄又益之，人二百金。（《韩非子·外储说右上》）

（3）昔者庄周梦为蝴蝶……俄然觉，则蘧蘧然周也。（《庄子·齐物论》）

（4）使虞卿久用于赵，赵必霸。会虞卿以魏、齐之事弃侯捐相而归，不用，赵旋亡。（《新序·善谋》）

（5）汉王还定三秦，渡临晋。（《汉书·魏豹传》）

（6）先主寻悔，请还。（《三国志·蜀书·庞统传》）

4. 表示动作行为或状态保持不变，可翻译成“仍然”。常见的有“犹（由）”“尚”。例如：

（1）今君虽终，言犹在耳。（《左传·文公六年》）

（2）秦师过周北门，左右免胄而下，超乘者三百乘。王孙满尚幼，观之，言于王曰：“秦师轻而无礼，必败。”（《左传·僖公三十三年》）

（3）一薰一莸，十年尚犹有臭。（《左传·僖公四年》）

（4）舜，人也；我亦人也。舜为法于天下，可传于后世；我由未免为乡人也，是则可忧也。（《孟子·离娄下》）

5. 表示两个动作行为或事件在时间上偶合，可翻译成“恰巧”“正好”。常见的有“会”“适”“属（zhǔ）”。例如：

（1）会天大雨，道不通，度已失期。（《史记·陈涉世家》）

（2）下臣不幸，属当戎行，无所逃隐。（《左传·成公二年》）

（3）先主斜趋汉津，适与羽船会。（《三国志·蜀书·先主传》）

### （三）表示“刚刚”

表示动作行为或事件刚发生或刚结束的时间副词可以翻译成“刚刚”，常见的有“甫”“方”“初”“新”“适”“属”“才”等。例如：

（1）今歌吟之声未绝，伤痍者甫起，而哙欲摇动天下，妄言以十万众横行，是面谩也。（《汉书·匈奴传上》）

（2）方以吕氏故，几乱天下，今又立齐王，是欲复为吕氏也。（《史记·齐悼惠王世家》）

（3）救之，少发则不足，多发，远县才至，则胡又已去？（《汉书·晁错传》）

（4）适得府君书，明日来迎汝。（《古诗为焦仲卿妻作》）

注意，这一类时间副词与第（一）小类中表示已然的时间副词不同，表示已然的副词要翻译成“已经”，而此类时间副词要翻译成“刚刚”“刚才”。

### （四）表示本始或终竟

表示本始的时间副词可以翻译成“本来”“当初”“开始”。常见的有“始”“初”“本”“固”“故”“自”等。例如：

（1）始吾于人也，听其言而信其行；今吾于人也，听其言而观其行。（《论语·公冶长》）

（2）右广初驾，数及日中，左则受之，以至于昏。（《左传·宣公十二年》）——按：广，十五辆兵车为一广。

（3）臣本布衣，躬耕于南阳，苟全性命于乱世，不求闻达于诸侯。（《三国志·蜀书·诸葛亮传》）

（4）臣固知王之不忍也。（《孟子·梁惠王上》）

表示“终”“竟”的可以翻译成“最终”“终究”“始终”等。常见的有“既”“终”“竟”“遂”“卒”“迄（讫）”等。例如：

（5）东西周皆入于秦，周既不祀。（《史记·周本纪》）

（6）秦亦不以城予赵，赵亦终不予秦璧。（《史记·廉颇蔺相如列传》）

（7）有志者事竟成也。（《后汉书·耿弇传》）

（8）（华）佗曰：“刺不得胃管，误中肝也。食当日减，五日不救。”遂如佗言。

（《三国志·魏书·方技传》）

## 三、范围副词

古代汉语的范围副词可以分为两类：（1）表示总括；（2）表示仅只。

### （一）表示总括

表示总括的副词可以翻译成“都”“尽”“总共”等，主要有“皆”“咸”“悉”“并（并）”“具（俱）”“胜”“备”“毕”“遍（徧）”“尽”“举”“通”“胥”“凡”“要（yāo）”“最”“一”“了”“略”“都”等，其中“最”是汉代出现的，“都”“了”“略”是汉魏时期出现的。例如：

（1）不违农时，谷不可胜食也。（《孟子·梁惠王上》）

（2）是以富商大贾周流天下，交易之物莫不通得其所欲。（《史记·货殖列传》）

（3）臣愿悉言所闻，唯大王裁其罪。（《韩非子·初见秦》）

（4）声，则凡非雅声者举废；色，则凡非旧文者举息。（《荀子·王制》）

（5）关中民咸知之。（《史记·淮阴侯列传》）

（6）艰难险阻，备尝之矣。（《左传·僖公二十八年》）

这类范围副词所总括的对象大多数出现在它们的前面，但有时也出现在它们的后面，如“皆尝小人之食”。

### （二）表示仅只

表示仅只的范围副词可翻译成“仅仅”“只”等。常见的有“特”“直”“仅”“少”“止”“但”“徒”“独”“唯（惟）”“只（表副词时，祇、衹、秖、秪常通用）”“啻”“才（纔、裁）”“取”等。例如：

（1）欲之而言叛，只见疏也。（《左传·襄公二十九年》）

（2）愿大王少留意，臣请奏其效。（《战国策·秦策一》）

（3）二人之宠取过庸，不笃。（《汉书·佞幸传序》）——按：颜师古《汉书注》云：“才过于常人耳，不大厚也。”

（4）狡兔有三窟，仅得免其死耳。（《战国策·齐策四》）

## 四、程度副词

古代汉语程度副词可以分为三类：（一）表示程度深；（二）表示程度浅；（三）表示程度的变化。

### （一）表示程度深

表示程度深的又分三小类：其一是表示程度之极，其二是表示程度高，其三是表示程度过甚。

第一小类可以翻译成“最”“极”，常见的有“綦（qí）”“至”“极”“最”“绝”。例如：

（1）甚易处而綦可乐也。（《荀子·王霸》）

（2）水至清则无鱼，人至察则无徒。（《文选·答客难》）

（3）李广军极简易。（《史记·李将军列传》）

（4）叔孙得臣，最善射者也。（《谷梁传·文公十一年》）

（5）策驰驱逐鹿，所乘马精骏，从骑绝不能及。（《三国志·吴书·孙破虏讨逆传注》）

第二小类可以翻译成“很”“特别”“非常”，常见的有“丕”“孔”“甚”“殊”“大”“良”“颇”“雅”“奇”“酷”“笃”“绝”等，其中“丕”主要见于《尚书》，“孔”主要见于《诗经》，“良”“颇”“雅”“奇”“酷”“笃”“绝”等则主要见于汉代以后的文献。例如：

（6）朕其弟，小子封！惟乃丕显考文王克明德慎罚，不敢侮鳏寡。（《尚书·康诰》）

（7）谋夫孔多，是用不集。（《诗经·小雅·小旻》）

（8）臣负羁绁从君巡于天下，臣之罪甚多矣。（《左传·僖公二十四年》）

（9）古之人所以大过人者，无他焉，善推其所为而已矣。（《孟子·梁惠王上》）

（10）老臣今者殊不欲食。（《战国策·赵策四》）

“甚”也可以出现在谓语之后作补语。例如：

（11）君美甚，徐公何能及君也？（《战国策·齐策一》）

第三小类可以翻译成“太”。常见的有“太（大、泰）”“已（以）”“过”。例如：

（12）臣愚以为陛下法太明，赏太轻，罚太重。（《史记·张释之冯唐列传》）

（13）昊天泰幠，予慎无辜。（《诗经·小雅·巧言》）——按：幠，疏忽。

（14）高伯其为戮乎！复恶已甚矣。（《左传·桓公十七年》）

（15）申包胥亡于山中，使人谓（伍）子胥曰：“子之报仇，其以甚乎！”（《史记·伍子胥列传》）

### （二）表示程度浅

表示程度浅的副词可以翻译成“稍微”“有点儿”等。常见的有“颇”“少”“小”“稍”“微”“略”“差”。例如：

（1）涉浅水者见虾，其颇深者察鱼鳖，其尤深者观蛟龙。（《论衡·别通》）

（2）吾抚女以从楚，辅之以晋，可以少安。（《左传·僖公五年》）

（3）陛下素骄之，弗稍禁，以至此。今又暴摧折之。（《史记·袁盎晁错列传》）

（4）其人差短小，言语不与汉同。（《三国志·魏书·乌丸鲜卑传》）

注意，“颇”既可以表示程度深，也可以表示程度浅，确切的意义要依据语境来判断。

### （三）表示程度变化

表示程度变化的副词可以翻译成“更”“更加”等。常见的有“愈（逾）”“益”“弥”“滋（兹）”“尤”“加”等，其中，“愈”“益”“滋”等可以连用，构成“愈（益、滋）……愈（益、滋）……”格式。例如：

（1）其妻亦负戴相随，数止买臣毋歌呕道中，买臣愈益疾歌。（《汉书·朱买臣传》）

（2）后朝，上益壮，丞相益畏。（《史记·袁盎晁错列传》）

（3）仰之弥高，钻之弥坚。（《论语·子罕》）

（4）若获诸侯，其虐滋甚。（《左传·昭公元年》）

## 五、表数副词

表数副词可分为三类：一类表示动作行为连续不断或频繁，一类表示动作行为的重复或情况类同，一类表示数量的接近。

### （一）表示连续或频繁

表示动作行为连续不断或频繁的表数副词可以翻译成“多次”“频繁”“连连”等。常见的有“数（shuò）”“亟（qì）”“荐”“频”“仍”“比”“累”等。例如：

（1）扶苏以数谏故，上使外将兵。（《史记·陈涉世家》）

（2）（姜氏）爱共叔段，欲立之，亟请于武公，公弗许。（《左传·隐公元年》）

（3）天灾流行，戾于弊邑，饥馑荐降，民羸几卒。（《国语·鲁语上》）

（4）臣三叶累宠，皆统极位，义在殒越，岂敢饰辞！（《上书让增封武平侯及费亭侯》）

### （二）表示重复或类同

表示动作行为重复或情况类同的表数副词可翻译成“又”“也”“再一次”。常见的有“亦”“又”“复”“更”“再”等。例如：

（1）夫子步，亦步；夫子趋，亦趋。（《庄子·田子方》）

（2）秦亦不以城予赵，赵亦终不予秦璧。（《史记·廉颇蔺相如列传》）

（3）杞国有人忧天地崩坠、身亡所寄，废寝食者；又有忧彼之所忧者，因往晓之。（《列子·天瑞》）

（4）张匄抽殳而下，射之，折股；扶伏而击之，折轸；又射之，死。（《左传·昭公二十一年》）

注意，“再”表示“多次”义是较晚产生的，在先秦时期，它表示“第二次”或“两次”的意思。

### （三）表示接近

表示接近的表数副词可翻译成“将近”“几乎”“大概”等。常见的有“几”“且”“将”“近”“向”“可”“垂”“约”等。例如：

（1）一胫之大几如腰，一指之大几如股，恶病也。（《治安策》）

（2）北山愚公者，年且九十。（《列子·汤问》）

（3）今滕绝长补短，将五十里也。（《孟子·滕文公上》）

（4）今适期年，所耗未半，而余寇残烬，将向殄灭。（《后汉书·段颎传》）

## 六、情状副词

情状副词表示动作行为的情状或方式，可分若干小类。

### （一）表示诡诈

表示诡诈的副词可以翻译成“假装”，常见的有“阳（佯、详）”“诡”“伪”“谬（缪）”“矫”“诈”“虚”“假”“绐（dài）”等。例如：

（1）（李）广阳死，睨其旁有一儿骑善马，暂腾而上胡儿马。（《史记·李将军列传》）

（2）阳虎伪不见冉猛者。（《左传·定公八年》）

（3）是时卓王孙有女文君新寡，好音，故相如缪与令相重，而以琴心挑之。（《史记·司马相如列传》）

（4）匈奴与汉和亲，汉求武等，匈奴诡言武死。（《汉书·苏武传》）

### （二）表示隐秘

表示隐秘的副词可翻译成“暗暗地”“偷偷地”“悄悄地”。常见的有“窃”“微”“间”“潜”“阴”“暗”“私”等。例如：

（1）卫国之法，窃驾君车者罪刖。（《韩非子·说难》）

（2）侯生……故久立，与其客语，微察公子。（《史记·魏公子列传》）

（3）魏王使客将军辛垣衍间入邯郸。（《战国策·赵策三》）

（4）晋侯潜会秦伯于王城。（《左传·僖公二十四年》）

### （三）表示公然

表示公然的副词可以翻译成“公然”“公开地”。常见的有“公”。例如：

今明天子在上，匈奴公为寇，侵扰边境。（《盐铁论·备胡》）

### （四）表示坚决、认真

表示坚决、认真的副词可以翻译成“坚决”“专门”“认真地”等。常见的有“固”“断”“苦”“专”等。例如：

（1）（李）牧杜门不出，固称疾。（《史记·廉颇蔺相如列传》）

（2）王曰：“为我悔也，宁亡三城而悔，无危乃悔。寡人断讲矣。”（《韩非子·内储说上》）——按：讲，讲和。

（3）后朝觐，以王丞相末年多可恨，每见，必欲苦相规诫。（《世说新语·规箴》）

（4）专趋人之急，甚己之私。（《史记·游侠列传》）

### （五）表示肆意、专横

此类副词可翻译成“胡乱地”“随便地”“任意地”“擅自”等。常见的有“妄”“横”“擅”。例如：

（1）予尝为女妄言之，女以妄听之。（《庄子·齐物论》）

（2）（郑）业缘私横求，恩已过厚。（《汉书·王嘉传》）

（3）非司寇而擅杀。（《国语·晋语九》）

### （六）表示徒然

此类副词可翻译成“白白地”“空”等。常见的有“徒”“空”“但”“虚”“枉”“素”等。例如：

（1）不得其道，而徒多其威，威愈多，民愈不用。（《吕氏春秋·用民》）

（2）皆曰：“空杀兵耳！”（《三国志·吴书·陆逊传》）

（3）彼君子兮，不素餐兮。（《诗经·魏风·伐檀》）

### （七）表示权且

此类副词可以翻译成“姑且”“权且”“暂且”等。常见的有“姑”“且”“聊”“权”等，其中“权”是汉魏时期产生的。例如：

（1）吾姑翦灭此而朝食。（《左传·成公二年》）

（2）优哉游哉，聊以足岁。（《左传·襄公二十一年》）

（3）治此计，权救饥耳。（《世说新语·假谲》）

### （八）表示交互

此类副词可翻译成“相互”“交替”。常见的有“相”“更”“互”“叠”“递”“代”“交”等。例如：

（1）日月相推而明生焉。（《周易·系辞下》）

（2）及其衰也，亦三百余岁，故五伯更起。（《史记·平津侯主父列传》）

（3）胡笳互动，牧马悲鸣。（《答苏武书》）

### （九）表示躬亲

此类副词可翻译成“亲自”。常见的有“亲”“自”“躬”。例如：

（1）臣乃市井鼓刀屠者，而公子亲数存之。（《史记·魏公子列传》）

（2）临邛令不敢尝食，自往迎相如。（《史记·司马相如列传》）

（3）汝必躬服仁义而明言是非。（《庄子·大宗师》）

### （十）表示故意、勉强

此类副词可翻译成“特地”“故意”“勉强”。常见的有“特”“直”“故”“强（qiǎng）”“切”。例如：

（1）有一老父，衣褐，至良所，直堕其履圯下。（《史记·留侯世家》）

（2）河东，吾股肱郡，故特召君耳。（《史记·季布栾布列传》）

（3）广故数言欲亡，忿恚尉，令辱之，以激怒其众。（《史记·陈涉世家》）

（4）留侯病，自强起。（《史记·留侯世家》）

### （十一）表示偕同

此类副词可翻译成“一起”“同时”。常见的有“俱”“偕”“并”。例如：

（1）既见君子，并坐鼓瑟。（《诗经·秦风·车邻》）

（2）相与偕出，请相与偕告。（《左传·昭公二十九年》）

（3）（项伯）欲呼张良与俱去，曰：“毋从俱死也。”（《史记·项羽本纪》）

### （十二）表示直接

可翻译成“直接”“径直”“一直”。常见的有“直”“径”。例如：

（1）侯生摄弊衣冠，直上载公子上座，不让。（《史记·信陵君列传》）

（2）径召君于外也，则民各有心，恐厚乱。（《国语·晋语二》）

### （十三）表示侥幸

此类副词可翻译成“侥幸”“幸亏”。常见的有“幸”“侥（徼）幸”。例如：

（1）张良曰：“秦时与臣游，项伯杀人，臣活之。今事有急，故幸来告良。”（《史记·项羽本纪》）

（2）有颜回者好学，不迁怒，不贰过，不幸短命死矣。（《论语·雍也》）

（3）贪生畏死，即诈僵仆阳病，侥幸得逾于须臾。（《汉书·文三王传》）

### （十四）表示尝试

此类副词可翻译成“试着”。常见的有“试”“尝试”。例如：

（1）兵既整齐，王可试下观之。（《史记·孙子吴起列传》）

（2）尝试释詹子之察，而使五尺之愚童子视之，亦知其黑牛而以布裹其角也。（《韩非子·解老》）

### （十五）表示轻率、随意

此类副词可翻译成“随便地”“轻率地”“漫不经心地”等。常见的有“苟”“率尔”“轻”。例如：

（1）不以人子，吾子其可得乎？吾不可以苟射故也。（《左传·宣公十二年》）

（2）子路率尔而对。（《论语·先进》）

（3）匈奴不敢轻侵也。（《新序·善谋》）

### （十六）表示慎重、认真

可翻译成“认真地”“谨慎地”“小心地”等。常见的有“熟”“慎”“审”“善”。例如：

（1）愿陛下熟图之！（《韩非子·存韩》）

（2）多闻阙疑，慎言其余，则寡忧。（《论语·为政》）

（3）博学之，审问之，慎思之，明辨之，笃行之。（《礼记·中庸》）

### （十七）表示急促

此类副词可翻译成“赶快”。常见的有“亟（jí）”“速”“趣（cù）”“遄”“急”

等。例如：

（1）人而无礼，胡不遄死？（《诗经·墉风·相鼠》）

（2）君亟定变法之虑，殆无顾天下之议之也。（《商君书·更法》）

（3）吴王从台上观，见且斩爱姬，大骇，趣使使下令曰：“寡人已知将军能用兵矣。……愿勿斩也。”（《史记·孙子吴起列传》）

### （十八）表示浸渐

此类副词可翻译成“逐渐”“渐渐”等。常见的有“浸（寖）”“稍”“渐”。例如：

（1）昌以牦（máo）悬虱于牖，南面望之，旬日之间，浸大也，三年之后，如车轮焉。（《列子·汤问》）

（2）其后小吏畏诛，虽有盗，不敢发……故盗贼寖多。（《史记·酷吏列传》）

（3）自缪公以来，稍蚕食诸侯，竟成始皇。（《史记·秦始皇本纪》）

（4）然常循守事业，积累赢利，渐有所起。（《汉书·货殖传》）

### （十九）表示突发

此类副词可以翻译成“突然”。常见的有“乍”“暂”“遽”“猝（卒）”“猝然”“忽然（焉）”“暴”“突”“骤”“顿”等，其中“暴”“顿”等是汉代以后产生的。例如：

（1）今人乍见孺子将入于井，皆有怵惕恻隐之心。（《孟子·公孙丑上》）

（2）卒然问曰：“天下恶乎定？”（《孟子·梁惠王上》）

（3）瞻之在前，忽焉在后。（《论语·子罕》）

## 七、语气副词

语气副词可分为四类：（一）表示肯定和强调语气；（二）表示测度和估量语气；（三）表示反问语气；（四）表示祈使语气。

### （一）表示肯定和强调语气

表示肯定语气的副词可翻译成“确实”“真”“果真”“的确”“究竟”等。常见的有“即”“乃”“繄”“则”“伊”“诚”“真”“实”“信”“情”“必”“定”“果”“固”“良”“务”“允”“审”“洵”“壹（一）”等。例如：

（1）蓼蓼者莪，匪莪伊蒿。（《诗经·小雅·蓼莪》）

（2）民不易物，惟德繄物。（《左传·僖公五年》）

（3）是乃仁术也。（《孟子·梁惠王上》）

（4）梁父即楚将项燕。（《史记·项羽本纪》）

（5）口耳之间则四寸耳，曷足以美七尺之躯哉？（《荀子·劝学》）

表示强调语气的副词有“唯（惟、维）”“职”“繄”“伊”“羌”“謇”等。“职”“繄”“伊”“羌”“謇”一般出现在句首，“唯（惟、维）”则没有限制。例如：

（6）万民惟正之供。（《尚书·无逸》）——按：此句意思是：老百姓只交纳正常的赋税。

（7）惟十有三祀，王访于箕子。（《尚书·洪范》）

（8）维子之故，使我不能息兮。（《诗经·郑风·狡童》）

（9）鸡鸣而驾，塞井夷灶，唯余马首是瞻。（《左传·襄公十四年》）

（10）今诸侯之事我寡君不如昔者，盖言语漏泄，则职女（rǔ）之由。（《左传·襄公十四年》）

### （二）表示测度和估量语气

表示测度语气的副词常见的有“其”“盖”“殆”“庶”“容”“得无”“无乃”“意”“意者”“大抵”“大率”“率”等，可翻译成“大概”“可能”“也许”“或许”。表示估量语气的副词有“如”“若”“似”等，可以翻译成“好像”“彷佛”“似乎”。例如：

（1）城上有乌，齐师其遁。（《左传·襄公十八年》）

（2）盖上世尝有不葬其亲者。（《孟子·滕文公上》）

（3）国不忌君，君不顾亲，能无卑乎？殆其失国。（《左传·昭公十一年》）

（4）君姑修政而亲兄弟之国，庶免于难。（《左传·桓公六年》）

（5）求之密迩，容或未尽。（《后汉书·朱浮传》）

### （三）表示反问语气

表示反问语气的副词可以翻译成“哪里”“怎么”“难道”等。常见的有“岂（其）”“讵（巨、巨、渠）”“宁”“庸”，此外“焉”“安”“乌”“何”“奚”“曷”“恶”等出现在反问句中，没有疑问称代作用，只表示反问语气，也是表示反问语气的语气副词。例如：

（1）晋，吾宗也。岂害我哉？（《左传·僖公五年》）

（2）天而既厌周德矣，吾其能与许争乎？（《左传·隐公十一年》）

（3）沛公不先破关中兵，公岂敢入乎？（《汉书·高帝纪》）

（4）王侯将相宁有种乎？（《史记·陈涉世家》）

（5）庸讵知吾所谓天之非人乎？（《庄子·大宗师》）

### （四）表示祈使语气

表示祈使语气的副词可翻译为“应该”“要”“希望”等，或根据上下文灵活翻译。常见的有“其”“尚”“式”“唯（惟）”。例如：

（1）周公曰：“呜呼！嗣王其鉴于兹！”（《尚书·无逸》）

（2）穆叔曰：“赵孟欲一献，子其从之！”（《左传·昭公元年》）

（3）尔尚辅予一人，致天之罚。（《尚书·汤誓》）

（4）虽无旨酒，式饮庶几。虽无嘉肴，式食庶几。虽无德与女，式歌且舞。（《诗经·小雅·车舝（xiá）》）

## 八、谦敬副词

谦敬副词是表示自谦和尊敬说话对象的副词。

### （一）表示自谦

表示自谦的副词有“敢”“窃”“忝”“叨”“伏”“猥”“谨”“恭”“敬”“愚”“谬”等，其中“敢”是“冒昧”的意思，“窃”是“私自”的意思，“忝”“叨”是“忝辱”的意思，“猥”“伏”“愚”是“卑贱”“愚蠢”的意思，“谨”“恭”“敬”是“恭敬”的意思。例如：

（1）敢问何谓浩然之气？（《孟子·公孙丑上》）

（2）寡人窃闻赵王好音，请奏瑟。（《史记·廉颇蔺相如列传》）

（3）臣忝当大任，义在安国。（《三国志·魏书·三少帝纪》）

（4）他日趋庭，叨陪鲤对。（《滕王阁序》）

（5）伏惟圣朝以孝治天下，凡在故老，犹蒙矜育。（《陈情表》）

（6）臣谬蒙诠任，忝厕显列。（《宋书·裴松之传》）

### （二）表示尊敬

表示尊敬的副词有“幸”“请”“蒙”“辱”“惠”“垂”等，其中“幸”是“荣幸”“侥幸”的意思，“请”是“请允许”的意思，“蒙”是“承蒙”的意思，“辱”是“屈辱”“屈尊”的意思，“惠”是“施恩惠”的意思，“垂”是“俯就”“屈尊”的意思。例如：

（1）曩者先生有绪言而去，丘不肖，未知所谓，窃待于下风，幸闻咳唾之音。（《庄子·渔父》）

（2）君惠徼福于敝邑之社稷，辱收寡君，寡君之愿也。（《左传·僖公四年》）

（3）过蒙拔擢……岂敢盘桓？（《陈情表》）

（4）请诉之，愿丈人垂听。（《中山狼传》）

## 文史拓展

## 魏晋玄学、佛学对文学的影响

### 一、魏晋玄学

魏晋时期形成一种新的世界观和人生观，它的理论形态就是魏晋玄学。魏晋玄学是魏晋时代的思想主流，它以老庄思想为骨架，企图调和“名教”与“自然”之间的关系，用思辨的方法探讨天地万物存在的根据，在老庄思想基础上把儒、道两大家建构结合起来而形成一种特定的哲学思潮。这是一种思辨的哲学，对宇宙、人生和人的思维都进行了纯哲学的思考。魏晋玄学不仅影响了整个魏晋南北朝，对唐宋乃至清朝的心性之学也产生了深远的影响。从两汉经学到魏晋玄学，是中国思想史的一大转折。

一般认为，玄学是基于政治需要产生的，是汉末的清议转为魏晋清谈的产物。事实上，政治需要并不是玄学产生的根本原因。从魏晋玄学的历史内容可以看出，玄学的形成是魏晋文人在对于人生及家园的恐惧、痛苦、焦虑之中走向意识的觉醒，是他们在寻找迷失的生命本真世界的同时，力图重铸生命之花、重建人生家园的结果。

魏晋玄学的精神核心，就是由重社会转向重个人，由重功利转向重内心，由重德行转向重精神。玄学有几个重要的论题：崇有与贵无、名教与自然、言意之辨、形神之辨、名理之辨。对文学和艺术有直接影响的是崇尚自然的一派、言不尽意的一派和得意忘言的一派。总而言之，魏晋玄学可以从自然、言意之辩、魏晋风流三个方面来概说。

### （一）自然

其所谓“自然”，不是近代所谓与人类社会相对而言的自然界，而是一种状态，即非人为的、本来如此的、天然而然的。玄学家郭象在《庄子注》中对老庄的自然之义有进一步的发挥。老庄认为有一个先天地万物而生的道，郭象则认为连这样一个道也不存在，之所以有万物，万物之所以如此，并不是由道产生的，也不是道使然的，是它们自然地如此。而“我”也是自己而然的，不取决于任何什么，也不依赖于任何什么，因而完全独立。只要顺应自然的状态和变化，无所待，无所使，自然而然，就可以进入自由自如的境界。

“真”，也不见于《论语》和《孟子》，是道家特有的哲学范畴。老子把“真”视为道的精髓、修身的极致。《庄子》对“真”有一个界定：“真者，精诚之至也。……真者，所以受于天也，自然不可易也。故圣人法天贵真，不拘于俗。愚者反此，不能法天，而恤于人；不知贵真，禄禄而受变于俗，故不足。”（《渔父》）这就是说，“真”是一种至淳至诚的精神境界，这境界是受之于天的，性分之内的，自然而然的。圣人不过是谨慎地守住这个精神境界，不受外物的干扰而已。不受礼教约束的、没有世俗伪饰的、保持其天性的人，就是“真人”。这样看来，“真”和“自然”有相通的地方，它们不仅属于抽象理念的范畴，而且属于道德的范畴。

玄学中崇尚自然的思想，其影响所及就是进一步确立了以“自然”与“真”为上的审美理想。“自然”和“真”，在魏晋南北朝的文学创作和文学批评中虽然还未占据主导地位，但是体现着这种美的陶渊明的出现，以及嵇康、阮籍、钟嵘、刘勰、萧统等人关于“自然”和“真”的论述，却对此后整个中国文学产生了极其深远的影响。嵇康和阮籍本身就是玄学家；陶渊明不仅是诗人也是哲人，他的思想和玄学有很深的关系。陶渊明的作品是魏晋玄学渗入文学之中所结出的硕果。后人极力推崇陶渊明，并把他的“自然”和“真”视为文学的极致，证明了玄学对文学产生的积极影响。

### （二）言意之辩

言意之辩讨论的内容是言辞和意旨之间的关系，其中言不尽意论和得意忘言论对文学创作和文学鉴赏产生了重大的影响。以荀粲为代表的言不尽意论，认为言可达意，但不能尽意，指出了言意之间的联系和差别，以及言辞在表达意旨时的局限。以王弼为代表的得意忘言论，认为象的功用是存意，言的功用是明象，只要得到象就不必拘守原来用以明象的言，只要得到意就不必拘守原来用以存意的象。如果不忘象就不能真正得到意，不忘言就不能真正得到象。要想真正得到意必须忘象，要想真正得到象必须忘言。言不尽意论对创作论有所启发，得意忘言论则对鉴赏论有所启发。语言是人类伟大的创造，然而它同人类丰富的感情、心理相比，同大千世界相比，又是苍白无力的。文学创作欲求达意，最好的方法是：既诉诸言内，又寄诸言外，充分运用语言的启发性和暗示性，以唤起读者的联想，让他们自己去体味那字句之外隽永深长的情思和意趣，以达到言有尽而意无穷的效果。

陆机在《文赋》中已经注意到文学创作中的言意关系："恒患意不称物，文不逮意，盖非知之难，能之难也。"此后，陶渊明《饮酒》（其五）说："山气日夕佳，飞鸟相与还。此中有真意，欲辨已忘言。"刘勰《文心雕龙·神思》说："是以意授于思，言授于意，密则无际，疏则千里，或理在方寸而求之域表，或意在咫尺而思隔山河。""至于思表纤旨，文外曲致，言所不追，笔固知止。至精而后阐其妙，至变而后通其数，伊挚不能言鼎，轮扁不能语斤，其微矣乎！"钟嵘在《诗品》中每以滋味论诗，他说："使味之者无极，闻之者心动，是诗之至也。"滋味，固可求诸言内，更须求诸言外。言有尽而意无穷。这个道理对诗人和读者都很重要。中国诗歌的艺术精髓说到底就在于此。而这正是受了魏晋玄学的启发而得到的。

### （三）魏晋风流

新的社会思潮改变着士大夫的人生追求、生活习尚和价值观念。儒家的道德教条和仪礼规范已失去原有的约束力，一种符合人类本性的、返归自然的生活，成为新的追求目标。身外的功业荣名既然受到怀疑，便转而肯定自身的人格。身后的一切既然那么渺茫，便抓紧即时的人生满足。他们以一种新的眼光看待世界，以一种新的情趣体验人生，成为和汉儒不同的新的一代。

这一代新人所追求的那种具有魅力和影响力的人格美，就是魏晋风流。这是"玄"的心灵世界的外观，也是那个乱世之下痛苦内心的折射。魏晋风流是在乱世的环境中对汉儒为人准则的一种否定，维系汉王朝统治的经学随着汉王朝的崩溃而失去了昔日的控制力，在崇尚风流的魏晋士人看来，汉儒提倡的名教是人生的执和障。而魏晋风流就是要破执除障，打开人生的新的窗户，还自我以本来的面目。构成魏晋风流的条件是玄心、洞见、妙赏、深情。魏晋风流表现在外的特点则可以概括为：颖悟、旷达、真率。如果再加以概括，则可以说是追求艺术化的人生，或者说是用自己的言行、诗文、艺术使自己的人生艺术化。这种艺术必须是自然的，是个人本性的自然流露。

魏晋风流与文学有密切的关系。从表面看来，阮籍、嵇康、王羲之、陶渊明等著名的文学家同时也是魏晋风流的代表人物，他们的作品从不同的方面体现了魏晋风流的特点，《世说新语》这部著名的作品就是魏晋风流的故事集。从深层看来，魏晋风流下那种对人生艺术化的自觉追求，那种对个性化的向往，那种自我表现的要求，那种无拘无束的氛围，正是文学成长的良好气候。魏晋风流不仅对魏、晋这两代文学产生影响，也对魏晋以后整个中国古代文学产生了深远的影响。它已成为一个美好的影像，映在后人的心里，不断激发出文学的灵感。

## 二、魏晋玄学对文学的影响

### （一）玄言诗

魏晋玄学作为一种思辨性的哲学是不宜直接转化为文学的，一个直接转化的例子就是占据了东晋诗坛达百年之久的玄言诗。严格地说，玄言诗不算诗，因为那只是在诗的躯壳中放入玄理而已，没有诗之所以成为诗的最重要的东西。但是，玄言诗沉淀了一种可贵的东西，那就是理趣。

玄言诗起于正始，长于西晋，盛于东晋。“自中朝贵玄，江左称盛，因谈余气，流成文体。是以世极迍邅，而群意夷泰，诗必柱下之旨归，赋乃漆园之义疏”（《文心雕龙·明序》）。从内容看，玄言诗是一种哲理诗，它以老庄玄理为内容，向人们提供了从审美角度去审视哲理的可能性，通过玄言诗来欣赏、体味哲理的美。因而从某种角度上说，玄言诗于传统的诗歌审美范围之外，又开拓出了一片新天地——哲理，为中国古代文学做出了一大贡献。

魏晋玄学对玄言诗的影响主要表现在两个方面：首先，玄学的本体论为玄言诗的发展奠定了思想基础。玄学追求“无”，正是这种对无的追求和领悟，奠定了玄言诗反对儒家功利的思想基础。以道家思想为主体的玄学，主张天道、自然、无为。其次，玄学的方法论“言意之辩”对玄言诗的表达特点产生了深远影响。玄言诗摒弃了语言的深邃，追求抽象、恍惚、概括、深刻的诗歌意蕴，与玄学的“言意之辩”不无关系。

### （二）山水田园诗

魏晋玄学吸纳了儒家、道家学说中的生态思想，拓展了文艺生态思想的学理内涵。受魏晋玄学浸染，早期山水田园诗的作家们在回归自然的自觉中，确立了山水田园诗创作的生态取向，使其作品中呈现出自然的玄化特征。

玄学关于自然山水的新观念对山水田园诗的创作产生了深远影响。玄学家们注重挖掘和表现精神世界，随着玄学的兴起，“寄言出意”“得意忘象”的玄学思辨方式被广泛运用，在这种形神相互关联的思维启示下，玄学家认为，自然山水中自有玄理，山水本身就是“道”的体现，因此游玩山水就是以有“形”之举感悟无形之“道”，是无形玄奥之“道”与自然山水外在之“形”的有机结合。随着玄学对自然山水认知的深化，山水田园也从外在独立的存在客体，发展为诗意化、人格化、人性化的承载不同文化意义，且具有特定审美意向的物质性对象。受玄学影响，魏晋以来，尤其是东晋以后，文人名士爱好山水田园蔚然成风，诗人们开始以全新的眼光来看待自然山水，自觉地把理念形态和个性人格赋予山水田园，对山水田园抱有一种亲切弥同的情结。作为第一位大量创作山水诗的诗人，谢灵运他酷爱山水，遍游了各地名山，终生跋涉不已，他在《名山序》中写道："夫衣食，人生之所资；山水，性分之所适。"可见，他把自然山水当成了寄托精神、颐养性情的理想场所。陶渊明也在《归园田居》写道，"少无适俗韵，性本爱丘山"，称去官归田为"久在樊笼里，复得返自然"，可见他也把田园山水视为了自己的精神港湾，表现出了诗人主体随心所欲、自由自在的高远冲淡的审美态势。

正是魏晋玄学对山水田园的重新认知，唤起了文人名士崇尚自然的本性，引导他们自觉地走向了自然山水田园，开始寻求诗意的人生。

## 三、佛教与佛学

大约公元前 6 世纪到公元前 5 世纪，释迦牟尼在古印度创建了佛教。汉哀帝元寿元年（公元前 2 年），博士弟子景卢受大月氏国王使伊存口授《浮屠经》，这是中国佛教初传的历史坐标。东汉明帝永平八年（公元 65 年），传说明帝梦见金神，于是遣使臣到天竺（今印巴次大陆一带）求法。永平十年（公元 67 年），史传天竺僧人竺法兰、迦叶摩腾以白马驮《四十二章经》及佛像到达洛阳，明帝以礼相迎。东汉桓帝建和元年（公元 147 年），大月氏僧支谶到洛阳弘佛，后译出《道品行经》等，大乘佛教经典得以系统传入中国。建和二年（公元 148 年）安息国僧人安世高到洛阳弘法，数年后译出《人本欲生经》等，小乘佛教经典得以系统传入中国。此后，在汉末和魏晋南北朝时期，佛经大量译成中文，出现了支谦、康僧会、竺法护、道安、鸠摩罗什等众多的翻译家。其中竺法护共译佛经 159 部，鸠摩罗什共译佛经 35 部，成绩尤为卓著（据梁僧佑《出三藏记集》统计）。在北魏末共流通佛经 415 部，1 919 卷。这些佛经中有许多是印度或西域僧侣与汉人共同翻译的，在翻译过程中彼此切磋，这不仅是思想的交流也是语言文字的交流。许多佛经的译本具有文学性，如鸠摩罗什译《维摩诘经》、佛陀跋陀螺译《华严经》。除以上所举译经的名僧外，慧远和达摩在政治上和文化上的影响也非常大。

佛教的传入和佛经的大量翻译，在当时引起了震动，其震动所波及的文化领域（思想、政治、经济、文学、绘画、建筑、音乐、风俗等）和阶层（从帝王到平民）极其广泛。仅从佛寺的修建情况，就可以看出佛教影响之大。今存的古寺名刹中有许多是建于魏晋南北朝时期的，如甘露寺、灵隐寺、云冈石窟、少林寺、寒山寺等。梁朝有寺 2 846 座，僧尼八万二千七百余人，仅建康（今南京）一地就有大寺七百余座。北魏末，寺院三万余座，僧尼二百余万人。北齐一朝，在僧官管辖下的僧尼就有二百多万人，寺院四万余座。这么多的古寺名刹、石窟摩崖，充分证明了魏晋南北朝时期佛教的盛况。由此看来，佛教已经为魏晋南北朝文学营造了一种新的文化氛围和文化土壤。

文人与佛教也有着密切的联系。相传曹植曾为月氏人支谦详定所译《太子瑞应本起经》。又游东阿鱼山，忽闻岩岫里有诵经声，清通深亮，即效而则之。"今之梵唱，皆植依拟所造"（《异苑》卷五）世称鱼山梵呗。谢安"寓居会稽，与王羲之及高阳许询、桑门支遁游处，出则渔弋山水，入则言咏属文"（《晋书·谢安传》）。慧远在庐山与谢灵运、刘遗民、宗炳等许多文人有很深的交往。谢灵运是一位笃信佛教并懂梵文的文学家，他受竺道生影响著《辨宗论》，应慧远之请撰《佛影铭》，又撰《慧远法师诔》《昙隆法师诔》《维摩诘经中十譬赞》。慧皎《高僧传》载：“陈郡谢灵运，笃好佛理，殊俗之音多所达解，乃咨睿以经中诸字并众音异旨，于是著《十四音训叙》，条列梵汉，昭然可了，使文字有据焉。”

## 四、佛教对文学的影响

关于佛教对文学的影响，主要表现在以下五个方面：

### （一）想象世界的丰富

佛教传入以前，中国传统的思想中只有今生此世，既无前世也无来世，孔子说：“未知生，焉知死！”（《论语》）庄子说：“死生，命也；其有夜旦之常，天也。”（《庄子》）佛教带来了三世（前世、今世、来世）的观念，因果、轮回的观念，以及三界、五道的观念。这样就把思维的时间和空间都扩大了，随之而来的就是人的想象世界的扩大。人活着不但要考虑今世，还要考虑前世尤其是来世，今世的善恶是因，种下了来世的幸与不幸的果。用因果报应的观念解释人世间的许多现象，遂有了《幽明录》（刘义庆）、《冥祥记》（王琰）、《冤魂志》（颜之推）等笔记小说。达摩与观音的形象在这时建立起来，对后代的文学产生了广泛的影响。

### （二）文学故事性的加强

佛经中记载的大量故事，随着佛经的翻译传入中国，并流传到民间，加强了中国文学的故事性。有的故事直接来自佛经，如吴均《续齐谐记》里所记“鹅笼书生”的故事。有的是印证佛教思想，中国本土产生的故事，在《幽明录》等书中大量记载。南北朝时期，记载因果报应之类故事的小说大量出现，显然与佛教有关。这一时期的小说分为两类——志怪小说和志人小说。佛教的发展和盛行对我国志怪小说的影响是多方面的。除了在故事中表现佛教的观念思想外，就是直接将佛经的寓言和传说改写成志怪小说。当时的一些志怪小说故事，其构思、幻想形式及主要情节都直接来自佛经中的寓言或传说，使志怪小说显得更加斑斓多姿。

### （三）反切的产生和四声的发现

关于反切产生的年代历来有不同的说法，以颜之推所说最为可信：“孙叔言创《尔雅音义》，是汉末人独知反语。”（《颜氏家训》）在翻译佛经的过程中，梵语的拼音法启发人们去分析汉语的声音结构，分析出汉语的声母和韵母，于是产生了反切。而反切欲求准确，就自然会发展到对汉字声调的注意，即四声的发现。据文献记载，始自南朝宋代的周颙（梁）刘滔曰：“宋末以来，始有四声之目，沈氏乃着其谱论，云起自周颙。”但北齐李季节在《音韵决疑序》中已经说道：“平上去入，出行閭里，沈约取以和声之，律吕相和。”则似乎在此前民间已有四声之辨了。陈寅恪《四声三问》认为四声的发现与佛经的转读有关，虽然有学者质疑，其细节是否确切尚待进一步考证，但从大的文化背景看来，这两件事情还是有一定联系的。

### （四）词汇的扩大

随着佛经的大量翻译，反映佛教概念的词语，也大量进入汉语，使汉语词汇丰富起来。其中有的是用原有的汉字翻译佛教的概念，使之具有了新的意义，如“因缘”“境界”等。有的是外来语的音译词，如“佛陀”“菩萨”“沙门”“菩提”等。

### （五）文学观念的多样化

魏晋南北朝本是文学观念脱离儒家强调的政教中心说，发生重大变化的时期。这与玄学有很大关系，而佛教中关于真与空的观念，关于心性的观念，关于境界的观念，关于象和象外的观念，以及关于形神的讨论，也丰富了文学观念。

玄学和佛学对文学的渗透，为中国文学的发展注入了新的元素，在中国文学史上具有重要的意义。

## 以古说今

## 空谈误国，实干兴邦

### 一、用典与出处

“空谈误国，实干兴邦”，该句出自顾炎武的《日知录》。2012 年 11 月 29 日，习近平总书记在参观《复兴之路》展览发表讲话时引用了这句话。

原文如下：

“孰知今日之清谈，有甚于前代者。昔之清谈谈老、庄，今之清谈谈孔、孟。……不习六艺之文，不考百王之典，不宗当代之务……”

释义：

“岂知现在的清谈之风，比前朝的清谈之风更盛行。往日里，士大夫的清谈主题为老庄思想，现在的主题为孔孟思想……这些士大夫不学习儒家六艺的内容，不考证众多朝代的典章制度，不综论当代之现实问题……”

《日知录》是明末清初著名学者、大思想家顾炎武的代表作品，对后世影响巨大。该书是一经年累月、积金琢玉撰成的大型学术札记，是顾炎武“稽古有得，随时札记，久而类次成书”的著作。全书以明道、救世为宗旨，囊括了作者全部学术、政治思想，遍布经世、警世内涵。《日知录》内容宏富，共 32 卷本。其中有不少名言警句传诵千古，如“礼义廉耻，是谓四维”“保天下者，匹夫之贱，与有责焉耳矣”“国家兴亡，匹夫有责”等，这激励着一代代中国士庶奋力拼搏。

### 二、古今解读

“空谈误国”一词，来源于明末清初著名思想家顾炎武的“清谈误国”。魏晋时代，风流名士以清谈为风尚，被王羲之贬为“虚谈废务，浮文妨要，恐非当今所宜”，后人更是批评两晋亡于清谈，遂有顾炎武“清谈误国”之说。根据历史记载，清谈最早始于郭泰，郭泰开清谈之先河，但并没有让清谈取得很大的影响。

清谈的发展有如下两个阶段：第一阶段从郭泰开始，一直到西晋年间，此时的清谈虽然“不为危言核论”，但还是跟政治、官僚有一定相关，如《世说新语·文学类》记载：“钟会撰《四本论》始毕，甚欲使嵇公一见，置怀中，既定，畏其难，怀不敢出，于户外遥掷，便回急走。”《四本论》是清谈发展初期的重要资料，“四本”是清谈中最重要的话题之一。何谓“四本”？就是讲一个人才能与品质的关系，主要分为才性同、才性异、才性合及才性离四种。

第二阶段为西晋后期，司马氏因为得国不正，开始找各种借口大肆诛杀异己，比如“竹林七贤”之首嵇康。嵇康之死影响很大，有了嵇康的前车之鉴，阮籍为了保命，表现出极为消极的态度，决不评论实事，不臧否人物，嘴里谈的全是些假大空的高谈阔论。在阮籍的引领下，清谈就发展到了只谈玄理不论实事的地步。西晋灭亡后，这些清谈的名士衣冠南渡，依据长江天险偏安一隅，不思进取，生活上随心所欲，骄奢淫逸，在精神上又陷入了空虚之中，因此清谈不仅没有因为西晋的灭亡而消失，反而在东晋变得更加假大空了。“清谈”对于社会来说是一大祸事，因为这些清谈者大都身居要职，他们不务政事，遂导致西晋灭亡，神州大地陷入了数百年战乱之中，可谓遗祸无穷。

在党的十八大刚刚闭幕之际，习近平总书记带领中央政治局常委全体同志，借 2012 年 11 月 29 日参观《复兴之路》展览之机发表了新一届班子施政宣言，再次谈到“空谈误国，实干兴邦”这一具有特殊意义的重要论断。如果说邓小平同志当年首次用这个口号重新吹响了改革开放的历史号角，那么习近平总书记的再次重申，就可以看作对邓小平同志改革遗志的真切继承和把改革开放伟大事业继续推向深入的伟大宣誓。

20 年的改革实践，是对“空谈误国，实干兴邦”的最好注解。我们党的事业之所以一脉相承、今昔守望，就是由于这种内在的学问机理和始终如一的精神气质。从这种历史和精神的高度出发，结合当前的世情、国情、党情、民情，围绕正在全党深入开展的群众路线教育实践活动和党的作风建设具体形势，认真学习领会习近平总书记“空谈误国，实干兴邦”重要论断的具体内涵和精神实质，对广大党员干部准确把握中央领导集体治国理政思路、做好各自工作尤为重要。

## 三、绝知此事要躬行——反对形式主义、官僚主义

成功缘于实干，祸患始于空谈。战国赵括“纸上谈兵”，两晋学士“虚谈废务”，空谈历来是治国理政的大忌。中华民族百余年的奋斗史，也从另一面印证了这个道理。付出世人难以想象的巨大牺牲，在“坚船利炮”的西方列强侵略下夺取民族独立的胜利；靠着“节衣缩食、勒紧裤带”的奋斗精神，在一穷二白的新中国建立起完整的工业体系；鼓起“杀出一条血路”的改革勇气，用短短数十年走过西方国家两三百年历程。饱经沧桑的中华民族，之所以能走出苦难、走向辉煌，靠的不是空想清谈，而是实干

苦干。

我们党历来重视与形式主义、官僚主义作斗争。早在革命战争年代，毛泽东同志就教育全党，要密切联系群众，坚决反对形式主义和官僚主义作风。1930 年，毛泽东同志在《反对本本主义》一文中批评了形式主义地执行上级指示的现象，一针见血地指出："为什么党的策略路线总是不能深入群众，就是这种形式主义在那里作怪。"毛泽东同志提醒全党，要时刻不忘党的根本宗旨，坚决同党内、政府内严重违背人民利益的形形色色的形式主义、官僚主义作斗争。邓小平同志强调，官僚主义除表现为命令主义外，在改革开放过程中主要又表现为形式主义，"形式主义也是官僚主义"，告诫全党"要腾出时间来多办实事"。江泽民同志指出："形式主义作风和官僚主义作风，是我们党的一大祸害。全党上下，全国上下，必须狠刹形式主义、官僚主义的歪风。"胡锦涛同志要求："脚踏实地，埋头苦干，讲实效，办实事，坚决反对形式主义和官僚主义。"



党的十八大以来，以习近平同志为核心的党中央针对党内存在的不正之风特别是形式主义、官僚主义、享乐主义和奢靡之风等问题，把制定和实施八项规定作为切入口，以踏石留印、抓铁有痕的精神，持续深化"四风"整治，党风政风明显改善。党的十九大以来，作风建设更加强调问题导向，更加注重集中整治形式主义、官僚主义问题。2017 年 12 月，习近平总书记专门就整治形式主义、官僚主义问题作出重要指示。2018 年 9 月，中央纪委办公厅发布《关于贯彻落实习近平总书记重要指示精神集中整治形式主义、官僚主义的工作意见》。党中央把 2019 年确定为"基层减负年"，中央办公厅印发《关于解决形式主义突出问题为基层减负的通知》，提出确保发给县级以下的文件、召开的会议减少 30%—50%，严格控制"一票否决"事项，不能动辄签"责任状"等一系列硬举措，切实把基层干部从一些无谓的事务中解脱出来。党的二十大报告中习近平总书记强调，我们持之以恒正风肃纪，以钉钉子精神纠治"四风"，反对特权思想和特权现象，坚决整治群众身边的不正之风和腐败问题，刹住了一些长期没有刹住的歪风，纠治了一些多年未除的顽瘴痼疾。

"空谈误国，实干兴邦"，这是千百年来人们从历史经验教训中总结出来的治国理政的一个重要结论。习近平总书记在阐述伟大的"中国梦"时特别强调这八个字，意味深长，振聋发聩，反映了我们党对新形势下执政使命的深刻认知，彰显了中央领导集体求真务实、真抓实干的优良作风，必将凝聚起全党全军全国各族人民的意志和力量，继续朝着中华民族伟大复兴的目标奋勇前进。

第十单元课后练习

# 第十一单元　魏晋南北朝的民歌与小说

## 文学概说

### 魏晋南北朝的民歌与小说

#### 一、魏晋南北朝民歌

（一）南北朝不同的文学特点

南北朝长期处于对峙的局面，造成了南方文化与北方文化的显著区别。形成这种区别的原因是多方面的。经济、政治状况不同，文人的社会地位、生活习惯不同，文化传统以至地理环境不同，年深月久就会形成人们气质上的差异。反映在文学艺术中，就形成了各自不同的特色。

南朝文学常被概括为华丽绮靡和形式主义，这样的概括有失偏颇。南朝文学的总体趋势是社会功能逐步淡化，而美学价值却为所有的作家所追求。终南朝之世，极少出现强烈的激励人心或者深刻地感染人心的作品，作家所追求和创造的，大抵是那种精致、华丽和轻柔之美。南朝文学的根本弱点，不在于作品题材的狭窄和细小，也不在于感情的强烈或平和，最致命的还是作家缺乏远大的理想、高尚的胸襟，致使作品缺乏深厚的内蕴。而北朝的文学思想是沿着与南朝完全不同的线路发展的。它以重政教之用为发展的起点，从而转向抒情，并没有出现像南朝那样尚装饰、重娱乐的倾向，它追求一种苍凉劲健的美，异于南朝的明丽轻清；它尚质实典重，异于南朝的尚轻艳绮靡。

从文学艺术的整体上来看，南北朝文学的这种差异，在民歌中表现得尤为明显。南朝民歌清丽缠绵，主要反映了人们真挚纯洁的爱情生活；北朝民歌粗犷豪放，广泛地反映了北方动乱不安的社会现实和人民的生活习俗。南朝民歌中的抒情长诗《西洲曲》和北朝民歌的叙事长诗《木兰诗》，分别代表着南北朝民歌的最高成就。

（二）南朝民歌

南朝民歌大部分保存在郭茂倩所编的《乐府诗集》里。主要有吴歌和西曲两类。吴歌共 326 首，西曲共 142 首。另外，还有神弦歌 18 首。

南朝民歌产生于商业都市，是市民文化的产物。商人、市民、歌女的生活较少束缚，享乐的成分较多，又加上采集、保存者的思想情趣，所以南朝民歌的内容比较单一，大多是表现男女恋情的情歌。吴声歌曲多为女性的吟唱。内容或表现对爱情的渴望，如《子夜歌》（始欲识郎时）；或表现爱情的欢乐，如《读曲歌》（打杀长鸣鸡）；或表现相思之苦，如《子夜四时歌·冬歌》（寒鸟依高树）；或表现生死不渝的爱情，如《华山畿》（华山畿）等。西曲歌也是以情歌为主，但由于地域的差别反映爱情生活的角度稍有不同，其突出特点是把爱情和劳动结合起来，如《那呵滩》（闻欢下扬州）等。

南朝民歌总体来说有以下一些特点：

首先，南朝民歌风格委婉缠绵、清新自然。语言既有清新浅近、自然天真的一面，也有明丽婉转的一面；既有朴素的方言口语入诗，也有语言技巧的巧妙运用。《大子夜歌》所说："歌谣数百种，子夜最堪怜：慷慨吐清音，明转出天然。"就指出了清新明丽、婉转自然的艺术风格。

其次，南朝民歌最突出的艺术技巧就是利用汉语的谐音构成双关隐语。如"理丝入残机，何悟不成匹"（《子夜歌》），"丝"和"思"是同音异字构成双关；布匹的"匹"和匹配的"匹"是同字同音构成双关。双关隐语的运用既体现了作者的丰富联想，也使感情的传达显得含蓄委婉。

最后，南朝民歌大多体制小巧，多五言四句。个别也有较长的如《西洲曲》，但也是四句一解。

### （三）北朝民歌

北朝民歌大部分保存在《乐府诗集》的《梁鼓角横吹曲》中，此外，在《杂曲歌辞》和《杂歌谣辞》中也有一小部分，共 70 首左右。

北朝民歌的数量虽不多，但内容却广泛地反映了社会生活的各个方面。以鲜卑族为主的北方各民族跟南方人民的生活环境有所不同，再加上北方民族特殊的风俗习惯和性格气质，因此北朝民歌的情调和风格，跟南朝民歌有了显著的差别。从民歌的内容来看，主要体现在以下几个方面。首先，反映北方民族的游牧生活、风俗习惯及风光景色。如《敕勒歌》等。其次，反映北方民族的尚武精神和粗犷豪迈的个性。如《折杨柳歌辞》（健儿须快马）等。再次，反映战争、徭役及生活的苦难。如《木兰诗》《陇上歌》（陇上壮士有陈安）等。最后，反映婚姻爱情生活。如《折杨柳歌辞》（腹中愁不乐）等。

北朝民歌总体来说有以下一些特点：

首先，北朝民歌风格粗犷豪放，质朴刚健。北朝民歌多反映北方少数民族大漠、草原上的游牧、征战生活。这种生活造就了民族的粗豪性格，情感体验没有南朝民歌的细腻深婉，而是率直裸露，反映在诗歌的创作风格上就形成了粗犷豪放、质朴刚健的特征。

其次，北朝民歌的艺术虽然没有南朝民歌细腻委婉、优美精致的特点，但是在粗疏质朴中也别开另一种艺术境界。语言虽然朴素，但是却能创造出浑朴的意境。最典型的就是《敕勒歌》，只是随口唱来，短短几语，那苍茫的景象和雄浑的境界便应声而出，成就了千古绝唱。简单疏朗、质朴无华、毫无造作矫饰是其艺术的基本特点。

最后，北朝民歌的形式除五言外，还有四言、七言、杂言等，不似南朝民歌形式比较单调。

### （四）南北朝民歌的影响

从具体来看，南北朝民歌在整个中国文学史上的影响略有不同。南朝民歌的内容几乎都是谈情说爱的“艳曲”，对梁陈宫体诗的形成乃至于泛滥，在客观上都有不可推卸的责任。而北朝民歌由于题材广泛，不拘于男女情事，因此对宫体诗的形成没有太大影响。南朝民歌中大量使用的双关语，对唐朝以后处境险恶的诗人们产生很大影响，他们往往利用双关语写作政治讽刺诗，来曲折地表达他们那种难以明言的爱国情怀和对政治时事的见解。

从整体来看，南朝民歌和北朝民歌也不是完全没有相同之处。在形式主义文风泛滥的时期，南北朝民歌自然质朴，通俗易懂，采用口语入诗，因能反映民众日常生活而在文坛上光辉夺目。南北朝民歌都具有自然性、生活性的共性，是对当时文坛无新意的腐朽文风的强烈抨击。这种抨击首先体现在社会生活生产、政治、思想意识等方面。由于南北朝文学是求实的文学，主流是现实主义的文学，因而各个方面的反抗性又或多或少地表露在文学中，让南北朝文学具有鲜明的反抗色彩。

南北朝民歌在中国文学史上具有很大影响。它开辟了一条五言、七言绝句抒情小诗的新道路，这种刚健清新民歌的出现，对当时形式主义文风起了冲击的作用。同时，在表现手法上，如口语的运用，对后代诗人也有借鉴作用。因此，虽然南朝民歌和北朝民歌各有各的特点，但是不能将它们分裂开来，南北朝民歌一起构成了中国文学史上极富中国特色的文学艺术。

## 二、魏晋小说

中国古代小说有两个系统，即文言小说系统和白话小说系统。魏晋南北朝时期，有的只是文言小说。这时的小说可以统称为笔记体小说，采用文言，篇幅短小，记述社会上流传的奇异故事、人物的逸闻轶事或其只言片语。在故事情节的叙述、人物性格的描写等方面都已初具规模。作品的数量也已相当可观。但就作者的主观意图而言，还只是当成真实的事情来写，而缺少艺术的虚构。它们还不是中国小说的成熟形态。中国文言小说成熟的形态是唐传奇，白话小说成熟的形态是宋元话本。

魏晋南北朝小说可以分为志怪小说和志人小说两类，志怪与志人小说的分类，最早由鲁迅提出。志怪小说记述神仙方术、鬼魅妖怪、殊方异物、佛法灵异，虽然许多作品中表现了宗教迷信思想，但也保存了一些具有积极意义的民间故事和传说。志人小说记述人物的逸闻轶事、言谈举止，从中可以窥见当时社会生活的一些面貌。

### （一）志怪小说

志怪小说的兴盛与当时的社会背景有很大关系，宗教迷信思想的盛行是其兴盛的土壤。古人迷信天帝，大事都要向天帝请示，所以常有祈祷、占卜、占梦等活动，巫觋就是从事这类活动的人。社会上流传的许多巫术灵验的故事，就成为志怪小说的素材。方士是战国后期从巫觋中分化出来的，他们鼓吹神仙之说，求不死之药。秦汉以来方术盛行，关于神仙的故事也层出不穷，这也成为志怪小说的素材。此外，东汉晚期建立的道教、东汉传入中国的佛教，在魏晋以后广泛传播，产生了许多神仙方术、佛法灵异的故事，也成为志怪小说的素材。至于这些素材被搜集记录下来，则带有自神其教的目的。志怪小说的作者有的就是宗教徒，如《神异记》的作者王浮是道士，《冥祥记》的作者王琰是佛教徒。志怪小说适应了宗教宣传的需要，也提供了闲谈的资料，因而得以流传。

志怪小说按内容可分为三类：

1. 地理博物。如托名东方朔的《神异传》、张华的《博物志》。

2. 鬼神怪异。如曹丕的《列异传》、干宝的《搜神记》、托名陶潜的《搜神后记》、王嘉的《拾遗记》、吴均的《续齐谐记》。

3. 佛法灵异。如王琰的《冥祥记》、颜之推的《冤魂志》。

志怪小说中值得注意的，是那些曲折地反映了社会现实、表达了人民的爱憎及对美好生活向往的作品。如《搜神记》中的《三王墓》叙述的就是楚国巧匠干将莫邪为楚王铸剑，反被楚王杀害，其子长大后为父报仇的故事。

### （二）志人小说

志人小说是指魏晋六朝流行的专记人物言行和记载历史人物传闻轶事的一种杂录体小说，又称清谈小说、轶事小说。志人小说的兴盛与士族文人之间品评人物和崇尚清谈的风气有很大关系。这类志人小说既是品评人物和崇尚清谈的结果，又反过来促进了这种风气的发展。从志人小说在当时受到社会重视的情况，也可以看出它们的编纂是适应了社会的需要。裴启的《语林》一写成，远近许多人争着传抄，梁武帝曾敕命殷芸撰《小说》，都是很好的例证。

志人小说今传较少，按其内容也可分为三类：

1. 笑话。邯郸淳《笑林》，对世态有所讽刺。如写楚人有担山鸡者，欺人曰凤凰，以讹传讹，连皇帝也轻信了。汉世老人家富无子而性吝啬，饿死后田产充官。《笑林》开后世俳谐文字之端。

2. 野史。东晋葛洪伪托刘歆所作《西京杂记》，记述西汉的人物轶事，也涉及宫室制度、风俗习惯、衣饰器物，并带有怪异色彩。其中有的故事后来很流行，如王昭君和毛延寿的故事、司马相如和卓文君故事。

3. 逸闻轶事。这是志人小说的主要部分，有裴启《语林》、郭澄子《郭子》、沈约《俗说》、殷芸《小说》等。刘义庆的《世说新语》是成就和影响最大的一部。

### （三）世说新语

《世说新语》是中国魏晋南北朝时期志人小说的代表作，由南朝宋刘义庆召集门下食客共同编撰。全书分上、中、下三卷，依内容分有：“德行”“言语”“政事”“文学”

"方正"等，共三十六类，每类收有若干则，全书共一千多则，每则文字长短不一，有的数行，有的三言两语，由此可见笔记小说"随手而记"的特性。

其内容主要是记载东汉后期到晋宋间一些名士的言行与轶事。书中所载均属历史上实有的人物，但他们的言论或故事则有一部分出于传闻，不尽符合史实。此书相当多的篇幅系杂采众书而成。如《规箴》《贤媛》等篇所载个别西汉人物的故事，采自《史记》和《汉书》。其他部分也多采自前人的记载。一些晋宋间人物的故事，如《言语篇》记谢灵运和孔淳之的对话等，则因这些人物与刘义庆同处一个时期或稍早，可能采自当时的传闻。《世说新语》记述了魏晋士人的生活和思想，以及统治阶级的情况，反映了魏晋时期文人的思想言行和上层社会的生活面貌，记载颇为丰富真实，这样的描写有助于读者了解当时士人所处的时代状况及政治社会环境，更让我们明确地看到了所谓"魏晋清谈"的风貌。

《世说新语》因为展开对人的个性的全面描写而在中国小说史上占有重要的地位。它不仅开创了"志人"这一文言小说流派，还以玄远隽永的叙事语言、生动传神的白描手法为《三国演义》《水浒传》《儒林外史》《红楼梦》等白话长篇小说提供了艺术经验。《世说新语》在艺术上有较高的成就，鲁迅先生曾把它的艺术特色概括为"记言则玄远冷隽，记行则高简瑰奇"（《中国小说史略》）。《世说新语》及刘孝标注中涉及各类人物共一千五百多个，魏晋两朝主要的人物，无论帝王、将相，或者隐士、僧侣，都包括在内。它对人物的描写有的重在形貌，有的重在才学，有的重在心理，但都集中到一点，就是重在表现人物的特点，通过独特的言谈举止写出了独特人物的独特性格，使之气韵生动、活灵活现、跃然纸上。

总之，魏晋南北朝小说篇幅短小、叙事简单，只是粗陈故事梗概，而且基本上是按照传闻加以直录，没有艺术的想象和细节的描写。虽有人物性格的刻画，但还不能展开。所以还只是初具小说的规模，而不是成熟的小说作品。在中国小说史上，魏晋南北朝的志怪小说和志人小说是不可缺少的一环。在人物刻画、细节描写，以及叙事语言的运用等方面，它们都为唐传奇的写作积累了经验。一些唐传奇的故事取自这个时期的小说，如《倩女离魂》与《幽明录》中的《阿庞》、《柳毅传》与《搜神记》中的《胡母班》、《枕中记》与《幽明录》中的《焦湖庙祝》，都有继承关系。唐以后的文言小说中始终有志怪一类，《聊斋志异》是这类小说的顶峰。模仿《世说新语》的小说达几十种之多，这也说明了魏晋南北朝小说的影响。

## 文学作品

### 子夜歌

**其一**

始欲识郎时，两心望如一。理丝入残机[1]，何悟不成匹[2]。

## 注　释

[1] 丝：谐“情思”的“思”。残机：残破的织布机。

[2] 匹：布帛宽二尺二寸为幅，长四丈为匹。这里用双关语，暗喻二人不能成为匹配。

《子夜歌》朗读欣赏

### 其二

今夕已欢别，合会在何时？明灯照空局[1]，悠然未有期[2]。

## 注　释

[1] 局：棋盘。

[2] 悠然：谐“油燃”；期：谐“棋”。油燃是指上句的明灯而言，“未有期”是指上句的空局而言，都是双关语。

## 作品简析

《子夜歌》现存四十二首，都是男女恋歌。《乐府诗集》把它归入《清商曲·吴声歌曲》类。《吴声歌曲》是产生在吴地的一些歌曲的总名，其中包含很多曲调。在《子夜歌》中，诗人抒发了爱而不得的忧伤情绪和作者的相思之情。《子夜歌》是一种创体，这种五言四句的小诗，大量使用江南色彩的称谓语（郎、欢、侬），用谐音双关语写人与人的爱情，抒情是它的基调，即使写景也是为了抒情的需要。这种特殊的文学修辞手法叫吴歌格或子夜体。在中国文学史上第一次出现这么多种类不同的谐音双关语及其用法，令人叹为观止。为中国文学增添了新的创作技巧，把汉语言文字优美的特点淋漓尽致地展现出来。谐音双关语可以说是吴歌西曲最大的特色。



# 西洲曲[1]

忆梅下西洲，折梅寄江北[2]。单衫杏子红，双鬓鸦雏色[3]。西洲在何处？两桨桥头渡[4]。日暮伯劳飞[5]，风吹乌臼树[6]。树下即门前，门中露翠钿[7]。开门郎不至，出门采红莲。采莲南塘秋，莲花过人头。低头弄莲子[8]，莲子清如水[9]。置莲怀袖中，莲心彻底红[10]。忆郎郎不至，仰首望飞鸿[11]。鸿飞满西洲，望郎上青楼[12]。楼高望不见，尽日栏杆头[13]。栏杆十二曲，垂手明如玉。卷帘天自高，海水摇空绿[14]。海水梦悠悠[15]，君愁我亦愁。南风知我意，吹梦到西洲。

## 注 释

［1］《西洲曲》：选自《乐府诗集·杂曲歌辞》。这首诗是南朝民歌。西洲曲：乐府曲调名。

［2］忆梅下西洲，折梅寄江北：意思是说，女子见到梅花又开了，回忆起以前曾和情人在梅下相会的情景，因而想到西洲去折一枝梅花寄给在江北的情人。下：往。西洲：当是在女子住处附近。江北：当指男子所在的地方。

［3］鸦雏色：像小乌鸦一样的颜色。形容女子的头发乌黑发亮。

［4］两桨桥头渡：从桥头划船过去，划两桨就到了。

［5］伯劳：鸟名，仲夏始鸣，喜欢单栖。这里一方面用来表示季节，一方面暗喻女子孤单的处境。

《西洲曲》朗读欣赏

［6］乌臼：现在写作“乌桕”。

［7］翠钿：用翠玉做成或镶嵌的首饰。

［8］莲子：和“怜子”谐音双关。

［9］青如水：和“清如水”谐音，隐喻爱情的纯洁。

［10］莲心：和“怜心”谐音，即爱情之心。

［11］望飞鸿：这里暗含望书信的意思。因为古代有鸿雁传书的传说。

［12］青楼：油漆成青色的楼。唐朝以前的诗中一般用来指女子的住处。

［13］尽日：整天。

［14］卷帘天自高，海水摇空绿：卷帘眺望，只看见高高的天空和不断荡漾着的碧波的江水。海水：这里指浩荡的江水。

［15］海水梦悠悠：梦境像浩荡的江水一样悠长。

## 作品简析

《西洲曲》是南朝乐府民歌名，最早著录于徐陵所编的《玉台新咏》。它是南朝民歌中最长的抒情诗篇，历来被视为南朝乐府民歌的代表作。诗中描写了一位少女从初春到深秋，从现实到梦境，对钟爱之人的苦苦思念，洋溢着浓厚的生活气息和鲜明的感情色彩，表现出鲜明的江南水乡特色和纯熟的表现技巧。全诗三十二句，四句一解，用蝉联而下的接字法，顶真勾连。全诗技法之“巧”，令人拍案叫绝。清沈德潜《古诗源》：“续续相生，连跗接萼，摇曳无穷，情味愈出。”清陈祚明《采菽堂古诗选》：“言情之绝唱。”

## 木兰诗

唧唧复唧唧[1]，木兰当户织[2]。不闻机杼声[3]，惟闻女叹息[4]。问女何所思[5]，问女何所忆[6]。女亦无所思，女亦无所忆。昨夜见军帖[7]，可汗大点兵[8]。军书十二卷[9]，卷卷有爷名[10]。阿爷无大儿，木兰无长兄。愿为市鞍马[11]，从此替爷征。

东市买骏马，西市买鞍鞯[12]，南市买辔头[13]，北市买长鞭。旦辞爷娘去[14]，暮宿黄河边[15]。不闻爷娘唤女声，但闻黄河流水鸣溅溅[16]。旦辞黄河去，暮至黑山头[17]。不闻爷娘唤女声，但闻燕山胡骑鸣啾啾[18]。

万里赴戎机，关山度若飞[19]。朔气传金柝[20]，寒光照铁衣[21]。将军百战死，壮士十年归。归来见天子[22]，天子坐明堂[23]。策勋十二转[24]，赏赐百千强[25]。可汗问所欲[26]，木兰不用尚书郎[27]，愿驰千里足[28]，送儿还故乡。

爷娘闻女来，出郭相扶将[29]。阿姊闻妹来[30]，当户理红妆[31]。小弟闻姊来，磨刀霍霍向猪羊[32]。开我东阁门，坐我西阁床。脱我战时袍，着我旧时裳[33]。当窗理云鬓[34]，对镜贴花黄[35]。出门看火伴[36]，火伴皆惊忙：同行十二年，不知木兰是女郎。

雄兔脚扑朔，雌兔眼迷离[37]。双兔傍地走，安能辨我是雄雌[38]？

## 注 释

[1] 唧（jī）唧：纺织机的声音。一说为叹息声，意思是木兰无心织布，停机叹息。首句一作“唧唧何力力”。

[2] 当（dāng）户：对着门或在门旁，泛指在家中。

[3] 机杼（zhù）声：织布机发出的声音。机：指织布机。杼：织布的梭子。

[4] 惟：只。

[5] 何：什么。

[6] 忆：思念，惦记。

[7] 军帖：征兵的文书。

[8] 可汗（kè hán）：古代西北地区少数民族对君主的称呼。大点兵：大规模征兵。

[9] 军书十二卷：征兵的名册很多卷。十二：表示很多，不是确指。下文的“十年”“十二转”“十二年”，用法与此相同。

[10] 爷：和下文的“阿爷”一样，都指父亲。当时北方呼父为“阿爷”。

[11] 为：为此（指代父从军）。市：买。鞍马：马匹和乘马用具。

[12] 鞯（jiān）：马鞍下的垫子。

[13] 辔（pèi）头：驾驭牲口用的嚼子、笼头和缰绳。

《木兰诗》朗读欣赏

[14] 旦：早晨。辞：离开，辞行。

[15] 暮：夜晚。

[16] 但闻：只听见。溅（jiān）溅：水流激射的声音。

[17] 黑山：今呼和浩特市东南。公元 429 年，《北史·蠕蠕传》：“车驾出东道，向黑山。”

[18] 胡骑（jì）：胡人的战马。胡：古代对北方少数民族的称呼。啾（jiū）啾：马叫的声音。

[19] 万里赴戎机：不远万里，奔赴战场。戎机：军机，指战争。关山度若飞：像飞一样地跨过一道道的关，越过一座座的山。度：越过。

[20] 朔（shuò）气传金柝（tuò）：北方的寒气传送着打更的声音。朔：北方。金柝：即刁斗。古代军中用的一种铁锅，白天用来做饭，晚上用来报更。一说金为刁斗，柝为木柝。李善注：“金，谓刁斗也。卫宏《汉旧仪》曰：昼漏尽，夜漏起，城门击刁斗，周庐击木柝。”

[21] 寒光照铁衣：冰冷的月光照在将士们的铠甲上。寒光：指清冷的月光。铁衣：古代战士穿的

带有铁片的战衣。

［22］天子：即前面所说的“可汗”。

［23］明堂：皇帝用来祭祀、接见诸侯、选拔等所用的殿堂。

［24］策勋十二转（zhuàn）：记很大的功。策勋：记功。转：勋级每升一级叫一转，十二转为最高的勋级。十二转：不是确数，形容功劳极高。

［25］赏赐百千强（qiáng）：赏赐很多的财物。百千：形容数量多。强：有余。

［26］问所欲：问（木兰）想要什么。

［27］不用：不为，不做。尚书郎：官名，魏晋以后在尚书台（省）下分设若干曹（部），主持各曹事务的官通称尚书郎。

［28］千里足：可驰千里的脚力，指好马。一作“愿借明驼千里足”，均指愿得良骑速回故乡。

［29］郭：外城。扶：扶持。将：助词，不译。以上二句是说父母互相搀扶着到城外来迎接木兰。

［30］姊（zǐ）：姐姐。

［31］理：梳理。红妆：指女子的艳丽装束。

［32］霍（huò）霍：磨刀迅速时发出的声音。一说，刀光闪动疾速貌。

［33］着（zhuó）：穿。

［34］云鬓（bìn）：像云那样的鬓发，形容好看的头发。

［35］贴花黄：当时流行的一种化妆款饰，把金黄色的纸剪成星、月、花、鸟等形状贴在额上，或在额上涂一点黄的颜色。花黄：古代妇女的一种面部装饰物。

［36］火伴：古时兵制，十人为一火，火伴即同火的人。

［37］“雄兔”二句：据说，提着兔子的耳朵悬在半空时，雄兔两只前脚时时动弹，雌兔两只眼睛时常眯着，所以容易辨认。扑朔：形容雄兔脚上的毛蓬松的样子。迷离：形容雌兔的眼睛被蓬松的毛遮蔽的样子。

［38］“双兔”二句：当两只兔子一起在地上跑时便区别不出它们的雌雄。傍（bàng）地走：指在地上跑。以上四句通过雄兔雌兔在跑动时不能区别的比喻，对木兰的才能和智慧加以赞扬和肯定，传达了一种“谁说女子不如男”的观念。

## 作品简析

《木兰诗》是一首北朝民歌，宋郭茂倩《乐府诗集》将其归入《横吹曲辞·梁鼓角横吹曲》中。全诗以“木兰是女郎”来构思木兰的传奇故事，富有浪漫色彩；详略安排极具匠心，虽然写的是战争题材，但着墨较多的却是生活场景和儿女情态，富有生活气息；以人物问答及铺陈、排比、对偶、互文等手法描述人物情态，刻画人物心理，生动细致，神气跃然，使作品具有强烈的艺术感染力。

## 东海孝妇[1]

东海有孝妇，少寡，亡子，养姑甚谨。姑欲嫁之，终不肯。姑谓邻人曰：“孝妇事我勤苦，哀其亡子守寡。我老，久累丁壮，奈何？”其后，姑自经死。姑女告吏：“妇杀我母。”吏捕孝妇。孝妇辞不杀姑。吏验治[2]，孝妇自诬服。具狱上府[3]，于公以为此妇养姑十余年，以孝闻，必不杀也。太守不听，于公争之，弗能得。乃抱其具狱，哭于府上，因辞疾去。太守竟论杀孝妇。郡中枯旱三年。后太守至，卜筮其故[4]，于公曰：“孝妇不当死，前太守强断之，咎当在是乎？”于是太守杀牛自祭孝妇冢，因表其墓，天立大雨，岁孰。郡中以此益敬重于公。

## 注　释

［1］本文选自《搜神记》。

［2］验治：严刑拷问。

［3］具狱：定罪结案。

［4］卜筮（shì）：古时占卜，用龟甲称卜，用蓍草称筮。

《东海孝妇》朗读欣赏

## 作品简析

东海孝妇是古老的汉族民间传说故事。这个故事着重表现的是传统的“孝”文化，通过孝妇的故事，可以看到当时社会的风俗民情和文化价值，东海孝妇把“孝”的内涵扩展到婆媳之间甚至邻里，具有开创性意义。故事对后世影响深远，关汉卿在此基础上创作了中国十大悲剧之一《窦娥冤》。



# 世说新语五则

刘义庆

### 其一　过江诸人

过江诸人，每至美日[1]，辄相邀新亭[2]，藉卉饮宴[3]。周侯中坐而叹曰[4]：“风景不殊，正自有山河之异[5]！”皆相视流泪。唯王丞相愀然变色曰[6]：“当共戮力王室[7]，克复神州[8]，何至作楚囚相对[9]？”

## 注　释

［1］美日：佳日，天气晴好的日子。

［2］新亭：在今南京市西南，又名中兴亭，为三国时吴国所建。

［3］藉卉：坐在草地上。藉（jiè）：垫，引申为坐卧其上。卉：草的总名。

［4］周侯：即周顗（yǐ），字伯仁，汝南安城（今河南省原武县东南）人，晋元帝时为宁远将军、荆州刺史，官至尚书左仆射，后被王敦所害。侯：当时对人的尊称。

《世说新语（过江诸人）》朗读欣赏

［5］山河之异：指当时北方广大地区被少数民族政权占领。

［6］王丞相：即王导，字茂弘，琅玡（今山东省临沂县）人，晋元帝时任丞相，辅助元帝建立东晋政权。愀（qiǎo）然：面色忽变的样子。

［7］戮力：尽力。

［8］神州：这里指中原地区。战国时邹衍称中国为赤县神州，后世遂以神州指代中国。

［9］楚囚：指囚犯。《左传·成公九年》载：楚人钟仪为郑人俘获，献给晋国，“晋侯观于军府，

见钟仪。问之曰：‘南冠而縶者，谁也？’有司对曰：‘郑人所献楚囚也’”。后世即称囚犯为楚囚。

## 作品简析

《过江诸人》出自《世说新语》。文中通过记叙士大夫们在新亭宴饮时的对话，反映了南渡之后，东晋士族官僚的没落情绪。该篇表现了他们在国破家亡之际的生活和思想情绪，通过对比，将周顗等人的庸懦颓废和王导的刚毅奋发刻画得生动形象。

### 其二　周处

周处年少时，凶强侠气，为乡里所患，又义兴水中有蛟，山中有白额虎，并皆暴犯百姓，义兴人谓为三横，而处尤剧[1]。或说处杀虎斩蛟，实冀三横唯余其一。处即刺杀虎，又入水击蛟。蛟或浮或没，行数十里，处与之俱。经三日三夜，乡里皆谓已死，更相庆。竟杀蛟而出。闻里人相庆，始知为人情所患，有自改意。乃自吴寻二陆，平原不在，正见清河[2]，具以情告，并云欲自修改而年已蹉跎，终无所成[3]。清河曰：“古人贵朝闻夕死，况君前途尚可[4]。且人患志之不立，亦何忧令名不彰邪？”处遂改励，终为忠臣孝子。

## 注　释

［1］周处：字子隐，吴兴郡阳羡县人，后改属义兴郡（郡治在今江苏宜兴）。青少年时胡作非为，横行乡里，后勇于改过，在晋朝任广汉太守、御史中丞。侠气：指刚强不屈的气概。横：指残暴的东西。

［2］自吴：《晋书·周处传》作“入吴”，对。二陆：指陆机、陆云。兄弟齐名，号为“二陆”，吴人。陆机后来在晋朝曾任平原郡内史，陆云曾任清河郡内史，所以下文直呼为平原、清河。按：陆机比周处年轻二十多岁，所以周处年少时不可能寻访二陆。

［3］修改：加强修养、改正错误。蹉跎：虚度光阴。

［4］朝闻夕死：这是用《论语·里仁》“朝闻道，夕死可矣”的意思，大意是：早上听到了真理，就算晚上死去也不算虚度此生。

《世说新语（周处）》朗读欣赏

## 作品简析

文章选自《世说新语》。本文作者精于谋篇布局，文章处处充满矛盾冲突。其中有周处击蛟的恶斗场面，有乡里庆贺周处之死的场景，有“改励”时思想矛盾的复杂心理描写。形成笔笔转、层层转、回环往复、曲折陡峭的结构特点。全文一波未平，一波又起。有时似是山穷水尽，但笔锋一转，却是柳暗花明。

### 其三　王子猷居山阴

王子猷居山阴[1]。夜大雪，眠觉[2]，开室命酌酒，四望皎然。因起彷徨，咏左思《招隐》诗[3]，忽忆戴安道[4]。时戴在剡[5]，即便夜乘小船就之。经宿方至[6]，造门不前而返[7]。人问其故，王曰：“吾本乘兴而行，兴尽而返，何必见戴！”王子猷尝暂寄人空宅住，便令种竹。或问：“暂住何烦尔？”王啸咏良久，直指竹曰：“何可一日无此君!"

## 注 释

[1] 王子猷（yóu）：王徽之，字子猷，王羲之第五子。山阴：山的北面。阴：山北水南。现指旧县名，在今浙江绍兴市。

[2] 眠觉：一觉醒来。

[3] 左思：西晋文学家。所作《招隐诗》旨在歌咏隐士清高的生活。招隐诗曰：策杖招隐士，荒涂横古今。岩穴无结构，丘中有鸣琴。白云停阴冈，丹葩曜阳林。

[4] 戴安道：即戴逵，西晋人，博学多能，擅长音乐、书画和佛像雕刻，性高洁，终生隐居不仕。

[5] 剡（shàn）：即剡县，今绍兴嵊州市。

[6] 经宿：经过了一夜。

[7] 造门：到了门口。造：到。

《世说新语（王子猷居山阴）》朗读欣赏

## 作品简析

文章出自《世说新语》，讲述了王子猷居山阴通过王徽之访戴安道"乘兴而行，兴尽而返"的言行，表现了当时名士率性任情的风度和一种乐观、豁达的人生态度。文中主人公面对寥廓寂静的雪夜，生发出对自然人生的感慨，于是引觞而咏，构成富有诗意的境界，把读者引入主人公的兴致之中。主人公意念突发，于月色中荡舟而行，至戴逵门前突然转回，使故事富于戏剧性，又与前面赏雪形成鲜明对比，突出了前者所显示的主人公"兴之所至"的主体意识。

本篇题旨富有哲理而又生动形象，文笔简静而又不乏诗意，格调奇特而又不失风趣幽默。"乘兴而归，尽兴而返"这一深刻而发人深省的哲理在作者的笔下表现得意趣盎然、生动形象，因为文章将人生哲理融入富有诗情画意的生活画面之中。

### 其四　华歆王朗

华歆、王朗俱乘船避难[1]，有一人欲依附，歆辄难之[2]，朗曰："幸尚宽，有何不可?"后贼追至，王欲舍所携人。歆曰："本所以疑，正为此耳[3]。既已纳其自托，宁可以相弃邪?"遂携拯如初。世以此定华、王之优劣。

## 注 释

[1] 华歆：字子鱼，高唐人，汉桓帝时为尚书令。王朗：字景兴，东海郯人，汉末为会稽太守，入魏后官至司徒。

[2] 辄：即。这句是说，华歆随即迟疑为难。

[3] 这句是说，正是因为考虑到会出现当前这样形势紧急而难以照顾别人的情况。

《世说新语（华歆王朗）》朗读欣赏

## 作品简析

本文比较华歆与王朗之优劣，告诉读者一个人要对自己说的话负责任，答应别人的请求就要负责到底，不能失信于人。要言必信，行必果。华歆言而有信而王朗言而无信。王朗表面上大方，实际上是在不涉及自己利益的情况下送人情。一旦与自己的利益发生矛盾，他就露出了极端自私、背信弃义的真面孔。这是一种不负责任的表现，华歆则一诺千金，不轻易承诺，一旦承诺就一定要遵守，而且他考虑问题十分周到。我们应该向华歆学习，守信用、讲道义，不失君子风度。像王朗那样的德行，是应该被人们所鄙弃的。

### 其五　刘伶病酒

刘伶病酒[1]，渴甚，从妇求酒。妇捐酒毁器，涕泣谏曰：“君饮太过，非摄生之道[2]，必宜断之！”伶曰：“甚善。我不能自禁，唯当祝鬼神自誓断之耳，便可具酒肉。”妇曰：“敬闻命。”供酒肉于神前，请伶祝誓。伶跪而祝曰：“天生刘伶，以酒为名，一饮一斛，五斗解酲[3]。妇人之言，慎不可听！”便引酒进肉，隗然已醉矣[4]。

## 注　释

［1］刘伶：字伯伦，沛国人，“竹林七贤”之一。性嗜酒。病酒：饮酒过多致病。

［2］摄生：保养身体。

［3］酲：病酒。

［4］隗然：醉倒貌。

《世说新语（刘伶病酒）》
朗读欣赏

## 作品简析

本文讲述的是西晋时期诗人刘伶嗜酒成癖的故事。刘伶自从被朝廷排挤之后，为消遣心中苦闷就开始饮酒度日。魏晋名士生活多放荡不羁，此篇形象地描绘出刘伶嗜酒、放荡不羁的性格特点。

# 三王墓

干　宝

楚干将、莫邪为楚王作剑[1]，三年乃成，王怒，欲杀之。剑有雌雄，其妻重身当产，夫语妻曰：“吾为王作剑，三年乃成。王怒，往必杀我。汝若生子，是男，大，告之曰：‘出户望南山，松生石上，剑在其背。’”于是即将雌剑往见楚王。王大怒，使相之。剑有二，一雄，一雌，雌来，雄不来。王怒，即杀之。

莫邪子名赤，比后壮，乃问其母曰：“吾父所在？”母曰：“汝父为楚王作剑，三年乃成，王怒，杀之。去时嘱我：‘语汝子：出户望南山，松生石上，剑在其背。’”于是子出户南望，不见有山，但睹堂前松柱下石砥之上，即以斧破其背，得剑。日夜思欲报楚王。

王梦见一儿，眉间广尺，言欲报仇。王即购之千金。儿闻之，亡去。入山，行歌。客有逢者，谓："子年少，何哭之甚悲耶？"曰："吾干将、莫邪子也。楚王杀吾父，吾欲报之！"客曰："闻王购子头千金，将子头与剑来，为子报之。"儿曰："幸甚。"即自刎，两手捧头及剑奉之，立僵。客曰："不负子也。"于是尸乃仆[2]。客持头往见楚王，王大喜。客曰："此乃勇士头也，当于汤镬煮之[3]。"王如其言。煮头三日三夕，不烂。头踔出汤中[4]，瞋目大怒。客曰："此儿头不烂，愿王自往临视之，是必烂也。"王即临之。客以剑拟王，王头随堕汤中。客亦自拟己头，头复堕汤中。三首俱烂，不可识别。乃分其汤肉葬之。故通名"三王墓"。今在汝南北宜春县界。

## 注　释

[1] 干将、莫邪（yé）：春秋时楚国因善于铸剑而著名的一对夫妻，后世人遂以其名命名雄雌二剑。

[2] 仆：倒下。

[3] 汤镬（huò）：煮着沸水的大锅。古代常用作刑具，用来烹煮罪人。

[4] 踔（chuō）：跳跃。

《三王墓》朗读欣赏

## 作品简析

《三王墓》，出自晋代干宝的志怪小说集《搜神记》卷十一。此篇故事在《列士传》《吴越春秋》《越绝书》《博物志》《列异传》等书中均有记载，文字各异。诸书记载中，以《搜神记》所记最详，文辞亦最佳，它是一部辑录古代民间传说中神奇怪异的小说集。《三王墓》篇幅短小，少少五百多字，却设想奇幻，极富浪漫主义色彩，情感能量浓烈。本篇通过莫邪的儿子赤为父报仇的故事，反映了楚王的残暴，表现了人民对统治者的刻骨仇恨及人民报仇雪恨的坚韧意志。

## 韩凭妻

干　宝

宋康王舍人韩凭[1]，娶妻何氏，美。康王夺之。凭怨，王囚之，论为城旦[2]。妻密遗凭书，缪其辞曰[3]："其雨淫淫[4]，河大水深，日出当心[5]。"既而[6]，王得其书，以示左右[7]；左右莫解其意[8]。臣苏贺对曰："其雨淫淫，言愁且思也；河大水深，不得往来也；日出当心，心有死志也[9]。"俄而凭乃自杀[10]。

其妻乃阴腐其衣[11]。王与之登台，妻遂自投台[12]；左右揽之[13]，衣不中手而死[14]。遗书于带曰[15]："王利其生，妾利其死，愿以尸骨，赐凭合葬！"

王怒，弗听[16]，使里人埋之[17]，冢相望也[18]。王曰："尔夫妇相爱不已，若能使冢合则吾弗阻也。"宿昔之间[19]，便有大梓木生于二冢之端，旬日而大盈抱[20]。屈体相就[21]，根交于下，枝错于上[22]。又有鸳鸯雌雄各一，恒栖树上，晨夕不去，交颈悲鸣，音声感人。宋人哀之，遂号其木曰[23]相思树。相思之名，起于此也。南人谓此禽即韩凭夫妇之精魂。

今睢阳有韩凭城[24]。其歌谣至今犹存[25]。

## 注　释

［1］宋康王：战国末年宋国国君。名偃，耽于酒色，在位47年。舍人：官职名。战国时及汉初，王公大臣左右皆有舍人，类似门客。

［2］论：定罪。城旦：一种苦刑，受刑者白天防备敌寇，夜晚筑城。文中指去城外作劳役。

［3］缪：同“谬”，缪其辞，此指使语句的含义隐晦曲折。

［4］淫淫：久雨不止的样子。这里比喻愁思的深长。

［5］当：正照着。此句说对着太阳发誓，表示决心自杀。

［6］既而：不久之后。

［7］示左右：给左右的人看。

［8］莫：没有人。

［9］死志：死的决心。

［10］俄而：不久。

［11］阴腐其衣：暗地里使自己的衣服腐蚀。

［12］投台：从高台跳下自杀。

［13］揽：拉。

［14］衣不中手：衣服经不住手拉拽。因已阴腐其衣。

［15］遗书：留言。带：衣带。

［16］弗：不。

［17］里人：韩凭夫妇同里之人。

［18］冢（zhǒng）：坟墓。

［19］宿昔：一个夜晚。指很短的时间。

［20］盈抱：双臂搂不住。盈：超过。

［21］屈体相就：指树的枝干弯曲相靠拢。就：靠近。

［22］错：交错。

［23］号：称。

［24］睢阳：宋国都城，今河南省商丘市。

［25］歌谣：《彤管集》：“韩凭为宋康王舍人，妻何氏美，王欲之，捕舍人筑青陵之台。何氏作《乌鹊歌》以见志：‘南山有乌，北山张罗，乌自高飞，罗当奈何！乌鹊双飞，不乐凤凰；妾是庶人，不乐宋王。’遂自缢。”所说歌谣，可能是指这一类而言。

《韩凭妻》朗读欣赏

## 作品简析

《韩凭妻》是晋代文学家干宝的作品，出自《搜神记》卷十一。这是一个中国古代民间爱情故事，写韩凭夫妇坚贞不渝的爱情及其反抗精神，作者赞扬了韩凭妻不慕富贵、不畏强暴的美德，歌颂劳动人民的坚贞爱情，追求美好生活的强烈愿望，同时揭露了统治者强夺人妻的罪行。小说后半部分，以浪漫主义的想象，强化、升华了韩凭夫妇真挚的感情和他们的反抗精神，也表现了人民群众的美好愿望和对他们的同情。

这是一个十分悲惨的爱情悲剧，是人间的美在强暴中毁灭而又升华的赞歌。宋康王暴虐荒淫，史书多有记载。故事着力对他的暴虐和残忍做了刻画。尤其是在韩凭及何氏死后，他还不满足他们合葬的要求，甚至故意分而埋之，“冢相望也”。正是在这种情况下，奇迹出现了，就像《梁山伯与祝英台》中的化蝶、《牛郎织女》中的鹊桥，韩凭夫妇冢间的“大梓木”与“鸳鸯”，都是人们对弱者抗争精神和美好爱情理想的寄托，是民心所向。

## 李寄

干宝

东越闽中有庸岭[1]，高数十里，其西北隰中，有大蛇，长七八丈，大十余围。土俗常惧。东冶都尉及属城长吏，多有死者。祭以牛羊，故不得祸。或与人梦，或下谕巫祝，欲得啖童女年十二三者。都尉、令、长并共患之。然气厉不息。共请求人家生婢子，兼有罪家女养之。至八月朝祭[2]，送蛇穴口，蛇出，吞啮之。累年如此，已用九女。

尔时预复募索[3]，未得其女。将乐县李诞家，有六女，无男。其小女名寄，应募欲行。父母不听。寄曰：“父母无相，惟生六女，无有一男，虽有如无。女无缇萦济父母之功[4]，既不能供养，徒费衣食，生无所益，不如早死。卖寄之身，可得少钱，以供父母，岂不善耶?”父母慈怜，终不听去。寄自潜行，不可禁止。

寄乃告请好剑及咋蛇犬。至八月朝，便诣庙中坐，怀剑，将犬。先将数石米糍，用蜜麨灌之，以置穴口。蛇便出，头大如囷，目如二尺镜，闻糍香气，先啖食之。寄便放犬，犬就啮咋，寄从后斫得数创。疮痛急，蛇因踊出，至庭而死。寄入视穴，得九女髑髅，悉举出，咤言曰：“汝曹怯弱，为蛇所食，甚可哀愍!”于是寄乃缓步而归。

越王闻之，聘寄女为后，拜其父为将乐令，母及姊皆有赏赐。自是东冶无复妖邪之物。其歌谣至今存焉[5]。

### 注释

[1] 东越：汉初小国，在今浙江、福建一带地方。闽中：今福建省地。庸岭：山名。

[2] 朝：初一。

[3] 尔时：这一时候。预复募索：预先又搜寻女小孩。

[4] 缇萦：西汉太仓令淳于意的幼女。意无子，共有五女。文帝时，意因有罪当受肉刑，无人解救，因此感伤地骂道：“生女不生男，一有紧急，没有用处。”缇萦很悲痛，随父到长安后，上书自愿做公家的奴婢来赎父罪。文帝因此免去淳于意的刑罚，并下诏废除肉刑。

[5] 歌谣：指赞美李寄英雄事迹的歌谣。

《李寄》朗读欣赏

## 作品简析

本文描写穷苦少女李寄斩蛇除害的事迹，热情赞颂其不畏凶暴、敢于斗争、善于斗争的大智大勇，同时也暴露了封建官吏的怯懦无能、草菅人命。

故事情节虽较简单却很完整，叙事也井然有序。首先交代故事发生的地点、主要事件，展开矛盾。闽中庸岭，有大蛇为害，郡县官吏束手无策，还听从大蛇的意旨，残忍地以童女祭蛇。累年已用九女，蛇害依然。其次，写将乐少女李寄不顾父母反对，挺身而出，主动应募。再次，写李寄斩蛇的经过。她事先“告请好剑及咋蛇犬”，做好周密安排、充分准备，表明她不信邪，不畏凶残，对即将到来的拼斗胸有成竹。届时她“诣庙中坐，怀剑将犬”，沉着应对。又“先将数石米糍，用蜜麨灌之，以置穴口”，设巧计引蛇出洞。乘大蛇“啖食”之际，放犬“啮咋”，自己从后奋力砍杀，终于为民除去一大祸害。斩蛇的过程，既表现了她的机智，也表现了她的勇敢。复次，写她入穴寻得九女髑髅，叹其怯弱，哀其不幸，自然交代了故事的结局。“于是寄女缓步而归”，寥寥数字，传神地表现出这个少女从容自信的情态和气度。在叙事中，李寄的勇敢机智和官吏的怯懦无能形成强烈的对比。文章对李寄的描写虽然着墨不多，但能抓住情节的展开来表现，人物形象鲜明。

文章最后写越王“聘寄女为后”，并对其家人的奖赏，在情节结构上有画蛇添足之嫌，削弱了李寄斩蛇除害的社会意义。李寄与父母的对话流露出重男轻女的倾向，也有损李寄的形象。

# 古汉语通论

## 古汉语的修辞

古代汉语里的修辞方式很多。了解古汉语的修辞方式有助于提高阅读古文的能力。

### 一、稽古

稽古是援引古人的事迹来证实自己的论点，这在古代作品里是一种颇为常见的修辞手段。例如：

(1) 故令尹诛而楚奸不上闻，仲尼赏而鲁民易降北，上下之利，若是其异也。（《五蠹》）

(2) 昔玉人献宝，楚王诛之；李斯竭忠，胡亥极刑；是以箕子阳狂，接舆避世，恐遭此患也。（《邹阳狱中上梁王书》）

(3) 古者富贵而名摩灭，不可胜记，唯倜傥非常之人称焉。盖文王拘而演周易；仲尼厄而作春秋；屈原放逐，乃赋离骚；左丘失明，厥有国语；孙子膑脚，兵法修列；不韦迁蜀，世传吕览；韩非囚秦，说难孤愤；诗三百篇，大抵圣贤发愤之所为作也。（《报

任安书》）

（4）古者有喜，则以名物，示不忘也。周公得禾，以名其书；汉武得鼎，以名其年；叔孙胜敌，以名其子。其喜之大小不齐，其示不忘一也。（《喜雨亭记》）

稽古有明有暗。以上都是明的稽古。暗的稽古，是假定读者通晓古籍，用不着说明是谁的事迹。例如：

（5）故士或自盛以橐，或凿坏以遁。（《解嘲》）

（6）夫上世之士，或解缚而相，或释褐而傅，或倚夷门而笑，或横江潭而渔，或七十说而不遇，或立谈而封侯，或枉千乘于陋巷，或拥彗而先驱。是以士颇得信其舌而奋其笔，窒隙蹈瑕，而无所诎也。（《解嘲》）

（7）臣闻洪水横流，帝思俾乂。（《荐祢衡表》）

孔融《荐祢衡表》一例，是引用《孟子》和《尚书》中的故事。《孟子》："当尧之时，天下犹未平，洪水横流，泛滥于天下。"《尚书》："帝曰：'咨，四岳，汤汤洪水方割，荡荡怀山襄陵，浩浩滔天，下民其咨，有能俾乂'。"（注：四岳，官名，一人而总四岳诸侯之事。汤汤，水盛的样子。割，害。荡荡，广阔的样子。怀，包围四面。襄，泛出其上。下民其咨，百姓咨叹忧伤。有能，有才能的人。俾，使。乂（yì），治。孔融把帝尧求贤治水的事压缩成为八个字说出来，如果读者没有读过《孟子》和《尚书》，就不容易知道他的用意了。

## 二、引经

引经与稽古的区别主要在于：（一）稽古是叙述一些历史事实，引经则是援引古代圣贤的言辞；（二）稽古可以有正面的，有反面的，而引经则一律是正面的言论。试举数例如下：

（1）老吾老，以及人之老；幼吾幼，以及人之幼：天下可运于掌。《诗》云："刑于寡妻，至于兄弟，以御于家邦。"言举斯心加诸彼而已。（《孟子》）

（2）故周书曰："皇天无亲，惟德是辅。"又曰："黍稷非馨，明德惟馨。"又曰："民不易物，惟德系物。"如是，则非德民不和神不享矣。（《左传》）

（3）仁之与义，敬之与和，相反而相成也。易曰："天下同归而殊涂，一致而百虑。"（《汉书》）

有一点值得注意，古人引《诗》，有时并不切合《诗经》的原意。例如《荀子·劝学》篇引《诗经·小雅·小明》："嗟尔君子，无恒安息，靖共尔位，好是正直，神之听之，介尔景福。"《劝学》篇接着说："神莫大于化道，福莫长于无祸。"《荀子》这里所谓"神"（人的精神修养），已经不是《诗经》的原意（天神）；但是荀子要借化道来劝学，他就不能不这样引。《劝学》篇又引《诗经·曹风·尸鸠》："尸鸠在桑，其子七兮，淑人君子，其仪一兮。其仪一兮，心如结兮。"下面接着说："故君子结于一也。"《诗经》的"一"是"一致"的一，《荀子》的"一"是"专一"的一，意义上很不相同。在上古时代这种做法是允许的。

先秦所引的经主要只有《诗经》《尚书》和《周易》三种。除经之外，还有所谓“传”。先秦所谓传，大约是一些传说（包括历史故事和格言）。《孟子》所谓“于传有之”（《梁惠王上》），《荀子》所谓“传曰”，都属于这一类。到了汉代，所谓传则包括那些当时不属于经而又与经相表里的著作，如《论语》之类。

战国时代，引经成为风气。《论语》引《诗经》两次，引《尚书》两次；《孟子》引《诗经》已达二十六次，此外还引《尚书》两次。《荀子》引经更多，引《诗经》竟达七十次，另外引《尚书》十二次，引《周易》三次，此外还有“传曰”二十次。诸子当中，引经最多的是《荀子》。《墨子》虽不是儒家的著作，也引了几次《诗》《书》。

汉代以后，引经据典不限于《诗经》《尚书》《周易》三种了，还可以引《左传》《论语》《老子》《庄子》《韩非子》《管子》，甚至引用董仲舒的作品。当然，越到后代，可引的著作就越多了。这种引用一般著作的手法，是从“引经”发展来的。

## 三、代称

代称的范围很广，可分为八个方面来叙述：

### （一）以事物的特征或标志来指代该事物

例如：

（1）君子不重伤，不禽二毛。（《左传》）

（2）黄发垂髫，并怡然自乐。（《桃花源记》）

（3）带甲百万，而专属之昭奚恤。（《战国策》）

（4）何为弃坟井，在山谷为寇也。（《洛阳伽蓝记》）

“二毛”是指花白头发，这是老年人的特征，借用来指代老年人。“黄发垂髫”是老人和小孩的特征，借来指代老人和小孩。“带甲”是武装战士的标志，借来指代军队。“坟井”是古代乡里的标志，借用来指代乡里。

### （二）以部分代全体

有时候是以事物的主要部分指代该事物的全体，例如国风和大、小雅是《诗经》的主要部分，所以“风雅”可作为《诗经》的代称；《离骚》是《楚辞》的主要部分，所以“风骚”可作为《诗经》《楚辞》的代称。试看下面的例子：

（1）远弃风雅，近师辞赋。（《文心雕龙·情采》）

（2）源其飙流所始，莫不同祖风骚。（《谢灵运传论》）

有时是摘取一篇作品里的个别的词或词组指代整篇作品，例如：

（3）子建函京之作，仲宣灞岸之篇，子荆零雨之章，正长朔风之句，并直举胸情，非傍诗史。（《谢灵运传论》）

曹子建赠丁仪王粲诗：“从军度函谷，驱马过西京。”王仲宣七哀诗：“南登霸陵岸，回首望长安。”孙子荆陟阳候诗：“晨风飘岐路，零雨被秋岸。”王正长杂诗：“朔风动秋草，边马有归心。”至于像“莫不寄言上德，托意玄珠”（沈约《谢灵运传论》），则是以“上德”和“玄珠”分别指代老子和庄子的学说了。

### （三）以原料代成品

原料和成品是互相有关的事物，所以原料可以指代成品。例如《孟子》：“许子以釜甑爨，以铁耕乎？”铁是制造农具的原料，所以拿铁来指代铁制的耕田农具。又如《文心雕龙·情采》篇说：“镂心鸟迹之中，织辞鱼网之上。”鱼网是造纸的原料，所以拿鱼网作为纸的代称。至于鸟迹，它不是文字的原料，而是文字的象征，也被用作代称，指代文字。

### （四）以具体代抽象

这是古人在修辞上常用的一种手法。试举“刑罚”的概念为例。“刑罚”是一种比较抽象的概念，古人则常用刑具“徽索”“缧绁”“刀锯”等作为刑罚的代称：

（1）范雎，魏之亡命也，折胁摺髂，免于徽索。（《解嘲》）

（2）亦颇识去就之分矣，何至自沈溺缧绁之辱哉？（《报任安书》）

（3）车服不维，刀锯不加。（《送李愿归盘谷序》）

再举“音乐”的概念为例。“音乐”是一种比较抽象的概念，古人则常用音乐器材“丝竹”等作为“音乐”的代称：

（4）无丝竹之乱耳，无案牍之劳形。（《陋室铭》）

（5）虽无丝竹管弦之盛，一觞一咏，亦足以畅叙幽情。（《兰亭集序》）

### （五）以地代人

古书中常见的一种是以做官的地点为人的代称。例如王勃《滕王阁序》：“睢园绿竹，气凌彭泽之樽；邺水朱华，光照临川之笔。”“彭泽”代陶渊明，“临川”代谢灵运（注：陶渊明为彭泽令，谢灵运为临川内史）。又如《世说新语》篇：“平原不在，正见清河。”“平原”代陆机，“清河”代陆云。

### （六）以官代人

以官代人是表示尊重。上文所述的以地代人，实际上也是以官代人，只不过把官名隐去，只剩做官的地点罢了。司马迁把自己的父亲称为太史公而不称名，这是很明显地表示尊敬。甚至有简省官名，只剩两个字的，例如王羲之曾任右军将军，世称王右军，后代也有人省称为右军。再举两个例子：

（1）骠骑发迹于祁连。（《解嘲》）

（骠骑将军指霍去病。）

（2）及三闾橘颂，情采芬芳。（《文心雕龙·颂赞》）

（三闾大夫指屈原。）

### （七）专名用作通名

古代汉语里，专名用作通名的例子很多。例如：

（1）子之笑我玄之尚白，吾亦笑子病甚不遇俞跗与扁鹊也。（《解嘲》）

（俞跗、扁鹊都是良医的代称。）

（2）尚生不存，仲氏既往，山阿寂寥，千载谁赏。（《北山移文》）

（尚子平、仲长统都是隐士的代称。）

（3）杨意不逢，抚凌云而自惜；钟期既遇，奏流水以何惭。（《滕王阁序》）

（杨得意是推荐者的代称，钟子期是知音者的代称。）

### （八）割裂式的代称

把古书中的一个词组割裂开来，用其中的一部分代替另一部分，这是割裂式的代称。例如《文心雕龙·熔裁》篇说："及云之论机，亟恨其多，而称清新相接，不以为病，盖崇友于耳"；这里的"友于"指代"兄弟"。这是因为《尚书·君陈》篇说，"惟孝友于兄弟"，后人就截取其中的"友于"二字作为"兄弟"的代称。又如丘迟《与陈伯之书》说："主上屈法申恩，吞舟是漏。""吞舟"为大鱼的代称。这是因为贾谊《吊屈原赋》说："彼寻常之污渎兮，岂能容吞舟之鱼？"桓宽《盐铁论·论菑》篇也说："网漏吞舟之鱼。""吞舟"指代大鱼是当时的习惯用法，不单是丘迟这样用，《晋书·顾和传》也说："和答王导曰：'明公作辅，宁使网漏吞舟；何缘采听风闻，以察察为政？'"

这种代称破坏了语言的完整性，是应该批判的。

## 四、倒置

由于对仗、平仄和押韵的要求，古代作家往往着意造了一些词序颠倒的句子。这种句子多半出现在辞赋骈文里，散文里有时也可见到。例如：

（1）历观文囿，泛览辞林，未尝不心游目想，移晷忘倦。（《文选序》）

（应理解为目游心想。）

（2）使人意夺神骇，心折骨惊。（《别赋》）

（应理解为骨折心惊。）

（3）临溪而渔，溪深而鱼肥；酿泉为酒，泉香而酒洌。（《醉翁亭记》）

（应理解为泉洌而酒香。）

例（1）是由于本句平仄的要求（心游目想：平平仄仄）；例（2）一方面是因为对仗和平仄的要求（"心"对"意"：平对仄；"骨"对"神"：仄对平），一方面是由于押韵的要求（"惊"与上文"名"、"盈"及下文的"精""英""声""情"等字押韵）；例（3）是基于对仗和平仄的要求（"洌"对"肥"：仄对平）。遇到这种句子时，应当按照正常的词序去理解文意。

## 五、隐喻

譬喻有明有隐。明喻用"如""若"等字，容易懂；隐喻不用"如""若"等字，不容易懂。要学会识别古人的隐喻，否则以喻为真，就会引起误解。现在试举一些例子：

（1）今子乃以鸱枭而笑凤皇，执蝘蜓而嘲龟龙，不亦病乎？（《解嘲》）

（鸱枭、蝘蜓比喻卑鄙的人，凤皇、龟龙比喻高尚的人。）

（2）当涂者升青云，失路者委沟渠。（《解嘲》）

（当涂比喻得志，青云比喻高位，失路比喻失志。）

（3）若择源于泾渭之流，按辔于邪正之路，亦可以驭文采矣。（《文心雕龙·情采》）

（泾渭比喻清浊。）

像这一类的隐喻，古书中用得很多。我们不能依照本义去了解，而应该依照比喻义去了解。

## 六、迂回

迂回是一种隐晦难懂的修辞手法。作者的话不是直说的，而是用转弯抹角的方式说出来，所以叫作迂回法。古人的迂回法往往是利用典故来表现的。这种情况，突出地表现在骈体文或者是骈散兼行的文章里面。读骈体文之所以感到难懂，往往是由于这种表达方式和口语背道而驰。举一个例子如：

所赖君子见机，达人知命。老当益壮，宁知白首之心；穷且益坚，不坠青云之志。酌贪泉而觉爽，处涸辙以犹欢。北海虽赊，扶摇可接；东隅已逝，桑榆非晚。（《滕王阁序》）

要理解这几句话，首先要了解“见机”“达人”“白首”“青云”“涸辙”“赊”“扶摇”“东隅”“桑榆”等词语的意义。前面几句比较好理解，“酌贪泉而觉爽”以后的句子都是用典，就不容易理解了。要理解后面几句话，需要经过两个步骤：第一，要先找出这些典故的出处：

（甲）酌贪泉：《晋书》：“未至州（广州）二十里，地名石门，有水曰贪泉，饮者怀无厌之欲。隐之至泉所，酌而饮之，赋诗曰：‘古人云此水，一歃怀千金，试使夷齐（伯夷、叔齐）饮，终当不易心’，清操愈厉。”

（乙）处涸辙：《庄子》：“（庄）周昨来，有中道而呼者，周顾视车辙中有鲋鱼焉。周问之曰：‘鲋鱼来，子何为者耶？’对曰：‘我东海之波臣也。君岂有斗升之水而活我哉？’周曰：‘诺，我且南游吴越之王，激西江之水而迎子，可乎？’鲋鱼忿然作色曰：‘吾失我常与，我无所处，吾得斗升之水然活耳。君乃言此，曾不如早索我于枯鱼之肆。’”

（丙）北海虽赊，扶摇可接：《庄子》：“北冥有鱼，其名为鲲；……化而为鸟，其名为鹏；……鹏之徙于南冥也，水击三千里，抟扶摇而上者九万里。”

（丁）东隅已逝，桑榆非晚：《后汉书》：“始虽垂翅回溪，终能奋翼黾池；可谓失之东隅，收之桑榆。”

第二，要从这些典故里去体会作者的意思。同一个典故，可以从各种不同的角度去看，因此，要了解作者的意思，必须从上下文去体会它的连贯性。在《滕王阁序》里，这几句话的大意是：好在君子能预见事物的动向，旷达的人会知道自己的命运。越老越应该健旺，哪能有衰老的想法；越穷困越应该坚强，不能丧失高尚的节操。喝了贪泉中的水，反而觉得清爽；处在涸辙般的困境，却仍然心情欢畅。北海虽然很远，凭借着旋风还是可以达到；早上的时光错过了，傍晚的机会能利用也不算晚。

骈体文在这些地方似乎做到了言简意赅，但是，既然意思是迂回的，也就比较隐晦，读者要费心去揣摩。

## 七、委婉

在封建社会里，说话有所顾忌，怕得罪统治阶级，以致惹祸，所以说话时，往往是委婉曲折地把意思表达出来。司马迁为李陵事受了宫刑，遭到了冤屈，但是他在《报任安书》中只说“明主不晓”，不敢直指君上的罪恶。邹阳为梁王出谋划策，梁王却听信谗言，把邹阳下在狱中，并且准备杀死他，这也是冤屈的；但是邹阳在《狱中上梁王书》中却只说“左右不明”，不敢直言梁王的愚昧。诸葛亮在写《出师表》时，心里实际上是痛恨后主宠任宦官，但他在《出师表》里却只说“未尝不叹息痛恨于桓灵也”，话也说得很含蓄。因此，在阅读古书的时候，要从字里行间去领会作者真正的思想感情。

外交辞令是委婉语的一种。古人（特别是上古时代）的外交辞令，往往是拐弯抹角、委婉曲折地把意思表达出来的。后人很难了解本来的用意。《左传·僖公四年》：“君惠徼福于敝邑之社稷，辱收寡君。”意思是说：“您如果不毁灭我国，肯跟我们结成同盟。”成公三年：“虽遇执事，其弗敢违”，意思是说：“即使跟您相遇，也非打您不可。”成公十三年：“寡人不佞，其不能以诸侯退矣。”意思是说：“那么我就要率领诸侯来攻打你们了。”

谦词也是委婉语的一种。司马迁在《报任安书》中说“待罪辇毂下”，又说“厕下大夫之列，陪外廷末议”。这里所谓“待罪”“厕”“下大夫”“陪”“末议”，都不能按字面解释；实际上“待罪”只等于任职，“厕”只等于位置（动词），“下大夫”只等于群臣，“陪”只等于参加，“末议”只等于议事或议政。

在古人书信中，谦词是特别多的。凡讲到对方都用敬词，凡讲到自己都用谦词。即以司马迁《报任安书》为例，除了上述的谦词以外，其他谦词还有“牛马走”“仆”“侧闻”“贱事”“请”“略陈”“固陋”“幸”“私心”“穷”“谨”“再拜”等。

至于敬词则有“足下”“赐教”“左右”等。

后代的书信，大都采用这种方式。其中有些已经变成客套，这是读古人书信时不可不知的。

## 八、夸饰

夸饰是一种重要的修辞手段，古今都是一样的。夸饰不等于夸大。夸大是言过其实；夸饰不是言过其实，而是一种极度形容语，使语言更加生动。现在试举一些例子：

（1）人固有一死，或重于泰山，或轻于鸿毛。（《报任安书》）

（2）天下之士，云合雾集，鱼鳞杂沓，熛至风起。（《淮阴侯列传》）

（3）飞馆生风，重楼起雾。（《洛阳伽蓝记》）

（4）明星荧荧，开妆镜也。绿云扰扰，梳晓鬟也。渭流涨腻，弃脂水也。烟斜雾横，焚椒兰也。雷霆乍惊，宫车过也。（《阿房宫赋》）

某些人名地名及某些特殊的物名，可以用作极度形容语。上面所举的“或重于泰山”的泰山即一例；由于泰山在古人看来是最高的山，也就代表着最重要的东西。再举一些例子如：

（5）非有仲尼墨翟之贤，陶朱猗顿之富。（《过秦论》）

（仲尼、墨翟代表最贤的人，陶朱、猗顿代表最富的人。）

（6）虽才怀随和，行若由夷，终不可以为荣。（《报任安书》）

（随侯之珠、和氏之璧代表最宝贵的东西，比喻最好的才能；许由、伯夷代表最清高的人。）

（7）家家自以为稷契，人人自以为皋陶，戴纵垂缨而谈者，皆拟于阿衡。（《解嘲》）

（稷、契、皋陶、阿衡代表最贤能的人。）

（8）虽梁王苑，想之不如也。（《洛阳伽蓝记》）

（梁王苑代表最奢华的园林。）

## 文史拓展

# 中国古代小说发展概述

## 一、所谓“小说”

“小说”一词最早出现在《庄子·外篇》中：“饰小说以干县令，其于大达矣！”这里的“小说”，是指于社会人生无涉的琐屑言谈，与后来的小说概念相去极远。西汉时的“小说”，形式上与先秦小说稍有差异，内容有所变化，开始涉及社会人生。东汉时，刘歆在《七略》中首辟“小说家”一类。随后，班固《汉书·艺文志》据此著录各家人物和其著作，指出“小说家者流，盖出于稗官、街谈巷语，道听途说者之所造也”。这里的“小说”是指卑微琐屑的言谈，属于贬义词。而在现代汉语中，小说一词指的是通过塑造人物，叙述故事，描写环境来反映生活、表达思想的一种文学体裁，当今社会中的名著也已经很大程度上被“小说”一词等同。下面简单叙述一下小说是怎样由一个简单的表贬义的词语，发展到现在影响人们生活的一种文学体裁。

中国古代小说的发展道路是漫长而曲折的，从“酝酿—雏形—成熟—转变—繁盛”，体现了古代人民为创造民族的文学样式、民族的文学精品而付出的艰辛劳动。

中国古代小说孕育于先秦时期的远古神话，经历了汉魏六朝杂史、志怪志人的成长，唐传奇的成熟，宋元话本、拟话本的发展壮大，最后在明清章回小说中展示出生命的辉煌。从语体上说，中国古代小说可分为文言小说和白话小说两大系统。

## 二、小说的酝酿期——先秦两汉

从艺术的渊源上说，中国小说的萌芽状态可以追溯到远古神话，神话是最早从综合艺术中独立出来的文学形式，完全可以被当作叙事文学。可以说，神话是小说的源头。因为小说本来就是叙事的艺术。随着历史变迁，小说创作由民间走向专业化创作，内容也越来越向人自身靠拢，距离现实生活越来越近。《山海经》被称为“古今小说之祖”。

先秦诸子散文收集大量具有讽喻特色的寓言。短小精悍、文笔凝练。例如《孟子》、《庄子》《韩非子》《战国策》等书中都有不少人物性格鲜明的寓言故事，它们已经带有小说的意味。《韩非子》中保存寓言故事最多的有《内储说》《外储说》《说林》等，明白地用“说”来标目，也透露出两者之间的关系。显然，寓言故事可以看作小说的源头之一。这些寓言产生的影响是巨大的，魏晋时期的志怪小说，很多都是根据寓言写出的。

先秦的史传文对小说的影响也很明显，如《左传》《战国策》《史记》《三国志》，在人物性格的塑造、故事情节的叙述上，或为小说提供了素材，或为小说积累了叙事的经验。唐代传奇小说多取人物传记的形式，《三国志演义》径直标明是史传的演义，都证明了史传是小说的一个源头。《战国策》因其叙事的成熟完备及其中多篇显著的虚构色彩，更是被当作最初的小说体裁之一——杂史小说的开端。

历史文学也许并不属于小说，但是，如《史记》，对人物形象深入细致的刻画描绘甚至虚构，显示出小说的特质。后代出现许多光彩照人的小说人物，与《史记》的影响是分不开的。汉代出现了第一篇初具规模的杂史小说《燕丹子》，它比《史记·刺客列传》中的“荆轲传”又更富传奇色彩。

## 三、小说的雏形期——魏晋南北朝

中国小说初具规模是在魏晋南北朝时期，其标志就是小说由写事为主转向写人及其性格特征为主，从而确定了人在小说中的主体地位。按内容可分为以写神灵鬼怪及其妖异怪诞之事为主的志怪小说和以记载人物的琐闻逸事为主的志人小说两类。这也是文言小说的第一个高峰。

魏晋南北朝战乱不断，政治黑暗，宗教迷信思想极盛行，志怪小说就是在这样的背景下产生的，其中有不少是道教徒或佛教徒自神其教的作品。内容大抵是记经像之显效，明应验之实有，从而震悚世俗，使人生敬信之心。志怪小说中也有一些作品反映了广大人民的思想和愿望。志怪小说的创作表现出浓厚的浪漫主义色彩，但由于各作品内容、倾向的不同，其中又有积极浪漫主义与消极浪漫主义之分；至于它的艺术形式，则可用粗陈梗概四字概括，不过有些作品的结构较完整，描写较细致，人物形象的刻画也较鲜明。志怪小说的代表作品是干宝的《搜神记》。

魏晋时的志人小说可以刘义庆编撰的《世说新语》为代表，它掇拾了汉末至东晋士族阶层人物的逸闻轶事，并按内容分为德行、言语、政事、文学等三十六类。该书主要是描写“魏晋风度”。从中可看到那些士族名士或是崇尚“自然”，主张适意而行，不受任何拘束；或是“托怀玄胜，远咏老庄”“以清谈为经济”；或是讲究仪容修饰，神态超逸，注意语言“机警多锋”，简约有味。《世说新语》中也有一些记载暴露了封建统治的黑暗恐怖、豪门士族的穷奢极欲，以及士族阶级凶残暴虐、贪婪悭吝的丑恶本性。

## 四、小说的成熟期——唐朝

“小说亦如诗，至唐而一变。”唐代，我国古典小说创作开始出现新的局面，唐代在志怪与志人小说相结合的基础上，兴起了一种小说样式“传奇”。其中《古镜记》《白猿传》《游仙窟》等，是由志怪向传奇过渡的早期小说，艺术上比六朝志怪小说有了重大突破，较有代表性的是白行简的《李娃传》、蒋防的《霍小玉传》、李朝威的《柳毅传》、元稹的《莺莺传》、许尧佐的《柳氏传》、李公佐的《南柯太守传》、陈鸿的《长恨歌传》、杜光庭的《虬髯客传》，等等。这些小说对唐代社会具有一定的认识意义。唐代的作家开始有意识地进行小说创作，这在小说发展史上是一个重要的起点。从中国小说发展史的角度来审视，唐人小说是一次质的飞跃。唐传奇的兴起，标志着古代短篇文言小说创作趋于成熟。在这之前小说是将奇闻逸事当成事实来写，作者并非有意进行小说创作，而唐人写传奇则是有意识地进行小说创作，同时这时期的作品现实性加强，作品多取材于现实生活，有些还深刻地反映了社会矛盾，当然艺术性也有了很大的提高：篇幅增加，情节曲折，文辞华丽，描写细腻。

唐传奇的发展大致可分三个阶段。初、盛唐时出现的作品还很少，主要代表作如王度的《古镜记》与张鷟的《游仙窟》，其内容都与六朝志怪小说相去不远，艺术上尚不成熟，但已开始注意到形象的描绘与结构的完整。中唐是传奇创作的黄金时代，这时作品空前增多，不仅有歌颂坚贞不渝爱情的作品，也有谴责封建礼教和门阀制度对妇女迫害的内容，如《霍小玉传》《李娃传》及《莺莺传》等作品。即使是谈神说怪的作品也往往具有社会现实的内容。如《枕中记》与《南柯太守传》就揭露了封建社会官场的险恶和争权夺利互相倾轧的丑态，而具有神怪色彩的爱情小说《任氏传》与《柳毅传》又充满了人间社会的清新气息。晚唐时出现不少传奇专集，表明小说进一步被人重视。但这时的创作总倾向却是搜奇猎异、言神志怪，现实主义成分远不如中唐，整体上的艺术成就逊色不少。唐传奇的勃兴并不是个偶然的现象，它是在魏晋小说基础上继续向前发展的结果，也是唐代社会经济繁荣发达的产物。同时，中唐新乐府运动提倡的现实主义精神、古文运动对文体的解放等也都对它的发展起了促进作用。正因为如此，唐代的作家才能“作意好奇，假小说以寄笔端”，从而开创了中国小说史上自觉创作的时代。

## 五、小说的转变期——宋元

宋元时期是中国古代小说的转变期，这一时期文言小说继续发展，白话小说出现并兴起。

宋朝的文言小说大体分三类：一是传奇体，这是唐人小说的余绪；二是笔记体小说，它是志人小说的演化；三是志怪体，这是志怪小说的延续。宋代文言小说的成就远不如唐代。“唐人大抵写时事，而宋人则多讲古事；唐人小说少教训，而宋人则多教训。”唐朝时期言论自由些，虽写时事，不至于得祸；而宋朝时忌讳多，所以文人便会避讳，多写古事。除少数作品外，大部分正如鲁迅所说：其“为志怪，既平实而乏文采，其传奇，又多托往事而避近闻，拟古且远不逮，更无独创之可言矣”。再加上宋朝理学盛行，小说中说教的意味也很浓，这些因素导致宋朝的文言小说成就不高。

到了宋代，出现了话本，小说也发生了根本性的变化。宋、元时期，为适应市民阶层的需要，说话艺术应运而生。“说话”，即在城市勾栏里讲说故事。说话人讲说故事时必须有个底本，这底本稍加润色就是“话本小说”。话本小说继承了唐传奇的传统，立足于社会人生，着重反映市民阶层的生活、思想。话本小说多为短篇，但情节曲折，故事生动，人物形象鲜明突出，为市民阶层所喜闻乐见。话本小说是民间说书人讲史或演说的底本，直接取材于现实生活，表达市民心声。如《碾玉观音》《快嘴李翠莲记》《错斩崔宁》等，都是脍炙人口之作，也是中国白话小说的滥觞之作。宋元话本在小说发展史上具有重大影响，一是话本使用浅近的民间语言，开创白话文学的先河；二是话本的体裁形式，直接导致了白话长篇章回体小说的产生。

中国小说史自宋代由文言、白话两条线索交互发展，它们既有各自的特点，又相互吸收、相互渗透。

## 六、小说的繁盛期——明清

古代小说到了明清时期步入了成熟期，就文学理念、文学体式和文学表现手段而言，明清小说以其完备和丰富将叙事文学推向了极致。从明清小说所表现的广阔的社会生活场景、丰硕的艺术创作成果和丰富的社会政治理想而言，明清小说无疑铸就了中国古典文学最后的辉煌。这个时期的小说的特点是题材内容的空前丰富、世俗生活的全面展现、社会理想的全新探索。

明代小说包括短篇小说和长篇小说，短篇小说又可分为文言短篇和白话短篇。长篇小说和白话短篇小说，是在宋元时期说话艺术的基础上发展起来的。而清代是中国古代长篇小说的黄金时代。不仅数量空前，风格流派多样，最重要的是它与现实生活十分接近，不再只是描写逝去的英雄时代和传奇式的英雄人物，目光转向世俗的社会和平常的人们。

明、清时期，我国小说创作进入了繁盛期。文言小说在唐传奇的基础上继续发展，如瞿佑的《剪灯新话》、李昌祺的《剪灯余话》、邵景瞻的《觅灯因话》等，虽然文学成就不高，但“文题意境、并抚唐人”。对于文言小说这一支流来说，仍有承上启下的意义。到了蒲松龄的《聊斋志异》，才把文言小说的创作推上了顶峰，代表了文言小说的最高成就。白话小说则在宋、元话本的基础上，发展成为小说的主流，出现了一个白话小说创作的繁荣局面。长篇章回体小说《三国演义》《水浒传》和《西游记》，是文人根据民间流传的故事，特别是讲史话本、说经话本而改编、加工的杰出作品。明代中叶以后，出现了第一部文人独创的长篇小说《金瓶梅》，小说通过恶霸西门庆家庭发迹到衰败的历史，再现了明代社会的腐败黑暗。但它直接影响了《红楼梦》的创作，在小说发展史上占有一定的地位。清代，吴敬梓继蒲松龄的《聊斋志异》之后，创作了《儒林外史》，以讽刺文学独立于小说之林。曹雪芹的《红楼梦》，把我国的小说创作推上了一个新的高峰。《红楼梦》思想深刻、艺术精湛，展现了封建末世的各种风俗人情，揭示了封建社会必然灭亡的规律，在国内外影响特别大，以至于成为一门国际性显学。《红楼梦》代表了我国古典文学的最高成就。

此后，通俗小说创作中又先后出现了狭邪小说、侠义公案小说与谴责小说等流派，到清亡时为止，明清两朝的通俗小说共多达一百余部，若加上文言小说等作品，其数量更为可观。中国古代小说的发展道路漫长而曲折，从先秦时期的远古神话、两汉时期的寓言故事，经历了魏晋六朝志怪志人的成长，唐传奇的成熟，宋明话本、拟话本的发展壮大，最后在明清章回小说中展示出生命的辉煌。

## 以古说今

### 国虽大，好战必亡

#### 一、用典与出处

“国虽大，好战必亡”，该句出自《司马法》。2015 年 4 月 21 日，习近平主席在巴基斯坦议会的演讲中引用了此句。

原文如下：

“国虽大，好战必亡；天下虽安，忘战必危。”

释义：

“国家即便强大，如果喜欢战争也必然会灭亡；天下即使安定，如果忘记战争也必将陷入危险之中。”

《司马法》实际包含两个部分：一是古本《司马法》，二是《司马穰苴兵法》。古本《司马法》早在周朝之前就已经有了，经过周朝大司马姜子牙之手而变得完备；《司马穰苴兵法》则是春秋时齐国名将司马穰苴所作的兵法。齐威王时，下令大夫们追论古本《司马法》，并将《司马穰苴兵法》附在其后，这就是今天的《司马法》。《司马法》在我国军事史上有着崇高的地位，它不仅是我国军事思想的源头，而且一直被奉为权威的军事著作，对后世产生了深远影响。

“国虽大，好战必亡”的具体出处是《司马法》的《仁本》篇。《仁本》是《司马法》的第一篇，讲述的是战争的原则问题，其核心思想就是战争要贯穿以仁为本的原则，如果目的是讨伐不义，拯救百姓于水火之中，或是用战争终止战争，那是可以的，否则就不应该挑起战争。仁义的原则不仅体现在发动战争的目的上，也体现在一些具体的战略战术上，比如不能在对方遭受瘟疫、饥荒时用兵，比如对伤病的俘虏应当给予及时救治等。总之，战争是不得已之时采取的手段，所以正确对待战争的态度就是既不好战，也不忘战，所谓“国虽大，好战必亡；天下虽安，忘战必危”。

## 二、古今解读

爱好和平是中华民族的文化基因。有着5000多年历史的中华文明，始终将崇尚和平，对和平、和睦、和谐的追求深深植根于中华民族的精神世界之中，深深溶化在中国人民的血脉之中。中国自古倡导“强不执弱，富不侮贫”，深知“国虽大，好战必亡”的道理，“以和为贵”“和而不同”“己所不欲，勿施于人”“化干戈为玉帛”“协和万邦”等理念世代相传。《孙子兵法》开篇即言：“兵者，国之大事，死生之地，存亡之道，不可不察也。”中国自古就特别重视战事，强调应慎重对待战争，因为古人认为天地间万事万物皆有其运行法则，尊重并按照这种法则行事就可以获得吉祥，否则就会招致凶灾。中国兵家正是怀有这种“不战而屈人之兵”的慎用兵戈的意识，才真正具备了“上兵伐谋”的军事智慧，才真正尊重着保家卫国的沙场勇士，才真正礼敬着世界各国的社会文明。其中，起着最重要作用的正是中国文化“以和为贵”的精神风貌和中华文明守中致和的顽强生命力。

中华文化，是中和的文化，是包容的文化，不是称霸型、进攻型的文化。“中”，表达着一种不扩张不过分的原则；“和”，体现着一种不好战不争霸的观念。“国虽大，好战必亡”这句话，依然是一种对适中原则、和平理念的守护。中正的价值准则、和平的精神理念，是仁义为本，是忠恕为怀。中和式文明的发展之道，从来不是锐意进取的捷径小道、侥幸赢得一时，而是惠人惠己的康庄大道、稳定立足长远，这就是“天下之大本也，天下之达道也”。中华文明之所以能成为世界唯一留存至今的古文明，就印证着这种文明的成熟和沉稳，成熟于能够自我约束，沉稳于懂得和平坚守。

“国虽大，好战必亡”体现了中国人民“以和为贵”的精神。习近平总书记在众多场合也多次论及，2014年在中国国际友好大会暨中国人民对外友好协会成立60周年纪念活动上的讲话中，习近平总书记说：“在5000多年的文明发展中，中华民族一直追求和传承着和平、和睦、和谐的坚定理念。以和为贵，与人为善，己所不欲、勿施于人等理念在中国代代相传，深深植根于中国人的精神中，深深体现在中国人的行为上。”他还强调：“中国的先人早就知道‘国虽大，好战必亡’。”在2015年在巴基斯坦议会的演讲中，习总书记再次强调说：“中华民族历来爱好和平。中国人在两千多年前就认识到

‘国虽大，好战必亡’的道理。中国人民崇尚“己所不欲，勿施于人”，中国不认同“国强必霸论”。走和平发展道路，对中国有利，对亚洲有利，对世界也有利，任何力量都不能动摇中国和平发展的信念。中国坚持不干涉别国内政原则，不会把自己的意志强加于人，即使再强大也永远不称霸。”

子曰：“吾道一以贯之。”和，浸润在中华文明历史洪流中，承前启后而一脉传承，古今相袭而一以贯之，是在过去坚持、在今天坚定、在未来持续坚守的一种精神力量。

## 三、好战必亡，忘战必危

中国历史上曾经长期是世界上最强大的国家之一，但没有留下殖民和侵略他国的记录。近代以后，中国人民遭受列强的侵略、凌辱、掠夺达百年以上，但中国人民不是从中学到弱肉强食的强盗逻辑，而是更加坚定了维护和平的决心。从新中国成立后提出的和平共处五项原则，到改革开放后融入世界发展大潮，贡献中国力量，中国用行动证明：中国绝不走“国强必霸”的路子，中国发展对世界是机遇，而不是威胁和挑战。习近平总书记一再强调，“国强必霸”不是历史定律，中国人民不接受“国强必霸”的逻辑。无论国际形势如何变化，无论自身如何发展，中国永不称霸、永不扩张、永不谋求势力范围，中国人民走和平发展道路的决心意志不动摇。

中国走和平发展道路的自信与自觉，不是权宜之计，不是外交辞令，而是来自五千年来的文化基因，来自对时代潮流、历史大势的准确理解把握。从现实来看，经济全球化是历史潮流，说其是历史潮流，就是全球化是不以人的意志为转移的，各国相互协作、优势互补是生产力发展的客观要求。在这一进程中，各国逐渐形成利益共同体、责任共同体、命运共同体。人类的命运从没有像今天这样紧密相连，各国的利益从没有像今天这样深度融合，和平、发展、合作、共赢的时代潮流不可阻挡。把握时代潮流、认清历史大势，才能把准航向、开创未来。中国发展离不开和平的国际环境，我们要接续实现第二个百年奋斗目标、实现中华民族伟大复兴的中国梦，必须有和平的国际环境。只有坚持走和平发展道路，只有同世界各国一道维护世界和平，中国才能实现自己的目标，才能为世界做出更大贡献。

“天下虽安，忘战必危。”在坚守和平的同时，我们也应敲响“忘战必危”的警钟。当前和今后一个时期，我国发展仍然处于重要战略机遇期。既要看到我国发展总体态势是好的，我们完全有基础、有条件、有能力取得新的伟大胜利，也要看到我国发展面临着前所未有的复杂环境，诸多矛盾问题叠加、风险挑战凸显。这些风险挑战是多方面的，有的来自国内，有的来自国际，有的来自经济社会领域，有的来自自然界。

“安享和平是人民之福，保卫和平是人民军队之责。”“强国必须强军，军强才能国安。”军事是一个国家、一个民族的生死存亡之道，和平与安定从来都不是没有代价的，它只会给那些做好了准备的国家和民族。党的二十大报告中指出，如期实现建军一百年奋斗目标，加快把人民军队建成世界一流军队，是全面建设社会主义现代化国家的战略要求。必须贯彻新时代党的强军思想，贯彻新时代军事战略方针，坚持党对人民军队的绝对领导，坚持政治建军、改革强军、科技强军、人才强军、依法治军，坚持边斗争、边备战、边建设，坚持机械化信息化智能化融合发展，加快军事理论现代化、军队组织形态现代化、军事人员现代化、武器装备现代化，提高捍卫国家主权、安全、发展利益战略能力，有效履行新时代人民军队使命任务。

正因为有伤痛，才会留下苦难记忆；正因为经历过战争，才懂得更加珍爱和平。在全面建设社会主义现代化国家新征程上，我们需清醒意识到世界局势的发展不可能一成不变，和平发展从来都不是一帆风顺的，居安思危、未雨绸缪，方能做到有备无患。

第十一单元课后练习

# 参考文献


[1] 王力. 古代汉语 [M]. 北京：中华书局，1962.
[2] 游国恩. 中国文学史 [M]. 北京：人民文学出版社，1963.
[3] 朱润东. 中国历代文学作品选（中编）[M]. 上海：上海古籍出版社，1980.
[4] 朱润东. 中国文学批评史大纲 [M]. 上海：上海古籍出版社，2005.
[5] 袁珂. 神话论文集 [M]. 上海：上海古籍出版社，1982.
[6] 袁珂. 中国神话史 [M]. 上海：上海文艺出版社，1988.
[7] 郭锡良，等. 古代汉语（上）[M]. 北京：商务印书馆，1999.
[8] 袁行霈. 中国文学史 [M]. 北京：高等教育出版社，1999.